Entrepreneurial Finance

Kompendium der Gründungs-
und Wachstumsfinanzierung

Christoph J. Börner
Dietmar Grichnik
Herausgeber

Entrepreneurial Finance

Kompendium der Gründungs- und Wachstumsfinanzierung

Mit 77 Abbildungen
und 25 Tabellen

Physica-Verlag
Ein Unternehmen
von Springer

Professor Dr. Christoph J. Börner
Dr. Dietmar Grichnik
Heinrich-Heine-Universität Düsseldorf
Lehrstuhl für Betriebswirtschaftslehre,
insbesondere Finanzdienstleistungen
Universitätsstraße 1
40225 Düsseldorf
E-mail: christoph.boerner@uni-duesseldorf.de
E-mail: dietmar.grichnik@uni-duesseldorf.de

ISBN 3-7908-1577-2 Physica-Verlag Heidelberg

Bibliografische Information Der Deutschen Bibliothek

Die Deutsche Bibliothek verzeichnet diese Publikation in der Deutschen Nationalbibliografie; detaillierte bibliografische Daten sind im Internet über http://dnb.ddb.de abrufbar.

Physica-Verlag ist ein Unternehmen von Springer Science+Business Media
springer.de

Umschlaggestaltung: Erich Kirchner
Herstellung: Helmut Petri
Druck: Strauss Offsetdruck

SPIN 11387831 43/3153 – 5 4 3 2 1 0 – Gedruckt auf säurefreiem Papier

Vorwort der Herausgeber

Entrepreneurial Finance, also die Finanzierung von Gründungs- und Wachstumsunternehmen, ist ein Wissenschaftsgebiet, das in den USA entstanden ist. Es setzt finanzwirtschaftliche Entscheidungen und die zugehörigen institutionellen Arrangements in Bezug zur Gesamtsituation von jungen Unternehmen und greift damit über eine rein finanzwirtschaftliche Perspektive hinaus, weil es den Gründer, den „Entrepreneur", in den Fokus rückt. Zwar finden sich seit jeher auch in den deutschsprachigen Ausführungen zur Finanzierungslehre, vor allem im Lehrbuchbereich, Hinweise auf die speziellen Probleme und Finanzierungsformen von jungen Unternehmen, sie scheinen oft jedoch eher unter Aspekten der Vollständigkeit, denn im Sinne einer tieferen Durchdringung der speziellen Situation von Gründern formuliert zu sein. Eigenständige theoretische und empirische Untersuchungen zur Gründungs- und Wachstumsfinanzierung nehmen in Deutschland erst seit den 90er Jahren langsam in Quantität und Qualität zu. Darüber hinaus können viele Ratgeber und Handlungsleitfäden Unternehmen und Finanziers in der Praxis bei der Entscheidungsfindung unterstützen. Es fehlt jedoch ein konzeptioneller Rahmen, der gleichermaßen wissenschaftlich fundiert und praxisorientiert ist. Die wenigen vorhandenen theoretischen Beiträge zu Einzelaspekten der Gründungs- und Wachstumsfinanzierung zeigen, dass sich die Forschung in diesem Bereich auf einzelne Fragmente stützt, deren „Inseldasein" durch weitere Grundlagenarbeit noch einer konzeptionellen Zusammenführung bedarf.

Diese Situation motivierte zur Herausgabe eines Kompendiums zur Entrepreneurial Finance mit Theoriebeiträgen von prominenten Fachvertretern, die aufgrund ihrer bisherigen Veröffentlichungstätigkeit als die Protagonisten der deutschsprachigen Forschung zur Finanzierung von Unternehmensgründungen und des noch frühen Unternehmenswachstums gelten dürfen.

Der Band will den Stand der deutschsprachigen Forschung zur Finanzierung von jungen Unternehmen präsentieren und in Kompendienform zugänglich machen. Das Ziel, in sich geschlossene Beiträge zu veröffentlichen, hatte für die Herausgeber Vorrang vor dem Bestreben, inhaltliche Überschneidungen völlig auszuschließen. Insofern hoffen die Herausgeber, sowohl dem punktuell interessierten Leser als auch demjenigen Leser, der sich intensiv in das gesamte Feld der Entrepreneurial Finance einlesen möchte, eine informative und anregende Lektüre anzubieten. Um eine gewisse Ordnung in den Band zu bringen, wurde er in fünf Teile strukturiert, die inhaltlich verwandte Beiträge aufnehmen. Neben einem grundlegenden Teil haben sich dabei die Forschungsschwerpunkte Bewertung neuer und wachsender Unternehmen, Venture-Capital-Finanzierung, Finanzmanagement sowie Rechnungswesen und Steuern herauskristallisiert. Damit wird dem evolutorischen Charakter dieser noch jungen Forschungsdisziplin entsprochen, den State-of-the-Art abzubilden, ohne dabei den Anspruch erheben zu können, das Forschungsfeld der Entrepreneurial Finance vollkommen umfassend darzustellen.

Das Kompendium beginnt mit dem grundlegenden Teil. Im ersten Beitrag erläutern *Anderseck/Walterscheid* das Theorieverständnis der Gründungsforschung, um für die folgenden Beiträge den Kontext des Entrepreneurship aufzuzeigen. Die ersten Beiträge spannen dann den Bezugsrahmen für Finanzierungsentscheidungen auf. *Grichnik/Schwärzel* arbeiten grundlegend die Chancen und Risiken der Gründungsfinanzierung aus informationsökonomischer Sicht heraus, ehe *Koch/Kuhn* das in der neoklassischen Finanzierungstheorie geläufige Modigliani/Miller-Theorem über die Irrelevanz von Kapitalstrukturentscheidungen auf junge Unternehmen anwenden und dabei dessen Prämissen schrittweise diskutieren. Deutlich wird die besondere Bedeutung des Eigenkapitals für Unternehmen in der Gründungs- und Wachstumsphase. *Kollmann* zeigt am Beispiel der Unternehmen aus der Net Economy auf, dass auch bei begrenztem Eigenkapital vielfältige Finanzierungsmöglichkeiten bestehen. Die Beiträge von *Börner* sowie von *Schirmeister/Paeßens* erweitern dann die Perspektive: Börner konzeptualisiert die Gründungs- und Wachstumsfinanzierung als Marktofferte professioneller Anbieter, um anbieterseitig auf weitergehende Führungsprobleme hinzuweisen, während *Schirmeister/Paeßens* den Bogen dahingehend aufspannen, als einerseits Bezüge zwischen Gründungsfinanzierung und wirtschaftlicher Entwicklung und andererseits Möglichkeiten der Mikrofinanzierung angesprochen werden.

Die Beiträge im zweiten Teil kreisen um die Bewertung neuer und wachsender Unternehmen. Am Anfang dieses Teils steht der Beitrag von *Breuer/Breuer*, der Gründungsentscheidungen als Investitionsentscheidungen aus Sicht der potenziellen Gründer mit einem konkreten Fallbeispiel behandelt. *Schwetzler* stellt hingegen den Finanzinvestor in den Vordergrund, wenn er Multiples und die Venture-Capital-Methode als Instrumente der Bewertung junger Unternehmen diskutiert. *Hering* entwickelt ein Zustands-Grenzpreismodell zur Ermittlung des Grenzpreises, der bei der Kapitalerhöhung von nicht börsennotierten Wachstumsunternehmen die Altgesellschafter vor Verwässerung schützt. Auch *Adams/Rudolf* gehen anschließend davon aus, dass der Kapitalmarkt bei Wachstumsunternehmen als Bewertungsinstanz nicht zur Verfügung steht bzw. nicht effizient ist. Sie stellen ein Bewertungsmodell vor, das Werttreiber identifiziert und deren Dynamik stochastisch miteinander verknüpft.

Der dritte Teil des Bandes wendet sich dem Venture Capital zu. *Hartmann-Wendels* stellt in seinem Beitrag eingangs theoretische Modelle vor, die Venture-Capital-Gesellschaften als Finanzintermediäre erklären. Ist damit vor allem das formelle Wagniskapital angesprochen, so stellt *Brettel* mit Business Angels eine zweite „Institution" im Repertoire der Gründungsfinanzierung vor. Er greift hierbei vor allem auf empirische Befunde zurück. Eine weitere institutionelle Facette wird im Beitrag von *Witt* thematisiert, der sich mit Corporate Venture Capital beschäftigt, also mit der Wagnisfinanzierung durch etablierte Industrie- und Dienstleistungsunternehmen. Wird in diesen Beiträgen vorrangig das Angebot an Wagniskapital erläutert, bezieht sich der Beitrag von *Welpe/Dowling* auf die Nachfrageseite. Er entwickelt ein Modell zum Kooperationserfolg zwischen Kapitalgeber und Portfoliounternehmen aus Sicht des zu finanzierenden Entrepreneurs. *Schefczyk/Pankotsch* gehen den Corporate-Governance-Strukturen beim Venture Capital in den Beziehungen zwischen der Venture-Capital-Gesellschaft und den Investoren sowie zwischen Management- und Fondsgesellschaften nach. *Houben/Nippel* ergänzen dies mit Aussagen zur Vertragsgestaltung bei Venture-Capital-Finanzierungen; sie schließen damit einerseits an die Theorie der Finanzintermediation an und rücken andererseits die exogenen und endogenen Risiken bei Venture-Capital-Finanzierungen in den Vordergrund, deren Überwachung Gegenstand des Beitrags von *Bigus* ist. Sowohl für die originären Investoren als auch für die Venture-Capital-Gesellschaften stellt die Bereitstellung von Kapital eine Finanzinvestitionsentscheidung dar. In der Analyse von solchen Entscheidungen spielen seit einiger Zeit reale Verhaltensphänomene — unter dem Rubrum Behavioral Finance — eine prominente Rolle. Unter diesem Aspekt betrachten *Gürtler/Hartmann* die Gründungsfinanzierung, wenn sie in ihrem Beitrag beschränkte Rationalität thematisieren. Der Teil zum Venture Capital endet mit einem Beitrag zum Exit der Venture-Capital-Gesellschaft. *Franzke/Theissen* arbeiten hier heraus, dass der Aussicht auf einen Börsengang erhebliche Anreizwirkungen in der Finanzierungsbeziehung zukommt und erklären damit die hohe Aufmerksamkeit, die diesem Exit-Kanal entgegen seinem eher seltenen Vorkommen in der Realität gewidmet wird.

Gründungs- und Wachstumsfinanzierung vollziehen sich keineswegs nur durch Venture Capital. Im Gegenteil kommt anderen Finanzierungsformen empirisch größere Bedeutung zu. Sie werden im vierten Teil des Buches behandelt. Von *Nitzsch/Rouette/Storz* gehen zunächst auf die Kapitalstukturentscheidungen junger Unternehmen ein. Sie schließen damit an die Ausführungen von *Koch/Kuhn* im ersten Teil an, betrachten aber die Determinanten, die insbesondere für junge Unternehmen Einfluss auf die Risikoprämien von Eigen- und Fremdkapital haben. *Cochet/Ehrmann/Harms* nähern sich dem Thema der Kapitalstruktur mit einer empirischen Perspektive. Sie arbeiten heraus, dass ein signifikanter Zusammenhang zwischen den Strategien von Wachstumsunternehmen und deren Finanzierung besteht. Modelltheoretisch entwickeln sodann *Lowinski/Schiereck* einen Ansatz, der über eine Bezahlung mit Aktien Anreizkonflikte bei der Beratung von jungen Unternehmen lösen helfen kann. *Schulte* geht auf die wichtige Fremdfinanzierung von jungen Unternehmen ein, wobei auch er mögliche Anreizkonflikte und Möglichkeiten für deren Milderung in den Vordergrund stellt. *Mayer-Fiedrich* stellt im nächsten Beitrag mit dem Venture Leasing die Adaption eines bekannten Finanzierungssurrogates im Hinblick auf die spezielle Situation liquiditätsschwacher Gründungs- und Wachstumsunternehmen vor. Auch hierbei — wie beim Consulting for Equity — wird das Entgelt durch die Übertragung von Gesellschaftsanteilen dargestellt.

Der Erfolg von Gründungs- und Wachstumsfinanzierungen realisiert sich immer in Abhängigkeit vom gegebenen institutionellen Rahmen. *Förster/Brinkmann* stellen zunächst die steuerlichen Bedingungen für die Gründungsfinanzierung in Deutschland vor. Dies geschieht einerseits im Hinblick auf die Rechtsnatur des zu finanzierenden Unternehmens, andererseits in Bezug auf die spezielle Finanzierungsform des Venture Capital. *Bassen/Kleinschmidt* analysieren sodann in ihrem Beitrag zum Controlling bei Wachstumsfinanzierungen auf den Ebenen des Investors, des Finanzintermediärs und des finanzierten Unternehmens, wie sich Erfolg überhaupt bemessen lässt. Abschließend erläutert *Olbrich* den Erfolgsausweis von Wagnisfinanzierungen im Rahmen internationaler Rechnungslegungsvorschriften.

Auch die Herausgabe eines Buches — gerade eines Sammelbandes mit vielen Autoren — stellt ein „Unternehmen" dar. Wenngleich sich die Herausgeber dadurch noch nicht als Entrepreneure qualifiziert fühlen, so mussten sie doch intellektuelle und finanzielle Ressourcen mobilisieren. Gelingen konnte das „Unternehmen" nur, weil andere ihre Ressourcen beisteuerten. Deshalb danken die Herausgeber den Autoren für die durchweg sachorientierte, unkomplizierte Zusammenarbeit, vor allem aber dafür, dass dank der Motivation und der Sachkunde aller Autoren ein Kompendium mit hohem inhaltlichem Niveau realisiert werden konnte. Auch die Zusammenarbeit mit dem Physica-Verlag war sehr angenehm; dafür geht ein „Dankeschön" an Frau Dr. Martina Bihn. Für die unverzichtbare technische Unterstützung bei der Erstellung des Manuskripts sei Herrn cand. rer. pol. Karsten Wiessner herzlicher Dank ausgesprochen. Besonderer Dank gilt nicht zuletzt der Konrad-Henkel-Stiftung, durch deren großzügige finanzielle Unterstützung das Buchprojekt überhaupt erst realisiert werden konnte.

Düsseldorf im Februar 2005

Christoph J. Börner und Dietmar Grichnik

Inhaltsverzeichnis

Teil I

Grundlegende Beiträge

Grundüberlegungen zur Theorieorientierung in der Gründungsforschung

Klaus Anderseck und Klaus Walterscheid

Abstract

Obwohl die Gründungsforschung in den letzten drei Jahrzehnten eine Fülle von Publikationen hervorgebracht hat, werden Klagen über den niedrigen akademischen Status dieses Bereiches immer vernehmlicher und es mehren sich die Bemühungen um eine stärkere theoretische Orientierung der Forschungsaktivitäten, um den als ‚Potpourri-Charakter' bezeichneten Zustand der Entrepreneurship-Forschung in Richtung einer Disziplinorientierung zu verändern. Dabei werden zwei Sichtweisen propagiert: a) die Konstitution einer eigenständigen Disziplin „Entrepreneurship" und b) Entrepreneurship als Gegenstand verschiedener Fachdisziplinen. Den Bemühungen stehen Probleme der Forschungskonzeption entgegen, die zum einen das Verhalten der scientific community betreffen und die zum andern methodischer Natur sind. Die in diesem Zusammenhang vorgebrachte These eines Theoriedefizits in der Gründungsforschung erweist sich als unzutreffend.

1 Einleitung: Theorieorientierung als Problem der Gründungsforschung

Seit Adam Smith sein berühmtes Buch „The Wealth of Nations" schrieb, haben nahezu alle prominenten Ökonomen der Figur des Unternehmers, bzw. des Entrepreneurs, ihren Tribut gezollt. Weitere Beiträge kamen aus anderen Disziplinen, vor allem aus der Soziologie. Als ein überwiegend akademisches war das aus den verschiedenen Perspektiven entstandene Wissen lange Zeit ohne nennenswerte Einflüsse auf die Wirtschafts- und Sozialpolitik. Mit der Entdeckung des Gründungssektors als einen „viable target market"[1] für akademische Forschung und Ausbildungsprogramme an einigen amerikanischen Universitäten während der siebziger und achtziger Jahre des vergangenen Jahrhunderts begann eine neue Ära. Hauptantrieb war das Bedürfnis vieler Studierender bereits während des Studiums Entrepreneurshipkenntnisse zu erwerben. Es kam zu einem bis in die Gegenwart anhaltenden Anschwellen des Angebots von Entrepreneurshipkursen und

[1] Kiesner (1990), S. 89.

-programmen an hunderten von amerikanischen Colleges und Universitäten.[2] Seit Mitte der neunziger Jahre ist auch in Deutschland eine starke Zunahme an gründungsbezogenen Aktivitäten im Hochschulbereich festzustellen. Im Unterschied zu den USA geht die Initiative hier aber vorwiegend von der Politik aus, die in einer Gründungsförderung ein effizientes Mittel sah und sieht, um ökonomische und soziale Probleme zu lösen.[3]

Obwohl dem Entrepreneurship-Sektor eine große Popularität zuteil wird, gilt sein akademischer Status als niedrig. Um hier eine Aufwertung zu erreichen, wurden bereits Ende der achtziger Jahre Forderungen nach einer stärkeren theoretischen Orientierung der Entrepreneurship-Forschung laut.[4] Obwohl es seitdem viele Bemühungen um eine theoretische Verortung gab,[5] hat sich, wie neuere Beiträge zeigen,[6] an der als defizitär empfundenen Situation offenbar nur wenig geändert.

Auf die engere Forschungsliteratur konzentrierte Analysen konstatieren zwar eine zunehmende theoretische Untermauerung der Forschung, monieren aber die starke Zersplitterung der Perspektiven aufgrund von spezifischen Interessen, die zu einer Vielzahl nebeneinander bestehender und teilweise eng begrenzter Forschungsansätze auf unterschiedlichen theoretischen Niveaus führe. Davidsson, Low und Wright bezeichnen diesen Zustand als *"'hodgepodge' or 'potpourri' character of entrepreneurship research"*.[7]

Viele Beiträge belassen es nicht bei einer kritischen Beschreibung, sondern sie suchen in konstruktiver Absicht nach einem übergreifenden theoretischen Aussagenzusammenhang. Weiterhin aktuell ist die bereits 1988 von Low/MacMillan vorgenommene Spezifizierung von sechs grundlegenden Entscheidungen für die Ausrichtung der Forschung: Zweck, theoretische Perspektive, Fokus, Analyseebene, Zeitrahmen und Methoden.[8] Low hat in einem neueren Beitrag sowohl vorgeschlagene als auch tatsächlich verfolgte Forschungsstrategien vier verschiedenen Themenbereichen zugeordnet: Entrepreneurship-Forschung a) als Unterstützung der Lehre, b) als Potpourri, c) als Untersuchungsfeld einer Disziplin und d) als eigenständiger Bereich.[9]

---

[2] Vgl. u.a. Kiesner (1990), S. 89; Low (2001), S. 17.

[3] Ein herausragendes Beispiel ist das Programm der Bundesregierung „EXIST-Existenzgründungen aus Hochschulen“ von 1998.

[4] Ein grundlegender Beitrag wurde damals von Low/MacMillan (1988), veröffentlicht.

[5] Vgl. zu einem Überblick Gartner (2001), S. 34.

[6] Vgl. die Beiträge in der Zeitschrift „Entrepreneurship Theory and Practice Vol 25 (2001), 4“ und die dort referierte Literatur. Die Herausgeber nennen als Anlaß für die thematische Zusammenstellung des Heftes die „Atmosphäre andauernder Unsicherheit und das Unbehagen über das, was Entrepreneurship-Forschung sein soll“, vgl Davidsson/Low/Wright (2001), S. 5.

[7] Vgl. Davidsson/Low/Wright (2001), S. 13.

[8] Vgl. Low/Macmillan (1988), S. 41.

[9] Vgl. Low (2001), S. 19ff.

Damit ist der Rahmen abgesteckt, in dem sich die Diskussion zur Theorieorientierung bewegt. Auffällig ist, dass nur wenige Rückgriffe auf wissenschaftstheoretische und methodologische Beiträge erfolgen und damit auf ein Instrumentarium verzichtet wird, das zur Präzisierung der Diskussion hilfreich sein könnte. Der erste Teil des vorliegenden Beitrags bietet hier eine Ergänzung. Im zweiten Teil wird die inhaltliche Diskussion unter dem Aspekt eines behaupteten Theoriedefizits nachgezeichnet.

2 Erkenntnisinteressen und Forschungskonzepte in der Gründungsforschung[10]

2.1 Probleme der Konzeptformierung

In traditionellen wissenschaftstheoretischen Abhandlungen wird zwischen der Art und Weise, wie ein Forschungsproblem entsteht, und der Art und Weise der Durchführung der Forschung streng unterschieden. Reichenbach führte hierzu das Begriffspaar *context of discovery* (dt. Entstehungszusammenhang) und c*ontext of justification* (dt.: Rechtfertigungszusammenhang) ein.[11] Mit dieser Unterscheidung sollte zum einen die der Forschung zugewiesene Aufgabe, die Begründung und Rechtfertigung von wissenschaftlichen Aussagen, auf ein sicheres Fundament gestellt werden, zum anderen sollte sie eine Bezugsbasis für die sachliche Kommunikation zwischen den Forschern bereit stellen.

Der context of justification entspricht dem Ideal der reinen Wissenschaft. In neueren Einteilungen der modernen Wissenschaften finden sich darüber hinaus Wissenschaftsformen, die eine Nutzung wissenschaftlicher Erkenntnisse signalisieren, wie z.B. „angewandte Wissenschaft der Praxis" oder „kommerzielle Wissenschaft der Industrie".[12] Für die Klassifikation des Anwendungsbezugs wissenschaftlicher Erkenntnisse bietet sich ein Begriff *„context of utilization*" (dt.: Verwertungszusammenhang) als dritter Oberbegriff mit dem Unterfall: *„context of commercialization"* an.

Die Unterscheidung dieser drei Zusammenhänge kann in den Bemühungen um die Theorieorientierung dazu dienen, anstehende Probleme zu lokalisieren. So sind die Generierung eines Forschungsprojektes, mit der Formulierung des Untersuchungsproblems und der Gewinnung von Hypothesen als kreative Akte dem Ent-

---

10 Die Ausführungen dieses Kapitels sind allgemeinerer Natur und betreffen auch konzeptionelle Probleme anderer Disziplinen. Gartner sieht die Theorie-Diskussion im Entrepreneurship-Bereich ebenfalls im weiteren Rahmen der entsprechenden Debatten in den Sozialwissenschaften: „We are not alone", Gartner (2001), S. 34.

11 Vgl. Reichenbach 1938, S. 6ff Reichenbach knüpft hier an die bereits 1917 von F C S. Schiller getroffene Unterscheidung der ‚Logic of Proof' und der ‚Logic of Discovery' an, zitiert bei: Hanson (1961), S. 20.

12 Vgl. Spinner (1999), S. 20.

stehungszusammenhang zugehörig. Weiter gehört hierher die Festlegung der Forschungszwecke als Elemente eines Entscheidungsprozesses, in den individuelle Motive und Werthaltungen des Forschenden ebenso eingehen, wie wissenschaftliche und wissenschaftsexterne Interessen, z.B. über Auftragsforschung. Aufgrund der normativen Elemente lässt sich für diesen Bereich eine Handlungslogik nicht entwickeln,[13] wohl aber können hier die für eine scientific community formulierten Tugenden und Verhaltensregeln ebenso eingeordnet werden, wie Übereinkünfte der Forscher zur inhaltlichen und methodischen Ausrichtung der Forschung.

In der Gründungsforschung entstammt das Gros der Forschungszwecke dem Verwertungszusammenhang, der damit interessenleitend auf den Entdeckungszusammenhang zurückwirkt. So bestimmt z.B. Low den Zweck der Entrepreneurshipforschung als das *„Bemühen, die Rolle neuer Unternehmen bei der Förderung des ökonomischen Fortschritts zu erklären und zu erleichtern“.*[14] Shane und Venkatamaran definieren das Entrepreneurshipfeld als *„die gelehrsame Prüfung wie, von wem und mit welchen Effekten, Gelegenheiten zukünftige Güter und Dienstleistungen zu schöpfen, entdeckt, bewertet und genutzt werden“.*[15] Der Anwendungsbezug derartiger Bestimmungen der Gründungsforschung hat für die Frage der Theorieorientierung die Konsequenz, dass vorwiegend solche Faktoren analysiert werden, die instrumentalisierbar sind und damit in Ziel-Mittel-Zusammenhänge eingestellt werden können. Nicht oder nur schwer zu manipulierende Einflussgrößen auf das Unternehmertum, wie z.B. religiöse Grundhaltungen und Mentalitäten,[16] haben von daher eine geringere Chance, zum Kern einer Theoriebildung zu werden.

Eine explizite Theorieorientierung ist im Rechtfertigungszusammenhang unabdingbar, da es hier um die kritische Prüfung und Bewährung der einem Forschungsprojekt zugrunde liegenden Annahmen und Hypothesen geht. Die Instrumente dazu sind Erklärung, Prognose und Technologisierung von Beziehungen, so wie sie u. a. im Schema der wissenschaftlichen Erklärung von Hempel und Oppenheimer beschrieben sind.[17] Die Gültigkeit und die Zuverlässigkeit der Erklärung werden von der Güte der zugrunde liegenden Annahmen und Hypothesen entscheidend beeinflusst. Falls sie lediglich pure oder ad hoc formulierte Vermutungen über Wirkungszusammenhänge sind, kann die daraus abgeleitete Erklärung auch nur Spekulation sein.[18]

---

[13] Nach der älteren Wissenschaftstheorie gehören die Handlungen im Entstehungszusammenhang „der Psychologie der Forschung an, nicht ihrer Erkenntnisanalyse“, Kraft (1966), S. 75.

[14] Low (2001), S. 19.

[15] zitiert bei Gartner (2001), S. 29.

[16] Vgl. u.a. Kusnezova (1999).

[17] Vgl. Hempel/Oppenheim (1948).

[18] „Good policy-relevant research needs a strong conceptual base. Otherwise, policies are likely to be based only an ad hoc planning“, vgl. Davidsson/Low/Wright (2001), S. 11.

Die Formulierung und Präzisierung eines Forschungsproblems, das über eine bloße Beschreibung von Phänomenen hinausgeht, erfolgen als rationale Planungshandlungen stets vor dem Hintergrund theoretischer Vorstellungen, selbst wenn diese, wie bei naiv-empirischen Untersuchungen nicht ausdrücklich eingeführt; sondern dem Projekt als verdeckte Annahmen zugrunde liegen.[19] Dabei reicht die Spannweite von der Plausibilität intuitiv gewonnener Ad-hoc-Annahmen bis hin zur sorgfältigen Aufarbeitung der vorhandenen Ergebnisse eines Forschungsbereiches. Das Monitum eines Theoriedefizits kann deshalb weniger als ein Fehlen theoretischer Vorstellungen sondern eher als ein Mangel an geprüften und explizierten theoretischen Aussagen interpretiert werden. Analysen der in der Entrepreneurship-Literatur beschriebenen Forschungsarbeiten zeigen, dass hier naiv-empiristische Vorgehensweisen vorherrschen und ein eher geringerer Teil einer expliziten Theorieorientierung folgt,[20] was sowohl die Kommunikation als auch die Konzentration der Forschung erschwert.

2.2 Probleme der Konzeptformation in der Gründungsforschung

Ein ernsthaftes Problem, das der Theoriebildung, vor allem aber dem erwünschten Zusammenwachsen der verschiedenen Ansätze zu einer Entrepreneurship-Disziplin entgegensteht, wird in der Bedeutungsvielfalt des Begriffs „entrepreneurship" gesehen. Wie Davidsson u.a. feststellen, passten zwar die bei der Erforschung der verschiedensten Aspekte des Objektbereiches „Gründung" verwendeten Definitionen auf die Zwecke der jeweiligen Forschung, sie hätten aber wenig an Unverwechselbarem und Gemeinsamen.[21] Es gebe zwar einen vagen Konsens über den Inhalt des Begriffes „Entrepreneurship", aber die wissenschaftlichen Zugriffe auf diesen Gegenstand würden als höchst heterogen bewertet.[22]

Mit diesem Problem stellt sich die Frage nach der Genese des Forschungsgegenstandes. Da innerhalb eines Realitätsbereiches und zwischen ihm und seiner Umwelt unabzählbar viele Beziehungen existieren können, muss eine Entscheidung über die Eigenschaften getroffen werden, die den Forschungsgegenstand für eine bestimmte Fragestellung definieren sollen. Der Forschungsgegenstand wird

---

19 Auf dieses Problem machen Davidsson et al. aufmerksam. Popper hat nachdrücklich auf die Wichtigkeit von Hypothesen als „Führer zu neuen Beobachtungsresultaten" hingewiesen, und auch darauf, dass die Güte der Beobachtung mit der Klarheit und Präzision der Hypothesen eng zusammenhängt, vgl. Popper (1964b), S. 91 u S. 99.

20 Zur Situation der Entrepreneurship-Forschung in Europa vgl. Hisrich (2003), S. 249: Nur wenige Publikationen "were built on grounded theory". Das meiste sei normativ oder bloß beschreibend.

21 Vgl. Davidsson/Low/Wright (2001), S. 7.

22 Vgl. u.a. Low (2001), S. 20; Davidsson/Low/Wright ordnen dem Begriff „entrepreneurship" den Nutzen eines „admittedly fuzzy meta-concept" zu, das jeweils präzisiert werden müsse, vgl dieselben (2001), S. 13.

dadurch zu einer *„konstruierte*(n) *Wirklichkeit“*.[23] Goode und Hatt führen dazu aus: *„Die Welt bietet uns zwar eine unendliche Mannigfaltigkeit von Erscheinungen, jedoch beschränkt sich die Wissenschaft auf einige wenige. Die Wissenschaft abstrahiert also von der Wirklichkeit, indem sie sich nur mit bestimmten Aspekten der Erscheinungen (...), hingegen nicht mit den Erscheinungen als Ganzen beschäftigt“*.[24]

Auswahlkriterien für die zu berücksichtigenden Eigenschaften sind durch die einem Forschungsprojekt zugrunde liegenden theoretischen Aussagen und Hypothesen gegeben, die den Forschungsgegenstand mit anderen Variablen verknüpfen: *„Da sowohl Begriffe als auch Tatsachen Abstraktionen darstellen, sind sie nur innerhalb eines Bezugs- oder theoretischen Systems sinnvoll“*.[25] Da die theoretische Basis wiederum bestimmten Erkenntnisinteressen entspringt, werden umso verschiedenere Wirklichkeiten eines Realitätsbereiches definiert, je verschiedener die Anlässe der Forschung sind. Die so entstehende Erkenntnisvielfalt ist vor dem Hintergrund einer zweckfreien Wissenschaft zunächst einmal ein positives Ergebnis. Das gilt auch für den gegenwärtigen Stand der Gründungsforschung.

Als unerwünscht kann diese Vielfalt jedoch dann empfunden werden, wenn die wissenschaftlichen Bemühungen einem Erkenntnisinteresse „höherer Ordnung“ gelten. Das ist z.B. der Fall, wenn, einer faustischen Neugier folgend, nach der Erklärung eines Ereignisses mittels Theorien gesucht wird, die raum-zeitlich möglichst unabhängig sind und die viele andere Theorien ausschließen. So sehen u.a. Shane und Venkatamaran eine Lösung des Problems der Etablierung von Entrepreneurship als eigenständiger Sozialwissenschaft in der Verfügbarkeit *„eines konzeptuellen Rahmens, der eine Menge empirischer Phänomene erklärt und vorhersagt, die nicht durch in anderen Feldern bereits existierende konzeptuelle Rahmen erklärt und vorhergesagt werden können.“*[26]

Ein ähnlicher Fall der Suche nach einer „höheren Ordnung“, die zu einem Bedürfnis nach Reduktion der Erkenntnisvielfalt führt, ist mit essentialistischen Fragen nach dem „Was ist?“ (Was ist entrepreneurship? Was ist ein Entrepreneur?) verbunden. Der Vorschlag von Shane und Venkatamaran ist auch hier einzuordnen, denn er unterstellt, dass es so etwas wie eine entrepreneuriale Beschaffenheit gibt, die nur dem Gegenstand „Entrepreneurship“ eigen ist.[27]

Die Lösung des Problems der Reduktion vieler Erkenntniswirklichkeiten ist dem Entstehungszusammenhang zugehörig. Wenn die Festlegung von Begriffen und die Formierung von Forschungskonzepten als Ergebnis von Entscheidungen betrachtet wird, dann kann innerhalb einer scientific community die Konstruktion von zu erforschenden Wirklichkeiten durch eine Abstimmung über bestimmte

---

[23] Schulz (1974), S. 175.

[24] Goode/Hatt (1962), S. 51.

[25] Goode/Hatt (1962), S. 53 u S. 63.

[26] Shane/Venkatamaran (2000), S. 217. In gleicher Richtung argumentiert auch Bygrave, zur Darstellung und Kritik vgl. Abschnitt 2.3.

[27] Zur Kritik des Essentialismus vgl. u.a. Popper (1964a), S. 73ff.

Konzepte und deren Eigenschaften erreicht werden. Derartige Abstimmungen setzen allerdings eine Einigung über das erkenntnisleitende Interesse und über organisatorische Aktivitäten voraus. Das würde die Bildung von Schulen begünstigen, wie sie in Ansätzen ja durchaus bereits bestehen. Für den Entrepreneurshipbereich zielt der Vorschlag von Gartner in diese Richtung.[28] Eine minimale Lösung wäre die von Gartner nachdrücklich geforderte Offenlegung der den Untersuchungen zugrunde liegenden Annahmen.[29]

Wie wissenschaftsgeschichtliche Abhandlungen zeigen, bleibt als Alternative der geniale Einfall eines einzelnen, der sich in einer scientific community durchsetzt.[30] Der ist aber eher dem Zufall überlassen.

methodischer Exkurs: Neben der Festlegung der einen Forschungsgegenstand definierenden Eigenschaften, gibt es noch ein häufig übersehenes Problem im methodischen Bereich. Zu Forschungszwecken müssen die theoretischen Begriffe in die Beobachtungssprache übertragen, d.h., sie müssen operationalisiert werden. Hier ist zweckmäßig zu unterscheiden zwischen der „Untersuchungseinheit" als dem explizierten Forschungsgegenstand, der „Erhebungseinheit" als Quelle von Informationen und dem „Indikator" der zu untersuchenden Eigenschaft. So lässt sich ein als „Creation of new enterprise" definierter Forschungsgegenstand[31] als Untersuchungseinheit nicht unmittelbar erfassen. Als Erhebungseinheit können u.a. Statistiken, Handelsregisterauszüge oder auch Befragungen von Gründern oder Einrichtungen zur Gründungsförderung dienen. Indikatoren sind dann z.B. schriftliche Eintragungen oder Antworten auf Fragen. Hier muss sichergestellt sein, dass die Eigenschaften des Forschungsgegenstandes über die Operationalisierung zuverlässig und gültig erfasst werden, sonst werden trotz einheitlicher theoretischer Merkmale verschiedene Gegenstände erforscht. Eine solche instrumentelle Definition kann *„eine Erscheinung deshalb eindeutiger definieren, weil sie Anweisungen enthält, auf deren Grund verschiedene Forscher dieselbe Erfahrung gewinnen"*.[32] Eine Beherzigung dieser Feststellung käme auch dem oben zitierten Anliegen Gartners entgegen.

2.3 Die Komplexität von Gründungssituationen und das Problem der Gewinnung allgemeiner Aussagen

Die Reduktion der Erkenntnisvielfalt bedeutet angesichts unterschiedlicher Erkenntnisinteressen zwar ein Entscheidungs- und Abstimmungsproblem. Vom Verfahren her muss aber eine allgemeinere forschungslogische Situation bewältigt werden, die die Eigenschaften der theoretischen Aussagen betrifft: Welche Mächtigkeit oder Geschlossenheit eine Reduktion und damit eine mögliche Disziplin-

---

[28] Vgl. Gartner (2001), S. 34, ähnlich auch Davidsson/Low/Wright (2001), S. 7.

[29] Vgl. Gartner (2001), S. 28.

[30] Vgl. u.a. Kuhn (1976), S. 37ff.

[31] Vgl. Low (2001), S. 19.

[32] Goode/Hatt (1962), S. 62.

formierung erreichen kann, ist davon abhängig, inwieweit es gelingt, Aussagen mit einem hohen Allgemeinheitsgrad und hoher Reichweite zu gewinnen und ihre Gültigkeit zu erweisen.

In der älteren Wissenschaftstheorie wurde als Ideal die unbegrenzte raum-zeitliche Unabhängigkeit für Aussagen mit Gesetzescharakter gefordert. Da dieses Ideal von vielen Wissenschaften nicht erreichbar ist, wurde die Idee der Theorien mittlerer Reichweite bzw. der Quasigesetze geboren und ihr Nutzen, zumindest für die Sozialwissenschaften, behauptet.[33] In den historisch ausgerichteten Disziplinen der Geisteswissenschaften wird schließlich davon ausgegangen, dass herausragende Ereignisse nur als Einzelfall erklärbar sind.

Damit ist eine Spannweite der Verallgemeinerung aufgezeigt, die formal von Null bis unendlich reicht. In seinem Buch „Zufall und Notwendigkeit", stellt der französische Philosoph Jacques Monod die These auf, *„dass das Leben in all seinen Formen durch einen einzigartigen unwahrscheinlichen Zufall entstanden"* sei.[34] Popper findet diese These deswegen so interessant, weil Monod hier einem Ereignis die Eintrittswahrscheinlichkeit Null zuordnet und es damit als einzigartiges Ereignis bestimmt.[35] Die so formal definierte Einzigartigkeit eines Ereignisses bedeutet, dass es aus den Faktoren, aus denen es entsteht, weder vorhersagbar noch herstellbar ist und dass es keinerlei allgemeinere Wirkungsbeziehungen zwischen den Faktoren gibt. Das Gegenstück wäre ein Ereignis mit einer Wahrscheinlichkeit = 100%, dessen Eintritt vollständig erklärbar, vorhersagbar oder planbar ist. Alle von uns wahrnehmbaren Ereignisse und Probleme liegen damit zwischen den Wahrscheinlichkeiten Null und 100%.

Wie weit ein Ereignis in der Nähe des einen oder des anderen Pols liegt, hängt von der Anzahl der Wirkungsbeziehungen zwischen den das Ereignis verursachenden Faktoren und von deren Stärke ab: Je mehr Faktoren den Eintritt eines Ereignisses bewirken und je gleichartiger oder diffuser die Wirkungsbeziehungen sind, desto näher liegt das Ereignis bei der Eintrittswahrscheinlichkeit = 0. Für Gründungsereignisse folgt daraus: Je näher die Gründungsfälle im Allgemeinen zum Pol der Einzigartigkeit liegen, desto geringer ist die Wahrscheinlichkeit allgemeiner Aussagen mit größerer Reichweite.

Verallgemeinertes Wissen entsteht nun dadurch, dass einzelne Beziehungen aus sich ähnelnden komplexen Ereignissen unter der Annahme isoliert und abstrahiert werden, dass einer oder nur wenige Faktoren eine dominierende Wirkung ausüben.[36] Nur auf diese Weise ist es möglich, die Erklärungs- und Prognosewahrscheinlichkeit einzelner, in Hypothesen gefasster,[37] Wirkungsbeziehungen auf

33 Vgl. Albert (1966), S. 131ff.

34 Monod (1985), Vorwort: Das Buch.

35 Popper (1995), S. 66.

36 Diese Annahme ist u.a. die Basis der Regressionsanalyse.

37 Nach Ströker erweist sich der Hypothesenbegriff bloß als ungenaue Grundlage für den Begriff der logischen Wahrscheinlichkeit, vgl Ströker (1977), S. 35.

theoretischem Wege in Richtung 100% zu verschieben.[38] Diese Abstraktion kann über die im vorhergehenden Abschnitt beschriebenen Aktivitäten erfolgen. Sie wird aber auch auf eher induktivem Wege versucht,[39] wobei das von Popper als „Kübeltheorie" der Erkenntnis bezeichnete Problem auftaucht.[40]

Ein ganz offensichtliches Bedürfnis nach Reduktion ist dann gegeben, wenn den wissenschaftlichen Bemühungen ein pragmatisches Erkenntnisinteresse zugrunde liegt, wie das in der Gründungsforschung überwiegend der Fall ist,[41] denn die Entwicklung von Lösungsstrategien für politische und ökonomische Probleme setzt ein Wissen voraus, das eine verlässliche Basis für Prognosen bietet und das instrumentalisierbar bzw. technologisierbar ist. Diese Eigenschaften sind um so eher gegeben, je weniger Beziehungen zu beachten und je stabiler sie sind.

Die beschriebenen Schwierigkeiten der Theorieanbindung lassen vermuten, dass die zu dem Ereignis „Gründung" führenden Faktoren nicht auf wenige Variablen reduzierbar sind, d.h., dass der oben beschriebenen Diffusität der abhängigen Variablen „Entrepreneurship" eine Diffusität der korrespondierenden unabhängigen Variablen gegenüber steht. Für Gartner kann deshalb auch das Studium aller Verästelungen der gegenwärtigen Entrepreneurshipforschung nicht zu einer umfassenden Theorie in Entrepreneurship führen: *„There is no elephant in entrepreneurship"*.[42]

2.4 Die Allgemeinheit theoretischen Wissens und das Problem des Transfers von Forschungswissen auf Praxisprobleme

Wie oben dargelegt, entstammen die Ziele für das Gros der Gründungsforschung dem Verwertungszusammenhang, d.h., die gefundenen Gesetzmäßigkeiten sollen für die Lösung praktischer Probleme instrumentalisiert werden. Hier besteht das Problem, dass das theoretische Wissen noch dem verallgemeinerten Zusammenhang angehört, d.h., es gilt nur unter den Abstraktionsbedingungen der jeweiligen Theoriekonstruktion mit ihren ceteris paribus-Bedingungen und kann in der Regel nicht linear auf singuläre Sachverhalte in der Realität übertragen werden.

Im allgemeinen bedarf der Praxistransfer wissenschaftlicher Erkenntnisse einer Übersetzung,[43] die die Auflösung eventueller ceteris-paribus-Klauseln beinhaltet, denn die praktische Wissensanwendung kann ja nur im Umfeld des komplexen realen Beziehungsgeflechtes des Ereignisses umgesetzt werden, aus dem das Forschungsproblem isoliert wurde. Dieses Beziehungsgeflecht kann je nach Beschaffenheit förderlich, neutral oder hinderlich sein. So wird z.B. eine Maßnahme

[38] Ein klassisches Beispiel für eine derartige Reduktion ist die in nationalökonomischen Modellen verwendete ceteris paribus-Klausel.

[39] Zum Beispiel im PSED-Projekt von Gartner, zur Darstellung siehe Abschnitt 3.2.

[40] Popper (1964b), S. 87ff.

[41] Zum in dieser Hinsicht populären „best-practice-Ansatz" vgl. Abschnitt 3.2.

[42] Gartner (2001), S. 34.

[43] Schulz (1974), S. 93.

zur Erleichterung der Kreditaufnahme zur Förderung von Gründungen möglicherweise durch einen Vorrang der Sicherheit in ihrer Wirkung behindert werden.

Ein weiteres Problem besteht in der Manipulierbarkeit der unabhängigen Variablen. Zum Beispiel lassen sich Mentalitätsfaktoren nur schwer verändern, Wissensdefizite dagegen sehr einfach. Hier ist zu fragen, wo die Forschung ansetzt, denn es besteht die Gefahr, dass die praktische Ausrichtung den Blick verengt, indem nur Faktoren untersucht werden, die eine Manipulation erlauben, die aber keine größere Wirkung entfalten, weil sie weder notwendig noch hinreichend sind und von daher unter die ceteris-paribus-Bedingungen mächtigerer aber nicht manipulierbarer Variablen fallen.

2.5 Exkurs: Gründungsforschung als Curriculumforschung

Ein nicht unbeträchtlicher Teil der als „Gründungsforschung" etikettierten Aktivitäten dient als Vorbereitung von Curricula zur akademischen Gründerausbildung.[44] Im Vergleich zur normalwissenschaftlichen Lehre werden in diesen Fällen die Prioritäten von Forschung und Lehre vertauscht.[45] Wird in wissenschaftlichen Curricula der Forschung der Vorrang eingeräumt und die Lehre als Weitergabe der systematisierten Erkenntnisse und Forschungsergebnisse nachgeordnet, so erhalten in den ausbildungsorientierten Curricula die Lernziele den Vorrang und die Forschung wird der Lehre untergeordnet. Sie wird damit zur Curriculumforschung, denn die Forschungsergebnisse dienen hier als Fundus von Wissen, das einem Ausbildungszweck dienen soll.[46] Wissenschaftliche Erkenntnisse müssen zu diesem Zweck in anwendungsbezogenes Wissen transformiert werden. Die verbreitete Suche nach Erfolgsfaktoren von Unternehmensgründungen hat hier eine ihrer Wurzeln.

Während die Wirksamkeit einer auf die Gründerausbildung ausgerichteten akademischen Lehre empirisch noch nicht erwiesen ist, lassen sich a priori einige Nachteile feststellen. So besteht aufgrund der Dominanz von Ausbildungszielen die Tendenz zu einer gravierenden Beschränkung der Forschungsperspektiven oder sogar zur Abkoppelung eines Teils der disziplinären Forschung von der Lehre, die nur noch ein Entrepreneurshipwissen vermittelt, das einen Informations- oder Entscheidungsnutzen für Gründer hat.[47]

Mit der Ausrichtung auf die Gründerausbildung wird außerdem das akademische Wissensangebot auf nur eine Adressatengruppe eingeschränkt. Studenten, die sich mit gründungswissenschaftlichen Fragestellungen innerhalb eines wirtschaftswissenschaftlichen, soziologischen usw. Studienganges beschäftigen und ein Referenzwissen erwerben möchten, das die Voraussetzungen für die Entwicklung von Problemlösungsstrategien in konkreten Fällen bietet und das für Angehö-

44 Vgl. u.a. Low (2001), S. 19ff.

45 Zu einer ausführlichen Darstellung siehe Anderseck (2004).

46 Dieses Vorgehen wird in der wissenschaftlichen Weiterbildung häufig propagiert.

47 Dieses Problem wird auch von Low gesehen, vgl Low (2001), S. 20.

rige verschiedener Professionen wichtig sein kann, z.B. für Gründerberater, Wirtschaftspolitiker, Regionalplaner, Bankiers usw., finden in der ausbildungorientierten Lehre kein entsprechendes Angebot.[48]

Die Konsequenzen des Spannungsfeldes der unterschiedlichen Prioritätssetzungen von Forschung und Lehre sind, auf einen kurzen Nenner gebracht, folgende: Die forschungsorientierte Lehre gibt aufgrund ihrer Breite und ihrer Allgemeinheit nur wenige Ansatzpunkte für eine unmittelbare Qualifizierung von Gründern. Eine unmittelbar auf die Gründerausbildung ausgerichtete Lehre führt aufgrund der Nachrangigkeit der Forschung andererseits zu einer gravierenden Beschränkung der Forschungsperspektiven oder zur Abkoppelung eines Teils der universitären Forschung von der Lehre. Die logische Konsequenz wäre das Angebot zweier unterschiedlicher Ausbildungsstränge, eines wissenschaftlichen und eines anwendungsbezogenen. In ähnlicher Richtung argumentiert auch Low.[49]

3 Die These des Theoriedefizits in der Gründungsforschung

3.1 Begriff und Relevanz des Theoriedefizits

Die Klage über das Theoriedefizit begleitet die Gründungsforschung beinahe seit ihren Anfängen.[50] Sie ist inzwischen, wie Brüderl, Preisendörfer und Ziegler bemerken, *„zu einem Standardargument in der einschlägigen Forschung“*[51] geworden.

Gemeint ist mit der Diagnose „Theoriedefizit“, dass das Forschungsgeschehen aber auch die Darstellung der Forschungsergebnisse zu wenig theorieverwendend sei. Als Maßstab werden bereits etablierte Disziplinen bzw. Subdisziplinen herangezogen. Die Beispiele reichen von den Naturwissenschaften bis zu Teildisziplinen der Managementwissenschaft, wie „Organisationstheorie“ oder „Strategisches Management“.

Betrachtet man die möglichen Funktionen von Theorien im Forschungsprozess dann können Defizite in folgenden Dimensionen auftreten: in der methodologischen Validierung der Forschung, in der Erfassung des Forschungsgegenstandes,[52] in der Erklärung von Sachverhalten und in der Form der Erkenntnisdarstellung[53].

[48] Wissenschaftler, die sich mit derart übergreifenden Fragen beschäftigen, laufen Gefahr, zwischen allen Stühlen zu sitzen und sich eine wissenschaftliche Karriere zu verbauen.

[49] Vgl. Low (2001), S. 19.

[50] Die Forderung „Develop more theories“ findet sich schon im ersten State-of-the-Art Sammelband der Gründungsforschung von 1982, siehe dort Paulin u.a. (1982), S. 366.

[51] Brüderl/Preisendörfer/Ziegler (1988), S. 20.

[52] Vgl. Abschnitt 1.1.

[53] Vgl. Acham (1983), S. 147ff.

Ihre besondere Relevanz gewinnt die Defizitdiagnose vor dem Hintergrund der Bestrebungen, die Gründungsforschung als Fach an den Hochschulen nachhaltig zu verankern. Hier trifft sie allerdings auf etablierte Disziplinen, die ihre akademische Legitimation zu einem wesentlichen Teil auf ihren Anspruch stützen, theorieorientiert zu arbeiten und die gewonnenen Erkenntnisse in Theorieform darbieten zu können. Es kann daher nicht verwundern, dass angesichts des behaupteten Theoriedefizits dem neuen Fach der Ruf anhaftet, zu wenig wissenschaftlich zu sein[54].

Wer mit diesem Bild der Gründungsforschung vor Augen die einschlägige Literatur in den aktuellen Zeitschriften und Konferenzbänden sichtet[55], findet dort allerdings kaum weniger Theoriegebrauch als in vergleichbaren Disziplinen aus dem wirtschafts- und sozialwissenschaftlichen Spektrum. Die Selbstverständlichkeit, mit der die Defizitdiagnose immer noch verwendet wird, ist daher zu hinterfragen. Ist sie schlichtweg überholt? Oder gilt sie auch heute noch, muss aber differenzierter gesehen werden?

3.2 Die methodologische Diskussion über die Gründungsforschung

In methodologischen Diskussionen werden Kriterien entwickelt, wie wissenschaftliche Forschung angemessen zu betreiben ist. Auch die Gründungsforschung kennt solche methodologischen Überlegungen. Sie werden hier unter „methodological issues"[56] oder häufiger und eher versteckt unter „definitional discussion"[57] geführt.

Inhaltlich gesehen lassen sich drei methodologische Diskussionskreise unterscheiden: ein listenwissenschaftlich, ein klassisch-naturwissenschaftlich und ein konstruktivistisch ausgerichtetes Methodologisieren.[58]

Die listenwissenschaftlich orientierte Richtung beruht auf dem „best-practice" Gedanken. Gesucht werden die Praktiken, die den Gründungserfolg bestimmen. Damit hätte man einen Kasten voller Instrumente für die Gestaltung des praktischen Gründungsgeschehens.[59]

Als Theorie gilt im „best-practice" Ansatz die generalisierte Aussage über eine Regelmäßigkeit zwischen einer unabhängigen und einer abhängigen Variablen. Dahinter steht die Idee einer Welt, die in eine Vielzahl von Variablen zerlegbar

---

[54] Vgl. Witt (2000), S. 3,

[55] Zu nennen sind vor allem: Academy of Management Journal; Academy of Management Review; Management Science; Journal of Business Venturing; Entrepreneurship: Theory and Practice; Advances in Entrepreneurship, Firm Emergence and Growth; Frontiers of Entrepreneurship Research.

[56] Vgl. z.B. Westhead/Wright (eds.), (2000), S. VI (Inhaltsverzeichnis).

[57] Vgl. z.B. Hills (ed.), (1994), S. VII (Inhaltsverzeichnis).

[58] Vgl. dazu auch Walterscheid (2004).

[59] Siehe auch Colbert (2004), S. 344.

ist, die untereinander regelmäßige Beziehungen bilden. Die Zusammenhänge werden linear gedacht, so dass die Einflüsse der unabhängigen Variablen additive Erfolgswirkungen aufweisen.[60]

Die in der Gründungsforschung weit verbreitete Suche nach Erfolgsfaktoren kann hier eingeordnet werden. Das frühe Verständnis von Gründungsforschung definierte sich vor allem als Erfolgsfaktorenforschung.[61] Als solche wird die Gründungsforschung auch heute noch betrieben, hat aber in dieser Fassung nicht mehr den dominierenden Platz wie noch in den 1980er Jahren.

Die Erfolgsfaktorenforschung weist die typischen Merkmale des „best-practice" Ansatzes auf. Das Spektrum der Erfolgsdeterminanten wird immer weiter ausdifferenziert, so dass „kaum einer der plausiblen Erfolgsfaktoren unbenannt bleibt".[62] Die listenmäßige Erfassung von Erfolgsfaktoren strebt Vollständigkeit an und signalisiert ein parataktisches Nebeneinander der Faktoren, ohne einen inneren Zusammenhang aufzeigen zu können.

Explizite methodologische Erörterungen konzentrieren sich im listenwissenschaftlichen Diskussionskreis vor allem auf angemessene Kriterien für das empirische Arbeiten.

Für das klassisch-naturwissenschaftlich ausgerichtete Methodologisieren steht vor allem Bygrave. Von Hause aus Physiker, orientiert sich Bygrave stark an seiner Herkunftswissenschaft[63]. Herzstück seiner Überlegungen ist die Konzeptionalisierung einer für die Gründungsforschung angemessenen Erklärungslogik. Gefordert wird von ihm ein Erklärungsmuster, das eine deterministische Struktur aufweist und in paradigmatischen Annahmen einen Begründungshorizont für die Geltung der Erklärung bietet[64]. Offensichtlich wird Bygrave vom Hempel-Oppenheim-Schema einer Erklärung geleitet.[65]

Bygrave fordert einen „klassischen Determinismus"[66], der eine eindeutige Zuordnung von Ursache und Wirkung erlaubt und damit die angestrebte technologische Transformation des Erklärungswissens in praxisrelevante Vorschläge ermöglichen soll. Bygrave sieht aber auch, dass die Gründungsforschung hier das Vorbild der Physik nicht erreichen wird. In einem Rangsystem für Erklärungsmuster, das von „hervorragend geeignet" über „brauchbar" bis zu „provisorisch geltend" reicht, sehen Bygrave/Hofer die Zukunft der Gründungsforschung im mittleren Rang.[67]

---

[60] DiMaggio (1995), S. 391 nennt dies „Theory as covering laws".

[61] Die frühen Versuche, die Gründungsforschung zu systematisieren, sind am Vorbild der Erfolgsfaktorenforschung orientiert. Vgl. etwa Müller-Böling/Klandt (1990), S. 143ff. oder Carsrud/Olm/Eddy (1986), S. 367ff.

[62] Fallgatter (2002), S. 153.

[63] Vgl. Bygrave/Hofer (1991), S. 13ff.; Bygrave (1993), S. 255ff; Bygrave (1995), S. 1ff.

[64] Vgl. Bygrave/Hofer (1991), S. 14ff.

[65] Vgl. Abschnitt 1.1.

[66] Bygrave (1993), S. 258.

[67] Vgl. Bygrave/Hofer (1991), S. 16.

Theorien, wie sie Bygrave vorschweben, werden in der Literatur als starke oder gute Theorien bezeichnet. Solche Theorien enthalten Aussagen über allgemeine Zusammenhänge, leiten diese Aussagen aus grundlegenderen Prinzipien ab und ermöglichen tendenziell eine wachsende Erklärungsreichweite durch empirische Überprüfungen[68].

Die starke Theorie ist das zentrale Element in einer am naturwissenschaftlichen Denken ausgerichteten Forschung. Sie ist der prägende Ausgangspunkt für das wissenschaftliche Arbeiten. Sie ermöglicht eine klare Begriffsbildung, die Konturierung fest umrissener Betrachtungsgegenstände, das Hervorbringen typischer Probleme und Lösungsmuster und die Bildung von Hypothesen über zu prognostizierende Phänomene, die empirisch überprüft werden können. Das theoriegeleitete Bilden und Überprüfen von Hypothesen stellt das dar, was Wissenschaftler auf der Basis starker Theorien normalerweise tun. Bygrave nennt diese Art des Forschens die „Klassische Dissertation“[69].

Die Form der starken Theorie ist auch der Leitstern für die Bildung einer eigenen Fachidentität in der Gründungsforschung. Als Großtheorie soll sie der feste Ausgangspunkt für die Bestimmung der Fachgrenzen, der Fachbegrifflichkeit, der fachtypischen Probleme und Lösungsmuster und für die Bildung der zum Fach gehörenden Teiltheorien sein. Bygrave stellt allerdings fest, dass eine solche das Fach konstituierende Großtheorie noch nicht in Sicht ist[70]. Daher empfiehlt er, zunächst mit bereichsspezifischen Teiltheorien zu arbeiten und er formuliert einige Anhaltspunkte für die Beschaffenheit der gesuchten Großtheorie[71].

Das konstruktivistisch orientierte Methodologisieren lässt sich gut am Beispiel der Arbeiten von Gartner[72] nachvollziehen. Für Gartner ist der Gründungsprozess das Entstehen einer neuen Organisation. Ihm geht es vorrangig darum, die Charakteristika dieses Entstehungsprozesses zu verstehen[73]. Das Erklären von einzelnen Phänomenen innerhalb des verstandenen Zusammenhanges kommt erst an zweiter Stelle.

Die methodologische Ausrichtung auf den Erkenntniszweck Verstehen bringt auch ein spezifisches Verständnis von Theorie mit sich. Theorie hat hier die Aufgabe, den Gründungsprozess als etwas zu interpretieren: als Lernprozess, als Entscheidungsprozess, als Prozess sozialen Konstruierens usw. Eine solche Interpretation- und Bedeutungszuweisung ermöglicht es, ein typisierendes modellhaftes Bild des Gründungsprozesses zu zeichnen. Diese Art der theoretisierenden Be-

---

68 Vgl. zur Theoriebegrifflichkeit: Sutton/Staw (1995), Weick (1995), und DiMaggio (1995). Zur logischen Problematik siehe vorn Abschnitt 2.3.

69 Vgl. Bygrave (1989), S. 17f.

70 Vgl. Bygrave (1989), S. 23.

71 Vor allem in Bygrave (1993).

72 Meilensteine: Katz/Gartner (1998), Gartner/Staw (1993), Gartner (1995), u Gartner/Carter (2003).

73 „.. a comprehensive understanding of the characteristics of the process.“ Gartner (1992), S. 6.

schreibung leistet die Profilierung wichtiger Aspekte: „Pay attention for this! These factors make a difference!“[74] und lenkt damit die Perspektive des Forschens.

Theorien im Sinne Gartners sind vorläufige und miteinander konkurrierende Interpretationszugriffe auf einen Betrachtungsgegenstand. Die Vielzahl möglicher Zugriffe ist geradezu erwünscht, um in einer gemeinsamen Diskussion die „Plausibilität“ der verschiedenen Deutungen miteinander zu vergleichen und zu neuen Deutungen zu ermuntern. Der gemeinsame Bezugspunkt einer solchen Diskussionsgemeinschaft ist nicht eine Großtheorie, wie sie Bygrave als einheitstiftendes Moment des Faches Gründungsforschung anstrebt, sondern eine phänomenologische Beschreibung des Gründungsprozesses. Gartner u.a. haben daher ein zeitaufwendiges USA-weites Forschungsprojekt in Gang gesetzt, das unter dem Titel „Panel Study of Entrepreneurial Dynamics – PSED“[75] geführt wird. Diese Studie begleitet 830 Personen im Gründungsprozess und versucht die dort beobachtbaren unternehmerischen Aktivitäten zu erfassen.

Unter dem weiten Mantel des konstruktivistisch inspirierten Methodologisierens lässt sich auch eine Forschungsrichtung einordnen, für die repräsentativ Sarasvathy, Shane und Venkataraman[76] stehen. Sie wählen statt der phänomenologischen Beschreibung des Gründungsprozesses – im Weberschen Geist – ein Problem von hoher Bedeutung und langer Geltung als gemeinsamen Bezugspunkt[77]. Venkataraman beschreibt das Problem als „Entstehung, Entdeckung und Ausbeutung unternehmerischer Gelegenheiten[78]. Auf diese Problemsequenz konzentrieren sich verschiedene interpretierende Zugriffe etwa markttheoretischer oder entscheidungstheoretischer Art.

3.3 Die Theorieverwendung in der Gründungsforschung

Die listenwissenschaftlich orientierte Forschung wird vornehmlich von politischen Programmen und Bedürfnissen der Hochschullehre getrieben. Im Ergebnis führt das zu dem oft beklagten fragmentierten und eklektischen Zustand des neuen Fachs[79]. Die von Low als „Entrepreneurship Research As Teaching Support“ und „Entrepreneurship Research As Potpourri“[80] genannten Vorgehensweisen gehören ebenfalls hierher.

In listenwissenschaftlich orientierten Forschungen werden Theorien in zweierlei Funktionen verwendet: erstens bei der Auswahl der zu untersuchenden Variablen und zweitens bei der Darstellung der Forschungsergebnisse.

[74] Gartner/Gatewood (1992), S. 5.

[75] Vgl. Gartner/Carter (2003), passim.

[76] Schulbildend: Shane/Venkataraman (2000), Venkataraman (1997), u. Sarasvathy u.a. (2003).

[77] Vgl. auch Walterscheid (2004).

[78] Vgl. Venkataraman (1997), S. 120.

[79] Vgl. Frank/Landström (1997), S. 388.

[80] Low (2001), S. 19ff.

Die Auswahl der zu untersuchenden unabhängigen Variablen wird in der Literatur von einem bunten Strauß von Wissen gelenkt. Während in den Anfangsjahren der Gründungsforschung oft vorwissenschaftliche Alltagstheorien, anekdotische Beschreibungen oder „abgesunkene“ Theorien aufmerksamkeitslenkend wirkten, ist heute eine zunehmende explizite Heranziehung explanativer Theorien zu beobachten. Die Studie von Brüderl/Preisendörfer/Ziegler[81] ist ein gutes Beispiel für das Bestreben, die relevanten Variablen in theoretische Bezüge einzubinden. Das vorrangige Interesse richtet sich auf die Erlangung empirischen Wissens über die ausgesuchten Variablen; weniger Interesse besteht an Rückschlüssen auf das theoretische Wissen. Die listenwissenschaftlich ausgerichtete Forschung benutzt die Theorien – pointiert gesagt – als „Steinbruch“, um dort – zumindest in anderen Anwendungen bewährte – Variablenmuster „herauszubrechen“ und für die eigene Stichprobe zu nutzen. Der Zugriff quer durch viele Disziplinen ist hier typisch.

Die Erkenntnisse liegen zunächst in Form empirischen Wissens vor. Der Vergleich mit anderen Stichproben wird dann genutzt, um zu vorsichtigen Verallgemeinerungen bestätigter Regelmäßigkeiten zu gelangen. Diese Form theoretischer Aussagen bilden dann die Basis von „best-practice“ Intentionen und von listenartig aufgezählten Faustregeln[82].

Als weitere Strategie, Gründungsforschung zu betreiben, nennt Low die multidisziplinär verfasste Richtung[83]. Diese unterscheidet sich von der listenwissenschaftlichen Variante durch den konsequenten Bezug des Forschers auf seine je eigene Heimatdisziplin, der er trotz Beschäftigung mit Gründungsfragen weiterhin angehört, und durch die in der Regel größere wissenschaftliche Strenge, mit der die Forschung betrieben wird. Mit der Gründungsforschung will er seiner Disziplin ein weiteres Anwendungsfeld erschließen. Mit der Strategie, die Gründungsforschung zu einer eigenständigen Disziplin zu entwickeln, hat diese Richtung das methodologische Beharren auf einem strengen Erklärungs- und Theorieverständnis gemeinsam. Sie sieht aber keine Notwendigkeit für die Entwicklung einer eigenen Disziplin. Stattdessen sollen viele Disziplinen ihren je eigenen Anwendungsbereich „Gründungsforschung“ aufbauen (Low: „Entrepreneurship Research Belongs In The Disciplines“[84]).

Die Verwendung von Theorien ist durch die Konzentration dieser Forschungsrichtung auf das normalwissenschaftliche Arbeiten geprägt: Starke Theorien werden herangezogen, um Hypothesen zu bilden, zu überprüfen und Rückschlüsse auf die Theorie zu ziehen. Im „Einsatz“ befindet sich in der Gründungsforschung ein breites Spektrum „importierter“ Theorien. Fiet nennt in seiner Untersuchung aus dem Jahr 2000[85] zwölf relevante Theoriefamilien, die vornehmlich dem engeren Bereich der wirtschaftswissenschaftlichen Fächer entstammen. Ein Blick in die

[81] Vgl. Brüderl/Preisendörfer/Ziegler (1998).

[82] Vgl. dazu etwa Gleißner (2001).

[83] Vgl. Low (2001), S. 21f.

[84] Low (2001), S. 21.

[85] Vgl. Fiet (2000).

beiden voluminösen Sammelwerke von „Westhead/Wright[86] und von Shane[87] zeigt ein noch breiteres Spektrum auf.

Fragt man nach dem spezifischen Beitrag, den die ökonomischen Ansätze für die Gründungsforschung bieten können, dann rückt die neoinstitutionalistische Theorierichtung nach vorne. Das kommt nicht von ungefähr, interpretiert doch Albach diese Richtung als eine „ökonomische Theorie von Einschwingvorgängen“[88]. In dieser Perspektive kann der Gründungsprozess als ein „Einschwingen am Markt“ begriffen werden und die diversen Einschwingprobleme vor allem mit Hilfe des Transaktionskostenansatzes und des Prinzipal-Agenten-Ansatzes untersucht werden[89]. Die Gründungsfinanzierung, die im vorliegenden Band Untersuchungsgegenstand ist, erhält aus einer solchen Perspektive starke Impulse.

Die Hauptströmung der Gründungsforschung intendiert die Entwicklung einer eigenen Fachidentität. Die von Bygrave vertretene Richtung kommt bei ihrer Suche nach der gewünschten Großtheorie allerdings über die Benennung methodologischer Normen nicht hinaus und konzentriert sich in ihrem "Alltagsgeschäft“ auf das normalwissenschaftliche Arbeiten des Entwerfens und Überprüfens theoriebasierter Hypothesen, wie es die multidisziplinär verfasste Schule ebenso praktiziert.

Wesentlich mehr bieten da die konstruktivistisch inspirierten Richtungen. Ihr “Kerngeschäft“ ist es, vornehmlich in typologisierender Theorieform sinnhafte Beschreibungen des Gründungsprozesses zu liefern. Gartner/Carter weisen in ihrem zusammenschauenden Handbuchartikel von 2003[90] auf ein breites Angebot solcher theoretischer Interpretationen des Gründungsprozesses hin („…a variety of theories and explanations“….): institutional theory, social relationship school of evolutionary theory, Schumpeterian strand of evolutionary theory, organizations as systems of interpretations, complexity theory u.a. nur angedeutete Ansätze. Auch hier wird in einem ersten interpretierenden Zugriff auf „importierte“ Perspektiven zurückgegriffen. In einem zweiten Zugriff werden dann durchaus eigenständige Typen herauskristallisiert; so etwa in der Untersuchung von Gartner/Mitchell/Vesper von 1989, in der in Querschnittsbehandlung acht Gründungstypen identifiziert werden[91] oder in der Untersuchung von Carter/Gartner/Reynolds von 1996, in der in Längsschnittbehandlung drei typische Profile ermittelt werden[92].

Die um Sarasvathy, Shane/Venkataraman sich herausbildende Richtung liefert interpretierende Beschreibungen der Problemkette: Entstehung, Entdeckung und Ausbeutung unternehmerischer Gelegenheiten. Sie sind stärker ökonomisch-theo-

86 Vgl. Westhead/Wright (eds.), (2000).

87 Vgl. Shane (ed.), (2002).

88 Albach (1997), S. 1277.

89 Eine solche übergreifende Interpretation des Beitrages der neoinstitutionalistischen Ökonomik zur Gründungsforschung könnte das Profil einer ökonomischen Theorie der Gründung schärfen und ihr einen gemeinsamen Sinn geben.

90 Gartner/Carter (2003), S. 210.

91 Vgl. Gartner/Mitchell/Vesper (1989).

92 Vgl. Carter/Gartner/Reynolds (1996).

retisch geprägt und ziehen zur Interpretation der Problemkette Marktprozesstheorien[93] und Entscheidungstheorien[94] heran. Shanes großes Sammelwerk[95] ist darüber hinaus eine wahre „Fundgrube" von Ansätzen, die einzelne Aspekte der Problemkette beleuchten und so die Basis für normalwissenschaftliche Aktivitäten bilden.

3.4 Die These des Theoriedefizits neu gelesen

Die These des Theoriedefizits wird oft als Pauschalurteil über die Gründungsforschung gelesen. Selbst von einem starken Theoriebegriff her gesehen ist dieser Vorwurf nicht zu halten. Zwar trifft es zu, dass es keine große disziplinbildende Theorie gibt, dass mit „importierten" Theorien gearbeitet wird und dass zu wenig Interesse besteht, die Forschungsergebnisse auf die Theorien selbst zurückzubeziehen und an deren Weiterentwicklung mitzuarbeiten. Aber im Bereich des normalwissenschaftlichen Arbeitens, das auch im Zentrum anderer Disziplinen steht, weist die Gründungsforschung eine hohe Theorieorientierung auf. Dazu hat wesentlich die rigorose Annahmepolitik der Fachzeitschriften und Fachkonferenzen der Gründungsforschungsgemeinschaft beigetragen.

Von einem weiten Theorieverständnis gesehen, bietet die Gründungsforschung ein breites Spektrum von gegenstandskonstituierenden und perspektivierenden Theorien. Sie könnten dem Fach das gesuchte eigenständige disziplinäre Profil geben[96]. Dazu wäre es hilfreich, wenn diese Theorien sich zunächst zu zwei oder drei „Schulen" verdichten ließen. Die Ansätze dazu sind vorhanden.

Literatur

Acham K (1983): Philosophie der Sozialwissenschaften, Freiburg, München.

Albach H (1997): Gutenberg und die Zukunft der Betriebswirtschaftslehre, in: Zeitschrift für Betriebswirtschaft, S 1257–1283.

Albert H (1966): Theorie und Prognose in den Sozialwissenschaften, in: Topitsch E (Hrsg): Logik der Sozialwissenschaften, 3. Auflage Köln, Berlin, S 126–143.

Anderseck K (2004): Institutional and Academic Entrepreneurship: Implications for University Governance and Management, in: Higher Education in Europe, Vol XXIX, S 193–200.

Buchanan JM, Vanberg VJ (1991): The Market as a Creative Process, in: Economics and Philosophy, S 167–186.

---

93 Referenztitel: Buchanan/Vanberg (1991).

94 Vgl. Sarasvathy (2001).

95 Vgl. Shane (ed.), (2003).

96 Siehe auch Walterscheid (2004).

Brüderl J, Preisendörfer P, Ziegler R (1998): Der Erfolg neugegründeter Betriebe – Eine empirische Studie zu den Chancen und Risiken von Unternehmensgründungen, 2. Auflage Berlin.

Bygrave WD (1989): The Entrepreneurship Paradigm (I): A Philosophical Look at its Research Methodologies, in: Entrepreneurship: Theory and Practice, S 7–26.

Bygrave WD (1993): Theory Building in the Entrepreneurship Paradigm, in: Journal of Business Venturing, S 255–280.

Bygrave WD (1995): Mom-And-Pops, High-Potenzial Startups, and Intrapreneurship: are they Part of the same Entrepreneurship Paradigm? in: Katz J A, Brockhaus jr RH (eds): Advances in Entrepreneurship, Firm Emergence and Growth, Vol 2, Greenwich, CT, London, UK, S 1–19.

Bygrave WD, Hofer ChW (1991): Theorizing about Entrepreneurship, in: Entrepreneurship: Theory and Practice, S 13–22.

Carsrud AL, Olm KW, Eddy GG (1986): Entrepreneurship Research in Quest of a Paradigm, in: Sexton DL, Smilor's RW (eds): The Art and Science of Entrepreneurship, Cambridge, S 367–378.

Carter NM, Gartner WB, Reynolds PD (1996): Exploring Start-Up Event Sequences, in: Journal of Business Venturing, S 151–166.

Colbert BA (2004): The Complex Ressource-Based Views: Implications for Theory and Practice in Strategic Human Ressource Management, in: Academy of Management Review, Vol 29, S 341–358.

Davidsson P, Low MB, Wright M (2001): Editor's Introduction: Low and MacMillan Ten Years On: Achievements and Further Directions for Entrepreneurship Research, in: Entrepreneurship: Theory and Practice, S 5–16.

DiMaggio PJ (1995): Comments on „What Theory is not?", in: Administrative Science Quarterly, S 391–397.

Fallgatter MJ (2003): Theorie des Entrepreneurship. Perspektiven zur Erforschung der Entstehung und Entwicklung junger Unternehmungen, Wiesbaden.

Fiet JO (2000): The Theoretical Side of Teaching Entrepreneurship, in Journal of Business Venturing, S 1–24.

Frank H, Landström H (1997): Entrepreneurship and Small Business Research in Europe – Analysis and Reflections, in: Landström H, Frank H, Veciana J (Hrsg): Entrepreneurship and Small Business Research in Europe, Aldershof u.a., S 382–395.

Gartner WB (1995): Aspects of Organisational Emergence, in: Bull I, Thomas H, Willard G (eds): Entrepreneurship Perspectives on Theory Building, Oxford, UK u.a., S 67–86.

Gartner WB (2001) Is there an Elephant in Entrepreneurship? Blind Assumptions in Theory Development, in: Entrepreneurship Theory and Practice, S 27–40.

Gartner WB, Carter NM (2003): Entrepreneurial Behaviour and Firm Organizing Processes, in: Acs ZJ, Andretsch DB (eds): Handbook of Entrepreneurship Research – An Interdisciplinary Survey and Introduction, Boston u.a., S 195–221.

Gartner WB, Gatewood E (1992): Thus the Theory of Description Matters Most, in: Entrepreneurship: Theory and Practice, S 5–9.

Gartner WB, Mitchell TR, Vesper KH (1989): A Taxonomy of New Business Ventures, in: Journal of Business Venturing, S 169–186.

Gartner WB, Staw JA (1993): The Nature of Entrepreneurial Work, in: Birley S, MacMillan IC (eds): Entrepreneurship Research: Global Perspectives, Amsterdam, North Holland, S 35–67.

Gleißner W (2001): Erfolgsfaktoren, Strategien und Geschäftspläne von Entrepreneurship und Unternehmertum. Denkstrukturen für eine neue Zeit, Wiesbaden, S 235–320.

Gleißner W (2001): Erfolgsfaktoren, Strategien und Geschäftspläne von Entrepreneuren, in: Blum U/Leibbrand F (Hrsg): Entrepreneurship und Unternehmertum. Denkstrukturen für eine neue Zeit, Wiesbaden, S 235–320.

Goode WJ, Hatt PK (1962): Grundelemente der wissenschaftlichen Methode, in König R. (Hrsg): Beobachtung und Experiment in der Sozialforschung, 2. Auflage Köln, Berlin, S 51–76.

Hanson NR (1961): „Is there a logic of scientific discovery?", in: Feigl H, Maxwell G (eds.): Current Issues in the Philosophy of Science, New York, S 20–35.

Hempel CG, Oppenheim P (1948): Studies in the Logic of Explanation, in: Philosophy of Science XV, S 135–175.

Hills GE (ed) (1994): Marketing and Entrepreneurship. Research Ideas and Opportunities, Westport Connecticut, London.

Hisrich RD (2003): A Model for Effective Entrepreneurship Education and Research, in: Walterscheid K (Hrsg): Entrepreneurship in Forschung und Lehre. Festschrift für Klaus Anderseck, Frankfurt a. M. u.a., S 241–254.

Katz J, Gartner WB (1998): Properties of Emerging Organisations, in: Academy of Management Review, S 429–441.

Kiesner WF (1990): Post-Secondary Entrepreneurship Education for the Practicing Venture Initiator, in: Kent CA (Hrsg): Entrepreneurship Education, Westport, S 89–110.

Kraft V (1966): Geschichtsforschung als strenge Wissenschaft, in Topitsch E (Hrsg.): Logik der Sozialwissenschaften, 3. Auflage Köln, Berlin, S 72–84.

Kuhn T (1976): Die Struktur wissenschaftlicher Revolutionen, 2. Auflage, Frankfurt a. M..

Kusnezova N (1999): Roots and Philosophy of Russian Entrepreneurship, in: Journal for Eastern Management Studies 4(1), S 45–72.

Low MB (2001): The Adolescence of Entrepreneurship Research: Specification of Purpose, in: Entrepreneurship: Theory and Practice, S 17–25.

Low MB, Macmillan IC (1988): Entrepreneurship: Past research and further challenges, in: Journal of Management 14(2), S 139–161.

Monod J (1985): Zufall und Notwendigkeit. Philosophische Fragen der modernen Biologie, 7. Auflage, München

Müller-Böling D, Klandt H (1990): Bezugsrahmen für die Gründungsforschung mit einigen empirischen Ergebnissen, in: Syzperski N, Roth P (Hrsg): Entrepreneurship – Innovative Unternehmensgründung als Aufgabe, Stuttgart, S 143–170.

Paulin RE u.a. (1982): Entrepreneurship Research: Methods and Directions, in: Kent C, Sexton D, Vesper K (eds): Encyclopaedia of Entrepreneurship, Englewood Cliffs, NJ, S 352–379.

Popper KR (1964b): Naturgesetze und theoretische Systeme, in : Albert H (Hrsg): Theorie und Realität, Tübingen, S 87–102.

Popper KR (1964b): Die Zielsetzung der Erfahrungswissenschaft, in : Albert H (Hrsg): Theorie und Realität, Tübingen, S.73–86.

Popper KR (1995): Alles Leben ist Problemlösen, 5. Auflage, München.

Reichenbach H (1938): Experience and Prediction. An Analysis of the Foundation and Structure of Knowledge, Chicago 1938, S 6 ff

Sarasvathy SD (2001): Causation and Effectuation: Toward Theoretical Shift from Economic Inevitability to Entrepreneurial Contingency, in: Academy of Management Review, S 143–263.

Sarasvathy SA u.a. (2003): Three Views of Entrepreneurial Opportunity, in: Acs ZJ, Andretsch DB (eds): Handbook of Entrepreneurship Research. An Interdisciplinary Survey and Introduction, Boston u.a., S 141–160.

Schulz W (1974): Philosophie in der veränderten Welt, 2. Auflage, Pfullingen.

Shane S (ed) (2002): The Foundations of Entrepreneurship, Vol I–II, Cheltenham UK, Northampton, MA, USA.

Shane S, Venkatamaran S (2000): The Process of Entrepreneurship as a Field of Research, in: Academy of Management Review, S 217–226.

Spinner H (1999): Kurs Problemlösungsprozesse, Kurseinheit 4: Soziales Problemlösen: Wege zur Praxis, FernUniversität in Hagen.

Ströker E (1977): Einführung in die Wissenschaftstheorie, Darmstadt.

Sutton, RI, Staw BM (1995): What Theory is Not, in: Administrative Science Quarterly, S 371–384.

Venkatamaran S (1997): The Distinative Domain of Entrepreneurship Research, in: Katz J, Brockhaus R (eds): Advances in Entrepreneurship, Firm Emergence, and Growth, Greenwich, CT, S 119–138.

Walterscheid K (2004): Die Gründungsforschung auf dem Weg zu einer eigenständigen Wissenschaft?, in: Anderseck K, Walterscheid K (Hrsg): Gründungsforschung und Gründungslehre zwischen Identitätssuche und normalwissenschaftlichem Arbeiten, Wiesbaden (im Erscheinen).

Weick K (1995): What Theory is Not, Theorizing is, in: Administrative Sciences Quarterly, S 385–390.

Westhead P, Wright M (eds) (2000): Advances in Entrepreneurship, Vol I–III, Cheltenham, UK, Northampton, MA, USA.

Witt P (2000): Gründungsforschung als Wissenschaft, in: Signale aus der WHK, Nr 2, S 3–4.

Chancen und Risiken der Gründungsfinanzierung aus informationsökonomischer Sicht

Dietmar Grichnik und Frank Schwärzel

Abstract

Finanzielle Risiken und Problemstellungen der Unternehmensgründung und des frühen Unternehmenswachstums können den nachhaltigen Gründungserfolg maßgeblich gefährden. Gleichzeitig birgt das mit einer Unternehmensgründung unweigerlich verbundene Eingehen finanzieller Risiken ein entsprechendes Chancenpotenzial für das monetäre und nicht-monetäre Engagement des Gründers und seiner Kapitalgeber. Entsprechende Theorieansätze zu Chancen und Risiken der Gründungsfinanzierung stehen noch weitgehend isoliert nebeneinander. Um die Lücken zu schließen, bietet der Rückgriff auf die Chance-Risiko-Profile der Finanzierungsformen einen geeigneten konzeptionellen Rahmen. Aufbauend auf den Erkenntnissen aus der modernen Finanzierungstheorie zu den relevanten Informationsrisiken liefert dieser Beitrag einen informationsökonomischen Bezugsrahmen zur Risikoanalyse der Gründungs- und Wachstumsfinanzierung.

1 Einleitung

Beiträge aus der Forschung zum Risikomanagement einer Unternehmensgründung stehen in einem noch frühen Stadium der Systematisierung gründungsrelevanter Risiken (*Pinkwart* 2002). Entsprechende Risikomanagementkonzepte betrachten neben rein finanziellen Chance-Risiko-Potenzialen auch psychologische und soziologische Risikofaktoren einer Unternehmensgründung; geschlossene Risikomanagementmodelle fehlen jedoch nicht zuletzt mangels geschlossener Beiträge aus der Finanzierungstheorie. So fokussieren Abhandlungen der modernen Finanzierungstheorie vorwiegend informationsbedingte Problemkonstellationen bei der Venture-Capital-Finanzierung (*Denis* 2004, *Bigus* 2003a), ungeachtet der empirisch nur partiellen Relevanz dieser Finanzierungsform für die Unternehmensgründung. Ein Blick in die einschlägige Literatur[1] zeigt eine breites Spektrum von der thematischen Einordnung des Venture-Capital in die moderne Finanzierungstheorie (*Chan* 1983, *Schmidt* 1985) über informationsökonomische Beiträge zur Vertragsgestaltung (*Hartmann-Wendels* 1987, *Gröschel* 1987, *Griesebach* 1989, *Weimerskirch* 2000, *Bascha* 2001, *Bigus* 2003b) bis hin zu institutionellen Analy-

[1] Vgl. den Überblick bei Weimerskirch (2000), S. 33ff.

sen der Entscheidungsstrukturen und -prozesse von Venture-Capital-Gesellschaften als Finanzintermediäre (*Sahlmann* 1990, *Gompers* 1995, *Zemke* 1995, *Fried, Bruton* und *Hisrich* 1998, *Schefczyk* 1998, *Brettel* 2002, *Witt* und *Brachtendorf* 2002). Neuere Untersuchungen zeigen erste Ansätze zur Erfassung der Gründungsfinanzierung über die reine Venture-Capital-Finanzierung hinaus (*Knobloch* 2001, *Bigus* 2002, *Brachtendorf* und *Witt* 2004). Unser Beitrag soll die Chance-Risiko-Konstellation bei der Eigen-, Fremd- und hybriden Finanzierung der Unternehmensgründung zusammenhängend analysieren und kritisch hinterfragen, inwieweit sich die informationsökonomische Sicht zur Integration in ein umfassendes Risikomanagementkonzept der Gründungsforschung eignet.

2 Perspektive der informationsökonomischen Finanzierungstheorie

Die Eignung der informationsökonomischen Perspektive (*Schneider* 1995) zur Analyse grundlegender Risikoprobleme und Chancenpotenziale der Gründungsfinanzierung lässt sich zunächst aus der Eingrenzung neoklassischer Ansätze begründen. Dadurch dass die neoklassische Finanzierungstheorie vollkommene und symmetrisch verteilte Informationen in ihrer Modellwelt unterstellt und damit Informationsvorsprünge, Insiderwissen und Innovationen ausblendet, sind innovative Unternehmensgründungen nicht vorstellbar und informationsbedingte Risikoprobleme zwischen Gründer und Finanzier nicht darstellbar. Dagegen fokussiert die informationsökonomische Finanzierungstheorie genau dieses Problemfeld, indem sie auf der Basis ungleich verteilter Informationen die Anreizrisiken durch die Delegation von Kapital bzw. Handlungsmacht in der Agency-Beziehung zwischen Kapitalnehmer und Kapitalgeber bei gleichzeitig bestehenden Interessenkonflikten analysiert (*Schulz* 2000, *Burchert, Hering* und *Hoffjan* 1998). Hieraus können sich Nutzeneinbußen für den finanzierenden Prinzipal ergeben, die ein Zustandekommen der Finanzierungsbeziehung mit dem gründenden Agenten a priori verhindern oder ex nunc – während der Finanzierungsbeziehung – erschweren können, so dass das vorhandene Chancenpotenzial einer Unternehmensgründung nicht ausgeschöpft wird (*Weimerskirch* 2000).

Diese Informations- und Delegationsprobleme dienen als Ansatzpunkte, um die Anreizwirkungen der Finanzierungsformen zu analysieren. Die Eignung der einzelnen Finanzierungsarten für die Gründungsfinanzierung resultiert dabei aus den mit dem Finanzierungstitel verbundenen Zahlungsanwartschaften. Im Folgenden sei angenommen, dass es zwischen einem Finanzier als Prinzipal und dem Gründer als Agenten zu einem ungesicherten[2] Kreditvertrag kommt. Der zwischen Fi-

---

[2] Zu den Anreizwirkungen von Kreditsicherheiten vgl. Rudolph (1984). Die Annahme der Nichtbesicherung kann bezüglich der Zahlungsstruktur auch in der Weise gedeutet werden, dass zwar Sicherungsverträge zwischen Darlehensnehmer und –geber geschlos-

nanzier und Gründer vereinbarte Zinssatz sei mit *r* bezeichnet und *C* sei der dem Gründer zur Verfügung zu stellende Kreditbetrag. Die Zahlungsstruktur des Kredites lässt sich wie folgt grafisch darstellen:

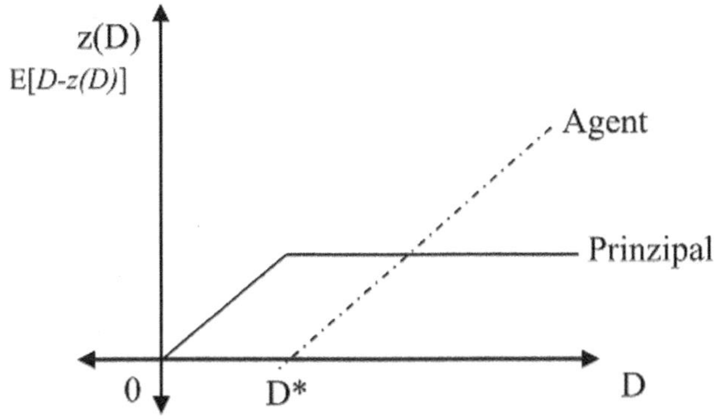

Abb. 1. Zahlungsstruktur eines Kreditvertrages (vgl. auch *Hartmann-Wendels* 2001)

Die in Abbildung 1 als durchgezogene Kurve dargestellte Zahlungsstruktur kann folgendermaßen interpretiert werden: Die Zahlungsanwartschaft des Finanziers *z(D)* ist abhängig vom Gesamtergebnis *D* des betrachteten Periodenendes. Sie steigt linear, bis das Maximum der vereinbarten Zins- und Tilgungsleistungen erreicht ist, also $z(D^*) = C \cdot (1+r)$. Interessant ist, dass der Finanzier im Intervall $[0,D^*]$ eine entsprechende (linksverschobene) Zahlungsstruktur wie der Gründer (der Gesellschafter) hat. Eine weitere Erhöhung des Gesamtergebnisses *D* hat keine Änderung von *z(D)* zur Folge. Anders sieht die Ertragstruktur des Agenten ohne Berücksichtigung kalkulatorischer Kosten aus (unterbrochene Kurve): Nur wenn ein Gesamtergebnis über D^* erreicht wird, erhält der Gründer überhaupt eine Zahlung E[*D-z(D)*]. Daher hat er einen Anreiz, sich so zu verhalten, dass ein Gesamtergebnis (deutlich) über D^* erreicht wird, da er dann von den über D^* liegenden Ertragszuwächsen allein profitiert.

Formal lautet die Zahlungsstruktur eines Standardkreditvertrages aus Sicht des Fremdkapitalgebers somit[3]:

sen werden, diesen durch den Darlehensgeber kein wirtschaftlicher Wert beigemessen wird und der Erwartungswert des Verwertungserlöses somit mit null angesetzt wird.

3 Es wird an dieser Stelle nicht der von Hartmann-Wendels (2001), S. 128 dargestellten Zahlungsstruktur gefolgt, um eine Unterscheidung des Solvenz- und Insolvenzfalles zu ermöglichen. Die Abweichung betrifft dabei nur die Zurechnung des kritischen Gesamtergebnisses D* zum Solvenzfall. Während die Abweichung für die Zahlungsstruktur aus Sicht des Finanziers unproblematisch ist, muß man aus Sicht des Gründers allerdings in Kauf nehmen, dass $D-C\cdot(1+r)$, auch den Wert null annehmen kann.

$$z(D)=\begin{cases} D \quad \mathit{für}\ D < D^{*} & \mathit{Insolvenzfall} \\ C\cdot(1+r)\ \mathit{für}\ D \geq D^{*} & \mathit{Solvenzfall} \end{cases} \tag{2.1}$$

Die komplementäre Zahlungsstruktur des erwarteten Nettoertrages vor Berücksichtigung kalkulatorischer Kosten[4] des Gründers lautet demzufolge[5]:

$$E[D\text{-}z(D)]=\begin{cases} 0 \quad \mathit{für}\ D < D^{*} & \mathit{Insolvenzfall} \\ D-C\cdot(1+r)\ \mathit{für}\ D \geq D^{*} & \mathit{Solvenzfall.} \end{cases} \tag{2.2}$$

Als Gegenstück zur Kreditfinanzierung stellt sich die Zahlungsstruktur der Beteiligungsfinanzierung dar (vgl. Abb. 2).

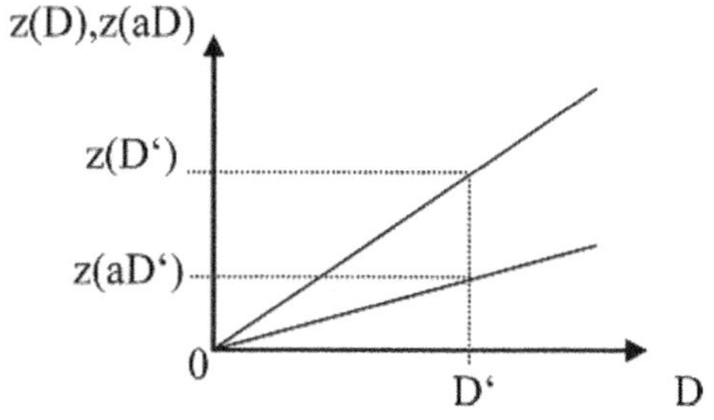

Abb. 2. Zahlungsanwartschaft des Finanziers bei der Beteiligungsfinanzierung

Bei einem angenommenen realisierten Gesamtergebnis D' am Periodenende besteht eine Gesamt-Zahlungsanwartschaft für Gründer und Finanzier von $z(D')=D'$, die quotal aufgeteilt wird. Dem Finanzier steht $z(aD') = a \cdot D'$ mit $0 < a < 1$ zu, dem Gründer folglich der Restbetrag $E[D' - z(aD')] = (1-a) \cdot D'$.

Hybride Finanzierungsformen (Mezzanine) sind Mischformen zwischen den beiden idealtypischen Finanzierungsformen. Dadurch können Zahlungsstrukturen synthetisiert werden, die gegenüber den reinen Formen abweichende Eigenschaften aufweisen. Im Rahmen des Finanzierungsdesigns wird versucht, durch zweckmäßige Kombination zwischen den idealtypischen Finanzierungsformen die jeweiligen Vorteile zu nutzen und die negativen Anreizwirkungen soweit wie möglich zu eliminieren. Dabei ist die Synthese abhängig von der dem betrachteten Gründungsprojekt beigemessenen Relevanz der verschiedenen Risikoarten, die in

4 Als kalkulatorische Kosten kann bspw. Arbeitsleid angesehen werden. Die oben vorgenommene Vereinfachung ist aus Sicht der Verfasser statthaft, da dadurch die erwarteten Zahlungsströme (die für eine Zahlungsstruktur maßgeblich sind), dargestellt werden.

5 Es wird hier unterstellt, dass das Minimum der möglichen Gesamtergebnisse D=0 beträgt.

den folgenden Abschnitten dargestellt werden. Eine mögliche Zahlungsstruktur sieht wie folgt aus (vgl. Abb. 3).

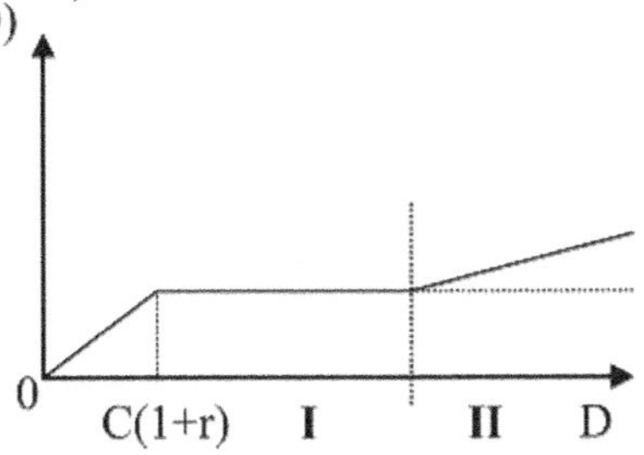

Abb. 3. Zahlungsstruktur einer hybriden Finanzierungsform (vgl. auch *Hartmann-Wendels* 2001)

Im Teil I erkennt man die Zahlungsstruktur der idealtypischen Kreditfinanzierung, im Teil II die Struktur einer Beteiligungsfinanzierung.

Die Wahl der Finanzierungsform setzt durch die damit gesetzten Zahlungsanwartschaften Anreizeffekte für das Verhalten des Gründers. Daher wird im Rahmen des Finanzierungsdesigns versucht (*Weimerskirch* 2000, *Edelmann, Milde* und *Weimerskirch* 1998), den Finanzierungsvertrag in der Weise zu gestalten, dass die resultierenden Anreizwirkungen für den Gründer einen möglichst weitgehenden Interessenausgleich zwischen Gründer und Finanzier erwarten lassen. Vor und während der Finanzierungsbeziehung wird das Informationsrisiko durch die Ungleichverteilung der finanzierungsrelevanten Informationen schlagend. Informationen können dabei als Nachrichten definiert werden, die ein Wirtschaftssubjekt veranlassen, sein bestehendes Wahrscheinlichkeitsurteil über entscheidungsrelevante Daten oder Ereignisse zu ändern.[6] Relevante Daten für die Gründungsfinanzierung beziehen sich auf die Qualitätsmerkmale des Gründers bzw. des Gründungsprojektes. Wird das Informationsproblem vorvertraglich überwunden, entsteht durch Abschluss des Finanzierungsvertrages eine Kooperationsbeziehung zwischen Gründer und Finanzier. Während der Kontraktlaufzeit[7] resultieren aus dem Informationsproblem verschiedene Arten von Delegationsrisiken: das Problem des Arbeitseinsatzes und des versteckten Konsums, das Investitions- und das Risikoanreizproblem sowie das Verschuldungsanreizproblem. Ausgehend von

---

6 Vgl. hierzu kritisch Schneider (1995), S. 50.

7 In den folgenden Ausführungen wird von einer einperiodigen Kontraktlaufzeit ausgegangen. Allerdings kann die Periode langfristiger Natur sein und bspw. durch den Insolvenzfall vorzeitig beendet werden. Den Verfassern ist bewußt, dass diese Annahme nicht unproblematisch ist und eine Vereinfachung darstellt. So werden bestimmte Problembereiche wie nachvertragliche Unfairneß oder Lösungsmöglichkeiten wie Reputationsaufbau aus der Betrachtung ausgeschlossen. Für die Gründungsfinanzierung erscheint eine einperiodige Betrachtung jedoch vertretbar, da für den Finanzier, bezogen auf seinen Anlagehorizont, insbesondere die Zustände Solvenz oder Insolvenz am Periodenende der jungen Unternehmung relevant sein dürften.

diesen Risikokonstellationen bei der Gründungsfinanzierung lassen die Anreizwirkungen der verschiedenen Finanzierungsformen Rückschlüsse auf die Eignung einzelner Finanzierungstitel zu.

3 Informations- und Delegationsrisiken bei der Gründungsfinanzierung

3.1 Das Informationsrisiko in der vorvertraglichen Situation

Betrachtet sei die Situation, dass ein Unternehmer mit einer Geschäftsidee ein Unternehmen gründen will, ohne Eigenmittel einbringen zu können. Folglich ist er auch nicht in der Lage, werthaltige Sicherheiten in Form von Vermögen für die Absicherung einer Finanzierung zu stellen. Um sein Vorhaben zu realisieren, wende er sich an einen potenziellen Finanzier.

Aus Sicht des Gründers stellt sich die Situation folgendermaßen dar: Da er im Periodenbeginn $t=0$ kein freies Vermögen besitzt, kann er die Gründung und den weiteren Aufbau des Unternehmens nicht aus eigener Kraft realisieren, er benötigt somit vom Finanzier den Betrag C. Dazu muss er den potenziellen Finanzier zunächst von der Vorteilhaftigkeit des Gründungsprojektes überzeugen.[8] Folglich muss er dem Finanzier bisher nur ihm bekannte Informationen zukommen lassen (Signaling). Da er antizipiert, dass der Finanzier skeptisch sein wird, hat er einen Anreiz, das Gründungsprojekt vorteilhafter zu präsentieren, als es tatsächlich ist und negative Informationen zu verheimlichen.

Auf der anderen Seite sucht der Finanzier nach einer vorteilhaften Investitionsalternative, so dass auch ihm grundsätzlich ein Interesse an der Finanzierung unterstellt werden kann. Allerdings vermutet der Finanzier einen Informationsvorsprung des Gründers und den Anreiz, ihn zu täuschen, also einen Interessenkonflikt. Es besteht somit für den Finanzier ein Informationsrisiko. Da folglich das Signaling nicht zu einer vollständigen Lösung des Problems führen kann, versucht der Finanzier, auf eigene Initiative weitere Informationen zu beschaffen, um dadurch das Informationsrisiko abzubauen. Mit der Methode des Screening qua Due Dilligence werden das Gründungsprojekt, der Gründer und die mit der Finanzierungsentscheidung verbunden Chancen und Risiken analysiert. Hierdurch kann das Informationsdefizit des Prinzipals jedoch nicht vollständig aufgelöst werden, da er private Informationen, die der Gründer (aktiv) verheimlichen will, nicht erkennen kann: Die Summe der Ergebnisse aus Signaling und Screening mittels Due Dilligence löst das Informationsproblem folglich nicht vollständig. Vielmehr ist es notwendig, dass ein „Einigungsmechanismus" besteht. Diese Möglichkeit lässt

[8] Es soll an dieser Stelle ausdrücklich darauf hingewiesen werden, dass hier implizit das Bestehen von Institutionen vorausgesetzt wird, die das Erkennen eines potenziellen Kontraktpartners sowie die Kommunikation mit ihm ermöglichen, vgl. hierzu Schmidt und Terberger (1999), S. 399ff.

sich aus der Annahme ableiten, dass die Akteure begrenzt rational handeln. Diesem Konzept liegt zugrunde, dass die Subjekte als Satisfizierer (und nicht als Maximierer) agieren und die Informationssuche nur solange betrieben wird, bis ein individuelles Zufriedenheitsniveau erzielt ist (*Schneider* 1995). Wird angenommen, dass dieses im vorliegenden Fall erreicht wird, einigen sich die Akteure, obwohl der First-best-Zustand[9] nicht realisiert werden kann.

Eine alternative Möglichkeit für die Akteure, das Informationsproblem zu lösen (neben Signaling und Due Dilligence), liegt in der Methode der Self Selection (*Weimerskirch* 2000). Dabei stellt der Finanzier dem Gründer verschiedene Vertragsvarianten vor, aus denen der Gründer diejenige auswählt, die seinem Nutzenmaximum am nächsten kommt. Durch seine Wahl verrät der Gründer wegen der Annahme der Nutzensatisfizierung automatisch einen Teil seiner privaten Informationen, allerdings kann auch bei dieser Vorgehensweise wegen der nicht vollständig aufgelösten Informationsasymmetrie der First-best-Zustand nicht erreicht werden, sondern bestenfalls der Second-best-Zustand.

Im vorigen Abschnitt wurde die Relevanz des Informationsrisikos in der vorvertraglichen Phase der Gründungsfinanzierung deutlich, es soll daher nun genauer betrachtet werden. Informationsrisiken sollen hier zunächst auf die Risiken für den Finanzier eingegrenzt werden, die infolge eines Informationsvorsprunges des Gründers ihm gegenüber auftreten, die jedoch unabhängig von der zukünftigen Handlung des Gründers sind. Informationsrisiken beschreiben hier somit die Gefahr, dass ein Finanzier eine Finanzierungsentscheidung trifft, die er bei Kenntnis der vollständigen Informationslage des Gründers nicht gefällt hätte. Dies impliziert, dass der Gründer diesen Informationsvorsprung bereits vor dem Kontraktabschluss besitzt. Das Informationsrisiko und die ihm innewohnende Chance soll im Folgenden mit Hilfe von Chance-Risiko-Profilen dargestellt werden (*Bitz, Niehoff* und *Terstege* 2000). Dabei wird zunächst davon ausgegangen, dass der Prinzipal bei einer einperiodigen Betrachtung eine Verteilungsfunktion F_D mit

$$F_D(D) = \int_{D_0}^{D} f(D) \cdot dD \qquad (3.1)$$

für das Gesamtergebnis D annimmt. Grafisch lässt sich das Informationsrisiko im Falle eines Prinzipals, der als Kreditgeber auftritt, wie folgt als Risikoprofil visualisieren (vgl. Abb. 4).

[9] Die First-best-Lösung beschreibt die optimale Lösung, die jedoch nur bei Informationssymmetrie zu realisieren ist. Bei der hier angenommenen Informationsasymmetrie kann jedoch bestenfalls die Second-best-Lösung erreicht werden.

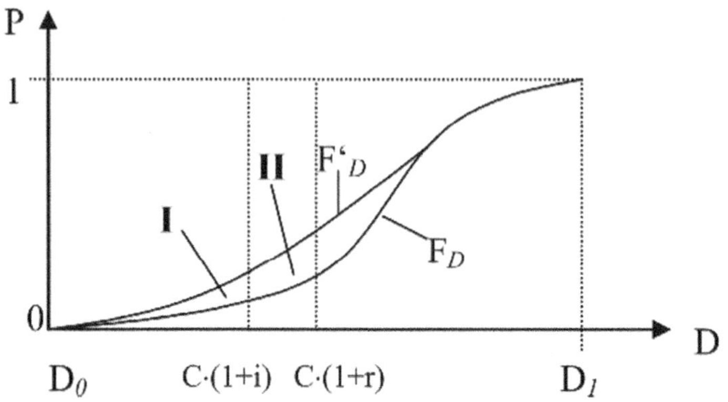

Abb. 4. Informationsrisiko bei der Fremdfinanzierung (vgl. auch *Bitz, Niehoff* und *Terstege* 2000)

Bei diesem Diagramm beschreibt *P* die Eintrittswahrscheinlichkeit, dass eine angenommene Realisation des Gesamtergebnisses nicht überschritten wird. Ferner ist *i* der Zinssatz für risikolose Anlagen. *r* ist der zwischen dem Finanzier und dem Gründer vereinbarte Zinssatz und *C* sei der dem Gründer zur Verfügung zu stellende Kreditbetrag. Das Ergebnis $C\cdot(1+i)$ verkörpert mithin den Betrag, den der Finanzier am Ende der Periode bei sicherer Anlage erhalten würde, wenn er die Unterlassungsalternative wählt. Bestenfalls kann der Finanzier bei Kreditvergabe an den Gründer den Betrag $C\cdot(1+r)$ realisieren, dieses jedoch nur unter Unsicherheit. Links dieser Marke erkennt man in der Abbildung 4 den für den Finanzier relevanten Bereich der Verteilungsfunktion. Der Finanzier nähme bei symmetrischer Informationslage eine Verteilungsfunktion F'_D an. Wird nun eine unvollständige Informationslage unterstellt, gelangt der Finanzier zu der angenommenen abweichenden Verteilungsfunktion F_D. In obiger Abbildung ist somit unterstellt, dass der Gründer in opportunistischer Weise relevante Informationen verschweigt. Die Teilflächen I (Risikoerhöhung) und II (Chancenreduzierung) beschreiben somit die Reduzierung des mathematischen Erwartungswertes auf Grund der Informationsasymmetrie.

Beispielhaft sei in der folgenden Abbildung 5 noch die Position eines Finanziers gezeigt, der quotal zu einem Anteil a mit $0 < a < 1$ an dem Ergebnis *D* beteiligt werden soll.[10] Es kann dabei gezeigt werden, dass auch bei einer Beteiligungsfinanzierung der Unternehmensgründung durch den Finanzier ein Informationsrisiko besteht. *C* bezeichnet hier die Einlage des Finanziers.

---

[10] Da a<1 angenommen wird, wird bei diesem Annahmenkranz die Möglichkeit der Einstellung des Gründers (als Arbeitnehmer), durch den Finanzier (als Arbeitgeber), ausgeschlossen.

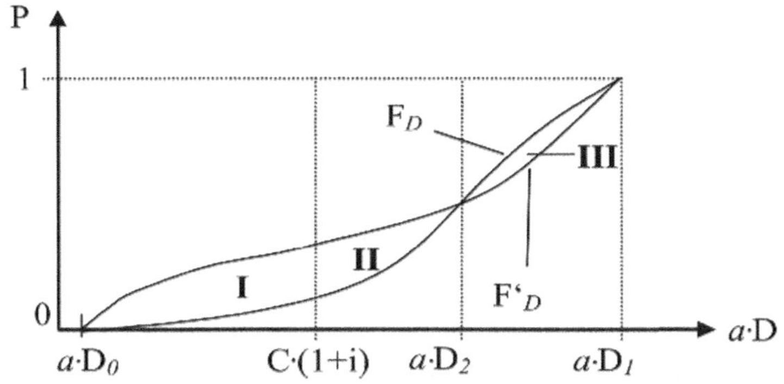

Abb. 5. Informationsrisiko bei der Beteiligungsfinanzierung (vgl. auch Bitz, Niehoff und Terstege 2000)

Wählte der Finanzier die Unterlassungsalternative, würde er seine Einlage C mit dem Betrag $C\cdot(1+i)$ annahmegemäß risikolos am Ende der Periode erhalten. Erwartet der Prinzipal die Verteilung F_D bei asymmetrischer Informationslage, schätzt er das Unternehmensgründungsprojekt positiver ein, als er dieses bei vollständiger Information getan hätte (Verteilung F'_D). Die Fläche I visualisiert die bei unvollständiger Informationslage gegenüber vollständiger Information für den Finanzier bestehenden höheren Risiken, da die Flächen unter den Kurven zwischen $a\cdot D_0$ und $C\cdot(1+i)$ die mathematischen Erwartungswerte des Risikos einer schlechteren Performance gegenüber der Unterlassungsalternative darstellen. In dem Intervall zwischen $C\cdot(1+i)$ und $a\cdot D_2$ ist die irrtümlich vom Finanzier angenommene Chance relativ zur Unterlassungsalternative (Fläche über der Kurve) deutlich größer als die Fläche über der Kurve der Verteilung F'_D in diesem Intervall, also der Chance, die der Finanzier bei symmetrischer Informationslage erwartet hätte. Im Intervall zwischen $a\cdot D_2$ und $a\cdot D_1$ kehrt sich das Risiko-Chancen-Profil um, da die Kurven sich geschnitten haben. Nun ist die Fläche über der Verteilung F'_D größer als die Fläche über F_D, somit existiert bei der im obigen Diagramm gezeichneten Konstellation wegen des Kurvenschnittpunktes sogar ein Bereich, in dem die Chancen der vorgetäuschten Verteilung schlechter sind als die tatsächlich zu erwartenden. Insgesamt kann also festgehalten werden, dass die Flächen I und II eine Minderung des mathematischen Erwartungswertes der Performance für den Finanzier darstellen, die Fläche III eine Erhöhung. Ein risikoneutraler Finanzier würde (solange die Summen der Flächen I und II größer als die Fläche III sind) einen Schaden aufgrund asymmetrischer Information erleiden, ein risikoaverser Finanzier dagegen bereits durch den Umstand, dass die Fläche I verhältnismäßig groß ist. Es mag nun berechtigterweise angemerkt werden, dass es für den Gründer keinen Sinn macht, die Verteilung F'_D in der dargestellten Form vorzutäuschen, vielmehr würde er versuchen, dem Finanzier die Informationen so zu präsentieren, dass die Fläche III gegen Null tendiert. Es ist leicht erkennbar, dass dieser Fall lediglich ein Spezialfall der obigen Konstellation ist. Somit besteht auch bei einer Beteiligungsfinanzierung ein Informationsrisiko.

3.2 Delegationsrisiken nach Vertragsabschluss

Es soll nun davon ausgegangen werden, dass es trotz des betrachteten vorvertraglichen Informationsrisikos zu einem Vertragsabschluss gekommen ist. Dazu soll weiter unterstellt werden, dass der Finanzier dazu nur bereit war, weil sich der Gründer verpflichtete, den Finanzierungsbetrag C zweckgebunden einzusetzen. Der Verwendungszweck wurde in dem Finanzierungsvertrag zwar spezifiziert, dieses konnte wegen der großen Komplexität der beabsichtigten Gründungsinvestitionen, die teilweise auch noch abhängig waren von zukünftigen Ereignissen, nur grob und unscharf erfolgen. Hieraus resultieren nun Handlungsspielräume des Gründers, die dieser wegen der Annahme der opportunistischen Verhaltensweise und der eingeschränkten Beobachtbarkeit der Handlungen des Gründers (bzw. des wahren Gesamtertrages) nutzen wird, um seinen Nutzen zu erhöhen, auch wenn er den Finanzier damit schädigen würde. In dieser Situation entstehen für den Finanzier Delegationsrisiken.[11]

3.2.1 Problem des Arbeitseinsatzes und des versteckten Konsums

Beim Arbeitsanreizrisiko handelt es sich um ein Verhaltensrisiko, welches dadurch gekennzeichnet ist, dass der Gründer seinen Leistungsinput (z.B. in Form von Anstrengung) nach Vertragsabschluss entgegen der Vereinbarung reduziert und dadurch eine Verringerung des Gesamtergebnisses D resultiert. Da der Gründer annahmegemäß vermögenslos ist, weiß der Finanzier, dass der zu vereinbarende Rückzahlungsbetrag $C \cdot (1+r)$ (bei Kreditfinanzierung) resp. $a \cdot D \; mit \; 0 < a < 1$ (bei Beteiligungsfinanzierung) aus dem zu finanzierenden jungen Unternehmen selbst erwirtschaftet werden muss. Dieses ist unter den gegebenen Spezifizierungen jedoch maßgeblich abhängig von der Person des Gründers, insbesondere der Qualifikation und des Arbeitseinsatzes e. Die Qualifikation des Gründers wird nun vereinfachend als konstant unterstellt und das Arbeitsanreizproblem (Effort-incentive-Problem) diskutiert (*Hartmann-Wendels* 2001).[12]

$f(D,e)$ bezeichne die konvexe Wahrscheinlichkeitsdichtefunktion des Gesamtergebnisses D bei gegebenem Input des Gründers e (bspw. Anstrengung). $\theta(e)$ sei

[11] Während das vorvertragliche Informationsproblem auch als „Adverse Selection" bezeichnet wird, werden die nachvertraglichen Delegationsprobleme, sofern Fehlverhaltensanreize wegen des Vertragsabschlusses bestehen, auch „Moral hazard" genannt, vgl. Weimerskirch (2000), S. 28. Zu den Delegationsrisiken im Überblick Barnea, Haugen und Senbet (1981), S. 7ff.

[12] Vgl. zum Arbeitseinsatzproblem („shirking"), Grossman und Hart (1982), S. 107ff.

eine konvex steigende Kostenfunktion[13] in Abhängigkeit von e. Es gilt $\frac{\partial\theta(e)}{\partial e} > 0$ und $\frac{\partial^2\theta(e)}{\partial e^2} > 0$. Aus Sicht des Gründers ist $\theta(e)$ die durch e herbeigeführte monetär bewertete Nutzenreduzierung.[14] Ferner soll unterstellt werden, dass eine Erhöhung von e eine Verschiebung der Verteilungsfunktion $F(D,e)$ zur Folge hat: Es gelte $\frac{\partial F(D,e)}{\partial e} < 0$ und $\frac{\partial^2 F(D,e)}{\partial e^2} \geq 0$. Der Gründer sei zum Periodenbeginn t=0 vermögenslos. Finanzier und Gründer seien risikoneutral, handeln begrenzt rational und der Zinssatz für risikolose Anlagen sei aus Vereinfachungsgründen i=0. Der Finanzier erhält für die Kapitalhergabe eine Zahlungsanwartschaft im Fall einer idealtypischen Kreditfinanzierung $z(D)=\min\{D,[C\cdot(1+r)]\}$ mit $0 \leq z(D) \leq D$ oder im Fall einer Beteiligungsfinanzierung $z(D)=a\cdot D$ mit $0<a<1$ oder im Fall hybrider Finanzierungstitel Kombinationen aus diesen beiden Zahlungsanwartschaften. Er kann das erzielte Gesamtergebnis D allerdings nicht sicher beobachten und ist annahmegemäß nur zur Finanzierung bereit, wenn er erwartet, mindestens den Finanzierungsbetrag zurück zu erhalten, also $E[z(D)] \geq C\cdot(1+i)$ mit $i=0$. Diese Eingrenzung der Bereitschaft stellt somit eine Restriktion dar. Auf der anderen Seite erwartet der Gründer einen Nettoertrag von $E\left[D - z(D) - \theta(e)\right]$, d.h., ihm verbleibt der Residualüberschuss nach Berücksichtigung seiner Inputkosten und der Zahlung an den Finanzier. Der Gründer versucht, da er begrenzt rational handelt, seinen erwarteten Nettoertrag zu maximieren. Dazu hat er folgende Möglichkeit: Er kann das erwartete Gesamtergebnis $E[D]$ durch Variation von e erreichen und beeinflusst dadurch $E[z(D)]$, also die erwartete Zahlungsanwartschaft des Finanziers. Aber auch durch Konditionsverhandlung zwischen Finanzier und Gründer kann die erwartete Zahlungsanwartschaft des Finanziers variiert werden. Kommt ein Gründungsfinanzierungsvertrag zustande, lässt sich der folgende Optimierungsansatz aufstellen (*Hartmann-Wendels* 2001):

$$\max_{e,z(D)} E\left[D - z(D) - \theta(e)\right] \tag{3.2}$$

unter den Nebenbedingungen:

$$E[z(D)] \geq C \tag{3.3}$$

---

[13] Der Kostenbegriff wird hier verwendet, da nicht auf der Zahlungsmittelebene diskutiert wird, sondern das Opportunitätskostenprinzip Anwendung findet.

[14] Die Nutzenreduzierung lässt sich als Arbeitsleid auffassen, das mit zunehmender Anstrengung überproportional steigt, vgl. Schulz (2000), S. 57.

$$\frac{\partial\, E\left[D-z(D)\right]}{\partial e}-\frac{\partial\, \theta(e)}{\partial e}=0 \tag{3.4}$$

$$0\leq z(D)\leq D \tag{3.5}$$

Die Optimierung kann über den Lagrange-Ansatz erfolgen:

$$L\left[D,z(D),e\right]=E\left[D-z(D)\right]-\theta(e)+\lambda_0\left[E\left[z(D)\right]-C\right] \tag{3.6}$$
$$+\lambda_1\left[\frac{\partial E\left[D-z(D)\right]}{\partial e}-\frac{\partial\theta(e)}{\partial e}\right]$$

Es folgt die komplementäre (optimale) Zahlungsstruktur aus Sicht des Gründers:[15]

$$E[D\text{-}z(D)]=\begin{cases}0 & \text{für } D\leq D^{*}\\ D & \text{für } D>D^{*}\end{cases} \tag{3.7}$$

Wegen $0\leq z(D)\leq D$ erhält der Finanzier z(D)=D (bis das Optimum D^{*} erreicht ist) oder z(D)=0 (wenn $D>D^{*}$). Die resultierende Zahlungsstruktur optimiert zwar den Arbeitseinsatz des Gründers, besitzt jedoch einen gravierenden Mangel: Es wird ein neues Anreizproblem erzeugt, da der Gründer wegen der Annahme opportunistischen Verhaltens und der mangelnden Beobachtbarkeit des Erfolges seitens des Finanziers in jedem Fall ein Ergebnis $D>D^{*}$ vortäuschen bzw. melden würde. Dadurch wird ein derartiger Finanzierungsvertrag wegen der gemachten Annahme der nicht sicheren Überprüfbarkeit des Ergebnisses nicht zustande kommen. Dieser Fehlanreiz kann dadurch beseitigt werden, dass eine zusätzliche Bedingung eingeführt wird, nämlich dass $z(D)=min\{D, D^{*}\}$ gilt. Hieraus folgt jedoch genau die Zahlungsstruktur der idealtypischen Kreditfinanzierung $z(D)=min\{D, C\cdot(1+r)\}$.

Eine empirische Relevanz des Arbeitseinsatzproblems bei Gründungsfinanzierungen wird in der Literatur allerdings nicht einheitlich gesehen (*Schulz* 2000), gleichwohl ist es Bestandteil von Modellen der normativen Agency-Theorie. In ihr muss beachtet werden, dass bei der Betrachtung des Arbeitseinsatzproblems nicht die Qualität der Anstrengung maßgeblich ist, sondern das Anstrengungsvolumen. Vor dem empirischen Hintergrund erscheint jedoch die Annahme realitätsnäher,

[15] Bei Hartmann-Wendels (2001), S. 127, ist dagegen die optimale Zahlungsstruktur aus Sicht des Prinzipals dargestellt.

dass Unternehmensgründer tendenziell Anstrengungen unternehmen, um ihre Geschäftsidee zu verwirklichen und zum Erfolg zu führen.[16]

Ein weiteres Problem für den Kapitalgeber liegt in der Möglichkeit des Gründers, unbeobachtet Konsum am Arbeitsplatz („perk consumption") zu tätigen. Hierunter fallen Aufwendungen, die ausschließlich dem Gründer einen persönlichen, direkten Nutzen bringen und nicht der Erzielung des vereinbarten Gesamtergebnisses D dienen (*Jensen* und *Meckling* 1976). Konsumiert der Gründer am Arbeitsplatz einen Betrag B, dann bleibt nach Periodenende für die Verteilung zwischen Gründer und Finanzier lediglich ein Betrag von $(D-B)<D$ mit $B>0$. Je nach vereinbarter Zahlungsstruktur ergeben sich unterschiedliche Auswirkungen auf die Wohlfahrt des Finanziers. Wurde eine Beteiligungsfinanzierung vereinbart, erhält der Finanzier einen Anteil von $a(D-B)<a{\cdot}D$ mit $0<a<1$ und der Gründer einen Betrag von $(1-a)\cdot(D-B)+B$. Der Beteiligungsfinanzier erleidet somit in jedem Fall $B>0$ einen Wohlfahrtsverlust.

Nun sei der Fall einer Kreditfinanzierung betrachtet. Hier können zwei Fälle auftreten: Erstens kann das erzielte Gesamtergebnis $D<C\cdot(1+r)+B$ sein. In diesem Fall erhält der Finanzier einen Betrag von $(D-B)<D$, während der Gründer bereits einen Betrag von B erhalten hat. Der Finanzier erleidet somit auch bei dieser Konstellation einen Wohlfahrtsverlust. Im zweiten Fall beträgt das erzielte Gesamtergebnis $D\geq C\cdot(1+r)+B$. Der Finanzier erhält somit den vereinbarten Betrag von $C\cdot(1+r)$ und der Gründer einen Betrag von $[(D-B)-C\cdot(1+r)]+B=D-C\cdot(1+r)$. Folglich erleiden bei dieser Konstellation weder der Finanzier einen Wohlfahrtsverlust noch der Gründer einen Nutzenzuwachs durch den versteckten Konsum.

Insgesamt kann daher davon ausgegangen werden, dass die Kreditfinanzierung das Anreizproblem des verdeckten Konsums am Arbeitsplatz tendenziell besser löst als die Beteiligungsfinanzierung.

3.2.2 Investitionsproblem und Risikoanreizproblem

Betrachtet sei hier zunächst die Situation, dass der Gründer einen Anreiz habe, von dem mit dem Finanzier vereinbarten Investitionsplan abzuweichen, da er sich hiervon einen Nutzenvorteil verspricht. Ein Problem ergäbe sich für den Finanzier dadurch, dass sich die Investitionsänderung für ihn nachteilig auswirkt.[17] Mit Hilfe

---

[16] Dieses erscheint unmittelbar plausibel, jedoch dürfte die Relevanz abhängig vom erwarteten Ergebnis sein. Um dieses zu zeigen, muß die weitere Spezifikation eingeführt werden, dass der Gründer (anders als der Kapitalgeber), bereits vor Periodenende abschätzen kann, ob das angestrebte Gesamtergebnis D das kritische Ergebnis D* übersteigen wird. Ist dieses nicht der Fall, so geht er davon aus, dass der Kreditgeber das Gesamtergebnis D und er selbst nichts erhalten wird. Insofern besteht in dieser Situation doch ein Anreiz, das Anstrengungsniveau zu reduzieren.

[17] Es gibt kein Investitionsproblem, wenn das aus der abweichenden Investition resultierende Gesamtergebnis das Gesamtergebnis aus der vereinbarten Investition stochastisch

von Risikoprofilen lässt sich dieses Problem für den Finanzier als Kreditgeber wieder visualisieren. Es wird wiederum von einer Verteilungsfunktion F_D ausgegangen, mit der der Finanzier das Gesamtergebnis bei Periodenende erwartet (*Bitz, Niehoff* und *Terstege* 2000, *Bitz* 1988).

Nimmt der Finanzier aufgrund des vereinbarten Investitionsplanes also die Verteilung F_D an, so wird er eine Verschlechterung seiner Erwartung hinnehmen müssen, wenn der Gründer eine Investition realisiert, die eine Gesamtergebnisverteilung F'_D zur Folge hat, da sich die Wahrscheinlichkeit, dass das Gesamtergebnis mindestens $C \cdot (1+r)$ beträgt, signifikant reduziert und dadurch der Erwartungswert der Performance sinkt. Dieser Effekt ist dadurch begründet, dass die Fläche unter der Verteilung F_D im Intervall D_0 und $C \cdot (1+r)$ den Erwartungswert der vom Finanzier angenommenen Risiken darstellt. Auf der anderen Seite verkörpert die Fläche unter der Verteilung F'_D in demselben Intervall den Erwartungswert der Risiken durch die nicht vereinbarte Investition des Gründers. Die Differenz dieser beiden Flächen (Fläche I in Abbildung 6) stellt folglich die Verschlechterung der Position des Finanziers dar.

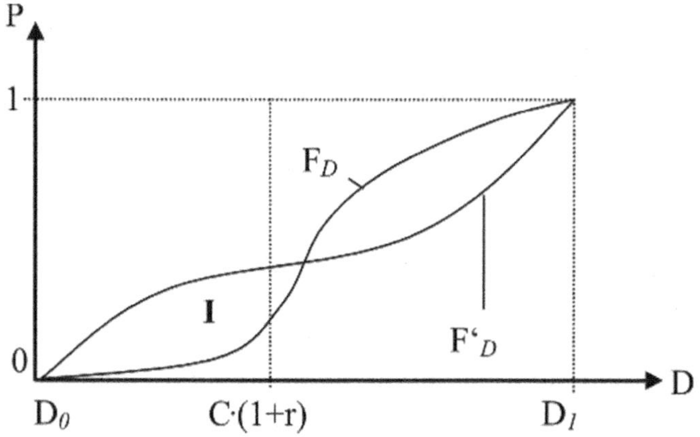

Abb. 6. Investitionsproblem bei der Kreditfinanzierung (vgl. auch *Bitz, Niehoff* und *Terstege* 2000)

$C \cdot (1+r)$ stellt darüber hinaus auch den maximalen Betrag dar, den der Finanzier als Kreditgeber erhalten kann. Somit kann er von dem teilweise besseren Verlauf *rechts* des Kurvenschnittpunktes nicht profitieren, die hier durch die Investitionsänderung anfallenden Chancen fallen allein dem Gründer zu. Dieses ist bei einer Beteiligungsfinanzierung, bei der der Finanzier quotal am Gesamtergebnis beteiligt ist, nicht gegeben. Hier profitiert der Finanzier auch an den sich ergebenden Chancen. Wird der Risikogesichtspunkt in den Vordergrund der Analyse gestellt,

dominiert, vgl. Bitz, Niehoff und Terstege (2000), S. 11. Vgl. zum Investitionsanreizproblem Jensen und Meckling (1976), S. 334ff.

gelangt man zum Risikoanreizproblem (*Myers* 1977), das im Folgenden dargestellt wird.

Es soll analysiert werden, welche Risikoanreizwirkung bei einer Kreditfinanzierung der Gründung auftritt. Dazu ist anzumerken, dass die Unterscheidung zwischen Investitionsproblem und Risikoanreizproblem häufig sehr schwierig resp. unmöglich ist. Es soll hier allerdings separat behandelt werden, da risikoerhöhende Aktionen des Gründers denkbar sind, die nicht Abweichungen von Investitionsplänen zuzuordnen sind.[18] Die risikoerhöhenden Maßnahmen sollen zu einem schnelleren oder höheren Erfolg führen (*Schulz* 2000). Zur Analyse wird davon ausgegangen, dass die konvexe Wahrscheinlichkeitsdichtefunktion $f(D,e)$ eine Varianz σ_a^2 und einen Erwartungswert μ_a aufweist. Der Finanzier sei risikoavers und der Gründer risikoneutral angenommen. Der Finanzier erhält für die Kapitalhergabe eine Zahlungsanwartschaft $z(D)=\min\{D,[C\cdot(1+r)]\}$ mit $0 \leq z(D) \leq D$, ist also Kreditgeber.

Wie beschrieben, sei der erwartete Nettoertrag des Gründers $E\left[D-z(D)-\theta(e)\right]$. Sei $e=\overline{e}$ die konstante Anstrengung des Gründers, so muss $E[D]$ erhöht werden, um den erwarteten Zahlungszufluss an den Gründer zu erhöhen. Die Erhöhung lässt sich für den Gründer folglich nur noch durch die Wahl einer anderen Investition mit einer Wahrscheinlichkeitsdichtefunktion $f'(D,\overline{e})$ mit einer Varianz σ_b^2 und einem Erwartungswert $\mu_b > \mu_a$ erzielen. Ein Problem kann sich für einen risikoaversen Finanzier nur dann ergeben, wenn $\sigma_b^2 > \sigma_a^2$ gilt, dann wird durch $f'(D,\overline{e})$ das für den Finanzier relevante Gesamtergebnis von mindestens D^* mit einer geringeren Wahrscheinlichkeit erreicht und der Finanzier würde somit schlechter gestellt.[19]

Wird nun der Fall betrachtet, in dem der Finanzier die Unternehmensgründung durch eine Beteiligungseinlage finanziert[20] und quotal mit dem Anteil *a* am Gesamtergebnis beteiligt wird, ist ein Risikoanreizproblem dann nicht gegeben, wenn die Risikoeinstellung zwischen Gründer und Finanzier gerade übereinstimmt oder die geänderte Investitionsalternative die vereinbarte stochastisch dominiert. Hieraus folgt: Je ähnlicher ceteris paribus die Risikopräferenz zwischen Gründer und Finanzier ist, desto mehr wird das Risikoanreizproblem durch die Beteiligungsfinanzierung gelöst. Der Konfliktfall differierender Risikopräferenzen soll nun an-

---

[18] Hierbei ist an Handlungen zu denken, bei denen zwar formal der Investitionsplan eingehalten wurde, jedoch das Risikoprofil beeinflußt wird, z.B. bei Wahl der Mitarbeiter oder der Lieferanten.

[19] Es soll hier darauf hingewiesen werden, dass die Annahme der Beobachtbarkeit durch den Prinzipal nicht die Durchsetzbarkeit von etwaigen Schadensersatzansprüchen beinhalten kann, da der Agent in t=0 annahmegemäß vermögenslos ist.

[20] Es wird hier implizit angenommen, dass die Geschäftsführung zukünftig allein dem Gründer obliegt.

hand der Dichtefunktion illustriert werden. Der Finanzier geht wieder von der Verteilungsfunktion

$$F_D(D) = \int_{D_0}^{D} f(D) \cdot dD \tag{3.8}$$

bezüglich des Gesamtergebnisses D aus. Die Dichtefunktion $f(D)$ stelle sich wie in Abbildung 7 dar:

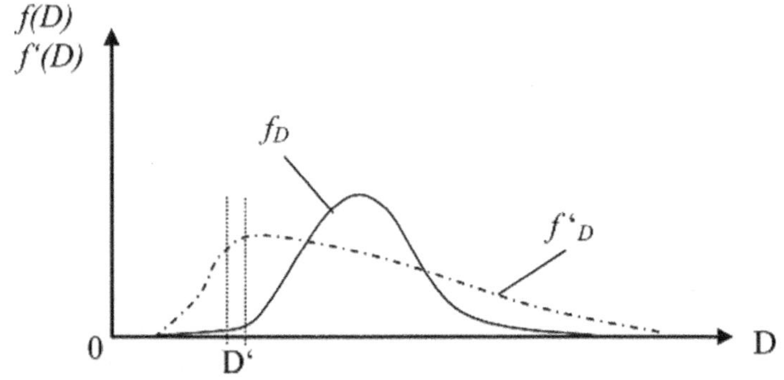

Abb. 7. Risikoanreizerzeugende Dichtefunktionen bei der Beteiligungsfinanzierung

Es sei im Folgenden angenommen, dass der Finanzier risikoavers und der Gründer risikoneutral ist. Gilt ferner, dass der Erwartungswert $E[f(D)]<E[f'(D)]$ ist, ergibt sich für den Gründer der Anreiz, sich risikoerhöhend zu verhalten resp. zu investieren, wenn diese Verhaltensweise bei symmetrischer Informationsverteilung[21] zur Dichtefunktion $f'(D)$ führen würde. Für den Finanzier ergibt sich daraus bspw. eine Nutzeneinbuße, dass das durch ihn als negativ empfundene Merkmalsausprägungsintervall[22] D' mit einer signifikant höheren Wahrscheinlichkeit realisiert wird als von ihm erwartet. Insgesamt wird deutlich, dass Beteiligungsfinanzierungen zumindest in einigen Situationen das Risikoanreizproblem bei der Gründungsfinanzierung lösen oder zumindest ansatzweise lösen können. Dieses ist durch eine idealtypische Kreditfinanzierung jedoch nicht zu erreichen.

3.2.3 Verschuldungsanreizproblem

Ein weiteres Problem kann sich ergeben, wenn der Gründer eine zusätzliche und nicht vereinbarte Verschuldung bei einem weiteren Fremdkapitalgeber initiiert

[21] Der Zustand der symmetrischen Informationsverteilung dient hier nur als Referenzpunkt, es wird nach wie vor von Informationsasymmetrie zwischen den Beteiligten ausgegangen.

[22] D' muß hier als Intervall angegeben werden, da die Eintrittswahrscheinlichkeit für einen einzelnen Wert von D wegen der Stetigkeit der Dichtefunktion null beträgt.

und der Finanzier dadurch aus seiner Sicht eine Nutzeneinbuße erfährt (*Bitz, Niehoff* und *Terstege* 2000, *Fama* und *Miller* 1972). Dieses lässt sich an einem Gedankenspiel verdeutlichen, indem angenommen wird, dass Prinzipal P_A (Finanzier) mit einem Betrag *C* als erster und Prinzipal P_B als zweiter Fremdkapitalgeber mit einem Betrag C_B auftreten. Der Prinzipal P_B trete erst nach der Finanzierung durch P_A in Erscheinung, darüber hinaus sei ihm die Finanzierung des P_A bekannt. Die Berücksichtigung der beiden Prinzipale am Gesamtergebnis D im Insolvenzfall sei gleichrangig, also quotal. Der Prinzipal P_A sei nun mit einem Anteil *a* am insgesamt fremdfinanzierten Betrag beteiligt,[23] also gilt $C=a\cdot(C+C_B)$. Nun entnehme der Gründer den neu zugeflossenen Betrag C_B verdeckt zu einer Verwendung außerhalb der Unternehmenssphäre (bspw. zu Konsumzwecken). An der durch P_A angenommenen Verteilungsfunktion würde sich hierdurch nichts ändern, da sich der ursprüngliche Gesamtfinanzierungsbetrag *C* der Unternehmensgründung durch den entnommenen Zusatzkredit nicht geändert hätte. Allerdings verschlechtert sich die Situation des P_A bereits durch den Umstand, dass ein ursprünglich gegenüber dem Gründer als vorrangig vereinbarter Anspruch auf einen Teil des Gesamtertrages anschließend nur noch gleichrangig mit dem des P_B ist. Den Sachverhalt soll die folgende Abbildung 8 verdeutlichen:

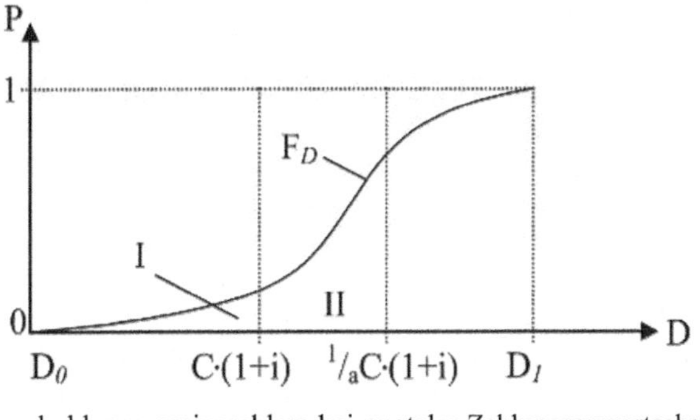

Abb. 8. Verschuldungsanreizproblem bei quotaler Zahlungsanwartschaft zweier Kreditgeber

Aus Übersichtlichkeitsgründen sind in Abbildung 8 nur die Risiken betrachtet.[24] Aus Sicht des P_A ergibt sich sein ursprüngliches Risiko aus der Fläche I unter der Kurve F_D links neben der Marke $C\cdot(1+i)$, da zum Zeitpunkt der Finanzierung durch ihn $a=1$ ist. Gewährt nun zusätzlich P_B einen Kredit, steht diesem ein Anteil von $(1-a)$ zu. Folglich muss durch das Unternehmen wegen $C=a\cdot(C+C_B)$ mindestens ein Gesamtergebnis von $1/_a C\cdot(1+i)$ erzielt werden, damit der von uns betrachtete Finanzier PA keinen Schaden erleidet. Der Risikozuwachs von PA wird

[23] Zum Zeitpunkt der Unternehmensfinanzierung durch P_A gilt a=1, sobald ein Zusatzkredit durch P_B gewährt wird, gilt $0<a<1$, der Anteil von P_B beträgt somit (1-a).

[24] Dieses äußert sich darin, dass nur der Zinssatz i (und nicht r), betrachtet und somit die Unterlassungsalternative als Referenzalternative gewählt wird.

nun durch die Fläche II gekennzeichnet.[25] Eine Möglichkeit für den Finanzier, dieser erkannten Gefahr zu begegnen, besteht darin, eine Vereinbarung der Insolvenzbevorrechtigung durchzusetzen. Zukünftige Kreditgeber könnten dann nur nachrangige Kredite vergeben und würden diesem Umstand mit höheren Kreditkonditionen begegnen, wodurch der Agent durch eine Weiterverschuldung keine Nutzenerhöhung realisieren kann (*Neus* 1991). Eine solche Insolvenzbevorrechtigung könnte bspw. eine pfandrechtliche Sicherung ermöglichen (*Schmidt* 1981). Allerdings ist diese Lösung für eine idealtypische Beteiligungsfinanzierung ausgeschlossen, da hier grundsätzlich das letztrangige Residualeinkommen zwischen Finanzier und Gründer aufgeteilt wird. Bei einer Beteiligungsfinanzierung kann das Problem daher nur dadurch gelöst oder verringert werden, dass dem Finanzier vertragsgemäß Kontroll- und Mitentscheidungsrechte eingeräumt werden.[26]

4 Kritisches Fazit zur informationsökonomischen Perspektive

Die informationsökonomische Analyse der Informations- und Delegationsrisiken zeigt, dass weder die Kreditfinanzierung noch die Beteiligungsfinanzierung oder hybride Finanzierungsformen das vorvertragliche Informationsproblem der Gründungsfinanzierung vollständig lösen. Hierzu sind vielmehr Verfahren des Signaling, Screening (Due Dilligence) oder Self-Selection nötig, die jedoch mit Kosten für die Initiatoren verbunden sind. Im Hinblick auf die nachvertraglichen Delegationsrisiken ist die Beteiligungsfinanzierung der Kreditfinanzierung bei der Bewältigung des Investitions- und Risikoanreizproblems zwar überlegen, bei der Lösung des versteckten Konsums und des Arbeitsanreizproblems jedoch unterlegen. Kritisch muss aber angemerkt werden, dass sich die Ergebnisse auf stark vereinfachte und dadurch nicht unproblematische Modellannahmen stützen. Hier sei insbesondere auf die angenommenen funktionalen Zusammenhänge zwischen den nicht messbaren Anstrengungen und dem Arbeitsleid sowie die Ausblendung der Qualität der Anstrengungen des Gründers hingewiesen.

Die Aussagekraft der ermittelten Chance-Risiko-Konstellationen bei der Gründungsfinanzierung für die Konzeption eines gründungsspezifischen Risikomana-

[25] Für eine andere, sehr ausführliche Darstellung des Verschuldungsanreizproblems sowie der Überlagerung von Investitions- und Verschuldungsanreiz siehe Bitz, Niehoff und Terstege (2000), S. 21ff.

[26] Es soll hier ausdrücklich darauf hingewiesen werden, dass durchaus Situationen denkbar sind, in denen der Finanzier an einer weiteren Verschuldung interessiert ist. Beispielsweise könnte ein Kreditgeber zum Zwecke der Granularitätsoptimierung seines Kreditportefeuilles einen Konsortialkredit forcieren oder ein Beteiligungsfinanzier (z. B. Business Angel, Venture-Capital-Gesellschaft), sein Renommee einsetzen, damit der jungen Unternehmung mehr Finanzierungsmittel zufließen können als er selbst einsetzen kann. Es liegen in diesen Fällen jedoch keine Delegationsprobleme vor.

gements unterliegt zudem bestimmten Einschränkungen. Zum einen geht der informationsökonomische Ansatz durchweg von hohen Ineffizienzen und Marktunvollkommenheiten, also einem extrem ungünstigen Szenario aus. In der Realität herrschen bei Gründungsfinanzierungen aber durchaus günstigere Konstellationen vor, wodurch die Aussagen der informationsökonomischen Perspektive relativiert werden. Des weiteren erweisen sich die zentralen Variablen (z. B. die Informations- und Delegationsrisiken) in der Realität als schwer messbar. Dies gilt um so stärker im Fokus einer Gründungsfinanzierung, da in dieser Situation nicht auf die implizite Bewertung abgestellt werden kann, wie sie bei börsennotierten Unternehmen durch den Markt (für Beteiligungskapital) wahrgenommen wird. Zum anderen ist der Opportunismus der ökonomischen Akteure als zentrale Annahme des theoretischen Ansatzes als kritisch zu beurteilen. Die Annahme unterstellt den handelnden Wirtschaftssubjekten ein opportunistisches, begrenzt rationales Verhalten, das ungeachtet vertraglicher oder moralischer Verpflichtungen eine individuelle Nutzenmaximierung – auch zu Lasten anderer – anstrebt. Da Gründungsfinanzierungen, insbesondere mit informellen Kapitalgebern oft auf einer persönlichen Vertrauensbasis und zumindest partiellen Interessenkonvergenzen zwischen dem Gründer und ihm nahe stehenden Personen beruhen, ist das in der Theorie verwendete Menschenbild zur praktischen Risikoanalyse und Risikosteuerung zu ergänzen. Für das intendierte „ganzheitliche“ Risikomanagement der Gründungsforschung wären die für eine komplexe Unternehmensgründung nicht unwahrscheinlichen irrationalen Verhaltensmuster, wie sie die Behavioral Economics bzw. Behavioral Finance untersucht, ein interessanter zusätzlicher Analysefokus.

Literatur

Barnea A, Haugen RA, Senbet LW (1981): Market Imperfections, Agency Problems, and Capital Structure: A Review, in: Financial Management, 10. Jg, S 7-22.

Bascha A (2001): Hybride Beteiligungsformen bei Venture-Capital. Finanzierung und Corporate Governance in jungen Unternehmen, Wiesbaden.

Bigus J (2002): Sicherheitsanreiz des Unternehmers bei der Phasenfinanzierung von Wagnissen, in: Die Betriebswirtschaft, 62. Jg, S 398-408.

Bigus J (2003a): Risiken und Risikocontrolling bei Venture-Capital-Finanzierungen, in: Zeitschrift für Bankrecht und Bankwirtschaft, S 435-448.

Bigus J (2003b): Fehlanreize für Insider-Investoren bei der Wagnisfinanzierung, in: Zeitschrift für Betriebswirtschaft, 73. Jg, S 267-293.

Bitz M (1988): Asymmetrien von Information, Einfluss und Betroffenheit als Determinanten des Finanzmanagements, Diskussionsbeitrag Nr 136 des Fachbereichs Wirtschaftswissenschaft der FernUniversität Hagen, Hagen.

Bitz M, Niehoff K, Terstege U (2000): Wolfgang Stützels „bestandsökonomische Darstellung“ und die neuere Finanzierungstheorie, Diskussionsbeitrag Nr 294 des Fachbereichs Wirtschaftswissenschaft der FernUniversität Hagen, Hagen.

Brettel M (2002): Entscheidungskriterien von Venture-Capitalists. Eine empirische Analyse im internationalen Vergleich, in: Die Betriebswirtschaft, 62. Jg, S 305-325.

Brachtendorf G, Witt P (2004): Gründungsfinanzierung und optimale Kassenhaltung, in: Kredit und Kapital, 37. Jg, S 86-116.

Burchert H, Hering T, Hoffjan A (1998): Finanzwirtschaftliche Probleme mittelständischer Unternehmen, in: Betriebswirtschaftliche Forschung und Praxis, 50 Jg, S 241-262.

Chan YS (1983): On the Positive Role of Financial Intermediation in Allocation of Venture-Capital in a Market with Imperfect Information, in: Journal of Finance, 38. Jg, S 1543-1568.

Denis DJ (2004): Entrepreneurial finance: an overview of the issues and evidence, in: Journal of Corporate Finance, 10. Jg, S 301-326.

Edelmann R, Milde H, Weimerskirch P (1998): Agency-Beziehungen und Kontrakt-Design: Problem, Lösung, Beispiel, in: Kredit und Kapital, 31. Jg, S 1-27.

Fama EF, Miller MH (1972): The Theory of Finance, Hinsdale.

Fried VH, Bruton GD, Hisrich RD (1998): Strategy and the Board of Directors in venture-capital-backed Firms, in: Journal of Business Venturing, 13. Jg, S 493-503.

Gompers PA (1995): Optimal Investment, Monitoring, and the Staging of Venture-Capital, in: Journal of Finance, 50. Jg, S 1461-1489.

Griesebach R (1989): Innovationsfinanzierung durch Venture-Capital – eine juristische und ökonomische Analyse, München.

Gröschel U (1987): Auswahl und Kontrollprobleme bei Venture-Finanzierungen, in: Kredit und Kapital, 20. Jg, S 358–377.

Grossman S, Hart, O (1982): Corporate Financial Structure and Managerial Incentives, in: The Economics of Information and Uncertainty, J McCall (Hrsg), Chicago, S 107-137.

Hartmann-Wendels T (1987): Venture-Capital aus finanzierungstheoretischer Sicht, in: Schmalenbachs Zeitschrift für betriebswirtschaftliche Forschung, 39. Jg, S 16-29.

Hartmann-Wendels T (2001): Finanzierung, in: Die Prinzipal-Agenten-Theorie in der Betriebswirtschaftslehre, P-J Jost (Hrsg), Stuttgart, S 117-146.

Jensene MC, Meckling WH (1976): Theory of the Firm: Managerial Behavior, Agency Costs and Ownership Structure, in: Journal of Financial Economics, S 305-360.

Knobloch AP (2001): Die staatliche Gründungsfinanzierung aus agency-theoretischer Sicht, in: Zeitschrift für Betriebswirtschaft, 71. Jg, S 1459–1484.

Myers SC (1977): Determinants of Corporate Borrowing, in: Journal of Financial Economics, S 147-175.

Neus W (1991): Unternehmensgröße und Kreditversorgung, in: Schmalenbachs Zeitschrift für betriebswirtschaftliche Forschung, 43. Jg, S 130-155.

Pinkwart A (2002): Die Unternehmensgründung als Problem der Risikogestaltung, in: Zeitschrift für Betriebswirtschaft-Ergänzungsheft, Nr 5, S 55-84.

Rudolph B (1984): Kreditsicherheiten als Instrument zur Umverteilung und Begrenzung von Kreditrisiken, in: Schmalenbachs Zeitschrift für betriebswirtschaftliche Forschung, 36. Jg, S 16-43.

Sahlmann WA (1990): The Structure and Governance of Venture-Capital Organizations, in: Journal of Financial Economics, 27. Jg, S 473-521.

Schefczyk M (1998): Erfolgsstrategien deutscher Venture-Capital-Gesellschaften, Stuttgart 1998.

Schmidt RH (1981): Grundformen der Finanzierung: Eine Anwendung des neo-institutionalistischen Ansatzes der Finanzierungstheorie, in: Kredit und Kapital, 14. Jg, S 186-221.

Schmidt RH (1985): Venture-Capital aus Sicht der Finanzierungstheorie, in: Betriebswirtschaftliche Forschung und Praxis, 37. Jg, S 421-438.

Schmidt RH, Terberger E (1999): Grundzüge der Investitions- und Finanzierungstheorie, Wiesbaden.

Schneider D (1995): Informations- und Entscheidungstheorie, München.

Schulz E (2000): Die Finanzierung von Existenzgründungen: Eine informationsökonomische Analyse, Frankfurt am Main.

Weimerskirch P (2000): Finanzierungsdesign bei Venture-Capital-Verträgen, Wiesbaden, 2. Aufl.

Witt P, Brachtendorf, G (2002): Gründungsfinanzierung durch Großunternehmen, in: Die Betriebswirtschaft, 62. Jg, S 681-692.

Zemke I (1995): Die Unternehmensverfassung von Beteiligungskapital-Gesellschaften. Analyse des institutionellen Designs deutscher Venture-Capital-Gesellschaften, Wiesbaden.

Entrepreneurial Finance und das Modigliani-Miller-Theorem

Lambert T. Koch und Wolfgang Kuhn

Abstract

Im vorliegenden Beitrag wird ausgehend von den besonderen Bedingungen der Gründungsfinanzierung der Aspekt der Finanzierungsstruktur in den Mittelpunkt gerückt. Dabei geht es namentlich um den Zusammenhang zwischen durchschnittlichen Kapitalkosten und Verschuldungsgrad. Ausgehend von der idealisierten Modigliani-Miller-Modellwelt werden Schritt für Schritt notwendige Modifikationen im Annahmenkorsett vorgenommen. Dabei zeigt sich, dass spezifische institutionelle Gegebenheiten der Gründungssituation zu einer Abkehr von der Irrelevanz-These führen. Diskutiert werden u.a. die geringe Bedeutung von Bond- und Aktienmarkt, typischerweise erhöhte Agenturkosten sowie die besondere Bedeutung von Insolvenzrisiken. Die resultierenden Ergebnisse verstehen sich als ergänzender Beitrag der Entrepreneurial Finance zu einer an sich schon reichhaltigen Literatur zur Kapitalstrukturdiskussion.

1 Problemstellung

Zu den Grundüberzeugungen der sich allmählich formierenden Entrepreneurial Finance gehört es, dass die Rahmenbedingungen einer Finanzierung von Gründungsunternehmen markant genug von denjenigen bei der Finanzierung von Großunternehmen abweichen, um darob eine eigene Subdisziplin zu legitimieren. Typisch für die finanzierungsrelevante Ausgangssituation der Gründer sind insbesondere die Faktoren: geringe Eigenmittelverfügbarkeit, fehlende Managementerfahrung und Branchenkenntnis sowie ein niedriger Vernetzungsgrad. Außerdem liegen zwischen Finanzmittelnehmer und Finanzier typische Informationsasymmetrien vor, da zumeist keine überprüfbare Historie hinsichtlich üblicher Merkmale der Kreditwürdigkeit existiert. So ist etwa im Bereich innovativer Technologiegründungen oft wenig über die tatsächliche Marktfähigkeit und -akzeptanz der Gründungsidee bekannt. Häufig sind außerdem gerade die Gründer selbst, was das zuvor genannte Management-Know-how anbetrifft, ein unbeschriebenes Blatt.

Wenn die Entrepreneurial Finance vor diesem Hintergrund die zentralen Aspekte repräsentativer Finanzierungsszenarien von Gründungsunternehmen beleuchtet, so gehört dazu wesentlich auch die Frage nach möglichen Besonderheiten bezüglich der *Finanzierungsstruktur*. Hier setzt der vorliegende Beitrag an und untersucht genauer den Zusammenhang zwischen den durchschnittlichen *Kapital-*

kosten eines Gründungsunternehmens und seinem Verschuldungsgrad. Dabei bietet es sich naheliegender Weise an, diese Analyse in Teilen an der Argumentationsstruktur von *Modigliani und Miller* (MM) bei der Begründung ihres berühmten *Irrelevanztheorems* zu „spiegeln". Dies motiviert sich nicht etwa, um der einschlägigen Literatur eine weitere kritische Auseinandersetzung mit diesem Theorem hinzuzufügen. Vielmehr lassen sich nach Ansicht der Autoren auf diesem Wege die Spezifika der Rahmenbedingungen von Gründungsunternehmen mit ihren Konsequenzen für den vorgestellten Gegenstand analytisch zweckmäßig ableiten.

Daher werden im Folgenden zunächst die Grundargumentationslinien des MM-Theorems resümiert. Dies geschieht zum einen nicht ohne eine zumindest kurze Einbettung in die umgebende neoklassische Finanzierungstheorie. Zum anderen erfolgt begleitend eine Konfrontation der MM-Darstellung mit Argumenten der Neuen Institutionenökonomik (NIÖ). Denn diese spielen generell für die Fundierung einer Entrepreneurial Finance eine nicht unerhebliche Rolle (vgl. hierzu z.B. Grichnik u. Schwärzel 2002). Im Anschluss an diese Überlegungen folgt dann die Ableitung von Kapitalstrukturhypothesen, die mit den Grundannahmen der Entrepreneurial Finance in Einklang stehen.

2 Modigliani-Miller-Theorem – Theoretische Einbettung, Kernargumente und Rezeption

Zu den zentralen Merkmalen der traditionellen neoklassischen Finanzierungstheorie gehört die idealtypische Annahme des vollkommenen Kapitalmarktes. Vor dem berühmten MM-Satz zur Irrelevanz stand über längere Zeit die „klassische These" von der Existenz eines *optimalen Verschuldungsgrades* im Zentrum der Diskussion. Danach erreicht die Kapitalstruktur eines Unternehmens dann ein *Optimum*, wenn die Finanzierungskosten minimal sind.

Dabei spielt zunächst die Hebelwirkung der Verschuldung eine Rolle, die zustande kommt, weil die Aufnahme von Fremdkapital i.d.R. *geringere Kosten* verursacht als Eigenfinanzierung und somit eine zunehmende Fremdfinanzierung die durchschnittlichen Kapitalkosten anfänglich sinken lässt. Wenn die Risikosensibilität der Kapitalgeber bei steigender Verschuldung jedoch zunimmt, erhöhen sie sich wieder. Dann kann zusätzliches Fremdkapital nur noch zu ungünstigeren Konditionen aufgenommen werden, so dass der erste Effekt c.p. überkompensiert wird. Daraus ergibt sich ein parabelförmiger Verlauf der Funktion für die durchschnittlichen Kapitalkosten (vgl. Abb. 1); j steht hierbei für die Dividendenrate, i_{kr} für den Kreditzins, p_k symbolisiert die durchschnittlichen Kapitalkosten und $(FK/EK)^*$ den optimalen Verschuldungsgrad. Das MM-Theorem wird zwar auf Grund seines Annahmengefüges zumeist in den neoklassischen Bereich eingeordnet. Im Gegensatz zur „klassischen These" negiert es jedoch die Existenz einer optimalen Kapitalstruktur. MM zeigen nämlich, dass unter den nachfolgend genannten, sehr restriktiven Annahmen eine Situation konstruierbar ist, in der die durchschnittlichen Kapitalkosten eines Unternehmens vom Verschuldungsgrad *unabhängig* sind. Im Einzelnen wird unterstellt (vgl. Modigliani u. Miller 1958, S. 261 ff.), dass die Unternehmen sich bei Existenz eines vollkommenen Kapitalmarktes eigen- und fremdfinanzieren können; dabei sind Soll- und Habenzinsen identisch, das Fremdkapital ist risikolos und der Kreditzins unabhängig vom Verschuldungsgrad konstant; eine Insolvenz wird ausgeschlossen, von Steuern wird im Grundmodell[1] abgesehen, und die unternehmerische Tätigkeit unterliegt einem allgemeinen Geschäftsrisiko, wozu Risikoklassen zur Bestimmung homogener Risiken festgelegt werden; schließlich sind die Akteure risikoscheu und ihre Erwartungen homogen.[2]

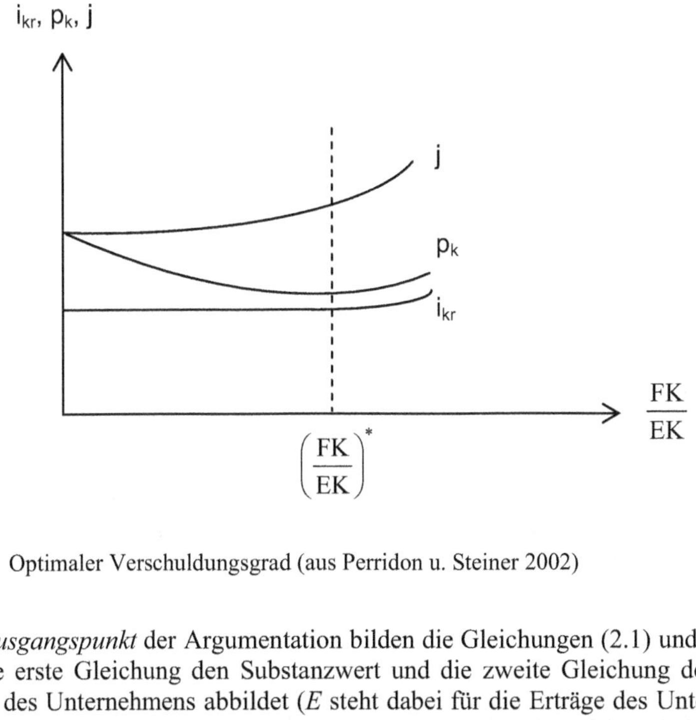

Abb. 1. Optimaler Verschuldungsgrad (aus Perridon u. Steiner 2002)

Den *Ausgangspunkt* der Argumentation bilden die Gleichungen (2.1) und (2.2), wobei die erste Gleichung den Substanzwert und die zweite Gleichung den Ertragswert des Unternehmens abbildet (*E* steht dabei für die Erträge des Unternehmens). Unter der Annahme eines vollkommenen Kapitalmarktes führen beide Bewertungsverfahren zu ein und demselben Ergebnis, woraus Gleichung (2.3) resul-

[1] In einem um den Einfluss der Steuern erweiterten Modell kommen MM 1963 zu dem Schluss, dass Fremdfinanzierung in der Regel steuerlich begünstigt wird und insofern dann der Eigenfinanzierung vorzuziehen ist (vgl. Modigliani u. Miller 1963).

[2] Die häufig berechtigte Kritik an den getroffenen Annahmen bezieht sich zumeist auf die in der Realität herrschende Unvollkommenheit der Kapitalmärkte, die Unterschiede zwischen privater und unternehmerischer Verschuldung, sowie existierender Insolvenzrisiken (vgl. eingehend hierzu Hering 1999, S. 153f.).

tiert. Löst man nun (2.3) nach dem Marktzins (i) auf, so ergibt sich Gleichung (2.4), die belegt, dass der Zins unabhängig von der Kapitalstruktur ist: Denn im Rahmen einer Kapitalstrukturbetrachtung kann sich der Wert des Nenners in (2.4) auch bei einer möglichen Umfinanzierung nicht verändern, d.h., die Summe aus Eigenkapital (*EK*) und Fremdkapital (*FK*) weist stets dieselbe Höhe auf. Somit hat die Kapitalstruktur unter den getroffenen Annahmen letztlich keinen Einfluss auf den Unternehmenswert.

$$UW = EK + FK \tag{2.1}$$

$$UW = \frac{E}{i} \tag{2.2}$$

$$EK + FK = \frac{E}{i} \tag{2.3}$$

$$i = \frac{E}{EK + FK} \tag{2.4}$$

Im MM-Theorem werden zunächst Unternehmen betrachtet, die vollständig eigenfinanziert sind. Für die durchschnittlichen Kapitalkosten (p_k) gilt dann, dass diese sich aus dem sicheren Kreditzins (i_{kr}) plus der Risikorate (u) für die Übernahme der Geschäftsrisiken durch den Finanzier zusammensetzen (vgl. Gleichung (2.5)).

$$p_k = i_{kr} + u \tag{2.5}$$

Ersetzt nun ein Unternehmen vom Punkt der vollständigen Eigenfinanzierung aus sein Eigenkapital sukzessive durch Fremdkapital, so erhöht sich die Dividendenforderung des Eigenfinanziers, da er die Risiken des Fremdkapitalgebers in Form von Kapitalstrukturrisiken ($(p_k - i_{kr})\ FK/EK$) annahmegemäß übernimmt. Hierbei kommt zum Tragen, dass die Möglichkeit einer Insolvenz per definitionem ausgeschlossen und die Vergabe von Fremdkapital risikolos ist; der Eigenfinanzier trägt also nicht nur die vollen Geschäftsrisiken des Unternehmens, sondern darüber hinaus auch die Risiken des Fremdkapitalgebers (vgl. Gleichung (2.6)).

$$j = p_k + (p_k - i_{kr}) \frac{FK}{EK} \tag{2.6}$$

Die Gleichungen (2.1) – (2.6) werden in Abbildung 2 graphisch umgesetzt. Bei einem zunehmenden Verschuldungsgrad muss gemäß Gleichung (2.6) die Dividendenforderung um den Betrag der Kapitalstrukturrisiken ansteigen. Diesem Effekt wirkt freilich entgegen, dass die absolute Billigkeit der Fremdfinanzierung die verteuerte Eigenfinanzierung exakt kompensiert. Da also der Anteil des teurer werdenden Eigenkapitals sinkt und umgekehrt der Anteil des billigen Fremdkapitals steigt, bleiben die durchschnittlichen Kapitalkosten davon insgesamt unberührt.

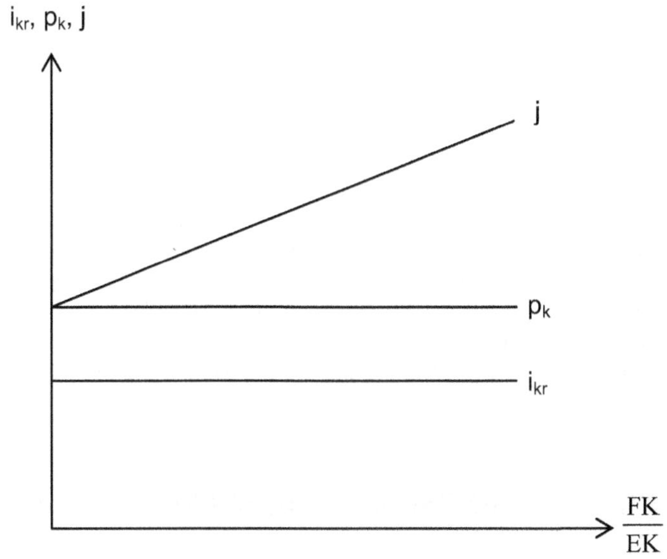

Abb. 2. Kapitalkosten im Modigliani-Miller-Theorem

Um später die Kapitalstrukturdiskussion auf den Fall von Gründungs- bzw. jungen Unternehmen ausweiten zu können, ist es unabdingbar, schon an dieser Stelle auch auf den Beitrag *neo-institutionenökonomischer* Ansätze (NIÖ) zur obigen Problemstellung einzugehen. Trotzdem sie aus einer Gesamtschau reichlich heterodox anmuten, vereint sie doch vor allem die Kritik an der Annahme des vollkommenen Kapitalmarktes, welche die traditionelle Argumentation kennzeichnet. Die Modellierung des Kapitalmarktes bedürfe notwendigerweise der Einbeziehung von Institutionen, wodurch erst der Blick auf seine grundsätzlich beschränkte Leistungs- und Funktionsfähigkeit freigegeben werde (vgl. Bitz 2000, S. 23 ff.). Von den vielen Forschungsrichtungen, die in der NIÖ aufgehen bzw. in sie hineinspielen, kommen für unsere Diskussion vor allem Aspekte des Transaktionskostenansatzes, der Agency-Theorie sowie der Property-Rights-Theorie zum Tragen (vgl. hierzu Grichnik u. Schwärzel 2002).

Gezeigt wird zunächst, wie Institutionen dazu beitragen können, im Rahmen vertraglicher Beziehungen Informationsasymmetrien und Transaktionskosten zu reduzieren. Während der Transaktionskostenansatz u.a. zur Unterscheidung verschiedener Formen von Transaktionskosten im Finanzierungsprozess (Anbahnungs-, Vereinbarungs-, Kontroll-, Anpassungskosten etc.) beiträgt, liegt ein Verdienst der Property-Rights-Theorie in dem Gewicht, das sie der Trennung von Eigentum und Entscheidungsmacht zuerkennt. Diese Differenzierung ist speziell für den Bereich der Eigenfinanzierung von Bedeutung. Letztere geht nämlich in aller Regel mit der Übertragung von Eigentumsanteilen an Unternehmen einher, wodurch die Markteffizienz in Folge spezifischer institutioneller Konstellationen erheblich beeinflusst wird (hierzu auch Schefczyk 2000, S. 40 f.). Die Agency-Theorie schließlich begründet über die Annahme des besser informierten Agenten (Kreditnehmers / Unternehmers) die Notwendigkeit von Kontrollmechanismen seitens der Prinzipale (Kapitalgeber).[3]

Während vor dem Hintergrund dieser NIÖ-Aspekte die Fruchtbarkeit der abstrakt anmutenden MM-Debatte generell in Frage gestellt wird, soll im Folgenden nun auf die Finanzierungsbedingungen von Gründungs- und jungen Unternehmen näher eingegangen werden. Es wird zu zeigen sein, dass die Abweichung von den Annahmen der traditionellen neoklassischen Theorie in ihrem Kontext noch größer ausfällt, was sich u.a. mit dem Instrumentarium der NIÖ erklären lässt. Dennoch erscheint es aus Gründen der Anschaulichkeit hilfreich, soweit möglich in der formalen Sprache des oben dargestellten MM-Theorems zu bleiben, um schließlich die besondere „Irrelevanz der Irrelevanz" im Entrepreneurship-Kontext vor Augen zu führen. Zunächst jedoch wird kurz in einige relevante Sichtweisen der Entrepreneurial Finance eingeführt.

3 Die Sicht der Entrepreneurial Finance

3.1 Finanzierungsspezifika von Gründungsunternehmen

Fragt man nach den *Grundpfeilern* einer gründungsrelevanten Finanzierungstheorie, so stößt man im Wesentlichen auf drei Aspekte: Erstens ist die empirisch be-

[3] Dieser Sicht kann eine hohe praktische Relevanz beigemessen werden, wenn es etwa um die Risikoreduktion von Venture-Capital-Gesellschaften bei der Finanzierung von hochinnovativen Technologiegründungen geht. Gewöhnlich werden hier Finanzierungsrunden definiert, die das Erreichen von Meilensteinen voraussetzen, um in die nächste Runde zu gelangen. Ergänzend hat Nathusius (2003), jüngst darauf hingewiesen, dass auch die Bootstrapping-Finanzierung, welche die Merkmale eng gefasster Finanzbudgets und einer kurzfristig erreichbaren Gewinnschwelle aufweist, eine probate Finanzierungsstrategie darstellen kann, die auf Grund ihrer engen Koppelungen zeitnah wertvolle Kontrollmöglichkeiten zulässt.

obachtbare Veränderungsdynamik in den frühen Lebenszyklusphasen eines Unternehmens besonders hoch, wodurch eine evolutorische bzw. prozessorientierte Modellierung auch im Finanzierungszusammenhang unabdingbar erscheint. Zweitens unterscheiden sich die *akteuriellen* Konstellationen so maßgeblich von den Verhältnissen im Bereich der Finanzierung von Großunternehmen, dass auch diesem Gegenstand eigene analytische Aufmerksamkeit zu schenken ist. Drittens gilt ein besonderes Augenmerk dem *Wachstum* von jungen Unternehmen, weil sich hieraus Änderungen in den Finanzierungsdesiderata ergeben, die modelltheoretisch betrachtet eine Endogenisierung erfordern (ausführlich zum Erfordernis der Endogenisierung Röpke 2002).

Im Folgenden kommt vor allem dem ersten dieser drei Schlüsselaspekte eine besondere Relevanz zu: Wie sich die *Prozessualität* des Gegenstandes im Rahmen der Entrepreneurial Finance modellhaft einfangen lässt, verdeutlicht Abbildung 3. In Analogie zu Lebenszyklusansätzen, etwa in der evolutorischen Markttheorie, kann man den Entwicklungsstufen eines Gründungsunternehmens idealtypisch unterschiedliche Finanzierungsmöglichkeiten zuordnen (vgl. z.B. Schulz 2000, S. 8).

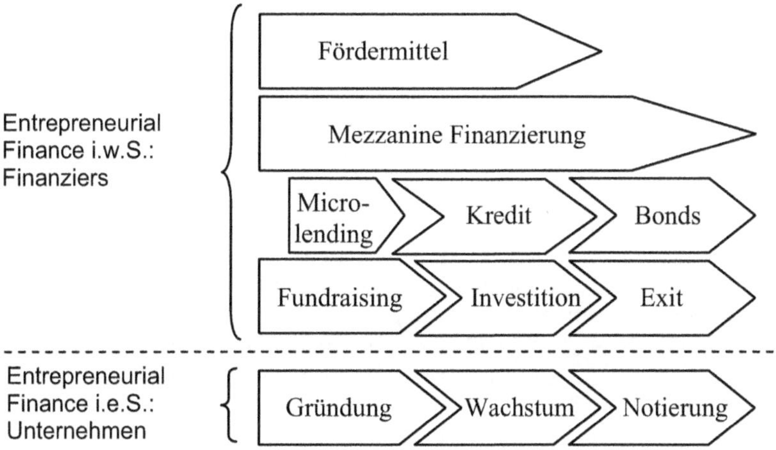

Abb. 3. Finanzierungsebenen und -arten in der Entrepreneurial Finance (in Anlehnung an Achleitner 2002)

Für die weitere Argumentation im vorliegenden Beitrag ist es zentral, dass empirisch beobachtbar und theoretisch nachvollziehbar im Laufe der ersten Entwicklungsphase von Gründungsunternehmen zunächst die Kreditfinanzierung (Zeile 3 in Abb. 3) als Option relevant wird, bevor erst deutlich später die Emission von Schuldverschreibungen hinzukommt.[4] Anzufügen ist, dass häufig auch innerhalb

[4] Normalerweise haben Gründungsunternehmen keinen Zugang zum internationalen oder nationalen Kapitalmarkt zum Zwecke der Emission von Industrieobligationen. In

der Beziehung zwischen Kreditnehmern und Kreditgebern eine Entwicklung stattfindet. Am Anfang steht nicht selten ein typisches Microlending, das mit einer Art Bewährung bzw. Vertrauensbildung einhergeht, bevor dann eine positive Kredithistorie umfangreichere Kreditierungen ermöglicht. Es liegt auf der Hand, dass bei dieser Entwicklung der Hausbank und ihrer Einschätzung eine entscheidende Rolle zukommt.

An dieser Stelle nun zeigt sich anschaulich, dass das MM-Theorem nicht nur im Rahmen eines institutionellen Vakuums, sondern auch einer nahezu *evolutionsfreien Modellwelt* argumentiert.[5] Mit seiner Annahme identischer Soll- und Habenzinsen bewegt es sich in einer Unternehmensentwicklungsphase, in der man konsequenterweise unterstellen kann, dass der Zugang zu festverzinslichen Wertpapieren, wie den gerade erwähnten Industrieobligationen, möglich ist (vgl. Modigliani u. Miller 1958, S. 268). Bei diesem Finanzierungsinstrument handelt es sich aus Unternehmenssicht um Schuldpapiere, aus Investorensicht hingegen um Anlagescheine, so dass die Sollzinsen, die ein Unternehmen zu zahlen hat, den Habenzinsen entsprechen, die der Investor erhält. Die damit gewählte Perspektive eines Bondmarktes jedoch deckt, wie ebenfalls schon angedeutet, allein den Möglichkeitsbereich etablierter (Groß-) Unternehmen ab, nicht hingegen denjenigen junger (kleiner) Unternehmen, die zunächst auf den Weg über die Hausbank angewiesen sind.

Sieht man einmal von anderer berechtigter oder unberechtigter Kritik am hohen Abstraktionsgrad des MM-Ansatzes ab, so ergibt sich hier mithin die entscheidende Differenzierung in der Argumentation: Während Modigliani und Miller eine *Kapitalstrukturtheorie für Großunternehmen* vor Augen haben,[6] ist es für die Entrepreneurial Finance unmöglich, von Geschäftsbanken abzusehen. Damit aber wird es zugleich unumgänglich, die Annahme der Identität der Zinsen innerhalb von Risikoklassen und so die Perspektive eines Bondmarktes aufzugeben. Institutionenökonomisch kann diese Neuinterpretation so gedeutet werden, dass auf dem Bondmarkt Gläubiger und Schuldner in einem unmittelbaren Interaktionsverhältnis stehen, wohingegen am Kredit- und Depositenmarkt neben den Unternehmen und den Privaten die Geschäftsbanken als dritter Akteur hinzutreten. Letztere übernehmen ihrerseits eine unternehmerische Funktion, indem die Erzielung einer Mindestrendite angestrebt wird, welche das Auseinanderfallen von Soll- und Ha-

Deutschland etwa haben in der Vergangenheit ausschließlich große AGs und sehr große GmbHs diese Finanzierungsquelle genutzt. Vgl. Perridon u. Steiner 2002, S. 398.

[5] Besonders deutlich tritt dies durch den zugrunde gelegten Bondmarkt zu Tage, der in der Regel vornehmlich etablierten Unternehmen offen steht und insoweit keine Aussagen über Prozesse der Unternehmensentwicklung zulässt. Einzig die Tatsache, dass im MM-Modell von zunächst vollständig eigenfinanzierten Unternehmen auszugehen ist, die damit beginnen, ihr Eigenkapital schrittweise gegen Fremdkapital zu substituieren, deutet die Relevanz evolvierender Restriktionen an. Zugleich wird einbezogen, dass die Verfügung über Eigenkapital im frühen Gründungsprozess konstitutiv für die Entstehung des Unternehmens selbst ist.

[6] Siehe so auch Romano et al. 2001, S. 303.

benzinsen begründet. Eine etwaige Berücksichtigung von Transaktionskosten würde diesen Effekt noch verstärken, ist aber für die weitere Argumentation zunächst ohne Belang.

3.2 Relevanz der Kapitalstruktur von Gründungsunternehmen

Wenn also aus den genannten Gründen das MM-Theorem zur Analyse der Situation von Gründungsunternehmen in besonderer Weise ungeeignet erscheint, so behält es doch auch hier seinen „didaktischen Wert". Dafür ist zunächst festzuhalten, welche seiner Annahmen c.p. modifiziert werden müssen, um in die Analyse der Kapitalstruktur von Gründungsunternehmen überhaupt einsteigen zu können. So ist erstens zu unterstellen, dass sich Unternehmen eigen- und über den Kreditmarkt fremdfinanzieren können. Zweitens soll gelten, dass der Unsicherheitsaufschlag der Banken bei der Kreditvergabe dem allgemeinen unternehmerischen Geschäftsrisiko entspricht.[7]

Beide Annahmen zusammen haben das Auseinanderfallen von Soll- und Habenzinsen zur Folge. Inwieweit hiermit die Annahme eines vollkommenen Kapitalmarktes verletzt wird, ist eine Interpretationsfrage, die für die weitere Argumentation zunächst keine entscheidende Bedeutung hat.[8] Dennoch ist es interessant festzustellen, dass auch Modigliani und Miller die unternehmerischen Geschäftsrisiken berücksichtigen, ohne die neoklassische Annahme eines vollkommenen Kapitalmarktes aufgeben zu müssen. Dies gelingt durch die Einführung des bereits erwähnten Konzeptes der *Risikoklassen*, wodurch Risiken, die aus dem Geschäftsbetrieb resultieren, einheitlich berücksichtigt werden. Strukturidentisch lässt sich auch in einem Finanzierungsmodell für Gründungsunternehmen, wie dem hier vorgeschlagenen, vorgehen: Der Risikozuschlag der Geschäftsbank kann als aggregierter Aufschlagsatz interpretiert werden, der dem unternehmerischen Geschäftsrisiko im Gleichgewicht gemäß der zweiten eben formulierten Annahme entspricht. D.h., die Geschäftsbank verlangt für das Risiko ihrer unternehmerischen Tätigkeit einen entsprechenden Aufschlag (u) bei der Kreditvergabe. Da die Geschäftsrisiken der kreditnachfragenden Unternehmen jedoch weiterhin bei den Eigenfinanziers verbleiben (zumindest solange, bis es zum Insolvenzfall kommt), sind nach wie vor Kapitalstrukturrisiken zu berücksichtigen. Diese implizieren die

---

7 Diese Annahme erscheint auf den ersten Blick restriktiv und kann in der Tat nur innerhalb des modifizierten Modells Plausibilität beanspruchen. D.h., die Homogenität der Geschäftsrisiken von Banken und Gründungsunternehmen ergibt sich aus der spezifischen Annahme, dass ausschließlich Gründungsunternehmen zu den Kreditkunden der Banken zählen. Würden unterschiedliche Typen von Kreditnehmern und damit variable Risikoklassen berücksichtigt werden, wäre die unterstellte Gleichheit der Geschäftsrisiken hinfällig.

8 Streng genommen muss natürlich auf die grundsätzliche Begrenzung der Kreditvolumina für Gründungsunternehmen verwiesen werden, was per se schon der Annahme eines vollkommenen Kapitalmarktes widerspricht.

Konstanz der Fremdkapitalzinsen[9] und äußern sich in der Praxis u.a. etwa in der verstärkten Beleihung von Gegenständen aus dem Vermögen der Eigenfinanziers einerseits sowie einer erhöhten Dividendenforderung andererseits.

In dieser Argumentation wäre somit die Annahme eines vollkommenen Kapitalmarktes letztlich nicht verletzt. Dies wird dadurch erreicht, dass angesichts unterschiedlicher Soll- und Habenzinsen Geschäftsbanken analog zum MM-Theorem als Privatunternehmen aufgefasst werden, die ihr eigenes Geschäftsrisiko einpreisen.[10]

Um den Fall der Gründungsunternehmen formal darzustellen, ist damit vorerst zu klären, in welchem Verhältnis die jeweils relevanten Ertragsraten zueinander stehen (vgl. Baisch u. Kuhn 2001). Die Gleichung (3.1) bildet hierbei den beschriebenen Zusammenhang zwischen Soll- und Habenzinsen ab: Der Kreditzins (i_{kr}) ist gleich der Summe aus Einlagenzins (i_D) und Geschäftsrisiko der Bank (u). Der Einlagenzins wird somit zum *sicheren Zins*, solange die Insolvenz von Banken ausgeschlossen wird. Gegenüber dem ursprünglichen MM-Theorem ergibt sich hier ein fundamentaler Unterschied, da bislang der Sollzins auf dem Bondmarkt als sicher eingestuft wurde.

$$i_{kr} = i_D + u \qquad (3.1)$$

In einem nächsten Schritt ist zu untersuchen, woraus sich die Dividende eines Unternehmens bei vollständiger Eigenfinanzierung zusammensetzt (Gleichung 3.2). Im Gleichgewicht muss sie den sicheren Zins (i_D) sowie den Aufschlagsatz zur Übernahme von Geschäftsrisiken (u) enthalten. Somit wird die Beteiligung an einem Unternehmen zu einer Investitionsalternative, die in direkter Konkurrenz zu den Sichteinlagen bei Banken steht.

$$j = i_D + u \qquad (3.2)$$

Beginnen nun die Unternehmen Eigenkapital gegen Fremdkapital zu substituieren, gilt weiterhin der Grundsatz, dass die Basis zur Ermittlung der Dividende der

---

[9] Die Annahme konstanter Fremdkapitalzinsen widerspricht der Risikoabgeltungsthese, wonach mit höherem Kreditwunsch auf Grund steigender Risiken die Zinsen nach oben gehen. Abgesehen davon, dass dies empirisch ohne Weiteres nicht zu belegen ist, weisen Perridon / Steiner (2002, S. 530), jedoch zu Recht darauf hin, dass eine zunehmende Verschuldung, die mit steigenden Kreditzinsen einhergeht, zu einer Adverse Selection im Akerlofschen Sinne führt: Es verschulden sich dann zunehmend die „schlechten" Schuldner, denen keine andere Wahl bleibt. Insofern stellt sich bei genauerem Hinsehen die – auch im MM-Theorem – getroffene Annahme konstanter Fremdkapitalzinsen als weniger realitätsfern dar, wie gemeinhin vermutet.

[10] Es bleibt zu ergänzen: Würde man ein Modell entwickeln, das sowohl den Bondmarkt wie auch den Kreditmarkt enthält, wäre die Annahme eines vollkommenen Kapitalmarktes nicht mehr haltbar. Denn dann entstünde durch die Berücksichtigung von Gründungsunternehmen das Problem, dass nicht mehr allen Unternehmen ein freier Marktzugang (zum Bondmarkt), möglich wäre, was ein Kennzeichen der Unvollkommenheit von Märkten darstellt.

sichere Zins (i_D) sowie die Geschäftsrisiken (u) bilden. Hinzu tritt ferner die Erhöhung der Dividendenforderung um das Maß, in dem der Eigenfinanzier Kapitalstrukturrisiken übernimmt ($(i_{kr} - i_D)\ FK/EK$). Diese „Mechanik" funktioniert natürlich nur solange, wie die Annahme konstant bleibender Fremdkapitalzinsen erhalten bleibt. Sollten Banken den Zins bei steigenden Kreditvolumina erhöhen, reduzieren sich die Kapitalstrukturrisiken. Mit Gleichung (3.3.1) kann dann die Höhe der Dividende formal bestimmt werden. (3.3.2) ergibt sich durch Einsetzen von (3.1) in (3.3.1). In dieser Schreibweise wird deutlich, dass die Dividendenforderung bei vollständiger Eigenfinanzierung (d.h., für $FK/EK = 0$) dem Kreditzins zu entsprechen hat. Dieses Zwischenergebnis resultiert aus der obigen Annahme, wonach eine einheitliche Risikoklasse der Banken und Unternehmen zugrunde gelegt wird.

$$j = i_D + u + (i_{kr} - i_D)\frac{FK}{EK} \tag{3.3.1}$$

$$j = i_{kr} + (i_{kr} - i_D)\frac{FK}{EK} = i_{kr} + u\frac{FK}{EK} \tag{3.3.2}$$

Um nun zu den durchschnittlichen Kapitalkosten zu gelangen, ist ein Zwischenschritt notwendig, der formal die generelle Erfassung durchschnittlicher Kapitalkosten gestattet (3.4). Hierbei wird unterstellt, dass die Summe der um die Fremdkapitalquote gewichteten Kreditzinsen und der um die Eigenkapitalquote gewichteten Dividendenansprüche gleich den durchschnittlichen Kapitalkosten ist. Setzt man dann in (3.4) die Gleichung (3.3.2) ein, erhält man (3.5), und weitere Umformungen ergeben schließlich die durchschnittlichen Kapitalkosten für Gründungsunternehmen gemäß Gleichung (3.8) in Abhängigkeit von der Fremdkapitalquote.

$$p_k = i_{kr}\frac{FK}{GK} + j\frac{EK}{GK} \tag{3.4}$$

$$p_k = i_{kr}\frac{FK}{GK} + (i_{kr} + u\frac{FK}{EK})\frac{EK}{GK} \tag{3.5}$$

$$p_k = i_{kr}(\frac{FK}{GK} + \frac{EK}{GK}) + u\frac{FK}{EK}\frac{EK}{GK} \tag{3.6}$$

$$p_k = i_{kr} + u\frac{FK}{EK}\frac{EK}{GK} \tag{3.7}$$

$$p_k = i_{kr} + u\frac{FK}{GK} \tag{3.8}$$

Da im MM-Theorem die durchschnittlichen Kapitalkosten in Abhängigkeit vom Verschuldungsgrad diskutiert werden, muss nun in einem letzten Schritt Gleichung (3.8) diesbezüglich transformiert werden. Die Fremdkapitalquote lässt sich in Abhängigkeit vom Verschuldungsgrad auch wie folgt schreiben:

$$\frac{FK}{GK} = \frac{\frac{FK}{EK}}{1 + \frac{FK}{EK}} \tag{3.9}$$

(3.9) in die (3.8) eingesetzt ergibt die durchschnittlichen Kapitalkosten in Abhängigkeit vom Verschuldungsgrad (3.10). Im Unterschied zu Modigliani und Miller (2.5) fällt dabei auf, dass die Kapitalkosten nunmehr vom Verschuldungsgrad abhängen. Durch Polynomdivision lässt sich ermitteln, dass für einen Verschuldungsgrad gegen unendlich die durchschnittlichen Kapitalkosten asymptotisch *gegen den Wert (i_{kr} + u) konvergieren.*

$$p_k = i_{kr} + \frac{\frac{FK}{EK}}{1 + \frac{FK}{EK}} u \tag{3.10}$$

Somit stellt sich also bei dem hier zugrunde gelegten Finanzierungsmodell heraus, dass die *Kapitalstruktur die Finanzierungskosten eines Gründungsunternehmens beeinflusst.* Dieses Ergebnis ist der oben begründeten Tatsache geschuldet, dass nicht der Bondmarkt, sondern der herkömmliche Kreditmarkt den für Gründungsunternehmen relevanten Markt für Fremdfinanzierung darstellt. Graphisch kann dieser Sachverhalt wie folgt zusammengefasst werden:

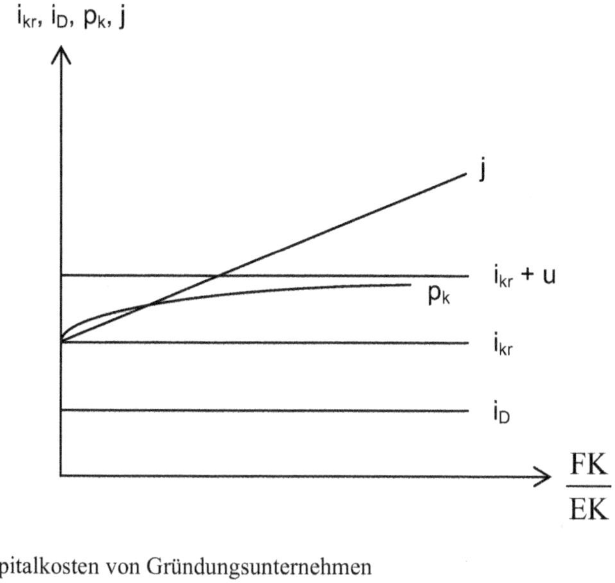

Abb. 4. Kapitalkosten von Gründungsunternehmen

Aus den bisherigen Überlegungen resultierend zeigt Abbildung 4 zunächst, dass die durchschnittlichen Kapitalkosten von Gründungsunternehmen ansteigen, wenn Eigenmittel gegen Fremdmittel substituiert werden. Dieser Zusammenhang unterscheidet sich sowohl von der MM-Lösung als auch vom neoklassischen Optimierungsansatz. Indes stellt er gewissermaßen nur ein Zwischenergebnis dar: Es zeigt lediglich, dass selbst unter restriktivsten Annahmen der Nachweis nicht erbracht werden kann, dass die Kapitalstruktur für Gründungsunternehmen irrelevant wäre. Allerdings ist das hier vorgestellte Ergebnis als Ausfluss eines Partialmodells gleichermaßen diskussionswürdig, denn die Finanzierungslösung müsste nun auf eine vollständige Eigenfinanzierung hinauslaufen, wenn die Aufnahme von Fremdkapital anhaltend steigende Kosten verursacht.

Im Zuge der Berücksichtigung spezifischer institutioneller Arrangements könnte daher jetzt der Einfluss einer Reihe weiterer, für Gründungsunternehmen relevanter, Rahmenbedingungen geprüft werden, was hier jedoch nur kursorisch skizziert werden soll. Namentlich der Einfluss von *Steuern* (vgl. eingehend hierzu Modigliani u. Miller 1963) und die steuerliche Geltendmachung von *Fremdkapitalzinsen* wirken sich auf das obige Resultat aus. Zwar bleibt die wichtigste Aussage gültig, dass nämlich die Kapitalstruktur die Finanzierungskosten beeinflusst; aber gerade die steuerliche Vergünstigung von Fremdkapital lässt (im Sinne der obigen Abbildung) tendenziell den Punkt der optimalen Finanzierungsstruktur nach rechts wandern. Genaue diesbezügliche Aussagen sind nur bei Zugrundelegung eines spezifischen Steuersystems abzuleiten.

Eine nächste Erweiterung, die typischen Finanzierungssituationen im Gründungskontext Rechnung trägt, ergäbe sich aus einer differenzierten Betrachtung der Eigenfinanzierung. Denn ebenso wie der Bondmarkt im Falle der Fremdfinanzierung kann der von Modigliani und Miller unterstellte Aktienmarkt für den Fall der Eigenfinanzierung aus institutionellen Gründen nicht das zutreffende Erklärungsinstrument zur Analyse der Finanzierungsbedingungen von Gründungsunternehmen sein. D.h., auch innerhalb der Eigenfinanzierung sind weitere Unterscheidungen angezeigt: So kann z.B. bei Hochtechnologie-Gründungen der Einbezug von Venture-Capital-Gesellschaften dazu führen, dass gegenüber dem zu finanzierenden Unternehmen keine Dividendenforderung formuliert wird, da das Geschäftsmodell der Beteiligungsgesellschaft auf dem späteren Verkaufserlös der ursprünglichen Beteiligungen basiert.

Situativ kann sich ein veränderter *optimaler Finanzierungsmix* auch ergeben, wenn man agency-theoretisch argumentiert und für Gründungsunternehmen eine durchaus typische Erhöhung von Agenturkosten einbezieht. Diese kann im Rahmen der Eigenfinanzierung mangels Sicherheiten entstehen und wiederum als gegenläufiger Effekt auf den durch die Aufnahme von Fremdkapital verursachten Kapitalkostenanstieg wirken.

Schließlich macht es gerade im Gründungskontext Sinn, auch die im ursprünglichen MM-Ansatz vernachlässigten *Insolvenzrisiken* zu berücksichtigen. Wie diese unter weitgehender Beibehaltung der formalen Struktur des Ausgangsmodells endogenisiert werden können, soll nun abschließend gezeigt werden. Von zentraler Bedeutung ist hierbei, dass innerhalb des MM-Theorems ausschließlich die Illiquidität als Insolvenzgrund dargestellt werden kann, nicht aber der Fall einer Überschuldung. Denn Letzteres würde gegen die Logik einer Kapitalstrukturbetrachtung verstoßen, wonach die Budgetrestriktion $UW = EK + FK$ nicht verletzt werden darf. Auch sind Risiken im Hinblick auf die ausbleibende Tilgung von Krediten ausgeschlossen, weil der Gesamtetat des betroffenen Unternehmens unzulässig verändert werden würde. Insoweit verbleiben die folgenden Ausführungen in einem verhältnismäßig engen Korsett.

Eine Insolvenz kann innerhalb des Analyserahmens demnach nur entstehen, wenn die aus der Fremdfinanzierung zu leistenden Zinszahlungen nicht beglichen werden können. Da Dividenden im Zweifelsfall zur Zinszahlung heranziehbar sind, setzt eine Insolvenz ferner voraus, dass die Kreditzinsen höher ausfallen als die Dividendenzahlungen und außerdem die Eigenfinanziers nicht dazu in der Lage sind, in ausreichender Höhe Privatvermögen nachzuschießen. Die Gleichung (3.11) enthält, unter Berücksichtigung der genannten Einschränkungen, die notwendige Bedingung für eine Insolvenz.

$$i_{kr} \frac{FK}{GK} > j \frac{EK}{GK} \tag{3.11}$$

Dividiert man nun beide Seiten durch die Eigenkapitalquote, ergibt sich die Gleichung (3.12). Diese besagt, dass das Produkt aus Kreditzins und Verschuldungsgrad größer als die Dividende sein muss, damit Insolvenzrisiken unter den genannten Bedingungen wahrgenommen werden.

$$i_{kr} \frac{FK}{EK} > j \tag{3.12}$$

Um die in (3.12) abgeleitete Insolvenzbedingung für Gründungsunternehmen relevant werden zu lassen, ist in einem nächsten Schritt die Dividende näher zu bestimmen, und zwar unter Berücksichtigung des Einflusses von Kapitalstrukturrisiken. In (3.12) wird daher Gleichung (3.3.2) eingesetzt. Mit der daraus entstehenden Gleichung (3.13) und entsprechender Umformungen erhält man mit (3.16) das Zwischenergebnis, dass eine Insolvenz nur denkbar wird, wenn der Verschuldungsgrad größer als der Quotient aus Kreditzinsen und Einlagenzinsen ist.

$$i_{kr} \frac{FK}{EK} > i_{kr} + (i_{kr} - i_D) \frac{FK}{EK} \tag{3.13}$$

$$i_{kr} \frac{FK}{EK} > i_{kr} + i_{kr} \frac{FK}{EK} - i_D \frac{FK}{EK} \tag{3.14}$$

$$i_D \frac{FK}{EK} > i_{kr} \tag{3.15}$$

$$\frac{FK}{EK} > \frac{i_{kr}}{i_D} \tag{3.16}$$

Bis zu dem in (3.16) identifizierten Punkt i_{kr}/i_D gelten sowohl die ursprüngliche Dividendenfunktion sowie die Funktion der durchschnittlichen Kapitalkosten gem. den Gleichungen (3.3.2) und (3.10). Danach erkennt der Eigenfinanzier Insolvenzrisiken und sichert sich ab, indem eine Dividendenforderung formuliert wird, welche die potenziell ausbleibenden Zinszahlungen aus der Fremdfinanzierung in vollem Umfang berücksichtigt, so dass die Dividende j gemäß Gleichung (3.12) den Wert i_{kr} FK/EK annimmt. Somit besitzt die Dividendenfunktion dort eine Knickstelle, wo Insolvenzrisiken erkannt werden. (3.17) fasst die angestellten Überlegungen zusammen.

$$j = \begin{cases} \text{für } \dfrac{FK}{EK} < \dfrac{i_{kr}}{i_D}: \; j = i_{kr} + u\dfrac{FK}{EK} \\ \text{für } \dfrac{FK}{EK} > \dfrac{i_{kr}}{i_D}: \; j = i_{kr}\dfrac{FK}{EK} \end{cases} \tag{3.17}$$

Um nun die Höhe der durchschnittlichen Kapitalkosten für den potenziellen Insolvenzfall zu erfassen, wird (3.17) in Gleichung (3.4) eingesetzt. Man erhält auf diese Weise (3.18), und die weitere Umformung führt schließlich zu (3.21). Diese Gleichung hat analog zur Dividendenfunktion eine Knickstelle im Punkt i_{kr}/i_D. Sie hat wiederum einen asymptotischen Verlauf, wobei sie sich bis zur Geltendmachung von Insolvenzrisiken an den Wert $i_{kr} + u$ und danach an den Wert $2i_{kr}$ annähert.

$$p_k = i_{kr}\frac{FK}{GK} + i_{kr}\frac{FK}{EK}\frac{EK}{GK} \tag{3.18}$$

$$p_k = 2\,i_{kr}\frac{FK}{GK} \tag{3.19}$$

mit $\dfrac{FK}{GK} = \dfrac{\frac{FK}{EK}}{1+\frac{FK}{EK}}$ erhält man:

$$p_k = 2\,i_{kr}\frac{\frac{FK}{EK}}{1+\frac{FK}{EK}} \tag{3.20}$$

$$p_k = \begin{cases} \text{für } \frac{FK}{EK} < \frac{i_{kr}}{i_D}: \; p_k = i_{kr} + \frac{\frac{FK}{EK}}{1+\frac{FK}{EK}} u \\ \text{für } \frac{FK}{EK} > \frac{i_{kr}}{i_D}: \; p_k = 2i_{kr} \frac{\frac{FK}{EK}}{1+\frac{FK}{EK}} \end{cases} \tag{3.21}$$

Graphisch lässt sich der Sachverhalt wie folgt zusammenfassen:

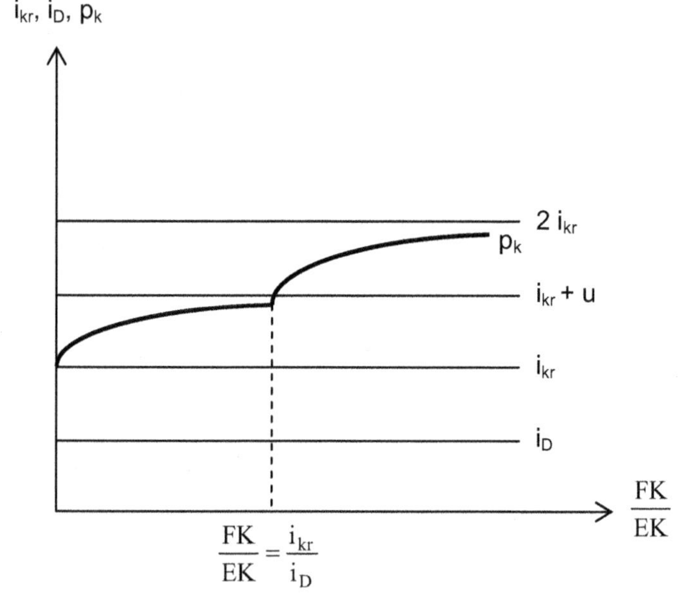

Abb. 5. Kapitalkosten für Gründungsunternehmen unter Berücksichtigung von Insolvenzrisiken

Die weiter oben getroffenen Aussagen zur Einbeziehung von Steuern, erhöhten Agenturkosten usw. gelten natürlich auch für den Fall der Berücksichtigung von Insolvenzrisiken. Insofern stellt sich der in Abbildung 5 zum Ausdruck kommende Sachverhalt erneut als Partialzusammenhang dar.

4 Ausblick

Am Ende dieses Beitrags mögen neben einem kurzen Resümee vor allem einige Desiderata formuliert werden, denen nachvollziehbarer Weise in frühen Entwicklungsstadien einer Disziplin stets eine besondere Bedeutung zukommt. Ausgehend von den besonderen Bedingungen der Gründungsfinanzierung wurde im Vorangegangenen der Zusammenhang zwischen durchschnittlichen Kapitalkosten und dem Verschuldungsgrad in Start Ups diskutiert. Die unter idealisierten Bedingungen abgeleitete Irrelevanzthese MMs reflektierend, wurden verschiedene Modifikationen im Annahmenkorsett vorgenommen, die als zentral im Rahmen der Entrepreneurial Finance gelten können. Institutionenökonomisch begründbar zeigen sie, dass die durchschnittlichen Kapitalkosten zumindest in der frühen Lebensphase neuer Unternehmen ansteigen, wenn Eigenmittel durch Fremdmittel substituiert werden. Damit wird zugleich die überragende Bedeutung von Eigenkapital für die Entstehung von Unternehmen unterstrichen. Natürlich müssten dezidiertere Aussagen zum optimalen Verschuldungsgrad, analog zu den Arbeiten MMs, vor allem um die Bedingungen des jeweils geltenden Steuersystems ergänzt werden. Die Empirie zeigt, dass beobachtbare Realtypen hier im Allgemeinen zu einer Verbilligung von Fremdkapital führen. Dies wiederum beschleunigt im Vergleich zum vorgestellten Modell die zunehmende Relevanz von Fremdkapital im Zuge der Unternehmensadoleszenz. An dieser Stelle ergeben sich wichtige Ansatzpunkte für weitere Forschungen. Dabei wären die Einflüsse unterschiedlicher steuerlicher Regime insbesondere im Hinblick auf Insolvenzrisiken – anknüpfend an den oben angestellten Vorüberlegungen – sowie in Kombination mit branchentypisch unterschiedlichen Rahmenbedingungen zu untersuchen. Begleitend zu einer solchen Analyse müssten Quer- und Längsschnittstudien die empirische Relevanz der bereits angestellten und noch zu vertiefenden Überlegungen überprüfen. Auch hier ist ein nicht unerheblicher Nachholbedarf erkennbar.

Literatur

Achleitner AK (2002) Entrepreneurial Finance – Herausforderung auch in Deutschland. Betriebs-Berater 57(3), S 142-145.

Baisch H, Kuhn W (2001) Risikowirtschaft. Duncker und Humblot, Berlin.

Bitz M (2000) Grundzüge der Theorie der Kapitalstruktur. Diskussionsbeitrag 295 der Fern Universität Hagen, Hagen.

Grichnik D, Schwärzel F (2002), Zur Konzeption der Gründungsfinanzierung – Bestandsaufnahme und kritische Analyse aus Sicht der neueren Finanzierungstheorie. In: M Bitz (Hrsg.), Theoretische Grundlagen der Gründungsfinanzierung. Diskussionsbeitrag 331 der FernUniversität Hagen, Hagen.

Hering T (1999) Finanzwirtschaftliche Unternehmensbewertung. Gabler, Wiesbaden.

Koch LT, Kuhn W, Saßmannshausen SP (2001) Träger der Gründungsförderung. Gründerfernstudium, Lehrbrief Teil III, FernUniversität Hagen, Hagen.

Modigliani F, Miller MH (1963) Corporate Income Taxes and the Cost of Capital: A Correction. Economic Review 53, S 433-443.

Modigliani F, Miller MH (1958) The Cost of Capital, Corporation Finance and the Theory of Investment. Economic Review 48, S 261-297.

Nathusius K (2003) Gründungsfinanzierung, Wie Sie mit dem geeigneten Finanzierungsmodell Ihren Kapitalbedarf decken. Frankfurter Allgemeine Buch, Frankfurt.

Perridon L, Steiner M (2002) Finanzwirtschaft der Unternehmung, 11. Aufl. Vahlen, München.

Röpke J (2002) Endogenes Geld, Innovationsfinanzierung in inputlosen Systemen, www.wiwi.uni-marburg.de/Lehrstuehle/VWL/WITHEO3/main.html.

Romano CA, Tanewski GA, Smyrnios KX (2000) Capital Structure Decision Making, A Model for Family Business. Journal of Business Venturing 2000(16), S 285-310.

Schefczyk M (2000) Finanzieren mit Venture-Capital : Grundlagen für Investoren, Finanzintermediäre, Unternehmer und Wissenschaftler. Schäffer-Poeschel, Stuttgart.

Schulz E (2000) Die Finanzierung von Existenzgründungen. Lang, Frankfurt a.M.

Finanzierung von jungen Unternehmen in der Net Economy

Tobias Kollmann

Abstract

In den letzten Jahren konnte eine Vielzahl an Unternehmensgründungen in der Net Economy beobachtet werden. Diese Unternehmen basieren überwiegend auf technologischen Innovationen in den schnell wachsenden Branchen der TIME-Märkte. Während die Gründer der E-Ventures sich zunehmend mit einer Vielfalt an Finanzierungsmodellen konfrontiert sehen, ist dem nachhaltigen Wachstum dieser Unternehmen gesellschaftlich sowohl als auch wirtschaftlich ein hoher Stellewert beizumessen. Zielsetzung des vorliegenden Beitrags ist es einen Überblick über die verschiedenen Finanzierungsquellen und -strategien auch bei begrenztem Eigenkapital für E-Ventures in verschiedenen Lebensphasen zu geben. Dabei wird im Einzelnen auf die Finanzierung in der Early, Expansion und Late Stage eingegangen.

1 Bedeutung der Unternehmensfinanzierung in der Net Economy

In den vergangenen Jahren wurden die internen und externen Informations- und Kommunikationsprozesse von Unternehmen aus nahezu allen Wirtschaftszweigen zunehmend durch elektronische Informationstechnologien unterstützt. Die grundsätzlichen Vorteile derartiger Technologien (z.B. Internet), insbesondere hinsichtlich Effizienz und Effektivität, werden diesen Trend trotz aller aktuellen Turbulenzen auch in Zukunft weiter fortschreiben. Die anhaltend rasante technologische Entwicklung in der zugehörigen Net Economy geht dabei zwangsläufig mit vielfältigen Möglichkeiten einher, innovative Geschäftskonzepte auf Basis elektronischer Informations- und Kommunikationsnetze zu entwickeln und diese im Rahmen neuer Unternehmen (Electronic Ventures/E-Ventures) zu realisieren[1]. Der Begriff „E-Venture-Capital" beschreibt demnach die Finanzierung von jungen Unternehmen in der Net Economy[2].

---

[1] Vgl. Kollmann 2004.

[2] Vgl. Kollmann/Kuckertz 2003.

Die ersten Unternehmen, die sich ausschließlich auf Geschäftskonzepte in der Net Economy konzentrierten, konnten in Deutschland ab Mitte der 90er Jahre beobachtet werden. Der anfängliche Erfolg des neu geschaffenen Börsenablegers „Neuer Markt" - von 1997 bis Anfang 2000 - verstärkte zudem das Interesse der Öffentlichkeit an diesen Unternehmen[3]. Seit dieser Zeit gab es allein in Deutschland annähernd 13.000 Unternehmensgründungen, deren Aktivitäten dem weiten Feld der Net Economy zugeordnet werden können[4]. Darunter fallen auch die ca. 3.000 E-Ventures, d.h., Unternehmen mit einer rein elektronischen Wertschöpfung[5]. Die Net Economy hat sich damit als gesamtwirtschaftlich bedeutender Faktor etabliert und schätzungsweise 150.000 Arbeitsplätze für hochqualifizierte Arbeitnehmer geschaffen, wobei jeder 300. Arbeitnehmer in einem E-Venture-Unternehmen arbeitet(e). Etwa 250 Neugründungen haben sich bislang zum Börsengang (Initial Public Offering – IPO) hin entwickeln können. Ein großer Teil der E-Ventures sind hinsichtlich der benötigten Investitionen in die Informationstechnologie dabei insbesondere durch Risikokapital[6] externer Investoren finanziert worden.

Auch die Insolvenzwelle nach dem Zusammenbruch des Kapitalmarktes im März 2000 ändert nichts daran, dass schätzungsweise immer noch rund 2.000 E-Venture-Unternehmen mit einer durchschnittlichen Mitarbeiterzahl von 10 - 50 Arbeitnehmern in diesem Bereich vorhanden sind und den Geschäftsbetrieb aufrechterhalten. Darüber hinaus sind die Insolvenzzahlen von Unternehmen in der Net Economy bereits seit dem 1. Halbjahr 2002 rückläufig[7] und deuten auf eine Stabilisierung und Normalisierung des Felds[8]. Sicherlich ist dieser Sachverhalt zu einem Teil auf die bereits stark gesunkene Gesamtzahl von E-Ventures zurückzuführen. Mindestens genauso stark dürfte jedoch der Umstand ins Gewicht fallen, dass inzwischen stabilere Geschäftsmodelle verfolgt werden. In den Vereinigten Staaten zeichnet sich bereits das Ende dieser negativen Entwicklung ab[9].

Bei der Betrachtung des Gründungsgeschehens sind demzufolge zwei Differenzierungen entscheidend: Zum einen darf die Krise des „Neuen Marktes" bzw. des Nachfolgers „TecDax" nicht mit dem gesamten deutschen Gründungsgeschehen in der Net Economy gleichgesetzt werden. Die zahlreichen Break-Even-Meldungen betreffen nämlich zumeist Unternehmen, die nicht an der Börse gehandelt werden (z.B. immobilienscout24, shopping.de). Zum anderen darf die Bedeutung der gesamten E-Venture-Szene nicht allein an den um extreme Publizität bemühten einzelnen Unternehmen gemessen werden[10]. Viele der erfolgreichen Unternehmen arbeiten momentan im Verborgenen. Nicht allein Risikokapital und Börseneupho-

3 Vgl. Achleitner/Bassen 2001, S. 4f.
4 Vgl. Krafft 2000 u. 2001.
5 Vgl. Kollmann 2004, S. 8ff.; Kollmann (2003/Hrsg).
6 Vgl. Betsch/Groh/Schmidt 2000, S. 14f.
7 Vgl. Krafft 2002, S. 4.
8 Vgl. Kollmann/Kuckertz 2003.
9 Vgl. National Association of Manufacturers/Ernst & Young 2003.
10 Vgl. Gutowski 2002, S. 56ff.

rie haben die Gründerwelle gestartet, sondern ganz konkrete Kundenbedürfnisse und die Chancen, die sich aus deren Befriedigung ergeben.

Junge Unternehmen in der Net Economy stehen auf ihrem Weg zum Break-Even jedoch in der Regel vor dem Problem, dass ihnen am Anfang die notwendigen finanziellen Mittel zur Umsetzung ihres Konzeptes fehlen[11]. Der Kapitalbedarf ist nicht zu unterschätzen und somit sind die meisten Gründer in der Net Economy als Kapitalnehmer auf der Suche nach Kapitalgebern. Um die Basis für die Gründung, ein schnelles Wachstum und die erfolgreiche Weiterentwicklung des Unternehmens zu legen, müssen externe Investoren gefunden werden, die sog. Venture-Capital (Risikokapital) zur Verfügung stellen[12]. Die Renditeunsicherheit des eingesetzten Kapitals muss als außerordentlich hoch eingeschätzt werden, da zum Investitionszeitpunkt in der Regel noch keine Gewinne und auch nur geringe Cashflows erwirtschaftet werden. Sicherheiten sind meist nur in geringem Umfang oder gar nicht vorhanden. Aus diesem Grund verbietet sich regelmäßig eine Fremdkapitalfinanzierung und es obliegt gerade dem Unternehmer, seine Kapitallücke – insbesondere die Eigenkapitallücke - mittels anderer Finanzierungsinstrumente zu schließen.

2 Die Finanzierungsphasen und -möglichkeiten in der Net Economy

Hinsichtlich der Gründung von Unternehmen in der Net Economy können zunächst zwei zentrale Finanzierungsmodelle unterschieden werden. Diese Modelle leiten sich von der Bedeutung ab, die der Finanzierung im Bezug zur jeweiligen Unternehmensstrategie zukommt. Demnach kann die Finanzierung einer Unternehmensgründung entweder strategie-bestimmend („strategy follows finance“) oder strategie-erfüllend („finance follows strategy“) realisiert werden[13]. Diese Form der Finanzierungsdiskussion erinnert an die Fragestellung in der Strategieforschung („strategy follows structure“ bzw. „structure follows strategy“) und betrachtet die Ausrichtung der Organisationsstruktur hinsichtlich der Strategieauswahl[14]. Die Gestaltung richtet sich dabei nicht nach einer bestimmten Geschäftsidee, sondern nach der Art und Weise, wie der Markt bearbeitet werden soll. Dieser Gedanke erscheint auch bei der Finanzierungsfrage sinnvoll, da es in der Net Economy eine große Variantenvielfalt an Geschäftsideen gibt.

Kerngedanke ist der Umfang der zur Verfügung stehenden finanziellen Mittel, der als Vorraussetzung für die Umsetzung der Unternehmensidee als notwendig gesehen wird. Die Unternehmensstrategie wird in diesem Kontext als Handlungsspielraum gesehen, der als Ziel die Erschließung bzw. Sicherung von Erfolgspo-

---

[11] Vgl. Haps 2001; Brettel/Jaugey/Rost 2000.

[12] Vgl. Schefczyk 2000; Weitnauer/Guth 2001.

[13] Vgl. Nathusius 2001, S. 27ff.; Szyperski/Nathusius 1999, S. 23.

[14] Vgl. Chandler 1962, S. 13.

tenzialen zum Gegenstand hat[15]. Wichtig ist dabei, dass die Gründer für sich erkannt haben, dass die Ausgestaltung der ersten Finanzierungsrunde im Wesentlichen die eigene Strategiefindung und -umsetzung der geplanten Unternehmung beeinflusst[16]. Die Art der Finanzierung terminiert den Handlungsspielraum und somit die Strategie. Gründungsfinanzierungen werden folglich danach unterschieden, ob die Gründer gewillt sind, sich durch die Finanzierungsproblematik von vorneherein einschränken zu lassen oder ob die durch mangelndes Eigenkapital gezogenen Grenzen durch die Nutzung verschiedenster Finanzierungsinstrumente aktiv überwunden werden. Hiermit deutet sich bereits an, dass die Art der ersten Finanzierung eines jungen Unternehmens prägend für seine zukünftige Entwicklung sein kann und dass das mögliche Unternehmenswachstum nicht allein vom Markt beeinflusst wird.

Folgen Gründer dem strategie-bestimmenden Paradigma, so akzeptieren sie ihre beschränkten finanziellen Mittel als gegeben und entscheiden sich nur für ein solches Geschäftsmodell, das im Rahmen der gegebenen Möglichkeiten realisiert werden kann[17]. Die zukünftigen Handlungsmöglichkeiten des Unternehmens werden folglich durch die Gründungsfinanzierung bereits stark eingeschränkt. Die strategie-bestimmende Finanzierung ist demnach also insbesondere durch einen Engpass in der Finanzierung gekennzeichnet, der sich negativ auf die Handlungsfreiheit der Gründer auswirkt und die Ausgestaltung der Gründungsidee massiv beeinträchtigt. Im Extremfall besitzt das Gründerteam kein privates bzw. familiäres Vermögen, wodurch es fast unmöglich wird, an externes Kapital zu gelangen. Dieser Umstand wird nicht unwesentlich durch das restriktive Verhalten der Banken geprägt, die sich auch im Falle einer Unternehmensgründung an die Formalia der üblichen Kreditvergabe halten. Kann der Gründer oder das Gründungsteam keine Sicherheiten vorweisen, bleibt nur noch die Selbst- bzw. Innenfinanzierung. Dies hat zur Folge, dass der Aktionsradius stark eingeschränkt ist. Die Strategie muss angepasst werden, z.B. durch Outsourcen von Funktionsbereichen oder Hereinnehmen von neuen Partnern. Im ungünstigsten Fall kann dies dazu führen, dass als „strategische Option" die Umgestaltung der gesamten Geschäftsidee bzw. die Aufgabe übrig bleibt. Auch wenn bereits im geringen Umfang Privatvermögen vorhanden ist, wird von einer strategie-bestimmenden Finanzierung gesprochen werden. Fehlende Vertrauensbasis der Kapitalgeber dem Gründungsvorhaben gegenüber führt dann dazu, dass Investitionen relativ risikoavers getätigt werden. In Abhängigkeit des Finanzierungsbedarfs, muss die Unternehmensstrategie an den sich nun ergebenden Handlungsspielraum angepasst werden.

Die zugehörigen Finanzierungsmodelle werden auch als „No-Budget-Modell" bzw. „Low-Budget-Modell" charakterisiert[18] und lassen sich weiter in die reine Selbstfinanzierung bei nicht vorhandenem Eigenkapital („self feeding business") sowie der Selbstfinanzierung mit vorhandenem Eigenkapital („bootstrap finan-

[15] Vgl. Szyperski/Winand 1980, S. 81.

[16] Vgl. Perrault 1999, S. 81.

[17] Vgl. Nathusius 2003, S. 256f.

[18] Vgl. Nathusius 2001, S. 31ff.

cing“) unterscheiden (s. Tab. 1). Die Differenz ist darin zu sehen, dass der Gründer neben seiner eigenen Arbeitsleistung (Selbstfinanzierung ohne Eigenkapital) auch noch das zusätzliche Kapital für notwendige Investitionen aufbringen kann (Selbstfinanzierung mit Eigenkapital). Die Errichtung eines „No-Budget-Modells“ im E-Venture ist z.B. typisch für freischaffende Webdesigner, Informationsbroker und kleinere Agenturgründungen. Den Gründern stehen im Rahmen dieser entsprechend engen Gründungsfinanzierung fünf Instrumente der Selbstfinanzierung zur Verfügung (s. Tab. 1):

- Unentgeltlicher Arbeitseinsatz der Gründer (Sweat Equity),
- Mittel aus Forschungs- und Entwicklungsprojekten, die von der öffentlichen Hand oder von Inkubatoren initiiert werden,
- Arbeit an der Unternehmensgründung bei gleichzeitiger Absicherung durch Einkommen aus abhängiger Erwerbsarbeit (Moonlighting),
- von Kunden geleistete Anzahlungen auf noch zu erbringende Leistungen,
- Ausnutzung des Zahlungszieldifferentials, d.h., Generierung von Liquidität durch Verkürzung der Zahlungsziele der Kunden und Verschiebung der eigenen Zahlungsverpflichtungen möglichst weit in die Zukunft.

Als Beispiel für ein „Low-Budget-Modell“ im E-Venture (Technologie-Gründung) kann das Unternehmen *guenstiger.de* angeführt werden; eine der führenden Preisvergleich-Seiten im Internet, welche bis heute weniger als 500.- € in Marketingmaßnahmen investiert hat[19]. Sind jedoch bereits eigene Mittel vorhanden, so bietet es sich an, diese im Sinne des „bootstrap financing“ in eine fest „verschnürte“ Finanzierung aus Eigen- und Fremdkapital einzubringen. Damit erweitern sich die Instrumente der Selbstfinanzierung um eingebrachtes Gründerkapital, „Family & Friends“-Kapital, Bankkredite, Lieferantenkredite, Leasingangebote und öffentliche Mittel. Gerade dem eingebrachten Gründerkapital kommt eine entscheidende Bedeutung zu, da die Höhe des absolut eingebrachten Betrages relativ zur „Schmerzgrenze“[20] des Gründers, externen Partnern gegenüber (insb. Finanziers) das Ausmaß der Motivation erkennen lässt. Die Bereitschaft, selbst Risiko zu tragen, verdeutlicht die eigene Überzeugung hinsichtlich der Validität des Geschäftsmodells. Der Computerversender *dell* begann nach eigenen Angaben seine Geschäftstätigkeit in diesem Rahmen und konnte bekanntlich das Unternehmen später zum international tätigen Onlineversender ausbauen.

Unternehmensgründer, die sich dem gegenüber am strategie-erfüllenden Paradigma orientieren, unterwerfen sich den oben geschilderten finanziellen Beschränkung nicht, sondern entwerfen ihr Geschäftsmodell unabhängig von ihren finanziellen Möglichkeiten. Strategie-erfüllende Gründerfinanzierungen sind durch ein starkes Vertrauen gekennzeichnet. Dabei spielt das Erfolgspotenzial eine tragende Rolle. Investoren erkennen für sich, dass das Gründungsvorhaben nur mit der vorab definierten Ressourcenausstattung erfolgen kann. Dabei handelt es sich

[19] Vgl. Schnoor 2002, S. 105ff.

[20] Vgl. Nathusius 2001, S. 39.

nicht nur um die Finanzmittel, sondern auch um weitere Engpassfaktoren, wie z.B. die Zusammensetzung des Managementteams, den Input von Wissen oder die vorhandenen Beziehungen im Markt[21]. All diese Faktoren sind dabei in ihrer Gesamtheit als conditio sine qua non des zukünftigen Erfolgs zu sehen. Es stellt sich nicht die Frage, inwieweit die Unternehmensidee durch die finanziellen Mittel beschränkt wird, sondern wo die kritische Masse der Finanzressource gesehen wird, um überhaupt das Vorhaben durchführen zu können. Die Handlungsfreiheit wird nicht eingeschränkt, sie bestimmt sich erst durch die Finanzierung an sich. Ausgehend von der Vision der Gründer werden die einzelnen Bereiche des Geschäftsmodells analysiert. Auf Basis der Planungsprozesse erfolgt sodann die Finanzbedarfsrechnung, woraus sich der Finanzierungsbedarf ableitet.

Das zugehörige Finanzierungsmodell wird auch als „Big-Budget-Modell" (s. Tab. 1) charakterisiert. Dies bedeutet, dass die Aktivitäten der Unternehmung „top-down" konzipiert werden. Aus der Gründungsidee und der entwickelten Strategie zu deren Umsetzung, leitet sich somit letztlich auch eine Finanzplanung mit entsprechender Kapitalbedarfsrechnung her. Der zwingenden Logik des entworfenen Geschäftsmodells kommt dann die Aufgabe zu, in einem zweiten Schritt Finanziers für die Unterstützung der Gründer zu interessieren. Dies geschieht in der Regel mit Hilfe eines sog. Businessplans[22], mindestens aber unter Verwendung eines knappen Investment Summary, welches als Grundlage für sich anschließende Verhandlungen um Venture-Capital (VC) dienen kann (s. Abb. 1). Exemplarisch für die erfolgreiche Umsetzung dieses „Big-Budget-Modells" im E-Venture sei der Onlinemarktplatz *ImmobilienScout24* genannt, der u.a. nur mit einem Investment von *Wellington Partners Venture-Capital* gestartet werden konnte.

[21] Vgl. Nathusius 2001, S. 30ff.

[22] Vgl. Kollmann 2004, S. 107ff.

Tabelle 1. Die Modelle der Unternehmensfinanzierung und deren Quellen[23]

Grundmodell	Untergruppen	Finanzierungs-instrumente/quellen
Strategie-bestimmende Gründungsfinanzierung „No-Budget-Modell"	Selbstfinanzierung „Self-feeding Business"	Sweat Equity F+E Projekte Moonlighting Anzahlungen Zahlungszieldifferential
Strategie-bestimmende Gründungsfinanzierung „Low-Budget-Modell"	Eigen- und Fremd-finanzierung als „Bootstrap Finanzierung" traditionelle Finanzierung	Gründerkapital F+E Kapital Bankkredite Lieferantenkredite Leasing Öffentliche Mittel
Strategie-erfüllende Gründungsfinanzierung „Big-Budget-Modell"	Eigen- und Fremd-finanzierung mit - phasenbestimmten Bilanzrelationen - traditionellen Bilanzrealtionen	Seed Capital Business Angels Venture-Capital Corporate Venture-Capital Private Equity Mezzanine Finanzierung Private Placements IPO

Im Zuge des Internet-Hype (98/99) waren deutlich mehr strategie-erfüllende Varianten im E-Venture zu beobachten, während derzeit die strategie-bestimmend Konzepte nachziehen. Ausgehend von dieser generellen Ausrichtung der Gründungsfinanzierung soll im Folgenden der nun stattfindende idealtypische Verlauf eines E-Ventures über die drei Finanzierungsphasen „Early-Stage", „Expansion Stage" und „Later Stage" skizziert werden (Abb. 1). Jede Phase zeichnet sich dabei durch unterschiedliche Finanzierungsproblematiken aus, die mittels verschiedener Finanzierungsinstrumente gelöst werden können. Die Instrumente werden wiederum von verschiedenen formellen und informellen Quellen bereitgestellt.

2.1 Early-Stage: Angel Capital, Venture-Capital und Fördermittel

Die Ideenfindung, -formulierung und -umsetzung wird im Rahmen der Finanzierung junger Unternehmen auch als Early-Stage[24] bezeichnet und allgemein in eine Pre-Seed, Seed- und eine Start-up-Phase unterteilt. In der Pre-Seed- und Seed-Phase ist noch kein Unternehmen gegründet worden, vielmehr betreiben die zu-

23 Vgl. Nathusius 2003, S. 260.

24 Vgl. Kollmann 2004, S. 23; Achleitner 2001, S. 515f.

künftigen Gründer entsprechend die Ideensuche bzw. die Planung der Umsetzung ihres Geschäftsmodells (s. Abb. 1). Auch wenn noch kein Unternehmen und kein vermarktbares Produkt existiert, so besteht dennoch bereits Kapitalbedarf, da beispielsweise Markt-, Akzeptanz-, und Machbarkeitsstudien durchgeführt werden müssen (Vorbereitungskosten). Wird das Unternehmen auf Basis eines Businessplans (Ideenformulierung) gegründet, so beginnt die Start-up-Phase, in der Produktions- und Personalkapazitäten aufgebaut werden und der Markteintritt vorbereitet wird (s. Abb. 1). Im E-Venture bedeutet dies zumeist, dass die Internet-Plattformen und deren Funktionalitäten programmiert werden (Entwicklungskosten). Mit dem erfolgten Online-Start des Produktes oder der Dienstleistung am Markt endet die Start-up-Phase und die Zeit der Ideenintensivierung im Rahmen der Expansion Stage beginnt. Finanzierungsmittel in der Frühphase eines E-Ventures speisen sich im Wesentlichen aus drei Quellen[25]. Diese sind:

- Fördermittel der öffentlichen Hand,
- Business Angels,
- Venture-Capital-Unternehmen.

Die Fördermittel zur Gründungsunterstützung lassen sich unterteilen in traditionelle, branchenunabhängige Fördermaßnahmen und in Fördermaßnahmen, die speziell auf die Innovations- und Beteiligungsförderung zielen[26]. Durch traditionelle Förderprogramme werden Darlehen angeboten, die sich durch günstige Konditionen und langfristige Laufzeiten auszeichnen. Die *Kreditanstalt für Wiederaufbau (KfW)* ist hier der wichtigste Anlaufpunkt für Unternehmensgründer. Auf den Webseiten der *KfW* (www.kfw.de) bietet ein interaktiver Förderproduktberater erste Orientierung. Für E-Ventures sind naturgemäß Programme von Interesse, die über die traditionelle Förderung hinausgehen und besonders innovative kleine und mittlere Unternehmen und Forschungseinrichtungen unterstützen. Zu nennen sind hier die Zuschuss- bzw. Darlehensprogramme

- Förderung von Forschung, Entwicklung und Innovationen in KMU und externen Industrieeinrichtungen – Fördersäule FuE-Projektförderung,
- PRO INNO – PROgramm INNovationskompetenz mittelständischer Unternehmen,
- INSTI KMU-Patentaktion, und
- Förderung von innovativen Netzwerken (InnoNet).

[25] Vgl. Kollmann 2003b.

[26] Vgl. Schmeisser/Galler 2001, S. 113; Kollmann 2003a.

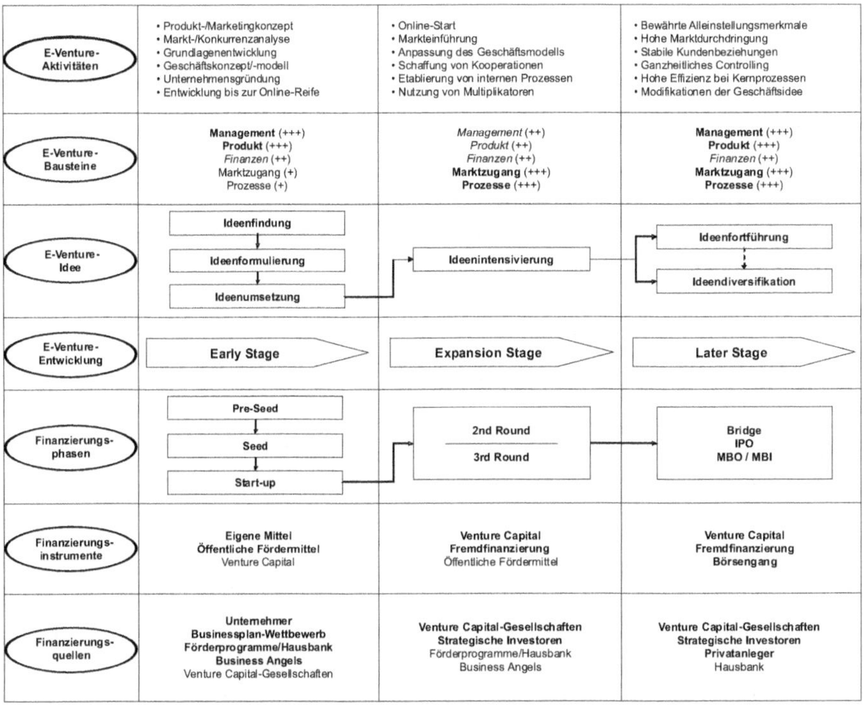

Abb. 1. Entwicklungs- und Finanzierungsphasen für Unternehmen in der Net Economy[27]

Junge kleine und mittlere Unternehmen (KMU) können durch diese Programme Förderleistungen erhalten, die in Form von finanziellen Zuschüssen oder langfristigen Darlehen für FuE-Aufwendungen sowie Zuschüssen für Patent- oder Gebrauchsmusteranmeldungen angeboten werden. Daneben gibt es aber auch Beteiligungsprogramme, die zusammen mit privaten Investoren im Kooperationsverfahren durchgeführt werden. Hier werden die Fördermittel mit Anteilen am Unternehmen „verrechnet". Die Abwicklung erfolgt bei den E-Ventures insbesondere über die *Technologie-Beteiligungs-Gesellschaft (tbg)* als Tochterunternehmen der *KfW Bankengruppe* (www.tbgbonn.de). Als Beispiel für ein E-Venture kann das Unternehmen *infopeople* (www.infopeople.de) genannt werden, an dem sich die *tbg* beteiligt hatte. Da die Genehmigungsverfahren eher länger dauern und der Aufwand für die Formulierung der Anträge relativ hoch ist, werden Finanzmittel aus diesem Bereich auch „tough money" genannt.

Business Angels und Venture-Capital-Unternehmen werden dagegen als Quellen von „smart money" bezeichnet und stellen gegenüber der öffentlichen Hand eine vollkommen andere Art der Finanzierung dar. Unter einem Business Angel versteht man einen Privatinvestor, der aus eigener unternehmerischer Erfahrung

27 Vgl. Kollmann 2004, S. 26.

über allgemeines kaufmännisches und spezielles Branchen-know-how verfügt und dieses Know-how zusammen mit Kapital jungen Unternehmen zur Verfügung stellt[28]. Das von diesem Investorentyp zur Verfügung gestellte Kapital ist somit im Idealfall mehr als reines Eigenkapital. Der Business Angel unterstützt Unternehmen ferner mit Betreuungsleistungen auf der Managementebene und ermöglicht es, ein Netzwerk von vielfältigen Kontakten aus Wirtschaft und Wissenschaft anzusprechen. Die Motivation für die Aktivitäten eines Business Angels liegt dabei eher im nicht-monetären als im monetären Bereich begründet. Als Beispiel für ein E-Venture kann die Firma *kindercampus* (www.kindercampus.de) genannt werden, an der gleich mehrer Business Angel beteiligt sind.

Während Business Angels dem informellen Markt für Beteiligungskapital zugeordnet werden, sind Venture-Capital-Unternehmen Teil des formellen Marktes für Beteiligungskapital[29]. Venture-Capital-Unternehmen legen VC-Fonds auf, die sie im Auftrag ihrer Investoren in junge Unternehmen investieren. Als Beispiel für ein E-Venture kann *Tipp24* (www.tipp24.de) genannt werden, die durch den VC *Earlybird* unterstützt wurden. Dabei werden die Finanzmittel den Unternehmen ohne Stellung von Sicherheiten langfristig als Eigenkapital zur Verfügung gestellt[30]. Eine Rückzahlungsverpflichtung oder ein Anspruch auf Verzinsung besteht nicht, so dass lediglich die Hoffnung auf eine Wertsteigerung der Beteiligung über die Zeit besteht. Die Rendite des Kapitaleinsatzes ergibt sich entsprechend über den Verkauf der Anteile im Rahmen eines Börsengangs oder den Weiterverkauf an andere Investoren (sog. Exit). Diese Verfahrensweise ist immer mit einem hohen Risiko verbunden, da man die Unternehmensentwicklung gerade im E-Venture aufgrund der innovativen Geschäftsideen nur prognostizieren kann. Entsprechend professionell ist die Herangehensweise des VC-Unternehmens an den Beteiligungsprozess. Eine VC-Finanzierung wird in der Regel bestimmt durch fünf charakteristische Eigenschaften[31]:

- Eigenkapitalfinanzierung,
- Minderheitsbeteiligung des VC-Gebers,
- zeitlich begrenztes Engagement, das durch den Verkauf der Beteiligung (Exit) beendet wird,
- Kontroll- und Mitspracherechte, die einerseits aus der besonderen rechtlichen Stellung von Eigenkapital, anderseits aus der Gestaltung des Beteiligungsvertrages herrühren,
- Managementfunktion, durch die der VC seine Beteiligungen unterstützt.

Neben der direkten Kontaktaufnahme zum potenziellen Beteiligungskapitalgeber bieten auch Businessplan-Wettbewerbe eine gute Möglichkeit, einerseits das eigene Geschäftskonzept einer ersten unabhängigen Prüfung zu unterziehen sowie

[28] Vgl. Brettel/Jaugey/Rost 2000, S. 105ff.
[29] Vgl. Kollmann (2003a).
[30] Vgl. Weitnauer/Guth 2001, S. 5.
[31] Vgl. Schefczyk 2000, S. 9f.

andererseits ein Netzwerk von Kontakten im formellen und informellen Beteiligungskapitalmarkt aufzubauen. Für Unternehmer im E-Venture ist hier insbesondere an den „Gründerwettbewerb Multimedia" zu denken (www.gruenderwettbewerb.de). Als Beispiel für ein E-Venture kann *caselaw* (www.caselaw.com) genannt werden, die den Wettbewerb 2001 gewonnen haben. *Tab. 2* gibt abschließend eine Zusammenfassung der Unterschiede von Venture-Capital-Unternehmen und Business Angels.

Tabelle 2. Die Unterschiede zwischen Venture-Capital-Geber und Business Angel[32]

Venture-Capital-Unternehmen	Business Angel
Investieren grundsätzlich in allen Phasen, aber Vorliebe für späte Phasen	Investieren grundsätzlich in Seed- oder Start-up-Phase, selten in späteren Phasen
Investitionssumme meist groß	Investitionssumme eher kleiner
Investieren grundsätzlich ohne örtlichen Bezug	Investieren in einem Radius von circa 80 Kilometern
Investition aus Gewinnabsicht (ausschließlich monetäre Ziele)	Investition, auch um Freunden und Familienmitgliedern zu helfen (nicht-monetäre Ziele)
Überwachung und Kontrolle	Produkt und Marktentwicklung
Hohe formale Anforderungen und Leistungsstandards	Formale Anforderungen und Leistungsstandards sind weniger hoch
Häufiges Feedback, wenn bestimmte Ziele drohen, nicht erfüllt zu werden	Ziele und Leistungsanforderungen werden weniger exakt definiert
Starke Hilfestellung bei der Auswahl eines Managementteam	Hilfestellung bei der Auswahl eines Managementteams ist weniger systematisch
Messen dem Marktrisiko größere Bedeutung zu als dem Agency-Risiko	Messen dem Agency-Risiko eine größere Bedeutung zu als dem Marktrisiko

2.2 Expansion Stage: Erste Fremdfinanzierung

Wenn die Start-up-Phase abgeschlossen ist, so erfolgt der eigentliche Online-Start des E-Ventures mit der Markteinführung des Produktes oder der Dienstleistung[33]. Ab hier besteht eines der strategischen Hauptziele des Unternehmens darin, den

[32] Vgl. Bell 1999, S. 375; Kollmann 2003b.
[33] Vgl. Kollmann 2004, S. 25f.; s. Abb. 1.

eigenen Wirkungsbereich auszuweiten und stetiges Umsatzwachstum zu erreichen. Die Neugründung tritt in die Expansion Stage ein[34] und die ersten stabilen Einnahmen werden realisiert. In dieser Phase wird eine Erweiterung der Produktions- und Vertriebskapazitäten zwingend notwendig. Hierzu können beispielsweise Kooperationen abgeschlossen werden. In der Regel kann der Ausbau des Unternehmens allerdings nicht alleine aus dem Cash-Flow finanziert werden. Das Unternehmen sieht sich folglich mit weiterem zu deckenden Kapitalbedarf konfrontiert. Dafür kann potenziellen Investoren nun jedoch mehr Sicherheit als in der Frühphase der Unternehmensentwicklung geboten werden. Dem gegenüber stellen sich dem Management jedoch auch gänzlich neue Probleme, das Wachstum des Unternehmens angemessen zu steuern. Bei vielen Geschäftsmodellen im E-Venture leitet sich die Notwendigkeit zum schnellen Wachstum aus der besonderen Charakteristik von elektronischen Netzwerken ab. Diese erfordern die Distribution von digitalen Produkten/Informationen an eine große Nutzerzahl bei entsprechend hohen Marketing-Kosten. Der aufkommende Kapitalbedarf kann prinzipiell immer noch von einem Venture-Capital-Unternehmen gedeckt werden; erstmals ist jedoch auch eine Fremdfinanzierung in Form von kurz- und langfristigen Bankkrediten und Darlehen denkbar. Diese Möglichkeit sollte auch in Anspruch genommen werden, da sie im Vergleich zum relativ teuren Beteiligungskapital eine kostengünstigere Form der Finanzierung von Unternehmen darstellt.

Eine Fremdfinanzierung bedeutet für das Unternehmen, dass es keine weiteren Anteile an den Kapitalgeber abgeben muss und hiermit auch keine weiteren Eigentümerrechte vergeben werden. Es ist somit aber auch nicht haftend, d.h., die Gläubigerrechte (z.B. Kündigung des Darlehen) bleiben hinsichtlich der Unternehmensentwicklung unberührt. Ferner entsteht eine Rückzahlungsverpflichtung mit einem zugehörigen Anspruch auf Verzinsung. Eine Fremdfinanzierung bietet sich für ein E-Venture erst ab dem Nachweis stabiler Einkünfte an, da hier die Anforderungen an Sicherheiten um ein vielfaches höher liegen als bei der Selbstfinanzierung. Die Zwischenform von Eigen- und Fremdkapitalfinanzierung wird als Mezzanine Finanzierung[35] bezeichnet. Hierbei beschränken sich die Kapitalgeber zumeist auf eine stille Beteiligung oder vergeben Gesellschafterdarlehen mit Wandlungs- oder Optionsrechten. Damit ist es sowohl möglich an Wertsteigerungen zu partizipieren, als auch variable Rückzahlungsbedingungen zu definieren. *Tab. 3* fasst die Unterschiede zwischen Eigen- und Fremdkapital zusammen.

[34] Vgl. Achleitner 2001, S. 516.

[35] Vgl. Gereth/Schulte 1992.

Tabelle 3. Die Unterschiede zwischen Eigen- und Fremdkapital[36]

Eigenkapital	Fremdkapital
Eigenschaften	**Eigenschaften**
voll haftend, zinsfrei, tilgungsfrei, unbefristet, frei verfügbar	nicht haftend, zu verzinsen, zu tilgen, befristet, beschränkt verfügbar
Verwendung	**Verwendung**
Gründung, Wachstum, Konsolidierung, Sanierung	Investition, Betriebsmittel, Projekte, Spezialanschaffungen, Überbrückung

2.3 Later Stage: Bridge Capital und MBO/MBI

Sobald ein Unternehmen bei verlässlichen Einnahmen mit einem noch immer starken Umsatzwachstum rechnen kann, ist die Later Stage der Unternehmensentwicklung erreicht[37]. Das Unternehmen ist hinsichtlich der Umsätze in der Unternehmensentwicklung stabil und es kommt eventuell zu einer Diversifizierung der ursprünglichen Idee (s. Abb. 2). Es existieren bewährte Alleinstellungsmerkmale und eine hohe Marktdurchdringung wurde erreicht. D.h., auch die zukünftige Entwicklung des E-Ventures ist kalkulierbar geworden und Risiken sind nun noch besser abgrenzbar als in vorhergehenden Unternehmensphasen. Ein Kapitalbedarf kann nun z.B. entstehen, wenn Eigentümerverhältnisse neu strukturiert werden müssen oder ein Börsengang vorbereitet werden soll. Im Fall von unerwarteten wirtschaftlichen Problemen könnte ferner eine Turnaround-Finanzierung notwendig werden.

Die beiden bedeutendsten Formen der Finanzierung in dieser Phase der Unternehmensentwicklung sind das Bridge Financing und der MBO/MBI. Unter Bridge Financing – zu deutsch Überbrückungsfinanzierung – werden jene finanziellen Mittel verstanden, die zur Vorbereitung eines Börsengangs - Initial Public Offering (IPO) - aufgewendet werden. Wesentliches Ziel ist dabei die Verbesserung der Eigenkapitalquote. Zwar ist aus theoretischer Sicht die Höhe des Verschuldungsgrades eines Unternehmens irrelevant hinsichtlich des Marktwertes[38], die Praxis hat jedoch eine günstige Eigenkapitalquote zu einem wesentlichen Entscheidungskriterium für ein Investment gemacht. Dies gilt nicht zuletzt für den Erfolg eines IPO. Die Form eines Bridge Financing wurde im E-Venture oftmals von Investmentbanken angeboten, welche für die Unternehmen gleichzeitig den Börsengang durchführten. Als Beispiel kann *web.de* (www.web.de) genannt werden, die durch *Sal. Oppenheim jr. & Cie.* an den „Neuen Markt" gebracht wurden.

---

[36] Vgl. Nathusius, 2001, S. 20ff.; Kollmann (2003b).

[37] Vgl. Achleitner 2001, S. 516.

[38] Vgl. Modigliani/Miller 1958.

Der Management-Buy-Out (MBO) bezeichnet einen Vorgang, bei dem das interne Management eines Unternehmens, in der Regel leitende Angestellte oder die Geschäftsführung, das Unternehmen oder auszugliedernde Unternehmensteile übernehmen[39]. Die bisherigen Leitungsorgane werden dadurch selbst zu Unternehmern und lösen bisherige Eigentümer ab. Im Fall des Management-Buy-Ins (MBI) wird die interne operative Geschäftsführung hingegen durch ein externes Management ersetzt[40]. Das in beiden Fällen zur Durchführung der Transaktion notwendige Kapital wird oftmals von VC-Gesellschaften aufgebracht, die den Übernahmeprozess auch auf der Managementebene aktiv unterstützen.

Diese Art der Finanzierung lohnt sich insbesondere dann, wenn der Zins für das Fremdkapital bis zur Rückführung der Verbindlichkeiten für das Management unter der Gesamtkapitalrendite der damit durchgeführten Investition ins Unternehmen bleibt. Oftmals wird vom Venture-Capital-Unternehmen eine Kombination aus Bereitstellung von Fremdkapital mit zusätzlichem Eigenkapital gegen Erwerb einer Beteiligungsquote am Unternehmen angeboten, da es sich neben den Zinsen auch eine Wertsteigerung durch die Umstrukturierung im Management verspricht. Die MBO/MBI-Finanzierung bietet sich im E-Venture erst dann an, wenn das Unternehmen über einen ausreichend hohen und langfristig erzielbaren Cash-flow verfügt. Im relativ jungen E-Venture-Bereich konnten bislang kaum MBO/MBI-Aktivitäten beobachtet werden.

3 Fazit

Unternehmensgründungen spielen für die gesellschaftliche und wirtschaftliche Entwicklung eines Landes eine herausragende Rolle. Hintergrund ist die Tatsache, dass mit jeder Gründung ein neuer Marktteilnehmer entsteht, der stimulierend auf den Wettbewerb wirken kann und hierdurch die wirtschaftliche Dynamik weiter vorantreibt. Sowohl in der Wissenschaft als auch in der Politik ist der Stellenwert von Unternehmensgründungen daher unstrittig. Insbesondere wird mit jedem neuen Unternehmen die Hoffnung verbunden, dass hierdurch neue Arbeitsplätze geschaffen und der technische Fortschritt über Innovationen sichergestellt wird. Eine Vielzahl der innovativen Unternehmensgründungen in den letzten Jahren konnte im Bereich der Net Economy beobachtet werden. Basis hierfür waren technologische Innovationen in den Bereichen Telekommunikation, Informationstechnik, Medientechnologie und Entertainment (sog. TIME-Märkte).
Ein Unternehmen in der Net Economy wird immer dann erfolgreich sein, wenn es dem Gründer gelingt, nicht nur ein gangbares Geschäftskonzept zu entwickeln, sondern dieses auch mit der passenden Finanzierungsstrategie abzusichern. Dabei sollten zu jeder Phase der Unternehmensentwicklung die Möglichkeiten von Finanzierungsinstrumenten und -partnern geprüft werden. Wie der vorliegende Bei-

---

39 Vgl. Weitnauer/Guth 2001, S. 234.
40 Vgl. Cullom/Stein 2001, S. 123.

trag gezeigt hat, erscheint für das E-Venture insbesondere der Weg über Fördermittel, Business Angels oder Venture-Capital-Unternehmen attraktiv; die vorgestellten Gründungsfinanzierungsmodelle haben jedoch ebenfalls gezeigt, dass sich die Finanzierungsmöglichkeiten auch bei begrenztem Eigenkapital weit vielfältiger darstellen, als allgemein angenommen wird. Die stetig erwachsener werdende Gründerkultur in Deutschland und die betriebswirtschaftliche Logik hinter zahlreichen informations- und kommunikationstechnologischen Konzepten machen dabei Hoffnung auf viele interessante Neugründungen im E-Venture Sektor.

Literatur

Achleitner A-K, Bassen A (2001) Konzeptionelle Einführung in die Investor Relations am Neuen Markt. In: Dieselben (Hrsg) Investor Relations am Neuen Markt. Schäffer Poeschel, Stuttgart, S 3-20.

Achleitner A-K (2001) Venture-Capital. In: Breuer R (Hrsg) Handbuch Finanzierung. Wiesbaden, S 513-529.

Bell M G (1999) Venture-Capitalist oder Angel – Welcher Kapitalgeber stiftet größeren Nutzen? In: Die Bank: Zeitschrift für Bankpolitik und Bankpraxis, 6, S 372-377.

Betsch O, Groh A P, Schmidt K (2000) Gründungs- und Wachstumsfinanzierung innovativer Unternehmen. München .

Brettel M, Jaugey C, Rost C (2000) Business Angels, Der informelle Beteiligungskapitalmarkt in Deutschland. Wiesbaden.

Cullom P, Stein C (2001) MBO/MBI: Private Equity als Chance für den Start ins Unternehmerleben. In: Stadler, W (Hrsg) Venture-Capital und Private Equity: Erfolgreich wachsen mit Beteiligungskapital, Köln, S 123-140.

Chandler A (1962) Strategy and Structure. Cambridge .

Gutowski K (2002) Modell Aschenputtel. In: Wirtschaftswoche Nr 41 Jg 56, S 56-60.

Haps A (2001) Private Risikoübernahmen durch Business Angels. In: Koch, L/Zacharias Ch (Hrsg) Gründungsmanagement, München, S 197-206.

Krafft L (2000) Bestandsaufnahme und Perspektiven der Internet-Gründerlandschaft in Deutschland. Diskussionspapier, http://www.e-startup.org/ergebnis.htm.

Krafft L (2001) Stimmungsbarometer der deutschen Internet: E-Commerce Gründungen. Diskussionspapier 2001, http://www.e-startup.org/ergebnis.htm.

Kollmann T (2004) E-Venture: Grundlagen der Unternehmensgründung in der Net Economy - mit Multimedia-Fallstudie auf CD-ROM. Wiesbaden.

Kollmann T (2003a) Unternehmensbeteiligung im Electronic Business. In: WiSt – Wirtschaftswissenschaftliches Studium, 6, S 254-259.

Kollmann T (2003b) Unternehmensfinanzierung im Electronic Business: In: WiSt – Wirtschaftswissenschaftliches Studium, 5, S 270-275.

Kollmann T (2003/Hrsg) E-Venture-Management - Neue Perspektiven der Unternehmensgründung in der Net Economy. Wiesbaden .

Kollmann T, Kuckertz A (2003) E-Venture-Capital: Unternehmensfinanzierung in der Net Economy - Grundlagen und Fallstudien. Wiesbaden.

Modigliani F, Miller M (1958) The cost of capital, corporation finance and the theory of investment. The American Economic Review, Juni, S 261-297.

National Association of Manufacturers/Ernst & Young (2003) E-Business Survives Its First Recession: 2003 E-Commerce Trends Report, http://www.nam.org/Docs/-ManufacturingInstitute/25769_E-commerce_Report_03.pdf.

Nathusius K (2001) Grundlagen der Gründungsfinanzierung- Instrumente – Prozesse – Beispiele. Wiesbaden.

Nathusius K (2003) Situation und Perspektiven der Gründungsfinanzierung in der Net Economy. In: Kollmann T (Hrsg) E-Venture-Management – Neue Perspektiven der Unternehmensgründung in der Net Economy. Wiesbaden, S 249-269.

Perrault A (1999) Financing Your Dream. In: Sharma P (Hrsg) The Harvard Enterprise Club Guide to Starting Your Own Business. New York, S 81-112.

Schefczyk M (2000) Finanzieren mit Venture-Capital, Grundlagen für Investoren, Finanzintermediäre, Unternehmer und Wissenschaftler, Stuttgart.

Schmeisser W, Galler M (2001) Öffentliche Maßnahmen der Innovations- und Beteiligungsförderung. In: Schmeisser W, Krimphove D (Hrsg) Vom Gründungsmanagement zum Neuen Markt. Wiesbaden , S 113-134.

Schnoor T (2002) GuensTiger.de – Der neutrale Preisvergleich. In: Albers S, Panten G, Schäfers B (Hrsg), Die eCommerce-Gewinner. Frankfurt/M , S 105-117.

Szyperski N, Nathusius K (1999) Probleme der Unternehmensgründung - Eine betriebswirtschaftliche Analyse unternehmerischer Startbedingungen. Lohmar .

Szyperski N, Winand U (1980) Grundbegriffe der Unternehmensplanung. Stuttgart.

Weitnauer W, Guth M (2001) Handbuch Venture-Capital: Von der Innovation zum Börsengang. 2 Aufl, München 2001.

Gründungs- und Wachstumsfinanzierung als Finanzdienstleistung

Christoph J. Börner

Abstract

Der vorliegende Beitrag interpretiert Gründungs- und Wachstumsfinanzierung als (Finanz-) Dienstleistung. Im Kern liegt der Dienstleistungscharakter von Entrepreneurial Finance darin, dass professionalisierte Anbieter im Wettbewerb untereinander Finanzkontrakte vermitteln und abschließen, die der spezifischen Finanzbedarfs- und Beratungsbedarfssituation junger bzw. wachsender Unternehmen Rechnung tragen. Die Konzeptualisierung der Gründungsfinanzierung und der Wachstumsfinanzierung als Finanzdienstleistungen baut von daher auf den Konstrukten des Finanzkontraktes und des Finanzintermediärs auf, leitet diese aber auf eine managementorientierte Ebene weiter.

In Bezug auf das Management von Unternehmen, die Gründungsfinanzierung und Wachstumsfinanzierung anbieten, eröffnet die Dienstleistungsperspektive den Blick auf Fragestellungen des Qualitätsmanagements und des Marketings. Wesentliche Implikationen ergeben sich zudem im Hinblick auf die Reputation bzw. die Marke solcher Unternehmen.

1 Zum Ziel einer Konzeptualisierung der Finanzdienstleistung „Gründungs- und Wachstumsfinanzierung"

Gründungs- und Wachstumsfinanzierung lässt sich aus unterschiedlichen Perspektiven analysieren. Man kann die Sichtweise des finanzierten Unternehmens, vielleicht sogar noch konkreter die Sichtweise des Managements, der Gesellschafter bzw. der Gründer dieses Unternehmens, einnehmen oder sich der Gründungs- und Wachstumsfinanzierung aus der Perspektive des Finanziers nähern. Außerdem können die zu Grunde liegenden Finanzierungskontrakte juristisch, unter Rückgriff auf die neoklassische Finanzierungs- und Kapitalmarkttheorie oder die Neue Institutionenökonomik untersucht werden. Die beteiligten Unternehmen können auf ihre finanzwirtschaftlichen Funktionen reduziert, institutionenökonomisch analysiert oder aus einer breiter angelegten Managementperspektive heraus betrachtet werden. Die Analyse der Finanzierungsentscheidung kann ferner unter dem Blickwinkel der Rationalität oder der Behavioral Finance erfolgen – usw.[1] Die Wahl einer dieser, gleichermaßen legitimen Perspektiven hängt vor allem vom jeweiligen Erkenntnisinteresse ab.

In diesem Sinne wählt der vorliegende Beitrag – vor dem Hintergrund eines speziellen Erkenntnisinteresses – einen weiteren Ansatz. Er versucht, die Gründungs- und Wachstumsfinanzierung als Finanzdienstleistung zu rekonstruieren. Ziel dieser Analyse ist, die Tätigkeit der professionalisierten Anbieter von Fazilitäten der Gründungs- und Wachstumsfinanzierung als kundenbedarfsorientiertes Abschließen und Vermitteln von Finanzkontrakten zu interpretieren und damit die Analyse von Entrepreneurial Finance über die finanzierungs- und institutionenökonomische Betrachtung hinaus durch Hinweise auf die Märkte und die Managementaufgaben in diesen Unternehmen zu komplettieren. Die Bezugnahme auf den Dienstleistungscharakter ermöglicht hierbei eine Konkretisierung allgemeinbetriebswirtschaftlicher Aussagen.

Um dieses Ziel zu erreichen, wird zunächst der keineswegs unproblematische Begriff der Finanzdienstleistungen diskutiert und über den Terminus des Finanzkontraktes konzeptualisiert. Anschließend erfolgt eine kurze Bestandsaufnahme der in praxi zu findenden Ausprägungen der Gründungs- und Wachstumsfinanzierung, um daraus die Dienstleistungselemente in den Marktofferten der beteiligten Unternehmen abzuleiten. Hieraus ergeben sich Konsequenzen für das Management von Unternehmen, die im Bereich von Entrepreneurial Finance Anbieter sind. Diese Konsequenzen beziehen sich vor allem auf die Interaktion mit den finanzierten Unternehmen, ggfs. aber auch mit den originären Geldgebern.

2 Konzeption der Finanzdienstleistungen

2.1 Zum Dienstleistungscharakter der Finanzdienstleistungen

Obwohl der Begriff „Finanzdienstleistungen“ zum terminologischen Standardrepertoire sowohl der finanzwirtschaftlichen Praxis als auch Theorie gehört, ist im akademischen Diskurs nicht unumstritten, ob und inwieweit Finanzgeschäfte überhaupt Dienstleistungscharakter haben. Insofern muss ein Beitrag, der „Gründungs- und Wachstumsfinanzierung“ als Finanzdienstleistung konzeptualisiert, notwendig zunächst das zu Grunde liegende Dienstleistungsverständnis klären. Als problematisch erweist sich hierbei, dass der Dienstleistungsbegriff selbst insgesamt nicht konsentiert ist,[2] was notabene die Kontroverse um den Dienstleistungscharakter der Finanzgeschäfte ein Stück weit erklärt. Der Begriff der Dienstleistung wird vielmehr auf verschiedenen Ebenen abgegrenzt, die zwar in Zusammenhang miteinander stehen (können), aber kaum eine operationale Abgrenzung

---

[1] Für einen Überblick zum Stand der internationalen Entrepreneurial-Finance-Forschung Vgl. Denis (2004).

[2] Vgl. zum Diskussionsstand exemplarisch Bruhn (2003), S. 13ff.

zwischen Dienstleistungen und Sachgütern erlauben, wenn man zunächst einmal von dieser intuitiv häufig getroffenen Gegenüberstellung ausgehen will.

Um sich dieser Diskussion zu nähern und das Erfahrungsobjekt „Gründungs- und Wachstumsfinanzierung" hierbei einzuordnen, kann jedoch ein gewisser Konsens dahin gehend konstatiert werden, dass für die Dienstleistungsproduktion im Allgemeinen die Einbeziehung eines „externen Faktors" als notwendig erachtet wird. Als externer Faktor wird ein solcher Produktionsfaktor bezeichnet, der vom Abnehmer in den Produktionsprozess eingebracht wird und der dabei eine Zustandsveränderung erfährt. Unter Rekursion auf den externen Faktor lassen sich sodann die potenzial-, die prozess- sowie die ergebnisorientierte Abgrenzung des Dienstleistungsbegriffs anführen und einordnen:[3]

1. *Potenzialorientierung*: Die Dienstleistung wird verstanden im Sinne der Fähigkeit und Bereitschaft dazu, am externen Faktor eine Änderung zu bewirken oder einen Zustand zu erhalten. In dieser Perspektive ist die Dienstleistung primär immateriell und als Leistungsversprechen anzusehen.

2. *Prozessorientierung*: Die Dienstleistung wird im Sinne einer sich vollziehenden, noch nicht abgeschlossenen Tätigkeit am externen Faktor verstanden. Prozessauslöser ist der externe Faktor, der dadurch charakterisiert ist, dass er vom Dienstleistungsnachfrager in den Produktionsprozess eingebracht wird und sich dadurch der autonomen Disponierbarkeit durch den Dienstleistungsanbieter entzieht. Ohne Mitwirkung des externen Faktors ist der Prozessvollzug offensichtlich nicht möglich.

3. *Ergebnisorientierung*: Die Dienstleistung wird verstanden als Ergebnis der Tätigkeit am externen Faktor, d.h., als Zustandsveränderung oder -erhaltung am externen Faktor in sachlicher, zeitlicher, räumlicher bzw. rechtlicher Hinsicht. Ergebnis der Dienstleistungsproduktion ist mithin eine Änderung oder Erhaltung von Merkmalen oder Eigenschaften, die entweder mittelbar – z.B. erhöhter Informationsstand – oder unmittelbar wahrnehmbar sind.

Ist damit scheinbar eine nachvollziehbare Abgrenzung von Dienstleistungen möglich, erweist sich bei näherem Hinsehen, dass diese Dimensionen auch bei einigen Sachgütern zu finden sind. Denkt man etwa an Sachgüter, die in Auftragsfertigung entwickelt und erstellt werden, steht ein abstraktes Leistungsversprechen am Anfang. Analog gilt bei solchen „Vertrauens-" oder „Kontraktgütern"[4], dass sie im Leistungsprozess erst durch Mitwirkung des Kunden konkretisiert werden können. Auch wird bei Kontraktgütern die Nutzenstiftung nur durch die hoch spezifischen Merkmale des Gutes erreicht.[5] Damit lässt sich dieses kaum noch vom externen Faktor abgrenzen. Die Abgrenzung zwischen Sachgütern und Dienstleistungen verliert noch mehr an Trennschärfe, wenn man zudem berücksichtigt, dass Sachgüter im Absatzprozess häufig mit Zusatzleistungen gekoppelt werden. Ein

---

[3] Vgl. Donabedian (1980), S. 77ff.

[4] Vgl. Kaas (1990a), S. 542f.

[5] Vgl. Fandel/Blaga (2004), S. 7f.

Beispiel sind Druckmaschinen, deren Lieferung mit Finanzierung, Wartung und Garantieleistungen verbunden ist. Denkt man vom Kunden her, erwirbt dieser letztlich ein Leistungsbündel bzw. –versprechen aus materiellen und immateriellen Komponenten. Hier kann im einen Fall die materielle Komponente – etwa bei Erfahrungsgütern – und im anderen Fall die immaterielle Komponente überwiegen. An der Gewichtung der materiellen und der immateriellen Komponente entscheidet sich nachgelagert, ob die Prozess- und die Ergebnisdimension Dienstleistungscharakteristika im oben genannten Sinne oder Sachgut- bzw. – konkreter – Sacherfahrungsgutmerkmale widerspiegeln.

Vor diesem Hintergrund mag die Diskussion um den Dienstleistungsbegriff wie akademische Begriffsakrobatik anmuten; trotzdem ist für das Folgende ein weiterer Aspekt zu ergänzen: So wird in der Diskussion um den Dienstleistungscharakter von Finanzkontrakten gefragt, welcher externe Faktor hier überhaupt relevant ist.[6] Ohne an dieser Stelle zu sehr ins Detail zu gehen, lassen sich zwei Argumentationslinien festhalten: Bezieht man sich auf die monetäre Komponente von Finanzkontrakten, lassen sich etwa Konstrukte wie „Liquidität", „Kaufkraft" oder „Nominalkapital" als externer Faktor definieren.[7] Nicht unproblematisch ist hierbei, dass Finanzunternehmen, also Banken wie etwa auch Venture-Capital-Gesellschaften sowie Versicherungsunternehmen, diesen externen Faktor aber in seiner Qualität an sich nicht verändern und in ihm auch Prozesse vornehmen, die unabhängig von dem Markt sind, an denen sie mit ihren originären Kunden interagieren. Nominalkapital zum externen Faktor bei Finanzdienstleistungen zu deklarieren, heißt mithin, den konstitutiven Markt für Finanzdienstleistungsunternehmen als den abstrakten Finanzmarkt zu definieren, auf dem – wenn man etwa an die hoch liquiden Geld-, Kapital- und Derivatemärkte denkt – Angebot und Nachfrage von sehr vielen Marktteilnehmern aggregiert werden. Die Befriedigung individueller Kundenbedürfnisse, sonst häufig bei Dienstleistungen weit in den Vordergrund gerückt, tritt hierbei in den Hintergrund. Lässt man deswegen aber Nominalkapital als externen Faktor nicht zu, fehlt bei vielen Finanzdienstleistungen, insbesondere bei Krediten und Bankeinlagen, der externe Faktor vollständig. Insofern finden sich Autoren, die solchen Finanzkontrakten – wie auch der Tätigkeit von Groß- und Einzelhandelsunternehmen – den Dienstleistungscharakter absprechen.[8]

Greift man an dieser Stelle jedoch den Gedanken auf, dass sowohl Sachgüter als auch immaterielle Güter zumeist Leistungs- bzw. Nutzenbündel beinhalten, lassen sich im Umfeld nahezu aller Finanzkontrakte Dienstleistungselemente erkennen. Offensichtlich steht hierbei eine Beratungsleistung – externer Faktor ist hierbei der Kunde selbst, dessen Wissensstand verbessert wird – im Vordergrund. Finanzkontrakte werden aber auch häufig mit Verwahr-, Verwaltungs- und Dokumentationsleistungen verbunden. Diese Leistungen werden ganz offensichtlich

---

[6] Kritisch zur Rekursion auf den externen Faktor bei der Abgrenzung von Dienstleistungen Fandel/Blaga (2004), S. 12.

[7] Vgl. Klose (1999), S. 42ff.

[8] Vgl. Meyer (1990), S. 61ff.

im Wertpapierdepot- und im Zahlungsverkehrsgeschäft der Banken potenziellen Kunden angeboten, und ihr Dienstleistungscharakter ist unbestritten, doch fallen sie auch bei Einlagen, Krediten und Venture-Capital-Finanzierungen sowie Versicherungsverträgen an. Die Vergabe von Finanzierungsmitteln ist ebenso mit Zahlungsvorgängen verbunden wie andererseits Depotgeschäft nur durch Wertpapiertransaktionen begründet werden kann.

Sind dies zunächst noch alles Ad-hoc-Belege für einen Dienstleistungsbezug von Finanzkontrakten, lässt sich aus der Kundenperspektive auch abstrakter der Charakter von Finanzdienstleistungen benennen. „Finanzdienstleistungen" sind dabei mehr als die puren „Finanzkontrakte". Finanzkontrakte lassen sich als Verträge definieren, die gegenseitig unbedingte oder bedingte Ansprüche auf sofortige und/oder spätere Zahlungen konstituieren.[9] Finanzkontrakte regeln mithin Zahlungsanwartschaften zwischen Vertragsparteien. Diese Definition beschreibt aber noch keine marktfähige Leistung eines Unternehmens. Die (Finanzdienst-) Leistung, für die der Kunde über den Wert, den ein Finanzkontrakt am Finanzmarkt hat, ein Entgelt zu entrichten bereit ist, besteht vielmehr darin, den Abschluss solcher Finanzkontrakte zu ermöglichen — und zwar als Quelle für ein unternehmerisches Einkommen. Die Fokussierung dieser Fähigkeit bzw. dieses Leistungspotenzials leistet dreierlei:

- Sie bringt uns wieder zu einem immateriellen Leistungsversprechen als Dienstleistungsmerkmal zurück.
- Zum Zweiten führt sie zur Differenzierung verschiedener Marktdimensionen: Neben den Finanzmärkten existiert der Absatzmarkt der Finanzdienstleistungsunternehmen — und nicht bei jeder Leistung fallen diese Märkte zusammen.[10]
- Zum Dritten stellt der Rekurs darauf, dass Finanzdienstleistungsunternehmen Möglichkeiten zum Abschluss von Finanzkontrakten eröffnen, eine Beziehung zur Theorie der Finanzintermediation her.

Der theoretische Ansatz der Finanzintermediation wird an anderer Stelle in diesem Band vertiefend dargestellt. Deshalb reicht hier der Hinweis, dass er Finanzintermediäre, d.h., Banken, Versicherungsunternehmen, Venture-Capital-Gesellschaften usw. als Institutionen erklärt, die sich in Finanzierungsbeziehungen zwischenschalten, da sie in der Lage sind, Transaktions- bzw. Agencykosten, die aus ungleichmäßig verteilten, nicht kostenlosen Informationen entstehen, zu reduzieren. Dadurch sind sie u.U. besser als andere Institutionen, etwa Finanzmärkte, in der Lage, Informationen und Risiken bei Marktunvollkommenheiten zu verarbeiten. Effizienz in der Informations- und in der Risikoverarbeitung ist mithin in diesem theoretischen Ansatz die Existenzbedingung für Finanzintermediäre.[11] Allerdings nimmt die Theorie der Finanzintermediation ausschließlich auf diese Rolle von Finanzunternehmen Bezug; Aspekte der Unternehmensführung, der Kundenorientierung und insbesondere des Wettbewerbs bleiben außer Acht. Finanzinter-

[9] Vgl. Büschgen/Börner (2003), S. 25.

[10] Ähnlich Bernet (2003), S. 29ff..

[11] Vgl. Hartmann-Wendels/Pfingsten/Weber (2004), S. 110ff.

mediäre haben in diesem Sinne keine eigenen unternehmerischen Ziele; sie dienen allein der effizienten Allokation und Kontraktgestaltung. Insofern reicht die Theorie der Finanzintermediation als Rahmen für die Analyse von Finanzdienstleistungen, wie sie hier angestrebt wird, nicht aus; sie liefert aber die Verbindung zwischen dem Konstrukt „Finanzkontrakt" und dem Konstrukt „Finanzdienstleistung".[12]

Innerhalb der Theorie der wird die Finanzintermediation im engeren Sinne (Kontrakttransformation, Qualitative Asset Transformation) und im weiteren Sinne (Kontraktvermittlung, Brokerage) unterschieden:[13]

- Bei der Finanzintermediation im engeren Sinne tritt das Finanzunternehmen selbst als Kontrahent im nicht handelbaren Finanzkontrakt auf; der Markt für den Finanzkontrakt fällt mit dem Finanzdienstleistungsmarkt zusammen. Beispiele wären hierfür das Einlagengeschäft, das Kreditgeschäft sowie das Versicherungsgeschäft.
- Bei der Finanzintermediation im weiteren Sinne vermittelt das Finanzunternehmen nur einen Kontraktpartner; es wird nicht selbst Kontrahent im Finanzkontrakt. Der Markt für die Intermediationsleistung ist hierbei vom Markt, auf dem der vermittelte Finanzkontrakt gehandelt wird, zu trennen. Exemplarische Leistungen sind in diesem Bereich das Wertpapieremissions- und das Wertpapierkommissionsgeschäft.

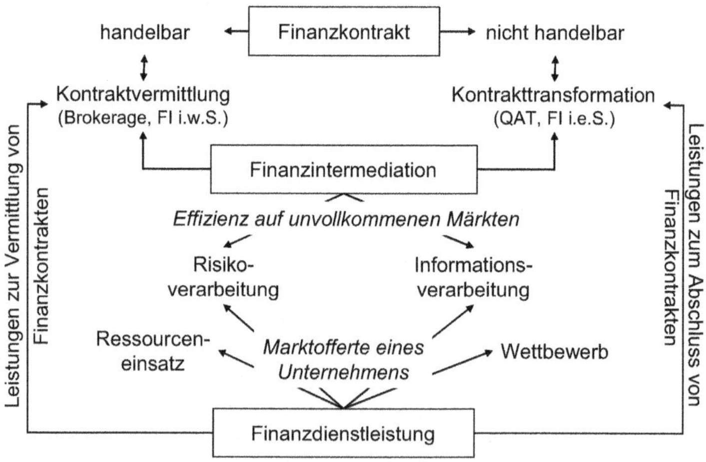

Abb. 1. Konzeption der Finanzdienstleistungen

Im Sinne dieser Unterscheidung lässt sich nun ein kohärentes begriffliches und inhaltliches System – eine Konzeption – entwerfen, das beim abstrakten Begriff des Finanzkontraktes beginnt und von dort aus den Dienstleistungscharakter der

[12] Vgl. Börner (2003), S. 13f.

[13] Vgl. Greenbaum/Thakor (1995), S. 50ff.; Börner/Büschgen (2003), S. 20ff.

Finanzdienstleistungen über das Abschließen und Vermitteln von solchen Finanzkontrakten als Gegenstand unternehmerischen, absatzmarkt- und konkurrenzorientierten Handelns unterstreicht. Finanzdienstleister bzw. Finanzdienstleistungsunternehmen ist also nur, wer dieses Abschließen und Vermitteln von Finanzkontrakten zur Erreichung eigener Ziele – zumeist konkretisiert als Gewinnstreben – durchführt. Wesentliche Parameter des unternehmerischen, absatzmarktorientierten Handelns sind hierbei die Disposition über knappe und damit nicht kostenlose Ressourcen sowie die Platzierung im Wettbewerb. Diese Konzeption wird in Abbildung 1 zusammengefasst. Sie ermöglicht es für den Kontext des vorliegenden Beitrages, die Diskussion um irgendeinen „wahren" Kern von Dienstleistungen im Folgenden außen vor zu lassen. Vielmehr wird es darum gehen, die Gründungs- und Wachstumsfinanzierung einzuordnen und im Sinne dieses Systems auf ihre Marktbezüge und Spezifika hin zu untersuchen. Hierbei kann dann auch – allerdings nicht begriffsbildend, sondern nachgelagert – die Bezugnahme auf die Dienstleistungsdimensionen Potenzial, Prozess und Ergebnis einen Rahmen zu Konkretisierung bereitstellen.

2.2 Finanzkontrakte als Nukleus der Finanzdienstleistungen

Oben wurde das Konstrukt des Finanzkontraktes allgemein als Vertrag definiert, der gegenseitig unbedingte oder bedingte Ansprüche auf sofortige und/oder spätere Zahlungen konstituiert. Solche Verträge lassen sich jedoch differenzieren, wobei zunächst eine Differenzierung anhand der Attribute sofortiger/späterer Zahlung sowie unbedingter/bedingter Zahlung nahe liegt. Sofortige, gegenseitige Zahlungen erfolgen etwa bei einem Devisenkassageschäft. Es liegt hier ein schlichter Umtausch der einen in die andere Währung vor. Bei vielen Finanzkontrakten fallen indessen Leistung und Gegenleistung – konkret also die Zahlung(en) der einen Vertragspartei und die Zahlung(en) der anderen Vertragspartei – zeitlich auseinander. Da hierbei eine Vertragspartei in Vorleistung tritt, kommt es zu einer Kapitalüberlassung. Im Folgenden werden solche Kontrakte als Finanzierungskontrakte bezeichnet, wohlweißlich von den Finanzkontrakten, innerhalb derer sie einen Subtypus darstellen, zu unterscheiden.[14] Weil Gründungsfinanzierung und Wachstumsfinanzierung letztlich Rubra für bestimmte Formen von Krediten, Anleihen, Beteiligungs- und hybride Kontrakte sind, soll die begriffliche Systematik kurz weiter ausgeführt werden, um den Kontext für die weitere Argumentation herzustellen.

Nicht bei jedem Finanzkontrakt erfolgt die erste Zahlung im Zeitpunkt des Vertragsabschlusses. Fallen in diesem Sinne das Verpflichtungs- und das Erfüllungsgeschäft zeitlich weiter auseinander als es abwicklungstechnisch evtl. erforderlich

---

[14] Die o.a. inhaltliche Unterscheidung zwischen Finanzkontrakten und Finanzierungskontrakten ist nicht allgemein konsentiert. Häufig werden beide Begriffe auch als Synonyme verstanden (vgl. z.B. Spremann (2002), S. 91ff.), wobei die Abgrenzung zu Derivaten, Versicherungen usw. jedoch häufig unklar bleibt.

ist, spricht man von Termingeschäften. Da sich die Bewertung solcher Kontrakte aus anderen, den Kassageschäften, rekonstruieren lässt, werden sie auch als derivative Finanzkontrakte bezeichnet. Bei diesen Derivaten kann die Erfüllung verpflichtend, d.h., „unbedingt" sein, oder fakultativ durch ein entsprechend Wahlrecht einer vorher festgelegten Vertragspartei gefordert – oder nicht gefordert – werden. Da die Ausübung dieses Wahlrechts von den Marktbedingungen abhängt, spricht man von bedingten Geschäften, zumeist als Optionen apostrophiert. Aber auch Versicherungsverträge sind den bedingten Finanzkontrakten zuzuordnen, da hier die Ausgleichszahlung vom Eintritt und evtl. auch von der Höhe einer Schadenereignisses abhängt. Die Zahlung der Options- bzw. Versicherungsprämie beim Vertragsabschluss ist dabei unschädlich für den derivativen Charakter dieser Geschäfte.

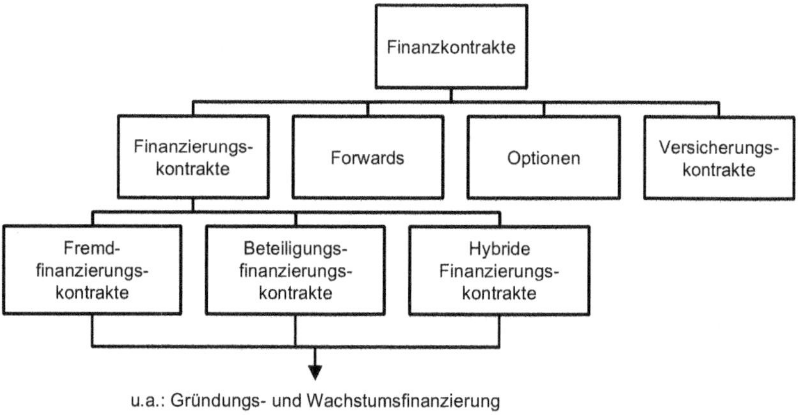

Abb. 2. Klassifikation von Finanzkontrakten

Auch innerhalb der Finanzierungskontrakte lässt sich weiter differenzieren, wobei zur Unterscheidung von Beteiligungs-, Fremd- und Hybridfinanzierung an dieser Stelle sicherlich keine grundsätzlichen Ausführungen notwendig sind; sie soll vielmehr im Kontext der Spezifizierung von Gründungs- und Wachstumsfinanzierung erfolgen. Es ergibt sich mit hin die in Abbildung 2 zusammengefasste Klassifikation von Finanzkontrakten.

3 Dienstleistungsdimensionen der Gründungs- und Wachstumsfinanzierung

Ausgehend von dem hier vorgestellten Verständnis der Finanzdienstleistungen lässt sich Gründungs- und Wachstumsfinanzierung grundsätzlich ohne weiteres als Finanzdienstleistung klassifizieren, zumindest soweit, wie sie von professionell agierenden Unternehmen betrieben wird, deren Tätigkeit im Eröffnen von Finanzierungsmöglichkeiten für junge und wachsende Unternehmen besteht.

Allerdings zeichnet sich Gründungs- und Wachstumsfinanzierung durch einige Merkmale aus, die sie in der Palette der Finanzierungskontrakte differenzieren. Diese Merkmale lassen sich aufeinander aufbauend auf der Ebene der Finanzkontrakte, der Finanzintermediation und – integrierend – auf der Finanzdienstleistungsebene rekonstruieren.

3.1 Abgrenzung und Dienstleistungsbezug der Gründungs- und Wachstumsfinanzierung

3.1.1 Überblick

Finanzierungskontrakte, die der Gründungs- und Wachstumsfinanzierung subsumiert werden, unterscheiden sich offenkundig von anderen Finanzierungsformen dadurch, dass sie der Finanzierung von Investitionen dienen, die dem Aufbau von Unternehmen und deren Etablierung am Markt dienen. Ohne an dieser Stelle unterschiedliche Abgrenzungen von Entrepreneurial Finance zu diskutieren, lässt sich Gründungs- und Wachstumsfinanzierung über den Lebenszyklus von Unternehmen definieren (Abbildung 3)[15].

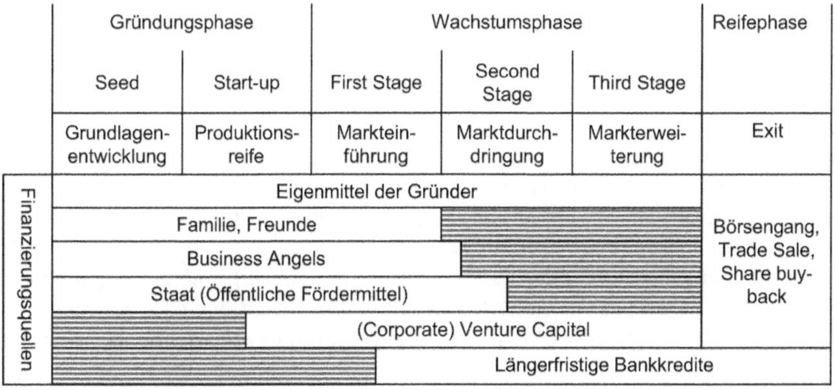

Abb. 3. Finanzierungsformen im Lebenszyklus

Die einzelnen Finanzierungsformen innerhalb der Gründungs- und Wachstumsphasen eines Unternehmens unterscheiden sich zunächst anhand ihres Eigen- oder Fremdkapitalcharakters. Im Folgenden soll die Beteiligungsfinanzierung im Vordergrund stehen – die Abgrenzung der Gründungs- und Wachstumsfinanzierung rekurriert auf eine besondere Struktur exogener und endogener Risiken, die

[15] In Anlehnung an Betsch/Groh/Schmidt (2000), 19ff., und Engelmann et. al (2000), S. 64. Kritisch zur phasenorientierten Betrachtung von Finanzierungsinstrumenten Mayer (2004), S. 151f.

nur mit der Gesellschafterstellung des Finanziers zu vereinbaren ist.[16] Fremdfinanzierung wird demgemäß nur als Komplementärfinanzierung thematisiert.

Bei der Eigenkapitalfinanzierung wird häufig nach dem Formalisierungsgrad differenziert.[17] Diese Unterscheidung erscheint indessen – zumindest im hier behandelten Kontext – wenig trennscharf, da jegliche Beteiligungsfinanzierung vertraglich und gesellschaftsrechtlich fixiert wird. Intendiert wird mit dieser Unterscheidung jedoch tatsächlich weniger die rechtliche Bindung, sondern der Professionalisierungsgrad des Finanziers. Hier schließt sich der Kreis zur oben entwickelten Definition der Finanzdienstleistung. Venture-Capital wird von Unternehmen angeboten, die untereinander und mit anderen Finanzierungsanbietern im Wettbewerb stehen; es scheint von daher prima vista problemlos als Finanzdienstleistung zu qualifizieren. Als problematischer kann sich jedoch die Zuordnung bei Finanzierungen durch Business Angels und durch den Staat erweisen, während die Finanzierung durch eigene Mittel der Gründer sowie durch deren Familie und Freunde offensichtlich nicht den Finanzdienstleistungen zugeordnet werden kann.

3.1.2 Venture-Capital

Venture-Capital bezeichnet die befristete Beteiligungsfinanzierung an nicht börsennotierten Unternehmen, die mit einem hohen Konkursrisiko, aber auch hohen Ertragschancen verbunden sind.[18] Das Kapital wird überlassen in der Erwartung, die Beteiligung nach einer gewissen Zeit – etwa fünf bis acht Jahren – verkaufen und dabei einem Wertzuwachs realisieren zu können. Das hohe Risiko der Beteiligung an Gründungs-, aber auch an potenziellen Wachstumsunternehmen versuchen die Finanziers durch eine intensive Prüfung und Überwachung ihrer Engagements und durch Diversifikation in einem Portfolio von Beteiligungen zu steuern. Mithin basiert das Geschäftsmodell von Venture-Capital-Gesellschaften darauf, zeitlich befristet hoch riskante Beteiligungen an Jung- und Wachstumsunternehmen einzugehen und diese Beteiligungen mittelfristig mit einem Gewinn zu verkaufen, der Verluste aus fallierten Beteiligungen deckt und darüber hinaus dem Verzinsungsanspruch der Eigen- und ggfs. Fremdkapitalgeber der Venture-Capital-Gesellschaft gerecht wird.

Finanzkapital gilt in der Informationsökonomik als hochgradig spezifisch. Die Möglichkeiten, Zahlungsanwartschaften realisieren zu können, hängen für die Finanziers sehr weitgehend vom Verhalten des Managements des Unternehmens ab.[19] Folgt man der Überlegung, dass bei Jung- und Wachstumsunternehmen – ge-

---

[16] Vgl. Neus (2001), S. 112ff.

[17] Vgl. etwa Mayer (2004), S. 119ff.

[18] Der Begriff des Venture-Capital wird unterschiedlich abgegrenzt. Alle Begriffsfassungen beziehen sich jedoch auf die Aspekte Beteiligungsfinanzierung, Befristung und Risiko; vgl. etwa Schäfer (2002), S. 251f. Eine Diskussion des Venture-Capital-Begriffs muss hier nicht erfolgen, da dieser Gegenstand anderer Beiträge in diesem Band ist.

[19] Bei kurzfristiger Betrachtung wird Finanzkapital sogar als vollständig spezifisch angesehen; vgl. z.B. Schoppe et al. (1995), S. 172.

rade bei solchen, die innovative Leistungen anbieten (wollen) – Informationsasymmetrien in spezieller Weise ausgeprägt sind, fallen hierbei hohe Informationsaufwendungen für den Finanzier an, die weitgehend Sunk Costs sind. Daraus resultiert ein besonders hohes Maß an Spezifität der Venture-Capital-Finanzierung.[20] Berücksichtigt wird diese Spezifität durch die Kontroll- und Mitwirkungsrechte der Venture-Capital-Gesellschaft sowie durch die sukzessive Auszahlung an das Portfoliounternehmen.

Wenn also Venture-Kapitalisten als Gesellschafter über weitgehende Informations- und Kontrollrechte sowie über formale Mitwirkungsrechte verfügen, sind sie dennoch in der Regel nicht in die laufende Geschäftsführung eingebunden. Rechtliche Grundlage des Venture-Capital ist in Deutschland häufig die atypische Stille Beteiligung, weil sie vielfältige Ausgestaltungsmöglichkeiten für die Beteiligung zulässt.

Als Anbieter existieren im Bereich des Venture-Capital zwei wesentliche Gruppen von Finanziers: einerseits reine, unabhängige oder von Banken getragene Finanzierungsgesellschaften, andererseits Finanzierungsgesellschaften, die im Konzernverbund mit Industrieunternehmen stehen. Agieren die erstgenannten Venture-Capital-Gesellschaften erwerbswirtschaftlich, so spielt bei den zweitgenannten Corporate-Venture-Capital-Gesellschaften auch das Ziel eine Rolle, der Muttergesellschaft ein „window on technology" zu bieten.

Die Refinanzierung unterscheidet sich nach dem Typus der Venture-Capital-Gesellschaft:[21] Bei Corporate Venture-Capital wird das Kapital von der Muttergesellschaft zu Verfügung gestellt. Bei unabhängigen Venture-Capital-Gesellschaften erfolgt die Refinanzierung über die Bildung von Fonds, an denen sich private und institutionelle Investoren beteiligen, die aber auch an der Börse notiert sein können. Diese Fonds werden als Sondervermögen geführt, so dass die Venture-Capital-Gesellschaft in erster Linie Managementfunktionen übernimmt, aber in der Regel nicht eigenes Kapital einbringt. Bei bankabhängigen Venture-Capital-Gesellschaften können beide Formen der Refinanzierung vorkommen.

Venture-Capital-Gesellschaften lassen sich insoweit als Finanzintermediäre begreifen, als sie die – bei jungen Unternehmen sicher besonders ausgeprägten – Transaktionskosten aus Informationsasymmetrien zwischen Kapitalnehmern und Kapitalgebern reduzieren.[22] Aus dem Blickwinkel der Konzeption der Finanzdienstleistungen kann ihre Tätigkeit aber weiter konkretisiert werden. Venture-Capital-Gesellschaften bieten Anlegern eine hoch spezifische Anlagemöglichkeit. Sie übernehmen dabei die Prüfung der Unternehmen, steuern das Portfolio und nehmen Einfluss auf die Strategie und die Geschäftstätigkeit der Portfoliounternehmen. Diesen stellen sie Finanzierungsmittel zur Verfügung, übernehmen aber auch Gestaltungs- und Beratungsfunktionen.[23] Offensichtlich beinhaltet eine Venture-Capital-Finanzierung mithin sowohl für die Anleger als auch für die Jung-

---

[20] Bigus (2003), S. 42ff.

[21] Ausführlicher Schefzyk (2000), S. 11ff.

[22] Vgl. Danz (2001), S. 335f.

[23] Ausführlicher und kritischer hierzu Bigus (2003), S. 29ff.

und Wachstumsunternehmen ein Leistungsbündel, dessen Nutzen nicht allein über die Zahlungsverpflichtungen in den zugrunde liegenden Finanzkontrakten zu beschreiben ist. Insofern bestätigt zusammenfassend die konkretere Analyse die Hypothese, dass die Bereitstellung von Venture-Capital als Finanzdienstleistung angesehen werden kann.

3.1.3 Finanzierung durch Business Angels

Die Finanzierung durch Business Angels ist vor dem Hintergrund der Überlegungen zu Venture-Capital einfach zu charakterisieren. Ohne an dieser Stelle die wieder einmal unterschiedlichen Begriffsabgrenzungen en détail auszuloten, soll unter einer Business-Angel-Finanzierung ein Finanzkontrakt verstanden werden, bei dem einzelne Investoren, zumeist sehr vermögende Privatpersonen, einem Jungunternehmen in einer sehr frühen Unternehmensphase, in der etwa eine Venture-Capital-Gesellschaft noch nicht zur Investition bereit ist, Finanzierungsmittel als Eigenkapital bereit stellen.[24] Diese Finanzierungsform ist in der Regel mit intensiven Beratungsleistungen, bis hin zur aktiven Mitarbeit, verbunden.[25] Damit dürfte für das Jungunternehmen der Dienstleistungscharakter einer Business-Angel-Finanzierung evident sein. Konzeptionell fraglich erscheint jedoch der Professionalisierungsgrad des Anbieters. Da hier jedoch erwerbswirtschaftliche Zielsetzungen dominieren – auch Beteiligungen von Business Angels sollen mit Gewinn weiterverkauft werden –, kann man die Zuordnung von Business Angels zu den Finanzdienstleistern sicherlich auch anbieterseitig vertreten, zumal Business-Angel-Kapital über spezielle Märkte, wie Foren oder Netzwerke, angeboten wird. Anders als bei Venture-Capital bezieht sich jedoch beim Business Angel das Geschäftsmodell tatsächlich nur auf Finanzierung und Beratung, also auf das finanzierte Unternehmen. Eine Refinanzierung ist nicht notwendig; Investoren werden nicht einbezogen. Insofern erfolgen Due Dilligence und – soweit vorhanden – Portfoliobildung und -steuerung nicht als Dienstleistung für andere, sondern im Eigeninteresse des Business Angel, der im idealtypischen Fall ausschließlich sein eigenes Kapital einsetzt.

Die Dienstleistung Business-Angel-Finanzierung zeichnet sich durch ein sehr hohes finanzielles und persönliches Involvement des Business Angel aus, um der besonderen Risikosituation einer Frühphasenfinanzierung gerecht werden zu können. Daraus ergibt sich – noch ausgeprägter als beim Venture-Capital – durch spezifische Investitionen von beiden Seiten eine gegenseitige Abhängigkeit. Es resultiert eine Beziehung, aus der sowohl das finanzierte Unternehmen als auch der Finanzier nur unter der Inkaufnahme von Nachteilen ausscheiden können.

---

[24] Ausführlicher und differenzierter z.B. Mayer (2004), S. 124ff.

[25] Gerke/Bank (2003), S. 461f.

3.1.4 Finanzierung durch öffentliche Förderprogramme

Fokussiert man bei der Abgrenzung der Finanzdienstleistungen eine erwerbswirtschaftliche Zielsetzung des Anbieters, würde staatliche Förderfinanzierung von vorn herein aus der Palette der Finanzdienstleistungen herausfallen.[26] Andererseits stellen sich für die finanzierten Unternehmen bei Krediten oder Beteiligungen der öffentlichen Hand ganz ähnliche Nutzenstiftungen wie bei der Kapitalüberlassung durch private Finanziers ein. Hinzu kommt, dass auch im Bereich der Banken und Versicherungsunternehmen nicht immer die erwerbswirtschaftliche Orientierung dominant ist. Bei öffentlich-rechtlichen Banken, namentlich Sparkassen, bei Kreditgenossenschaften sowie bei Versicherungsvereinen auf Gegenseitigkeit stehen Auftragsziele im Vordergrund.[27] Dies alles könnte dafür sprechen, öffentliche Förderung den Finanzdienstleistungen zu subsumieren. Allerdings – und das macht eine deutlich andere Nuancierung der Betrachtung notwendig – bewegt sich die öffentliche Hand bei der Gründungs- und Wachstumsfinanzierung idealiter in Bereichen, in denen kein privates Angebot zustande kommt (Marktversagen). Daraus resultiert eine Komplementarität dieser Finanzierungswege, die sich etwa in einer fehlenden Wettbewerbsorientierung niederschlägt. Wenn also staatliche Förderfinanzierungen zwar durchaus als Finanzdienstleistungen angesehen werden können, stellen sich für den Anbieter – den Staat bzw. dessen Agenten – ganz andere Rahmenbedingungen als für die übrigen Anbieter von Entrepreneurial Finance. Im Vordergrund steht keinesfalls die Erzielung von Einkommen; insofern wird die staatliche Insofern soll die Analyse der öffentlichen Fördermittel im Folgenden nicht weiter verfolgt werden.

3.2 Konsequenzen des Dienstleistungscharakters von Gründungs- und Wachstumsfinanzierung

Ungeachtet der oben skizzierten Diskussion um die Abgrenzung von Dienstleistungen ergeben sich aus Potenzial-, Prozess- und Ergebnisperspektive Implikationen für Dienstleistungsunternehmen, ohne dass man diese Implikationen ausschließlich solchen Unternehmen zusprechen sollte. Diese Implikationen werden im Folgenden für die Gründungs- und Wachstumsfinanzierung diskutiert. Hinzu kommen die Merkmale, die im Sinne der Konzeption der Finanzdienstleistungen auch für die Gründungs- und Wachstumsfinanzierung gelten. Perspektive ist dabei diejenige des Finanzdienstleistungsunternehmens in seinen Funktionsbereichen.

3.2.1 Zusammenfallen von Produktion und Absatz

Erkennt man den Kern der dienstleistenden Tätigkeit eines Gründungs- und Wachstumsfinanziers im Vermitteln bzw. vor allem im Abschließen von Finanzie-

[26] Zu staatlichen Förderprogrammen vgl. ausführlich Engelmann et al. (2000), 59ff.

[27] Büschgen/Börner (2003), S. 51f.

rungskontrakten, wird deutlich, dass bei Finanzdienstleistungen analog zu den häufig konstatierten Dienstleistungsbesonderheiten[28] Absatz und Produktion zusammenfallen. Damit determiniert einerseits der Absatzprozess die Qualität, andererseits ist Marketing – hier weniger als umfassende Konzeption der Unternehmensführung, sondern konkreter als Maßnahmenbündel zur Überwindung von Markthemmnissen verstanden – wesentlicher Bestandteil des Produktionsprozesses.

Die Dienstleistungsqualität ist mittlerweile in differenzierter Form zum Gegenstand wissenschaftlicher und praxeologischer Überlegungen geworden. Zumeist wird Qualität hierbei aus Abnehmersicht als Übereinstimmung von Erwartung und wahrgenommenem Ergebnis bezüglich relevanter Merkmale der Dienstleistung verstanden.[29] Diese Merkmale können auf das Dienstleistungspotenzial, den Dienstleistungsprozess und das Dienstleistungsergebnis rekurrieren.[30] Bei der Gründungs- und Wachstumsfinanzierung beziehen sich diese Merkmale tendenziell – konkret lassen sich Erwartungen nur auf der individuellen Ebene bestimmen – auf die Konfiguration des zugrunde liegenden Finanzkontraktes; dies schließt die Beratungstätigkeit ein. Beim Venture-Capital muss indessen auch der Finanzkontrakt der Venture-Capital-Gesellschaft mit den originären Finanziers berücksichtigt werden.

Der Unternehmensgründer wird von der Kapital gebenden Venture-Capital-Gesellschaft einen Finanzkontrakt erwarten, der den Unternehmenserfolg bestmöglich fördert. Da aber weder ex ante noch ex post die Optimalität des tatsächlich ausgehandelten Kontraktes – und der zugehörigen Unterstützung – geprüft werden kann, wird die Qualitätseinschätzung weitergehend vom erlebten Kontext der Leistungsbewirkung abhängen. Konkret sind hierbei insbesondere Einschätzungen über die Interaktion zwischen Finanzier und Kapitalnehmer ausschlaggebend.

Diese Nuancierung der Qualität wird als wesentlich für viele Dienstleistungen angesehen und zumeist mit dem Postulat einer spezifischen Ausrichtung des Qualitätsmanagements verbunden.[31] Angesichts der Tatsache, dass Überlegungen zum Qualitätsmanagement bei Entrepreneurial Finance kaum bekannt sind, stellt sich im hier behandelten Kontext zunächst die grundsätzliche Frage nach der Relevanz eines Qualitätsmanagements bei der Gründungs- und Wachstumsfinanzierung.[32] Dass — wie letztlich in allen Marktprozessen[33] – Finanzier und Unternehmer informationell interagieren müssen, wird allgemein akzeptiert, aber zumeist als „vertrauensvolle Zusammenarbeit“ oder ähnlich etikettiert. Dabei mag auch eine Rolle spielen, dass der Anbieter als Kapitalgeber in der Beziehung höhere Durchsetzungsmacht als sein Geld nehmender Kunde – allein der Begriff „Kunde“ für

[28] Vgl. z.B. Bruhn (2003), S. 18.

[29] Vgl. Zeithaml/Parasuraman/Berry (1990).

[30] Vgl. Corsten (2001), S. 294ff.

[31] Vgl. Börner (1999), S. 477.

[32] Vgl. Gruber (2004), S. 78.

[33] Vgl. weiterführend Kaas (1990b).

ein Portfoliounternehmen ist unüblich – hat und er sich insofern nicht gezwungen wähnt, Erwartungen des Kapitalnehmers erfüllen zu müssen. Nichtsdestoweniger ist ein Qualitätsmanagement von der Grundintention her auch in Finanzierungsbeziehungen relevant, weil der Erfolg des Finanziers vom Erfolg der finanzierten Unternehmens abhängt, der wiederum gerade durch eine effiziente Interaktion mit dem Unternehmen beeinflusst wird. Versteht man Qualitätsmanagement darüber hinaus als Konzept, das nicht nur auf den Absatzmarkt zielt, sondern auch interne Wirkungen erreichen will, kann eine wesentliche Funktion einer bewussten Qualitätsvorgabe und –kontrolle in einer Erhöhung der Rationalität von Entscheidungen der Investmentmanager gesehen werden, die über ein reines Finanzcontrolling hinaus greift.[34]

Ferner kann ein Qualitätsmanagement, das auf die Interaktion mit dem Kapitalnehmer zielt, die Wettbewerbsposition des Finanziers verbessern – ein Aspekt, der im Zusammenhang mit der Marke und der Reputation des Finanziers noch einmal aufzugreifen ist.

Gelten diese Überlegungen zum Qualitätsmanagement bei Venture-Capital grundsätzlich auch für Business Angels, ist es hier offenkundig kaum möglich, ein internes Qualitätsmanagement zu implementieren. Erkennt aber ein Business Angel die Sinnhaftigkeit einer bewussten Strukturierung und einer Kontrolle der Interaktion mit dem finanzierten Unternehmen an, wird er beispielsweise Feedback-Runden in seine Tätigkeit integrieren und damit einen bewussten sowie strukturierten Beratungsprozess implementieren.

Bei Venture-Capital-Gesellschaften kommt noch das auf den Anleger gerichtete Qualitätsmanagement hinzu. Unterstellt man, dass die Anlageberatung nicht durch die Venture-Capital-Gesellschaft erfolgt, bezieht sich diese Seite des Qualitätsmanagements vor allem auf die finanziellen Erwartungen, mithin auf ein Controlling des Erfolges der Beteiligungsfonds. Hinzu kommt evtl. noch die qualitätsorientierte Steuerung der Investor Relations.

Dass bei Dienstleistungen in der Regel Marketing bereits in der Produktionsphase niederschlägt, ist zunächst eine einigermaßen triviale Übersetzung der Tatsache, dass bei Dienstleistungen Produktion und Absatz zusammenfallen. Zusätzlichen Sinn gewinnt diese Aussage dann, wenn man Marketing in Funktionsbereiche gliedert. So wird etwa im Zuge der Vertriebspolitik – als Teilbereich des „Marketing-Mix“[35] – beim Dienstleistungsunternehmen auch über den Ort der Leistungserstellung entschieden. Produktpolitik muss bei Dienstleistungsunternehmen demgemäß ganz offensichtlich die Gegebenheiten der Leistungserstellung „vor Ort“ berücksichtigen, also das leistungsbewirkende Potenzial in den einzelnen Vertriebseinheiten. Finanzdienstleistungen basieren auf Finanzkontrakten; ihr Kern sind also vertragliche Regelungen. Damit ist im Detail kaum zwischen Produktpolitik und Konditionenpolitik zu unterscheiden. Kommunikationspolitik

---

[34] Bruhn (2003), S. 318ff. spricht dem Qualitätscontrolling die folgenden Funktionen zu: Koordination, Informationsversorgung, Planung und Kontrolle.

[35] Der Marketing-Mix wird üblicherweise in die Teilbereiche Produktpolitik, Konditionenpolitik, Vertriebspolitik und Kommunikationspolitik gegliedert.

kann bei Dienstleistungen keine fertigen Produkte präsentieren, sondern nur Leistungsversprechen plausibilisieren.[36] Überträgt man diese Überlegungen auf die Gründungs- und Wachstumsfinanzierung, erweist sich wiederum als Spezifikum, dass die Finanziers die Kapitalnehmer kaum als „Kunden“ wahrnehmen. Hierbei spielt neben der asymmetrischen Machtverteilung und der hohen Ablehnungsquote, die prima vista einen Verkäufermarkt abzubilden scheint, sicherlich auch die Komplexität und Individualität der einzelnen Fälle eine prägende Rolle. Gründungs- und Wachstumsfinanzierung ist offenkundig eher einer projekthaften „Einzelfertigung“ als einer standardisierten „Massenproduktion“ vergleichbar. Denkt man das Marketinginstrumentarium konsumgüterorientiert, verschließt man sich die spezifischen Bezüge von Marketing und Entrepreneurial Finance.[37] Interpretiert man Marketing jedoch als bewusste, strategisch ausgelegte Überwindung von Markthemmnissen, wird deutlich, dass die Beratungsleistungen und die Konfiguration der Finanzierungskontrakte durch die Finanziers auch immer eine akquisitorische Dimension aufweisen. Es geht bei der Gründungs- und Wachstumsfinanzierung nicht nur um Entscheidungen zur Finanzierungstechnik, sondern auch um Entscheidungen darüber, wie das Leistungsversprechen des Finanziers konkretisiert, plausibilisiert und kommuniziert wird. Gerade – jedoch nicht ausschließlich – bei den (wenigen) Gründungs-, aber auch Wachstumsunternehmen, die zwischen mehreren Finanziers wählen können, kann ein „Denken vom Kunden her“ die Perspektive erweitern.

Als dritte Wirkung des Zusammenfallens von Produktion und Absatz wird in der allgemeinen Dienstleistungsliteratur eine spezifische Problematik bei der Kapazitätsbemessung dahin gehend konstatiert, dass Dienstleistungen nicht lagerfähig seien und damit die Auslastung der Unternehmenskapazität nicht intertemporal über Lagerhaltung gesteuert werden kann. Dieser Aspekt erscheint in den typischen Geschäftsmodellen von Venture-Capital-Gesellschaften und Business Angels von marginaler Bedeutung. Die Organisation – soweit man bei Business Angels überhaupt von einer solchen sprechen kann – folgt hierbei einer Projektstruktur. Aufgrund der relativen langen Vorlaufzeiten und der Tatsache, dass der Zeitpunkt der Leistungsinanspruchnahme nicht allein vom Kunden festgelegt, sondern vom Anbieter mit beeinflusst wird, dürften Spitzenbelastungen abgefedert werden können. Allenfalls in ausgeprägten Boom-Phasen der Venture-Capital-Finanzierungen – wie Ende der Neunziger Jahre – waren Kapazitätsprobleme zu beobachten, weil qualifizierte Mitarbeiter am Markt nicht in ausreichender Zahl verfügbar waren. Kapazitätsprobleme hinsichtlich der verfügbaren Finanzmittel können durch die Planung des Investitionsprogramms bzw. durch Anlagen am Finanzmarkt vermieden werden.

[36] Zu den Spezifika des Dienstleistungsmarketings siehe z.B. ausführlicher Corsten (2001), S. 334ff. und Zeithaml/Bitner (2003), S. 441ff.

[37] Vgl. Gruber (2004).

3.2.2 Reputation

Am Beginn jeder Dienstleistung steht das Leistungsversprechen des Anbieters.[38] Ob und inwieweit durch den Vollzug der Dienstleistung der vom Abnehmer gewünschte Erfolg eintritt, erweist sich erst später – wobei der Erfolg, wie oben im Kontext der Qualitätsproblematik deutlich wurde, bei Dienstleistungen mit Kontraktguteigenschaften ohnehin kaum bemessbar ist. So kann ein Gründungs- und Wachstumsfinanzier keinesfalls ein tangibles Produkt zur Überprüfung seiner Leistungsfähigkeit vorweisen. Bei der Gründungsfinanzierung kommt als besonderer Aspekt hinzu, dass immer ein Großteil der finanzierten Unternehmen scheitern werden. Dieses Scheitern ist einerseits Bestandteil des Geschäftsmodells von Gründungs- und Wachstumsfinanzierern. Andererseits hat dieses Scheitern durch die Stellung des Finanziers als Eigenkapitalgeber und seine Mitwirkung im Unternehmen eine andere Dimension als etwa die Ausfälle, die eine Bank im Kreditgeschäft erleidet. Ist somit eine Beurteilung des Leistungspotenzials des Finanziers anhand der Merkmale der eigentlichen Leistung nicht möglich, gewinnen andere Möglichkeiten, das Leistungsversprechen abzusichern, an Bedeutung. Bei Venture-Capital-Gesellschaften ist hierbei offensichtlich zweiseitig sowohl auf die Beziehung zum Gründungs- und Wachstumsunternehmen als auch zu den originären Geldgebern abzustellen, während die letztgenannte Beziehung bei Business Angels naturgemäß entfällt.

Beziehungen, bei denen eine Seite ein Leistungsversprechen abgibt, ohne dass die Gegenseite die Einlösung dieses Versprechens überwachen kann, werden in der neoinstitutionenökonomischen Theorie untersucht. Die Unmöglichkeit einer unmittelbaren Kontrolle wird dabei über eine Informationsasymmetrie modelliert, die zwischen den beiden Kontraktpartnern vor, während oder nach der Vertragserfüllung besteht. Eine Kontrolle anhand des realisierten Ergebnisses ist nicht möglich, weil auf dieses auch externe, ex ante unsichere Einflüsse einwirken.

In der Beziehung zwischen Finanzier und Geld nehmenden Unternehmen besteht konkret eine zweiseitige Informationsasymmetrie: Der Finanzier kann Fähigkeit, Willen, Arbeitseinsatz usw. des Unternehmers nicht vollständig abschätzen, andererseits kann das Unternehmen nicht beurteilen, ob Beratung und Vertragskonfiguration mit dem erforderlichen Know-how, Arbeitseinsatz usw. erfolgen.[39]

---

[38] Vgl. in Bezug auf die kommunikationspolitischen Implikationen ausführlich Zeithaml/Bitner (2003), S. 452ff.

[39] Vgl. auch Fließ (1996), S. 11f.

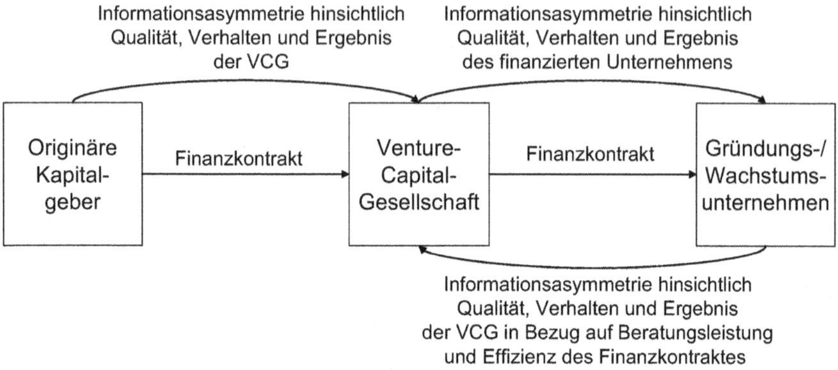

Abb. 4. Informationsbeziehungen bei Venture-Capital

Fokussiert man die letztgenannte Informationsasymmetrie – die erstgenannte ist Thema anderer Beiträge in diesem Band – spielt vor allem Signalling eine Rolle. Beim Signalling versucht der Besserinformierte, glaubwürdige Informationen zu übermitteln. Die Glaubwürdigkeit resultiert daraus, dass Signale ausgesandt werden, die für schlechte bzw. opportunistisch handelnde Akteure nicht oder nur zu ungleich höheren Kosten zu produzieren sind. Es kann sich hierbei um Testate vertrauenswürdiger Dritte, um die Stellung von Pfändern usw. Aber auch Größe bzw. Marktanteil, Finanzkraft – die das Vertrauen der originären Kapitalgeber widerspiegelt – oder „Reputation" können solche Signale sein.

Reputation ist ein Vertrauensvorschuss, den die Vertragsparteien sich gegenseitig gewähren. Sie macht andere institutionelle Arrangements z.T. entbehrlich, senkt also die Transaktionskosten und ermöglicht bzw. erleichtert damit die Transaktion. Reputation ist aber nicht mit Gutgläubigkeit gleichzusetzen, sondern unterliegt einem rationalen, eigennutzorientierten Abwägungskalkül. Deshalb wirkt sie nur dann effizienzsteigernd, wenn sie für den Besserinformierten mit einem ökonomischen Vorteil verbunden ist. Dieser resultiert zumeist daraus, dass Reputation eine Vielzahl von Einzeltransaktionen beeinflusst. So wie Reputation aus dem Verzicht auf das Ausnutzen von opportunistischen Handlungsspielräumen resultiert, so wird sie durch opportunistisches Handeln zerstört. Das Kalkül sieht deshalb so aus, dass der Besserinformierte den dauerhaften Vorteil aus der Reputation – sein Reputationskapital – gegen den Vorteil aus opportunistischem Handeln im Einzelfall abwägen wird.[40]

Konsequenzen dieser Überlegungen für das Management von Anbieter der Gründungs- und Wachstumsfinanzierung sind einsichtig: Damit Reputation wirken kann, muss sie für die Schlechterinformierten – in diesem Falle die Finanzierung suchenden Unternehmen sowie beim Venture-Capital die originären Geldgeber – wahrnehmbar sein. Ohne Reputation auf eine Markenpolitik reduzieren zu

[40] Vgl. ausführlicher Erlei/Leschke/Sauerland (1999), S. 230ff.

wollen, schließt sich damit der Kreis zur Kommunikationspolitik im Marketing. Im hier behandelten Zusammenhang wird der Finanzier deshalb seine Reputation vor allem über die erfolgreichen Beteiligungen der Vergangenheit – also seinen „Track Record“ – kommunizieren. Daneben können auch die Marke, der Marktanteil und das durch das Fondsvolumen zum Ausdruck gebrachte Vertrauen der originären Kapitalgeber zur Vermittlung von Reputation angeführt werden.

4 Fazit

Der vorliegende Beitrag konzeptualisiert und konkretisiert Gründungs- und Wachstumsfinanzierung als Finanzdienstleistung. Er bedient sich dafür eines Ansatzes, der vom Konstrukt des Finanzkontraktes als Nukleus einer Finanzdienstleistung ausgeht. Finanzkontrakte werden von Finanzintermediären geschlossen oder vermittelt. Bis hier hin liegt die Analyse auf der Linie der neoinstitutionenökonomischen Theorie. Der Dienstleistungscharakter wird evident, wenn man auf einer weiteren Ebene die Überlegung einführt, dass Finanzintermediäre als Unternehmen eigenzielbezogen am Absatzmarkt im Wettbewerb reüssieren müssen, indem sie Finanzkontrakte vermitteln und abschließen. Diese Überlegungen gelten auch und in spezieller Nuancierung für Venture-Capital-Gesellschaften und Business Angels. Insofern kann diesen Finanziers eine dienstleistende Rolle zugesprochen werden. Rückt man den Charakter von Dienstleistungen als immaterielles Leistungsversprechen in den Vordergrund, ergeben sich hinsichtlich der Qualität, des Marketings sowie der Reputation Einblicke, die in der dominanten finanzwirtschaftlichen Sichtweise auf Entrepreneurial Finance in dieser Weise nicht zu gewinnen sind. In der Konsequenz ergibt sich die Aufforderung, Entrepreneurial Finance kundenbedarfsorientiert zu gestalten und die Anbieter entsprechend auszurichten. Dass diese Perspektive in der Finanzierungspraxis wenig ausgeprägt ist, mag zu konzedieren sein. Ursächlich wird hierbei die – auch aktuell noch immer – hohe Ablehnungsquote bei Finanzierungsersuchen sein. Im Sinne einer unternehmerischen Denkhaltung kann jedoch die stärkere Berücksichtigung der dienstleistenden Funktion von Business Angels und Venture-Capital-Gesellschaften zielführend sein.

Literatur

Bernet B (2003): Institutionelle Grundlagen der Finanzintermediation, München/Wien.
Betsch O,Groh A,Schmidt K (2000): Gründungs- und Wachstumsfinanzierung innovativer Unternehmen, München/Wien.
Bigus J (2003): Zur Theorie der Wagnisfinanzierung. Informations- und Anreizprobleme vor dem Börsengang, Wiesbaden.
Börner Chr J (1999): Benchmarking als Instrument des Qualitätsmanagement im Mengenkundengeschäft der Banken, in: Zeitschrift für Betriebswirtschaft, 69. Jg, S 475-493.
Börner Chr J (2003): „Finanzdienstleistungen" im Kontext der Theoriediskussion in der Bankbetriebslehre und der Versicherungsbetriebslehre, FiDL-Working Paper Nr 3, Düsseldorf.
Bruhn M (2003): Qualitätsmanagement für Dienstleistungen, 4. Auflage, Heidelberg.
Büschgen HE,Börner Chr J (2003): Bankbetriebslehre, 4. Auflage, Stuttgart.
Corsten H (2001): Dienstleistungsmanagement, 4. Auflage, München/Wien.
Danz B (2001): Venture-Capital – "Smart Money" für Entrepreneure, in: Entrepreneurship und Unternehmertum, hrsg von Blum U,Leibbrand F, Wiesbaden, S 321-361.
Denis DJ (2004): Entrepreneurial Finance: an overview of the issues and evidence, in: Journal of Corporate Finance, Volume 10, S 301-326.
Donabedian A (1980): The Definition of Quality and Approaches to its Assessment, Ann Arbor, Mich.
Erlei M,Leschke M,Sauerland D (1999): Neue Institutionenökonomik, Stuttgart.
Engelmann A,Juncker K,Natusch I,Tebroke HJ (2000): Moderne Unternehmensfinanzierung, Frankfurt/M.
Fandel G,Blaga St (2004): Aktivitätsanalytische Überlegungen zu einer Theorie der Dienstleistungsproduktion, in: Zeitschrift für Betriebswirtschaft, Ergänzungsheft 1: Produktion von Dienstleistungen, hrsg von Fandel G,Wildemann H, S 1-21.
Fließ S (1996): Integrationsmuster bei der Integration externer Faktoren, in: Grundsatzfragen und Herausforderungen des Dienstleistungsmarketing, hrsg von Meyer A, Wiesbaden, S 1-19.
Gerke W,Bank M (2003): Finanzierung, 2. Auflage, Stuttgart.
Greenbaum StI,Thakor AV (1995): Contemporary Financial Intermediation, Orlando, Fl
Gruber M (2004): Entrepreneurial Marketing, in: Die Betriebswirtschaft, 64. Jg, S 78-100.
Hartmann-Wendels Th,Pfingsten A,Weber M (2004): Bankbetriebslehre, 3. Aufl, Heidelberg.
Kaas KP (1990a): Marketing als Bewältigung von Informations- und Unsicherheitsproblemen im Markt, in: Die Betriebswirtschaft, 50. Jahrgang, S 539-548.
Kaas KP (1990b): Marktinformationen: Screening und Signaling unter Partnern und Rivalen, in: Zeitschrift für Betriebswirtschaft, 61. Jahrgang, S 357-370.
Klose M (1999): Entwurf einer Leistungstypologie für Finanzdienstleistungen, in: Integration von Finanzdienstleistungen, hrsg von Corsten H,Hilke W, Wiesbaden
Mayer MD (2004): Venture Finance, Wiesbaden.
Meyer A (1990): Dienstleistungsmarketing. Erkenntnisse und praktische Beispiele, Augsburg.
Neus W (2001): Finanzierung, in: Der Transaktionskostenansatz in der Betriebswirtschaftslehre, hrsg von Jost P-J, Stuttgart, S 107-153.

Schäfer H (2002): Unternehmensfinanzen. Grundzüge in Theorie und Management, 2. Auflage, Heidelberg.
Schefczyk M (2000): Finanzieren mit Venture-Capital, Stuttgart.
Schoppe SG, et al (1995): Moderne Theorie der Unternehmung, München.
Spremann K (2002): Wirtschaft, Investition und Finanzierung, 5. Auflage, München/Wien.
Zeithaml VA,Bitner, MJ (2003): Services Marketing Integrating Customer Focus Across the Firm, 3rd edition, Boston, Mass, et al.
Zeithaml VA,Parasuraman A,Berry L (1990): Delivering Quality Service, New York.

Mikro-Gründungsfinanzierung als Entwicklungsstrategie

Raimund Schirmeister und Petra Paeßens

Abstract

Entrepreneurial Finance und Entwicklungsfinanzierung (Development Finance) weisen mit *Mikro-Gründungen* einen gemeinsamen Untersuchungsgegenstand auf. Dieser besteht in dem Anliegen, das entwicklungsstrategische Potenzial von Kleinstgründungen im Hinblick auf Wirtschaftswachstum und Anhebung des Lebensstandards zu analysieren, um die Bereitstellung des hierzu erforderlichen Kapitals zu optimieren. Sowohl in Entwicklungs- als auch in Industrieländern übersteigt nämlich die Nachfrage nach *Mikrokrediten* das Angebot, weil deren Intermediation aus unterschiedlichsten, vom Entwicklungsstand des Landes abhängigen Gründen nicht immer effizient gelingt. Das gilt verstärkt für die eigentlich wünschenswerte *Mikro-Wagnisfinanzierung*, die bislang lediglich ansatzweise realisiert ist. Hier ist der Übergang zu *Eigenkapitalsubstituten* fließend, indem sozial- oder entwicklungspolitisch geleitete Kapitalgeber letztlich eine sich selbst tragende Unternehmungsgründung erwarten. Das hierzu erforderliche Zusammenspiel zwischen gesellschaftspolitischem Bewusstsein und gezielten Bildungsoffensiven mit der „Schnittmenge" aus Gründungs- und Entwicklungsfinanzierung steht allerdings noch am Anfang.

1 Verknüpfung von Gründungs- und Entwicklungsfinanzierung

Mit der (originären) Gründung von Unternehmungen verbinden sich Erwartungen, drängende gesamtwirtschaftliche Problem lösen oder zumindest in ihren Auswirkungen positiv beeinflussen zu können. Die im *Wirtschaftswachstum* fokussierten Vorstellungen konkretisieren sich vornehmlich in der Verbesserung der internationalen Wettbewerbsfähigkeit einer Volkswirtschaft, der Reduktion von Arbeitslosigkeit, der Erhöhung des Lebensstandards sowie der Stabilisierung der Sozialsysteme. Dies gilt gleichermaßen für alle Volkswirtschaften, unabhängig davon, ob sie aufgrund ihres Entwicklungsstandes als Industrie-, Schwellen-, Transformations- oder Entwicklungsländer bezeichnet werden. „Entwicklung" resp. „Entwicklungspolitik" sind begrifflich zwar für die – im Vergleich zu einem Standard, etwa dem der westeuropäischen oder nordamerikanischen Industriestaaten – „unterentwickelten“ Volkswirtschaften reserviert. Aber die Initierung, Beschleunigung oder nachhaltige Stärkung von „Entwicklungs“-Prozessen ist wirtschaftspolitisch regelmäßig erwünscht, unabhängig davon, welches Wohlstandsniveau, gemessen am Lebensstandard, als Ausgangsbasis zu Grunde liegt. In den Industrieländern haben derartige Erwartungen zahlreiche wirtschaftspolitische Initiativen zur Stärkung von unternehmerischen Gründungsaktivitäten ausgelöst, die parallel von der intensiven wissenschaftlichen Auseinandersetzung mit „Entrepreneurial Finance“ begleitet werden. Hierbei gilt der *Gründungsfinanzierung* i.e.S. wissenschaftlich wie praktisch das besondere Augenmerk, weil sich die Bereitstellung ausreichender finanzieller Mittel regelmäßig als der Engpassfaktor bei der Gründung von Unternehmungen erweist. Weniger beachtet, aber ähnlich motiviert, beschäftigt sich die *Entwicklungsfinanzierung (Development Finance)* mit der zielorientierten Gestaltung des Finanzwesens in (Transformations- und) Entwicklungsländern,[1] verfolgt mithin eine vergleichbare Stoßrichtung.

Die Historie der Entwicklungsfinanzierung der letzten fünf Jahrzehnte ist durch eine deutliche Ausweitung dessen gekennzeichnet, was sich mit diesem Begriff verbindet:[2] Ausgangspunkt war die Feststellung eines Kapitalmangels in den Entwicklungsländern, der durch den Transfer finanzieller Mittel aus reicheren Ländern beseitigt werden sollte. Der Erfolg dieser Politik war allerdings vor allem deshalb bescheiden, weil Aspekte der Wirtschaftlichkeit unbeachtet blieben, mithin „verlorene Zuschüsse“ in ihren Wirkungen nicht sonderlich durchschlagend waren. Das gilt gleichermaßen für die Förderung von Großprojekten (Staudämme, Kraftwerke, Stahlwerke), die, wenn überhaupt, nur einer bereits privilegierten Bevölkerungsschicht zu Gute kamen, wie für die „Kreditversorgung“ des Kleingewerbes über *Non-Governmental Organisations* (NGOs), die ihre mangelnde Effizienz und Kostenwirtschaftlichkeit über neue Subventionen abdeckten und letztlich ihrer Zielgruppe eine entsprechende Mentalität vermittelten. Werden Kapitaltransfers hingegen vom Auf- und Ausbau des Finanzwesens und einer Deregulierung (etwa der Freigabe der Zinsen) flankiert, besteht die berechtigte Erwartung, tatsächlich Entwicklungsimpulse setzen zu können. Ein derartig umfassendes Verständnis von Entwicklungsfinanzierung, das letztlich auf marktwirtschaftlichen Prinzipien beruht, rückt Unternehmertum und speziell Unternehmungsgründungen stärker ins Zentrum der Entwicklungspolitik. Mithin entsteht eine „Schnittmenge“ zwischen Gründungs- und Entwicklungsfinanzierung, die auf beide Bereiche ausstrahlt, deren Analyse in diesem Beitrag auf die Förderung von Kleinstgründungen begrenzt werden soll. Die zielorientierte Ausgestaltung der *Mikro-Gründungsfinanzierung*, die aus einer Mikrokredit- und Mikrowagnisfinanzierung bestehen kann, hebt folgerichtig stark auf *situative* Gegebenheiten (wie Tradition, Usancen, vorhandenes Wirtschafts- und Sozialgefüge) ab und sucht diese über geeignete Anreize und Reduktion von Informationsunsicherheiten nutzbar zu ma-

[1] Vgl. ähnlich Schmidt (2001), S. 638.

[2] Vgl. Krahnen/Schmidt (1994), S. 10f. sowie Schmidt (2001), Sp. 640ff.

chen, um nachhaltige Kapitalgeber-Kapitalnehmer-Beziehungen zu etablieren.[3] Dies gelingt im Allgemeinen durch Zwischenschaltung eines *Finanzintermediärs.* Hierbei handelt es sich um Institutionen, die entweder mit Kapitalgeber und Kapitalnehmer ein eigenständiges Vertragsverhältnis eingehen (wie eine kreditvergebende Bank oder eine Venture-Capital-Gesellschaft) oder – wie Börsen oder Makler – den Abschluss von Finanzierungsverträgen ermöglichen resp. erleichtern.[4] Ihre Aufgabe besteht in gewissen *Transformationsleistungen*, mit denen die Zeit- und Rendite-Risiko-Präferenzen der Marktakteure aufeinander abgestimmt und/oder das (wechselseitige) Informationsgefälle zwischen ihnen auf ein annehmbares Maß reduziert werden. Dieser *Finanzintermediation* kommt folgerichtig ein besonderes Gewicht zu, indem sie erst geschaffen oder stark angepasst werden muss.

2 Das Konzept der Mikrokreditfinanzierung

2.1 Mikrokredite

Charakteristisch für die *Mikrofinanzierung* ist die Nachfrage nach vergleichsweise *kleinen* Kapitalbeträgen bei *kurzen* Laufzeiten von unter einem Jahr. Bekannt wurde sie in der Form der *Mikrokreditfinanzierung* von Gewerbetreibenden durch die *Grameen Bank* in Bangladesh.[5] Das Konzept dieser *Mikrokredite* („*Microlending*") wurde anschließend nicht nur in Entwicklungs-, sondern auch in Industrieländern vielfach eben in der Erwartung eingeführt, entwicklungspolitische Impulse vor allem in unterprivilegierten Bevölkerungsschichten auszulösen: Die Darlehensbeträge reichen aus, um unternehmerisch tätig zu werden, soweit ein hoher Grad an menschlicher Arbeitsleistung mit einem geringen Investitionsbedarf (etwa an Betriebsmitteln) verbunden ist. Ermöglicht wird damit die Erhöhung und Verstetigung des Einkommens, eine Reduktion von Arbeitslosigkeit, letztlich eine Anhebung des Lebensstandards. Diese nachfrageseitig vorhandenen Vorzüge treffen allerdings auf Vorbehalte, ob derartige Angebote überhaupt wirtschaftlich tragfähig zu realisieren sind.

Beim Kapitalgeber – sei es ein Intermediär, sei es eine Direktbeziehung – entstehen in Folge der geringen Darlehenshöhe, der kurzen Laufzeit, der ausgeprägten Informationsasymmetrie und den a priori schwer kalkulierbaren Risiken hohe Kosten in Relation zu bescheidenen Darlehensvolumen. Sollen diese durch den Preis des Darlehens gedeckt werden, muss der Kapitalgeber einen sehr hoher Sollzinsfuß verlangen. Abgesehen davon, dass ein Mikrokredit auf diese Weise für einen großen Teil der Nachfrager unbezahlbar wird, übertrifft er auch das in anderen

[3] Vgl. ähnlich Schmidt (2001), Sp. 643 und die dort angeführten weitergehenden Quellen.

[4] Vgl. allgemein Gerke/Pfeuffer (1993), Sp. 727f. sowie Paul (1999), S. 649.

[5] Vgl. Kuga/Getubig (1993), S. 1f.

Finanzmarktsegmenten geltende Zinsniveau. Die Zurückhaltung potenzieller Kapitalgeber, sich in einem derartigen Produkt zu engagieren, erscheint verständlich, da der Vorwurf eines Wucherzinses imageschädigend auch andere Geschäftsfelder beeinträchtigt. Verhindert die eingeschränkte Nachfrage zudem die Auslegung einer großen Zahl dieser Kredite, greift die Strategie, mit hoher Stückzahl, standardisierten Produkten und massiver Rationalisierung Kosten zu senken, zu kurz. Denn nur mit einer prinzipiell andersartigen Kreditvergabe kann es gelingen, die Kosten*struktur* nachhaltig zu verändern. Die programmatisch geforderte Kehrtwendung von einer „dokumentenbasierten" zu einer „typenbasierten" Kreditwürdigkeitsprüfung[6] ist daher – auch mangels geeigneter Alternativen und entsprechender Erfahrung – in vielen Entwicklungsländern schon vollzogen. Letztlich geht es darum, die Fähigkeit und die Bereitschaft zur Zins- und Tilgungszahlung festzustellen: Im stärker informellen Sektor werden solche Informationsdefizite eher indirekt abgebaut,[7] wohingegen der formelle Finanzsektor – einschließlich der spezialisierten *Mikrofinanzinstitute* – anhand der künftig erwarteten Cash Flows des Geschäftsmodells (in Verbindung mit der privaten Lebensführung) die Zahlungsfähig- und -willigkeit ermittelt. Diese Beurteilung vereinfacht und stabilisiert sich ungemein, wenn über den Kreditnachfrager bereits eine „Historie" besteht. Der Schluss, von einem kontinuierlichen Sparer (etwa in einer Rotating Savings and Credit Association RoSCA oder einer Bausparkasse[8]) auf einen zuverlässigen Kreditnehmer ist empirisch breit fundiert; aber auch die Vergabe von Darlehensketten („Stepping", „Steplending") – bei pünktlicher Rückzahlung wird ein Folgekredit gewährt, der vom Volumen her um bis zu 50% größer und zudem günstiger sein kann – erweist sich als risikoarme Methode: Denn die Kunden setzen den einmal erlangten Zugang zu Krediten nie leichtfertig aufs Spiel, erweisen sich mithin als äußerst zuverlässig (auch weil effizient arbeitende Kreditgeber auf Zahlungsverzug zeitnah und konsequent reagieren). Dies eröffnet die Möglichkeit, die an und für sich kurze Laufzeit durch mehrere aneinander gereihte Darlehen zu verlängern (was bei eher betriebsmittelgebundenen Geschäftsideen oder längeren Amortisationsperioden nötig ist) und schrittweise die Informations- und Kompetenzanforderungen an den Kreditnehmer mit dem Ziel zu erhöhen, zu einer üblichen Kreditwürdigkeitsprüfung zu gelangen.[9]

Umgekehrt findet eine Kostenentlastung beim Kreditgeber auch dadurch statt, dass die Nachfrage einzelner Kunden sinnvoll gebündelt wird. Unproblematisch kann die Kreditberatung gleich für eine Gruppe Interessierter durchgeführt wer-

---

[6] Vgl. Kritikos (2004), S. 2f.

[7] So können Kreditgeber anhand der pünktlich und vollständig bezahlten Strom- und Telefonrechnung auf die Zahlungsmoral des Antragstellers schließen, in Gesprächen mit Nachbarn, Vermietern oder Geschäftspartnern Informationen einholen oder sich durch Vor-Ort-Besuche, vielfach das Herzstück der Kreditwürdigkeitsprüfung wie der „Kreditbegleitung", von der Seriosität der Person und ihres Vorhabens überzeugen. Vgl. bspw. Evers (2001), S. 153ff.

[8] Vgl. beispielsweise Schirmeister/Nadler (1996), und (2002).

[9] So auch Koch/Tokarski (2004), S. 646.

den: Anhand standardisierter Kriterien und instruktiver Materialien werden die Darlehenskonditionen erläutert und Gelegenheit zu Rückfragen gegeben,[10] was eine erhebliche Zeit-, mithin Kostenersparnis bedeutet. Einen Schritt weiter geht die aktive Kundenakquisition nach dem „Schnellballsystem", indem zuverlässigen Kunden Provisionen oder günstigere Konditionen bei einem Folgegeschäft eingeräumt werden, wenn sie einen neuen Kreditnehmer gleicher oder besserer Bonität benennen.[11] Der Übergang zu einer Bürgschaft, der weltweit eine große Bedeutung zukommt, ist juristisch zwar sehr groß, faktisch eher fließend („co-signing"). Das ist darin begründet, als die Funktion des Bürgen weniger in der Rückführung des Darlehens bei Zahlungsverzug gesehen wird, sondern vielmehr dem Abbau von Informationsasymmetrien dient: Eine Bürgschaft unter derartigen Bedingungen wird man nur dann bereit sein zu leisten, wenn die Inanspruchnahme nahezu ausgeschlossen ist.[12] Endpunkt dieser zunehmenden Einbindung mehrerer Personen ist die Vergabe eines Darlehens an eine *Gruppe*, bei der die Mitglieder wechselseitig bürgen („peer group lending").[13] Aufgrund der genannten Bedingungen kommt dieses Verfahren nur unter engen Voraussetzungen zustande. Bekannt sind die weltweit vertretenen Rotating Savings and Credit Associations RoSCAs, die als Selbsthilfegruppen ein geschlossenes Anspar-Darlehens-System betreiben und als informelle Organisation ggf. im (formellen) Bankensystem einen Kredit erhalten, der auf die Mitglieder verteilt wird.[14] Aus Sicht des Kreditgebers kommt damit ein für ihn handhabbares Volumen zustande, das zudem durch mehrere Personen gesichert ist. Soweit die interne Organisation der Gruppe funktioniert, weil ein Sozialgefüge oder ein Vertragssystem (etwa das Genossenschaftsprinzip) den Zusammenhalt erzwingen, ist der Gruppenkredit effizient, allerdings die Methode eben nicht beliebig anwendbar.

Wünschenswerte ökonomische Leistungen, die „der Markt" alleine nicht hervorbringt, rufen nach *Subventionen*, um solche Defizite auszugleichen. Ziel ist es, beim Kapitalgeber einen Teil der entstehenden Kosten zu decken, um das Kreditangebot für die Nachfrage billiger zu machen. Beispiele hierfür sind Zins- oder Betriebskostenzuschüsse sowie Haftungsfreistellungen. Wie bei jeder Subvention besteht hier gleichermaßen die Gefahr ihrer Perpetuierung wie jene der Ineffizienz. Dennoch ist nicht von der Hand zu weisen, das *temporäre* Unterstützungen entwicklungs- wie auch sozial- und gesellschaftspolitisch sinnvoll (und möglicherweise auch kostengünstiger als Direkthilfen an Personen) sein können. Letztlich müssen sie jedoch früher oder später zu lebensfähigen Unternehmungen und

[10] Vgl. Evers (2001), S. 152. Den Interessenten eines Mikrokredites bei der polnischen Fundusz Mikro wird beispielsweise eine Tabelle ausgehändigt, an der der monatliche Kapitaldienst bei variierenden Kreditlaufzeiten, Kredithöhen und von der Anzahl der Bürgen abhängigen Kreditzinsen abgelesen werden kann. Vgl. Evers (2001), S. 159.

[11] Vgl. Evers (2001), S. 150.

[12] Vgl. Evers (2001), S. 147, 153ff.

[13] Vgl. Kritikos (2004), S. 4; Jacob, Wagner (1995), S. 335.

[14] Vgl. bspw. Krahnen/Schmidt (1994), S. 46f., Schirmeister/Nadler (1996), und (2002), S. 80ff.

Marktbeziehungen führen: Sei es, dem Mikrofinanzier gelingt es, seine Kosten und Erlöse mittelfristig auszugleichen, sobald die Anfangsschwierigkeiten überwunden sind und Rationalisierungs- wie Lerneffekte greifen; sei es, der Kreditgeber wächst nach und nach aufgrund steigender Finanzierungsvolumina und einer stabilen Firmenhistorie als Kunde in den formellen Kreditsektor hinein. Als Subventionsgeber kommen natürlich der Staat oder an seiner Stelle ausländische supranationale oder private Entwicklungshilfeorganisationen in Betracht. Nicht unerwähnt bleiben sollen auch Inkubatororganisationen (wie Firmen, Universitäten, subventionierte Gründerzentren), die Nebenerwerbsgründungen zulassen und temporäre Starthilfe leisten. Letztere bestehen typischerweise aus Nutzungsüberlassungen (von Räumen, technischen Einrichtungen, EDV, Internetzugang etc.), die den Übergang in die unternehmerische Selbständigkeit gezielt flankieren.

Schließlich, soweit es sich um eine gewerbliche Kreditvergabe handelt, bleibt zu prüfen, ob die Auslegung von Mikrokrediten tatsächlich durch Kreditinstitute erfolgen soll oder besser eigenständige *Mikrofinanzierungsinstitute* zu etablieren sind.[15] Gegen Kreditinstitute werden vornehmlich zwei Argumente angeführt: Zum einen sind die organisatorischen und rechtlichen-institutionellen Anforderungen an Kreditinstitute derart differenziert und vielfältig, da sie ganz unterschiedliche Schutzfunktionen zur Sicherung des Finanzsystems und seiner Vielzahl an Bankgeschäften erfüllen müssen.[16] Dieser regulatorische und marktorientierte Anspruch ist gerade für das Segment der Mikrokredite überzogen: Erstens wird durch die Ausreichung vieler kleiner Kredite an unterschiedliche Antragsteller ein risikoausgleichender Diversifikationseffekt ausgelöst, so dass die Einlagen nicht wesentlich gefährdet werden. Zweites kommt die Mehrzahl der Dienstleistungen für Mikrokunden nicht in Frage, so dass diese Maßnahmen insgesamt lediglich kostentreibend wirken und den bereits hohen Sollzinsfuß weiter steigern. Zum anderen wird gerade bei der Gründungsfinanzierung im Allgemeinen, was hier um so schwerer wiegt, die Eignung und Kompetenz von Banken in Zweifel gezogen, da ihnen unternehmerisches Denken in Verbindung mit einer adäquaten Risikobereitschaft abgeht. Da der Nachweis von abgelehnten aber eigentlich doch erfolgversprechenden oder gar erfolgreichen Gründungsvorhaben schwer zu führen ist, bleibt dieses Argument als zwar plausibel und nicht widerlegt offen. Aus beiden Aspekten die Forderung nach *eigenständigen* Mikrofinanzinstituten zu ziehen, erscheint hingegen statthaft: Ein eigenständiges Produktprogramm, das sich an ein abgrenzbares Kundensegment richtet, bedarf einer darauf ausgelegten Organisation. Hinsichtlich Eigentumsstruktur und unternehmerischer Zielsetzung ist

---

[15] In den USA erfolgt die Durchführung der Mikrokreditprogramme durch die Small Business Administration-Behörde, die die überwiegend öffentlichen Mittel Non-Profit-Organisationen zur Verfügung stellen. Vgl. Jacob/Warg (1997), S. 335. Dies ist deshalb möglich, da in den USA die Bankendefinition an das Einlagengeschäft gebunden ist, weshalb eine gewerbliche Kreditvergabe für Institutionen ohne Bankstatus erlaubt ist. Vgl. Evers (2001), S. 148.

[16] Zu nennen wären vielfältige Regelungen der Bankenaufsicht oder Risikomanagementsysteme.

eine Nähe zum (formellen) Finanzsektor zwingend, allein um den fließenden Übergang der Kunden in diesen zu gewährleisten. Die Verpflichtung zum Gewinnprinzip im Wettbewerb erweist sich ebenfalls als unverzichtbar, um gleichermaßen effektiv und effizient zu wirtschaften.[17] Andererseits sind die Anreize für eine rein privatwirtschaftliche Ausgestaltung in der Regel nicht stark genug. Bei lukrativen Geschäftsfeldern hätten sich Innovatoren oder Etablierte schon längst dieser Marktnische angenommen! Die zum Gewinnprinzip hinzutretenden Werthaltungen etwa einer – wie auch immer konkretisierten – gesellschaftlichen Verpflichtung zur Mikrofinanzierung sind insofern konstitutiv für derartige Institutionen.

2.2 Die deutsche Microlending-Initiative

Die Verknüpfung gewisser Werthaltungen mit Rentabilitätszielen hat bei den öffentlich-rechtlichen oder dem Genossenschaftsdenken verpflichteten Kreditinstituten in Deutschland eine lange Tradition, die sich bereits in der Finanzierung landwirtschaftlicher bzw. handwerklicher Betriebe und der Wohnungswirtschaft bewährt hat. Erhöhte Anforderungen an die Effizienz sowie regulatorische Veränderungen in Form des Zweiten Basler Akkords greifen jedoch nicht nur auf Privatbanken durch, sondern erzwingen auch im Geschäftsgebaren der Sparkassen und Genossenschaftsbanken eine merkliche Umorientierung. Die Konsequenz ist eine verstärkte Zurückhaltung im Segment der Mikrokredite, weshalb die ausreichende Versorgung der Kleinstgründer die Einbindung weiterer Finanzintermediäre erfordert.[18] Öffentliche Institutionen übernehmen hierbei gewisse Intermediationsleistungen wie die Finanzierung (Beispiel 1: Mittelstandsbank der Kreditanstalt für Wiederaufbau (KfW) vergibt ein Mikro-Darlehen über die Hausbank) oder die Vermittlung und Überwachung (Beispiel 2: Gründungszentrum Enigma vermittelt Mikrodarlehensnehmer an die Hanseatic Bank Hamburg), deren Tragfähigkeit im Folgenden zu analysieren ist.

Das von der KfW-Mittelstandsbank offerierte *Produkt* namens „Mikro-Darlehen" gewährt für einen Zeitraum von 5 Jahren einen einmalig ausgezahlten Kapitalbetrag von maximal 25.000 Euro zu einem Zinsfuß von 8,85%, das über die Hausbank des Antragstellers ausgereicht wird.[19] Das Microlending-Projekt des Gründungszentrums Enigma in Hamburg – da es sich um die siebte Dienstleistung handelt, auch „Siebte Säule" genannt – vermittelt der Hanseatic Bank geeignete Mikrokreditnehmer, die diesen zunächst einen Darlehensbetrag von 5.000 Euro für längstens 26 Monate zu einem Zinssatz von 6,67% gewährt. Sofern dieser

[17] Als Zielvorgabe für die Relation Verwaltungs- plus Risikokosten pro Jahr zum Kreditbestand gilt eine 20%-Regel, die von den besten Mikrofinanzinstituten inzwischen auch erreicht wird. Vgl. Schmidt (2001), Sp. 643 – 645.

[18] Auf die Einbeziehung der Bank kann in Deutschland nicht verzichtet werden, da die Ausreichung eines Mikrokredits ein Bankgeschäft nach § 1 Abs. 1 KWG darstellt, so dass eine Nicht-Bank keine Kleinstdarlehen vergeben darf.

[19] KfW-Mittelstandsbank (2003).

Kredit vertragsgemäß zurückgezahlt worden ist, kann der Kunde einen Anschlusskredit in Höhe von 20.000 Euro betragen. Damit verknüpft die regionale Kooperation im Gegensatz zur nationalen Initiative die Vorzüge des Stepping mit den Kostenvorteilen eines kurzfristigen Kredites, die im Verzicht auf mittel- und langfristige Cash Flow-Prognosen bestehen.[20] Aus Sicht des Antragstellers führt die sukzessive Kreditvergabe allerdings zu einer permanenten Planungsunsicherheit in Bezug auf die Finanzierung.

Zielgruppe der beiden Mikrokreditprogramme sind arbeitslos gewordene Deutsche oder Ausländer sowie von Erwerbslosigkeit bedrohte Personen, die im Fall des Mikrokredites der Siebten Säule in Hamburg wohnen müssen. Zusätzlich können kleine Unternehmen im Bereich der gewerblichen Wirtschaft und der Freien Berufe mit bis zu 10 Beschäftigten das Darlehen der KfW-Mittelstandsbank beantragen.

Die *Kreditwürdigkeitsprüfung* erfolgt bei beiden Programmen – anders als in den Ursprungsländern – in Form einer Einzelberatung, so dass Degressionseffekte ungenutzt bleiben. Die Prüfung des Antragstellers und seiner Geschäftsidee wird beim Mikro-Darlehen zunächst durch die Hausbank in der für Kreditnehmer üblichen dokumentenbasierten Form durchgeführt und anschließend durch die KfW. Dadurch verringert sich einerseits der Bearbeitungsaufwand für die KfW, durch die doppelte Prüfung erhöht sich gleichermaßen auch die Qualität. Andererseits werden nur diejenigen Anträge weitergeleitet, die die übliche Kreditwürdigkeitsprüfung „bestehen", weshalb es nicht verwundert, dass nur ein kleiner Teil der Gründungsvorhaben kreditwürdig ist. Zu bedenken ist in diesem Zusammenhang, dass es sich hier regelmäßig um Geschäftsmodelle handeln wird, die selbst das noch nach der 80%-tigen Haftungsfreistellung der KfW bestehende Restrisiko abdecken, so dass die Kreditvergabe für die Bank praktisch risikolos ist. Die Finanzierung einer Gründung ohne Sicherheiten kann mithin als Ausnahmefall bezeichnet werden.[21] Insgesamt beträgt das Ausmaß der staatlichen Förderung gemessen an der Gesamtzahl der Unternehmungsgründungen lediglich 1%, woraus gefolgert werden kann, dass die Mehrzahl der Geschäftsideen über Bankkredite, gemeinnützige Mittel von Stiftungen, Privatinvestoren und Eigenmittel finanziert werden.[22] Für die Übernahme des Vertriebs und der Kreditwürdigkeitsprüfung erhält die Hausbank neben den jährlichen Zinsen von 8,85% ein fixes Bearbeitungsentgelt in Höhe von 600 Euro, die jedoch die entstandenen Kosten von durchschnittlich 1100 Euro je Mikrokredit gerade decken können, weshalb der monetäre Anreiz eher gering ist.[23] Eine mögliche Folge der unveränderten Kreditmethodik in Verbindung mit einer mangelnden finanziellen Attraktivität des Mikrodarlehens für das Kreditinstitut kann darin bestehen, dass kreditwürdige Kleinstgründer eher mit

---

20 Vgl. Tchouvakhina (2003), S. 271; Evers (2001), S. 158.

21 Vgl. Kritikos (2004), S. 3.

22 Vgl. Kritikos (2004), S. 2.

23 Vgl. Gruppe für Unternehmenspolitik (2003), S. 7 und 33; Kritikos (2004), S. 1. Zahlungsrückstände oder -ausfälle führen regelmäßig zu einer nicht kostendeckenden Vergabe öffentlicher Fördermittel.

einem klassischen Bankkredit versorgt werden, obwohl jedoch für 75% der Gründer ein Kreditvolumen bis 25.000 Euro ausreichend ist.[24]

Bei der zweiten Kooperationsform erfolgt die Kreditwürdigkeitsprüfung durch das Gründungszentrum, das neben geschäftsbezogenen Informationen auch persönlichkeitsbezogene Kriterien, mithin die geforderten typenbasierten Merkmale (wie die Zahlungsmoral) in die Beurteilung einbezieht. Analog zur Hausbank, die, sofern der Antragsteller bereits Kontoinhaber ist, mit dem Kontoverlauf über einen Informationsvorteil verfügt,[25] kennt das Gründungszentrum aufgrund bereits genutzter Dienstleistungen seine Antragsteller. So erlaubt die zeitweise Nutzung der Infrastruktur dem Zentrum, den Gründer und seinen Entwicklungsprozess über einen gewissen Zeitraum zu beobachten, wodurch die Informationsasymmetrie in einer Kreditbeziehung reduziert werden kann und vielversprechende Gründungsvorhaben im Rahmen einer aktiven Akquisitionspolitik auf ihren Finanzierungsbedarf hin angesprochen werden können.[26]

Für die *Kreditüberwachung* zeichnet beim KfW-Mikrokredit die Hausbank verantwortlich, womit auch die für Bankkredite übliche Kontrollform auf Mikrodarlehen angewendet wird. Die Kleinstdarlehen der Hanseatic Bank werden im Gegensatz dazu vom Gründungszentrum überwacht. Neben einer passiven Kontrolle erlaubt die regelmäßige Führung von Prognose-Gesprächen eine aktive Überprüfung, so dass durch die frühzeitige Abschätzung der Geschäftsentwicklung Zahlungsschwierigkeiten vermieden werden können; sollten dennoch Finanzierungsprobleme auftreten, bietet das Gründungszentrum eine Krisenunterstützung an. Den Erfolg derartiger Maßnahmen belegen die Rückzahlungsquoten der Mikrokredite von 90%, die im Vergleich zur Quote des Scheiterns der Gründung von 30% als außerordentlich hoch bezeichnet werden können.[27]

Neben der Bereitstellung der Finanzierung ist – insbesondere vor dem Hintergrund der geringen betriebswirtschaftlichen Qualifikation der Antragsteller – die *Schulung* der Initatoren ein weiterer wichtiger Baustein für den Erfolg der Kleinstgründung. Hier bietet das Gründungszentrum Enigma Seminare zu den Themenbereiche Vertrieb, Buchhaltung, Besteuerung und Strategie an. Darüber hinaus werden Einzelcoachings durchgeführt, in denen bestimmte Verhaltensweisen trainiert werden sollen.[28] Somit bietet das Zentrum eine adäquate Vorbereitung auf eine übliche Kreditwürdigkeitsprüfung, die so von der Hausbank nicht geleistet werden kann bzw. mit der Beantragung eines KfW-Mikro-Darlehens nicht verbunden ist.

Obschon zwischen den beiden Programmen erhebliche Unterschiede bestehen, werden die für Mikrokredite charakteristischen Elemente nur unvollständig umge-

---

[24] Vgl. KfW-Mittelstandsbank (2004), S. 4.

[25] Vgl. Evers (2001), S. 148. Die durchschnittliche Kredithöhe liegt bei 12.000 Euro und einer Laufzeit von 63 Monaten bei einem durchschnittlichen Zins von 3,83%. Vgl. Tochauvakhina (2003), S. 271.

[26] Vgl. Zientz/Kritikos (2004), S. 2.

[27] Vgl. Evers (2001), S. 166.

[28] Vgl. Enigma Gründungszentrum (2004).

setzt. Das in Kooperation mit den Hausbanken vergebene Mikro-Darlehen der KfW unterscheidet sich von den anderen Förderkrediten lediglich hinsichtlich der produktspezifischen Merkmale, womit der Besonderheit des Microlending nicht genügend Beachtung geschenkt wird: Microlending ist weit mehr als ein „kleiner" Kredit! Nachvollziehbar ist dieses Vorgehen, weil die Umsetzung der Forderung nach einer eigenen staatlichen Mikrokreditförderung seitens der Politik aus Kostengründen innerhalb des Bedingungsrahmens der bisherigen Fördermaßnahmen der KfW zu erfolgen hat. Der „Preis" für diesen Kompromiss ist das geringe Fördervolumen sowie infolge der nicht bzw. nur teilweise angewendeten Microlending-Instrumente eine niedrige Effizienz. Ansatzpunkt für die Verbesserung der Relation von Beratungsaufwand zu Kreditabschluss,[29] könnte eine personelle Trennung der Mikro- und Bankkreditvergabe sein.[30] Genau hier setzt das zweite Beispiel an, bei dem mit dem Gründungszentrum Enigma ein Mikrokreditintermediär die kreditnahen Aufgaben Beratung, Prüfung und Kontrolle sowie die Schulung übernimmt, während die Kreditausreichung durch die Hanseatic Bank erfolgt. Ein derartiges Outsourcing von Microlending-Leistungen erlaubt, die Effizienz wie auch aufgrund der räumlichen Nähe die Effektivität der Mikrokreditfinanzierung zu erhöhen.

[29] Vgl. Tchouvakhina (2003), S. 271.

[30] Vgl. Deutsches Mikrofinanz Institut (2004), S. 1.

	Mikro-Darlehen	Siebte Säule
Kapitalgeber	KfW-Mittelstandsbank	Hanseatic Bank, Deutsche Bank Stiftung Alfred Herrhausen, Bundesanstalt für Arbeit, Europäischer Sozialfonds
Produkt	25.000 Euro; 8,85%, max. 5 Jahre	Erstkredit: max. 5.000 Euro, 26 Monate, 6,67% p. a. zzgl. einmalige Bearbeitungsgebühr von 1% Anschlusskredit: max. 20.000 Euro, 12 bis 36 Monate, 6,67% p. a. zzgl. einmalige Bearbeitungsgebühr von 1%
Kreditvergabemethode	Inhaltlich: Dokumentenbasierte Kreditwürdigkeitsprüfung Personell: Hausbank	Inhaltlich: - Zahlungsmoral: Beleg über eine anstandslose Rückführung eines Kredites; - Cash Flow: Geschäftsplan, Zusammenstellung der persönlichen Ausgaben und Einnahmen Personell: Enigma Gründungszentrum
Kreditvergebende Bank Vergütung	Hausbank, Zinsen zzgl. fixes Bearbeitungsentgelt	Hanseatic Bank, keine Angaben
Kreditüberwachung	Hausbank	Enigma Gründungszentrum
Kundenakquisition	Passiv	Zum Gründungszentrum Enigma gehören zwei Start-up Brutkästen, die „Enigma Gründerwerft“ und die „garage Hamburg“.
Zusatznutzen		Schulungen, Coaching, Kreditnehmer-Treffen, Prognose-Gespräche, Krisenberatung

Abb. 1. Charakteristika des Mikro-Darlehens der KfW und des Mikrokredits des Gründungszentrums[31]

[31] KfW-Mittelstandsbank (2003), sowie Enigma Gründungszentrum (2004).

3 Mikrowagnisfinanzierung

3.1 Bedingungsgefüge der Wagnisfinanzierung

Als Alternative zu Mikrokrediten bietet sich *Wagniskapital* („*Venture-Capital*") an, also die Bereitstellung von *haftendem Eigenkapital* bei jungen (Technologie-) Unternehmungen. Eine derartige Wagnisfinanzierung wird dann diskutiert und praktiziert, wenn ein hoher Innovationsgrad der Gründungsidee ein hohes Umsatzwachstum erwarten lässt, verbunden allerdings mit einer erheblichen Wahrscheinlichkeit des Scheiterns. Dieses Risiko zwingt Kapitalgeber und Kapitalnehmer in eine besonders enge Verbindung, die typischerweise die bloße Abwicklung des zwischen ihnen bestehenden Zahlungsstroms übersteigt: Eingeschlossen sind wenigstens umfangreiche Kontrollrechte des Kapitalgebers, die bis hin zu Mitbestimmungs- und Mitwirkungsrechten bei Managemententscheidungen reichen. Der Kapitalgeber stellt insofern nicht nur finanzielle Mittel, sondern auch weitere Ressourcen in Form von Beratungsleistungen, Know How, Marktkontakte u. a. zur Verfügung (hilft mithin zugleich, diesbezügliche Defizite bei den jungen Unternehmungen abzubauen). Institutionalisiert sind die Wagnisfinanzierungen als private oder öffentliche Venture-Capital-Gesellschaften, als Corporate Partners oder als private Investoren, den sogenannten „Business Angels". Als Entgelt erwarten sie eine angemessene Verzinsung ihrer Einlage, gewöhnlich realisiert als Steigerung des Unternehmungswertes bei der Veräußerung. Hinzutreten können nicht monetäre Motive wie die unternehmerische Tätigkeit bei Privatpersonen oder konkrete strategische Interessen, wie die Sicherung von Güter- und Arbeitsmärkten bei Corporate Partners. Öffentliche Venture-Capital-Gesellschaften haben darüber hinaus bei ihren Engagements die Nachhaltigkeit des Projektes zu hinterfragen, die sich bspw. in der Schaffung von Arbeitsplätzen oder der ökologischen Förderungswürdigkeit zeigt. Diese an und für sich bekannten Facetten der Wagnisfinanzierung sind nunmehr auf ihre entwicklungspolitische Tragfähigkeit hin zu hinterfragen: Ist eine *Mikrowagnisfinanzierung* überhaupt denkbar und welche Institutionen vermögen die benötigten wirtschaftlichen Impulse auszulösen?

Ausgangspunkt der *Mikrowagnisfinanzierung* können zwei unterschiedliche Szenarien sein:

- Ein potenzieller Gründer verfügt über eine (innovative) Geschäftsidee. Zu deren Umsetzung fehlen ihm eventuell die kaufmännischen Kenntnisse und Fähigkeiten, auf jeden Fall das erforderliche Kapital. Dies ist die typische Situation der Gründungsfinanzierung unter Beiziehung außenstehender Kapitalgeber, wie sie in Industriestaaten intensiv untersucht und diskutiert wird. Die Übertragung auf Entwicklungsländer liegt nahe, soweit dem andersartigen Bedingungsgefüge Rechnung getragen wird.
- Ein ganz anderes Szenario liegt vor, wenn der potenzielle Gründer über keine Geschäftsidee verfügt: Die Selbständigkeit wird nicht aus Eigeninitative angestrebt, sondern verbleibt mangels Alternativen auf dem Arbeitsmarkt als letzter Ausweg. Dies gilt in Industrieländern bei längerer Arbeitslosigkeit, die ggf.

durch den Versuch zur Selbständigkeit aufgebrochen werden soll („Ich-AG"). In Ländern ohne ausgebaute Sozialsysteme trifft dieser Zwang zur Selbständigkeit auf einen vergleichsweise viel größeren Personenkreis zu, für den sich hier die einzige Möglichkeit des Überlebens eröffnet. Unter derartigen Voraussetzungen müssen Geschäftsideen zunächst an die Betroffenen herangetragen werden: Natürlich sind diese Ergebnisse kreativer Prozesse in Verbindung mit dem Erkennen möglicher „Lücken„ oder „Nischen" im Marktgeschehen, die sich nicht einfach flächendeckend entwickeln und einführen lassen. Nichtsdestotrotz ist die innovative Idee stets relativ zum jeweiligen Umfeld und den dort vorhandenen Ressourcen zu sehen, so dass sich für Imitationen ein weites Feld eröffnet. Geschäftsmodelle, die sich in Industriestaaten bereits in der Wachstums- oder Reifephase befinden, können bei andersartigen Gegebenheiten sehr wohl neuartig sein und sich wirtschaftlich auszahlen. Das gilt mit Sicherheit für Produktideen, vermutlich in erheblich höherem Ausmaße jedoch für Prozessinnovationen, soweit ihnen eine ganz andere Kostenstruktur zu Grunde liegt. Am Beginn einer „Kleinstgründungs-Initative" haben demzufolge Informationen, Aufklärung und Schulungen über (vielleicht) bekannte Geschäftsmodelle zu stehen, die die Chance bieten, Vorhandenes lokal begrenzt nachzuahmen, im relevanten Markt fehlende Produkte und Dienstleistungen auszumachen oder Anregungen für Prozessinnovationen zu erhalten.[32] Gewiss besteht hier – ohne die Schwierigkeiten bei der Realisierung negieren zu wollen – Nachholbedarf, da Wagnisfinanzierung stets eine interessante Geschäftsidee als Prämisse voraussetzt.

Angenommen, gründungswillige Personen sind vorhanden – sei es mit einer eigenen Geschäftsidee, sei es als durch Dritte angeregte Imitatoren – so heißt das noch lange nicht, dass sie auch über die erforderlichen unternehmerischen Kenntnisse zu deren Umsetzung verfügen. Ehe überhaupt eine Finanzierung angedacht werden kann, sind also umfangreiche Schulungen der Zielgruppe erforderlich. Im Grunde handelt es sich hierbei um einen *öffentlichen* Bildungsauftrag, der vom Staat oder von gesellschaftlichen Gruppen (wie Kirchen) etabliert werden sollte, die im Falle von Entwicklungsländern auch vom Ausland oder internationalen Organisationen unterstützt werden (können). Essentielle Voraussetzung einer Gründungsinitative ist daher die einschlägige (Aus-)Bildung in wirtschaftlichen Sachverhalten, Managementtechniken und -qualitäten, die in das Leitbild des Unternehmertums als Lebenschance eingebettet sind.

Die tragfähige Geschäftsidee einer gründungswilligen und -fähigen Person bedarf der angemessen Ausstattung mit Startkapital, das annahmegemäß von außen zugeführt werden soll. Von Seiten potenzieller Kapitalgeber kann nun von vornherein nicht davon ausgegangen werden, dass sie sich gerade im Segment der Kleinstgründungen engagieren wollen: Gewiss existieren einfachere und weniger risikobehaftete Anlagealternativen! Bei Corporate Partners und rein privatwirt-

[32] Hierzu zählen auch Berichte mehr oder weniger erfolgreicher Gründungen, wie sie von Gründerzentren oder bei Gründermessen etc. angeboten werden.

schaftlich orientierten Venture-Capital-Gesellschaften dominiert letztlich das betreffende Eigeninteresse, so dass sie an innovativen, tatsächlich auch erfolgreichen Gründungen partizipieren wollen.[33] Da deren Kapitalbedarf überproportional hoch ist, erfüllen solche Kapitalgeber eine wichtige einzel- wie gesamtwirtschaftliche Funktion:[34] Primär werden attraktive Arbeitsplätze geschaffen, die die Auswanderung hochqualifizierter Eliten verhindern – ein für Entwicklungsländer lebenswichtiger Tatbestand. Derartige Wachstumsunternehmen beinhalten ggf. auch ein Exportpotenzial oder geben anderen Unternehmungen und Branchen nachhaltige Impulse (wie der EDV- oder der Finanzsektor). Eher wertgeleitete Person oder Institutionen wenden sich auch begrenzt wachsenden Gründungen zu, soweit der Lebensstandard der Bevölkerung signifikant angehoben werden kann; hier hat auch die staatliche Wirtschafts- und Sozialpolitik anzusetzen, die typischerweise mit Unterstützung der Weltbank die Errichtung der ersten Wagniskapitalgesellschaft initiiert.[35] Die Schwierigkeiten der Wagnisfinanzierung ganz allgemein verschärfen sich jedoch massiv unter den Bedingungen eines Entwicklungslandes, wobei generell die fehlenden und qualitativ schlechten Informationen sowie die eingeschränkte Rechtssicherheit zuvorderst genannt werden müssen, die trotz vielfältiger Investitionsanreize zu einer Zurückhaltung der Kapitalgeber führen können. Deswegen wird Wagnisfinanzierung erst seit etwa einem Jahrzehnt ernsthaft als Instrument der Entwicklungspolitik erwogen[36] (während die Idee der Mikrokredite schon seit den 70er Jahren des vergangenen Jahrhunderts im Blickpunkt steht). Im einzelnen kristallisieren sich folgende Probleme heraus:

- Das Eingehen einer Beteiligung setzt voraus, dass Investoren und kapitalsuchende Unternehmung überhaupt und zu vertretbaren Kosten zusammen finden. In Ermangelung „fester“ Marktplätze bleibt dies weitgehend dem Zufall oder der Eigeninitative der Kapitalseite überlassen. Business Angels und Corporate Partners verfügen vor Ort eher über den erforderlichen Überblick (wie gute Landeskenntnisse, Geschäftskontakte), wohingegen primär sozial motivierte Privatpersonen oder ausländische Organisationen auf die Hilfe Ortsansässiger angewiesen sind. Benötigt werden daher Finanzintermediäre, die exakt auf diese Situation zugeschnitten sind; das sind Risikokapitalfonds, Garantiefonds wie auch Leasinggesellschaften, die zwischen den Bedürfnissen der Gründungsunternehmen und der Bereitschaft zur Kapitalbereitstellung zwischengeschaltet werden. Auf diese Weise entsteht eine rechtliche wie auch ökonomische Garantie, die allen Marktpartnern zu Gute kommt.

---

[33] Als Beispiel seien hier Software-Unternehmungen auf dem indischen Subkontinent genannt, von denen eine beträchtliche Zahl weltweit agiert.

[34] Vgl. Barras/Wiedmer (2003), S. 22.

[35] Vgl. Dossani/Kenney (2001), S. 34. In den 80-er Jahren initierte die Weltbank das „Industrial Technology Project“ in Indien, mit dem ein Darlehen von 45 Millionen US. $ verbunden war. Die indische Regierung finanzierte damit vier staatliche Venture-Capital-Gesellschaften. Vgl. Mani, Bartzokas (2002), S. 37.

[36] Vgl. Mani/Bartzokas (2002), S. 18.

- Die eklatante Informationsasymmetrie zwischen Kapitalgebern und Unternehmungen erfordert eine interessenausgleichende Kooperation der Partner. Außer seiner Persönlichkeit und seiner Geschäftsidee hat der Gründer wenig zu bieten, ist aber möglicherweise skeptisch gegenüber einem externen Kapitalgeber, vor allem wenn sich dahinter eine quasi-staatliche Institution verbirgt, die er bislang in seinem Leben kaum als hilfreich kennen gelernt hat. Kommt es jedoch zu einer Einigung, spielt im Rahmen des Beteiligungscontrollings die enge Einbindung des Kapitalgebers eine herausragende Rolle. Er bzw. sein Beauftragter (z. B. ein Fondsmanager) müssen vor Ort verfügbar sein und über ausreichende Managementfähigkeiten verfügen.[37] Hierzu zählen insbesondere die Beratung der Gründer, die konsequente Kontrolle der Beteiligung und der Aufbau eines Beziehungsnetzes zu den staatlichen Institutionen, um die jeweiligen Rahmenbedingungen stetig zu verbessern.
- Ein im Grunde unzureichend gelöstes Problem der Mikrowagnisfinanzierung ist die Veräußerung der Beteiligung (der „Exit"). Regelmäßig als Königsweg wird hierfür die Börsenplatzierung genannt, weil sie den Investoren die Realisierung ihrer Gewinne ermöglicht, ohne dass die Liquidität der Unternehmung belastet wird oder Bewertungskonflikte zwischen Kapitalgebern und Kapitalnehmern entstehen. Das ist natürlich zutreffend, soweit die junge Unternehmung nach einigen Jahre die Börsenreife erlangt hat und ein entsprechendes Börsensegment existiert. Fehlt auch nur eine dieser beiden Voraussetzungen, wovon typischerweise in dem hier betrachteten Sektor und weitgehend unabhängig vom Entwicklungsstand des Landes auszugehen ist, verengt sich die Veräußerung von Anteilen oder ganzen Unternehmungen auf einen schmalen Markt der Direktkontakte. Wiederum entsteht die Aufgabe, die fehlende aber dringend benötigte Finanzintermediation zu schaffen. Dabei reicht das erforderliche Spektrum von einfachen Nachfolgeregelungen, soweit diese nicht alleine im Familienverbund gelöst werden, bis hin zu einem Netzwerk landesbezogener Investoren, die ggf. auch ausländisches Kapital anzuziehen vermögen.

Vor dem Hintergrund dieser Schwierigkeiten sind renditeorientierte Wagnisfinanzierungen in Entwicklungsländern weniger verbreitet, aber insbesondere in Asien auf dem Vormarsch, wohingegen sie in Lateinamerika und Afrika – bis auf wenige Ausnahmefälle – praktisch nicht existieren.[38] Als Beispiel sei die indische Unternehmung Rediff.com India Ltd. angeführt, die von der Gesellschaft Draper International finanziert wird.[39] Draper International ist ein amerikanischer Risikokapitalgeber, der in indische Unternehmungen wie auch in Indien tätige amerikanische Gesellschaften investiert, deren Geschäftsmodell nach Ablauf des Beteiligungszeitraumes von sechs Jahren eine Rendite von 25% erwarten lässt. Die im Jahr 1996 gegründete Firma Rediff mit Sitz in Mumbai bietet Informations- und Kommunikationsdienstleistungen für im In- und Ausland wohnende Inder an. Ne-

[37] Vgl. Barras/Wiedmer (2003), S. 22f.

[38] Vgl. Mani/Bartzokas (2002), S. 18.

[39] Vgl. Draper International (2003), sowie Rediff (2004).

ben Zeitschriften, Radiokanälen und Telefonkarten werden Web-Dienstleistungen (wie etwa Nachrichten, Email, Chat) offeriert. Mit dem Börsengang im Jahr 2000 wurde die Beteiligung der Draper International an der NASDAQ veräußert.

3.2 Eigenkapitalsubstitute zur Gründungsförderung

Mikrokreditfinanzierung einerseits, Mikrowagnisfinanzierung andererseits ergänzen sich, decken dennoch nicht das gesamte Spektrum der Kleinstgründungen ab. Hinzu tritt die Bereitstellung von Kapital, das sozial- oder entwicklungspolitisch motiviert ist: Weder wird die befristete Darlehensvergabe zur Erwirtschaftung einer angemessenen Verzinsung noch die Beteiligung in der Erwartung einer risikobehafteten, aber durchaus wahrscheinlichen hohen Rendite angestrebt (obschon auch nicht ausgeschlossen). Vielmehr wird das nicht vorhandene Eigenkapital potenzieller Selbständiger von Dritten aufgebracht, um überhaupt Gründungsaktivitäten zu initieren. Als *Eigenkapitalsubstitut* kommt diesem Instrument in zweifacher Hinsicht eine weitreichende Bedeutung zu:

Bei *imitierende* Geschäftsideen, die zu den *technologischen Infrastrukturinvestitionen* zählen, lassen sich die finanziellen Rückflüsse u.U. nur grob abschätzen, so dass Kredite wie auch privatwirtschaftliches Wagniskapital schwerlich zu gewinnen sind. Hier können öffentliche Institutionen (Staat, Weltbank) und wertgeleitete Organisationen mit eigenkapitalersetzenden Zuschüssen Abhilfe schaffen. Kriterien der Förderungswürdigkeit sind dann beispielsweise die Nachhaltigkeit der Gründung, die sich in Form von Wachstums- und Beschäftigungseffekten oder im technologischen Anschluss an den internationalen Standard zeigen, jedoch nicht unbedingt in der Gewinn- und Verlustrechnung der Unternehmung ihren unmittelbaren Niederschlag finden. Die enge Verzahnung mit Bildungsinvestitionen und zu gewissen rechtlich-institutionellen Rahmenbedingungen (wie nationalem und internationalem Patentschutz) sind hierbei offensichtlich, um einem derartigen Projekt Erfolgschancen zu eröffnen. Zugleich werden leistungswillige Bevölkerungsgruppen ermutigt, neue Wege zu beschreiten, die zu erheblichen Produktivitätsfortschritten (etwa wegen des EDV-Einsatzes) führen können. Um der nahe liegenden Gefahr einer bloßen „Kapitalverteilung“ a priori zu begegnen, ist ein striktes Projektcontrolling vonnöten, das sich an den Projektzielen auszurichten hat, also beispielsweise die Anzahl der Folgegründungen oder den Beitrag zur Wertschöpfung misst. Das Beispiel der Firma *BusyInternet*[40], verdeutlicht die primäre Motivation einer (technologischen) Infrastrukturmaßnahme, die sich jedoch auch zu einem für Investoren interessanten Engagement entwickeln kann: Die Firma, gegründet im Jahr 2001, bietet Kommunikationsdienstleistungen wie die preiswerte Nutzung des Internets in Accra, der Hauptstadt Ghanas, an. Vorbild für die Errichtung des Unternehmens war – wie bereits sprachlich deutlich wird – die Gesellschaft EasyInternet. Des weiteren werden Schulungen zur Nutzung des Internets für gewerbliche und private Interessenten angeboten. Für Gewerbetreiben-

[40] Vgl. BusyInternet (2004).

de oder Unternehmensgründer besteht zudem die Möglichkeit, Konferenzräume oder Büros zu mieten. Finanziert wird die Geschäftsidee durch den ghanaischen Finanzdienstleister Databank und den Fidelity Investment Fond, einem von in- und ausländischen (gemeinnützigen) Partnern gesponserten Risikokapitalfond. Motive der Investoren sind die Verbesserung der Wettbewerbsfähigkeit ghanaischer Unternehmungen und die Entwicklung bzw. Stärkung des ghanaischen Finanzsektors. Als technologische Partner agieren neben Hewlett Packard zwei weitere ghanaische Firmen. *BusyInternet* beschäftigt zur Zeit 88 Mitarbeiter, womit die Beschäftigungsimpulse eindrucksvoll belegt werden. Ausgehend von dieser neu geschaffenen technologischen Plattform konnte *BusyInternet* zudem an einem Inkubatorprogramm der Weltbank teilnehmen, dass auf die Nutzung von Information und Kommunikation als Instrumente zur Förderung bzw. Unterstützung von Unternehmungsgründungen als Mittel zur Reduktion der Arbeitslosigkeit zielt.

Der Einsatz von Eigenkapitalsubstituten kann auch primär als Instrument der *Sozialpolitik* gesehen werden: Der Weg in die Selbständigkeit wird mangels Alternativen auf dem Arbeitsmarkt durch gezielte Subventionen überhaupt erst ermöglicht resp. geebnet. Neben einem Gründerzuschuss geht es hier vor allem um die befristete Absicherung des Lebensunterhalts, indem dieser anteilig (z.B. durch Übernahme der Kosten der Grundversicherungen) oder vollständig für die betreffende Person getragen wird. Eine so gestaltete finanzielle Unterstützung könnte auch auf Gründungsinteressierte ausgedehnt werden, um diese zu einer Fortbildung zu mobilisieren (i. S. einer Umschulung), aus der dann die spätere Geschäftsidee entspringt (z. B. Umgang mit dem PC erlernen, um später Web-Designer zu werden). Dies ist deshalb in Entwicklungsländern geboten, da bei fehlenden Eigenmitteln die Notwendigkeit der Einkommenserzielung regelmäßig den Verzicht auf derartige (Humankapital-)Investitionen erzwingt. Letztlich verbinden sich mit dieser Unterstützung die Erwartungen, dem Gründungswilligen neue wirtschaftliche Perspektiven seiner Lebensgestaltung zu eröffnen, zugleich mittelfristig die Sozialsysteme zu entlasten. Derartig motivierte Gründerbeihilfen werden in Deutschland in Form des Existenzgründerzuschusses, einem abnehmenden monatlichen Pauschalbetrag, der für maximal drei Jahre bewilligt wird, und des Überbrückungsgeldes, das auf der Grundlage des individuellen Leistungsbezugs für bis zu sechs Monate gezahlt wird, gewährt.[41] Ersterer, auch unter dem Namen Ich-AG bekannt, dient der sozialen Sicherung des Gründers in der Anfangsphase u. a. auch deshalb, da der Antragsteller Pflichtmitglied der gesetzlichen Rentenversicherung wird.[42] Diese Bedingung ist mit der Beantragung des Überbrückungsgeldes, die jedoch im Gegensatz zur Ich-AG die Erstellung eines begutachteten Geschäftsplanes voraussetzt, nicht verbunden, weshalb der gezahlte Zuschuss ausschließlich auf die Sicherung des Lebensunterhaltes zu Beginn der

[41] Vgl. BMWA (2004), S. 3 sowie Kleinen et al. (2004), S. 3. Der Existenzgründerzuschuss beträgt im ersten Jahr monatlich 600 Euro, im zweiten Jahr 360 Euro und im dritten Jahr 240 Euro.

[42] Vgl. BMWA (2004), S. 1.

Selbständigkeit abzielt.[43] Antragsteller des Existenzgründerzuschusses sind in besonderem Maße Langzeitarbeitslose und Frauen, da sie über vergleichsweise niedrige Lohnersatzleistungen verfügen.[44] Das Überbrückungsgeld spricht hingegen besonders Kurzzeitarbeitslose an, die sich im Unterschied zu Gründern einer Ich-AG weniger personenbezogenen, sondern vielmehr den unternehmensbezogenen Dienstleistungen widmen.[45] Obschon die Geschäftsidee von der überwiegenden Zahl der Antragsteller selbst entwickelt worden ist, stammt sie, wohl auch bedingt durch die Arbeitslosigkeit, nur bei einem geringen Anteil der Gründer aus dem früheren beruflichen Umfeld. Die Vorbereitung auf die Selbständigkeit erfolgt im wesentlichen durch die Agentur für Arbeit sowie durch regional beauftragte Einrichtungen, die Orientierungsseminare, Gründerzirkel und Einzelgespräche durchführen.[46] Die Akzeptanz einer so ausgestalteten Förderung wird durch 250.000 Gründungen im Jahr 2003 belegt, von denen 93.000 auf den Existenzgründerzuschuss und 157.000 auf das Überbrückungsgeld entfallen.[47] Etwa die Hälfte aller Gründungen wäre ohne eine finanzielle Beihilfe nicht erfolgt.

4 Resümee

Unternehmungsgründungen werden aus dem Blickwinkel von Entrepreneurial Finance typischerweise so gesehen, dass eine (technologische) Innovation mit beachtlichem Marktpotenzial, aber auch erheblichen Risiken existiert, deren steigenden Investitionsbedarf es adäquat zu finanzieren gilt. Für Mikro-Gründungen kann dieses Szenario zwar auch zutreffen, im Allgemeinen gelten hier jedoch andere Voraussetzungen: Die Bereitschaft zur unternehmerischen Tätigkeit entsteht in Ermangelung von Alternativen im Beschäftigungssektor, etwa aus einer andauernden Arbeitslosigkeit heraus. Geschäftsideen entwickeln sich erst im Laufe des Suchprozesses nach Einkommenschancen oder werden von Dritten angeregt; kaufmännisch-unternehmerische Kenntnisse sind, wenn überhaupt, nur rudimentär vorhanden. Gesamtwirtschaftlich kommt solchen Kleinstgründungen eine hohe Bedeutung zu: Zum einen kann Unternehmertum eine sozialpolitische Option darstellen, die Arbeitslosigkeit reduziert und Sozialkassen entlastet. Zum anderen vermag die Summe an Klein-Unternehmungen Wachstumsimpulse auslösen und den Wettbewerb beleben. Schließlich vermitteln sie dem Einzelnen eine (neue) Lebensperspektive, im Erfolgsfalle gesellschaftliche Anerkennung und einen verbesserten Lebensstandard. Alle diese Facetten gelten in hohem Grade für Ent-

[43] Vgl. BMWA (2004), S. 1.

[44] So waren die Antragsteller durchschnittlich 15 Monate arbeitslos und bezogen eine Arbeitslosenhilfe von 557 Euro.

[45] Die Gründer waren circa 8,5 Monate arbeitslos und erhielten ein Arbeitslosengeld von 1040 Euro pro Monat.

[46] Das nordrhein-westfälische Ministerium für Wirtschaft und Arbeit beauftragte z. B. die Gesellschaft für innovative Beschäftigungsförderung GmbH (G.I.B.).

[47] Vgl. Kleinen et al. (2004), S. 6.

wicklungs- und Transformationsländer, zunehmend aber auch in Industriestaaten, so dass vergleichbare Entwicklungsstrategien erwogen werden können. Neben dem Abbau von Bildungsdefiziten und Uninformiertheiten ist dann auch die Gründungsfinanzierung gefordert, maßgeschneiderte Lösungen der Außenfinanzierung bereitzustellen. Dies wird durch fehlende Finanzintermediäre, die auf dieses Segment der Mikrofinanzierung spezialisiert sind, genauso erschwert wie durch die Schwierigkeit, entsprechende Finanzprodukte anzubieten. Die Fremdfinanzierung in Form der Mikrokredite stößt in Entwicklungsländern vornehmlich auf die Begrenzungen der Kapitalknappheit und nicht vorhandener Finanzinstitutionen (ganz abgesehen von gesellschaftspolitischen Mängeln ungenügender Rechtssicherheit, Korruption, mangelhafter Bildungssysteme usw.[48]). In Industrieländern besteht eher das Missverständnis, ein Mikrodarlehen sei ein gewöhnlicher Kredit, der einfach auf einen kleinen Betrag lautet; insofern sind es vornehmlich regulatorische Hindernisse und unzureichende spezifische Professionalität, dic sich als Engpass für den nachfrageseitig vorhandenen Markt erweisen. Erheblich weniger Erfahrung besteht hingegen mit der Mikro-Wagnisfinanzierung, obschon ihre Notwendigkeit offenkundig ist: Zur Finanzierung technologischer Fortschritte (etwa als imitierende Gründungen) ist sie eigentlich unverzichtbar. Neben ausschließlich renditeorientierten Investoren sind hier vor allem wertgeleitete Kapitalgeber nationaler und internationaler Organisationen und Institutionen gefragt, die die Balance zwischen zielgerichtetem Projektcontrolling und sozial- wie entwicklungspolitisch motivierten Leitideen finden müssen, um nicht in eine letztlich wirkungslos verpuffende Kapitalverteilung abzugleiten. Dies lässt sich markant an Eigenkapitalsubstituten – also an verlorenen Zuschüssen, die nicht vorhandenes Eigenkapital ersetzen – belegen: Ihre sozialpolitische Sinnhaftigkeit sei hier nicht hinterfragt; nach entwicklungspolitischen Maßstäben sind sie erst dann erfolgreich, wenn sie – nicht in jedem Einzelfall, aber doch in merklicher Zahl – nach geraumer Zeit entfallen können, weil eine lebensfähige junge Unternehmung daraus entstanden ist. Das hierzu erforderliche Zusammenspiel zwischen gesellschaftspolitischem Bewusstsein und gezielten Bildungsoffensiven mit der „Schnittmenge“ aus Gründungs- und Entwicklungsfinanzierung steht allerdings noch am Anfang.

Literatur

Barras C; Wiedemer D (2003): Innovative Instrumente zur Finanzierung und Verbesserung der Wettbewerbsfähigkeit von KMU in Entwicklungsländern. In: Die Volkswirtschaft, Heft 5, S 19 – 23.

BMWA (2004): Informationen zur „Ich-AG“ als Leistung der Arbeitsförderung (Existenzgründerzuschuss gemäß § 421 I SGB III). Veröffentlicht im Internet:

[48] Siehe auch Dossani/Kenney (2001), S. 25, die ausführen: „Government interference and limitations almost invariably increase the risks in an already risky enterprise, making failure more likely.“

http://www.bund.de/nn_8692/Content/Aktuelles-aus-der-Verwaltung/Meldungen/2004/041201-IchAG-1-anl,templateId=raw,property=publicationFile.pdf 22.11.2004.

BusyInternet (2004): BusyInternet. Veröffentlicht im Internet: http://www.busyinternet.com 27.10.2004.

Deutsches Mikrofinanz Institut (2004): Kooperationsmodell. http://www.microlending-news.de/artikel/dmi-kooperation.htm 21.10.2004.

Dossani R; Kenney M (2001): Creating an Environment: Developing Venture-Capital in India. Veröffentlicht im Internet: http://iis-db.stanford.edu/pubs/12010/Dossani_Kenney.pdf 22.10.2004.

Draper International (2003): Venture-Capital in India. Veröffentlicht im Internet: http://www.draperintl.com 22.10.2004

Enigma Gründungszentrum (2004): Beratungsleistungen. Veröffentlicht im Internet: http://www.enigmah.de/ brut.htm 29.11.2004.

Evers J (2001): Microlending als Modell effizienter gewerblicher Kleinstkreditvergabe und seine Anwendung für Banken. In: Banken der Zukunft – Zukunft der Banken. Hrsg von Fischges W u. a., Wiesbaden 2001, S 145 – 177.

Gerke W; Pfeuffer G (1993): Finanzintermediation. In: HWF. Hrsg von Gerke W; Steiner M, Stuttgart. Sp 727 – 728.

Gruppe für Unternehmenspolitik (2003): Mikrokredite für Existenzgründer und Kleinstbetriebe: Ausgleich einer Marktlücke. Veröffentlicht im Internet: http://europa.eu.int/comm/enterprise/entrepreneurship/financing/docs/microcredit_report_de.pdf 22.11.2004.

Jacob R; Warg M (1997): Microlending-Ansätze für das klassische Kreditgeschäft. In: Die Bank, 1997, S 335 – 337.

KfW-Mittelstandsbank (2003): Mikro-Darlehen: Kurzübersicht Konditionen. Veröffentlicht im Internet: http://www.kfw-mittelstandsbank.de/mportal/Finanzierung/d005Foerderp/d010MikroD/d050Konditionen/d050Konditionen.jsp 21.10.2004.

KfW-Mittelstandsbank (2004): KfW-Gründungsmonitor 2004. Kurzfassung der jährlichen Analyse von Struktur und Dynamik des Gründungsgeschehens in Deutschland. Veröffentlicht im Internet: http://www.kfw.de/DE/Research/KfW-Grndun29/Gruendungsmonitor_kurz_2004.pdf 21.10.2004.

Kleinen et al. (2004): Ich-AG und Überbrückungsgeld: Eine empirische Analyse von Gründungen aus der Arbeitslosigkeit. Arbeitspapier 12 der Gesellschaft für innovative Beschäfigungsförderung GmbH und des Instituts für Mittelstandsforschung. Bottrop, Bonn 2004. Veröffentlicht im Internet:
http://www.ifm-bonn.org/pro-jekte/arbeitspapiere12.pdf 22.11.2004.

Koch L T; Tokarski K (2004): Microlending. In: WISU, 2004, S 643 – 648.

Krahnen J P; Schmidt R H (1994): Development Finance as Institution Buildung. Boulder, San Francisco, Oxford 1994.

Kritikos A (2004): Microlending und Mikro-Darlehen: Zwei verschiedene Paar Schuhe – und keines past den Hausbanken. Veröffentlicht im Internet: http://www.microlending-news.de/artikel/microlending_mikrodarlehen.htm 21.10.2004.

Kuga Thas, A M; Getubig I P (1993): The Grameen Aproach. In: Overcoming Poverty through Credit: The Asian Experience in Replicating the Grameen Bank Approach. Hrsg von Getubig I P; Kuga Thas A M Kuala Lumpur 1993, S 13 – 24.

Mani S, Bartzokas A (2002): Institutional Support for Investment in New Technologies: The Role of Venture-Capital Institutions in Developing Countries. Veröffentlicht im

Internet: http://www.intech.unu.edu/publications/ discussion-papers/2002-4.pdf 30.11. 2004.

Paul S (1999): Finanzintermediation: Theoretische Fundierung. In: Lexikon des Geld-, Bank- und Börsenwesens. Bd 1. Hrsg von Cramer J E et al. Frankfurt. S 649.

Rediff.com India Ltd. (2004): Company Overview. Veröffentlicht im Internet: http://in.rediff.com/index.html 22.10.2004.

Schirmeister R; Nadler M (1996): Promoting linkages between formal and informal Finance in an African Country: A Case Study. In: African Review of Money Finance and Banking, Supplementary issue of „Savings and Development" 1-2, Milan-Italy, S. 135 – 154.

Schirmeister R; Nadler M (2002): Effiziente Wohnungsfinanzierungssysteme für Entwicklungs- und Transformationsländer. In: Kredit und Kapital 35. Jg, S 73 – 100.

Schmidt R (2001): Entwicklungsfinanzierung. In: Handwörterbuch des Bank- und Finanzwesens, hrsg von Gerke W u Steiner M 2. Aufl, Stuttgart 1995, Sp 638 – 647.

Tchouvakhina M V (2003): Microlending gewinnt in Deutschland an Bedeutung. In: Finanz Betrieb, 2003, S 268 – 271.

Zientz F; Kritikos A (2004): Microlending in Deutschland. http://www.microlending-news.de/artikel/kurzdar stellung.htm 21.10.2004.

Teil II

Beiträge zur Bewertung

Investitionstheoretische Überlegungen zur Gründung

Wolfgang Breuer und Claudia Breuer

Abstract

Viele neu gegründete Unternehmen haben wegen unzureichender Planung und Organisation keinen dauerhaften Erfolg. Die Investitionstheorie bietet zur Vermeidung von Planungsfehlern ein reichhaltiges Instrumentarium. Dessen Auswahl hat auf die Spezifika von Gründungsinvestitionen Rücksicht zu nehmen: fehlende unternehmensindividuelle Erfahrungswerte aus der Vergangenheit, mangelnder Zugang zu einem hinreichend friktionsfrei arbeitenden Kapitalmarkt, Einheit von Geschäftsführung und Eigentum sowie mehr technischer als ökonomischer Sachverstand der Unternehmensgründer. Wichtige Konsequenz dieser Spezifika ist insbesondere, dass marktwert- und kapitalkostenorientierte Kalküle als eher wenig geeignet erscheinen und stattdessen Methoden der vollständigen Finanzplanung der Vorzug einzuräumen ist. Vor diesem Hintergrund wird anhand eines einfachen Fallbeispiels gezeigt, wie sowohl unter der Annahme der Sicherheit als auch der des Risikos die Probleme der Datenbeschaffung und Datenverarbeitung gelöst werden können. Dabei kommen die Prinzipien der definitorischen Analyse, der spekulativen Synthese und der isolierenden Abstraktion zum Einsatz.

1 Problemstellung

Jahr für Jahr werden in Deutschland Tausende von Unternehmen neu gegründet. Doch keinesfalls all diese Unternehmensneugründungen haben wirklich dauerhaften Erfolg. Als typische Ursachen für das Scheitern von Unternehmensgründungen erweisen sich dabei Finanzierungsmängel, fehlende Informationen über Kunden und Konkurrenten, mangelnde Qualifikation des Gründers und eine unzureichende Planung/Organisation.

Zur Vermeidung von Ressourcenverschwendung und persönlichen Enttäuschungen kommt einer prospektiv orientierten Beurteilung von Gründungsideen daher eine entscheidende Bedeutung im Vorfeld einer Unternehmensgründung zu. Im Kern geht es um die Frage, ob sich der mittel- bis langfristige Einsatz der Produktionsfaktoren Arbeit, Betriebsmittel und Werkstoffe im Rahmen der zu prüfenden Geschäftsidee als lohnenswert erweist. Genau solche Entscheidungsprobleme stehen im Mittelpunkt investitionstheoretischer Ansätze. Im folgenden Abschnitt 2 erfolgt zunächst eine Grundcharakterisierung investitionstheoretischer Überlegungen. Dabei wird deutlich, dass die Investitionstheorie ein Bündel von allgemeinen Verhaltensregeln für bestimmte Entscheidungssituationen bereitstellt. Aus diesem „Menü" allgemeiner Verhaltensregeln sind jeweils diejenigen auszuwählen, die zum betrachteten Entscheidungsproblem am besten kompatibel sind. Abschnitt 3 behandelt dementsprechend Charakteristika von Gründungssituationen und zieht erste Schlüsse hieraus für adäquate investitionstheoretische Betrachtungen. Abschnitt 4 geht daraufhin vertieft auf investitionsrechnerische Datenbeschaffungs- und -verarbeitungsprobleme im Zusammenhang mit Gründungssituationen unter der speziellen Annahme sicherer Erwartungen ein, während Abschnitt 5 die Betrachtung auf Entscheidungssituationen bei Unsicherheit ausweitet. Der Beitrag schließt mit einem Fazit im Abschnitt 6.

2 Grundlagen der Investitionstheorie

Allgemein versteht man unter Investitionen den heutigen Einsatz von Ressourcen in der Hoffnung, hiervon in irgendeiner Form in künftigen Zeitpunkten zu profitieren.[1] Die Investitionstheorie befasst sich vor allem mit der Herleitung adäquater Verhaltensempfehlungen für investive Maßnahmen in Abhängigkeit von verschiedenen möglichen Ausgangssituationen.[2] Typischerweise steht dabei der Einsatz monetärer Mittel im Vordergrund und werden diese insbesondere für die Beschaffung von Produktionsfaktoren[3] (Betriebsmitteln und Werkstoffen sowie Arbeitsleistungen) eingesetzt. Letzteres charakterisiert den Fall der Realinvestitionen, während bei Finanzinvestitionen die Anlage von Geldvermögen auf den Kapitalmärkten ohne direktes unternehmerisches Engagement gemeint ist.[4]

Wie bei allen betriebswirtschaftlichen Entscheidungssituationen kann man auch im Hinblick auf die Beurteilung von Investitionsprojekten die Phasen der Datenbeschaffung und der Datenverarbeitung voneinander abgrenzen. Beide Phasen erfordern spezifische Problemlösungsansätze.

Die Datenbeschaffung zielt auf die Schätzung aktueller und künftiger Einflussgrößen ab. Hierzu existieren grundsätzlich zwei Ansätze. Zum einen können mathematisch-statistische Verfahren zur Anwendung kommen, die i.d.R. anhand von Optimierungskalkülen Rechenvorschriften angeben, mit deren Hilfe von in der Vergangenheit beobachtbaren Parameterausprägungen auf zukünftig zu erwartende geschlossen werden kann. Zum anderen werden so genannte intuitive Verfahren genutzt, die im Kern darauf zielen, das Wissen von Experten in strukturierter Form nutzbar zu machen. Die in der Literatur formulierten Empfehlungen sind hier also nicht auf die Generierung einer konkreten Prognose auf Basis eines be-

1 Vgl. z.B. Franke/Hax (2004), S. 1.

2 Vgl. hierzu etwa die ausführlichen Darstellungen in Breuer (2001, 2002).

3 Vgl. zum Begriff „Produktionsfaktor" etwa Wöhe (2002), S. 80ff.

4 Vgl. hierzu auch Breuer (2002), S. 12f.

stimmten Datensatzes gerichtet, sondern es geht vielmehr um die Formulierung von Handlungsempfehlungen zur Ausgestaltung des Prognoseprozesses.[5]

Die Notwendigkeit der Beschaffung geeigneter Daten besteht dabei letztlich bei allen Formen betriebswirtschaftlicher Entscheidungsprobleme.[6] Diese Frage ist folglich insofern als eher wenig „investitionsspezifisch" zu bezeichnen, wenn man von dem Umstand absieht, dass die Konsequenzen von Investitionsproblemen über einen besonders langen Zeitraum in die Zukunft wirken. Hierdurch stellt sich das Datenbeschaffungsproblem in besonders scharfer Form. Gleichwohl bleibt festzuhalten, dass die Datenbeschaffungsproblematik im Zusammenhang mit Investitionsentscheidungen eher wenige Besonderheiten aufweist, die eine separate Behandlung im Rahmen investitionstheoretischer Überlegungen erfordern.

Den Hauptgegenstand der Investitionstheorie bilden daher vielmehr Möglichkeiten der sachgerechten Datenauswertung. Im Vordergrund steht die Frage nach der „theoretischen Fundierung" von Entscheidungsregeln. Hierunter versteht man den Umstand, dass für eine bestimmte systematische Verhaltensregel wenigstens ein Prämissenkontext angegeben werden kann, in dem sich die betreffende Verhaltensregel als sachgerecht erweist. Entsprechend ist es sinnvoll, verschiedene investitionstheoretische Problemzugänge nach den jeweils zugrunde gelegten Prämissen zu differenzieren. Eine solche Klassifikation investitionstheoretischer Verfahren ist dabei auf der Basis zahlreicher Gliederungskriterien möglich. Unstrittig dürfte indes sein, dass vor allem eine Gliederung nach dem Ausmaß der Unsicherheit künftiger Umweltentwicklungen und nach dem Organisationsgrad des zur Verfügung stehenden Kapitalmarkts für den jeweiligen Entscheidungsträger von besonderem Interesse ist.

Hinsichtlich der erst genannten Dimension unterscheidet man für gewöhnlich zwischen Entscheidungssituationen bei Sicherheit, Quasi-Sicherheit, Ungewissheit und Risiko. Während bei Sicherheit davon ausgegangen wird, dass in jedem zukünftigen Betrachtungszeitpunkt exakt ein Umweltzustand eintritt, können es bei Quasi-Sicherheit deren mehrere sein, doch spielt dies insofern keine Rolle, als die optimale Verhaltensweise des Zeitpunktes $t = 0$ für alle möglichen Umweltentwicklungen identisch ist. Im Falle von Ungewissheit ist genau diese Identität nicht mehr gegeben, und anders als im Fall bei Risiko mangelt es außerdem an der (vollständigen) Kenntnis der Eintrittswahrscheinlichkeiten der einzelnen Umweltzustände. Es liegen also bei Entscheidungssituationen unter Ungewissheit zwar die möglichen Umweltentwicklungen fest, doch können nicht allen Umweltentwicklungen eindeutige Wahrscheinlichkeitsurteile zugeordnet werden.

Im Hinblick auf die zweite Dimension kann man grob zwischen Situationen mit und ohne Kapitalmarktzugang des betrachteten Unternehmers unterscheiden, wobei im ersteren Fall weiter zwischen dem Zugang zu einem vollkommenen Kapitalmarkt und dem Zugang zu einem unvollkommenen Kapitalmarkt zu differenzie-

---

5 Vgl. hierzu auch ähnlich Hayn (2003), S. 381.

6 Entsprechend werden Fragen der sachgerechten Informationsbeschaffung typischerweise in allgemeinen entscheidungstheoretischen Lehrbüchern diskutiert. Vgl. als Beispiele etwa Mag (1988,1990), Laux (1993, 2002) sowie Eisenführ/Weber (2003).

ren ist. Auf einem vollkommenen Kapitalmarkt ist es möglich, zu gegebenen Preisen und ohne Anfall von Transaktionskosten in Form von Reibungsverlusten beliebige Konsumpositionen durch Kauf und Verkauf von Finanzierungstiteln aufzubauen, auf dem unvollkommenen Kapitalmarkt bestehen derart umfassende Handelsmöglichkeiten entsprechend nicht.[7] Bei völlig fehlendem Kapitalmarktzugang kann der jeweilige Unternehmer für investive Maßnahmen lediglich auf seine eigenen Mittel zurückgreifen.

Schon diese recht einfache Unterteilung möglicher Szenarien nach zwei Dimensionen führt zu $4 \cdot 3 = 12$ unterschiedlichen Arten von Entscheidungsproblemen. Für all diese Entscheidungsprobleme vermag die Investitionstheorie mehr oder weniger umfassend Aussagen zum sachgerechten (Investitions-) Verhalten zu formulieren. Von Bedeutung ist daher nun insbesondere die Frage, welche Szenarien im Zusammenhang mit der Beurteilung von Gründungsinvestitionen primär von Interesse sind und welche Besonderheiten hierbei beachtet werden sollten. Hierauf ist im nächsten Abschnitt genauer einzugehen.

3 Besonderheiten von Gründungsinvestitionen

Es leuchtet unmittelbar ein, dass Unternehmensgründungen mit der Schaffung eines neuen Unternehmens einhergehen. Man kann diesen Vorgang unter rechtlichen und unter wirtschaftlichen Aspekten betrachten. Im Rahmen betriebswirtschaftlicher Anwendungen steht gemeinhin die wirtschaftliche Betrachtungsweise im Vordergrund. Während rein rechtlich eine Unternehmensgründung beispielsweise bereits dann vorliegt, wenn es im Rahmen eines Management-Buy-out zu einer „Ausgründung“ eines Unternehmensteils aus einer größeren Einheit kommt, lässt sich unter ökonomischen Aspekten sachgerecht von Unternehmensgründung nur dann sprechen, wenn eine entsprechende unternehmerische Betätigung zuvor auch in einem anderen Rechtsgewand nicht gegeben gewesen ist. Erst für derartige Situationen ergeben sich nämlich Besonderheiten für die Beurteilung von Gründungsinvestitionen im Vergleich zur Bewertungsproblematik im Hinblick auf Investitionsprojekte von „etablierten“, d.h., schon länger am Markt tätigen, Unternehmen.[8] Konkret lassen sich vier Spezifika von Gründungsinvestitionen identifizieren, die im Weiteren von Bedeutung sind.

Erstens fehlt es definitionsgemäß an unternehmensindividuellen Erfahrungswerten aus der Vergangenheit. Zweitens mangelt es am Zugang zu einem friktionsfrei arbeitenden Kapitalmarkt. Drittens sind Geschäftsführung und Eigentum weitenteils in einer Hand vereint. Viertens wird der jeweilige Unternehmensgrün-

[7] Vgl. zur Definition des vollkommenen Kapitalmarktes genauer Breuer (2001), S. 212f.

[8] Vgl. ähnlich hinsichtlich der Definition „junger“ Unternehmen etwa Hayn (2003), S. 15.

der im Zweifel über größeren technischen[9] als ökonomischen Sachverstand verfügen.

Spezifikum 1 impliziert unmittelbar, dass mathematisch-statistische Verfahren zur Datenerhebung im Zusammenhang mit der investitionstheoretischen Beurteilung von Gründungsvorhaben direkt keine und indirekt nur eine geringe Rolle spielen. Indirekt können mathematisch-statistische Verfahren dann eine gewisse Bedeutung erlangen, wenn es möglich ist, Vergangenheitsdaten vergleichbarer, bereits existenter Unternehmen zu nutzen und per Analogieschluss auf die aktuell interessierende Unternehmensgründungssituation zu übertragen. Im Übrigen aber bleibt lediglich die bereits genannte Möglichkeit, auf Expertenwissen zurückzugreifen und dieses durch ein in geeigneter Weise strukturiertes Vorgehen nutzbar zu machen. Dem Gründer selbst als Expertem kommt dabei eine besonders wichtige Rolle zu. Hierauf wird noch zurückzukommen sein.

Spezifikum 2 bedingt, dass sich marktwert- oder kapitalkostenorientierte Betrachtungen grundsätzlich erübrigen. Diese lassen sich in strenger Form nämlich nur über die so genannte *Fisher*-Separation für den vollkommenen Kapitalmarkt rechtfertigen.[10] Möglich bleiben damit lediglich direkt nutzenorientierte Ansätze, bei denen eine Explizierung der Präferenzen des jeweiligen Unternehmers im Mittelpunkt der Betrachtung steht. Als weitere Konsequenz aus dem fehlenden Zugang zu einem vollkommenen Kapitalmarkt kann man investitionsrechnerische Entscheidungen nicht mehr losgelöst von der gewählten Finanzierungsform treffen. Gründungsinvestitionen und Gründungsfinanzierungen sind daher im Zusammenhang zu sehen und bedingen sich gegenseitig.

Spezifikum 3 hat zur Folge, dass rein monetär ausgerichtete Kalküle der Entscheidungssituation nicht unbedingt gerecht werden müssen. Generell zeichnen sich Geschäftsführer von Unternehmen durch den Umstand aus, mit ihrer Managementtätigkeit nicht-monetäre Interessen zu verfolgen.[11] Eigentümer ohne Geschäftsführungsbefugnis hingegen werden in erster Linie auf monetäre Zielgrößen bei der Beurteilung unternehmerischer Handlungsalternativen abstellen, da sie ihr Engagement vor allem als Finanzinvestition verstehen. Eine an den Eigentümerinteressen orientierte betriebswirtschaftliche Investitionstheorie wird daher vor allem im Falle von Geschäftsführer-Eigentümern auch nicht-monetäre Interessen zu berücksichtigen haben. Diese nicht-monetären Interessen dürften im Zusammenhang mit Unternehmensgründungen insbesondere durch ein Streben nach Unabhängigkeit gekennzeichnet sein. Eine Unternehmensgründung kann sich daher selbst dann aus Sicht eines Gründers als vorteilhaft erweisen, wenn finanzielle Überlegungen allein die Beibehaltung etwa eines Angestelltenstatus nahe legten.

---

[9] „Technisch" ist hier im Sinne von fachlichen Kenntnissen gemeint, die sich auf das Kerngeschäft beziehen. Dies schließt selbstverständlich auch Dienstleistungsunternehmen ein.

[10] Grundlegend hierzu sind die Arbeiten von Fisher (1896, 1930). Vgl. für die Verallgemeinerung auf den Fall bei Risiko etwa Grossman/Stiglitz (1977).

[11] Insbesondere im Rahmen der Finanzierungstheorie wird dieser Umstand breit diskutiert. Vgl. hierzu als Beispiel Aghion/Bolton (1992), und generell Breuer (1998), S. 217ff.

Überdies können bestimmte Finanzierungsformen von einem Unternehmensgründer einfach wegen zu starker Einflussnahmemöglichkeit für Externe abgelehnt werden. Auch auf die Konsequenzen aus diesem Problem ist im Weiteren einzugehen. Ein Vorteil der fehlenden Trennung von Eigentum und Geschäftsführungsbefugnis ist freilich, dass Probleme der Management-Anreizsteuerung für neu gegründete Unternehmen viel weniger akut sind als etwa im Zusammenhang mit Kapitalgesellschaften.[12]

Spezifikum 4 ist insofern von Bedeutung, als zu befürchten ist, dass der potenzielle Gründer die für ihn relevanten Kalküle der Investitionsrechnung nicht kennt und erst recht nicht in der Lage ist, sie durch adäquate Datenbeschaffung mit Leben zu füllen. Insofern wird hierbei in aller Regel ein Bedarf an externen Beratern bestehen, der aber die Kosten einer Gründung erhöht. Unternehmensgründer, die sich nicht durch fremdes betriebswirtschaftliches Know-how verstärken, werden nur recht einfache Entscheidungskalküle ohne größere Schwierigkeit selbst anwenden können. Hierauf ist bei Empfehlung bestimmter investitionsrechnerischer Methoden quasi als Nebenbedingung zu achten.

Zusammenfassend ist die Beurteilung der Vorteilhaftigkeit von Gründungsinvestitionen demnach in folgender Weise aus investitionstheoretischer Sicht zu charakterisieren: Aufgrund fehlender Historie sind die benötigten Informationen zum Anwenden investitionstheoretischer Verfahren im Regelfall auf intuitivem Wege zu gewinnen. Gründungsinvestitionen und -finanzierungen sind im Zusammenhang zu sehen und die Präferenzen des Unternehmers im Rahmen eines nutzenorientierten Problemzugangs explizit zu beachten. Etwaige nicht-monetär orientierte unternehmerische Präferenzen finden ihren impliziten Niederschlag insbesondere in der Formulierung bestimmter Nebenbedingungen im Hinblick auf die Akzeptanz der in Rede stehenden Gründungsinvestition. Die Abstraktion von Anreizkonflikten zwischen (Eigen-) Kapitalgebern und Unternehmensführung lässt sich dabei eher rechtfertigen als insbesondere bei etablierten (Kapital-) Gesellschaften. Empfehlungen zum Einsatz investitionsrechnerischer Methoden sollten das oft mangelnde betriebswirtschaftliche Know-how von potenziellen Gründern berücksichtigen.

Grundsätzlich ist für konkrete Entscheidungsprobleme danach zu unterscheiden, ob man vereinfachend von sicherer Kenntnis aller künftigen Umweltentwicklungen ausgeht oder die Unsicherheit hinsichtlich der Zukunft explizit abbildet. Natürlich fällt insbesondere die anschließende Datenauswertung erheblich leichter, wenn man vom Fall der Sicherheit und damit „einwertigen" Erwartungen ausgeht. Eine solche Situation wird daher im folgenden Abschnitt 4 als Erstes behandelt. Fraglich kann aber sein, ob man mit dieser Vereinfachung der realen Entscheidungssituation hinreichend gerecht wird. Deswegen wird im anschließenden Abschnitt 5 auch auf die Betrachtung des Entscheidungsproblems unter der Prämisse der Unsicherheit eingegangen.

[12] Vgl. zu dieser Problematik grundlegend Jensen/Meckling (1976).

4 Gründungsinvestitionen bei Annahme sicherer Erwartungen

4.1 Das Datenbeschaffungsproblem

Welche Möglichkeiten und Notwendigkeiten im Rahmen der Datenbeschaffung bestehen, verdeutlicht man am besten anhand eines konkreten, wenngleich natürlich vereinfachenden Fallbeispiels. Dazu werde der Aachener Ingenieur *Genius* betrachtet, der sich unmittelbar nach Abschluss seines Studiums mit einer neuen Geschäftsidee selbständig machen möchte. Welche Daten er zur Beurteilung seines Vorhabens benötigt, hängt insbesondere von dem durch ihn verfolgten Ziel ab. Es ist nicht allzu abwegig zu unterstellen, dass es *Genius* primär um die Erzielung von monetärem Einkommen geht. Damit interessiert sich *Genius* vornehmlich für die Zahlungskonsequenzen aus seiner Geschäftsidee, denn nur Ein- und Auszahlungen nehmen Einfluss auf die Konsummöglichkeiten eines Entscheiders. Nicht relevant sind hierbei hingegen Erfolgs-, also Ertrags- und Aufwands- bzw. Leistungs- und Kostengrößen. Während Zahlungskonsequenzen originäre Bedeutung für die Einkommensposition eines Entscheidungsträgers haben, kommt Erfolgsgrößen nur eine derivative, also abgeleitete Relevanz zu. Diese kann sich dann ergeben, wenn man auf den Beitrag einer einzelnen Teilperiode zur unternehmerischen Wohlfahrt abstellt, so dass ein Problem der Periodenabgrenzung auftritt. Gerade dies ist aber nicht die Frage investitionsrechnerischer Betrachtungen, in denen typischerweise ein längerer Zeithorizont und damit mehrere (im Idealfall alle) künftige Perioden simultan betrachtet werden.[13]

Konkret sei angenommen, dass der Betrachtungszeitraum fünf Jahre umfasst, da dies die voraussichtliche Nutzungsdauer der im Startzeitpunkt $t = 0$ beschafften Maschinen beschreibt. Die Prognose der Zahlungskonsequenzen soll vereinfachend auf Jahresbasis erfolgen, d.h., es werden zu den Zeitpunkten $t = 0, 1, ..., 5$ die sich jeweils ergebenden Einzahlungsüberschüsse z_t aus der zu beurteilenden Geschäftsidee geschätzt, wobei zwischen zwei Zeitpunkten ein Zeitraum von je einem Jahr liegt.

Die Datenbeschaffungsphase wird wesentlich bestimmt von den beiden Prinzipien der definitorischen Analyse und der spekulativen Synthese. Es ist augenscheinlich nicht einfach, „aus dem Stand heraus" die zu erwartende Höhe etwa von z_2 anzugeben. Um sich einem solchen Ziel zu nähern, ist es vielmehr angebracht, die interessierenden Zukunftsgrößen zunächst auf ihre definitorischen Determinanten herunterzubrechen. Generell ergibt sich z_t aus der Differenz zwischen zahlungsorientiert ermitteltem Deckungsbeitrag db_t und den beschäftigungsunabhängig anfallenden fixen Auszahlungen $a_{fix,t}$ einer Periode. Der Deckungsbeitrag db_t wiederum entspricht dem Produkt aus Deckungsspanne ds_t und Absatzmenge x_t einer Periode, wobei die Deckungsspanne (auch Stückdeckungsbeitrag genannt)

---

[13] Vgl. zur näheren Abgrenzung zwischen zahlungs- und erfolgsorientierter Betrachtung etwa Franke/Hax (2004), S. 73ff.

als Differenz von Stückpreis p_t und variablen Stückauszahlungen $a_{var,t}$ definiert ist. In einem Zeitpunkt t gilt somit definitorisch:

$$z_t = db_t - a_{fix,t} = ds_t \cdot x_t - a_{fix,t} = (p_t - a_{var,t}) \cdot x_t - a_{fix,t}. \tag{4.1}$$

Die fixen Auszahlungen können in solche unterschieden werden, die nur im Gründungszeitpunkt anfallen (Anfangsauszahlungen $a_{fix,0}$), und solche die jede Periode erneut aufzubringen sind. Am einfachsten sind sicherlich die Auszahlungen zu quantifizieren, da sie sich unmittelbar im Zeitpunkt t = 0 der Betrachtung (bei Projektdurchführung) realisieren. Zu den Anfangsauszahlungen zählt *Genius* konkret Auszahlungen für den eigentlichen (juristischen) Gründungsvorgang (6.000 GE (Geldeinheiten)), die Beschaffung eines Maschinenparks (150.000 GE), die Anschaffung eines Dienstwagens, um Präsentationen vor Ort bei möglichen Kunden durchzuführen (20.000 GE) und die sonstige Ausstattung der für Produktion und Verwaltung benötigten Räumlichkeiten (15.000 GE). Schließlich will *Genius* in den wichtigsten Fachzeitschriften sein Produkt mit 5.000 GE im ersten Jahr bewerben, um für einen gewissen Bekanntheitsgrad zu sorgen. Insgesamt erhält man damit Anfangsauszahlungen von 196.000 GE zum Zeitpunkt t = 0 der Gründung, wie auch Tabelle 1 veranschaulicht.

Tabelle 1. Bestandteile der Anfangsauszahlung $a_{fix,0}$

Auszahlungskomponente	**Auszahlungshöhe**
Juristischer Gründungsvorgang	6.000
Beschaffung eines Maschinenparks	150.000
Anschaffung eines Dienstwagens	20.000
Ausstattung für Räume	15.000
Werbung in Fachzeitschriften	5.000
Gesamt	**196.000 GE**

Die laufenden beschäftigungsunabhängigen Auszahlungen im ersten Jahr sollen sich auf Mieten von 6.000 GE und Lohnzahlungen von 12.000 GE beschränken. Diese Werte werden dem Zeitpunkt t = 1 zugeordnet. Für die Folgejahre t = 2 bis t = 5 unterstellt *Genius* eine Zunahme der laufenden beschäftigungsabhängigen Auszahlungen gemäß der durchschnittlichen Inflationsrate der vergangenen Jahre in Höhe von 2% p.a. An dieser Stelle hat sich fast unbemerkt nun doch schon ein mathematisch-statistisches Verfahren eingeschlichen. Für nicht direkt gründungs-, sondern vielmehr allgemein marktbezogene Größen kann man natürlich sehr wohl auf der Basis von Vergangenheitsdaten quantitative Schätzungen vornehmen, wie es hier etwa mit den künftigen Inflationsraten geschah. Ferner macht sich in dem Schluss von den Auszahlungen für Miete und Löhne des ersten Jahres auf die künftiger Jahre überdies das Prinzip der spekulativen Synthese bemerkbar: Mehr oder weniger ad hoc wird ein funktionaler Zusammenhang zwischen künftigen beschäftigungsabhängigen Auszahlungen und kommenden Inflationsraten unterstellt. Spekulative Synthesen dieser Art erweisen sich stets als notwendig, wenn man die für die Zukunft interessierenden Größen nicht direkt mittels mathematisch-statistischer Verfahren schätzen kann. Insofern bilden spekulative Synthesen den

Kern der intuitiven Verfahren, während definitorische Analysen generell für Prognosezwecke hilfreich sind. Schon hier wird überdies das Hauptproblem intuitiver Verfahren deutlich. Die angesetzten Prognosewerte entziehen sich letztlich einer intersubjektiven Nachprüfbarkeit. Intersubjektiv nachprüfbar ist freilich die Einhaltung eines bestimmten Vorgehens zur Ermittlung von Prognosewerten, also etwa die Verfahrensweise gemäß den Postulaten der definitorischen Analyse und der spekulativen Synthese. Lediglich in dieser Hinsicht kann der Einsatz intuitiver Verfahren einer Beurteilung unterzogen werden. Im Kern geht es deswegen darum, Expertenwissen in strukturierter Form nutzbar zu machen, wie weiter oben im Abschnitt 2 bereits angedeutet worden ist. Während Unternehmensgründer selbst als interne Experten bezeichnet werden können, kommen darüber hinaus noch externe Experten in Betracht. Insbesondere im Hinblick auf die Quantifizierung künftiger Auszahlungen dürften Unternehmensgründer als interne Experten fundierte Urteile abgeben können. Möglicherweise trifft dies aufgrund anderweitiger Erfahrungen auch auf den Bereich der Umsätze zu. Gerade hier aber wird die Fehleranfälligkeit besonders ausgeprägt sein und bietet sich deswegen das Hinzuziehen externer Experten an. Wichtige externe Experten wiederum sind zum einen Marktforschungsinstitute, denen man den Auftrag zur Erhebung bestimmter marktbezogener Daten erteilt, oder aber zum anderen potenzielle Kunden des einzuführenden Produkts, deren Einstellungen man im Rahmen von Fragebogenaktionen zu erfahren sucht.

Vor diesem Hintergrund sei für unser Fallbeispiel angenommen, dass ein ähnliches Produkt am Markt zurzeit zu einem Preis je Stück von 10 GE gehandelt werde. Im Rahmen einer schriftlichen Befragung potenzieller Abnehmer hat *Genius* herausgefunden, dass er bei einem Einführungspreis in dieser Höhe (und dem oben gegebenen Werbebudget) mit einem Erstabsatz in $t = 1$ von etwa 15.000 ME (Mengeneinheiten) rechnen können wird. Denn 10% der Befragten äußerten (Kauf-) Interesse im Hinblick auf das betreffende Produkt, und *Genius* glaubt, über seine Werbeaktionen etwa 50% der potenziellen Kunden über sein Produkt informieren zu können. Bei einem potenziellen Kundenkreis von insgesamt ungefähr 30.000 Personen rechnet er damit im ersten Jahr mit etwa $0{,}1 \cdot 0{,}5 \cdot 30.000 = 1.500$ Erstkäufern, die bei einer durchschnittlichen Nachfrage von 10 ME gerade zum Absatz von 15.000 ME führen.

Ferner weiß er aus dieser Befragung, dass die (konstante) Preiselastizität η der Nachfrage im Einführungsjahr auf ungefähr 1,1 geschätzt werden kann. Dies bedeutet, dass eine Preiserhöhung um x Prozent in etwa zu einer Nachfragereduktion von $1{,}1 \cdot x$ Prozent führt.[14] Für die kommenden Jahre würde der ursprünglich gewählte Preis von ihm unter Beachtung der allgemeinen Preissteigerungsrate fortgeschrieben. Die Absatzmengen werden dabei aufgrund von zunehmender Diffusion im Hinblick auf die Güte seiner Produkte in den Folgejahren voraussichtlich mit 10% pro Jahr wachsen. Auch für diesen Wert hat *Genius* über Marktbefragun-

[14] Vgl. zum Begriff der Nachfrageelastizität auch etwa Feess (2000), S. 210ff. Etwaige Kosten der Befragungsaktion seien übrigens im angesetzten Werbebudget von 5.000 GE bereits berücksichtigt.

gen Anhaltspunkte gewonnen. Darüber hinaus hätte *Genius* auch Diffusionsmodelle aus der Marketing-Literatur nutzen können.[15] Hier stellt sich aber die Frage, ob *Genius* gemäß Spezifikum 4 aus Abschnitt 3 zu deren Anwendung ohne genauere Anleitung in der Lage wäre.

Zur Ergänzung seines Produktangebots hält er überdies komplementäre Handelswaren vor, die er zu $ah_{var,t} = 1$ GE/ME in t = 1 bezieht. Da er bei diesen keinen Wettbewerbsvorteil genießt, gibt er sie zum üblichen Marktpreis ph_t von 2 GE/ME in t = 1 ab. Er rechnet damit, dass der mengenmäßige Absatz xh_t der Handelswaren aufgrund des limitationalen[16] Verhältnisses zu seinem Kernprodukt 90% von x_t beträgt und Beschaffungs- und Absatzpreis mit der Inflationsrate pro Jahr ansteigen.

Auch im Hinblick auf die beschäftigungsabhängigen Auszahlungen kann von limitationalen Produktionsverhältnissen ausgegangen werden, so dass konstante Auszahlungen je produzierter Mengeneinheit folgen. Im Wesentlichen geht es dabei um Roh-, Hilfs-, und Betriebsstoffe. Im ersten Betrachtungsjahr beläuft sich der variable Faktorverbrauch je erstellter Einheit des Produkts auf geschätzte 6 FE/ME (FE: Faktoreinheit). Bei einem Faktorpreis fp_1 in t = 1 von 1 GE/FE resultieren folglich variable Stückauszahlungen $a_{var,1} = 6$ GE/ME im ersten Jahr. In den Folgejahren gelingt es, aufgrund zunehmender Lerneffekte den Ausschuss und damit die variablen Stückauszahlungen zu senken. Solche Lerneffekte sind in der Literatur gut dokumentiert. Generell lässt sich das Phänomen beobachten, dass eine Verdopplung der kumulierten Absatzmenge zu einem näherungsweise konstanten Rückgang der (inflationsbereinigten) variablen oder totalen Stückauszahlungen führt. Ersteres bezeichnet man als Lernkurveneffekt,[17] Letzteres als Erfahrungskurveneffekt.[18] Im konkreten Fall unterstellt *Genius* einen vereinfachten Lernkurveneffekt, nach dem sich der Ausschuss proportional zur gesamten (im Zeitablauf kumulierten) Produktionsmenge reduziert. Mit 15.000 ME als Bezugspunkt soll eine kumulierte Produktionsmenge von 30.000 ME aus den Vorperioden dabei zu einem branchenüblichen Rückgang des Faktorverbrauchs xf_t im vergleich zu t = 1 um 20% führen. Ferner wachse der Faktorpreis jedes Jahr um die

[15] Ein sehr prominentes Modell ist etwa das von Bass (1969), für langlebige Gebrauchsgüter mit einer Unterscheidung von Innovatoren und Imitatoren als zwei idealtypischen Käufergruppen. Vgl. als Beispiel für eine Anwendung des Bass-Modells im Rahmen der unternehmerischen Absatzpolitik Hempelmann (2002).

[16] Dies bedeutet, dass das eigentliche Produkt des Genius mit der Handelsware von den Kunden in einem festen Verhältnis, hier: 1:1, nachgefragt wird. Die fehlenden 10% Nachfrage beziehen sich auf Kunden, die das komplementäre Gut aus welchen Gründen auch immer bei einem anderen Anbieter erwerben. Vgl. zum Begriff der Limitationalität z.B. Dyckhoff (2003), S. 147.

[17] Vgl. zum Lernkurveneffekt grundlegend Wright (1936).

[18] Vgl. zum Erfahrungskurveneffekt grundlegend Henderson (1974). Zur Abgrenzung zwischen Lern- und Erfahrungskurvenkonzeptionen vgl. Wacker (1980). Als Anwendungsbeispiel für die Optimierung der unternehmerischen Preispolitik beim Auftreten von Erfahrungskurveneffekten sei auf Hempelmann (2003), hingewiesen.

durchschnittliche Inflationsrate von 2%. Die korrespondierenden Stückauszahlungen ergeben sich als Produkt aus aktuellem Faktorverbrauch $a_{var,t}$ und aktuellem Faktorpreis. Die genannten Daten sind überblicksartig in der Tabelle 2 zusammengefasst. Von Ganzzahligkeitsrestriktionen werde dabei hier und im Folgenden abgesehen.

Tabelle 2. Preise, Absatzmengen und Auszahlungen im Zusammenhang mit Kernprodukt und Handelswaren

t	1	2	3	4	5
p_t	10	10,2	10,404	10,61208	10,8243216
x_t	15.000	16.500	18.150	19.965	21.961,5
fx_t	6	6	4,68	3,228	1,6308
fp_t	1	1,02	1,0404	1,061208	1,08243216
$a_{var,t}$	6	6,12	4,869072	3,425579424	1,765230367
xh_t	13.500	14.850	16.335	17.968,5	19.765,35
ph_t	2	2,04	2,0808	2,122416	2,1648632
$ah_{var,t}$	1	1,02	1,0404	1,061208	1,0824316
$a_{fix,t}$	18.000	18.360	18.727,2	19.101,744	19.483,77888

In Tabelle 2 wachsen die Größen p_t, ph_t, $ah_{var,t}$ und $ah_{fix,t}$ ab dem Jahr 1 jährlich mit der Inflationsrate von 2%. Die Absatzmenge x_t weist ein jährliches Wachstum von 10% auf. Der Stückverbauch fx_3 etwa beläuft sich auf 4,68 FE/ME, weil eine kumulierte Produktionsmenge von 15.000+16.500 = 31.500 aus den Zeitpunkten $t = 1$ und $t = 2$ das 2,1fache der Referenzmenge 15.000 beträgt, so dass sich der Ausschuss um den Faktor $0{,}2\cdot(2{,}1-1) = 22\%$ verringert hat. $a_{var,3}$ ergibt sich aus fx_3 durch Multiplikation mit fp_3.

Als Ergebnis der gerade präsentierten spekulativen Synthese sieht sich *Genius* noch mit einem nennenswerten Entscheidungsparameter konfrontiert, nämlich dem Einführungspreis für sein Produkt in der ersten Periode. Für die Folgeperioden wird angenommen, dass der Einführungspreis nur noch gemäß der allgemeinen Inflationsrate angepasst wird (und sich die Nachfragemenge gemäß obiger Diffusionsannahme entwickelt). Natürlich könnte man noch zusätzliche Größen als disponibel unterstellen. Beispielsweise wurde das Werbebudget ohne fundierte Begründung fixiert, doch kann hierfür sprechen, dass mit zusätzlichen Werbeaufwendungen eher doch bescheidene weitere Grenzerträge zu erwarten sein dürften, wenn man denn schon die wichtigsten Publikationsorgane belegt hat, und überdies der Werbeetat mit einem Volumen von 5.000 GE eher einen kleinen Beitrag zum Gesamtbetrag der Anfangsauszahlungen in $t = 0$ leistet. Gleichwohl bleibt die Vorgabe eines Werbebudgets von 5.000 GE eine (intuitiv orientierte) Ad-hoc-Entscheidung. Entsprechend wurde die Nutzungsdauer der Maschinen einfach mit 5 Jahren angegeben. In der Tat ist aber auch der optimale Ersatzzeitpunkt von Maschinen ein weiteres Entscheidungsproblem, dem man sich bei Bedarf – ebenso wie der Frage nach dem optimalen Werbebudget – in einem Folgeschritt zuwenden kann.[19] In jedem Fall erkennt man aber schon ein drittes wesentliches Prinzip der Datenerhebung (und Datenverarbeitung), nämlich das der isolierenden Abstraktion: Es ist schlicht nicht möglich, alle überhaupt als disponibel denkbaren Größen simultan einer handhabbaren quantitativen Analyse zu unterziehen. Vielmehr ist es erforderlich, mit „Fingerspitzengefühl", also einmal mehr intuitiv, diejenigen Stellgrößen zu selektieren, bei denen sich ein größerer Betrachtungsaufwand lohnt.

Sofern man in der Konkretisierung der Konsequenzen aus einer Gründungsinvestition bis zum jetzigen Punkt gekommen ist, ist die Datenbeschaffung im Zusammenhang mit den Konsequenzen aus der Realinvestition selbst abgeschlossen. Als Nächstes sind nun die Finanzierungsquellen für die Gründungsinvestition zu spezifizieren. *Genius* soll über Eigenmittel in t = 0 in Höhe von 20.000 GE verfügen. Ferner stehen Fördermittel für Existenzgründer zu einem subventionierten Zinssatz von 4% pro Jahr im maximalen Umfang von 40.000 GE zur Verfügung. Darüber hinaus kann *Genius* bei seiner Hausbank weitere Mittel bis zu einem Betrag von 80% des Neuwerts der angeschafften Maschinen, des Dienstwagens und der Raumausstattung zu 6% aufnehmen (Festkredit). Beide Kredite sind endfällig nach Ablauf von fünf Jahren bei jährlicher Zinszahlung zu tilgen. Überschüssige Mittel kann *Genius* zu einem Habenzinssatz von 2% anlegen. Schließlich hat *Genius* Zugang zu einem Kontokorrentkredit in Höhe von 30.000 GE bei einem Zinssatz von 10%, der jedes Jahr flexibel in Anspruch genommen werden kann (sofern die Rückzahlung sichergestellt ist). Damit sind auch die Finanzierungsmöglichkeiten vollständig beschrieben, und es fehlt nur noch die Spezifikation der eigentlichen unternehmerischen Zielfunktion.

Aufgrund der Betrachtung eines unvollkommenen Kapitalmarktes hat die *Fisher*-Separation keine Gültigkeit, weswegen je nach angenommener Präferenzstruktur unterschiedliche Verhaltensweisen optimal sein können und sich dementsprechend auch die Beurteilung der Investitionsidee ändern kann. In der Regel wird die Annahme komplizierterer Nutzenfunktion praktisch freilich nicht weiterhelfen. Man beschränkt sich typischerweise auf einfache Betrachtungen etwa in Form des sich am Ende des Zeithorizonts zum Zeitpunkt t = 5 ergebenden kumulierten Überschusses.[20] Genau so soll im Folgenden verfahren und insofern von der Maximierung des unternehmerischen Endvermögens ausgegangen werden. Freilich benötigt *Genius* auch ein gewisses jährliches Budget zum „Leben". Dieses sei mit 7.000 GE angeführt und werde jährlich als Entnahme aus der Unternehmung erfasst.

Als Letztes ist nun noch auszuführen, über welche Alternativen zur Unternehmensgründung *Genius* noch verfügt. Augenscheinlich könnte er seine Eigenmittel von t = 0 bis t = 5 anlegen Zugleich könnte *Genius* als Angestellter in einem etablierten Unternehmen arbeiten. Er rechnet mit einem Einstiegsgehalt von 20.000 GE pro Jahr bei durchschnittlichen jährlichen Lohnsteigerungen von 10%. Tabelle

[19] Vgl. zum Problem der optimalen Nutzungsdauer von Maschinen Kruschwitz (2003), S. 181ff., oder Breuer (2002), S. 155ff.

[20] Vgl. hierzu etwa Grob (1989), S. 6ff., sowie Breuer (2002), S. 373ff.

3 präsentiert die kapitalmarkt- und arbeitsmarktbezogenen Angaben nochmals im Überblick.

Tabelle 3. Kapital- und Arbeitsmarktdaten

	(Maximaler) Betrag	Konditionen
Finanzierungsmöglichkeiten		
Eigenmittel	20.000 GE	Unbefristet zinslos verfügbar
Fördermittel	40.000 GE	4% p.a. Verzinsung, in t = 5 zu tilgen
Hausbankfestkredit	148.000 GE	6% p.a. Verzinsung, in t = 5 zu tilgen
Hausbankkontokorrentkredit	30.000 GE	10% p.a., flexibel jede Periode anpassbar
Anlagemöglichkeit	Beliebig	2% p.a. Verzinsung, flexibel jede Periode anpassbar
Beschäftigungsmöglichkeit	20.000 GE Einstiegsgehalt	10% p.a. Lohnsteigerung

Damit sind nun alle Größen fixiert, die für eine Entscheidung über die Vorteilhaftigkeit der Gründungsidee erforderlich sind.

4.2 Das Datenverarbeitungsproblem

Zur Beurteilung der Vorteilhaftigkeit der Gründungsidee sind zwei vorgelagerte Fragen zu klären. Zum einen ist die optimale Finanzierungsform zu bestimmen, zum anderen ist der bestmögliche Einführungspreis zu ermitteln.

Natürlich wird *Genius* den Förderkredit in Anspruch nehmen. Fraglich ist, ob sich der Kontokorrentkredit ebenfalls als lohnenswert erweist oder stattdessen lediglich noch der Festkredit seitens der Hausbank zur Schließung der Finanzierungslücke Verwendung finden sollte. Schon eine einfache Überschlagsrechnung belegt, dass jeder Kontokorrentkredit bereits in t = 1 vollständig zurückgezahlt werden kann. Dazu genügt ein Ansatz an den in Tabelle 2 für t = 1 ausgewiesenen Werten, für die der Einführungspreis ohne Optimierung einfach als p_1 = 10 GE/ME angesetzt worden ist. Man erhält nach Abzug der variablen und fixen Auszahlungen einen Überschuss von 55.500 GE. Selbst unter Beachtung einer Auszahlung von 33.000 GE für Verzinsung und Tilgung auf den Kontokorrentkredit und einer Entnahme von 7.000 GE für private Konsumzwecke verbleibt noch ein positiver Saldo in t = 1.[21]

Jede in t = 0 über einen Kontokorrentkredit aufgenommene Geldeinheit führt in t = 1 damit zu zusätzlichen Auszahlungen von 1,1 GE, die wiederum bis t = 5 zu Rückgängen in den Erlösen aus der Anlage überschüssiger Mittel von $1{,}1 \cdot 1{,}02^4 \approx 1{,}19$ GE führen. Die Aufnahme von 1 GE über den Hausbankfestkredit verursacht

[21] Erst recht gilt dies übrigens für die Folgezeitpunkte t = 2, 3, 4, 5.

in t = 1 bis t = 4 jeweils Auszahlungen von 0,06 GE und entsprechende spätere Mindererlöse aus Mittelanlagen. Überdies sind in t = 5 weitere 1,06 GE zu leisten. Insgesamt ergibt sich hierdurch ceteris paribus eine Endvermögensreduktion von $0{,}06 \cdot 1{,}02^4 + 0{,}06 \cdot 1{,}02^3 + 0{,}06 \cdot 1{,}02^2 + 0{,}06 \cdot 1{,}02 + 1{,}06 \approx 1{,}31$ GE, so dass sich der Festkredit zu 6% p.a. als deutlich ungünstiger als der Kontokorrentkredit zu 10% darstellt. Dies ist eine Konsequenz der früheren Tilgungsmöglichkeit des Kontokorrentkredits.[22] *Genius* wird deswegen in t = 0 den Kontokorrentkredit in voller Höhe in Anspruch nehmen und nur die verbleibenden 196.000–30.000–40.000–20.000 = 106.000 GE über den Festkredit seiner Hausbank finanzieren.

Damit ist das hier betrachtete Problem aufgrund der getroffenen Annahmen mittlerweile in der Tat derart einfach strukturiert, dass es ohne weiteres beispielsweise mit dem „Solver" von Excel gelöst werden kann. Zu diesem Zweck ist es in eine tabellarische Form unter Beachtung aller Beziehungen zwischen den diversen Größen zu bringen. Tabelle 4 stellt die resultierenden Zahlungskonsequenzen für die bis hierhin spezifizierten Inputgrößen bei optimal gewähltem Einführungspreis dar. Da die Anfangsauszahlung aus Tabelle 1 über entsprechende Eigen- und Fremdmittel abgedeckt ist, beginnt die Aufstellung mit dem Zeitpunkt t = 1. Über den Einführungspreis wird unter Beachtung der konstanten Preiselastizität der Nachfrage die Absatzmenge x_t des Zeitpunktes t = 1 bestimmt. Daraus wiederum leitet sich unter den getroffenen Annahmen sofort die Zeitreihe der Absätze der Zeitpunkte t = 2 bis t = 5 ab. Diese wiederum bestimmen den Stückverbrauch fx_t. Unter Beachtung der jährlichen Inflationsrate von 2% sowie der Absatzmengen in den einzelnen Perioden können damit die jeweiligen Zahlungsein- und -ausgänge in Form von Umsätzen sowie variablen und fixen Auszahlungen für t = 1 bis t = 5 bestimmt werden. Lediglich der Einführungspreis als Entscheidungsvariable ist demnach noch zu konkretisieren. Zielgröße ist dabei ein möglichst großes Nettoendvermögen zum Zeitpunkt t = 5. Dieses wiederum ergibt sich aus der Differenz von Bruttoendvermögen und der zu leistenden Rückzahlungen auf die beiden aufgenommenen Festkredite aus dem Zeitpunkt t = 0. Das Bruttoendvermögen wiederum entspricht einfach der verzinslichen Kumulation der vorläufigen Finanzierungssalden der Zeitpunkte t = 1 bis t = 5. Diese Finanzierungssalden beschreiben im Rahmen der Tabelle 4 die verbleibenden freien Überschüsse an liquiden Mitteln in den einzelnen Zeitpunkten und können daher bis zum Ende des Betrachtungszeitraums in t = 5 jeweils zum Habenzinssatz von 2% angelegt werden. Der Solver von Excel kann nun leicht dazu eingesetzt werden, denjenigen Einführungspreis zu bestimmen, der das unternehmerische Endvermögen des Zeitpunktes t = 5 maximiert. Erstere Größe wird dabei als „Veränderbare Zelle" definiert, letztere als „Zielzelle", und der Solver wird auf „Maximierung" eingestellt.

[22] Eine Finanzierungsmöglichkeit zu 10% p.a. kann also besser als eine Finanzierungsmöglichkeit zu 6% p.a. sein, weswegen man Finanzierungsentscheidungen nicht einfach auf Basis der Effektivzinssatzangaben von Banken treffen kann. Vgl. hierzu z.B. Breuer (1995a, 2004), und sehr allgemein Franke (1978).

Tabelle 4. Monetäre Konsequenzen optimaler Einführungspreissetzung für t = 1 bis t = 5 (gerundete Werte)

Inputgrößen					
Inflationsrate	Referenzpreis		Stückverbrauch in t = 1		
0,02	*10,00 GE/ME*		*6,00 FE/GE*		
Diffusionsrate	Referenzmenge		Faktorpreis in t = 1		
0,10	*15.000,00 ME*		*1,00 GE/FE*		
Preiselastizität	**Einführungspreis**		Deckungsspanne Handelswaren		
1,10	*9,53 GE/ME*		*1,00 GE/ME*		
Handelswarensatz[23]	Entnahme pro Periode		Lernrate		
0,90	*7.000,00 GE*		*0,20*		
Zeitpunkt	**t = 1**	**t = 2**	**t = 3**	**t = 4**	**t = 5**
(1) x_t	15.777,55	17.355,30	19.090,83	20.999,92	23.099,91
(2) p_t	9,5288	9,7193	9,9137	10,1120	10,3142
(3) $p_t \cdot x_t$ (Umsatz)	*150.340,45*	*168.681,98*	*189.261,19*	*212.351,05*	*238.257,88*
(4) fx_t	6,00	5,9378	4,5494	3,0221	1,3421
(5) fp_t	1,00	1,02	1,0404	1,0612	1,0824
(6) $fx_t \cdot fp_t$	6	6,0566	4,7332	3,2071	1,4527
(7) $fx_t \cdot fp_t \cdot x_t$ (variable Auszahlungen)	*94.665,29*	*105.113,30*	*90.360,09*	*67.348,46*	*33.558,28*
(8) xh_t	14.199,79	15.619,77	17.181,75	18.899,93	20.789,92
(9) $ph_t - ah_{var,t}$	1,00	1,02	1,0404	1,0612	1,0824
(10) $(ph_t - ah_{var,t}) \cdot xh_t$ (Deckungsbeitrag Handelswaren)	*14.199,79*	*15.932,17*	*17.875,89*	*20.056,75*	*22.503,68*
(11) $a_{fix,t}$ (fixe Auszahlungen)	*18.000,00*	*18.360,00*	*18.727,20*	*19.101,74*	*19.483,78*
(12) Rückzahlung Kontokorrentkredit	*33.000,00*				
(13) Zinsen Hausbankfestkredit	*6.360,00*	*6.360,00*	*6.360,00*	*6.360,00*	*6.360,00*
(14) Zinsen Förderkredit	*1.600,00*	*1.600,00*	*1.600,00*	*1.600,00*	*1.600,00*
(15) Entnahme	*7.000,00*	*7.000,00*	*7.000,00*	*7.000,00*	*7.000,00*
Vorläufiger Finanzierungssaldo ((3)–(7)+(10)–(11)–(12)–(13)–(14)–(15))	**3.914,95**	**46.180,85**	**83.089,78**	**130.997,60**	**192.759,50**

[23] (Festes), Verhältnis zwischen xh_t und x_t.

Man erhält einen optimalen Einführungspreis von ungefähr 9,53 GE/ME, wodurch sich für *Genius* nach fünf Jahren ein Nettoendvermögen von etwa 320.068,81 GE ergibt. Letzteres entspricht dem Unterschiedsbetrag zwischen dem Bruttoendvermögen von etwa $3.914{,}95\cdot 1{,}02^4+46.180{,}85\cdot 1{,}02^3+83.089{,}78\cdot 1{,}02^2+130.997{,}6\cdot 1{,}02+192.759{,}5 \approx 466.068{,}81$ GE und den zu leistenden Kreditauszahlungen von 146.000 GE auf den Hausbankfest- und den Förderkredit. Als Angestellter hingegen käme er im Laufe von fünf Jahren (unter Beachtung seiner Anfangsausstattung) nur auf ein Endvermögen (vor Entnahmen) von $20.000\cdot 1{,}02^5+20.000\cdot(1{,}02^4+1{,}1\cdot 1{,}02^3+1{,}1^2\cdot 1{,}02^2+1{,}1^3\cdot 1{,}02+1{,}1^4) \approx 148.688{,}92$ GE, wovon der auf $t = 5$ bezogene Gegenwert der Entnahmen von $7.000\cdot(1{,}02^4+1{,}02^3+1{,}02^2+1{,}02+1) \approx 36.428{,}28$ GE noch abgezogen werden muss, was letztlich zu einem Nettoendvermögen von ungefähr 112.260,64 GE führt. Die Entscheidung fiele also im hier betrachteten Kontext eindeutig für die Gründung der Unternehmung. Dabei müssen noch nicht einmal nicht-monetäre Nutzenkomponenten wie die größere Autonomie als selbständiger Unternehmer und die Möglichkeit der privaten Nutzung des zur Anschaffung vorgesehenen Firmenwagens berücksichtigt werden. In der Tat hätte man die Überlegenheit der Unternehmensgründung auch schon ohne jegliche Preisoptimierung für einen Einführungspreis von 10 GE/ME ermitteln können. Indes hat man nun quasi als Nebenprodukt zugleich den bestmöglichen Einführungspreis determiniert.

Tatsächlich lassen sich kombinierte Investitions- und Finanzierungsprogrammplanungen bei Sicherheit für alle praktisch relevanten Fälle numerisch lösen, weil man im Kern immer ein Geflecht linear verknüpfter Variablen und Zielgrößen erhält. Ansätze der Linearen Programmierung (LP) zur numerischen Lösung dieser Planungsprobleme gehen bis auf *Weingartner* (1963) und *Hax* (1964) zurück. Fraglich ist natürlich, ob Gründer in der Lage sind, diese allgemeinen LP-Ansätze zur Beurteilung ihrer konkreten Geschäftsidee nutzbar zu machen. Wenigstens sollte es aber gelingen, die relevanten Zusammenhänge wie hier beschrieben über ein Tabellenkalkulationsprogramm abzubilden und einer Lösung zuzuführen.[24]

Die formale Abbildung der diversen Einflussgrößen über ein Tabellenkalkulationsprogramm bietet überdies den Vorteil, dass man recht leicht die Konsequenzen aus Parametervariationen ermitteln kann, indem einfach die entsprechenden Zelleneinträge der jeweiligen Inputgrößen angepasst werden. Auf diese Weise ist es möglich, diejenigen Parameter zu bestimmen, deren konkrete Ausprägung für die Investitionsbeurteilung von primärer Bedeutung sind. Freilich ist diese Frage unter der getroffenen Annahme sicherer Erwartungen ohne Bedeutung. Sie wird indes relevant, wenn man zum Fall der Unsicherheit übergeht.

---

[24] Letztlich handelt es sich bei der Darstellung aus Tabelle 4 um einen so genannten vollständigen Finanzplan, der allgemein der systematischen und umfassenden Wiedergabe aller mit einem bestimmten Finanzierungs- und Investitionsprogramm verbundenen Zahlungskonsequenzen dient. Vgl. etwa Grob (2001), oder Breuer (2002), S. 368ff. Es sollte ferner beachtet werden, dass die Angaben in Tabelle 4 auf Rechnungen mit höherer Genauigkeit als tatsächlich ausgewiesen basieren, weswegen sich etwa Zeile (3), nicht genau als Produkt aus den Zeilen (1), und (2), ergibt.

5 Gründungsinvestitionen bei Annahme unsicherer Erwartungen

5.1 Das Datenbeschaffungsproblem

Die Entscheidungssituation stellt sich augenscheinlich bei weitem komplizierter als im Abschnitt 4 dar, wenn man zusätzlich die Möglichkeit der Datenunsicherheit berücksichtigt. Zweifelsohne kann jede künftige Größe nur unter Vorbehalt geschätzt werden. Der Einfluss unsicherer zukünftiger Umweltentwicklungen wird aber bei den verschiedenen Variablen unterschiedlich ausgeprägt sein. Gerade deswegen ist es hilfreich, zunächst wie im Abschnitt 4 beschrieben mit dem Fall sicherer Erwartungen zu beginnen und sodann durch Parametervariation ein Gefühl für die entscheidenden Einflussgrößen zu gewinnen. Gemäß dem Prinzip der isolierenden Abstraktion wird es nämlich in aller Regel nicht von Vorteil sein, sich mit der Unsicherheit aller künftigen Parameter auseinander zu setzen.

Über die Analyse der Zusammenhänge gemäß Tabelle 4 mit Hilfe eines Tabellenkalkulationsprogramms erkennt *Genius* rasch, dass seine Gründungsidee ceteris paribus selbst für eine Lernrate oder eine Diffusionsrate von jeweils 0% unter dem Aspekt reiner Endvermögensmaximierung vorteilhaft bleibt. Nur gleichzeitig dürfen beide Raten nicht den Wert 0 annehmen. *Genius* empfindet es als hilfreich, für Diffusions- und Lernrate jeweils kritische Werte für den Fall auszurechnen, dass gerade die jeweils andere Rate schon den Wert 0 annimmt. Durch ein wenig Ausprobieren oder erneuten Einsatz des Solver findet *Genius* heraus, dass das Investitionsprojekt bei einer Lernrate von ungefähr 10% selbst dann noch von Vorteil ist, wenn sich die Diffusionsrate auf 0% beläuft. Entsprechend genügt eine Diffusionsrate von etwa 3,6%, wenn man eine Lernrate von 0% unterstellt. Diese Ermittlung kritischer Werte kann bei einer ersten Orientierung im Hinblick auf die Relevanz einzelner Größen helfen. So zeigt sich etwa, dass eine allzu genaue Schätzung der Preiselastizität der Nachfrage für die Beurteilung der Vorteilhaftigkeit der Gründungsidee nicht sehr wichtig erscheint. Insbesondere kann durch Wahl eines Einführungspreises von 10 GE/ME annahmegemäß stets ein Absatz von 15.000 ME in $t = 1$ erreicht werden. Schließlich zeigt sich auch noch, dass die genaue Preiselastizität keine wesentliche Rolle für den optimalen Einführungspreis spielt. Dieser wird aber recht stark durch die angenommene Diffusions- und insbesondere die Lernrate bestimmt. Je größer diese Parameterwerte sind, desto geringer sollte der Einführungspreis gewählt werden. Eine solche „Penetrationspreisstrategie"[25] erweist sich hier wegen des massiven Ausnutzens von Lerneffekten als besonders hilfreich.

Vor diesem Hintergrund konzentriert sich *Genius* auf die Problematik der mangelnden Vorhersehbarkeit der künftigen Diffusions- und Lernrate. Mindestens erforderlich ist es dazu, eine Vorstellung über die Bandbreite möglicher Parameterausprägungen zu gewinnen. *Genius* ist der Ansicht, dass als Untergrenze der bei-

[25] Vgl. zum Begriff beispielsweise Meffert (2000), S. 565f.

den Raten in der Tat jeweils 0% angesetzt werden kann, weil *Genius* zum einen nicht glaubt, dass der Ausschuss in der Produktion im Zeitablauf zunehmen wird, also keine negative Lernrate auftritt, und zum anderen die überlegene Qualität seines Produkts sicherlich nicht zur Abnahme des Absatzes im Zeitablauf, sondern zum Zugewinn von Marktanteilen führen wird. Natürlich könnte auf schrumpfenden Märkten ein steigender Marktanteil mit fallenden Absatzzahlen einhergehen. Nichts deutet aber darauf hin, dass sich das Marktvolumen insgesamt in den nächsten Jahren nach unten entwickelt.

Ferner muss sich *Genius* eingestehen, dass es sich bei den weiter oben angesetzten Werten für Diffusions- und Lernrate um durchaus optimistische Größenordnungen handelt. Er sieht die angesetzten Werte von 10% und 20% daher nunmehr eher als Obergrenzen des Erreichbaren an.

Nachdem auf diese Weise Bandbreiten von 0% bis 10% für die Diffusions- und von 0% bis 20% für die Lernrate konkretisiert worden sind, stellt sich als Nächstes die Frage, ob den verschiedenen möglichen Ausprägungen auch Wahrscheinlichkeiten zugeordnet werden sollten. Dazu muss eine als sachgerecht angesehene Wahrscheinlichkeitsverteilung vorausgesetzt werden. Insbesondere bietet sich die Annahme einer Gleichverteilung gemäß dem Prinzip vom unzureichenden Grunde[26] an: Hat man keine genaueren Kenntnisse über Eintrittswahrscheinlichkeiten, ist also jede Wahrscheinlichkeitsverteilung in diesem Sinne gleich wahrscheinlich, dann sollte man zweckmäßigerweise von einer Gleichverteilung ausgehen. Ein weiterer wichtiger Verteilungstyp mit guter theoretischer Fundierung ist die auf dem Zentralen Grenzwertsatz aufbauende Normalverteilung.[27] Betrachtet man die Summe vieler kleiner unabhängig verteilter Ursachen, so ist die resultierende Gesamtgröße näherungsweise normalverteilt. Freilich hat die Normalverteilungsannahme den Nachteil eines unbegrenzten Definitionsbereichs, so dass sie zur Abbildung von Diffusions- und Lernraten generell nicht gut passt. Weitere Verteilungstypen kann man für bestimmte Größen aus der Empirie ableiten und im Analogieschluss auf das jeweils betrachtete Problem übertragen. Das schon mehrfach erwähnte Spezifikum 4 des mangelnden betriebswirtschaftlichen Know-how von Gründern wird indes dazu führen, dass man über die Annahme gleichverteilter Zufallsvariablen normalerweise kaum hinauskommt.[28]

Unbedingt von *Genius* zu prüfen ist in jedem Fall noch, ob seine Zahlungsfähigkeit selbst unter ungünstigsten Bedingungen jederzeit gewährleistet ist. Tatsächlich kann er selbst bei Werten von 0% für Diffusions- und Lernraten seine Zahlungsverpflichtungen in allen Zeitpunkten $t = 1, 2, ..., 5$ erfüllen. Anders verhält es sich, wenn auch die Absatzmenge des Zeitpunktes $t = 1$ nur unzureichend geschätzt werden kann. Schon bei einer Referenzmenge von 13.000 ME und einer

---

26 Man spricht hier auch vom Laplace-Prinzip. Vgl. hierzu etwa Wollenhaupt (1982), S. 285ff., oder auch Breuer (1995b), S. 145ff.

27 Vgl. zum Zentralen Grenzwertsatz z.B. Bamberg/Baur (2002), S. 130f.

28 Denkbar wäre insbesondere noch, dass für ungewisse Größen Intervalle mit unterschiedlichen Eintrittswahrscheinlichkeiten identifiziert werden können und dann jeweils innerhalb dieser Intervalle die Gleichverteilungsannahme greift.

Preissetzung von 10 GE/ME würde sich für beliebige Diffusions- und Lernraten zwischen 0% und 10% bzw. zwischen 0% und 20% unter Beachtung der erforderlichen Entnahme für Konsumzwecke Zahlungsunfähigkeit in t = 1 ergeben. Man könnte überlegen, dass die auftretende Finanzierungslücke durch einen neuen Kredit oder die Prolongation des Kontokorrentkredits geschlossen werden könnte. Doch wird es in praxi oft so sein, dass Zahlungsprobleme zur Verweigerung von weiteren Krediten und damit in der Tat zur Insolvenz der jeweiligen Unternehmung führen. Im Gefolge der Insolvenz wird sodann im Regelfall die Liquidation des jungen Unternehmens zu beobachten sein. Insbesondere wegen der Schwierigkeit, als außen stehender Kapitalgeber die künftigen Ertragsaussichten des insolventen Unternehmens genauer zu beurteilen, wird es dabei selbst dann zu Liquidationen kommen, wenn eine Fortführung genau genommen die für alle bessere Lösung wäre.[29] Damit aber erwiese sich eine Insolvenz für *Genius* als ein außerordentlich ungünstiges Ereignis. Aus diesem Umstand kann man zwei Konsequenzen ziehen. Erstens scheint es erforderlich, als dritte ungewisse Größe die Absatzmenge der ersten Periode zu berücksichtigen. *Genius* muss sich eingestehen, dass es sich bei der bislang angesetzten Referenzmenge von 15.000 ME lediglich um einen Erwartungswert handelt. Aus Marktdaten lässt sich ablesen, wie stark die Absatzzahlen für ein ähnliches Produkt in den letzten Jahren Schwankungen unterlegen waren. Es soll sich hierbei ein Variationskoeffizient von ungefähr 0,07698 ergeben, wobei dieser als Quotient von Standardabweichung und Erwartungswert des Gesamtjahresabsatzes auf dem betreffenden Markt definiert ist. Unter der (nicht unplausiblen Ad-hoc-) Annahme, dass dieser Variationskoeffizient auch für den kleineren Rahmen der Referenzmenge des *Genius* Gültigkeit hat und überdies eine Gleichverteilung vorliegt, kann man sofort eine Bandbreite der Referenzmenge von 13.000 ME bis 17.000 ME berechnen. Man prüft dies, indem man zunächst auf Basis der Gleichverteilungsannahme zu einer Varianz von $(17.000-13.000)^2/\ 12 \approx 1.333.333{,}33\ \text{ME}^2$ und damit einer Standardabweichung von etwa 1.154,7 ME gelangt, woraus sich als Variationskoeffizient ungefähr $1.154{,}7/15.000 \approx 0{,}07698$, also der postulierte Wert, ergibt.

Zweitens wirkt die Finanzierung über den Kontokorrentkredit von t = 0 bis t = 1 unter dem Aspekt der Insolvenz- und Liquidationsgefahr eher bedenklich. Ohne dieses Problem durch explizite Optimierung zu lösen, scheint es sich für diesen Fall anzubieten, auf den Kontokorrentkredit zu verzichten und stattdessen den Festkredit in größerem Umfang in Anspruch zu nehmen. Auf diese Weise könnten Insolvenzprobleme im betrachteten Kontext vollständig vermieden werden.

Unabhängig davon, welche Größen *Genius* nun genau als unsicher betrachtet, muss er sich doch einmal mehr über seine Präferenzen klar werden. Hinsichtlich seiner Zeitpräferenzen soll weiterhin von einer alleinigen Orientierung am erreichbaren Endvermögen ausgegangen werden. Wie überdies mit dem Phänomen

[29] Haugen/Senbet (1978), haben nachgewiesen, dass unter den idealisierten Bedingungen eines vollkommenen Kapitalmarktes kein systematischer Zusammenhang zwischen Insolvenz und Liquidation eines Unternehmens besteht. Indes lässt sich diese Aussage nicht auf Situationen mit Kapitalmarktunvollkommenheiten übertragen.

der Unsicherheit umgegangen wird, hängt von der Frage ab, ob eine Entscheidung ohne oder mit Ansatz von Eintrittswahrscheinlichkeiten erfolgen soll. In einer Situation ohne Vorgabe von Eintrittswahrscheinlichkeiten kommen insbesondere die Maximin-[30] und die Maximax-Regel in Betracht. Im ersteren Fall würde man die ungünstigste Umweltentwicklung der Beurteilung einer Alternative zugrunde legen, im letzteren die beste. In der hier vorliegenden Entscheidungssituation mit Auswahl zwischen einer unsicheren Alternative (Gründung eines Unternehmens) und einer annahmegemäß sicheren Alternative (Erwerbstätigkeit im Angestelltenverhältnis) führt die Maximax-Regel nur dann zur Entscheidung gegen die unsichere Alternative, wenn diese für jede denkbare Parameterausprägung nachteilig ist. Entsprechend wird bei Ansatz an der Maximin-Regel die unsichere Alternative lediglich dann angenommen, wenn sie sich selbst bei ungünstigster Ausprägung der Parameter noch gegenüber der sicheren als überlegen erweist. In Situationen ohne Quasi-Sicherheit impliziert die eher „pessimistisch" orientierte Maximin-Regel folglich zwingend die Ablehnung der Investitionsidee und die eher „optimistisch" orientierte Maximax-Regel hingegen deren Annahme. Auf diesen Kern reduziert wirken beide Regeln recht einfach strukturiert. Da auch andere Entscheidungsregeln bei Unsicherheit im vorliegenden Kontext nicht viel differenzierter zu beurteilen sind, dürfte der Übergang zu Entscheidungen bei Risiko von besonderem Interesse sein.

Im einfachsten Fall wird man dabei von Risikoneutralität des Entscheiders ausgehen und sich dementsprechend einfach am Erwartungswert des Endvermögens orientieren.[31] Freilich ist es so, dass die Einkommensströme aus der angestellten Tätigkeit besser abgeschätzt werden können als im Fall der Selbständigkeit. Es bietet sich daher an, auch die Streuung des ungewissen Endvermögens in die Betrachtung einzubeziehen. In praktischen Anwendungen wird gerade im Fall von Existenzgründungen wegen des begrenzten ökonomischen Know-how kaum von komplizierteren Streuungsmaßen als etwa der Varianz des Endvermögens ausgegangen. Hier soll auch entsprechend verfahren werden. Damit nun sind alle erforderlichen Daten zusammengetragen, und es kann mit deren Auswertung fortgefahren werden.

5.2 Das Datenverarbeitungsproblem

Zunächst ist stets zu prüfen, ob eine Entscheidungssituation bei Quasi-Sicherheit vorliegt. Bereits weiter oben wurde jedoch darauf hingewiesen, dass sich die Gründungsidee im Fall eines Wertes von 0% der Diffusions- und Lernrate als monetär nicht lohnenswert erweist. Dies gilt natürlich erst recht, wenn man überdies eine möglicherweise geringere Referenzabsatzmenge von 13.000 ME statt 15.000

---

[30] Man spricht hierbei auch von der Wald-Regel, da sie von Wald (1945, 1950), in die statistische Entscheidungstheorie eingeführt worden ist.

[31] Zu den verschiedenen Formen der Risikoeinstellung von Entscheidern und deren jeweiliger Beurteilung vgl. etwa Breuer/Gürtler/Schuhmacher (2004).

ME ansetzt und ferner auf den grundsätzlich günstigen Kontokorrentkredit verzichtet. In der Tat resultiert allein aus dem Verzicht auf die Inanspruchnahme des Kontokorrentkredits ein im Vergleich zur Entscheidungssituation gemäß Tabelle 4 aus Abschnitt 4 um näherungsweise 3.647,01 GE verringertes Endvermögen, wenngleich die Investition auch damit ceteris paribus natürlich noch vorteilhaft bliebe.

Augenscheinlich liegt hier keine Entscheidungssituation bei Quasi-Sicherheit vor, und bei Abstraktion von Wahrscheinlichkeitsurteilen könnte man nur die Empfehlung geben, dass ein vorsichtiger Entscheider (Handeln nach der Maximin-Regel) die Investition unterlassen und ein etwas „forscherer" (Handeln nach der Maximax-Regel) die Investition durchführen wird. Insofern ist es zweifellos von Interesse, das Entscheidungsproblem unter der zusätzlichen Annahme der Gleichverteilung zu beurteilen.

Damit stellt sich die Frage nach der für das Endvermögen auf der Grundlage der getroffenen Wahrscheinlichkeitsannahmen resultierenden Wahrscheinlichkeitsverteilung. Im Allgemeinen und auch hier im Speziellen ist es kein leichtes Unterfangen die gesuchte Wahrscheinlichkeitsverteilung der eigentlichen Zielgröße „analytisch", d.h., durch explizite Anwendung von Rechenregeln, zu bestimmen. Glücklicherweise ist dies aber auch nicht erforderlich, sondern kann man sich ohne weiteres mit der so genannten Monte-Carlo-Methode behelfen.[32] Hierbei wird mit Hilfe des Zufallsgenerators eines Computers der Eintritt künftiger Umweltzustände gemäß den vorgegebenen Wahrscheinlichkeitsverteilungen sehr häufig simuliert. Die resultierende relative Häufigkeitsverteilung gibt an, welche Endvermögenswerte[33] sich mit welcher relativen, das heißt, prozentualen Häufigkeit hierbei realisieren, und kann gemäß dem Gesetz der großen Zahlen[34] als Näherung für die gesuchte Wahrscheinlichkeitsverteilung angesehen werden. Freilich bleibt im hier betrachteten Kontext noch das Problem, dass der Einführungspreis des Zeitpunktes $t = 1$ zu optimieren ist. Genau genommen ist dies erst in Kenntnis der jeweils resultierenden Wahrscheinlichkeitsverteilung für das Endvermögen möglich. Nun kann aber nicht für jeden denkbaren Einführungspreis eine Monte-Carlo-Simulation durchgeführt werden. Vielmehr ist eine Beschränkung auf einige ausgewählte „Kandidaten" für sinnvolle Preissetzungen erforderlich. Zur Orientierung kann man optimale Preise für verschiedene Szenarien im Fall der Sicherheit bestimmen. Erleichtert wird diese Aufgabe durch den Umstand, dass eine Variation der Referenzmenge im hier betrachteten Kontext den endvermögensmaximierenden Preis nicht beeinflusst. Damit genügt es, allein auf Variationen der Diffusions- und der Lernrate abzustellen. Aufgrund der unterstellten Zusammenhänge wird der optimale Preis sowohl in der unterstellten Diffusions- als auch Lernrate

---

[32] Grundlegend für diesen Ansatz im Rahmen von Investitionsentscheidungen bei Risiko ist der Beitrag von Hertz (1964). Vgl. hierzu auch Breuer (2001), S. 48ff.

[33] Genauer betrachtet man in der Regel etwa bei graphischen Aufbereitungen der Ergebnisse Endvermögensintervalle, weil bekanntermaßen bei stetigen Zufallsgrößen die Wahrscheinlichkeit für den Eintritt eines ganz bestimmten Wertes stets Null ist.

[34] Vgl. hierzu Bamberg/Baur (2002), S. 129f.

fallend verlaufen. Für den Fall einer Diffusions- und Lernrate von 0% erhält man hier folglich mit $p_1 \approx 12{,}1$ GE/ME den höchsten optimalen Einführungspreis, während der bereits oben bestimmte optimale Preis von ungefähr 9,53 GE/ME für eine Diffusionsrate von 10% bei einer Lernrate von 20% den geringsten optimalen Preis beschreibt. Mit diesem Hintergrund soll es genügen, die Monte-Carlo-Simulation für Einführungspreise von 9,5, 10, 10,5, 11, 11,5 und 12 GE/ME durchzuführen. Als eine erste Orientierung kann man zuvor noch die für die genannten Preise jeweils mindestens und höchstens erreichbaren Endvermögenswerte bestimmen. Die geringsten Vermögenswerte erhält man jeweils, wenn alle drei als ungewiss angenommenen Parameter ihre kleinstmöglichen Werte annehmen. Entsprechend sind die resultierenden Endvermögenswerte dann am größten, wenn alle drei Zufallsvariablen den rechten Rand ihres jeweiligen Definitionsbereichs realisieren.

Die sich konkret ergebenden (extremen) Endvermögenswerte können den Spalten 2 und 3 der Tabelle 5 entnommen werden. Wie man sieht, wächst mit steigendem Einführungspreis der mindestens erreichbare Endvermögenswert an, während der höchstens erreichbare Endvermögenswert fällt. Ursächlich hierfür ist augenscheinlich der Umstand, dass höhere Einführungspreise zu geringeren Absatzmengen der ersten Periode führen, was seinerseits den Einfluss variierender Diffusions- und Lernraten begrenzt. Negative Werte in Tabelle 5 deuten darauf hin, dass *Genius* in $t = 5$ zahlungsunfähig ist, wenn nicht aus anderen Einkommensquellen entsprechende Mittel verfügbar gemacht werden können. Ist Letzteres nicht der Fall, kann *Genius* keine Endvermögenswerte aus der Unternehmung unterhalb von 0 realisieren. Zur Vereinfachung und zur Vermeidung von Fallunterscheidungen sei angenommen, dass es *Genius* in irgendeiner Weise gelingt, negative Zahlungssalden auszugleichen, so dass diese in der Tat zu entsprechenden Mittelabflüssen bei ihm führen.[35]

Als „naive" Schätzung des erwarteten Endvermögens kann man den Mittelwert der in Tabelle 5 ausgewiesenen Vermögensunter- und -obergrenzen bestimmen. Man erkennt, dass ein Maximum hierbei für $p_1 = 11$ GE/ME erreicht wird. Mit der Spanne zwischen Vermögensunter- und -obergrenze als Risikomaß würde man folglich nur Preissetzungen zwischen 11 und 12 GE/ME in die nähere Auswahl nehmen. Denn $p_1 = 11{,}5$ GE/ME liefert zwar im Vergleich zu $p_1 = 11$ GE einen geringeren Mittelwert gemäß Tabelle 5, dafür aber reduziert sich auch die Spanne zwischen Vermögensober- und -untergrenze. Entsprechend verhält es sich zwischen $p_1 = 11{,}5$ GE/ME und $p_1 = 12$ GE/ME. Es ist nun zu prüfen, ob diese ersten Überlegungen durch die Resultate der Monte-Carlo-Simulation eine Bestätigung finden.

[35] Freilich ist es auch nicht schwierig, eine solche „Nichtnegativitätsbedingung" für das Endvermögen des Zeitpunktes $t = 5$ zu berücksichtigen. Siehe hierzu auch Fußnote 37 weiter unten.

Tabelle 5. Betrachtete Einführungspreise, resultierende Vermögensunter- und -obergrenzen $Endv_{min}$ und $Endv_{max}$ sowie zugehörige Mittelwerte und Spannbreiten (gerundete Werte)

p_1	$Endv_{min}$	$Endv_{max}$	$(Endv_{min}+Endv_{max})/2$	$Endv_{max}-Endv_{min}$
9,5	–34.036,35	406.689,6	186.326,63	440.725,95
10	–15.883,96	404.832,9	194.447,47	420.716,86
10,5	–1.601,27	398.780,12	198.589,43	400.381,39
11	8.811,73	388.531,26	198.671,5	379.719,53
11,5	15.355,03	374.086,32	194.720,68	358.731,29
12	18.028,64	355.445,3	186.736,97	337.416,66

Auch die Monte-Carlo-Simulation kann mit Hilfe eines Tabellenkalkulationsprogramms wie Excel erfolgen. Dazu sind drei Zufallszahlen über die Funktion „ZUFALLSZAHL()“ zu bestimmen, die als Grundlage der Konkretisierung der drei als zufällig angenommenen Größen Diffusionsrate, Lernrate und Referenzmenge dienen. Konkret liefert „ZUFALLSZAHL()“ unter Zugrundelegung einer Gleichverteilung eine Zahl zwischen 0 und 1. Diese kann über die Formel ZUFALLSZAHL()·(b–a)+a in eine Zahl aus dem Intervall [a, b] umgerechnet werden. Für die Ermittlung einer konkreten Referenzmenge etwa gilt a = 13.000 und b = 17.000. Unter Voraussetzung der so bestimmten konkreten Parameterausprägungen der drei Zufallsgrößen wird das korrespondierende Endvermögen analog zum Vorgehen aus Abschnitt 4 (unter Ausklammerung der Kontokorrentkreditfinanzierung) berechnet. Dieses Vorgehen wird 10.000mal wiederholt, und auf Basis aller 10.000 Ergebnisse können dann Erwartungswert und Varianz des Endvermögens für einen bestimmten Einführungspreis geschätzt werden.[36] Die Ergebnisse für die sechs verschiedenen betrachteten Einführungspreise können Tabelle 6 entnommen werden.[37]

[36] Damit man nicht „per Hand“ mehrere Tausend Simulationsläufe durchführen muss, bietet sich die Erstellung eines kurzen Programms an, das im Zusammenhang mit Excel etwa in der Programmiersprache Visual Basic erstellt werden kann.

[37] Dabei wurden negative Endvermögenswerte für Genius als möglich erachtet. Schließt man diese aus, so erhält man für die drei möglichen Einführungspreise 9,5, 10 und 10,5 erwartete Endvermögenswerte von etwa 143.560,43, 155.015,79 bzw. 162.989,45 GE bei korrespondierenden Standardabweichungen von ungefähr 72.296,23, 68.725,99 bzw. 65.130,69 GE also nur unwesentlich verbesserte Werte. Die übrigen Einführungspreise sind von der Insolvenzproblematik nicht betroffen.

Tabelle 6. Erwartungswert- und Standardabweichungsschätzungen für variierenden Einführungspreis p_1 mittels Monte-Carlo-Simulation (gerundete Werte)

p_1	Endvermögens-erwartungswert μ	Endvermögensstandard-abweichung σ
9,5	143.170,83	72.708,34
10	153.653,95	70.488,59
10,5	162.783,81	65.873,03
11	167.387,78	63.217,94
11,5	166.781	60.732,77
12	160.455,84	57.603,54

Wie man aus Tabelle 6 erkennt, waren die naiven Mittelwertschätzungen aus Tabelle 5 generell zu optimistisch. Wohl aber lassen sich die qualitativen Tendenzaussagen der Tabelle 5 auch in den Resultaten gemäß Tabelle 6 wiederfinden. So kommen Preissetzungen von 9,5, 10 und 10,5 GE/ME nicht in Frage, weil p_1 = 11 GE/ME zu einem höheren Erwartungswert bei gleichzeitig geringerer Standardabweichung des Endvermögens führt. *Genius* muss daher nur die Preissetzungen 11, 11,5 und 12 GE/ME in die engere Wahl einbeziehen. Der Erwartungswertverlust beim Übergang von p_1 = 11 GE/ME oder p_1 = 11,5 GE/ME zu p_1 = 12 GE/ME scheint ihm dabei in Anbetracht der erreichbaren Risikoreduktion zu groß, während das Mehr an Risiko für p_1 = 11 GE/ME im Vergleich zu p_1 = 11,5 GE/ME nicht durch einen entsprechend höheren Erwartungswert ausgeglichen wird. Weil aber die Ergebnisse für p_1 = 11 GE/ME und p_1 = 11,5 GE/ME recht nahe beieinander liegen, wiederholt *Genius* seine Simulation für diese beiden Fälle. Weitere 10.000 Testläufe für jeden dieser beiden Einführungspreise ergeben nunmehr eine Erwartungswertschätzung für p_1 = 11 GE/ME von 167.373,28 GE bei einer Standardabweichung von 62.568,75 GE, während sich die korrespondierenden neuen Schätzungen für p_1 = 11,5 GE/ME auf 166.800,9 GE und 59.771,37 GE belaufen, also sehr nahe an den Schätzwerten der Tabelle 6 liegen. Insgesamt fühlt sich *Genius* damit in der Wahl eines Einführungspreises von 11,5 GE/ME bestätigt. Unter den getroffenen Annahmen bestehen damit auch keinerlei Insolvenzgefahren für den Zeitpunkt t = 5.

Zuletzt muss *Genius* „nur“ noch entscheiden, ob er unter diesen Bedingungen die Gründung einer eigenen Unternehmung der Tätigkeit im Angestelltenverhältnis vorzieht. Aus der Selbständigkeit erwartet er zum Ende des fünfjährigen Betrachtungszeitraums ein um etwa 55.000 GE höheres Endvermögen als bei unselbständiger Beschäftigung. Freilich geht mit der Selbständigkeit auch ein deutlich höheres Einkommensrisiko einher. Ob *Genius* dieses Risiko zu tragen bereit ist, bleibt letztlich eine rein subjektive Entscheidung. Im Kern stellt sich die Frage, welchen „Risikoabschlag“ *Genius* vom erwarteten Endvermögen bei Selbständigkeit für angemessen hält. Formal ist eine Präferenzfunktion der Gestalt $\mu-\alpha\cdot\sigma$ über die Vorgabe eines subjektiven Präferenzparameters α zu konkretisieren. Je höher *Genius* α wählt, desto größer ist der Risikoabschlag $\alpha\cdot\sigma$, der im Hinblick auf das erwartete Endvermögen μ in Abzug gebracht wird. Im hier vorliegenden Fall ergäbe sich bei Ansatz der Werte aus Tabelle 6 im Fall von p_1 = 11,5 GE/ME für $\alpha \approx 0{,}897709$ ein Präferenzwert[38] von etwa 112.260,64 GE, der damit ungefähr in Höhe des sicheren Endvermögens bei abhängiger Beschäftigung liegt. Bei kleineren Werten von α fiele die Entscheidung zugunsten der Unternehmensgründung aus. An dieser Stelle kann man lediglich noch Aussagen darüber treffen, wie sich Entscheider „typischerweise" verhalten werden. Es lässt sich nämlich festhalten, dass eine als relative Risikoscheu bekannte Maßzahl für gewöhnlich Werte um die 2 annimmt.[39] Ein Erwartungswert der relativen Risikoscheu von 2 korrespondiert im Rahmen der Unternehmensgründung mit einem Wert für α in Höhe des Variationskoeffizienten[40] des unsicheren Endvermögens aus der unternehmerischen Tätigkeit. Konkret ergibt sich ein Wert für α von ungefähr 0,364146815, der unterhalb der kritischen Grenze von 0,897709 liegt.[41] Mit dieser Abschätzung kann man *Genius* zumindest den Hinweis geben, dass eine Entscheidung für die Unternehmensgründung plausibel erscheint. Freilich kann *Genius* kein Vorwurf gemacht werden, wenn er sich denn doch anders und für die sichere Alternative des Angestelltenverhältnisses entschiede.

6 Beurteilung

Zweifellos sind alle exemplarisch in den Abschnitten 4 und 5 vorgestellten Kalküle sehr angreifbar. Stets lässt sich die Enge der Betrachtung als Konsequenz der isolierenden Abstraktion kritisch bemerken. Indes ist es *Genius* im Beispiel unbenommen, sein Entscheidungsproblem differenzierter abzubilden. So sollten steuer-

---

38 Man bezeichnet diese Präferenzwerte auch als Sicherheitsäquivalente, weil sie in der Tat dasjenige sichere Endvermögen angeben (Standardabweichung = 0), das zum gleichen Präferenzwert wie das betrachtete unsichere Endvermögen führt.

39 Eine genauere Diskussion dieser Maßzahl im Rahmen dieses Beitrags würde zu weit weg vom eigentlichen Thema führen. Vgl. hierzu stattdessen Breuer/Gürtler/Schuhmacher (2004). Zu empirisch beobachtbaren Ausprägungen der relativen Riskoaversion siehe grundlegend Friend/Blume (1975). Siehe überdies Arrow (1971).

40 Die Herleitung kann hier nur skizziert werden und wird sich allein für solche Leser als verständlich erweisen, die mit den grundlegenden Begriffen bereits aus anderen Gelegenheiten vertraut sind: Im Falle einer konstanten absoluten Risikoaversion KAR und normalverteilten Vermögenskonsequenzen handeln Entscheider nach einer Präferenzfunktion der Form $\mu - 0{,}5 \cdot KAR \cdot \sigma^2$, woraus der Zusammenhang $KAR = 2 \cdot \alpha/\sigma$ folgt, wenn die oben angesetzte Präferenzfunktion $\mu - \alpha \cdot \sigma$ äquivalent zur erstgenannten sein soll. Die erwartete (nicht konstante), relative Riskoaversion ERR genügt ferner der Beziehung $KAR \cdot \mu = ERR$, so dass die Forderung $ERR = 2$ dann unmittelbar zu $\alpha = \sigma/\mu$ führt. Zu konzedieren ist, dass die Voraussetzungen dieser Herleitung im vorliegenden Fall nicht exakt erfüllt sind, weswegen es mehr um eine Plausibilisierung geeigneter Werte für den Parameter α geht.

41 Der Vollständigkeit halber sei noch erwähnt, dass sich ein Einführungspreis von 11,5 GE/ME auch bei expliziter Zugrundelegung der Präferenzfunktion $\mu - \alpha \cdot \sigma$ mit α = 0,364146815 und der Momenteschätzungen gemäß Tabelle 6 als am besten erwiese.

liche Aspekte sicherlich nicht vernachlässigt werden. Möglicherweise ist auch ein längerer Betrachtungshorizont sinnvoll. In der Regel wird bei längerfristigen Analysen (in Ermangelung besserer Informationen) schließlich vereinfachend vom Erreichen eines in gewisser Weise stationären Zustands mit (inflationsbereinigt) konstanten erwarteten Einzahlungsüberschüssen ausgegangen. Auf die Möglichkeit der Endogenisierung der Maschinennutzungsdauer und des Werbebudgets wurde bereits hingewiesen. Erweiterungsmöglichkeiten bestehen folglich viele, freilich wächst damit die Komplexität der Datenerhebung und -verarbeitung. Unabhängig von der Frage, inwieweit Existenzgründer zur derart komplexen Problemanalyse überhaupt in der Lage sind, können gegen solch umfassende Betrachtungen auch Kosten-Nutzen-Erwägungen sprechen. Indes ist auch die Frage nach dem „optimalen Komplexionsgrad" von Entscheidungsmodellen bis heute nicht überzeugend beantwortet.[42] Aufgrund dieses und anderer Einwände gegen die hier skizzierten Lösungen des Datenbeschaffungs- und -verarbeitungsproblems könnte man einwenden, dass die ganzen Betrachtungen wenig sinnvoll sind. Gleichwohl hilft der Versuch der Anwendung investitionstheoretischer Konzeptionen über die Prinzipien der definitorischen Analyse und der spekulativen Synthese bei der gedanklichen Strukturierung des Problems sowie der Entwicklung zumindest gewisser Grundvorstellungen über die relevanten Zusammenhänge. Wenn dies über die versuchsweise Nutzbarmachung investitionstheoretischen Gedankenguts potenziellen Gründern vermittelt werden könnte, wäre schon viel gewonnen.

In jedem Fall zeigt sich, dass natürlich auch Gründungsinvestitionen mit den gängigen investitionstheoretischen Methoden einer Beurteilung unterzogen werden können. Grundsätzlich stellt die Investitionstheorie einen ganzen „Instrumentenkasten" bereit, aus dem gemäß der jeweiligen Problemsituation auszuwählen ist. Im Zusammenhang mit Gründungsinvestitionen verhält es sich insofern nicht anders. Das Besondere in dieser Hinsicht ist vielmehr, dass im Zusammenhang mit Gründungsinvestitionen typischerweise gerade solche Teile der Investitionstheorie Relevanz gewinnen, die im Hinblick auf die präsentierten Lösungen der Datenbeschaffungs- und -verarbeitungsprobleme als eher „schwach" ausgeprägt zu bezeichnen sind. In der Kumulation der Spezifika von Gründungsinvestitionen resultieren dann zum Teil unbefriedigende Situationen. Vor diesem Hintergrund kann man die Beurteilung von Gründungsinvestitionen geradezu als „Königsdisziplin der Investitionstheorie" verstehen. In dem Maße, wie es gelingt, hierfür

[42] Man gerät hier in das Problem des „infiniten Regresses": Es ist zu bestimmen, wie komplex ein Entscheidungsmodell sein soll. Dazu muss man freilich zunächst ermitteln, wie das sekundäre Entscheidungsproblem zur Bestimmung des optimalen Komplexionsgrades des primären Entscheidungsproblems beschaffen sein sollte. Hierzu bedarf es wiederum eines tertiären Entscheidungsproblems. Augenscheinlich kann diese Überlegung beliebig fortgeführt werden, so dass Fragen dergestalt auftreten, ob sich eine solche Folge von Entscheidungsproblemen überhaupt als konvergent erweist und wie sich ein derartiges „Grenzentscheidungsproblem" wohl darstellt. Vgl. hierzu allgemein Breuer (1995b), S. 99f., und speziell zur Frage der Konvergenzeigenschaft einer derartigen Folge von Entscheidungsproblemen Lipman (1991).

überzeugende Instrumente zur Entscheidungsunterstützung zu entwickeln, wird auch die Investitionstheorie für „etablierte Unternehmen“ vorangetrieben werden können.

Literatur

Aghion P, Bolton P (1992): An Incomplete Contracts Approach to Financial Contracting, in: Review of Economic Studies, Vol 59 (1992), S 473-494.

Arrow KJ (1971): Essays in the Theory of Risk Bearing, Amsterdam 1971.

Bamberg G, Baur F (2002): Statistik, 12. Auflage, München/Wien 2002.

Bass FM (1969): A New Product Growth Model for Consumer Durables, in: Management Science, Vol 15 (1969), S 215-227.

Breuer W (1995a): Vollständige Finanzplanung, in: WiSt – Wirtschaftswissenschaftliches Studium, 24. Jg (1995), S 553-556.

Breuer W (1995b): Linearitäten in Anreizverträgen bei groben Informationsstrukturen, Wiesbaden 1995.

Breuer W (1998): Finanzierungstheorie, Wiesbaden 1998.

Breuer W (2001): Investition II. Entscheidungen bei Risiko, Wiesbaden 2001.

Breuer W (2002): Investition I. Entscheidungen bei Sicherheit, 2. Auflage, Wiesbaden 2002.

Breuer W (2004): Immobilienfinanzierung und effektiver Jahreszinssatz, in: WiSt – Wirtschaftswissenschaftliches Studium, 33. Jg (2004), S 568-572.

Breuer W, Gürtler M, Schuhmacher F (2004): Portfoliomanagement I. Grundlagen, 2. Auflage, Wiesbaden 2004.

Dyckhoff H (2003): Grundzüge der Produktionswirtschaft, 4. Auflage, Berlin u.a. 2003.

Eisenführ F, Weber M (2003): Rationales Entscheiden, 4. Auflage, Berlin u.a. 2003.

Feess E (2000): Mikroökonomie: Eine spieltheoretisch- und anwendungsorientierte Einführung, 2. Auflage, Marburg 2000.

Fisher I (1896): Appreciation and Interest, in: Publications of the American Economic Society, Vol 11, 4 (1896).

Fisher I (1930): The Theory of Interest, New York 1930.

Franke G (1978): Mittelbarer Parametervergleich als Entscheidungskalkül – Illusionen durch konventionsbedingte Rangordnungen, in: Zeitschrift für betriebswirtschaftliche Forschung, 30. Jg (1978), S 431-452.

Franke G, Hax H (2004): Finanzwirtschaft des Unternehmens und Kapitalmarkt, 5. Auflage, Berlin u.a. 2004.

Friend I, Blume ME (1975): The Demand for Risky Assets, in: American Economic Review, Vol 65 (1975), S 900-922.

Grob L (1989): Investitionsrechnung mit vollständigen Finanzplänen, München 1989.

Grob L (2001): Einführung in die Investitionsrechnung, 4. Auflage, München 2001.

Grossman SJ, Stiglitz JE (1977): On Value Maximization and Alternative Objectives of the Firm, in: Journal of Finance, Vol 32 (1977), S 389-402.

Haugen RA, Senbet LW (1978): The Insignificance of Bankruptcy Costs to the Theory of Optimal Capital Structure, in: Journal of Finance, Vol 33 (1978), S 383-393.

Hax H (1964): Investitions- und Finanzplanung mit Hilfe der linearen Programmierung, in: Zeitschrift für betriebswirtschaftliche Forschung, 16. Jg (1964), S 430-446.

Hayn M (2003): Bewertung junger Unternehmen, 3. Auflage, Herne 2003.
Hempelmann B (2002): Nachfrageprognose mit dem Bass-Modell, in: WISU, 31. Jg (2002), S 688-689.
Hempelmann B (2003): Preispolitik bei Kostendynamik, in: WISU, 32. Jg (2003), S 912-913.
Henderson BD (1974): Die Erfahrungskurve in der Unternehmensstrategie, 1. Auflage, Frankfurt/M u.a. 1974.
Hertz DB (1964): Risk Analysis in Capital Investment, in: Harvard Business Review, Vol 64 (1964), S 95-106.
Jensen MC, Meckling WH (1976): Theory of the Firm: Managerial Behavior, Agency Costs and Ownership Structure, in: Journal of Financial Economics, Vol 3 (1976), S 305-360.
Kruschwitz L (2003): Investitionsrechnung, 9. Auflage, München/Wien 2003.
Laux H (1993): Entscheidungstheorie Bd 2, Erweiterung und Vertiefung, 3. Auflage, Berlin u.a. 1993.
Laux H (2002): Entscheidungstheorie, 5. Auflage, Berlin u.a. 2002.
Lipman B (1991): How to Decide How to Decide How to...: Modeling Limited Rationality, in: Econometrica, Vol 59 (1991), S 1105-1125.
Mag W (1988): Entscheidung und Information, München 1988.
Mag W (1990): Grundzüge der Entscheidungstheorie, München 1990.
Meffert H (2000): Marketing. Grundlagen der Absatzpolitik, 9. Auflage, Wiesbaden 2000.
Wacker P-A (1980): Die Erfahrungskurve in der Unternehmensplanung. Analyse und empirische Überprüfung, München 1980.
Wald A (1945): Statistical Decision Functions which Minimize Maximum Risk, in: Annals of Mathematics, Vol 46 (1945), S 265-280.
Wald A (1950): Statistical Decision Functions, New York 1950.
Weingartner HM (1963): Mathematical Programming and the Analysis of Capital Budgeting Decisions, Englewood Cliffs 1963.
Wöhe G (2002): Einführung in die Allgemeine Betriebswirtschaftslehre, 21. Auflage, München 2002.
Wollenhaupt H (1982): Rationale Entscheidungen bei unscharfen Wahrscheinlichkeiten, Frankfurt/M. 1982.
Wright TP (1936): Factors Affecting the Costs of Airplanes, in: Journal of Aeronautical Science, Vol 3 (1936), S 122-128.

Bewertungsverfahren für Early-Stage-Finanzierungen

Bernhard Schwetzler

Abstract

Early-Stage Unternehmen sind regelmäßig hoch riskante Investitionen: zu der Prognoseunsicherheit tritt die große Bedeutung der Person des Unternehmensgründers als Risikofaktor. Finanzierungsverträge enthalten deshalb zahlreiche Klauseln mit Optionseigenschaften. Die verwendeten Methoden zur Feststellung des Unternehmenswertes als „Eintrittspreis" eines neuen Financiers sind dagegen recht einfach. Verfahren, die auf Multiples beruhen, übertragen Bewertungsrelationen von vergleichbaren Unternehmen auf das zu bewertende Unternehmen. Das Kurs-Gewinn-Verhältnis als das bekannteste Verfahren stellt dabei den Unternehmenswert als ein Vielfaches seines Gewinns dar. Bei Wachstumsunternehmen sind die prognostizierten Gewinne häufig noch negativ; deshalb kommen hier verstärkt Multiples zum Einsatz, die sich nicht auf Überschussgrößen beziehen, wie z.B. Asset- oder Umsatzmultiples. Für Biotech- und Internet-Unternehmen haben sich spezielle Multiples außerhalb des Rechnungswesens etabliert. Als Alternative zu den Multiple-basierten Ansätzen bietet sich die sog. Venture-Capital Methode an; es handelt sich dabei um ein vereinfachendes, kapitalkostengestütztes Bewertungsverfahren, das die stufenweise Finanzierung von Early-Stage Unternehmen berücksichtigt.

1 Charakteristika von Early-Stage Unternehmen und Probleme ihrer Bewertung

Early-Stage Unternehmen weisen regelmäßig hohen Kapitalbedarf auf: Investitionen in neue Technologien, Verfahren etc., aber auch in die Erschließung neuer Märkte durch Marketingauszahlungen oder den Aufbau von neuen Vertriebsorganisationen sind zu finanzieren.[1] Die Deckung des Kapitalbedarfes geschieht häufig im Wege der Außenfinanzierung: die Financiers der neuen Investitionen sind dabei regelmäßig nicht identisch mit denjenigen der bisherigen, den Gründern des Unternehmens. Der wichtigste Anlass zu einer Bewertung von Early-Stage Unter-

---

[1] Zu Wachstums- und Finanzierungsfragen allgemein vgl. Betsch/Groh/Schmidt (2000), S.20ff.; Schween (1996), S. 97ff.

nehmen ist deshalb die Bestimmung eines „fairen Eintrittspreises" für externe Financiers, die die entsprechenden Investitionsauszahlungen finanzieren und dafür als Gegenleistung Anteile am Unternehmen (und damit Ansprüche auf entsprechende künftige Zahlungen) erhalten.[2]

Unternehmen, die sich in einer frühen Phase ihres Lebenszyklus befinden, zeichnen sich durch Besonderheiten aus, die ihre Bewertung in diesem Umfeld sehr schwierig machen; das gilt insbesondere dann, wenn es sich um Unternehmen mit neuen Technologien handelt.[3] Das erste Problem besteht in dem sehr hohen Grad an Unsicherheit, mit dem die Prognose und Projektion zukünftiger Überschüsse aus dem Unternehmen als Grundlage für die Wertermittlung behaftet ist. Basiert die Produktidee des Unternehmens auf einer innovativen Technologie, so ist in der Early-Stage Phase häufig die technologische Funktionsfähigkeit des Produktes oder Präparates hochgradig ungewiss. Oft sind in diesem Stadium die möglichen ökonomischen Anwendungsfelder der neuen Technologie noch gar nicht bestimmt; Gründer und Financier stehen dann vor der bekannten „solving looking for problems" – Situation. Selbst wenn die Funktionsfähigkeit einer neuen Technologie gewährleistet ist, besteht Unsicherheit über eine ggf. erforderliche aufsichtsrechtliche Zulassung oder die Etablierung als technologischer Standard. Ebenso schwierig ist die Abschätzung des gesamten Marktpotenzials und die erreichbare Marktdurchdringung. Schließlich wird die Bewertung solcher Unternehmen durch den außerordentlich großen Freiraum für künftige Entscheidungen und die damit verbundene Flexibilität erschwert: In der frühen Lebensphase des Unternehmens sind vom Management häufig Entscheidungen von großer Tragweite zu treffen. Diese Entscheidungen werden regelmäßig in Abhängigkeit von künftig eintretenden und damit heute unsicheren Umweltzuständen abhängen: z.B. wird das Management bei einem Scheitern des Produktes in einem Testmarkt seine Planungen ändern und eine andere Nutzungsmöglichkeit der Technologie forcieren. Dieses hohe Maß an Flexibilität ist idealerweise bei der Bewertung des Unternehmens zu berücksichtigen.

Das zweite große Problem der Bewertung von Early-Stage Unternehmen liegt in der außerordentlichen Bedeutung der Person des oder der Unternehmensgründer. Insbesondere bei Hochtechnologieunternehmen ist der Wert der bisherigen Investitionen und auch der neuen, zu finanzierenden Investitionen in Form von technologischem Know-how zu großen Teilen als Humankapital an den Unternehmensgründer gebunden.[4] Die Interessen von Unternehmensgründern und externen Financiers sind jedoch nicht unbedingt deckungsgleich: Wissenschaftler könnten z. B. eher daran interessiert sein, ihre Reputation als Forscher zu erhöhen anstatt möglichst schnell verwertbare Produkte zu entwickeln.[5] Zieht der Entrepreneur persönlichen Nutzen aus seiner Tätigkeit als Unternehmer, wird er sich

---

[2] Vgl. z.B. Rudolf/Witt (2002), S. 25ff.

[3] Z.B. den Überblick bei Achleitner/Nathusius (2004), S. 4; Hayn (2003), S. 16ff.

[4] Reich(2001), S.29ff.; Sahlman/Stevenson (2001), S.53.

[5] Kaplan/Strömberg (2004), S. 2178; Bhide (2001), S.67 f; Gompers (1995), S. 1465; Baums/Möller (2002), S. 396ff..

einer Liquidation des Unternehmens auch dann widersetzen, wenn sie wirtschaftlich geboten erscheint. Verschärft werden diese Probleme dadurch, dass die Financiers wegen der noch kurzen Lebensdauer des Unternehmens kaum über Erfahrungen verfügen, wie die Qualifikationen der Unternehmensgründer als Manager und ihr Verhalten in Krisensituationen aussehen. Schließlich besteht eine hohe Informationsasymmetrie zwischen den Unternehmensgründern und den externen Financiers. Dieses Informationsgefälle betrifft zum einen Eigenschaften der Investitionen des Unternehmens: die Unternehmensgründer sind in der Regel besser über Eigenschaften der angewendeten Technologien und deren Risiken und Chancen informiert. Zu anderen ist natürlich auch der Wissensvorsprung der Gründer über das eigene Verhalten nach dem Abschluss des Finanzierungsvertrages Teil dieser Informationsasymmetrie.

In der Gruppe möglicher Financiers für eine Frühphasenfinanzierung sind VC-Fonds vermutlich die Investoren mit dem höchsten Grad an Professionalität. Vor dem Hintergrund der o.a. Probleme ist es deshalb wenig überraschend, dass Investitionsentscheidungen von Venture-Capital Investoren entscheidend von der „Managementqualität" der Unternehmensgründer abhängen.[6] Auch für Business Angels ist die Qualität des Managementteams zentrales Kriterium für die Investitionsentscheidung.[7] Aus der hohen Bedeutung dieses Faktors ergeben sich mehrere Schlussfolgerungen: Zum einen haben Vertragsklauseln zur Begrenzung des Verhaltensrisikos und zur Angleichung der Interessen von Unternehmensgründern und externen Financiers für den Abschluss des Finanzierungsvertrages außerordentlich große Bedeutung. Zum zweiten erstreckt sich die Rolle des Financiers in diesen Fällen nicht nur auf die Zurverfügungstellung der benötigten finanziellen Mittel; weitere zentrale Funktionen bestehen in der Unterstützung und Beratung der Unternehmensgründer in Managementfragen, insbesondere in der Besetzung und Auswahl von Management und Kontrollgremien. Schließlich nährt die hohe Bedeutung des Management-Faktors die (für diesen Beitrag unangenehme) Vermutung, dass die Bewertung des Early-Stage Unternehmens ein schwieriges und wichtiges, aber wohl nicht das entscheidende Problem bei den Verhandlungen zwischen Financiers und Unternehmensgründern darstellt. Das lässt sich auch daran erkennen, dass i.d.R. wahrgenommene Schwächen des Managementteams nicht durch Zugeständnisse der Gründer beim Kaufpreis des Anteils (bzw. für einen gegebenen Finanzierungsbetrag bei der gewährten Quote am Eigenkapital) kompensiert werden können.

---

[6] Nach einer US-Studie von Kaplan/Strömberg war bei nahezu zwei Dritteln der von VCs getroffenen Investitionsentscheidungen die „Qualität des Managements" ausschlaggebend. Kaplan/Strömberg (2000), S. 8.

[7] Brettel (2002), S. 362f..

2 Anreizprobleme, Vertragsgestaltung und Bewertung von Early-Stage Unternehmen

Die oben angesprochenen Informationsasymmetrien und Interessendivergenzen sind gravierend, weil für den Unternehmensgründer prima facie kein ökonomischer Anreiz besteht, dem Financier über den tatsächlichen Zustand der Technologie und über die tatsächlichen Absichten nach Abschluss des Vertrages zu unterrichten. Deshalb enthalten die Finanzierungsverträge regelmäßig Vereinbarungen, die ökonomische Anreize für den Entrepreneur setzen, sich im Sinne des Financiers zu verhalten: VC-Gesellschaften erhalten als Financiers regelmäßig einen oder mehrere Sitze in den Aufsichtsgremien des Unternehmens; zusätzlich haben sie das Recht, bei Vorliegen bestimmter Bedingungen neue Manager einzustellen bzw. alte zu entlassen.[8] Sog. „redemption rights" geben dem Financier das Recht, bei Vorliegen bestimmter Voraussetzungen das eingesetzte Kapital (oder einen anderen vertraglich fixierten Betrag) vom Unternehmensgründer gegen eine Rückgabe der Anteile zurückzuverlangen.[9] Dieser zusätzliche Put ist idealerweise bei der Bestimmung des „fairen Eintrittspreises" zu berücksichtigen. Offensichtlich besteht ein deutlicher Unterschied zwischen der Bewertung des gesamten Early-Stage Unternehmens und der Bewertung des betrachteten Finanzierungskontraktes: letzterer weist zahlreiche zustandsabhängige Regelungen mit Optionscharakter auf. Der Unterschied wird noch deutlicher, wenn man sich die am häufigsten gewählte Form des Beteiligungsvertrages betrachtet: In angelsächsischen Ländern ist die verbreitetste Form der Beteiligung sog. „convertible preferred stock", eine Vorzugsaktie kombiniert mit einem Wandlungsrecht in Fremdkapital.[10] Die Vereinbarung einer bevorzugten Gewinnbeteiligung des externen Financiers verschiebt das Risikos vom Financier auf die Gründer des Unternehmens; zugleich gilt die Akzeptanz eines solchen Vertrages als Signal für die Ernsthaftigkeit der von den Gründern gemachten Prognosen.[11] Auf der anderen Seite sichert das Recht zur Wandlung in Fremdkapital die Kontrolle des Financiers über das Unternehmen im Fall schlechter Performance. In Deutschland spielen diese Convertibles bei der Finanzierung von Early-Stage Unternehmen lediglich eine untergeordnete Rolle; die Mehrheit der Investments findet als stille Beteiligung statt.[12] Allerdings lässt sich zeigen, dass bei entsprechender Ausgestaltung der stillen Beteiligung eine ganz ähnliche Struktur von Kontroll- und Cash-flow-Rechten wie bei Convertibles erreicht werden kann.[13]

[8] Z.B. Kaplan/Strömberg (2003), S. 290.

[9] Kaplan/Strömberg (2003), S. 292; Baums/Möller (2002)

[10] Nach Kaplan/Strömberg (2003), wurde in mehr als 90% Fälle diese Form der Beteiligung gewählt. Kaplan/Strömberg (2003), S. 287

[11] Z.B. Sahlman (1988), S. 27.

[12] Nach einer Erhebung von Bascha/Walz beträgt der Anteil der Convertibles 10,6% und derjenige der stillen Beteiligung mehr als 35%. Bascha/Walz (2002), S. 15.

[13] Rudolph/Haagen (2004), S. 20f..

Als ein weiteres wichtiges Mittel zur Reduktion der Interessendivergenzen gilt die stufenweise Finanzierung des Early-Stage Unternehmens: die Financiers stellen das benötigte Kapital nicht auf einmal zu Beginn zur Verfügung, sondern gewähren es in mehreren Stufen (sog. „Finanzierungsrunden") in Abhängigkeit von zwischenzeitlich erreichten Zielen. Dieses Vorgehen weist mehrere Vorzüge auf:[14] Zunächst gibt es dem Financier eine werthaltige Abbruchoption für seine Investition; er kann die Finanzierung in späteren Zeitpunkten vom zwischenzeitlich erreichten technischen Fortschritt, neuen Informationen bezüglich des Absatzmarktes bzw. der Konkurrenz und den gemachten Erfahrungen aus der Zusammenarbeit mit den Gründern abhängig machen. Der zweite Vorteil für den Financier ist die Tatsache, dass die Unternehmensgründer gezwungen sind, die nächste Finanzierungsrunde mit einer gegebenen Finanzausstattung zu erreichen. Das fördert den effizienten und zielgerechten Einsatz der knappen Ressourcen durch die Gründer. Schließlich hat die stufenweise Finanzierung auch Vorteile für den Entrepreneur: Wegen des sinkenden Risikos nimmt die Renditeforderung des Financiers und damit die Verwässerung der Anteile der Unternehmensgründer von Finanzierungsrunde zu Finanzierungsrunde ab. Dadurch entsteht der Anreiz, in den frühen, „teueren" Finanzierungsrunden so wenig Mittel wie möglich aufzunehmen und die aufgenommenen Mittel so effizient wie möglich einzusetzen.

Nach dem bisher Gesagten würde man den Einsatz besonders ausgeklügelter Bewertungsmodelle bei Early-Stage Unternehmen erwarten: Zum einen müssten die in den Finanzierungskontrakt eingebauten Regelungen mit Optionscharakter und die stufenweise Finanzierung zumindest in dessen Wertermittlung eingehen. Zum anderen müsste die interessensangleichende Wirkung der Vertragsklauseln über einen entsprechend höheren Gesamtwert des Early-Stage Unternehmens zum Ausdruck kommen. Ein Blick in die Praxis zeigt jedoch, dass das Gegenteil der Fall ist: die zur Anwendung kommenden Bewertungsverfahren sind recht einfach. In Deutschland kommen bei VC-Finanzierungen in 80% der Fälle einfache Bewertungsmethoden wie Daumenregeln oder Multiples zum Einsatz.[15] Realoptionsmodelle, die die Flexibilität künftiger Entscheidungen und den Optionscharakter vertraglicher Vereinbarung theoretisch erfassen könnten, werden kaum angewendet.[16] Diese Diskrepanz lässt sich wiederum durch die außerordentliche Bedeutung des personenbezogenen Faktors und das hohe Risiko der Investition er-

---

[14] Scherlis/Sahlman (1989); Sahlman (1988), S. 28ff.; Baums/Möller (2002), S. 405f.; Gompers (1995), S. 1462. Zu möglichen Nachteilen der stufenweisen Finanzierung vgl. Bigus (2003), S. 268ff..

[15] Nach einer Erhebung von Peemöller/Geiger/Barchet wird von Venture-Capital – Gesellschaften in 80% der early-stage-Finanzierungen eine Bewertung durchgeführt, um eine Verhandlungsgrundlage für die Finanzierung zu erhalten. Dabei sind simple Bewertungsmodelle wie Multiples oder „Daumenregeln" die am häufigsten angewendete Bewertungsmethode. Vgl. Peemöller/Geiger/Barchet (2001), S. 339, 342. Nach einer Untersuchung von Achleitner et al. wurden die sog. VC-Methode, Multiples und DCF-Bewertungsmodelle bevorzugt eingesetzt. Vgl. Achleitner/Nathusius (2004), S. 196f.

[16] Vgl. Achleitner/Nathusius (2004), S. 196f.

klären: Oben wurde bereits festgehalten, dass die Bewertung nicht das entscheidende Kriterium für die Investition eines VC-Kapitalgebers darstellt. Dieser Beitrag konzentriert sich deshalb im weiteren auf zwei einfachere, besonders häufig verwendete Bewertungsmethoden: die Multiple-Bewertung und die sog. VC-Methode.

3 Die Bewertung mit Multiples

3.1 Die generelle Vorgehensweise

Die Grundidee der Multiple-Bewertung ist, dass gleiche (oder ähnliche) Vermögensgegenstände gleiche (oder ähnliche) Werte aufweisen sollten. Häufig werden diese „vergleichbaren" Unternehmen explizit ausgewählt und in einer sog. Peer-Group zusammengefasst. Wichtig ist dabei, dass diese Unternehmen beobachtbare Marktpreise aufweisen. Man erhält diese Marktpreise entweder über beobachtbare Börsenkurse (marktorientierter Ansatz) oder durch die Beobachtung von gezahlten Preisen bei Transaktionen (akquisitionsbasierter Ansatz). Weil die Anzahl von öffentlich verfügbaren Kaufpreisen zeitnaher Transaktionen recht gering ist, ist der Rückgriff auf Börsenwerte der Regelfall.

Der erste Schritt besteht in der Auswahl einer oder mehrerer Referenzgrößen, auf denen das Multiple basiert und die Berechnung der Multiples für die Peer Group Unternehmen. Für die „Verdichtung" der unterschiedlichen Multiple-Werte aus der Peer Group zu einem „Stellvertreter"-Wert wird in der Regel der Mittelwert verwendet, bei „Ausreissern" wird empfohlen, auf den weniger stark von Extremwerten beeinflussten Median als Stellvertreter-Wert zurückzugreifen.[17] Anschließend wendet man das aggregierte Multiple der Peer Group auf die entsprechenden Referenzgröße des zu bewertenden Unternehmens an und ermittelt so den Unternehmenswert.

Als letzter Schritt der Bewertung werden ggf. spezifische Zu- oder Abschläge für geringe Fungibilität bzw. für die Kontrolle über das Unternehmen vorgenommen.[18]

Speziell für Early-Stage Unternehmen besteht das Problem, dass nicht immer vergleichbare Unternehmen für eine Peer Group gefunden werden können. Die Bewertungspraxis behilft sich in diesen Fällen durch die Anwendung von „branchentypischen" Multiples oder von Multiples, die auf „Daumenregeln" beruhen.[19]

---

[17] Z.B. Damodaran,(2000), S.10.; Schwetzler (2003), S. 89.

[18] Z.B. Böcking/Nowak (1999), S. 173. Beim Einsatz dieser Zu- bzw. Abschläge ist das Vorgehen bei der Auswahl der Peer Group zu berücksichtigen. Wurde die akqusitionsbasierte Auswahl vorgenommen, ist ein nochmalige Ansatz einer Kontrollprämie nicht geboten, da die gezahlten Akquisitionspreise (und damit die darauf basierenden Multiples), im Regelfall diese Prämie bereits enthalten. Schwetzler (2002), S. 584.

[19] Zu „Daumenregeln" vgl. z.B. Achleitner/Nathusius (2004), S. 183ff.

3.2 Das Kurs-Gewinn-Verhältnis

Das Kurs-Gewinn-Verhältnis KGV (bzw. das Price-Earnings-Ratio) ist der in der Bewertungspraxis am weitesten verbreitete Multiplikator; der Unternehmenswert (bzw. der Wert pro Aktie) wird dazu mit dem entsprechenden Gewinn in Beziehung gesetzt:

$$KGV = \frac{Kurs.pro.Aktie.}{Gewinn.pro.Aktie} = \frac{Marktwert\ Eigenkapital}{Jahresüberschuss}.$$

Das KGV gibt also an, mit welchem Faktor des (aktuell erzielten oder geschätzten künftigen) Gewinns das oder die Vergleichsunternehmen derzeit am Kapitalmarkt oder bei vergleichbaren Transaktionen bewertet werden.[20] Ausgangspunkt der KGV-Bewertung ist der Gewinn eines einzigen Jahres. Der zugrunde gelegte Gewinn sollte deshalb als Stellvertreter für die Gewinne aller anderen, nicht explizit berücksichtigten Jahre „typisch" für das zu bewertende Unternehmen sein. Außerordentliche, einmalige Komponenten sind zu eliminieren.[21] Für Wachstumsunternehmen wird vorgeschlagen, F&E-Aufwendungen und Marketingaufwendungen unabhängig von der tatsächlichen bilanziellen Behandlung als Investitionen zu betrachten, zu aktivieren und über die geschätzte Nutzungsdauer abzuschreiben.[22]

Insbesondere bei innovativen Wachstumsunternehmen ist die Behandlung von Stock Options von großer Bedeutung. Der Effekt gewährter und ggf. zu gewährender Aktienoptionen auf den Unternehmenswert sollte unabhängig von der bilanziellen Behandlung des SOP separat (also erst nach der Multiple-basierten Wertermittlung) bestimmt werden: der aktuelle fair value der Optionen[23] ist vom ermittelten Unternehmenswert ohne Stock Options abzuziehen.[24]

---

20 Da der Gewinn dem erzielten Nettovermögenszuwachs der Eigentümer pro Periode entspricht, ist die bei der Multiple-Bewertung unterstellte lineare Beziehung zwischen der Referenzgröße und dem Unternehmenswert auf den ersten Blick plausibel: eine Verdoppelung des periodisch erzielbaren Gewinns führt zu einer Verdopplung des Unternehmenswertes.

21 Z.B. Aders/Galli/Wiedemann (2000), S. 200f.; Eidel (2000), S. 85. Durch die vorgenommenen Bereinigungen soll auch der mögliche Einfluss von bilanzpolitischen Maßnahmen verringert werden.

22 Z.B. Trueman/Wong/Zhang (2000a), S. 21; Demers/Lev (2001), S. 353.

23 Die Bewertung von Stock Options ist wegen der vereinbarten Haltedauern (vesting period), der Veräußerungsbeschränkungen und der empirisch beobachtbaren vorzeitigen Ausübung durch Manager nicht ganz einfach. Man gelangt allerdings mit recht einfachen, auf der Optionspreistheorie basierenden Modellen zu zufriedenstellenden Bewertungsergebnissen. Vgl. Carpenter (1998), S. 127ff.

24 Damodaran (2001), S. 8

Schließlich sollte die Multiple-Bewertung bevorzugt auf der Basis von künftigen geschätzten Gewinnen (forward multiples) anstelle auf der Basis von bereits realisierten Gewinnen (trailing multiples) stattfinden.[25]

Welche Faktoren beeinflussen die Höhe des KGV? Diese Frage lässt sich über einen Vergleich mit dem Dividend-Discount-Modell der Unternehmensbewertung beantworten. Ermittelt man den Unternehmenswert als Barwert einer unendlichen, ausgehend von der Nächstjahres-Auschüttung mit einer konstanten Rate wachsenden Ausschüttungsreihe, erhält man folgende Bewertungsgleichung:

$$E_0 = \frac{D_{1,S}}{k_S^F - g_{EK}} \tag{3.1}$$

Dabei bezeichnen

$D_{S,1}$: die erwartete Dividende/Ausschüttung des nächsten Jahres

k_S^F : die risikoäquivalenten Eigenkapitalkosten nach Steuern

g_{EK} : die Wachstumsrate der Dividenden/Ausschüttungen

Drückt man in Gleichung (3.1) die Ausschüttung des ersten Jahres als Funktion des Jahresüberschusses und der Ausschüttungs- bzw. Thesaurierungsquote aus, dann lautet die Bewertungsgleichung

$$\frac{D_{1,S}}{k_S^F - g_{EK}} = \frac{J\ddot{U}_{1,S} \cdot (1-q)}{k_S^F - g_{EK}} \tag{3.2}$$

Dabei ist q die Thesaurierungsquote des Jahresüberschusses. (3.2) ist das Dividend-Discount-Modell der Unternehmensbewertung.

Das KGV lässt sich dann ausdrücken als

$$KGV = \frac{1-q}{k_S^F - g_{EK}} \tag{3.3'}$$

Ein erster Einflussfaktor auf das KGV ist gut zu erkennen: Die Eigenkapitalkosten k_S^F eines Unternehmens hängen vom Risiko der zukünftigen Überschüsse der Eigenkapitalgeber ab.[26] Das Risiko der künftigen Ausschüttungen sollte deshalb auch das KGV beeinflussen: je höher c.p. das Risiko der künftigen Überschüsse ist, desto niedriger ist das anzuwendende Multiple. Dabei ist neben dem operativen Risiko auch das Kapitalstrukturrisiko zu berücksichtigen.[27] Auch der Einfluss der Wachstumsrate g_{EK} auf das Multiple ist offensichtlich: je höher das dauerhafte Wachstum künftiger Ausschüttungen ausfällt, desto höher ist das KGV.

[25] Empirische Erhebungen zeigen, dass die Multiples auf der Basis von künftigen geschätzten Gewinnen gegenüber Multiples basierend auf vergangenheitsorientierten Gewinnen einen höheren Erklärungsgehalt aufweisen. Kim/Ritter (1999), S. 430; Liu/Nissim /Thomas (2001), S. 18.

[26] Für das CAPM z.B. Drukarczyk (2003), S. 363f.

[27] Z.B. Küting/ Eidel (1999), S. 229.

Schließlich ist auch die Wirkung der Thesaurierungsquote q auf das KGV leicht interpretierbar; je weniger das Unternehmen thesaurieren und reinvestieren muss, um eine bestimmte Wachstumsrate g_{EK} zu erreichen, desto mehr kann es bei unveränderten Wachstum an seine Eigentümer ausschütten. Je niedriger q ist, desto höher ist c.p. das KGV und der Unternehmenswert. Zu beachten ist hier, dass die Anwendung unveränderter Eigenkapitalkosten voraussetzt, dass die Erweiterungsinvestitionen mit der gleichen Kapitalstruktur realisiert werden wie die bisherigen Investitionen.[28] Die noch fehlende Verbindung zwischen Thesaurierungsquote q und dem Wachstum der Jahresüberschüsse bzw. der Ausschüttungen g_{EK} lässt sich über die Eigenkapitalrentabilität der geplanten Erweiterungsinvestitionen r_{EK} herstellen. Der zusätzliche dauerhafte Gewinn als Wachstum des Jahresüberschusses wird dazu als Rendite auf das in t zusätzlich investierte Eigenkapital (als thesaurierten Gewinnanteil) abgebildet:

$$J\ddot{U}_{t,S}\, q\, r_{EK} = g_{EK}\, J\ddot{U}_{t,S} \Rightarrow q = \frac{g_{EK}}{r_{EK}} \tag{3.4}$$

In dieser Darstellung hat die Rendite auf den durch die Gewinnthesaurierung finanzierten Eigenkapitalanteil der gesamten Erweiterungsinvestitionen entscheidenden Einfluss auf die erforderliche Thesaurierungsquote und damit auch auf den Unternehmenswert: Je höher c.p. die Rendite auf die Erweiterungsinvestitionen ist, desto weniger muss in Periode t reinvestiert und thesauriert werden, um das angestrebte Wachstum g_{EK} zu erzeugen. Unternehmen mit höherem r_{EK} können bei gleichem Wachstum in der laufenden Periode mehr ausschütten und müssen daher mehr wert sein als Unternehmen mit niedrigem r_{EK}.

Die endgültige Formel für die Bewertung bzw. für das KGV hat dann folgendes Aussehen:[29]

$$E_0 = \frac{J\ddot{U}_{1,S}\left[1 - \frac{g_{EK}}{\overline{r}_{EK}}\right]}{k_S^F - g_{EK}} = J\ddot{U}_{1,S}\, KGV \quad \Leftrightarrow \quad KGV = \frac{1 - \frac{g_{EK}}{\overline{r}_{EK}}}{k_S^F - g_{EK}} \tag{3.5}$$

(3.5) ist die nutzbringendste Interpretation des KGV: neben den (vom Risiko des Unternehmens abhängigen) Eigenkapitalkosten und dem Wachstum der Gewinne g_{EK} wird mit r_{EK} die Profitabilität des Wachstums in die KGV-Bestimmung

28 Zumindest denkbar wäre der Fall, dass alle Erweiterungsinvestitionen über die Aufnahme von Fremdkapital gedeckt werden und somit eine höhere Ausschüttungsquote in späteren Jahren realisiert wird. In diesem Fall können wegen der Veränderung der Kapitalstruktur jedoch die Eigenkapitalkosten nicht konstant bleiben: der Anstieg des Verschuldungsgrades würde zu einer Erhöhung der Eigenkapitalkosten und einem Rückgang des KGV führen.

29 Z.B. Schwetzler (2003), S. 81.

einbezogen. Die Relation $r_{EK} >< k_S^F$ bestimmt entscheidend über den Einfluss der Wachstumsrate auf das KGV:[30]

- Für $r_{EK,S}=k_S^F$ gilt $KGV=\frac{1}{k_S^F}$. Weil die Erweiterungsinvestitionen als Rendite gerade ihre Kapitalkosten erwirtschaften und damit wertneutral sind, hat die Wachstumsrate keinen Einfluss auf das KGV und den Wert des Unternehmens.
- Für $r_{EK}<k_S^F$ sind die Erweiterungsinvestitionen wertvernichtend. KGV und Unternehmenswert sinken bei steigender Wachstumsrate g_{EK}.
- $r_{EK,S}>k_S^F$ bedeutet werterhöhende Erweiterungsinvestitionen; steigende Wachstumsraten führen zu höheren KGVs und Unternehmenswerten.

3.3 Alternative Multiples für Early-Stage Unternehmen

Speziell bei Wachstumsunternehmen treten bei der Anwendung von auf Ertragsgrößen (Jahresüberschuss, EBIT) bezogene Multiples Schwierigkeiten auf: wegen negativer Referenzgrößen sind die entsprechenden Multiples häufig nicht anwendbar. Die Bewertungspraxis löst diese Probleme häufig durch Ausweichen auf financial Multiples, die keinen negativen Wert annehmen können (z. B. Umsatz, Eigenkapital).

3.3.1 Umsatz-Multiples

In der Bewertungspraxis wird für Early-Stage Unternehmen häufig ein Umsatzmultiple, bezogen auf den Unternehmensgesamtwert (Enterprise Value/Sales) oder den Unternehmenswert (Price/Sales) verwendet.[31] Die Bewertungsgleichung lautet in diesem Fall für das Price/Sales Modell

$$E_0 = U_1 M^U \quad \Leftrightarrow \quad M^U = \frac{E_0}{U_1} \tag{3.6}$$

Dabei bezeichnet U_1 den (ggf. bereinigten) Nächst-Jahres-Umsatz des zu bewertenden Unternehmens und M^U das entsprechende Multiple. Die Verbindung mit der Bewertungsgleichung auf Basis des KGV macht die Beziehung zwischen den beiden Multiplikatoren deutlich:

$$E_0 = J\ddot{U}_1 \, KGV \quad \Leftrightarrow \quad M^U = KGV \frac{J\ddot{U}_1}{U_1} \tag{3.7}$$

---

[30] Z.B. Benninga/Sarig (1997), S. 317f.; Aders/Galli/Wiedemann (1999), S. 200; Schwetzler (2003), S. 81.

[31] Z.B. Benninga/Sarig (1997), S. 326ff.; Wullenkord(2000), S. 525f.; Schwetzler (2003), S. 86.

Das Umsatzmultiple kann durch Multiplikation des KGV mit der künftigen Umsatzrentabilität ermittelt werden. Beim Übergang vom KGV zum Price/Sales-Multiples geht deshalb mit der Umsatzrentabilität ein wichtiger Werttreiber mit Einfluss auf den Unternehmenswert verloren.[32]

Problematisch am Price/Sales Multiple ist, dass es ebenso wie das KGV von unterschiedlichen Verschuldungsgraden und festverzinslichen Wertpapierbeständen verzerrt werden kann.[33] Die Erklärungskraft von Umsatz-Multiples ist schließlich geringer ist als diejenige von Ertrags-Multiples.[34]

3.3.2 Kurs-Buchwert-Verhältnis

Ein weiteres Multiple, das keine negativen Werte annehmen kann und sich deshalb größerer Beliebtheit bei Wachstumsunternehmen erfreut, ist das Kurs-/Buchwert-Verhältnis (KBV). Es setzt den Buchwert zum Marktwert des Eigenkapitals in Beziehung und drückt damit aus, welcher Marktpreis für eine Einheit des bilanziellen Eigenkapitals bezahlt wird. Über die Verbindung zur obigen KGV-gestützten Bewertungsformel

$$E_0 = \frac{J\ddot{U}_{1,S}\left[1-\frac{g_{EK}}{r_{EK,S}}\right]}{k_S^F - g_{EK}} \tag{3.8}$$

lassen sich ebenfalls die Einflussfaktoren auf das KBV ermitteln. Dazu setzt man für den bereinigten Nächstjahres-Gewinn $J\ddot{U}_{1,S}$ die Verzinsung des eingesetzten Eigenkapitals zum Buchwert B_0 mit der erwarteten Eigenkapitalrendite ein

$$B_0\, r_{EK,S} = J\ddot{U}_{1,S} \tag{3.9}$$

und erhält nach einigem Umformen folgende Beziehung für die Kurs-Buchwert-Relation:[35]

$$E_0 = B_0 \frac{r_{EK}\left[1-\frac{g_{EK}}{\overline{r}_{EK,S}}\right]}{k_S^F - g_{EK}} \quad \Leftrightarrow \quad \frac{E_0}{B_0} = KBV = \frac{r_{EK,S} - g_{EK}}{k_S^F - g_{EK}} \tag{3.10}$$

---

[32] Empirische Untersuchungen zeigen, dass die Höhe des Umsatz-Multiples von der Profitabilität signifikant beeinflusst wird. Z. B. Kim/Ritter (1999), S. 434. Auch die für die Multiple-Bewertung allgemein geforderte lineare Beziehung zwischen Referenzgröße und Enterprise Value liegt nicht mehr vor: eine Verdoppelung des Umsatzes führt i.d.R. nicht zu einer Verdoppelung des Unternehmensgesamtwertes.

[33] In der Literatur wird deshalb teilweise dem um Wertpapierbestände und Fremdkapital bereinigten Enterprise Value der Vorzug gegeben. Vgl. Schwetzler (2003), S. 86.

[34] Kim/Ritter (1999), S. 422. Liu/Nissim/Thomas (2001), S. 18f.

[35] Schwetzler (2003), S. 87.

Die Darstellung zeigt wiederum den Einfluss der Vorteilhaftigkeit der Investitionen: die Relation der Eigenkapitalkosten k_S^F zu der Eigenkapitalrendite auf die Erweiterungsinvestitionen $r_{EK,S}$ entscheidet darüber, ob die Kurs-Buchwert-Relation größer oder kleiner als Eins ist. Für vorteilhafte Investitionen ($r_{EK,S} > k_S^F$) liegt der Marktwert über dem Buchwert, für unvorteilhafte Investitionen ($r_{EK,S} < k_S^F$) darunter. Durch eine positive Wachstumsrate $g_{EK} > 0$ wird die Wirkung der (positiven oder negativen) Überrendite verstärkt: Im Fall ohne Wachstum führt z. B. die Relation von $r_{EK,S} = 12\%$ und $k_S^F = 10\%$ zu einem Kurs-Buchwert-Verhältnis von $\frac{0,12}{0,10} = 1,2$. Bei einem dauerhaften Wachstum von 4% p. a. erhöht sich die Relation auf $\frac{0,12-0,04}{0,10-0,04} = 1,33$. Im Ergebnis erhält man den gleichen Effekt wie beim KGV: Das Vorzeichen der Überrendite bestimmt über den Effekt des Wachstums auf den Multiplikator.

In der empirisch verbreiteten Fassung ist die Markt-/Buchwert-Relation als „Market to Book"-Ratio ein Equity-Modell. Das bedeutet, dass es mit den gleichen Verzerrungen zu kämpfen hat wie das KGV-Modell: das Multiple ist von Wertpapierbeständen und vom Verschuldungsgrad des Unternehmens abhängig.[36]

3.3.3 Non-financial Multiples

Internet-Firmen

Bei der Bewertung von Internet-Firmen werden in der Bewertungspraxis regelmäßig zusätzlich sog. „non-financial" Multiples verwendet, die nicht auf der Bilanz oder GuV des Unternehmens basieren. Im Mittelpunkt stehen hier insbesondere Web-Traffic Daten; wegen der unterschiedlichen Geschäftsmodelle der Unternehmen in unterschiedlichen Sektoren ist jedoch grundsätzlich vor einer undifferenzierten Anwendung von Web-Traffic Multiples auf alle Internet-Unternehmen zu warnen.[37] Folgende Multiples finden in der Praxis Anwendung:[38]

- Die Cap-Customer Ratio setzt die Marktkapitalisierung zur aktuellen Kundenzahl in Beziehung und bildet so den „Marktwert" eines aktuellen Kunden ab.

---

[36] Möchte man die Verzerrungen des Equity-Ansatzes vermeiden, dann empfiehlt sich wiederum die Verwendung des entsprechenden Enterprise Value Modells. Vgl. Schwetzler (2003), S. 87f.

[37] Trueman/Wong/Zhang (2000b), zeigen, dass Traffic Daten für e-tailer Unternehmen, nicht jedoch für Portale und Communities als Prädiktor für künftige Umsatzerlöse relevant sind. Trueman/Wong/Zhang (2000b), S. 10.

[38] Vgl. auch den Überblick bei Rudolf/Witt (2002), S. 179ff.

- Die Cap-Stickiness Ratio bildet das Verhältnis von Marktkapitalisierung zur Verweildauer des Nutzers ab.
- Die Cap-Pageviews ist geeignet für Unternehmen mit „werbegetriebenen" Geschäftsmodellen; sie vergleicht die Marktkapitalisierung mit der Zahl der geöffneten Seiten für alle Besucher.

Verschiedene empirische Untersuchungen liefern unterschiedliche Ergebnisse bezüglich des Erklärungsgehaltes der genannten Multiples.[39] In jedem Fall gilt, dass die non-financial Multiples die financial Multiples nicht ersetzen, sondern nur ergänzen können; die auf Finanzdaten basierenden Multiples behalten ihren signifikanten Einfluss, auch wenn non-financial Multiples in die Analyse einbezogen werden.[40]

Biotechnologie

Auch bei der Bewertung von Biotechnologieunternehmen findet man häufig zusätzliche non-financial Multiples bei der Bewertung. Neben den Finanzdaten werden zusätzlich folgende Informationen für die Bewertung herangezogen, um die technologische Unsicherheit zu reduzieren:[41]

- Die Reputation der am Unternehmen beteiligten Wissenschaftler (Manager, Mitarbeiter, Advisory Board) gibt Rückschlüsse auf die „Qualität" des Produktes und der Forschung. Dies kann z.B. durch einen „Citation-Index", der die Zahl der Zitationen in Fachzeitschriften angibt oder die Anzahl der Doktoranden und PhD´s unter den Mitarbeitern geschehen.[42]
- Die Anzahl der erteilten Patente des Unternehmens, deren „Qualität" und Restlebensdauer dienen als Indikatoren für die Effektivität der Forschungs- und Entwicklungsarbeit des Unternehmens.[43]

---

39 Demers/Lev leiten einen signifikanten Einfluß von Reichweite (gemessen als Anteil der Homepage-Besucher an der gesamten Internet-Nutzeranzahl), und Stickiness ab. Vgl. Demers/Lev (2000), S. 333, 352. Trueman/Wong/Zhang zeigen einen signifikanten Einfluß von Pageviews. Für „unique visitors" lässt sich kein Zusammenhang mit der Marktbewertung belegen. Trueman/Wong/Zhang (2000a), S. 32. Rajgopal et al. zeigen die Relevanz von Web-Traffic-Daten (Zahl der „unique visitors"), als Indikator für Netzwerkeffekte. Rajgopal/Venkatachalam/Kotha (2001), S. 24. In der Analyse von Hand findet sich hingegen nur für die Zahl der „unique visitors" auf der Webseite ein signifikanter Zusammenhang zu den Aktienkursen. Andere Maße für Web Traffic sind irrelevant. Hand (2000a), S. 3.

40 Hand (2000b), S. 4; Hand (2000a), S. 19. Nach entsprechender Bereinigung der F&E-Aufwendungen auch Trueman/Wong/Zhang (2000a), S. 32.

41 Vgl. den Überblick bei Rudolf, M./Witt, P. (2002), S. 191ff.

42 Z.B. Coombs/Deeds, die allerdings keinen signifikanten Einfluß dieser Variablen auf denMarktwert solcher Unternehmen nachweisen können. Coombs/Deeds (1997), S. 4.

43 Deng/Lev/Narin zeigen, dass die Qualität der Patente, gemessen über den sog. „citation impact" als der Anzahl an Referenzen in nachfolgenden Patenten, signifikanten Einfluss

- Die Reputation der vom Unternehmen gewonnenen Partner gilt als Indikator für die Qualität der Forschungsergebnisse. Gelingt es einem Biotech-Unternehmen mit einem großen Pharma-Unternehmen eine strategische Allianz einzugehen („Prestige alliance"), dann werten dies Bewerter als Zertifizierung der Forschungsqualität.[44]
- Als produktbezogene zusätzliche Einflussfaktoren auf den Wert von Biotech-Unternehmen werden noch die Anzahl der verschiedenen Präparate und die „Pipeline-Balance" der Entwicklung neuer Präparate genannt. Für die Anzahl der Präparate kann ein werterhöhender Effekt durch die so erreichte bessere Diversifikation begründet werden; sie führt wegen der damit verbundenen Reduktion der Insolvenzwahrscheinlichkeit zur einer Verringerung der (für Biotech-Unternehmen vermutlich sehr hohen) indirekten Konkurskosten. Die „richtige" Balance in der Forschungspipeline sollte den Aging-Effekt durch den Abbruch gescheiterter Projektentwicklungen berücksichtigen; eine „ausgeglichene" Forschungslinie führt zu einer gleichmäßigeren Beanspruchung und Nutzung der Forschungskapazitäten.[45]

4 Die „Venture-Capital" Methode zur Bewertung von Early-Stage Unternehmen

4.1 Grundlegende Eigenschaften

Die sog. „Venture-Capital" Methode ist ein bevorzugtes Bewertungsmodell von VC-Gesellschaften, das der o.a. mehrstufigen Finanzierungsform bei Early-Stage Unternehmen in einfacher Form Rechnung trägt.[46] Sie ist konzipiert für Investitionsprojekte, die den künftigen Mittelrückfluss an die Financiers in einem einzigen Zeitpunkt des Exit, z.B. über einen IPO, vorsehen.

Die zur Erreichung der Anreizwirkung zentrale Eigenschaft der mehrstufigen Finanzierung ist die im Zeitablauf sinkende Renditeforderung der Financiers.[47] Diese Renditeforderung wird zunächst vom Risiko der Investition und einer Prämie für die Illiquidität bestimmt. In Abschnitt 2. wurde auf die große Bedeutung der Unterstützung des Managements durch die VC-Gesellschaft hingewiesen; da die VC-Gesellschaften im Regelfall keine feste Gebühr für diesen Service fordern,

auf die Marktbewertung der betreffenden Unternehmen hat. Deng/Lev/Narin (1999), S. 24ff.

[44] Allerdings konnten Coombs/Deeds auch hier keinen signifikanten Einfluß der Anzahl der Pharma-Partnerschaften auf den Unternehmenswert feststellen. Coombs/Deeds (1997), S. 8.

[45] Empirische Untersuchungen zeigen diesen Faktor als signifikant. Vgl. Arojärvi (2001), S. 107f.

[46] Vgl. Scherlis/Sahlman (1989); Achleitner/Nathusius (2004), S. 145ff.

[47] Scherlis/Sahlman (1989), S. 12ff.; Achleitner/Nathusius (2004), S. 168ff.

sind die entsprechenden Kosten ebenfalls Bestandteil der Renditeforderung. Schließlich geht die Literatur noch davon aus, dass der „Overoptimism" der Gründer durch einen Zuschlag bei der Renditeforderung kompensiert wird. Die Wirkung dieser Einflussfaktoren auf die Höhe der Renditeforderung nimmt von Finanzierungsrunde zu Finanzierungsrunde ab. Deshalb gehen auch die Renditeforderungen der Financiers über die verschiedenen Stufen der Finanzierung zurück. Die Zielrenditen von VC-Gebern in Deutschland liegen bei 55% - 70% für Early-Stage, 30% - 35% für Expansion Stage und 20% - 25% für Later Stage Finanzierungen.[48]

4.2 Die Vorgehensweise bei der Bewertung

Der erste Schritt ist die Bestimmung des Terminal Value im geplanten Exit-Zeitpunkt T. Hier kommen regelmäßig die o.a. Multiple-Modelle zum Einsatz. Zu beachten ist, dass ggf. herangezogene Vergleichsunternehmen die Eigenschaften des Unternehmens in T (und nicht die aktuellen Eigenschaften) reflektieren. Wählt man das KGV als Multiple, erhält man den Unternehmenswert im Ausstiegszeitpunkt T mit

$$E_T = J\ddot{U}_T \; KGV \tag{4.1}$$

Der zweite Schritt ist die Berechnung des sog. Future Value für jede Finanzierungsrunde durch Aufzinsung des jeweils investierten Betrages I mit der entsprechenden Zielrendite auf den Ausstiegszeitpunkt T. Indexiert man die Finanzierungsrunde mit j und bezeichnet man die zugehörige Zielrendite mit r_j und den Investitionszeitpunkt mit t_j, beträgt der Future Value

$$FV_{T,j} = I_j \left(1 + r_j\right)^{T-t_j} \tag{4.2}$$

Die unverwässerte Anteilsquote der Investoren in Finanzierungsrunde j erhält man dann mit

$$\alpha_j^{undil.} = \frac{I_j \left(1 + r_j\right)^{T-t_j}}{E_T} \tag{4.3}$$

Für vorgelagerte Finanzierungsrunden ist schließlich die Verwässerung der Anteilsquote durch die nachfolgenden Finanzierungsrunden zu berücksichtigen. Sie wird über die sog. Retention Rate erfasst:

$$RET_j = 1 - \sum_{n=j+1}^{J} \alpha_n^{undil.} \tag{4.4}$$

---

48 Vgl. eine Erhebung von Wright zit. nach Achleitner/Nathusius (2004), S. 168.

Die um die Verwässerung korrigierte Anteilsquote ergibt sich durch die Anwendung des Korrekturfaktors auf die unverwässerte Quote:

$$\alpha_j^{dil.} = \alpha_j^{undil.} \frac{1}{RET_j} = \frac{I_j \left(1+r_j\right)^{T-t_j}}{E_T} \frac{1}{1-\sum_{n=j+1}^{J} \alpha_n^{undil.}} \tag{4.5}$$

Der Wert des Unternehmens in Finanzierungsrunde j wird schließlich indirekt über den Finanzierungsbeitrag I_j und die dafür im Gegenzug erhaltene Anteilsquote $\alpha_j^{dil.}$ ermittelt:

$$E_{t_j} = \frac{I_j}{\alpha_j^{dil.}} \tag{4.6}$$

Ein kurzes Beispiel soll die Vorgehensweise verdeutlichen. Dazu werden zwei Finanzierungsrunden mit folgenden geplanten Eigenschaften unterstellt:

Tabelle 1. Ausgangsdaten Beispiel

Finanzierungsrunde j	Runde 1	Runde 2
Finanzierungsbetrag I_j	10 Mio. €	15 Mio. €
Zielrendite r_j	60%	30%
Investitionszeitpunkt t_j	0	3

Der geplante Exit-Zeitpunkt T für alle externen Financiers ist in T=6 Jahren. Lt. Businessplan erzielt das Unternehmen in T=6 einen bereinigten Gewinn in Höhe von 14 Mio € p.a.; bei Anwendung eines KGV von 40 erhält man den Terminal Value mit

$$E_T = J\ddot{U}_T \; KGV = 14 \; Mio \; € \cdot 40 = 560 \; Mio \; € \tag{4.7}$$

Die folgende Tabelle zeigt die Berechnung der Future Values, der unverwässerten und der verwässerten Anteilsquoten für die beiden Finanzierungsrunden und der resultierenden Unternehmenswerte:

Tabelle 2. Bewertung mit Hilfe der VC-Methode

Finanzierungsrunde j	Runde 1	Runde 2
Future Value FVj $FV_{T,j} = I_j \left(1+r_j\right)^{T-t_j}$	$FV_{T,1} = 10\ Mio€ \left(1+0{,}6\right)^{6-0}$ $= 167.77\ Mio\ €$	$FV_{T,2} = 15\ Mio€ \left(1+0{,}3\right)^{6-3}$ $= 32.955\ Mio\ €$
Unverwässerte Anteils-quote $\alpha_j^{undil.} = \frac{I_j \left(1+r_j\right)^{T-t_j}}{E_T}$	$\alpha_1^{undil.} = \frac{167.77\ Mio\ €}{560\ Mio\ €} = 29.9$	$\alpha_1^{undil.} = \frac{32.955\ Mio\ €}{560\ Mio\ €} = 5.9\%$
Retention Rate $RET_j = 1 - \sum_{n=j+1}^{J} \alpha_n^{undil.}$	$RET_1 = 1 - \alpha_2^{undil.}$ $= 1 - 0.0588 = 0.9412$	
Verwässerte Anteils-quote $\alpha_j^{dil.} = \alpha_j^{undil.} \frac{1}{RET_j}$	$\alpha_1^{dil.} = \alpha_1^{undil.} \frac{1}{RET_1}$ $= 29.96\% \frac{1}{0.9412} = 31.83\%$	$\alpha_2^{dil.} = \alpha_2^{undil.} = 5.885\%$
Unternehmenswert $E_{t_j} = \frac{I_j}{\alpha_j^{dil.}}$	$E_0 = \frac{I_1}{\alpha_1^{dil.}}$ $= \frac{10\ Mio\ €}{0.3183} = 31.416\ Mio\ €$	$E_3 = \frac{I_2}{\alpha_2^{dil.}}$ $= \frac{15\ Mio\ €}{0.05885} = 254.9\ Mio\ €$

Man erkennt, dass das Unternehmen im Falle des Erreichens der zweiten Finanzierungsrunde erheblich an Wert gewinnt: Aufgrund des deutlich niedrigeren Risikos sinkt die Zielrendite auf 30%; in Verbindung mit der kürzeren Zeitspanne bis zum Exit kommt es zu einem Wertzuwachs von 31,4 Mio. € auf 255 Mio. €.

Das Beispiel zeigt auch eine (kleinere) logische Inkonsistenz des Vorgehens auf: Die verschiedenen Financiers fordern über einen gleichen begrenzten Zeitraum unterschiedliche Renditen vom betrachteten Unternehmen. In Phase 2 zwischen den Zeitpunkten 3 und 6 fordern die Investoren aus Runde 1 immer noch 60% Rendite, während die Zielrendite der Runde 2-Investoren über den gleichen Zeitraum nur 30% beträgt. Da zumindest das Risiko und die Prämie für Illiquidität für die beiden Investorengruppen über diesen Zeitraum gleich sein sollte, ist eine Differenzierung der Zielrendite an dieser Stelle nur durch einen ggf. unterschiedlichen Umfang anderer Leistungen zu rechtfertigen.[49] Auch hier gilt jedoch die oben bereits geäußerte Vermutung, dass die durch eine multiplikative Verknüpfung der beiden Zielrenditen prinzipiell mögliche Vermeidung dieser Inkonsistenz in der Praxis wegen der zentralen Bedeutung von anderen Einflussfaktoren unterbleibt.

5 Bewertung von Early-Stage Unternehmen: Problem Set

5.1 Extreme Sensitivität der Multiples für Wachstum und Risiko

Die Höhe des Multiples wird entscheidend vom künftigen Wachstum und vom Risiko der gewählten Referenzgröße beeinflusst. Sowohl die Wachstumsraten als auch die (vom Risiko abhängigen) Kapitalkostensätze sind bei Wachstumsunternehmen besonders hoch; in frühen Phasen des Lebenszyklus besteht zudem erhebliche Unsicherheit bezüglich der „richtigen" Werte für die „persistent growth rate" und den Kapitalkostensatz. Die Ableitung des KGV mit Hilfe von Formel (4) zeigt, dass hier selbst bei geringfügigen Veränderungen von g_{EK} (bei konstanten Kapitalkosten) erhebliche Effekte auf das Multiple auftreten: Betragen z. B. die (Netto-)Eigenkapitalkosten des Unternehmens 12%, dann erhält man für ein dauerhaftes Gewinnwachstum von 10% p. a. und eine Thesaurierungsquote von 50% ein KGV von $\frac{1-0{,}5}{0{,}12-0{,}10} = 25$. Setzt man für g_{EK} alternativ 8% an, dann halbiert sich das KGV auf $\frac{1-0{,}5}{0{,}12-0{,}8} = 12{,}5$![50] Weil die dauerhafte Wachstumsrate für Wachstumsunternehmen regelmäßig recht nah an den Kapitalkosten liegt, haben geringfügige Veränderungen der Formel-Parameter deutliche Auswirkungen auf das Multiple. Die große Hebelwirkung von veränderten Wachstumsraten auf das Multiple ist eine mögliche Erklärung für besonders deutliche Abweichungen von den Werten der Peer-Group-Unternehmen: wenn der Kapitalmarkt auf dem oben gezeigten Weg selbst geringfügige Veränderungen der künftigen Wachstumsaussichten „einpreist", führen sie zu deutlichen Unterschieden der Multiples.

Das Problem der Sensitivität der Multiples für unterschiedliche Wachstumsraten wird noch verschärft dadurch, dass der Bewerter die Wachstumsannahmen nicht explizit offen legen muss. Sie gehen vielmehr indirekt über die Auswahl der Peer-Group Unternehmen in die Bewertung ein.

---

[49] Diese Inkonsistenz ist auch die Ursache dafür, dass der hier errechnete Wert in Zeitpunkt 0 nicht identisch ist mit dem abdiskontierten Terminal Value.

[50] Mit einer exogenen Veränderung der Wachstumsrate ist auch eine Veränderung der Rendite der Erweiterungsinvestitionen und bei konstanten Kapitalkosten eine Veränderung des Spread verbunden. Man sollte deshalb die Plausibilität der vorgenommenen Veränderung mit Hilfe von Formel (4), überprüfen.

5.2 Wechsel der Multiples im Unternehmens-Lebenszyklus

Wachstumsunternehmen weisen häufig negative Jahresüberschüsse und EBIT-Größen auf. Die Bewertungspraxis greift dann häufig auf „höher liegende" Multiples zurück, die positive Referenzgrößen, wie z. B. den Umsatz aufweisen. Erst wenn das Unternehmen positive Ergebnisschätzungen aufweist, werden die entsprechenden Multiples angewendet. Unternehmen, die sich gerade an der „Nahtstelle" des Überschreitens der Gewinnschwelle befinden, werden von dem dann anstehenden „Modellwechsel" der Praxis empfindlich getroffen: Wegen der noch niedrigen ausgewiesenen Ergebnisgröße ist der resultierende Wert nach einem Ergebnismultiple häufig deutlich niedriger als nach einem Umsatzmultiple der „Vor-Gewinn-Phase". Möchte man vermeiden, dass das Management des zu bewertenden Unternehmens durch eine entsprechende Anpassung seiner Prognosen oder die Nutzung bilanzieller Bewertungsspielräume das Erreichen der Gewinnschwelle zeitlich nach hinten verschiebt und dadurch die Anwendung der (theoretisch fundierteren) Ergebnis-Multiples verhindert, wird man in dieser Situation auf die Anwendung von Ergebnis-Multiples verzichten.

5.3 Die Aufteilung von Wertzuwächsen zwischen Alt- und Neugesellschaftern

Hauptanlass für die Bewertung von Early-Stage Unternehmen ist die Bestimmung eines „fairen" Eintrittspreises für den neu eintretenden Gesellschafter. Dabei tritt regelmäßig (und unabhängig vom angewendeten Bewertungsverfahren) ein besonderes Problem auf: Wie sollen die mit den zufließenden Mitteln erwirtschafteten Netto-Wertzuwächse zwischen den Alt- und den Neu-Eigenkapitalgebern aufgeteilt werden? Damit ist das Verhältnis zwischen dem „Pre Money"-Wert" (vor Kapitalzufuhr) und dem „Post Money"-Wert (nach Kapitalzufuhr) des Unternehmens angesprochen. Wenn die mit den zugeflossenen Mitteln realisierten Investitionsprojekte vorteilhaft sind, erhöht sich der Unternehmenswert um mehr als den zugeflossenen Mittelbetrag.

Ein Beispiel soll das Problem verdeutlichen: Das betrachtete Unternehmen sei in der Lage mit den derzeit verfügbaren Assets einen „dauerhaften", bereinigten Gewinn in Höhe von 1 Mio. € p. a. zu erzielen. Aus der Peer Group wurde ein KGV in Höhe von 15 abgeleitet. Der pre-money Wert des Unternehmens beträgt damit 1 Mio. · 15 = 15 Mio. €. Für die Erweiterungsinvestitionen beträgt der Mittelbedarf 12 Mio. €; er soll von externen Eigenkapitalgebern, z. B. einer VC-Gesellschaft, aufgebracht werden. Nach der Durchführung der Investition schätzt man, dass das Unternehmen zusätzliche nachhaltige Gewinne in Höhe von 1 Mio. € p. a. erzielen wird. Lässt man das Multiple unverändert, erhält man einen Post Money Wert in Höhe von (1 + 1) · 15 = 30 Mio. €. Der Brutto-Wertzuwachs des Unternehmens als Differenz zwischen dem pre- und dem post-money Wert ist mit 15 Mio. € um 3 Mio. € höher als der Mittelzufluss in Höhe von 12 Mio. €; diese Differenz entspricht dem Nettokapitalwert der Erweiterungsinvestition. Für seine

Aufteilung auf die Alt- und Neugesellschafter sind verschiedene Varianten denkbar:

- Die Aufteilung der Eigenkapitalanteile erfolgt in der Relation (15 + 3) : 12 = 60% : 40% auf alte und neue Gesellschafter. Die Alteigentümer erhalten dann den gesamten Netto-Wertzuwachs aus der Investition; ihr Anteil am Unternehmen nach Mittelzufluss hat einen Wert von 60% · 30 Mio. € = 18 Mio. €. Die neuen Gesellschafter halten Anteile im Wert von 0,4 · 30 Mio. € = 12 Mio. €. Sie erhalten somit auf ihr eingesetztes Eigenkapital Gewinne genau im Wert des „Markt"-KGVs von 15: 0,4 · 2 Mio. € = 0,8 Mio. € · 15 = 12 Mio. €. Die Investition in das Unternehmen ist also kein finanzieller Vorteil für die neuen Kapitalgeber; sie ist genauso gut (oder schlecht) wie das Investment in die Unternehmen der Peer Group. Für die Alteigentümer ist die Erweiterungsinvestition dagegen lohnend: sie erhalten jährlich insgesamt Gewinne in Höhe von 60% · 2 Mio. € = 1,2 Mio. €. In Relation zu ihrem eingesetzten Eigenkapital von 15 Mio. ergibt dies ein „günstigeres" KGV von $\frac{15\ Mio.€}{1{,}2\ Mio.€} = 12{,}5$; weil die Alteigentümer den gesamten Nettokapitalwert der Erweiterungsinvestition erhalten, liegt ihr KGV deutlich unterhalb des Markt-KGVs.
- Die Aufteilung der Eigenkapitalanteile auf die Gesellschafter erfolgt in der Relation 15 : (12 + 3) = 50 : 50 auf Alt- und Neu-Eigentümer. Auf diese Weise erhalten die neuen Financiers alle finanziellen Vorteile aus der Erweiterungsinvestition: Ihr Gewinnanteil beträgt 0,5 · 2 Mio. € = 1 Mio. € p. a.; das ergibt ein KGV auf das eingesetzte Eigenkapital in Höhe von $\frac{12\ Mio.€}{1\ Mio.€}$ = 12, welches deutlich „günstiger" ist als das mit dem Kauf von Unternehmen der Peer Group erzielbare „Markt-KGV" von 15. Für die Alteigentümer verändert sich bei dieser Aufteilung nichts: Sie erhalten einen Gewinnanteil in Höhe von 1 Mio. € und erzielen damit das Markt-KGV von 15 auf ihr eingesetztes Eigenkapital.
- Schließlich kann man die Eigenkapitalanteile entsprechend der beiden nominalen Kapitaleinlagen ohne die Berücksichtigung des Nettowertzuwachses berechnen. Alte und neue Gesellschafter halten dann Anteile in der Relation 15 : 12 = 55,55% : 44,45% des Post Money Wertes. Die proportionale Aufteilung des Nettowertzuwachses von 3 Mio. € führt dazu, dass beide Gesellschafter das gleiche KGV auf ihr eingesetztes Eigenkapital erhalten: Die Alteigentümer erhalten jährliche Gewinne in Höhe von 0,55 · 2 Mio. € = 1,11 Mio. € und erzielen ein KGV in Höhe von $\frac{15\ Mio.€}{1{,}11\ Mio.€} = 13{,}5$; die neuen Eigenkapitalgeber erhalten nachhaltige Gewinne in Höhe von 0,444 · 2 Mio. € = 0,888 Mio. € und erzielen damit über $\frac{12\ Mio.€}{0{,}88\ Mio.€} = 13{,}5$ das gleiche KGV. Nun ist die Durchführung der Erweiterungsinvestition für beide Parteien günstiger als die Investition in die Unternehmen der Peer Group mit einem KGV von 15. Der Wertzu-

wachs aus der Investition wird hier proportional zum nominalen Kapitaleinsatz aufgeteilt: die Alteigentümer halten mit einer Quote von 55,55% Anteile im Wert von 0,555 · 30 Mio. € = 16,67 Mio. € und damit einen absoluten Netto-Wertzuwachs von 16,67 Mio. € – 15 Mio. € = 1,67 Mio. €. Das entspricht $\frac{1{,}67\ Mio.€}{3\ Mio.€} = 55{,}55\%$ des gesamten Wertzuwachses.

Prinzipiell ist die Aufteilung des Netto-Wertzuwachses zwischen den Gesellschaftern Verhandlungssache: durch die Einigung auf einen Eigenkapitalanteil zwischen 40% und 50% als Gegenleistung für einen Finanzierungsbeitrag des neuen Financiers in Höhe von 12 Mio. € legen beide Parteien diese Aufteilung fest.[51] Die Verhandlungsmacht der beiden Parteien wird entscheidend von der Konkurrenzsituation auf der Seite des Financiers bestimmt, wenn die „technologische" Fähigkeit zur Erzielung von Wertzuwächsen an die Person(en) der Alteigentümer gebunden ist. Auf einem vollkommenen, kompetitiven Kapitalmarkt müssten sich die neuen Kapitalgeber wegen der großen Konkurrenz mit dem „Markt-KGV" von 15 zufrieden geben. Im anderen Extremfall wären sie als alleiniger potenzieller Financier in der Lage, den gesamten Nettovermögenszuwachs an sich zu ziehen.[52]

Literatur

Achleitner AC,Nathusius E (2004) Venture Valuation - Bewertung von Wachstumsunternehmen, Stuttgart.

Aders Ch,Galli A,Wiedemann F(2000): Unternehmenswerte auf Basis der Multiplikatormethode? FB 2, S 197-204.

Alford A (1992) The Effect of the Set of Comparable Firms on the Accuracy of the PE – Valuation Method, JoAR 30, S 94 – 108.

Arojärvi O (2001) How to Value Biotechnology Firms: A Study of Current Approaches and Key Value Drivers, PhD Thesis, Helsinki School of Economics and Business Administration.

Bascha A,Walz U (2002) Financing Practices in the German Venture-Capital Industry. An Empirical Assessment, CFS Working Paper.

[51] Technisch wird der Anteil des neuen Financiers am Eigenkapital über das Aufgeld „gesteuert", das er über den Nominalwert seiner Anteile in die Rücklagen der Gesellschaft einzahlt.

[52] Tatsächlich enthalten die Vertragsklauseln von VC-Gesellschaften regelmäßig sog. „right of first refusal"-Klauseln, die ihnen das Recht geben, in späteren Finanzierungsrunden als erstes mit den Alteigentümern in Verhandlungen zu treten. Vgl. z. B. Bagley/Dauchy (2001), S. 280f.; Sahlman (1988), S. 35.

Baums Th,Möller M (2002) Vertragsgestaltung zwischen Start-up-Unternehmen und Investoren (Contracting), in: Hommel U,Knecht T C (Hrsg) Wertorientiertes Start-Up Management, München, S 396 – 412.

Benninga S ,Sarig O (1997) Corporate Finance: a Valuation Apporach, New York u.a.

Betsch O,Groh A ,Schmidt K (2000) Gründungs- und Wachstumsfinanzierung innovativer Unternehmen, München.

Bhide A (2001) Bootstrap Finance, in: Bhide′ A,Roberts M,Sahlman W,Stevenson H (Hrsg): The Entrepreneurial Venture, 2. Aufl, Boston, S 223 – 237.

Bigus J (2003) Fehlanreize für Insider-Investoren bei der Wagnisfinanzierung, ZfB 73, S 267 – 293.

Böcking HJ,Nowak K (1999) Marktorientierte Unternehmensbewertung, FB 2, S 169 – 176.

Brettel M (2002) Business Angels – Finanzierung und informelle Hilfe in frühen Phasen, in: Hommel U,Knecht T C (Hrsg) Wertorientiertes Start-Up Management, München, S 355 – 368.

Carpenter J (1998) The Exercise and Valuation of Executive Stock Options, JoFE 48, S 127 – 158.

Chan Y,Siegel D,Thakor A (1990) Learning, Corporate Control and Performance Requirements in Venture-Capital Contracts, IER 31, S 365 – 381.

Coombs J,Deeds D (1997) The Market Value of Intangible Ressources: Evidence from the Biotechnology Industry, Working Paper, Temple University.

Damodaran A (2000): The Dark Side of Valuation: Firms with no Earnings, no History and no Comparables. Working Paper, Stern School of Business.

Damodaran A (2001) Management Options and Value Per Share, Working Paper, Stern School of Management, New York University.

Demers E,Lev B (2001) A Rude Awakening: Internet Shakeout in 2000, RoAS 6, S 331 – 359.

Deng Z,Lev B,Narin F (1999) Science and Technology as Predictors of Stock Performance, FAJ o.J., S 20 – 32.

Desmet D,Francis T,Hu A,Koller T M,Riedel G (2000): Valuing Dot-Coms. McKinsey Quarterly S 148-157. (zit. Desmet et al. (2000)).

Drukarczyk J (2003) Unternehmensbewertung, 4. Aufl, München.

Eidel U (2000): Moderne Verfahren der Unternehmensbewertung und Performance-Messung. Herne/Berlin 1999.

Gompers P(1995) Optimal Investment, Monitoring and the Staging of Venture-Capital, JoF 50, S 1461-1490.

Hand J (2000a) The Role of Economic Fundamentals, Web Traffic and Supply and Demand in the Pricing of US Internet Stocks, Working Paper, Kenan Flagler Business School, UNC Chapel Hill.

Hand J (2000b) Profits, Losses and Non-linear Pricing of Internet Stocks, Working Paper, Kenan Flagler Business School, UNC Chapel Hill.

Hayn M (2003): Bewertung junger Unternehmen, 3.Aufl Herne/Berlin 2003.

Kaplan S,Strömberg P (2000) How Do Venture-Capitalists Choose Investments? Workng Paper, University of Chicago.

Kaplan S,Strömberg P (2003) Financial Contracting meets the Real World: An Emprical Analysis of Venture-Capital Contracts, RoES 70, S 281 – 315.

Kaplan S,Strömberg P (2004) Characteristics, Contracts and Actions: Evidence from Venture-Capitalists Analyses, JoF 59, S 2177 – 2189.

Kim M,Ritter J (1999): Valuing IPOs. JoFE, 53, S 409-437.
Küting K,Eidel U (1999): Markwertansatz contra Ertragswert- und Discounted Cash-Flow-Verfahren, FB 1, S 225-231.
Leibowitz M, Kogelman S (1990): Inside the P/E Ratio: The Franchise Factor. FAJ o.J., S 17–35.
Liu J, Nissim D, Thomas J (2001) Equity Valuation Using Multiples, Working Paper, UCLA and Columbia University.
Peemöller V, Geiger Th, Barchet H (2001) Bewertung von Early-Stage-Investments im Rahmen der Venture-Capital-Finanzierung, FB 3, S 334 – 344.
Rajgopal S, Venkatachalam M, Kotha S (2001) Why is Web Traffic Value-Relevant for Internet Firms?, Working Paper, University of Washington.
Reich R (2001) Entrepreneurship Reconsidered, in: Bhide´ A, Roberts, M, Sahlman W, Stevenson H (Hrsg): The Entrepreneurial Venture, 2. Aufl, Boston, S 23 – 34.
Rudolf M,Witt P (2002) Bewertung von Wachstumsunternehmen, Wiesbaden.
Rudolph B, Haagen F (2004) Die Auswirkungen institutioneller Rahmenbedingungen auf die Venture-Capital-Finanzierung in Deutschland, Working Paper # 2004-8, LMU.
Sahlman, WA (1988) Aspects of Financial Contracting in Venture-Capital, JoACF 1, S 23 – 36.
Sahlman WA, Stevenson H(2001) Capital Market Myopia, in: Bhide´ A, Roberts M, Sahlman W, Stevenson H (Hrsg): The Entrepreneurial Venture, 2. Aufl, Boston, S 35 – 46.
Scherlis D, Sahlman WA (1989) A Method for Valuing High-Risk, Long-Term Investments – The "Venture-Capital Method", Harvard Business School Note Nr 9-288-006.
Schween K (1996) Corporate Venture-Capital, Wiesbaden.
Schwetzler B (2001) Bewertung von Wachstumsunternehmen, in: Achleitner A,Bassen A (Hrsg) Investor Relations am Neuen Markt, Stuttgart, S 61 – 96.
Schwetzler B (2002) Multiples, in: Hommel U, Knecht T C (Hrsg) Wertorientiertes Start-Up Management, München, S 580 - 609.
Schwetzler B (2003) Probleme der Multiple-Bewertung, FB 4, S 79 – 90.
Seppelfricke P (1999): Moderne Multiplikatorverfahren bei der Aktien- und Unternehmensbewertung. FB 1, S 300-307.
Trueman B, Wong F, Zhang X (2000a) The Eyeballs have it: Searching for the Value in Internet Stocks, Working Paper, Haas School of Management, University of California, Berkeley.
Trueman B, Wong F, Zhang X (2000b) Back to Basics: Forecasting the Revenues of Internet Firms, Working Paper, Haas School of Management, University of California, Berkeley.
Wullenkord A (2000): New Economy Valuation. FB 2, S 522-527.

Grenzpreisermittlung für die Wachstumsfinanzierung mit Wagniskapital

Thomas Hering

Abstract

Während Aktiengesellschaften die Interessen ihrer Altaktionäre bei Kapitalerhöhungen durch handelbare Bezugsrechte wahren, steht dieses Instrument anderen Unternehmen nicht zur Verfügung. Es stellt sich dann die Frage nach dem Entscheidungswert der zu gewährenden Unternehmensbeteiligung, also dem Grenzpreis der Wagnisbeteiligung, welcher die Alteigentümer vor einer Kapitalverwässerung durch den Beitritt neuer Gesellschafter schützt. Der vorliegende Beitrag überträgt die einschlägigen ZGPM-Bewertungsformeln auf die im Gründungszusammenhang wichtige Zielsetzung der Endwertmaximierung und präsentiert ein ausführliches Zahlenbeispiel.

Im Ergebnis bestätigt sich sehr deutlich, daß die Fragestellung den Einsatz von investitionstheoretischen Modellen erfordert, die mit Verschuldungsrestriktionen und Geld-Brief-Spannen umgehen können. Neoklassische Bewertungsmodelle der Finanzierungstheorie, welche auf vollkommene Kapitalmärkte im Gleichgewicht fixiert sind, gehen am Problem völlig vorbei: Ohne knappes Fremdkapital und ohne Unterschiede zwischen Soll- und Habenzins besteht weder ein Wachstumsfinanzierungsproblem für junge Unternehmen noch ein Investitionsanreiz für Wagniskapitalgeber.

1 Problemstellung

Die Einräumung einer Kapitalbeteiligung[1] gegen Bareinlagen läßt sich betriebswirtschaftlich als Spezialfall einer Fusion einordnen:[2] Das neue Anteile emittierende Unternehmen schließt sich mit zusätzlichen Eigentümern zusammen, die zwar keinen Geschäftsbetrieb, aber doch immerhin ein Barvermögen einbringen. Damit die bisherigen Eigentümer keine ökonomischen Nachteile durch Kapitalverwässerung erleiden, dürfen die neuen Anteile (z.B. junge Aktien im Falle einer AG) nicht „unter Wert" ausgegeben werden. Bei einer ordentlichen Kapitalerhö-

---

[1] Die Bezeichnungen Beteiligungskapital, Eigenkapital, Wagniskapital und Risikokapital sind in diesem Beitrag Synonyme.

[2] Vgl. Hering (2004), S. 149 und 160.

hung werden die Altaktionäre entsprechend durch die Gewährung von Bezugsrechten geschützt.[3]

Nun liegt die Inanspruchnahme von Bezugsrechten gerade nicht im Interesse der bisherigen Eigentümer, wenn es um die Aufnahme von weiterem Wagniskapital zur Finanzierung des Wachstums einer jungen Unternehmung geht. Während das Privatvermögen der Unternehmensgründer oftmals schon in der Frühentwicklungsphase keinen Spielraum mehr für zusätzliches finanzielles Engagement läßt,[4] nutzen Wagniskapitalgesellschaften und Privatinvestoren den erstmaligen Börsengang häufig zur Veräußerung ihres Beteiligungspaketes,[5] d.h., auch sie fragen vielfach keine zusätzlichen Anteile nach. Typisch für die Wachstumsfinanzierung junger Unternehmen ist daher die Besonderheit, daß das zusätzlich benötigte Eigenkapital hauptsächlich von Personen zur Verfügung gestellt wird, die bisher am Unternehmen nicht beteiligt sind. Zur Durchführung der Kapitalerhöhung wird also im Falle einer AG ein Bezugsrechtsausschluß nach § 186 AktG erforderlich.[6]

Wenn aber das „frische Eigenkapital" von außen aus der Hand neuer Risikokapitalgeber kommen soll, stellt sich für die auch in Zukunft weiterhin beteiligten Alteigentümer (Gründer) sofort das Problem, denjenigen Grenzpreis für die Gewährung der neuen Anteile zu bestimmen, der ihre ökonomischen Interessen im Verhältnis zu den neuen Miteigentümern wahrt. Konkret bedeutet dies, den Emissionspreis p der an außenstehende Dritte zu vergebenden Eigenkapitaltitel mindestens so hoch anzusetzen, daß die finanzielle Zielerreichung der Alteigentümer im Vergleich zur Basissituation ohne Kapitalerhöhung nicht geschmälert wird.

Im folgenden sei angenommen, daß die Alteigentümer das finanzwirtschaftliche Ziel der *Endwertmaximierung* anstreben und in der Basissituation (ohne neues Wagniskapital) einen maximalen Endwert von EW* erzielen. Gewähren sie also neuen Risikokapitalgebern eine Beteiligung von α an ihrem Unternehmen,[7] so muß sichergestellt sein, daß mit den zusätzlich zufließenden Mitteln p unternehmensweit mindestens der höhere Endwert $EW^*/(1-\alpha)$ erreicht wird, damit die nur noch mit der Quote $1-\alpha$ beteiligten Alteigentümer mit ihrem gesunkenen Anteil am gestiegenen Endwert nach wie vor wenigstens eine Endausschüttung von EW* wie ohne die Transaktion erhalten. Nur dann hat sich die Kapitalaufnahme aus Sicht der Alteigentümer nicht nachteilig ausgewirkt. Der gefundene Grenzpreis (als entscheidungskritischer Emissionserlös) soll mit dem Symbol p* be-

---

3 Zu Kapitalerhöhung und Börsengang allgemein vgl. z.B. Bitz (2002), S. 216ff., Perridon/Steiner (2003), S. 371ff.

4 Zur Gründungs- und Frühphasenfinanzierung vgl. bspw. Hering/Vincenti (2003).

5 Zur Bewertung abzustoßender Aktienpakete beim Börsengang junger Unternehmen vgl. Hering/Olbrich (2002).

6 Da der Bezugsrechtsausschluß im Interesse der Gesellschaft liegt und von den bisherigen Gesellschaftern ausdrücklich gewünscht wird, stehen ihm keine rechtlichen Hindernisse entgegen. Vgl. Lutter/Drygala (1995), S. 243ff.

7 Es gelte $0 < \alpha < 1$.

zeichnet werden.[8] Weiterhin sei der Einfachheit halber angenommen, daß die neuen Wagniskapitalgeber kein Interesse an der Geschäftsführung haben und deshalb Zielsetzung und Entscheidungsfeld nach wie vor durch die Alteigentümer definiert werden.[9]

Das vorliegende Bewertungsproblem ähnelt strukturell der Frage nach dem Entscheidungswert[10] der Unternehmung im Falle des Verkaufs. Es ist daher mit den Modellen der modernen funktionalen Bewertungstheorie lösbar. Hingegen erweisen sich angelsächsische Ansätze (wie etwa der derzeit modische „Discounted Cash Flow Approach") als theoretisch unbrauchbar, da die neoklassische Annahme des vollkommenen Kapitalmarkts lediglich zu dem trivialen Ergebnis führt, zusätzliches Kapital zum Kalkulationszins anzulegen. Gerade im Gründungszusammenhang ist der für das junge Unternehmen relevante Finanzmarkt aber unvollkommen, und zwar sowohl aufgrund von erheblichen bonitätsbedingten Geld-Brief-Spannen (Sollzins übersteigt Habenzins deutlich) als auch aufgrund von in der Realität schmerzlich spürbaren Verschuldungsschranken (fehlende Kreditsicherheiten!), die oftmals zum Konkurs führen. Das Wesen der Wagnisfinanzierung liegt doch ausdrücklich darin, nicht verfügbares Fremdkapital durch „externes" Eigenkapital zu ersetzen und damit Investitionen zu ermöglichen, deren Durchführung sonst an Kapitalknappheit gescheitert wäre.[11] Also müssen auch Bewertungsmodelle eingesetzt werden, die mit einem unvollkommenen Markt zurechtkommen.

Der folgende Abschnitt präsentiert zunächst lenkpreistheoretische Lösungsformeln für die skizzierte Problemstellung auf der Basis des allgemeinen Zustands-Grenzpreismodells (ZGPM), bevor im Abschnitt 3 die Theorie an einem anschaulichen kleinen Zahlenbeispiel in Aktion gezeigt werden soll.

2 Bewertungsformeln bei Endwertmaximierung

2.1 Komplexe Bewertungsformel

Unter Endwertmaximierung streben die Unternehmenseigner nach einem möglichst hohen Vermögen am Planungshorizont. Vor dem Endzeitpunkt werden seitens der Eigner keine oder lediglich fix vorgegebene Entnahmen getätigt. Dieses Ausschüttungsziel scheint jungen Unternehmen gut zu entsprechen, die in ihren

---

[8] Zeitlich bezieht sich p^* auf eine sofortige Bareinlage im Planungszeitpunkt (Zustand), $t = 0$. Der Emissionserlös p (im Grenzfall p^*) fließt zu $t = 0$ dem Unternehmensvermögen zu (und d.h. natürlich nicht dem Privatvermögen der Alteigentümer bzw. Gründer).

[9] Diese Prämisse erscheint gerade mit Blick auf den Börsengang junger Unternehmen, der zu einer breiten Streuung von Aktien führt, realistisch. Sie läßt sich aber bei Bedarf leicht aufheben. Vgl. Hering (2004), S. 160f., besonders Fußnote 28.

[10] Vgl. zum Entscheidungswert grundlegend Matschke (1975).

[11] Vgl. Hering/Vincenti (2003), S. 223, Hering/Vincenti (2005), Betsch/Groh/Schmidt (2000), S. 17.

ersten Jahren ohnehin vielfach keine Gewinne aufweisen und nach Eintreten des Markterfolgs oftmals alsbald verkauft werden (sollen). Endwertmaximierung spiegelt also eine weitgehend ausschüttungslose Aufbauphase, kombiniert mit einer abschließenden punktuellen Gewinnrealisation durch die Gründer wider.

Einen mathematischen Rahmen zur Abbildung der Endwertmaximierung auf unvollkommenen Märkten bietet das *Hax*-Modell[12], welches unter Berücksichtigung der Zeit-Zustands-Sichtweise auch für mehrperiodige Analysen unter Unsicherheit geeignet ist[13]. Für die in Abschnitt 1 entworfene Problemstellung ergibt sich mit Hilfe des ZGPM die folgende „komplexe“[14] Bewertungsformel bei Einkommensmaximierung:[15]

$$p^* = \sum_{t=1}^{n} \overline{w}_t \cdot \frac{EN^*}{1-\alpha} \cdot \rho_t \; - \sum_{t=0}^{n} b_t \cdot \rho_t \; - \sum_{C_j > 0} x_j^{max} \cdot C_j \, . \tag{2.1}$$

Hierbei ist p* der gesuchte Grenzpreis der Wagniskapitalbeteiligung (Grenzemissionserlös) aus Sicht der Alteigentümer (Gründer), α die den Neueigentümern gewährte Beteiligungsquote, EN* die maximale Breite des Ausschüttungsstroms an die Alteigentümer in der Basissituation, $\overline{w}_t \cdot EN^*$ dementsprechend die maximale Ausschüttung (Dividende) im Zustand t der Basissituation, ρ_t der modellendogene Zustandspreis des Zustands t nach Durchführung der Kapitalerhöhung, b_t der autonome Zahlungsüberschuß des Unternehmens im Zustand t, x_j^{max} die Obergrenze des im Entscheidungsfeld der Unternehmung liegenden Investitions- oder Finanzierungsobjekts j und C_j schließlich der modellendogene, d.h. mit den optimalen Zustandspreisen ρ_t berechnete Kapitalwert des Objekts j.

Diese allgemeine Formel soll nun für das hier zugrunde gelegte Ziel der Endwertmaximierung spezifiziert werden. Der Anschaulichkeit halber sei von quasisicheren Erwartungen ausgegangen, d.h., die Zustände t mögen äquidistanten Zeitpunkten entsprechen. Nur dann gibt es lediglich einen einzigen Endzustand, welcher mit dem Zeitpunkt t = n zusammenfällt.[16] Endwertmaximierung stellt sich unter diesen Annahmen als einfacher Spezialfall der Einkommensmaximierung heraus,[17] denn mit $\overline{w}_t = 0$ für alle t < n und $\overline{w}_t = 1$ für t = n gilt EN = EW und damit:

[12] Vgl. z.B. Hax (1985).

[13] Vgl. Hering (2003), S. 262ff.

[14] Die Unterscheidung zwischen der allgemein „komplexen“ und der in günstigen Fällen „vereinfachten“ Bewertung stammt von Laux/Franke (1969).

[15] Zum Beweis vgl. Hering (2004), S. 162f.

[16] Bei Unsicherheit stellen alle Endknoten des modellierten Zustandsbaums am Planungshorizont mögliche Endzustände dar, und die Zielfunktion muß die verschiedenen zustandsabhängigen Endwerte amalgamieren, z.B. mit Gewichten w_t. Vgl. Hering (2003), S. 262ff.

[17] Vgl. Hering (2003), S. 162.

$$p^* = \frac{EW^*}{1\text{-}\alpha} \cdot \rho_n - \sum_{t=0}^{n} b_t \cdot \rho_t - \sum_{C_j > 0} x_j^{max} \cdot C_j \,. \tag{2.2}$$

Die Zustandspreise ρ_t entsprechen nunmehr einfach den Abzinsungsfaktoren vom Zeitpunkt t auf den Planungszeitpunkt t = 0.[18] Damit ergibt sich durch Umstellung eine anschauliche ökonomische Deutung der „komplexen" Grenzpreisformel für die Wagniskapitalbeteiligung:

$$\underbrace{p^* + \sum_{t=0}^{n} b_t \cdot \rho_t + \sum_{C_j > 0} x_j^{max} \cdot C_j}_{\text{Kapitalwert des (neuen) Investitions- und Finanzierungsprogramms (mit Bareinlage)}} = \underbrace{\frac{EW^*}{1\text{-}\alpha} \cdot \rho_n}_{\text{Kapitalwert des (neuen) Endwerts}} \,. \tag{2.3}$$

Der gesamte Kapitalwert des Unternehmens (zu dem auch die Bareinlage p* direkt, ohne Abzinsung, beiträgt) muß dem Kapitalwert der Gesamtausschüttung entsprechen, wobei der in t = n auszuschüttende Endwert mit Rücksicht auf die gesunkene Beteiligungsquote der Alteigentümer auf EW = EW*/(1 – α) angewachsen ist.[19]

2.2 Vereinfachte Bewertungsformel

Sofern sich die endogenen Zustandspreise ρ_t und damit auch die Kapitalwerte C_j durch den Zufluß des für die Quote α minimal zu fordernden Wagniskapitals p* nicht ändern, kann die „kompexe" Bewertungsformel (2.2) noch kompakter geschrieben werden. In diesem Falle entspricht nämlich der Subtrahend in Formel (2.2) dem mit ρ_n von t = n auf t = 0 abgezinsten Endwert EW* der Basissituation:[20]

$$p^* = \frac{EW^*}{1\text{-}\alpha} \cdot \rho_n - EW^* \cdot \rho_n \,. \tag{2.4}$$

Elementares Umformen liefert die „vereinfachte" Bewertungsformel für die Wagniskapitalbeteiligung:

$$p^* = \frac{\alpha}{1\text{-}\alpha} \cdot EW^* \cdot \rho_n \,. \tag{2.5}$$

Diese läßt sich besonders einfach interpretieren:

---

18 Vgl. Hering (2003), S. 149f.

19 Vgl. Hering (2004), S. 163.

20 Zum Beweis der Aussage sind die in der Basissituation geltenden Zusammenhänge auszunutzen; sie finden sich für die Endwertmaximierung in Hering (2003), S. 158.

$$p^* = \underbrace{\underbrace{\underbrace{\alpha}_{\text{Anteil der neuen Anteilseigner}} \cdot \underbrace{\frac{EW^*}{1-\alpha}}_{\text{Höhe des neuen Endwerts}}}_{\text{Zur Ausschüttung an die neuen Anteilseigner zusätzlich erforderlicher Endwert}} \cdot \underbrace{\rho_n}_{\text{Abzinsungsfaktor von } t = n \text{ auf } t = 0}}_{\text{Barwert der Ausschüttung an die neuen Anteilseigner}} \tag{2.6}$$

Sofern sich die endogenen Abzinsungsfaktoren ρ_t beim Übergang von der Basissituation zur Situation mit Zufluß von Wagniskapital nicht ändern, bleiben die Interessen der Alteigentümer also dadurch gewahrt, daß die neuen Miteigentümer zu $t = 0$ mindestens den Barwert p* der an sie zu $t = n$ erfolgenden Endwertausschüttung in das Unternehmen einbringen.[21]

3 Zahlenbeispiel für die Bewertungsformeln

3.1 Komplexe Bewertung der Wagniskapitalbeteiligung

Die bislang allgemein abgehandelten Zusammenhänge sollen nun anhand eines einfachen, in der zukünftigen Europäischen Union spielenden Zahlenbeispiels mit Leben gefüllt werden. Betrachtet sei die nach Endwertmaximierung in $t = 3$ strebende Störfang AG, ein junges Unternehmen der sogenannten „Nanotechnik", welches Investitionsmittel für zwei entscheidende Entwicklungsvorhaben benötigt:

Projekt P1 erfordert eine sofortige Investition von 100 und weitere 50 ein Jahr später.[22] Anschließend trägt es sich selbst. Die Gründer rechnen fest mit dem erfolgreichen Durchbruch ihres dreijährigen Entwicklungsprojekts, welches geheimste Rüstungstechnik für die in Hamburg und Kiel im Bau befindlichen Flugzeugträger „Scharnhorst" und „Gneisenau" zum Gegenstand hat. Das Friedensministerium vergütet die Forschungsleistung mit einem bei Lieferung in $t = 3$ fälligen Kaufpreis von 1000. Wegen des öffentlichen Auftraggebers besitzt das Projekt P1 mit der Zahlungsreihe

(–100, –50, 0, 1000)

also die märchenhafte Rendite (interner Zinsfuß) von r = 100% p.a. Unabhängig von diesem Vorhaben bietet sich ein ziviles Projekt P2 an, welches bei einer Zahlungsreihe von

[21] Vgl. Hering (2004), S. 163f.

[22] Die Geldeinheit wird im folgenden der Einfachheit halber stets weggelassen. Für die Zwecke dieses Beispiels seien alle Geldbeträge in 10 Milliarden Euro-Valuta-Drachmenrubellira (der nach der Währungsreform gültigen Brüsselwährung) gemessen. Alle Zahlungen und Zinssätze sind Realwerte (inflationsbereinigt).

(–250, –50, –25, 450)

immerhin noch r = 12,74% Rendite verspricht. Aus der Gründungsfinanzierung und dem laufenden Geschäftsbetrieb resultieren im Planungszeitraum zwischen t = 0 und t = n = 3 fix gegebene Überschüsse in Höhe von:

(70, –10, 0, 10).

Geldanlagen können jederzeit unbegrenzt zu einem Habenzins von 5% p.a. getätigt werden, während die German Bänk Ltd. nur bereit ist, dem Unternehmen Störfang eine begrenzte Kreditlinie von 100 zu einem Sollzins von 10% p.a. zur Verfügung zu stellen. Die Störfang AG sieht sich also einem unvollkommenen Kapitalmarkt gegenüber und kann ihre Wachstumsinvestitionen ohne Aufnahme zusätzlichen Wagniskapitals nicht voll finanzieren. Ausgangspunkt für die Grenzpreisüberlegungen hinsichtlich der Konditionen einer geplanten Wagnisfinanzierung ist der Erfolg der Basissituation.

Legt man das gegebene Entscheidungsfeld (ohne neue Miteigentümer) zugrunde, erzielen die Alteigentümer einen maximalen Endwert von EW* = 886,9318. Dieser ergibt sich aus einem linearen Endwertmaximierungsansatz, dem sogenannten Basisansatz.[23] Das zugehörige Investitions- und Finanzierungsprogramm (Basisprogramm) setzt sich wie folgt zusammen: Engpaßfaktor ist der begrenzte Kreditspielraum in t = 2, welcher dazu führt, daß Projekt P1 nur mit kleinen Abstrichen und Projekt P2 überhaupt nicht finanzierbar ist. Immerhin kann das lukrative Rüstungsprojekt P1 zu 98,69%, also fast ganz, realisiert werden.[24] In t = 0 und t = 1 sind ebenfalls Kredite aufzunehmen, aber nicht im vollen Ausmaß der Kreditlinie. Daher entspricht der endogene Grenzzinssatz i_t der ersten beiden Jahre dem Sollzins 10% als dem Zinssatz des periodenspezifischen Grenzobjekts ($i_1 = i_2 = 10\%$). Im dritten Jahr errechnet sich der endogene Grenzzins i_3 aus der Zahlungsreihe des Grenzobjekts P1, deren Kapitalwert (aufgrund der nur anteiligen Realisierung) null betragen muß:[25]

$$C_{P1} = -100 - \frac{50}{1,1} + \frac{1000}{1,1^2 \cdot (1+i_3)} = 0 \Leftrightarrow i_3 = \frac{1000}{176} - 1 = 468{,}1818\%. \qquad (3.1)$$

---

[23] Zu Formulierung und Interpretation eines solchen Ansatzes „max. EW" am Zahlenbeispiel vgl. ausführlich Hering (2003), S. 171ff., Matschke/Hering/Klingelhöfer (2002), S. 213ff.

[24] Das lineare Modell setzt voraus, daß die Zahlungsreihen teilbar und alle Überschüsse dem jeweils verwirklichten Projektvolumen proportional sind. Bei Unteilbarkeiten gelten die anschaulichen Bewertungsformeln i.d.R. nicht mehr; es muß dann mit den entsprechenden gemischt-ganzzahligen linearen Ansätzen gearbeitet werden. Vgl. Hering (2003), S. 191ff.

[25] Zu den endogenen Grenzzinsfüßen, ihren Steuerungseigenschaften (Kapitalwertvorzeichen) und ihren Determinanten vgl. ausführlich Hering (2003), S. 150ff., 206ff.

An diesem überaus hohen endogenen Grenzzins i_3 ist für die Unternehmensleitung ablesbar, welch attraktive Grenzrendite mit einer Kapitalzuführung in t = 2 (also zu Beginn der Periode 3) verbunden wäre. Der Lenkzins spiegelt die Knappheit des Kapitals in t = 2 wider und entspricht der optimalen Geltungszahl in *Schmalenbachs* pretialer Betriebslenkung[26]. Da die in London sitzende German Bänk Ltd. hinsichtlich der Kreditlinie stur bleibt, beschließt der Generaldirektor der Störfang AG, das Grundkapital um zwei Drittel zu erhöhen und externen Wagniskapitalgebern junge Aktien anzubieten. Bevor er zur Ermittlung des Grenzpreises p* für das Beteiligungspaket schreitet, veranschaulicht er sich das zum Endwert EW* führende Basisprogramm anhand eines vollständigen Finanzplans (VOFIs) (Tabelle 1).

Tabelle 1. VOFI des Basisprogramms bei komplexer Bewertung

Zeitpunkt	t = 0	t = 1	t = 2	t = 3
Fixe Zahlungen b_t	70	–10		10
98,69% von P1	–98,6932	–49,3466		986,9318
Kredit (10%)	28,6932	90,9091	100	
Kapitaldienst		–31,5625	–100	–110
Endwert				886,9318

Wenn die Störfang AG neuen Eigenkapitalgebern eine Wagniskapitalbeteiligung in Höhe von $\alpha = 40\%$ einräumen möchte, bleiben die Alteigentümer (Gründer) also nur noch mit $1 - \alpha = 60\%$ beteiligt. Um weiterhin mindestens einen Endwert von EW* = 886,9318 zu erzielen, muß das Wagniskapital also zusätzliche Investitionen ermöglichen, die den Endwert mindestens auf $EW^*/(1 - \alpha)$ = 1478,2197 steigern, denn es gilt: 60% · 1478,2197 = 886,9318. Diese Mindestanforderung an den Endwert wird Bestandteil des linearen Bewertungsansatzes, welcher den in t = 0 zufließenden Beteiligungsgrenzpreis p* und das zugehörige optimale Investitions- und Finanzierungsprogramm (Bewertungsprogramm) bestimmen soll.[27]

Der Bewertungsansatz liefert als Mindestemissionserlös p* = 423,1765 bei einem Endwert von exakt 1478,2197. Beide Projekte P1 und P2 können nunmehr vollständig verwirklicht werden, und es verbleibt darüber hinaus genügend Liquidität im Unternehmen, um fortwährend 5%-Geldanlagen überschüssiger Mittel tätigen zu können. Der endogene Grenzzinsfuß entspricht deshalb – anders als im Basisprogramm – stets dem Habenzins ($i_1 = i_2 = i_3 = 5\%$). Der VOFI in Tabelle 2 zeigt das Bewertungsprogramm und veranschaulicht, daß mindestens eine Einlage frischen Wagniskapitals in Höhe von p* erforderlich ist, um die auch ohne Kapitalerhöhung erzielbare Endwertausschüttung an die Unternehmensgründer nicht zu unterschreiten.

26 Vgl. Schmalenbach (1947), S. 4, 86.

27 Zur allgemeinen Gestalt dieses Bewertungsansatzes vgl. Hering (2004), S. 161.

Tabelle 2. VOFI des Bewertungsprogramms bei komplexer Bewertung

Zeitpunkt	t = 0	t = 1	t = 2	t = 3
Fixe Zahlungen b_t	70	–10		10
Einlage p*	423,1765			
P1	–100	–50		1000
P2	–250	–50	–25	450
Geldanlage (5%)	–143,1765	–40,3353	–17,3521	
Rückfluß		150,3353	42,3521	18,2197
Endwert				1478,2197

Die Grenzobjekte und damit auch die endogenen Grenzzinsfüße i_t und die endogenen Abzinsungsfaktoren (Zustandspreise) ρ_t sind andere als im Basisprogramm. Deshalb ist die „komplexe" Bewertungsformel (2.2) aus Abschnitt 2.1 einschlägig:

$$p^* = \frac{EW^*}{1-\alpha} \cdot \rho_n - \sum_{t=0}^{n} b_t \cdot \rho_t - \sum_{C_j > 0} x_j^{max} \cdot C_j$$

$$= \frac{886{,}9318}{1-0{,}4} \cdot \rho_3 - \underbrace{(70 \cdot \rho_0 - 10 \cdot \rho_1 + 10 \cdot \rho_3)}_{\text{Kapitalwert der fixen Zahlungen}} - \underbrace{(1 \cdot C_{P1} + 1 \cdot C_{P2})}_{\text{Positive Kapitalwerte der vorteilhaften Investitionen P1 und P2}} . \tag{3.2}$$

Da die periodenspezifischen endogenen Grenzzinsfüße i_1 bis i_3 im Bewertungsprogramm stets 5% betragen, gilt für die Abzinsungsfaktoren einfach $\rho_t = 1{,}05^{-t}$ und für die beiden Investitionskapitalwerte (Projekte P1 und P2):

$$C_{P1} = -100 - \frac{50}{1{,}05} + \frac{1000}{1{,}05^3} = 716{,}2186. \tag{3.3}$$

$$C_{P2} = -250 - \frac{50}{1{,}05} - \frac{25}{1{,}05^2} + \frac{450}{1{,}05^3} = 68{,}4321. \tag{3.4}$$

Formel (3.2) liefert daher das zu bestätigende und bereits in Formel (2.3) sowie Tabelle 2 interpretierte Resultat

$$p^* = \frac{1478{,}2197}{1{,}05^3} - 70 + \frac{10}{1{,}05} - \frac{10}{1{,}05^3} - 716{,}2186 - 68{,}4321 \tag{3.5}$$

$$= 423{,}1765.$$

Damit ist die „komplexe" Bewertungsformel (2.2) für eine Wagniskapitaleinlage am Zahlenbeispiel veranschaulicht.

Die Aufteilung des Endwerts im Verhältnis 60:40 auf alte und neue Eigentümer erbringt für die Gründer EW* = 886,9318 und für die neuen Wagniskapitalgeber 1478,2197 · 40% = 1478,2197 – EW* = 591,2879. Letztere erzielen also, wenn die Einlage genau zum Grenzpreis p* = 423,1765 erfolgen sollte, eine Rendite ihrer Wagniseinlage in Höhe von

$$r = \sqrt[3]{\frac{591,2879}{423,1765}} - 1 = 11,8\%. \qquad (3.6)$$

Ob die Kapitalerhöhung mit einem Emissionserlös von mindestens p* gelingt, hängt natürlich von der Attraktivität der Rendite aus Sicht der neuen Wagniskapitalgeber ab. Gemessen am Habenzins von 5%, bestehen im Beispiel der Störfang AG durchaus gewisse Anreize für Anleger, das gewünschte Risikokapital verfügbar zu machen.

3.2 Vereinfachte Bewertung der Wagniskapitalbeteiligung

Um auch den Fall der „vereinfachten" Bewertung gemäß Abschnitt 2.2 mit Formel (2.5) veranschaulichen zu können, sei das Beispiel des Abschnitts 3.1 nunmehr wie folgt abgewandelt: Nach dem überraschenden Zusammenbruch der German Bänk Ltd. und deren Aufkauf durch die Dreizack AG bieten sich dem Unternehmen Störfang schlagartig bessere Finanzierungskonditionen: Die Kreditbeschränkung entfällt, und außerdem wird der Sollzins auf 5% gesenkt. Demnach erhält die Störfang AG Zugang zu einem vollkommenen Kapitalmarkt mit einem einheitlichen Marktzins von i = 5% ohne wirksame Obergrenzen für Geldanlagen und Kredite.[28]

Die Objekte P1 und P2 sind Normalinvestitionen (nur ein Vorzeichenwechsel in der Zahlungsreihe) und deshalb a priori eindeutig vorteilhaft, weil ihr interner Zins (100% bzw. 12,74%) den Kalkulationszins $i_1 = i_2 = i_3 = i = 5\%$ übersteigt.[29] Ein Finanzierungsproblem existiert bei vollkommenem Markt nicht, da annahmegemäß keine Verschuldungsrestriktionen wirken. Im Basisprogramm der Störfang AG finden sich also bereits beide Projekte P1 und P2 in vollem Umfang. Tabelle 3 enthält den zugehörigen VOFI mit einem maximalen Endwert von EW* = 988,34.

---

[28] Der Fall der „vereinfachten" Bewertung ist auf einem vollkommenen Markt automatisch gegeben; er tritt jedoch auch bei unvollkommenem Markt ein, wenn die endogenen Zustandspreise im Bewertungsprogramm dieselben sind wie im Basisprogramm.

[29] Vgl. Hering (2003), S. 111.

Tabelle 3. VOFI des Basisprogramms bei vereinfachter Bewertung

Zeitpunkt	t = 0	t = 1	t = 2	t = 3
Fixe Zahlungen b_t	70	–10		10
P1	–100	–50		1000
P2	–250	–50	–25	450
Kredit (5%)	280	404	449,2	
Kapitaldienst		–294	–424,2	–471,66
Endwert				988,34

Bei vollkommenem Markt ist es für die optimale Investitionspolitik gleichgültig, ob Investitionen eigen- oder fremdfinanziert sind (*Fisher*-Separation). Auch der Gesamtwert des Unternehmens hängt unter den Prämissen von *Modigliani* und *Miller* nicht von der Kapitalstruktur ab (Irrelevanzthese).[30] Insofern spielt es für das Investitionsprogramm keine Rolle, ob die Störfang AG Fremdkapital durch zusätzliches Eigenkapital substituiert.

Um dennoch einen Vergleich mit der Situation des unvollkommenen Marktes („komplexe" Bewertung im vorangegangenen Abschnitt) ziehen zu können, möge die Unternehmensleitung aus anderen Gründen an der geplanten Aufnahme von zusätzlichem Wagniskapital festhalten. Erneut soll eine Beteiligung von $\alpha = 40\%$ eingeräumt werden. Um den Gründern ihren alten Endwert von $EW^* = 988{,}34$ zu sichern, muß der neue Endwert mindestens auf $EW^*/(1 - \alpha) = 1647{,}2333$ steigen.

Der dieser Datenänderung angepaßte Bewertungsansatz errechnet $p^* = 569{,}1768$. Außer den Projekten P1 und P2 werden aufgrund des Eigenmittelzuflußes erwartungsgemäß Geldanlagen zum Kalkulationszins i ausgeführt. Die endogenen Grenzzinsfüße betragen – genau wie im Basisprogramm – stets 5% ($i_1 = i_2 = i_3 = i$). Bei unveränderten Periodenzinsfüßen sind natürlich auch die zugehörigen Abzinsungsfaktoren (Zustandspreise ρ_t) dieselben wie im Basisprogramm. Damit liegt der Fall der „vereinfachten" Bewertung aus Abschnitt 2.2 vor. Tabelle 4 zeigt zunächst die Zusammensetzung des Bewertungsprogramms und veranschaulicht die Höhe des Grenzpreises p*.

[30] Unter Berücksichtigung von Steuern gilt zwar nicht mehr die Irrelevanzthese von Modigliani/Miller in bezug auf den isoliert betrachteten Unternehmensgesamtwert, aber immer noch die Fisher-Separation im sogenannten Standardmodell. Zwar subventioniert der Staat die Unternehmensfremdfinanzierung durch steuerliche Abzugsfähigkeit von Sollzinsen, andererseits besteuert er aber bei vollkommenem Markt in gleicher Höhe das außerhalb des Unternehmens angelegte Eigenkapital. Vgl. Hering (2003), S. 85f.

Tabelle 4. VOFI des Bewertungsprogramms bei vereinfachter Bewertung

Zeitpunkt	t = 0	t = 1	t = 2	t = 3
Fixe Zahlungen b_t	70	–10		10
Einlage p*	569,1768			
P1	–100	–50		1000
P2	–250	–50	–25	450
Geldanlage (5%)	–289,1768	–193,6357	–178,3175	
Rückfluß		303,6357	203,3175	187,2333
Endwert				1647,2333

Während die Alteigentümer den Endwertanteil EW* = 60% · 1647,2333 = 988,34 erhalten, verbleibt für die zusätzlichen Wagniskapitalgeber der Endwertanteil 40% · 1647,2333 = 1647,2333 – EW* = 658,8933.

Die „vereinfachte" Bewertungsformel (2.5) bestätigt sich im Zahlenbeispiel:

$$p^* = \frac{\alpha}{1-\alpha} \cdot EW^* \cdot \rho_n$$

$$= \frac{0,4}{1\text{-}0,4} \cdot 988,34 \cdot \frac{1}{1,05^3} = \frac{658,8933}{1,05^3} = 569,1768. \qquad (3.7)$$

Aus der letzten Gleichung von (3.7) ergibt sich unmittelbar die Ergebnisinterpretation gemäß (2.6): Den neuen Wagniskapitalgebern muß in t = 0 als Einlage wenigstens der Barwert ihres 40%-Endwertanteils 658,8933 abverlangt werden.

Weil die lukrativen Sachinvestitionen P1 und P2 (im Gegensatz zum Fall der komplexen Bewertung) nicht mehr von der Kapitalerhöhung abhängen, sondern ebensogut fremd- wie eigenfinanziert werden können, beträgt die Rendite des Wagniskapitals im Unternehmen exakt i = 5%. Neues Eigenkapital erspart lediglich Fremdkapital und ermöglicht Geldanlagen, beides jeweils zum Marktzins 5% (*Fisher*-Separation). Sofern die Wagniskapitalgeber genau zum Grenzpreis p* = 569,1768 „einsteigen", beträgt also der interne Zins ihres Engagements ebenfalls nur

$$r = \sqrt[3]{\frac{658,8933}{569,1768}} - 1 = 5\%. \qquad (3.8)$$

Hierin spiegelt sich erneut die Erkenntnis der *Fisher*-Separation wider, der zufolge auf einem vollkommenen Kapitalmarkt Eigen- und Fremdfinanzierung beliebig austauschbar und ohne Einfluß auf den Kapitalwert eines Vorhabens sind. Wenn die Wagniskapitalgeber auf demselben vollkommenen Markt wie die Störfang AG agieren und ebenfalls zu 5% Geld anlegen und aufnehmen können, sind sie gegenüber einem Beteiligungsangebot in Höhe von p* indifferent – eine Rendite von 5% bekommen sie ebensogut am Markt. Aber auch die Störfang AG steht neuen Risikokapitalgebern gleichgültig gegenüber, denn wenn sie keine mit 5%

p.a. zufriedenen Wagniskapitalgeber findet, finanziert sie P1 und P2 eben wie im Basisprogramm durch 5%-Kredite.[31]

Dieses Beispiel zeigt, daß Phänomene wie die Wagnisfinanzierung junger Unternehmen nicht mit Modellen des vollkommenen Kapitalmarkts, in denen es keine Verschuldungsgrenzen und keine Unterschiede zwischen Soll- und Habenzins gibt, analysiert werden können. Neoklassische Annahmen, welche von realen Unvollkommenheiten abstrahieren, definieren zugleich den Problemkern hinweg und bieten keinerlei theoretische Entscheidungshilfe.

4 Ergebnis

Die Wachstumsfinanzierung mit Wagniskapital ist ein Unterfall der Beteiligungsfinanzierung. Während etablierte Aktiengesellschaften die Interessen ihrer Altaktionäre bei Kapitalerhöhungen durch die Gewährung von handelbaren Bezugsrechten wahren, steht dieses Instrument anderen Unternehmen nicht zur Verfügung. Selbst wenn es verfügbar ist, kann ein Bezugsrechtsausschluß im Interesse der Gesellschafter liegen, nämlich dann, wenn sie als Unternehmensgründer finanziell nicht (mehr) in der Lage sind, die Bezugsrechte selbst auszuüben. Dieser Fall dürfte für die Wachstumsfinanzierung junger Unternehmen typisch sein. Es stellt sich dann die Frage nach dem Entscheidungswert der zu gewährenden Unternehmensbeteiligung, also dem Grenzpreis oder Grenzemissionserlös, welcher die Alteigentümer vor einer Kapitalverwässerung durch den Beitritt neuer Gesellschafter schützt.

Die Entscheidungswertermittlung in dieser sowohl der Fusion als auch dem Verkauf ähnlichen Bewertungssituation läßt sich auf der Grundlage des allgemeinen Zustands-Grenzpreismodells (ZGPM) vornehmen. Im vorliegenden Beitrag werden die resultierenden „komplexen" und „vereinfachten" Bewertungsformeln auf die im Gründungszusammenhang weit verbreitete Zielsetzung der Endwertmaximierung übertragen und an einem einschlägigen Zahlenbeispiel ausführlich diskutiert.

Im Ergebnis bestätigt sich sehr deutlich, daß die Grenzpreisermittlung für die Wachstumsfinanzierung mit Wagniskapital von der Natur der Sache her den Einsatz von investitionstheoretischen Modellen erfordert, die mit Verschuldungsrestriktionen und Geld-Brief-Spannen umgehen können. Neoklassische Bewertungsmodelle der Finanzierungstheorie, welche auf vollkommene Kapitalmärkte im Gleichgewicht fixiert sind, gehen am Problem völlig vorbei: Ohne knappes Fremdkapital und ohne Unterschiede zwischen Soll- und Habenzins besteht weder ein Wachstumsfinanzierungsproblem für junge Unternehmen noch ein Investitionsanreiz für Wagniskapitalgeber.

31 Vgl. Hering (2004), S. 164f.

Literatur

Betsch O, Groh AP, Schmidt K (2000): Gründungs- und Wachstumsfinanzierung innovativer Unternehmen, München/Wien 2000.

Bitz M (2002): Finanzdienstleistungen, 6. Aufl, München/Wien 2002.

Hax H (1985): Investitionstheorie, 5. Aufl, Würzburg/Wien 1985.

Hering Th (2003): Investitionstheorie, 2. Aufl, München/Wien 2003.

Hering Th (2004): Der Entscheidungswert bei der Fusion, in: BFuP, 56. Jg (2004), S 148-165.

Hering Th, Olbrich M (2002): Einige grundsätzliche Bemerkungen zum Bewertungsproblem beim Börsengang junger Unternehmen, in: ZfB, 72. Jg (2002), Erg-Heft 5, S 147-161.

Hering Th, Vincenti AJF (2003): Gründungs- und Frühphasenfinanzierung, in: Breuer W, Schweizer Th (Hrsg), Gabler-Lexikon Corporate Finance, Wiesbaden 2003, S 221-224.

Hering Th, Vincenti AJF (2005): Unternehmensgründung, München/Wien 2005.

Laux H, Franke G (1969): Zum Problem der Bewertung von Unternehmungen und anderen Investitionsgütern, in: Unternehmensforschung, 13. Jg (1969), S 205-223.

Lutter M, Drygala T (1995): Rechtsfragen beim Gang an die Börse, in: Schmidt K, Schwark E (Hrsg), Unternehmen, Recht und Wirtschaftsordnung, Festschrift für P Raisch, Köln u.a. 1995, S 239-253.

Matschke M J (1975): Der Entscheidungswert der Unternehmung, Wiesbaden 1975.

Matschke MJ, Hering Th, Klingelhöfer HE (2002): Finanzanalyse und Finanzplanung, München/Wien 2002.

Perridon L, Steiner M (2003): Finanzwirtschaft der Unternehmung, 12. Aufl, München 2003.

Schmalenbach E (1947): Pretiale Wirtschaftslenkung, Bd 1: Die optimale Geltungszahl, Bremen 1947.

Bewertung von Wachstumsunternehmen

Michael Adams und Markus Rudolf

Abstract

Wachstumsunternehmen sind nicht erst ein Phänomen des Internet-Zeitalters, ihre Bewertung beschäftigt Investoren und Forscher schon seit geraumer Zeit. Wie der Begriff bereits besagt, handelt es sich dabei um Unternehmen, die ihren Wert eher aus ihrem rasanten Wachstum und weniger aus ihrer Fähigkeit zur Generierung zeitnaher Zahlungsströme schöpfen. Während die Theorie der Unternehmensbewertung grundsätzlich für alle Unternehmenstypen gleich ist, wurden doch spezielle Modelle entwickelt, die auf die Bewertung von schnell wachsenden Unternehmen angepasst sind. Neben den Realoptionsmodellen gehört das Modell von Schwartz und Moon (2001) zu den weiter verbreiteten Ansätzen. Im Rahmen dieses Kapitels werden wir näher auf dieses Modell eingehen, seine Methodik beschreiben und erörtern, inwiefern es sich speziell zur Bewertung von Wachstumsunternehmen eignet.

1 Historie der Wachstumsunternehmen und deren Bewertung

1.1 Der Begriff des Wachstumsunternehmens

Die Unterscheidung zwischen Wachstumsunternehmen und klassischen Unternehmen ist keine Errungenschaft der 90er Jahre, sondern eine traditionelle Unterscheidung. Die Termini „Old" und „New Economy" hingegen sind ein Phänomen der 90er. Heute weiß man jedoch, neuen ökonomischen Gesetzmäßigkeiten folgt die „New Economy" nicht. Nach den einschneidenden Erfahrungen zwischen den Jahren 2000 und 2002, die man mit den damaligen Wachstumsbranchen gemacht hat, sind lediglich einige wenige „Sterne" unter den Wachstumsunternehmen geblieben. In Deutschland wurde ein ganzes Marktsegment abgeschafft, an dem Wachstumswerte gehandelt wurden. Im Januar 2003 wurde der vormals sehr erfolgreiche „Neue Markt„ eingestellt.

Heutige Wachstumsunternehmen sind sehr stark mit dem Internet als Medium verbunden. Dabei handelt es sich um eine Technologie, die neue Distributionswege schafft und in vielen Dienstleistungen zu dramatischen Produktivitätssteigerungen beiträgt. Man könnte sagen, das Internet trägt zur Mobilisierung des Produktionsfaktors Information bei. Die Verarbeitung von Informationen durch Personal Computer ist bereits 15 Jahre alt. Die Verbreitung des Internet aber stellt durch

PC's aufbereitete Informationen zu jedem beliebigen Zeitpunkt an jedem beliebigen Ort zur Verfügung. Zweifellos handelt es sich dabei um eine technologische Revolution. Allerdings ist sie nicht die erste dieser Art in der Industriegeschichte der Erde. Als industrielle Revolution bezeichnet man gemeinhin die Einführung der Dampfmaschinentechnologie gegen Ende des 18. Jahrhunderts. Thomas Newcomen erfand um 1710 herum die Dampfmaschine. James Watt begann in den 1760er Jahren mit dem Bau einer Dampfmaschine und er erreichte 1796 den Durchbruch. Dadurch konnte der Produktionsfaktor Arbeit wesentlich effizienter eingesetzt werden. Ein wichtiger Durchbruch dieser neuen Technologie ergab sich mit der Verwendung der Dampfmaschine in Lokomotiven. Die Erschließung und Besiedelung von Kanada oder den USA wäre ohne Eisenbahnen nicht möglich gewesen. Die Fertigstellung der Bahnstrecke zwischen Atlantik und Pazifik in Kanada durch die Canadian Pacific Railway (CPR) Gesellschaft am 7. November 1885 beispielsweise führte zum Zusammenschluss der Kolonien nördlich den USA zum Land Kanada. Noch heute findet man den weitaus größten Teil der besiedelten Gebiete in Kanada in sehr engem Abstand um den Trans Canada Highway herum. Der Streckenführung des Highway entspricht der der ersten Bahnstrecke. In dieser Zeit stiegen die Aktien von Eisenbahnunternehmen in ungeahnte Höhen. In der heutigen Sprachverwendung würde man alle Sektoren, die damals im Zusammenhang mit der Eisenbahn-Technologie standen, als „New Economy" Unternehmen bezeichnen. Tatsächlich waren diese Sektoren auch außerordentlich wachstumsstark. Hätte es die NASDAQ im Jahr 1885 gegeben, die Aktien, der CPR wären zweifelsfrei dort notiert worden.

Offenbar verändert sich die Definition und Wahrnehmung von Wachstumssektore ständig. Peter Bernstein (1956) hat bereits zur Unterscheidung zwischen „Growth" und „Value" Stocks beigetragen. Nach seiner Definition müssen Wachstumsunternehmen über ein organisches Wachstum verfügen. D.h., das Wachstum muss von innen heraus kommen und darf nicht durch Bevölkerungs- oder Geldvermögenswachstum oder auch durch eine expansive Akquisitionspolitik bedingt sein. Bernstein hält ein von innen heraus erzeugtes Wachstum nur durch technologischen Fortschritt für möglich. Damit löst sich das eingangs geschilderte Dilemma in der Abgrenzung zwischen Technologie- und Wachstumsunternehmen: Voraussetzung für Wachstum, das über den traditionellen Industrien liegt, ist ein erheblicher, technischer Fortschritt. Wachstumsbörsen sind daher grundsätzlich Technologiebörsen. Dafür spricht auch, dass der frühere Index NEMAX des Neuen Marktes im Jahr 2003 durch den TecDAX abgelöst wurde, ein Index der wachstumsstarke Technologieaktien umfasst[1]. Der wohl bedeutendste Markt für Wachstumsunternehmen ist der NASDAQ, also die elektronische U.S. Börse für Technologieunternehmen. Für den deutschen Aktienmarkt gilt aber dennoch eine Besonderheit: Im Vergleich zu fast allen anderen Märkten ist der DAX sehr stark durch Technologietitel getragen. Man beobachtet deshalb auch ei-

[1] Rudolf und Muck (2003) geben einen ausführlichen Überblick zum Übergang vom neuen Markt zu den heute gültigen Marktsegmenten an der Deutschen Börse.

ne wesentlich höhere Volatilität in Deutschland als beispielsweise am U.S. Markt[2]. Muck und Rudolf (2003) arbeiten diese Besonderheiten der europäischen Börsen und deren Unterschied zur U.S. Börse in einer kurzen Abhandlung heraus.

Bernstein (1956) definiert ein Wachstumsunternehmen als eines, das deutlich über dem Durchschnitt liegende (risikobereinigte) Gewinnmargen erwarten lässt. Diese Forderung ist kaum auf die heutigen Zeiten übertragbar. Fast keines der derzeitigen Wachstumsunternehmen wies in der Anfangszeit Gewinne aus. Tatsächlich erwarteten die Marktteilnehmer nicht einmal Gewinne in der Anfangsphase. Mancher Leser mag sich daran erinnern, dass der Internet-Buchhändler amazon.com sogar durch fallende Aktienkurse abgestraft wurde, wenn die Verluste kleiner wurden. Diese auf den ersten Blick paradoxen Beobachtungen wurden dadurch erklärt, dass Wachstumsunternehmen aus der Internetbranche nicht um Marktanteile kämpften, sondern um ganze Märkte. Internet- und Telekommunikationsunternehmen leben natürlich von Netzwerkeffekten. Je stärker ein Netzwerk ausdifferenziert ist, desto höher würden die Gewinnmargen in der Zukunft sein und ein desto höherer Aktienkurs kann gerechtfertigt werden. Natürlich erfordert der Aufbau eines solchen Netzwerks erhebliche Anfangsinvestitionen. Daher waren fallende Verluste bis zum März 2000 nicht gerne gesehen; sie wurden als Indikatoren für eine mangelhafte Förderung des Netzwerks verstanden. Dies dürfte übrigens bei der Schaffung der ersten Eisenbahnlinien, die ebenfalls von Netzwerken leben, kaum anders gewesen sein.

Wir alle wissen, wie groß die Enttäuschung war, die nach dem März 2000 folgte. Uns allen ist bewusst, wie schnell und schonungslos das oben geschilderte Geschäftsmodell auf den Boden der Realität zurückgeführt wurde. Seit März 2003 ist aber wieder deutlich geworden, dass der Aktienkurs eines Unternehmens dem Barwert seiner erwarteten Gewinne entspricht. Nur erwartete Gewinnsteigerungen führen zu Aktienkurssteigerungen. Allein die Frist, in der Gewinne erzielt werden, kann sich bei Wachstumsunternehmen von traditionellen Unternehmen unterscheiden. Bernstein hat die Entwicklungen der 90er Jahre natürlich nicht vorher sehen können. Und natürlich müssen die erwarteten Gewinnmargen höher sein, wenn Wachstumsunternehmen höhere Aktienkurssteigerungen rechtfertigen wollen als „Value Stocks". Sie müssen es aber nicht unbedingt sofort sein. Es genügt, wenn in 5 bis 10 Jahren hohe Gewinnmargen erwartet werden können. Interessant ist übrigens auch, welche Unternehmen Bernstein (1956) als Wachstumsunternehmen einstuft. Neben mehreren anderen führt er insbesondere Unternehmen aus der Elektro- und Chemieindustrie an. Beispiele sind IBM, Eastman Kodak, General Electric, Dow Chemical, aber auch General Motors, DuPont und andere Unternehmen, von denen viele heute nicht mehr existieren. Alle diese Unternehmen sind heute arrivierte „Value" Unternehmen. Niemand käme heute mehr auf die Idee, eines dieser Unternehmen als Wachstumsunternehmen zu bezeichnen. Andere Autoren nennen zusätzlich Polaroid als Wachstumsunternehmen. Pikanterweise

[2] Die Technologieorientierung dürfte jedoch nicht der einzige Grund für die hohe Volatilität des deutschen Marktes im Vergleich zur U.S. Börse sein. Die höhere Liquidität in den USA dürfte ebenfalls zur Glättung der Kurse beitragen.

handelt es sich dabei um ein Unternehmen, das zwar in den 60er Jahren eine technologische Revolution in der Fotografie auslöste (Sofortbilder), das aber den Übergang zur digitalen Fotografie in der Mitte der 90er Jahre vollkommen verpasste und deshalb heute in existenzielle Schwierigkeiten steckt.

1.2 Ansätze zur Bewertung von Wachstumsunternehmen

Diese Analyse zeigt, dass das Phänomen der Wachstumsunternehmen kein neues Phänomen ist. Die Frage, wie „Value Stocks" im Gegensatz zu „Growth Stocks" zu bewerten seien ist eine alte Diskussion, die immer wieder auflebt. Beispiele dafür sind Fama und French (1992) oder Harris und Marston (1994) und viele andere mehr. Ein Unterschied zwischen Wachstumsunternehmen heute und vor 50 Jahren besteht aber in den negativen Cash-Flows, die bei heutigen Wachstumsunternehmen teilweise über viele Jahre hingenommen werden müssen. Erst die Etablierung von Venture-Capital-Gesellschaften hat solche Entwicklungen, wie wir sie z.B. von amazon.com oder von United Internet in Deutschland her kennen, ermöglicht. Für die Bewertung von Wachstumsunternehmen sind die Konsequenzen aber wichtig. Das von Bernstein (1956) vorgeschlagenen Verfahren, welches auf organisches Wachstum von innern heraus setzt, eignen sich nicht mehr. Heutige Unternehmensgründungen werden von außen finanziert, typischerweise von Venture-Capital-Gesellschaften. Sie weisen über viele Jahre negative Cash Flows auf und werden dennoch mit positiven Preisen bewertet. Deshalb ist zwar das Phänomen von Wachstumsunternehmen nicht neu. Deren Bewertungsmethoden mussten jedoch gründlich überarbeitet werden. Wissenschaftliche Ansätze, die das Problem der negativen Cash Flows berücksichtigen, sind jedoch wesentlich jünger als das Phänomen der Wachstumsunternehmen selbst. Nachfolgend werden die folgenden Bewertungsmodelle behandelt:

1. Traditionelle Unternehmensbewertungsmodelle
2. Realoptionsmodelle
3. Rationale Unternehmensbewertungsmodelle
   a. Cash Flow Modelle
   b. EBIT Modelle
4. Kundenbewertungsmodelle

Alle traditionellen Unternehmensbewertungsmodelle setzen entweder an Erfolgsgrößen (wie z.B. der Vorsteuergewinn vor Zinszahlungen EBIT) oder an finanzwirtschaftlichen Größen (wie z.B. Cash Flows) an, die für die Zukunft geschätzt werden müssen. Die einfachste Form eines Cash Flow basierten Bewertungsmodell stammt von Gordon und Shapiro (1956). Demnach entspricht der Unternehmenswert P dem folgenden Ausdruck:

$$P = \frac{CF}{r - g} \qquad (1.1)$$

CF bezeichnet den nächsten Cash Flow in Euro, *r* den Kalkulationszinsfuß und *g* die jährliche Wachstumsrate der Cash Flows. Es gilt: $r > g$. Nehmen wir beispielsweise einen Cash Flow von 1 €m und einen Kalkulationszins von 10% an, dann beträgt der Unternehmenswert 10 €m, falls kein Wachstum zu beobachten ist, aber 100 €m bei einem jährlichen Wachstum von 9%. Auf diese Weise lassen sich „Value Stocks" (kleines *g*) problemlos von growth stocks (großes *g*) unterscheiden. Implementierbare Bewertungsmodelle können wesentlich komplexer sein als das in Gleichung (1.1) dargestellte Gordon-Shapiro-Modell. Dennoch ist allen diesen Modellen gemeinsam, dass sie von positiven Cash Flows ausgehen. Dies zeichnet jedoch die Situation vieler Wachstumsunternehmen nicht angemessen nach. Eine Anpassung von traditionellen Bewertungsverfahren auf Gründungsunternehmen stammt von Achleitner und Nathusius (2003). Sie liefern einen Überblick zur Anwendung von DCF Verfahren, von Realoptionsansätzen, von marktorientierten Verfahren (Vergleichsmethoden) und der Venture-Capital-Methode als Faustregel auf die Bewertung von Gründungsunternehmen.

Einer der ersten Erklärungsansätze für Wertkomponenten von Unternehmen, die über den Barwert der Cash Flows hinausgehen, stammt von Myers (1977). Auf ihn geht das Konzept der Realoptionen zurück. Reale Optionen sind unternehmerische Flexibilitäten, die vom Kapitalmarkt als bewertungsrelevant angesehen werden können und die somit einen negativen Cash Flow-Barwert in einen positiven Unternehmenswert verwandeln können. Dem liegt die Annahme zugrunde, dass der Unternehmenswert aus dem Barwert der Cash Flows nach Gleichung (1) bestehe plus einen Gegenwert für die Flexibilität. Reale, unternehmerische Optionen werden weiter unten noch im Lebenszyklus des Unternehmens berücksichtigt werden.

Zusätzlich zum Realoptionsansatz haben sich aber auch zwei weitere Bewertungsansätze heraus kristallisiert, die wesentlich neuer sind. Beim ersten Ansatz handelt es sich um rationale Bewertungsmodelle. Sie erfassen die gesamte Wahrscheinlichkeitsverteilung bewertungsrelevanter Größen und projizieren sie durch Simulation in die Zukunft. Als bewertungsrelevante Größen kommen wiederum entweder Erfolgsgrößen in Frage (EBIT-Modelle) oder Cash Flow-Größen. Schwartz und Moon (2000) und Schwartz und Moon (2001) sind Vertreter der Cash Flow orientierten, rationalen Bewertungsmodelle. Sie nehmen für Umsätze und Kosten stochastische Prozesse an und simulieren sie für einen relativ langen Zeithorizont in die Zukunft. Daraus ergibt sich dann eine Wahrscheinlichkeitsverteilung mit zum Beispiel 100.000 verschiedenen Cash Flows in 25 Jahren. Aus dieser Cash Flow-Verteilung lässt sich dann ein Unternehmenswert bestimmen. Der Vorteil dieser Art der Modellierung ist, dass der gesamte Wachstumsprozess des Unternehmens auf 100.000 verschiedenen Pfaden modelliert werden kann. Auf diesem Pfad kann das Unternehmen in beispielsweise in 20% aller Fälle in den Konkursfall laufen und in 80% aller Fälle überleben. Damit erhält man eine sehr realistische, asymmetrische Cash Flow-Verteilung für das Jahr 25. Aus dieser Verteilung ergibt sich dann durch Diskontierung die Verteilung des heutigen Unternehmenswertes. Negative Cash Flows in den Anfangsjahren können problemlos in den Prozess hinein modelliert werden. Die Wachstumsgeschwindigkeit der Cash Flows sinkt aber im Zeitablauf, so dass das Unternehmen in einem Lebenszyklus verschiedene Stadien durchläuft. Am Ende der Simulationsperiode ist das Unternehmen entweder ein profitables „Value“ Unternehmen oder bankrott. Die Ansätze von Schwartz und Moon wurden häufig aufgegriffen. Eine umfangreiche, empirische Untersuchung des deutschen Wachstumsmarktes stammt von Keiber, Kronimus und Rudolf (2002). Die umfangreichste theoretische Abhandlung dazu stammt von Kronimus (2003). Ihm gelingen zahlreiche Erweiterungen, z.B. hinsichtlich der Frage, wie viel Eigenkapital Venture-Capital-Geber bereit sind zu zahlen bzw. wann der optimale Bankrottzeitpunkt eingetreten ist. Zudem gelingen ihm Schlussfolgerungen nicht nur zum Unternehmenswert sondern auch zum Kreditrisiko eines Wachstumsunternehmens. Im hier vorliegenden Text wird weiter unten auf das Modell von Schwartz und Moon (2001) eingegangen.

Ebenfalls zur Klasse der rationalen Modelle gehören die so genannten EBIT Modelle, die den bereits oben erwähnten Zahlungsstrom-orientierten Modellen ähneln. Im Unterschied dazu wird bei Ihnen jedoch keine Cash Flow Größe modelliert (als Differenz von Umsätzen und Kosten), sondern direkt eine Erfolgsgröße, typischerweise EBIT. Der Vorzug dieser Modellierung ist der geringere Datenbedarf. Das erste Papier zu dieser Art der Bewertung stammt von Goldstein, Nengjiu und Leland (2001). Ammann und Genser (2004) greifen EBIT-Modelle auf, um Credit Spreads von Unternehmensanleihen zu bestimmen. Damit bilden sie die Vorgehensweise von Kronimus (2003) mit einem EBIT-Modell nach.

Eine zweite Gruppe von Bewertungsmodellen für Wachstumsunternehmen setzt nicht an finanziellen Erfolgszahlen an, sondern an der Anzahl und der Qualität der Kundenbeziehungen. Man spricht in der Marketing-Literatur von Customer-Valuation-Modellen. Der Vorzug dieser Modelle besteht darin, dass Kundenwerte in der Regel nicht negativ sein können. Summiert man daher den Wert aller Kunden so erhält man den Wert des Unternehmens. Im Bereich des Marketing gibt es dazu umfangreiche Literatur, z.B. Rudolf-Sipötz (2001) oder Krafft (2002). Die Anwendung dieser Ansätze in der Finanzwirtschaft ist recht selten. Beispiele dafür sind z.B. Treynor (1994) oder Krafft, Rudolf und Rudolf-Sipötz (2005).

Im hier vorliegenden Aufsatz wird vor allem auf die traditionellen und die rationalen Modelle der Unternehmensbewertung eingegangen. Kundenwertmodelle werden vernachlässigt, weil sie einer stark unterschiedlichen Modellklasse angehören. Der Versuch, sowohl traditionelle wie auch rationale Modelle auf Wachstumsunternehmen anzuwenden, wurde in einer umfassenden Studie von Behm (2003) gewagt. Hier wird einerseits gezeigt, wie traditionelle, erfolgsorientierte Modelle zur Verwendung von Wachstumsunternehmen eingesetzt werden können. Andererseits stellt Behm stochastische, zahlungsstrom-orientierte Modelle vor. Er schließt dann eine empirische Untersuchung für 21 am Neuen Markt in Frankfurt notierte Unternehmen aus den Sektoren Telekommunikation, Biotechnologie und Medizintechnik an. Der empirische Bewertungsteil stützt sich auf die Simulation von Erfolgsgrößen wie EBIT. Hier schließt Behm die traditionellen Verfahren aus seiner Untersuchung aus, weil sie schlicht nicht geeignet sind.

Im Gegensatz dazu wird hier der Versuch unternommen, ein Unternehmen in seinem Lebenszyklus zu verfolgen und zu bewerten. Der Schwerpunkt dieses Kapitels wird dabei auf einer Darstellung des Modells von Schwartz und Moon (2001) zur Bewertung von Wachstumsunternehmen liegen.

2 Unternehmensbewertung und der Lebenszyklus von Unternehmen

2.1 Der Lebenszyklus von Unternehmen

Der Entwicklungsprozess, den ein Unternehmen durchläuft, kann man theoretisch in mehrere Phasen einteilen, wovon die Phase des Wachstums nur eine ist. Idealtypisch steht vor der Wachstumsphase die Gründungs- und Anlaufphase, an die Wachstumsphase schließen sich die Reife und die Konsolidierungsphase an. Eine solche Einteilung ist weit verbreitet und leitet sich aus den beiden Erkenntnissen ab, dass einerseits Produkte typischerweise einen Lebenszyklus durchlaufen und andererseits Unternehmen typischerweise um Produkte herum entstehen und organisiert sind. Entsprechend kann sich dieser schematische Ablauf einer Unternehmensentwicklung in Abhängigkeit von Produkteigenschaften unterschiedlich schnell vollziehen, auch können sich einzelne Geschäftsfelder innerhalb eines Unternehmens in verschiedenen Phasen befinden und sich überlagern. Insofern ist es nicht immer eindeutig möglich, ein Wachstumsunternehmen als solches zu kategorisieren. Black (2003) hat einen Versuch für verschiedene Branchen in den USA unternommen, dieser ist in Abbildung 1 dargestellt.

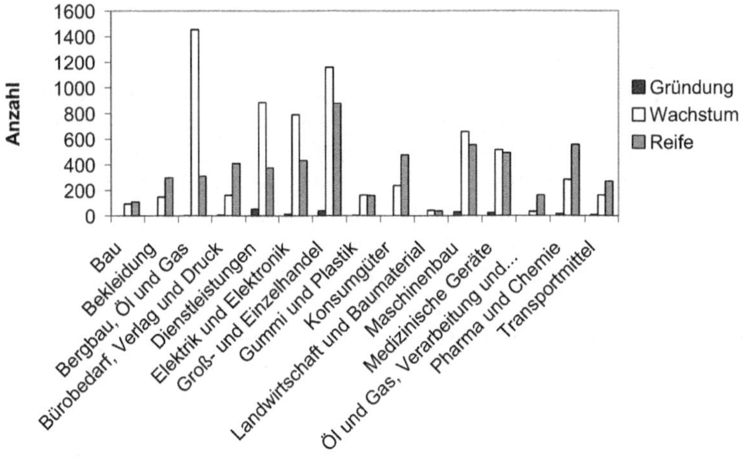

Abb. 1. Übersicht zu Lebenszyklusphasen von Unternehmen ausgewählter Branchen[3]

[3] Entnommen aus Black (2003), S. 55, eigene Übersetzung.

Aus der Abbildung lassen sich zwei Schlussfolgerungen ableiten. Zunächst lässt sich erkennen, dass die verschiedenen Industrien unterschiedliche Grade an Innovation beinhalten und damit auch einen weit divergierenden Anteil an Wachstumsunternehmen besitzen. Schließlich kann man aber auch über alle Branchen hinweg ein typisches Muster erkennen: Während die Anzahl an Gründungsunternehmen gering ist, kann die Anzahl der Wachstumsunternehmen sehr groß sein, im Bereich Bergbau, Öl und Gas bspw. ein Vielfaches der als reif kategorisierten Unternehmen. Die Zahl der reifen Unternehmen ist häufig geringer als die der Wachstumsunternehmen. Dies spiegelt einfache Tatsachen der wirtschaftlichen Realität wider: Sobald ein Unternehmen gegründet wurde, muss es wachsen, um eine kritische Größe zu erreichen und die anfänglichen Investitionen zu amortisieren. Anders formuliert muss es einem Unternehmen möglichst schnell gelingen, von der Gründungsphase in die Wachstumsphase überzugehen. Ist eine Branche sehr innovativ, so werden sich zahlreiche Unternehmen daran machen, die Innovationen in marktfähige Produkte und wirtschaftliche Geschäftsprozesse umzusetzen. Nur einigen wird dies jedoch gelingen, andere werden aufgrund nicht gangbarer Geschäftsmodelle, zu langsamen Wachstums oder ganz einfach mangelnder liquider Mittel aufgeben müssen. Steigender Konkurrenzdruck führt schließlich zu einer, wenn man es so bezeichnen möchte, darwinistischen Auswahl der fittesten oder angepaßtesten Geschäftsmodelle, die in eine Konsolidierungsphase in der Branche mündet und somit die Reife-Phase einläutet.

2.2 Bewertung entlang des Lebenszyklus eines Unternehmens

Aus den Betrachtungen des vorangehenden Abschnitts lässt sich ableiten, dass die Bewertung reifer Unternehmen mit weniger Unsicherheit behaftet ist, als die von Wachstumsunternehmen. Grundsätzlich sind der Wertbegriff und damit auch das Bewertungsverfahren jedoch unabhängig von den Charakteristika eines Unternehmens. In der Theorie spielen somit bspw. weder die Branche eines Unternehmens eine Rolle für das Bewertungsverfahren, noch die Phase des Lebenszyklus, in der es sich gerade befindet. In der Theorie lassen sich alle Unternehmen nach den gleichen theoretischen Ansätzen bewerten.

Das Problem der Bewertung ist jedoch ein Zweifaches: Einerseits bedarf es eines Modells, dass die Realität hinreichend genau erfasst und abbildet sowie den Bewertungszweck berücksichtigt. Andererseits entsteht erfahrungsgemäß der wesentlich größere Teil der Bewertungsungenauigkeit, oder besser: Bewertungsunsicherheit, durch die Annahmen zu Daten und Parametern, die in das Bewertungsmodell einfließen. Das Ziel einer jeden Bewertung ist aber die Minimierung der Bewertungsunsicherheit, oder, anders gesagt, die Maximierung der Bewertungsgenauigkeit[4]. Unterschiedliche Datenverfügbarkeit und unterschiedliche Datenre-

---

[4] Man kann die Genauigkeit eines Modells z.B. daran festmachen, wie sehr die künftige Wertentwicklung mit der auf Grund des bestimmten Wertes prognostizierten Wertentwicklung übereinstimmt.

levanz bzw. –aussagekraft führt jedoch dazu, dass sich verschiedene Modelle unterschiedlich gut eignen zur Bewertung von Unternehmen in spezifischen Phasen ihres Lebenszyklus. Dies ist einer der Gründe dafür, warum nicht nur verschiedene Bewertungsmodelle existieren, sondern auch immer wieder bestimmte Modelle auf Unternehmen in spezifischen Phasen ihres Lebenszyklus angewandt werden.

Dem bereits erwähnten Ansatz von Myers (1977) zufolge besteht der Wert eines Unternehmens aus dem Wert des bestehenden Unternehmens, d.h., des laufenden Geschäfts, und den Wachstumsoptionen des Unternehmens. Genauer gesagt besteht der Wert eines reifen Unternehmens darin, mit einem gangbaren Geschäftskonzept nachhaltig positive Zahlungsströme zu erwirtschaften. Der Wert eines Wachstumsunternehmens besteht jedoch darin, möglichst stark zu wachsen und eine gewisse Größe zu erreichen, mit der es dann in eine reife Phase übergeht und idealerweise nachhaltig positive Zahlungsströme erwirtschaftet. Etwas salopp könnte man demnach auch sagen, dass die Bewertung von Wachstumsunternehmen eine Wette auf das Erreichen der Reife-Phase[5] ist. Bei reifen Unternehmen wird der erste Teil den Hauptteil des Wertes ausmacht, bspw. 90%, während die verbleibenden 10% auf die Unternehmen inhärente Wachstumsoptionen zurückzuführen sind. Je weiter man im Lebenszyklus eines Unternehmens zu dessen Gründung zurückgeht, desto mehr steigt der relative Anteil der Wachstums- oder Optionskomponente am Unternehmenswert, entsprechend fällt der relative Anteil des Wertes, der aus dem gegenwärtig laufenden Geschäft erklärt werden kann. Zu einem ähnlichen Ergebnis kommt Black (2003), der in einer empirischen Studie zur Aussagekraft der Rechnungslegung die Relevanz von Cash-Flow-Statement, Gewinn- und Verlustrechnung sowie Bilanz untersucht im Hinblick auf die Bewertung von Unternehmen in den drei bereits erwähnten Lebenszyklusphasen: Gründung, Wachstum und Reife.

Im Anschluss an diese Betrachtungen möchten wir einen Bewertungsansatz vorstellen, der explizit zur Bewertung von Wachstumsunternehmen entwickelt wurde. Außerdem werden wir versuchen, die Parallelen dieses Ansatz zur Bewertung reifer Unternehmen deutlich zu machen, um damit zu unterstreichen, dass eine einheitliche Theoriensprache zur Bewertung existiert, jedoch für bestimmte Zwecke eine besondere Akzentuierung erfolgen kann.

3 Bewertung von Wachstumsunternehmen: das Modell von Schwartz und Moon (2001)

3.1 Einführung in das Modell

Schwartz und Moon (2001) haben ein Modell entwickelt speziell für die Bewertung von Wachstumsunternehmen, welche sie damals als „internet companies" bezeichneten. Es stellt eine Verallgemeinerung des etwas restriktiveren Ansatzes

[5] Und nach dem Erreichen der Reife natürlich auch das erfolgreiche Wirtschaften.

dar, den sie in Schwartz und Moon (2000) ein Jahr zuvor veröffentlichten; insofern werden wir uns in unseren Darstellungen auf das jüngere beschränken. Sie entwickeln ein stochastisches Modell, welches den optionalen Wachstumscharakter durch Szenariotechnik erfasst, in dieser Hinsicht künftige und unsichere Wachstumselemente also ähnlich wie Realoptionsmodelle berücksichtigt. Es sei jedoch betont, dass es sich dabei um ein eigenständiges Modell handelt, welches nicht unter dem Begriff der Realoptionstheorie subsumiert werden kann.

Der Ansatz von Schwartz und Moon (2001) besteht zwar aus zahlreichen Gleichungen und Prozessen, die grundlegende Methodik lässt sich jedoch einfach darstellen. Allgemein liegt dem Modell der Gedankengang zu Grunde, dass zur Bewertung die relevanten Wertreiber eines Unternehmens zu identifizieren und deren Dynamik im Zeitablauf zu beschreiben ist. Die Erfassung der Dynamik der Wertreiber erfolgt hierbei in stetiger Zeit durch die Formulierung stochastischer Prozesse. Diese Prozesse werden miteinander in Beziehung gesetzt. Dies erfolgt einerseits durch die Einführung von Korrelationen zwischen den Prozessen, andererseits durch Verknüpfung der Ergebnisse der Prozesse zur Bestimmung aggregierter Werte. Im nächsten Schritt werden zwei Randbedingungen zu Begrenzung der stochastischen Prozesse eingeführt. Zum einen ist dies die Bankrott-Bedingung, welche Eintritt, sobald der stochastische Pfad des Kassenbestandes eine kritische Grenze unterschreitet. Dann bricht die Simulation dieses Pfades ab. Die andere Bedingung beschreibt den Erfolgsfall des Unternehmens. Überlebt dieses nämlich einen vorher definierten Zeitraum, die Wachstumsphase, ohne Bankrott zu gehen, so wird angenommen, dass es sich als reifes Unternehmen etablieren konnte. Auch dann bricht die Simulation des jeweiligen Pfades ab. Dieses Vorgehen wird einige tausendmal wiederholt.[6] Derart erhält man eine Wahrscheinlichkeitsverteilung möglicher Unternehmenswerte, aus denen sich sowohl ein Erwartungswert des Unternehmenswertes als auch dessen Varianz ableiten lässt.[7]

3.2 Beschreibung des Modells

Schwartz und Moon (2001) identifizieren nun als die wichtigsten Wertreiber von Wachstumsunternehmen drei Größen, nämlich den Umsatz U, die Wachstumsrate des Umsatzes μ und die variablen Kosten γ. Die Auswahl fällt deshalb auf den Umsatz und dessen Wachstum, da Gewinne keine hinreichend gute Aussage zum

[6] Während Schwartz und Moon (2001) 10.000 Wiederholungen zur Bewertung von eBay durchführen, aber zugeben, dass die sich ergebende Verteilung nicht sehr glatt sei, setzen Keiber, Kroniums und Rudolf (2002) 100.000 Wiederholungen zur Bewertung der NEMAX 50 Unternehmen ein.

[7] Zusätzlich lässt sich aus der Verteilung der Fälle, in denen das Unternehmen Bankrott geht, ein Risikomaß für das Kreditausfallrisiko ableiten. Dieser Sachverhalt wird ausführlich von Kronimus (2003) analysiert, soll für unsere Betrachtungen jedoch nicht weiter berücksichtigt werden.

Wachstumsprozess und dessen Geschwindigkeit zulassen. Wachstumsunternehmen werfen häufig zunächst keine Gewinne ab, vielmehr beobachtet man, dass durch Wachstum und zunehmende Investitionen die Verluste sogar ansteigen. Da der Wert eines Wachstumsunternehmens aber inhärent in seiner Fähigkeit zum Wachsen liegt, und eben nicht darin, Gewinne in naher Zukunft abzuwerfen, spielen Umsatz und Umsatzwachstum eine bedeutende, wenn nicht kritische, Rolle für den Wert dieser Unternehmen. Schwartz und Moon modellieren daher den Umsatz U als einen Wienerprozess mit der Wachstumsrate μ und zufälligen, d.h., nicht prognostizierbaren, Schwankungen σ:

$$\frac{dU(t)}{U(t)} = \mu(t)dt + \sigma(t)dz_U(t), \tag{3.1}$$

wobei gilt:

$$d\mu(t) = \kappa_\mu\left(\bar{\mu} - \mu(t)\right)dt + \eta(t)dz_\mu(t) \tag{3.2}$$

$$d\gamma(t) = \kappa_\gamma\left(\bar{\gamma} - \gamma(t)\right)dt + \varphi(t)dz_\gamma \tag{3.3}$$

Dabei wird für die Wachstumsrate des Umsatzes angenommen, dass sie anfänglich zwar sehr groß ist, langfristig aber gegen eine durchschnittliche Wachstumsrate $\bar{\mu}$, z.B. die der jeweiligen Branche, konvergiert, und zwar mit einer Geschwindigkeit κ_μ. Dieser so genannte „mean reversion"-Effekt trägt der bereits erwähnten Lebenszyklushypothese Rechnung, dass alle Wachstumsunternehmen einen Reifeprozess durchlaufen und sich schließlich langfristig im Durchschnitt mit ihrer Branche entwickeln. Entsprechend wird die Wachstumsrate als Ornstein-Uhlenbeck-Prozess modelliert. Auch sie unterliegt zufälligen und nicht vorhersagbaren Schwankungen η.

Zusätzlich wird für die beiden Parameter σ und η, die die Unsicherheit ins Modell einbringen, angenommen, dass sie ebenfalls im Zeitverlauf abnehmen. Sie werden daher beide ebenfalls mit einem Ornstein-Uhlenbeck-Prozess beschrieben. Dies spiegelt wiederum die Tatsache wider, dass mit Etablierung im Markt die Unsicherheit für ein Unternehmen abnimmt und es einer eher stetigen Entwicklung folgt, die Geschäfte sozusagen „in ruhigem Fahrwasser" ablaufen. Trotzdem kann es auch für etablierte Unternehmen natürlich immer wieder zu Umsatzschwankungen kommen. Dementsprechend nimmt das Modell an, dass die Schwankungen des Umsatzes σ mit der Geschwindigkeit κ_σ gegen einen durchschnittlichen Wert $\bar{\sigma}$ konvergieren, wiederum bspw. den der Branche, während die unerwarteten Schocks der Wachstumsrate mit der Zeit gegen null tendieren. Anzumerken ist hierbei, dass während die beiden ersten werttreibenden Faktoren Umsatz und erwartetes Umsatzwachstum in den Gleichungen (3.1) und (3.2) stochastischen Prozessen folgen, verhalten sich deren Standardabweichungen in den Gleichungen rein deterministisch und damit vorhersagbar.

Der dritte werttreibende und ebenfalls zufällige Wertreiber des Modells sind die variablen Kosten des zu bewertenden Unternehmens. Die fixen Kosten stellen zwar anfangs häufig den weit größeren Kostenblock und entscheiden meist über die Höhe der Gewinnschwelle. Die Entwicklung der variablen Kosten γ ist es jedoch, die langfristig darüber entscheidet, wie stark sich der Umsatz und dessen Wachstum auf den Gewinn des Unternehmens und damit dessen Wert auswirken. Auch sie folgen im Modell einem Ornstein-Uhlenbeck-Prozess, der in (3.3) dargestellt ist.

Die Gesamtkosten *C(t)* ergeben sich im nächsten Schritt durch folgenden Ausdruck:

$$C(t) = \gamma(t)U(t) + F \tag{3.4}$$

Eine Korrelation zwischen den drei stochastischen Prozessen ist vom Modell her zugelassen und kann problemlos implementiert werden.

Hiermit sind alle grundlegenden Gleichungen des Modells beschrieben. Die stochastischen Prozesse in (3.1), (3.2) und (3.3) legen die wesentliche werttreibende Dynamik des Unternehmens fest, während alle anderen Parameter diese drei Prozesse um zusätzliche Effekte erweitern.

Nun geht es darum, diese Prozesse sinnvoll zu einem Wertmodell des Unternehmens zu kombinieren. Bisher wurden lediglich Umsätze und Kosten betrachtet, ein einfacher Saldo hieraus ergäbe einen Schätzwert für den jeweiligen Periodengewinn. Bewertungsrelevant sind jedoch die Zahlungsströme der jeweiligen Periode. Die Gewinne müsse folglich noch um zwei Effekte bereinigt werden, die in einer Gewinn- und Verlustrechnung zeitlich verzerrt dargestellt werden: Einerseits müssen Investitionsausgaben sofort dann und in vollem Umfang berücksichtigt werden, wenn sie anfallen, andererseits müssen Abschreibungen wieder hinzuaddiert werden. Die Annahmen zur Dynamik dieser beiden Größen gestalten sich recht einfach: Die Abschreibungen *A(t)* ergeben sich als konstante Quote *AQ* des gesamten Anlagevermögens der jeweiligen Periode *AV(t)*:

$$A(t) = AV(t)AQ \tag{3.5}$$

Das Investitionsvolumen *I(t)* einer Periode entwickelt sich als konstante Quote *IQ* des Periodenumsatzes *U(t)*:

$$I(t) = U(t)IQ \tag{3.6}$$

Als Saldo dieser beiden Gleichungen lässt sich der Prozess für die Entwicklung des Anlagevermögens *AV(t)* des Unternehmens im Zeitverlauf ableiten:

$$dAV(t) = \left(-A(t) + I(t)\right)dt \tag{3.7}$$

Der Ausgangswert der Investitionen ist natürlich gegeben und wird bei der Kalibrierung des Modells berücksichtigt, insofern kommt es in (3.5) und (3.7) zu keinem Zirkelschluss. Festzustellen ist, dass sich das Anlagevermögens *AV(t)* zwar zu einem gewissen Grad stochastisch entwickelt, da sein Wachstum *dAV(t)* letztendlich vom stochastischen Umsatzvolumen *U(t)* der Periode abhängt, andererseits aber der Prozess von *dAV(t)* auch vom aktuellen Wert des Anlagevermögens *A(t)* beeinflusst wird und somit eine pfadabhängige Eigenschaft besitzt.

Ein letzter Effekt, der zu berücksichtigen bleibt, ist der Verlustvortrag, der anwächst, so lange das Unternehmen keine Gewinne erwirtschaftet und der zu steuerliche Abschreibungen vom Gewinn in gleicher Höhe führt, sobald das Unternehmen welche generiert. Die Berücksichtigung dieser Steuereinsparung kann einen durchaus signifikanten Einfluss auf den Wert des Unternehmens haben und wird daher explizit im Modell von Schwartz und Moon (2001) berücksichtigt. Ist der Periodengewinn kleiner null, erfüllt er also Bedingung (3.8), so wächst der Verlustvortrag *VV* um eben diesen Betrag an:[8]

$$U(t)-C(t)-A(t)\leq 0 \Rightarrow dVV(t)=-\big(U(t)-C(t)-A(t)\big)dt \tag{3.8}$$

Wird diese Bedingung (3.14) nicht erfüllt, erwirtschaftet das Unternehmen also Gewinne, so müssen zwei Fälle unterschieden werden. Ist der Betrag (im mathematischen Sinne) des Verlustvortrags größer als der Betrag des Gewinns, so kann der Verlustvortrag einfach um die Gewinne verringert werden. Da das Vorzeichen des Gewinns in diesem Fall bereits positiv ist, kann der Ausdruck analog zu (3.8) dargestellt werden.

$$U(t)-C(t)-A(t)< VV \Rightarrow dVV(t)=-\big(U(t)-C(t)-A(t)\big)dt \tag{3.9}$$

Übersteigt der Betrag der Gewinne einer Periode jedoch den Betrag des Verlustvortrags, ist Bedingung (10) also nicht erfüllt, so wird letzterer automatisch gleich null gesetzt. Formal ist dieser Zusammenhang in den folgenden Gleichungen und Ungleichungen dargestellt:

$$U(t)-C(t)-A(t)> VV \Rightarrow dVV(t)=-VV(t)dt \tag{3.10}$$

Die Steuerlast *S(t)* des Unternehmens kann in der jeweiligen Periode an Hand der eingeführten Fallunterscheidung bestimmt werden. Erwirtschaftet das Unternehmen keine Gewinne oder sind diese in der jeweiligen Periode geringer als der bestehende Verlustvortrag, anders gesagt, ist Bedingung (3.8) oder (3.9) erfüllt, so zahlt das Unternehmen keine Steuern:

$$\mathrm{S}(\mathrm{t})=0 \tag{3.11}$$

Ist weder (3.8) noch (3.9) erfüllt, erwirtschaftet das Unternehmen demnach Gewinne, die den Verlustvortrag mehr als aufzehren, so lässt sich die Steuerlast des Unternehmens durch einfache Multiplikation des Gewinnanteils, der den Verlustvortrag übersteigt, mit der durchschnittlichen Steuerrate τ berechnen, denn nur auf diesen Anteil zahlt das Unternehmen schließlich Steuern. Zur Vollständigkeit ist dies in (3.12) beschrieben.

---

[8] In dieser und den folgenden Gleichungen zum Verlustvortrag und der Steuerlast weichen wir von Schwartz und Moon (2001) ab und folgen Kronimus (2003), da ersteren ein Fehler in der Spezifizierung ihres Modells in diskreter Zeit unterlaufen ist, der von letzterem korrigiert wurde. Siehe hierzu Kronimus (2003), S. 160f.

$$S(t) = \tau\big(U(t) - C(t) - A(t) - VV(t)\big) \tag{3.12}$$

Nach Berücksichtigung all dieser zusätzlichen Effekte kann nun die Prozessgleichung des Kassenbestandes aufgestellt werden, also der Größe, die als potenzielle Cash Flows ausgeschüttet werden könnte. Aus Gründen der Einfachheit gehen Schwartz und Moon davon aus, dass positive Zahlungsströme nicht ausgeschüttet sondern vollständig thesauriert werden. Für Wachstumsunternehmen ist dies eine realistische Annahme, da sie für ihr Wachstum liquide Mittel benötigen. So zahlte bspw. Microsoft über Jahre hinweg keine Dividende und führte diese erst auf Druck von Investorenseite ein. Mit der zusätzlichen Annahme, dass der Kassenbestand einer Periode $X(t)$ den risikolosen Zins r erwirtschaftet ergibt sich schließlich die Prozessgleichung des Kassenbestandes:

$$dX(t) = \big(rX(t) + U(t) - C(t) - S(t) - I(t)\big)dt \tag{3.13}$$

Dieser Prozess ist das Aggregat aller vorangehenden Prozesse und Zusammenhänge, er ist die zentrale Gleichung des Modells. Interessant an ihr ist gleichzeitig die Tatsache, dass man, wenn alle stochastischen Komponenten gleich null gesetzt werden, d.h.

$$\sigma = \eta = \varphi = 0, \tag{3.14}$$

dann ist dX in (15) eine deterministische Gleichung, wie man sie in der traditionellen Unternehmensbewertung verwendet. Damit ist gleichzeitig auch die Parallelität des Ansatzes von Schwartz und Moon zu einem einfachen DCF-Modell belegt.

Kehren wir aber zur stochastischen Version zurück, so ist es diese Gleichung, die den anfangs erwähnten Randbedingungen unterliegt und auf sie geprüft wird. Unterschreitet nämlich nun der Prozess in (14) die kritische Grenze von 0, so ist das Unternehmen bankrott und die Simulation dieses Pfades wird sofort abgebrochen. Diese Grenze kann aber auch von null verschieden gewählt werden. Häufig werden nämlich Unternehmensprojekte abgebrochen, bevor alles Kassenbestände aufgebraucht sind, da das Geschäftsmodell als nicht gangbar erkannt wird, in diesem Fall wäre die kritische Grenze größer null. Andererseits kann die kritische Grenze auch unter null liegen, wenn bspw. neue Runden an Eigenkapitalfinanzierung realisiert werden. Die Wahl der Schranke hängt also vom spezifischen Bewertungsfall ab und muss entsprechend gewählt werden. Geht ein Unternehmen Bankrott, so endet der Simulationspfad des Unternehmenswertes W mit dem Wert L, wie in (3.15) beschrieben. L stellt einen Schätzer für den Liquidationswert dar, der nach Bedarf auch gleich null gesetzt werden kann. Zur Beschreibung des Modells soll jedoch eine möglichst allgemeine Darstellung der Parameter erfolgen.

$$\mathrm{W}(\mathrm{U}, \mu, \gamma, \mathrm{AV}, \mathrm{VV}, \mathrm{X}, \mathrm{S}) = \mathrm{L} \tag{3.15}$$

Unterschreitet der Prozess des Kassenbestandes aber zu keinem Zeitpunkt $t<T$ die Bankrott-Schranke so wird die Simulation des Pfades nach einer vordefinierten Anzahl Perioden T abgebrochen. Dieser Zeitraum wird so gewählt, dass nach dem Zeitpunkt T davon ausgegangen werden kann, dass das Unternehmen die Phase

des überdurchschnittlich starken Wachstums verlassen hat und sich nun eher wie ein reifes Unternehmen verhält.

Wie alle Unternehmensbewertungsmodelle berücksichtigen auch Schwartz und Moon (2001) den Fortführungswert eines Unternehmens. In ihrem Modell gelingt ihnen dies, indem sich der Wert des Unternehmens aus zwei Quellen speist. Einerseits ist dies der Kassenbestand des Unternehmens zum Zeitpunkt T, da wir ihn direkt als sicheren Cash Flow entnehmen könnten. Andererseits muss unter der „going concern"-Annahme der Unternehmensbewertung, also der Annahme der fortgeführten Unternehmenstätigkeit, noch ein Fortführungswert bestimmt werden. Dies kann durch ein einfaches Vielfaches des EBITDA zum Zeitpunkt T erfolgen, da diesem EBITDA-Multiple bereits bestimmte Annahmen zum zukünftigen Unternehmensentwicklung innewohnen. Der Wert des Unternehmens *W* wird letztendlich durch Gleichung (17) beschrieben.

$$W(U,\mu,\gamma,AV,VV,X,S) = X(t) + EM(t)\big(U(t) - C(t)\big) \tag{3.16}$$

Hierbei steht *EM(t)* für den EBITDA-Multiple, der zum Zeitpunkt *T* angesetzt wird.

Nun erfolgt die Monte-Carlo-Simulation dieser Prozesse mit einigen tausend oder zehntausend Wiederholungen. Daraus ergibt sich eine statistische Verteilung der simulierten Werte, die auf den Erwartungswert und dessen Standardabweichung hin untersucht werden kann.

Ein Beispiel für das Resultat einer derart erhalten Verteilung des Unternehmenswertes kann Abbildung 2 entnommen werden, der der Studie von Keiber, Kronimus und Rudolf (2002) entnommen ist.

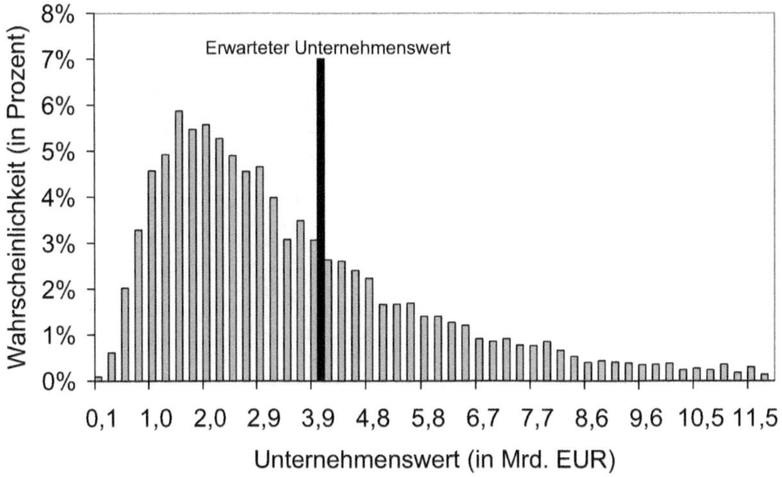

Abb. 2. Verteilung der simulierten Unternehmenswerte im Schwartz-Moon-Modell für Qiagen

3.3 Implementierung des Modells[9]

In ihrer Studie implementieren Schwartz und Moon (2001) das Modell in seiner diskreten Form am Beispiel von Ebay, einem typischen Wachstumsunternehmen, das auch heute noch Eigenschaften eines überdurchschnittlich wachsenden Unternehmens aufweist. Dabei kamen sie in 10.000 Simulationen auf einen geschätzen Kurswert je Aktie von $22,41 je Aktie, der Marktpreis zum Zeitpunkt der Bewertung[10] bewegte sich jedoch um $39 herum, was auf Basis des kalibrierten Modells einer Überbewertung um rund 75% gleichkommt. Kurz darauf kam es zu einem starken Kursrückgang.

In einer Studie für den deutschen Markt der Wachstumsunternehmen wenden Keiber, Kronimus und Rudolf (2002) das diskrete Modell auf 46 der NEMAX 50 Unternehmen an. Als Ergebnis erhalten sie einen geschätzten Unternehmenswert sowie die Bankrotthäufigkeiten durch 100.000 durchgeführte Simulationen. Tabelle 1 fasst die wichtigsten Ergebnisse dieser Studie zusammen. Dabei sind einerseits die Unter- bzw. Überbewertungen zum 31. Dezember 2000 zu erkennen, aber auch eine Risikokennziffer, die sich aus dem Simulationsmodell ergibt. Unternehmen mit der Risikoklasse 1 weisen kaum Bankrottrisiko auf, während für Unternehmen der Risikoklasse 4 einige oder viele Simulationsläufe im Konkurs endeten. Die Risikoklasse 5 steht für Unternehmen, deren Finanzausstattung unbefriedigend ist, und die deshalb auf frisches Kapital angewiesen sein werden.

Tabelle 1. Ergebnisse der empirischen Bewertungsstudie von Keiber, Kronimus und Rudolf (2002)

	Simulierter Aktienpreis zum 31.12.2000 in €	Tatsächlicher Aktienpreis zum 31.12.2000 in €	Risiko-klasse	Tatsächlicher Aktienpreis zum 9.9.2004
IDS Scheer AG	19.59	14.30	1	14.19
PANDATEL AG	68.09	54.00	1	1.20
PrimaCom AG	8.40	11.80	1	1.00
Singulus Technologies AG	64.44	36.00	1	13.86
ComROAD AG	35.45	36.00	1	0.13
Qiagen N.V.	27.88	38.70	1	8.50

[9] Im Rahmen dieses kurzen Abschnitts kann nur auf die Ergebnisse der empirischen Studien eingegangen werden. Zur Übertragung des Modells in diskrete Zeit und weiteren Fragen zum Vorgehen bei der Implementation.

[10] Die Bewertungsstudie wurde am 11. April 2001 durchgeführt.

AIXTRON AG	120.07	115.80	1	3.25
Lambda Physik AG	67.25	63.70	1	14.59
SAP Systems Integration AG	35.34	16.10	1	23.90
T-Online International AG	11.18	12.90	1	9.10
Pfeiffer Vacuum Technology AG	68.00	45.20	1	31.25
Medion AG	134.69	106.00	1	15.21
Highlight Communications AG	16.17	10.40	2	3.53
Broad Vision, Inc.	7.27	14.69	2	1.90
KONTRON Embedded Computer AG	133.45	85.00	2	6.81
Constantin Film AG	27.79	19.00	2	8.28
Thiel Logistik AG	35.95	31.45	2	4.40
EM.TV & Merchandising AG	5.57	5.87	2	2.73
STEAG HamaTech AG	17.99	9.60	2	1.74
SER Systems AG	31.16	16.30	2	0.045
MediGene AG	30.26	68.19	2	7.60
Umweltkontor Renewable Energy AG	110.32	46.50	2	0.34
SCM Microsystems, Inc.	27.36	30.90	2	2.60
Balda AG	23.39	30.60	3	8.17
IM InternationalMedia AG	33.19	42.50	3	0.73
D.Logistics AG	44.31	46.74	3	1.38
Kinowelt Medien AG	15.47	17.80	3	0.29
United Internet AG	5.54	4.30	3	20.75
INTERSHOP Communications AG	5.99	33.42	3	0.97
Biodata Information Technology AG	43.72	55.49	3	0.07
MobilCom AG	24.78	27.87	3	13.45

Telegate AG	24.52	94.00	3	11.70
Ce CONSUMER ELECTRONIC AG	14.13	17.50	3	1.26
SENATOR Entertainment AG	10.78	4.95	3	0.22
Teleplan International N.V.	50.17	35.50	4	1.55
MorphoSys AG	51.57	125.00	4	44.40
Carrier1 International S.A.	15.78	18.26	4	0.00
LION Bioscience AG	30.32	86.00	4	1.10
EVOTEC BioSystems AG	34.49	32.90	4	2.55
ACG AG für Chipkarten und Informationssysteme	30.25	37.50	4	1.10
Pixelpark AG	14.84	36.10	5	1.16
Trintech Group Plc.	2.37	12.10	5	3.87
ADVA AG Optical Networking	7.00	61.50	5	4.90
IXOS Software AG	7.20	5.65	5	9.53
Heyde AG	6.01	12.25	5	0.035
BROKAT AG	10.70	19.37	5	0.032
Fantastic Corporation	0.35	1.85	5	0.035

3.4 Abschließende Bemerkungen und Modellkritik

Der Kurs der Aktie von eBay an der NASDAQ vom 8. November 2004 bewegte sich um $80 Dollar herum, während Schwartz und Moon ihn viel geringer schätzen. Bis auf drei Ausnahmen (United Internet AG, Trintech AG und Ixos AG) liegen am 9.November 2004 alle Kurswerte der ehemaligen NEMAX Unternehmen unter, und häufig weit unter, den 2001 geschätzten Werten. Erfasste das Modell den Wert nicht gut genug? „Nein" lautet die deutliche Antwort hierauf. Per Definition sind Punktprognosen immer falsch. Drei Jahre nach einem Bewertungszeitpunkt liegen nicht nur andere, sondern auch sehr viel genauere Informationen über ein neuartiges Geschäftsmodell vor. Investoren konnten über Jahre hinweg beobachten, ob und wie Unternehmen reüssieren. Insofern deckt sich die Realität mit dem Modell, vielleicht sogar anschaulicher, als dies mit anderen Modellen der Fall wäre: Während ein DCF- oder auch ein Realoptions-Modell einen einzelnen Wert ausgeben, lässt sich aus dem Modell von Schwartz und Moon (2001) eine gesamte Wertverteilung ableiten. Für den Fall eBay ergaben vielleicht einige der 2001 simulierten Pfade einen Wert von $80, auch wenn der Durchschnitt der Verteilung weit geringer lag. Was wir damit sagen möchten ist, dass das beschriebene Bewertungsmodell durchaus komplex ist, diese Komplexität aber aus die Berücksichtigung realer und werttreibender Effekte herrührt. Sie ermöglicht dem Bewertenden zusätzliche Flexibilität bei den Annahmen der Modellparameter, die sich u. U. in einer besseren Abschätzung des Unternehmenswertes niederschlägt.

Literatur

Achleitner A-K, Nathusius E [2003]: „Bewertung von Unternehmen bei Venture-Capital-Finanzierungen", Arbeitspapier TU-München, Juli.

Ammann M, Genser M [2004]: „A testable EBIT-based credit risk model", Arbeitspapier Universität St. Gallen.

Behm G [2003]: „Valuation of innovative companies", Dissertation Wirtschaftsuniversität Wien.

Bernstein PL (1956): Growth Companies vs. Growth Stocks, in: Harvard Business Review, September, S 87-98.

Black EL [2003]: „Usefulness of financial statement components in valuation: an examination of start-up and growth firms", Venture-Capital, Vol 5, Nr 1, S 47-69.

Fama EF, French KR [1992]: „The cross-section of expected stock returns", The Journal of Finance, S 427-465.

Goldstein R, Nengjiu J, Leland H [2001]: „An EBIT-based model of dynamic capital structure", Journal of Business, Vol 74, No 4, S 483-512.

Gordon MJ, Shapiro E (1956): Capital Equipment Analysis: The Required Rate of Profit, in: Management Science 3, S 102-110.

Harris RS, Marston FC [1994]: Value versus Growth Stocks: Book-to-Market, Growth and Beta, in: Financial Analysts Journal, Vol 50, S 18-24.

Keiber K, A Kronimus, Rudolf M [2002]: „Bewertung von Wachstumsunternehmen am Neuen Markt", Zeitschrift für Betriebswirtschaft 72 Heft 7, S 735-764.

Krafft M [2002]: Kundenbindung und Kundenwert, Heidelberg: Physica, zugleich Habilitation an der Universität Kiel.

Krafft M, M Rudolf, Rudolf-Sipötz E [2005]: „Valuation of cus-tomers in new technology start-up companies - a scenario based model", kommt in: Schmalenbach's Business Review sbr, Heft 1.

Kronimus A [2003]: „Firm valuation in continuous time", Dissertation, WHU.

Muck, M und M Rudolf [2003]: „How Technology Stocks have become poor dogs and not cash cows", Editorial, Financial Markets and Portfolio Management, Vol 17, Nr 1, S 1-8.

Myers, SC [1977]: „Determinants of corporate borrowing", Journal of Financial Economics, Vol 5, S 147-175.

Rudolf M, Witt P [2002]: „Wachstumsunternehmen: Historie, Branchen, Bewertung", in: Das Wirtschaftsstudium, Nr 10, S 1247-1257.

Rudolf M, Witt P [2003]: „Die Bewertung von KMU's – Möglichkeiten und Grenzen des Realoptionsansatzes", in: Jörn-Axel Meyer [Hrsg.]: „Unternehmensbewertung und Basel II – in kleinen und mittleren Unternehmen", Josef Eul Verlag, Lohmar – Köln, S 141-155.

Rudolf-Sipötz, E [2001]: Kundenwert: Konzeption - Determinanten - Management. Verlag Thexis, St. Gallen.

Schwartz ES, Moon M [2000]: Rational Pricing of Internet Companies, in: Financial Analysts Journal, 56 Jg, Mai/Juni, S 62-75.

Schwartz ES, Moon M [2001]: Rational Pricing of Internet Companies Revisited. Financial Review, Vol 36, S 7-26.

Treynor JL [1994]: „Growth companies", Financial Analysts Journal, Vol 50, Nr 6, S 12-16.

Teil III

Beiträge zum Venture Capital

Venture-Capital-Gesellschaften als Finanzintermediäre

Thomas Hartmann-Wendels

Abstract

Venture-Capital-Gesellschaften sind Finanzintermediäre, die sich darauf spezialisiert haben, Kapital von privaten Anlegern, Unternehmen oder anderen Finanzintermediären vor allem in junge und innovative Unternehmen mit erheblichem Wachstumspotenzial zu investieren. Hierfür ist spezielles Know-how erforderlich, da diese Investitionen ein hohes Maß an Unsicherheit aufweisen. Dies betrifft das Erfolgspotenzial der Beteiligungsunternehmen, darüber hinaus resultieren Risiken aus Informationsasymmetrien zwischen Venture-Capital-Gesellschaft und Unternehmer. Weder die Managementqualitäten des Unternehmers noch sein Engagement für den Erfolg seines Unternehmens sind für den Kapitalgeber ohne weiteres beobachtbar. Weiterhin muss der Kapitalgeber damit rechnen, dass der Unternehmer an seinem Projekt festhält, auch wenn die Erfolgschancen sinken. Schließlich trägt die Venture-Capital-Gesellschaft hohe Risiken, weil sie überwiegend Eigenkapital oder dem Eigenkapital ähnliche Beteiligungstitel hält. Zur Reduzierung dieser Risiken greifen Venture-Capital-Gesellschaften auf ein breites Instrumentarium zurück. Die wichtigsten Instrumente sind eine intensive Kontrolle, die durch eine Übernahme von Managementfunktionen im Beteiligungsunternehmen realisiert wird sowie der Einsatz spezieller Finanzinstrumente zur Optimierung der Anreizsteuerung.

1 Besonderheiten der Finanzierung durch Venture-Capital-Gesellschaften

Aus institutionenökonomischer Sicht sind vor allem drei Charakteristika der Venture-Capital-Finanzierung von Bedeutung:

- Venture-Capital Beteiligungen dienen vor allem der Finanzierung junger innovativer Unternehmen,
- Venture-Capital umfasst neben der reinen Kapitalbereitstellung zusätzlich die Wahrnehmung von Managementfunktionen durch den Kapitalgeber und
- die Finanzierung erfolgt meist in mehreren aufeinander folgenden Phasen.

Die Finanzierung junger Unternehmen weist eine Reihe von Besonderheiten auf, die Vertragskonstruktionen mit sich bringen, die von den üblichen Gestaltungsformen abweichen und den Einsatz von spezialisierten Finanzintermediären erforderlich machen. Die Erfolgsaussichten von neu gegründeten Unternehmen sind mit großer Unsicherheit behaftet. Dies gilt insbesondere dann, wenn mit der Unternehmensgründung der Zweck verfolgt wird, neue Technologien zu entwickeln und zu vermarkten. Die technische Machbarkeit, die Höhe der Entwicklungskosten und die Zeitdauer bis zur Einführung marktreifer Produkte lassen sich nur schwer abschätzen, daneben ist auch ungewiss, mit welchem Erfolg sich die neuen Technologien vermarkten lassen.

Der Erfolg neu gegründeter Unternehmen hängt in hohem Maße von der Person des Unternehmensgründers – im folgenden auch Entrepreneur genannt – ab. Dies betrifft seine Fähigkeiten bezüglich der Entwicklung neuer Technologien, seine Qualitäten als Unternehmensleiter aber auch sein Verhalten und seine Kooperationsbereitschaft. Sowohl über die Eigenschaften und Fähigkeiten des Entrepreneurs als auch über sein Verhalten nach Zustandekommen einer Finanzierungsbeziehung besteht eine ungleiche Informationsverteilung zwischen Entrepreneur und Kapitalgeber – im folgenden auch VC-Investor genannt. Ob der Entrepreneur sich für das Gelingen des Projekts hinreichend engagiert oder vielleicht eher an technischen Spielereien interessiert ist oder sogar Unternehmensressourcen für private Zwecke abzweigt, ist für den VC-Investor nicht ohne weiteres beobachtbar. Auch ob die Beurteilung der Erfolgsaussichten des Projekts durch den Entrepreneur zuverlässig ist, oder einem Wunschdenken entspringt, ist für den Kapitalgeber nur schwer zu beurteilen.

Informationsasymmetrien erschweren die Lösung von Interessenkonflikten zwischen Kapitalgeber und Kapitalnehmer. So hat der Entrepreneur nicht unbedingt ein Interesse daran, dem VC-Investor eine realistische Einschätzung der technischen Machbarkeit mitzuteilen. Stellt der VC-Investor den überwiegenden Teil der Finanzmittel, so trägt vor allem er das Verlustrisiko des Scheiterns, während der Entrepreneur an den Erfolgen in erheblichem Maße partizipiert. Dies schafft für den Entrepreneur einen Anreiz, auch solche Projekte durchzuführen, die nur eine geringe Erfolgsaussicht haben bzw. Projektentwicklungen auch dann weiterzuführen, wenn die Chancen für eine erfolgreiche Realisation erheblich sinken.

Auch hinsichtlich des Engagements, das der Entrepreneur in das Unternehmen einbringt, können Interessenkonflikte zwischen Kapitalgeber und Kapitalnehmer auftreten. Die mit dem Engagement verbundenen Anstrengungen muss der Entrepreneur alleine tragen, an dem Erfolg, den die Anstrengungen bewirken, partizipiert dagegen auch der VC-Investor. Dieser externe Effekt mindert die Motivation des Entrepreneurs, sich für das Unternehmen zu engagieren. Fehlanreize können reduziert werden, indem der Entrepreneur vor allem bei hohen Erträgen einen großen Anteil am Unternehmenserfolg erhält. Finanzierungsinstrumente mit Optionscharakter sowie Vorzugsaktien erfüllen diese Eigenschaften.

Informationsasymmetrien zwischen Entrepreneur und VC-Investor werden auch dadurch abgebaut, dass der Investor Managementaufgaben wahrnimmt. Durch die Tätigkeit im Unternehmen wird die Kapitalbeteiligungsgesellschaft zu einem Investor mit Insider-Kenntnissen. Diese Stellung ermöglicht es dem VC-Investor, gegenüber anderen Kapitalgebern, die nicht an der Unternehmensleitung beteiligt sind, als Informationsintermediär aufzutreten. Da der VC-Investor sich an jeder Phase der Finanzierung beteiligt, repräsentiert er gleichermaßen die Interessen der Kapitalnehmer als auch die der Kapitalgeber. Er hat daher keinen Anreiz, die Ertragsaussichten des Unternehmens wahrheitswidrig darzustellen.

Im Gegensatz zum Entrepreneur, der die technologischen Entwicklungen des Unternehmens verantwortet, kümmert sich der VC-Investor um allgemeine Managementfunktionen. Die Mitwirkung eines weiteren Akteurs an der Unternehmensleitung kann allerdings auch Anreizprobleme schaffen. Ebenso wie dem Entrepreneur daran gelegen sein kann, weniger den Wert des Unternehmens als vielmehr seinen persönlichen Nutzen zu maximieren, gibt es auch für den VC-Investor Anreize, die Tätigkeit in der Unternehmung zur Verfolgung eigener Zielsetzungen zu missbrauchen. Dadurch, dass die Mitwirkung an der Unternehmensleitung mit der Beteiligung am Unternehmen verknüpft wird, werden derartige Fehlanreize reduziert, denn jede Abweichung von einer Strategie, die den Marktwert des Unternehmens maximiert, schlägt sich dann in einem niedrigen Wert der Beteiligung nieder.

Die Unsicherheit, die mit der wirtschaftlichen Entwicklung junger innovativer Unternehmen verbunden ist, erstreckt sich auch darauf, dass der Kapitalbedarf in späteren Perioden im Zeitpunkt der Unternehmensgründung schwer abschätzbar ist. Grundsätzlich wäre es denkbar, bereits im Gründungszeitpunkt zustandsabhängig festzulegen, unter welchen Gegebenheiten künftig in welcher Höhe neues Kapital von welchen Kapitalgebern aufgenommen wird. Da die Bedingungen, von denen der Kapitalbedarf abhängt, jedoch kaum eindeutig spezifiziert werden können, scheitert ein vollständiger Vertrag, der alle künftig denkbaren Entwicklungen beinhaltet. Statt dessen vollzieht sich die Finanzierung in mehreren Phasen. Dies ermöglicht es dem VC-Investor, Insider-Wissen zu erwerben, und in späteren Perioden die Funktion eines Informations-Intermediärs zu übernehmen.

Sind Finanzierungsverträge unvollständig, so ist zu regeln, welche Partei die residualen Kontrollrechte besitzt (vgl. Hart 1995), d.h., wer Entscheidungsspielräume ausfüllen kann. Da sich die Interessen von Entrepreneur und VC-Investor im Zeitablauf auseinander entwickeln können, hat die Allokation von Kontrollrechten großen Einfluss auf die Unternehmenspolitik. Grundsätzlich sollten die residualen Kontrollrechte bei der Partei liegen, die ein Interesse an einer gesamtwertmaximalen Unternehmenspolitik hat. Das Problem ist, dass ex ante weder beim Entrepreneur noch beim VC-Investor davon ausgegangen werden kann, dass diese später ein Interesse daran haben werden, eine optimale Unternehmenspolitik durchzuführen. Daher sind Finanzierungsinstrumente von Interesse, die in Abhängigkeit vom Eintritt bestimmter Bedingungen die Kontrollrechte zustandsabhängig zuordnen. Wandelschuldverschreibungen sind Instrumente mit derartigen Eigenschaften. Solange nicht gewandelt wird, hat der Kapitalgeber die Stellung eines Kreditgebers, d.h., bei schlechter Ertragslage hat er einen schuldrechtlichen Anspruch auf Zahlungen, bei guter Ertragslage dagegen wird er von seinem Wandlungsrecht Gebrauch machen und erwirbt Eigentumsrechte an dem Unternehmen.

Im folgenden wird zunächst gezeigt, dass die Finanzierung über eine VC-Gesellschaft dazu beitragen kann, die Transaktionskosten, die aus der ungleichen Informationsverteilung resultieren, zu senken. Entscheidend hierfür ist die Mitwirkung der VC-Gesellschaft an der Unternehmensleitung. Im dritten Abschnitt wird dann gezeigt, welche Ausgestaltungsformen Finanzierungsverträge annehmen sollten, um Interessenkonflikte zwischen Entrepreneur und VC-Investor zu reduzieren. Der vierte Abschnitt behandelt die optimale Zuordnung von Kontrollrechten und zwar sowohl während der Laufzeit des Projekts als auch für die Entscheidung über den Projektabbruch. Der fünfte Abschnitt fasst die wesentlichen Ergebnisse zusammen.

2 Intermediärsfunktionen einer VC-Gesellschaft

2.1 Kapitalbeteiligungsgesellschaften als Inside-Investoren

Um die Existenz von Kapitalbeteiligungsgesellschaften als Finanzinstitution theoretisch erklären zu können, ist zu zeigen, dass durch die Mitwirkung eines VC-Investors die Transaktionskosten, die aus einer ungleichen Informationsverteilung resultieren, niedriger gehalten werden können als bei einer Finanzierung durch andere Kapitalgeber. Admati und Pfleiderer (1994) zeigen, dass es vor allem zwei Eigenschaften von Kapitalbeteiligungsgesellschaften sind, die eine transaktionskostengünstige Finanzierung von jungen, innovativen Unternehmen ermöglichen. Kapitalbeteiligungsgesellschaften bringen erheblichen Management-Input in das neu gegründete Unternehmen ein und erlangen darüber die gleichen unternehmensspezifischen Informationen wie der Entrepreneur. Die VC-Gesellschaft ist damit ein Investor mit Insider-Kenntnissen, der sich zudem als eine auf Dauer angelegte Institution glaubwürdig dazu verpflichten kann, dem Unternehmen langfristig Kapital zur Verfügung zu stellen. Langfristig bedeutet in diesem Zusammenhang, dass die VC-Gesellschaft die Verpflichtung eingeht, sich auch an künftigen Kapitalaufnahmen, die notwendig werden, sofern das Projekt weiterverfolgt wird, als Kapitalgeber zu beteiligen. Individuelle Kapitalgeber, die an anonymen Finanzmärkten operieren, können derartige Verpflichtungen nicht glaubwürdig eingehen.

Beide Merkmale der VC-Finanzierung – Insider-Kenntnisse und Langfristigkeit der Finanzierungsbeziehung – bewirken, dass die Transaktionskosten erheblich gesenkt, im Modell von Admati und Pfleiderer sogar vollständig vermieden werden können. Da die VC-Gesellschaft als Inside-Investor über die gleichen Informationen wie der Entrepreneur verfügt, kann sie quasi als Zertifizierungsstelle für die Qualität des vom Entrepreneur initiierten Projekts dienen, so dass Informationsasymmetrien zwischen Entrepreneur und externen Kapitalgebern reduziert werden können, die Langfristigkeit des Engagements bewirkt, dass Entscheidungen über Fortführung bzw. Abbruch des Projekts immer auch im Interesse externer Kapitalgeber getroffen werden.

Um diese Wirkungsweise zu erklären, wird angenommen, dass die Beteiligung zwei Phasen umfasst. An die Gründungsphase schließt sich – sofern eine hinreichende Erfolgsaussicht besteht – eine Expansionsphase an. Wir betrachten zunächst den Zeitpunkt, an dem über die Fortführung des Projekts und damit verbunden über eine erneute Kapitalaufnahme zu entscheiden ist. Das Projekt sollte immer dann fortgeführt werden, wenn der heutige Wert der zu erwartenden Erträge größer ist als der zu leistende Kapitaleinsatz zuzüglich des Ertrages, der bei einer Liquidation am Ende der Gründungsphase anfällt. Der Entrepreneur jedoch vergleicht den Barwert des zu erwartenden Residualüberschusses bei Fortführung mit dem Residualüberschuss bei Liquidation. Da Fortführung im Gegensatz zur Liquidation eine riskante Alternative ist, besteht für den Entrepreneur ein Anreiz, das Projekt auch dann fortzuführen, wenn es insgesamt nicht vorteilhaft ist. Daher müssen externe Kapitalgeber damit rechnen, dass die Erfolgsaussichten des Projekts für die zweite Phase besser dargestellt werden, als sie dem „wahren" Informationsstand des Entrepreneurs entsprechen. Dies hätte zudem den Vorteil, dass die Kapitalkosten für die Finanzierung der zweiten Phase niedriger ausfallen und somit der Residualüberschuss, der dem Entrepreneur zusteht, steigt.

Die Beteiligung eines VC-Investors kann beide Problemfelder, die aus einer ungleichen Informationsverteilung resultieren, lösen. Voraussetzung hierfür ist, dass der VC-Investor in beiden Phasen der Finanzierung eine Anwartschaft auf einen identischen Anteil am Ertrag des Projekts hält und sich auch mit diesem Anteil an der Finanzierung der Investitionen in der zweiten Phase beteiligt. Erwirbt der VC-Investor im Zeitpunkt der Unternehmensgründung einen Anspruch auf α-Prozent des Überschusses, so muss er sich an der Weiterführung des Projekts mit dieser Quote beteiligen, so dass er wiederum α-Prozent des Überschusses, der in der zweiten Phase anfällt, erhält. Admati und Pfleiderer bezeichnen einen Finanzierungsvertrag mit diesen Eigenschaften als „fixed-fraction Kontrakt". Die Zahlungsanwartschaft des VC-Investors entspricht somit der eines Eigenkapitalgebers, wobei die Anteilsquote in beiden Phasen gleich hoch ist. Hierdurch wird gewährleistet, dass der VC-Investor einer Fortführung des Projekts nur dann zustimmt, wenn dies insgesamt vorteilhaft ist, der VC-Investor hat also weder einen Anreiz zur Über- noch zur Unterinvestition. Weiterhin hat der VC-Investor keinen Anreiz, die Ertragsaussichten zu positiv darzustellen, um neues Kapital zu günstigen Konditionen aufnehmen zu können. Eine Überbewertung der neu auszugebenden Finanzierungstitel nützt zwar seiner Position als Alt-Eigentümer, schadet aber zugleich seiner Position als neuer Eigentümer. Da die Anteilsquote bei beiden Finanzierungsanlässen gleich ist, kompensieren sich beide Effekte. Aus dem gleichen Grund hat er keinen Grund, die Ertragsaussichten zu schlecht darzustellen. Dies ermöglicht ihm zwar, für das neue Kapital eine hohe Rendite einzufordern, schadet aber im gleichen Maße seiner Position als Alteigentümer.

Die VC-Gesellschaft kann somit als eine Art Zertifizierungsstelle angesehen werden, durch die die Informationsasymmetrie zwischen Entrepreneur und außenstehenden Investoren, die keinen tieferen Einblick in die Geschicke des Unternehmens haben, aufgehoben werden kann. Voraussetzung hierfür ist, dass Entrepreneur und VC-Investor keine Koalition gegen außenstehende Investoren bilden können. Dies ist ausgeschlossen, wenn jegliche Abweichung von dem „fixed-fraction Kontrakt" z.B. in Form von Seitenzahlungen bemerkt werden würde.

Ein „fixed-fraction Kontrakt" ist zudem auch geeignet, Anreizprobleme zu reduzieren, die daraus resultieren, dass der Erfolg des Projekts vom nicht-beobachtbaren Engagement des Entrepreneurs abhängt. Um dies zu zeigen, nehmen wir an, dass ein höheres Engagement sich am Ende der ersten Phase in Form einer höheren Erfolgswahrscheinlichkeit für die zweite Phase niederschlägt. Der VC-Investor kann zwar nicht das Engagement des Entrepreneurs beobachten, wohl aber die höhere Erfolgswahrscheinlichkeit. Dies schlägt sich dann in günstigeren Konditionen für die Kapitalaufnahme in der zweiten Phase nieder. Über diesen Mechanismus profitiert der Entrepreneur von seinem gestiegenen Engagement. Solange die Erfolgswahrscheinlichkeit nur unvollkommene Informationen über das Engagement widerspiegelt, wird das Anreizproblem allerdings nicht vollständig gelöst, sondern nur abgemildert.

2.2 Managementfunktionen der VC-Gesellschaft

Wesentlich für das Modell von Admati und Pfleiderer ist, dass der VC-Investor Managementaufgaben wahrnimmt. Denn nur so kann er die Stellung eines Kapitalgebers mit Insider-Kenntnissen erlangen. Grundsätzlich denkbar wäre allerdings, dass – ähnlich wie bei etablierten Unternehmen – die Managementaufgaben von einer darauf spezialisierten Unternehmensberatung wahrgenommen werden und von der Funktion des Kapitalgebers getrennt werden. Damit stellt sich die Frage, warum im Rahmen einer VC-Finanzierung Beratung und Finanzierung in einer Hand liegen. Diese Frage wird durch das Modell von Casamatta (2003) beantwortet.

Ausgangspunkt ist die Annahme, dass das Gelingen eines Projekts nicht nur von der Bereitschaft, Kapital einzusetzen abhängt, sondern dass die Erfolgswahrscheinlichkeit auch durch den Managementinput des Entrepreneurs und eines externen Beraters gesteigert werden kann. Dieser Input ist mit Kosten verbunden und für den jeweiligen Vertragspartner nicht beobachtbar. Damit existiert ein zweiseitiges Principal-Agent-Problem: Sowohl der Entrepreneur als auch der externe Berater bringen ihren Managementinput nur insoweit ein, als sie hierzu motiviert werden. Wichtigstes Motivationsinstrument ist eine Beteiligung am Unternehmenserfolg, die Vergütung des externen Beraters besteht damit nicht aus einem festen Honorar, sondern aus einem Anteil am Unternehmensertrag. Eine erfolgsabhängige Entlohnung ist allerdings zu kostspielig, wenn der Managementinput des externen Beraters weniger wichtig ist für den Erfolg des Projekts als der Input des Entrepreneurs. Wichtigkeit des Inputs wird hierbei gemessen durch den Aufwand, der notwendig ist, um eine bestimmte Erhöhung der Erfolgswahrscheinlichkeit zu messen. Je geringer dieser Aufwand ist, desto wichtiger ist der Input. Ist der Managementinput des Entrepreneurs in diesem Sinne wichtiger als der Input des externen Beraters, ist es für den Entrepreneur vorteilhaft, auf die Inanspruchnahme der Beratung durch einen Externen, der kein Kapital zur Verfügung stellt, zu verzichten und statt dessen selbst den gesamten Input zu leisten. Gerade bei jungen, innovativen Unternehmen ist anzunehmen, dass das Engagement des Entrepreneurs, das darin besteht, eine Geschäftsidee zu entwickeln und umzusetzen, für die Erfolgswahrscheinlichkeit wichtiger ist als eine externe Beratungsleistung, die sich auf allgemeine Managementfunktionen konzentriert.

Der Verzicht auf die Inanspruchnahme externer Beratungsleistung ist allerdings eine suboptimale Lösung: Die erwartete Ertragssteigerung, die durch den externen Managementinput bewirkt wird, ist größer als die Kosten, die dem externen Berater entstehen. Dass es sich für den Entrepreneur trotzdem nicht lohnt, auf die Dienste des externen Beraters zurückzugreifen, liegt ausschließlich daran, dass aufgrund der Unbeobachtbarkeit des Engagements die Entlohnung anreizkompatibel gestaltet werden muss und damit zu hoch ausfällt. Eine Möglichkeit, die Kosten für eine anreizkompatible Steuerung des Managementinputs des externen Beraters zu senken, besteht darin, dass der externe Berater nicht nur Managementkenntnisse einbringt, sondern auch Kapital. Die Motivationswirkung einer erfolgsabhängigen Entlohnung bleibt davon unberührt, die Entlohnung ist dann aber nicht nur eine Entschädigung für den Einsatz von Managementleistungen, sondern zugleich auch eine Verzinsung für das eingesetzte Kapital. Durch die Beteiligung einer VC-Gesellschaft, die sowohl Kapital als auch Managementleistung einbringt, kann somit eine Lösung erzielt werden, die sowohl dem Ergebnis bei Einsatz eines externen Beraters ohne Kapitaleinsatz als auch dem Ergebnis bei Verzicht auf externe Beratungsleistung überlegen ist.

Welche Art von Finanztitel Entrepreneur und VC-Investor halten, hängt davon ab, wie hoch der Kapitaleinsatz der VC-Gesellschaft ist. Finanziert der Entrepreneur sein Projekt überwiegend allein, so kommt es vor allem darauf an, den VC-Investor zu motivieren. Dies kann erreicht werden, indem der Entrepreneur Anteile, die der Zahlungsstruktur von Vorzugsaktien entsprechen, hält und der VC-Investor Zahlungsansprüche, die den Inhabern von Stammaktien entsprechen, erhält. Diese ungleichmäßige Verteilung des Ertrages bewirkt eine unterschiedlich starke Partizipation an schwankenden Unternehmenserträgen. Da die Anwartschaften der Vorzugsaktionäre vorrangig bedient werden, partizipieren diese in geringerem Maße am Unternehmensrisiko, die Zahlungsanwartschaften der Stammaktionäre dagegen hängen in noch größerem Ausmaß vom Unternehmensertrag ab als bei gleichmäßiger Aufteilung des Unternehmenserfolgs. Mit Stammaktien lässt sich somit auch bei geringer Anteilsquote eine hohe Anreizwirkung erzeugen, sie sind somit ein geeignetes Anreizinstrument für Kapitalgeber mit geringem Anteilsbesitz. Für den in der Realität bedeutsameren Fall, dass der VC-Investor den überwiegenden Kapitaleinsatz leistet, folgt daraus, dass der Entrepreneur Stammaktien und der VC-Investor Vorzugsaktien erhält.

3 Anreizsteuerung in VC-Finanzierungen

3.1 Anreizsteuerung durch phasenweise Finanzierung

Mit dem Finanzierungsvertrag zwischen Entrepreneur und VC-Investor werden zwei Ziele verfolgt: Zum einen müssen Zahlungen an den VC-Investor in einer Höhe vorgesehen werden, dass der Barwert der erwarteten Rückflüsse mindestens dem zur Verfügung gestellten Kapital entspricht, zum anderen sollte die Aufteilung des Projekterfolgs auf die beiden Beteiligten so erfolgen, dass Anreize, sich für das Projekt zu engagieren, optimal gesetzt werden. Zwischen beiden Zielsetzungen können Konflikte auftreten, wie das Modell von Repullo und Suarez (2004) zeigt.

Es wird angenommen, dass die VC-Finanzierung sich über zwei Phasen erstreckt. Zu Beginn der ersten Phase stellt der VC-Investor Kapital zur Verfügung, Anreizprobleme treten hier noch nicht auf. Dies kann man damit begründen, dass in einer sehr frühen Phase der VC-Investor noch keinen Management-Input leisten muss und der Entrepreneur sich für das Projekt engagiert, weil er an dessen Fortführung interessiert ist. Am Ende der ersten Phase wird bekannt, wie hoch der Ertrag des Projekts im Erfolgsfall sein wird, die Erfolgswahrscheinlichkeit können Entrepreneur und VC-Investor durch ihr Engagement beeinflussen. Es wird angenommen, dass der Management-Input des Entrepreneurs und des VC-Investors partiell substituierbar ist. Zu Beginn der zweiten Phase muss erneut investiert werden, wenn das Projekt weitergeführt werden soll.

Da VC-Investor und Entrepreneur als risikoneutral angenommen werden, weist eine unter Anreizgesichtspunkten optimale Aufteilung des Unternehmensertrages die Eigenschaft auf, dass der Anteil des Entrepreneurs und des VC-Investors unabhängig von der Höhe der Profitabilität des Projekts konstant ist. Diese unter Anreizgesichtspunkten optimale Risikoteilung kann allerdings dazu führen, dass der erwartete Ertrag des VC-Investors unterhalb des Investitionsbetrages liegt. Ist dies gegeben, so wird der Anteil des VC-Investors am Ertrag bei niedriger Profitabilität höher ausfallen als unter Anreizgesichtspunkten optimal ist und bei hoher Profitabilität dem unter Anreizaspekten optimalen Anteil entsprechen. Insgesamt ist der Anteil des VC-Investors damit eine fallende Funktion der Profitabilität.

Die Finanzierung in der ersten Periode hat nun dafür zu sorgen, dass die Ertragsaufteilung in der zweiten Phase möglichst wenig mit dem Ziel der Anreizsteuerung kollidiert. Eine elegante Lösung ließe sich finden, wenn die Profitabilität allgemein beobachtbar und auch verifizierbar wäre. In diesem Fall könnten Entrepreneur und VC-Investor einen langfristigen Vertrag abschließen, dessen Modalitäten von der Ausprägung der Profitabilität abhängen würde. Indem über alle möglichen Ausprägungen der Profitabilität ein Durchschnitt gebildet wird, ließe sich so das Ziel eines konstanten Anteils des VC-Investors an den Unternehmenserträgen realisieren.

Schwieriger ist die Situation, wenn die Profitabilität nicht verfizierbar ist. In diesem Fall kommt nur eine phasenweise Finanzierung des Projekts in Betracht. Der Finanzierung in der ersten Phase kommt dabei die Aufgabe zu, Bedingungen zu schaffen, die sicherstellen, dass in der zweiten Phase der VC-Investor in möglichst vielen Fällen einen konstanten Anteil am Ertrag erhält. Dies kann erreicht werden, indem der Finanzierungsvertrag in der ersten Phase einen mit der Höhe des Ertrages steigenden Anteil des VC-Investors am Unternehmensertrag vorsieht. Dies ermöglicht dann in der zweiten Phase, diesen Vertrag in möglichst vielen Fällen durch Neuverhandlungen in einen Vertrag mit konstantem Ertragsanteil umzuwandeln.

Die Umsetzung der Ergebnisse des Modells in konkrete Finanzierungsmaßnahmen erfordert eine komplexe Kapitalstruktur, die neben Eigen- und Fremdkapital auch Optionsrechte mit unterschiedlichen Ausübungspreisen beinhaltet.

3.2 Anreizsteuerung durch Wandelanleihen

Eine einfache Lösung des zweiseitigen Moral-Hazard Problems ist möglich, wenn Entrepreneur und VC-Investor ihren Input nacheinander leisten (Schmidt 2003). Es wird angenommen, dass das Ausmaß des geleisteten Inputs im Nachhinein vom Vertragspartner zwar beobachtbar, aber nicht gegenüber Dritten verifizierbar ist. Damit gibt es keine Möglichkeit, einen bestimmten Input vertraglich festzulegen. Um den Entrepreneur, der als erster seinen Input einbringen muss, zu einem optimalen Inputniveau zu motivieren, erhält er zunächst eine Anwartschaft auf den Residualüberschuss, während der VC-Investor Anspruch auf eine Zahlung in fester Höhe hat. Nachdem der VC-Investor das Inputniveau des Entrepreneurs erfahren hat und bevor er selbst seinen Input einbringt, wird der Vertrag neuverhandelt. Nun erhält der VC-Investor eigenkapitalähnliche Zahlungsansprüche, die ihn zu einem optimalen Input-Niveau motivieren.

Dieser Wechsel der Zahlungsanwartschaft kann am einfachsten durch die Ausgabe von Wandelanleihen an den VC-Investor bewerkstelligt werden. Die Wandelanleihen berechtigen den VC-Investor seinen Fremdkapitalzahlungsanspruch innerhalb einer bestimmten Frist zu bei Vertragsbeginn festgelegten Konditionen in Eigenkapital zu wandeln. Macht der VC-Investor von seinem Wandlungsrecht Gebrauch, so hält er das gesamte Eigenkapital des Unternehmens. Die Wandlungsfrist wird so festgelegt, dass sie in der Zeitspanne liegt zwischen der Beobachtung des Inputs, den der Entrepreneur geleistet hat, und dem Einbringen der Managementleistung durch den VC-Investor. Der bei der Wandlung für den Erwerb der Aktien zu zahlende Preis wird zunächst sehr hoch angesetzt, im Zuge der Neuverhandlungen wird er dann aber abgesenkt, und zwar soweit, dass der VC-Investor bei Wandlung in Eigenkapital und Einbringung des optimalen Inputs genauso gut gestellt ist wie bei Verzicht auf Wandlung und Nichtleistung eines Inputs.

Da die Wandlungskonditionen davon abhängen, welchen Input der Entrepreneur erbracht hat, hat die spätere Wandlung, die die Zahlungsanwartschaft des Entrepreneurs in einen festen Zahlungsanspruch umwandelt, keine Rückwirkungen auf die Motivation des Entrepreneurs. Leistet dieser einen Input, der unter dem optimalen Niveau liegt, so schlägt sich dies in einem geringeren Wandlungspreis nieder und geht somit in voller Höhe zu Lasten des Entrepreneurs. Durch die Verwendung von Wandelanleihen kann somit sichergestellt werden, dass beide – Entrepreneur und VC-Investor – den jeweils optimalen Input erbringen.

3.3 Interessenkonflikte bezüglich des Projektabbruchs

Interessenkonflikte zwischen Entrepreneur und VC-Investor können nicht nur bezüglich der zu erbringenden Managementleistungen bestehen, sondern auch hinsichtlich der Frage, ob das Projekt fortgeführt oder abgebrochen werden soll (Zum Exitmanagement siehe Paffenholz 2004). Ein solcher Konflikt kann auftreten, wenn der Entrepreneur über die Erfolgsaussichten des Projekts früher informiert ist als der VC-Investor (Trester 1998). Ist der VC-Investor in der Position eines

Fremdkapitalgebers mit dem Recht, bei Insolvenz in das Vermögen des Unternehmens zu vollstrecken, so entsteht für den Entrepreneur ein Anreiz, die Unternehmensressourcen für private Zwecke zu verbrauchen, wenn er befürchten muss, dass der VC-Investor von seinem Recht der Zwangsvollstreckung Gebrauch machen wird. Die Option des VC-Investors, in das Vermögen des Unternehmens vollstrecken zu können, ist hier der Auslöser für das opportunistische Verhalten des Entrepreneurs. Diese Option hat in einem solchen Fall für den VC-Investor keinen Wert, sondern schadet ihm. Hätte der VC-Investor diese Option nicht, so wäre er möglicherweise sogar bereit, für die Fortführung des Projekts neues Kapital zur Verfügung zu stellen. Dies würde ihm einen höheren Ertrag einbringen gegenüber der Situation, in der der Entrepreneur das Unternehmen ausplündert, bevor die Vollstreckung wirksam wird. Wenn die Wahrscheinlichkeit, dass eine Situation mit asymmetrischer Informationsverteilung und der Gefahr des Ausplünderns eintritt, hinreichend hoch ist, ist es für beide Vertragspartner besser, wenn der VC-Investor eine Position einnimmt, die zwar fremdkapitalähnlich ist, aber nicht das Recht zur Zwangsvollstreckung beinhaltet. Vorzugsaktien, die dem VC-Investor zwar einen bevorrechtigten Zahlungsanspruch, aber kein Recht auf Zwangsvollstreckung einräumen können in dieser Situation ein geeignetes Finanzierungsinstrument sein.

Um einen vorschnellen Abbruch des Projekts zu verhindern, kann sich ein langfristiger Finanzierungsvertrag zwischen Entrepreneur und VC-Investor als sinnvoll erweisen. Bergemann und Hege (1998) nehmen an, dass der Entrepreneur Teile des Kapitals, das der VC-Investor zur Verfügung stellt, von diesem unbemerkt für private Zwecke verwenden kann. Dies mindert die Erfolgsaussichten des Projekts. Weiterhin gilt, dass beide Parteien die Erfolgserwartungen im Lichte neuer Erkenntnisse aktualisieren. Je länger der Erfolg des Projekts trotz hoher Investitionen auf sich warten lässt, desto geringer wird die Erfolgswahrscheinlichkeit eingeschätzt. Das Projekt wird dann abgebrochen, wenn die Erfolgsaussichten so stark gesunken sind, dass es nicht mehr möglich ist, sowohl den Entrepreneur dazu zu motivieren, keine Ressourcen für private Zwecke zu motivieren, als auch den VC-Investor dazu zu bringen, neues Kapital zur Verfügung zu stellen. In einem solchen Szenario kann ein Finanzierungsvertrag, der den VC-Investor zu einem langfristigen Engagement verpflichtet, eine überlegene Lösung des Moral Hazard Problems bewirken. Um den Agent zu motivieren, keine Ressourcen für private Zwecke zu verwenden, sollte ihm ein Anteil am Projekt zustehen, der mit Fortdauer des Projekts abnimmt. Um dieses Ziel zu erreichen, ist eine Mischung aus Eigen- und Fremdkapital bzw. eine Finanzierung durch Wandelanleihen optimal.

4 Optimale Allokation von Kontrollrechten in VC-Finanzierungen

4.1 Zustandsabhängige Zuordnung von Kontrollrechten durch Wandelanleihen

Von der Gestaltung von Finanzierungsbeziehungen gehen nicht nur Anreize auf das Verhalten von Kapitalgeber und Kapitalnehmer aus, Finanzierungsverträge regeln auch, welche Partei in welcher Form Einfluss auf die Unternehmenspolitik nehmen kann. Der Aspekt der Unternehmenskontrolle ist für VC-Finanzierungen besonders relevant, da hier typischerweise nicht nur der Entrepreneur, sondern auch der VC-Investor erhebliches Einflusspotenzial hat. Im Folgenden wird, in Anlehnung an ein Modell von Marx (1998) gezeigt, dass durch die Art der Zahlungsanwartschaften die Anreize des VC-Investors, auf die Unternehmenspolitik Einfluss zu nehmen, gesteuert werden können.

Bei normalem Verlauf der Unternehmensentwicklung entscheidet der Entrepreneur alleine über die Geschäftspolitik, der VC-Investor greift nur dann ein, wenn die Entwicklung des Unternehmens einen ungünstigen Verlauf nimmt. Grundsätzlich wäre denkbar, dass im Zeitpunkt der Unternehmensgründung Entrepreneur und VC-Investor vertraglich festlegen, unter welchen Voraussetzungen der VC-Investor in welcher Form Einfluss nimmt. Dies scheitert aber daran, dass die Bedingungen, unter denen der VC-Investor aktiv werden darf, und die Maßnahmen, die er ergreifen kann, so komplex sind, dass diese nicht so hinreichend präzise im Vorhinein beschrieben werden können, dass sich daraus gerichtlich durchsetzbare Ansprüche ableiten ließen. Die Klauseln, die ein solcher Vertrag vorsehen würde, wären nicht verifizierbar.

Als Lösung kommt daher in Betracht, dass das Recht, das Unternehmen zu leiten, entweder

1. gänzlich beim Entrepreneur liegt, oder
2. stets dem VC-Investor zukommt, oder
3. vom Eintritt eines beobachtbaren und verifizierbaren Umweltzustandes abhängt,
4. oder aber grundsätzlich dem Entrepreneur zusteht und der VC-Investor aber jederzeit eingreifen kann, wenn es ihm vorteilhaft erscheint.

Die erste Alternative ist dann problematisch, wenn dem Entrepreneur aus seiner Tätigkeit als Unternehmensleiter private Vorteile entstehen. Der VC-Investor muss dann befürchten, dass der Entrepreneur die Unternehmensressourcen in eine Verwendung lenkt, die in erster Linie seine privaten Vorteile maximiert und zu Lasten der Unternehmenserträge geht. Darüber hinaus hat der Entrepreneur kein Interesse daran, dass Unternehmen zu liquidieren, wenn sich die Geschäftsidee als nicht tragfähig erweist, da er in diesem Fall seine privaten Vorteile verliert. Stehen die Kontrollrechte ausschließlich dem VC-Investor zu, so muss der Entrepreneur befürchten, dass bei Unternehmensentscheidungen die Auswirkungen auf die privaten Vorteile nicht berücksichtigt werden. Dies reduziert die Motivation des Entrepreneurs, in den Aufbau von Humankapital zu investieren.

Eine zustandsabhängige Allokation der Kontrollrechte könnte so aussehen, dass die Kontrollrechte auf den VC-Investor übergehen, wenn ein Ereignis eintritt, dass beobachtbar und verifizierbar ist und dass zudem mit der Geschäftsentwicklung eng korreliert ist (vgl. Aghion und Bolton 1992). Ein solches Ereignis könnte z.B. die (Un-)Fähigkeit des Entrepreneurs sein, eine teilweise Rückzahlung an den VC-Investor zu leisten. Dies käme dem Insolvenzereignis gleich, das mit einem Übergang der Kontrollrechte auf den Kreditgeber verbunden ist. Fraglich ist jedoch, ob bei neu gegründeten, auf Wachstum bedachten Unternehmen hierdurch eine zufrieden stellende Allokation der Kontrollrechte bewirkt werden kann. Typisch für junge, wachstumsorientierte Unternehmen ist, dass diese einen großen Kapitalbedarf bei noch geringem Cash Flow haben. Ein Finanzierungsvertrag, der eine baldige Rückzahlung des Kapitals vorsähe, würde daher in vielen Fällen zu einer Insolvenz führen, auch wenn die Geschäftsidee durchaus tragfähig ist.

Im Modell von Marx wird daher die vierte Alternative betrachtet. Die Kontrollrechte liegen zunächst beim Entrepreneur, der VC-Investor hat jedoch jederzeit das Recht, einzugreifen und die Unternehmensgeschicke zu bestimmen. Diese Möglichkeit besteht unabhängig davon, ob der VC-Investor als Fremd- oder als Eigenkapitalgeber involviert ist. Eine Übernahme der Kontrolle durch den VC-Investor steigert den Unternehmensertrag nur in solchen Fällen, in denen die Ertragsentwicklung schlecht ist. In diesen Fällen ist der VC-Investor in der Lage, den Ertrag auf ein Mindestniveau zu heben, er kann aber nicht die Wahrscheinlichkeit hoher Erträge steigern. Hinter dieser Annahme steckt die Idee, dass der VC-Investor zwar Managementfähigkeiten einbringen kann, die eine schlechte Ertragsentwicklung korrigieren, er aber nicht kreative Ideen beisteuern kann, um die Wahrscheinlichkeit hoher Erträge zu beeinflussen. Eine Übernahme der Kontrolle durch den VC-Investor führt zu einem Verlust der privaten Vorteile des Entrepreneurs und ist auch für den VC-Investor mit Kosten verbunden.

Da ein Übergang der Kontrollrechte nicht an vorher spezifizierte Bedingungen geknüpft werden kann, kommt es darauf an, für den VC-Investor Anreize zu setzen, dass er nur dann eingreift, wenn dies insgesamt vorteilhaft ist. Tritt der VC-Investor als Fremdkapitalgeber mit festem Zahlungsanspruch auf, so besteht die Gefahr, dass er zu vorschnell eingreift. Als Fremdkapitalgeber profitiert er in vollem Maße davon, wenn der Ertrag bei schlechter Entwicklung auf ein Mindestniveau gehoben werden kann, die Nachteile, die der Verlust der privaten Vorteile bedeuten, bezieht der VC-Investor dagegen nicht in das Kalkül mit ein. Als Eigenkapitalgeber mit einem prozentualen Anspruch auf den Unternehmensertrag dagegen sind die Anreize des VC-Investors, die Kontrolle zu übernehmen, zu gering. An der Steigerung der Erträge partizipiert er nur anteilig, die Kosten der Kontrollübernahme gehen dagegen in voller Höhe zu seinen Lasten. Das Ergebnis, dass der VC-Investor zu zögerlich eingreift, wird zwar dadurch gemildert dass der VC-Investor den Verlust der privaten Vorteile aus der Unternehmenstätigkeit nicht berücksichtigt, dieser Effekt ist aber unbedeutend, wenn angenommen wird, dass die Kosten, die mit dem Kontrollwechsel verbunden sind, hoch sind im Vergleich zu dem Verlust der privaten Vorteile.

Die positiven Anreizeffekte des Eigen- und Fremdkapitals lassen sich miteinander verbinden, wenn der VC-Investor Fremdkapital erhält, das in Eigenkapital gewandelt werden kann. Durch eine solche Wandelanleihe kann eine optimale Allokation der Kontrollrechte bewirkt werden. Bei schlechter Ertragsentwicklung kommt eine Wandlung nicht in Betracht, so dass der VC-Investor wie ein Fremdkapitalgeber große Anreize hat, die Kontrolle zu übernehmen, bei guter Ertragslage dagegen wird das Wandlungsrecht ausgeübt und als Eigenkapitalgeber wird der VC-Investor nur zurückhaltend Gebrauch machen von der Möglichkeit, die Unternehmenskontrolle zu übernehmen.

4.2 Zuordnung des Veräußerungsrechts

Kontrollrechte beziehen sich nicht nur auf die Einflussmöglichkeiten während der Dauer der Venture-Capital-Finanzierung, sondern umfassen auch das Recht, das Unternehmen an einen externen Investor zu verkaufen. Berglöf (1994) analysiert die optimale Allokation von Kontrollrechten für den Fall, dass das Unternehmen nach Abschluss der Gründungsphase an einen externen Investor verkauft wird. Hat sich das Unternehmen bis zum Verkaufszeitpunkt gut entwickelt, führt der Erwerber das Unternehmen fort. Aufgrund seiner besonderen Expertise im Management von Unternehmen gelingt es dem externen Investor annahmegemäß, die Erträge nach dem Erwerb zu steigern. Davon profitiert die nicht-veräußernde Partei quasi als Free-Rider. Verläuft dagegen die Unternehmensentwicklung bis zum Veräußerungszeitpunkt ungünstig, so liquidiert der Erwerber das Unternehmen. Auch bei der Liquidation kann der externe Investor höhere Erlöse erzielen als der Entrepreneur und der VC-Investor, er überführt allerdings einen Teil der Vermögensgegenstände in sein Privatvermögen, so dass der Pay-off für die nicht-veräußernde Partei geschmälert wird.

Das Ziel besteht darin, einen maximalen Preis zu erzielen. Es wird angenommen, dass die Verhandlungsmacht vollständig beim Käufer liegt, so dass die veräußernde Partei einen Preis erzielen kann, der nicht höher liegt als der Wert ihrer Position bei Verzicht auf die Veräußerung. Im Zeitpunkt der Unternehmensgründung sind sich Entrepreneur und VC-Investor in der Zielsetzung einig, den Verkaufspreis zu maximieren, im Zeitpunkt des Verkaufs jedoch verfolgen beide unterschiedliche Interessen:

- Dem Entrepreneur fließen aus der Unternehmertätigkeit nicht nur monetäre Erträge, sondern auch private Vorteile zu, sofern das Unternehmen prosperiert. Ein privater Vorteil kann z.B. Reputation sein, die der Entrepreneur aufbaut, wenn sein Unternehmen sich erfolgreich entwickelt. Die privaten Vorteile entfallen, wenn der externe Investor die Unternehmenskontrolle übernimmt. Ob der Entrepreneur für den Verlust der privaten Erträge entschädigt wird, hängt davon ab, wer das Recht hat, das Unternehmen zu veräußern. Besitzt dieses Recht der VC-Investor, so kann der externe Investor den Kaufpreis auf den Betrag drücken, den der Anteil des VC-Investors bei Nichtveräußerung des Unternehmens Wert wäre. In diesem Fall würde der Entrepreneur somit nicht für den

Verlust der privaten Vorteile aus der Unternehmertätigkeit entschädigt werden. Da er nur seine Funktion als Unternehmen, nicht aber seine Eigenkapitalbeteiligung verliert, partizipiert er andererseits an den höheren Erträgen, die der Käufer erzielen kann. Hat dagegen der Entrepreneur das Recht, über den Unternehmensverkauf zu entscheiden, so kann er sich den Verlust der privaten Vorteile durch einen entsprechend höheren Verkaufspreis abgelten lassen.

- Liquidiert der Käufer dagegen das Unternehmen, so kann er annahmegemäß im Zuge der Liquidation einen Teil des Unternehmensvermögens in sein Privatvermögen transferieren und derjenigen Partei, die nicht das Recht zur Veräußerung hat, vorenthalten. Gegen diese Vermögensverwässerung kann sich nur diejenige Partei schützen, die das Recht besitzt, über den Unternehmensverkauf zu entscheiden.

Zu einem Problem wird die unterschiedliche Interessenlage, weil der Finanzierungsvertrag, den Entrepreneur und VC-Investor bei Unternehmensgründung abschließen, unvollständig ist, so dass nicht alle externen Effekte internalisiert werden können. So wird angenommen, dass die beiden Umweltzustände „gute Unternehmensentwicklung“ und „schlechte Unternehmensentwicklung“ nicht hinreichend genau spezifizierbar sind. Damit ist es nicht möglich, Verträge zu gestalten, in denen Handlungen und Zahlungen an die Beteiligten vom Eintritt eines Umweltzustandes abhängen. Derartige zustandsabhängige Verträge sind nicht durchsetzbar, weil der jeweils Begünstigte nicht nachweisen könnte, dass die – nur unscharf formulierten – Bedingungen, die seinen Anspruch begründen, tatsächlich eingetreten sind.

Die Annahmen des Modells sind bewusst so gewählt, dass es nicht optimal ist, das Recht zur Unternehmensveräußerung für beide möglichen Unternehmensentwicklungen einem der beiden Vertragspartner zu überlassen. Wer das Recht besitzt, über die Unternehmensveräußerung zu entscheiden, hängt von der Finanzierung ab. Hält der VC-Investor eine Minderheitsbeteiligung oder besitzt er stimmrechtslose Anteile, so liegen die Kontrollrechte beim Entrepreneur. Dies erweist sich ex-post als gut, wenn das Unternehmen sich gut entwickelt und durch den Erwerber fortgeführt wird. Der VC-Investor partizipiert an den steigenden Erträgen, der Entrepreneur kann in den Kaufverhandlungen mit dem Erwerber erreichen, dass er für den Verlust der privaten Vorteile kompensiert wird. Verläuft die Unternehmensentwicklung dagegen ungünstig, so wird der Erwerber das Unternehmen liquidieren. Da der Entrepreneur aufgrund der schlechten Unternehmensentwicklung auch bei Nicht-Veräußerung keine privaten Vorteile erzielt, kann er in den Verkaufsverhandlungen auch keinen Zuschlag für den Verlust der Kontrollrechte durchsetzen. Hinzu kommt, dass der VC-Investor vor den Folgen der Vermögensverwässerung im Zuge der Liquidation nicht geschützt wird.

Hält der VC-Investor eine Mehrheitsbeteiligung, die ihm die Kontrollrechte verschafft, so erleidet der Entrepreneur in beiden Umweltzuständen Nachteile: Bei schlechter Unternehmensentwicklung wird der Wert seiner Anteile aufgrund der Vermögensverwässerung im Zuge der Liquidation durch den Erwerber geschmälert, bei guter Unternehmensentwicklung büßt er die Vorteile aus der Unternehmertätigkeit ein, ohne hierfür eine Kompensation zu erhalten. Dem steht eine Partizipation an den gestiegenen Unternehmenserträgen gegenüber.

Wenn das Ausmaß der Wertsteigerung, das der Erwerber erzielen kann, gering ist im Vergleich zu dem Verlust der privaten Vorteile aus der Unternehmertätigkeit, ist es somit besser, die Kontrollrechte dem Entrepreneur zu überlassen.

Eine überlegene Lösung ließe sich erzielen, wenn die Kontrollrechte abhängig von der Unternehmensentwicklung entweder dem Entrepreneur oder dem VC-Investor zugeordnet werden. Aufgrund der mangelnden Konkretheit der beiden Umweltzustände lässt sich dies nicht vertraglich regeln, wohl aber dadurch, dass der VC-Investor Fremdkapital zur Verfügung stellt. Fremdkapital kann eine vom Eintritt des jeweiligen Umweltzustands abhängige Allokation der Kontrollrechte bewirken. Hierzu muss der Rückzahlungsanspruch des VC-Investors so bemessen sein, dass bei schlechter Unternehmensentwicklung Insolvenz eintritt und die Kontrollrechte auf den VC-Investor übergehen. Da der VC-Investor in diesem Fall Anspruch auf den gesamten Unternehmensertrag hat, kann er in den Kaufverhandlungen mit dem Erwerber einen vollständigen Schutz vor der Vermögensverwässerung bei Liquidation durchsetzen. Verläuft die Unternehmensentwicklung dagegen gut, tritt keine Insolvenz ein und der Entrepreneur behält die Kontrollrechte. In den Verkaufsverhandlungen kann er dann eine Kompensation für den Verlust seiner Vorteile aus der Unternehmertätigkeit durchsetzen. Allerdings partizipiert nun der VC-Investor nicht mehr an der Steigerung der Unternehmenserträge, da sein Zahlungsanspruch als Fremdkapitalgeber durch die Nominalforderung nach oben begrenzt ist.

Fremdfinanzierung ist der Eigenkapitalfinanzierung durch eine Minderheitsbeteiligung bzw. durch nicht stimmberechtigtes Kapital immer dann überlegen, wenn die Nicht-Teilhabe an den höheren Unternehmenserträgen weniger schwer wiegt als der vollständige Schutz vor einer Vermögensverwässerung.

Der Nachteil der Fremdfinanzierung lässt sich beheben, wenn der VC-Investor Fremdkapital hat, das in nicht-stimmberechtigtes Eigenkapital umgewandelt werden kann. Wenn das Wandlungsverhältnis so ausgestaltet wird, dass der VC-Investor von seinem Wandlungsverhältnis dann Gebrauch macht, wenn die Unternehmensentwicklung günstig verläuft, können sämtliche Nachteile aus dem Unternehmensverkauf vermieden werden. Im schlechten Umweltzustand wird nicht gewandelt mit der Folge, dass Insolvenz eintritt und der VC-Investor die Unternehmenskontrolle übernimmt. Als Kreditgeber mit Anspruch auf den gesamten Unternehmensertrag kann er sich vor den Nachteilen aus der Vermögensverwässerung vollständig schützen. Bei guter Unternehmensentwicklung wird das Fremdkapital in nicht-stimmberechtigtes Eigenkapital gewandelt, so dass die Kontrollrechte beim Entrepreneur verbleiben. Dieser setzt in den Verkaufsverhandlungen eine Entschädigung für den Verlust seiner privaten Vorteile aus der Unternehmertätigkeit durch, gleichzeitig partizipiert der VC-Investor als Eigenkapitalgeber an den Wertsteigerungen, die der Erwerber realisieren kann.

5 Zusammenfassung

Venture-Capital-Finanzierungen sind durch hohe Risiken gekennzeichnet. Zu den leistungswirtschaftlichen Risiken, die aus der Unsicherheit über den Entwicklungserfolg und die Marktchancen neuer Technologien resultieren, gesellen sich Risiken aus dem Verhalten der Vertragspartner. Dies gilt für Venture-Capital-Finanzierung in besonderem Maße, da der Erfolg junger Unternehmen entscheidend von der Person des Unternehmensgründers abhängt. Vor diesem Hintergrund können VC-Gesellschaften als Finanzintermediäre interpretiert werden, die darauf spezialisiert sind, transaktionskostengünstige Finanzierungen für junge, innovative Unternehmen zu ermöglichen. Die Mitwirkung des VC-Investors an der Leitung des Unternehmens reduziert Informationsasymmetrien, die Verpflichtung des VC-Investors, sich auch an künftigen Kapitalaufnahmen zu beteiligen, begründet bei anderen Kapitalgebern Vertrauen auf die Erfolgsaussichten des Kapital suchenden Unternehmens.

Interessenkonflikte zwischen Entrepreneur und VC-Investor begründen die Notwendigkeit, Finanzierungsverträge unter dem Aspekt der Anreizwirkungen zu optimieren. Fehlanreize können sich auf das Engagement des Entrepreneurs, auf seine Möglichkeit, Unternehmensressourcen für private Zwecke abzuzweigen sowie auf die Entscheidung über Abbruch oder Fortführung des Projekts beziehen. Für die Anreizsteuerung kommt hybriden Finanzinstrumenten, die Optionsrechte beinhalten, eine besondere Bedeutung zu. Neben der Anreizsteuerung ist die Zuordnung von Kontrollrechten ein Instrument, um Interessenkonflikte zu lösen. Auch hier zeigt sich, dass Finanzierungsinstrumente, die eine variable Zuordnung von Kontrollrechten ermöglichen, eine transaktionskostengünstige Lösung von Interessenkonflikten ermöglichen.

Literatur

Admati AR; Pfleiderer P (1994): Robust Financial Contracting and the Role of Venture-Capitalists, in: Journal of Finance, vol 49, S 371-402.

Bergemann D; Hege U (1998): Venture-Capital Financing, Moral Hazard, and Learning, in: Journal of Banking and Finance, vol 22, S 703-735.

Berglöf E (1994): A Control Theory of Venture-Capital Finance, in: Journal of Law, Economics and Organization, vol 10, S 247-267.

Hartmann-Wendels T (1987): Venture-Capital aus finanzierungstheoretischer Sicht, in: ZfbF, 39. Jg, S. 16-30.

Inderst R; Müller H M (2004): The Effect of Capital Market Characteristics on the Value of Start-up Firms, in: Journal of Financial Economics, vol 72, S 319 – 356.

Kaplan SN; Strömberg P (2003): Financial Contracting Theory Meets the Real World: An Empirical Analysis of Venture-Capital Contracts, in: Review of Economic Studies, vol 70, S 281-315.

Hart O (1995): Firms, Contracts, and Financial Structure, Oxford.

Marx LM (1998): Efficient Venture-Capital Financing Combining Debt and Equity, in: Review of Economic Design, vol 3, S 371-387.

Paffenholz G (2004): Exitmanagement – Desinvestition von Beteiligungsgesellschaften, Köln.

Repullo R; Suarez J (2004): Venture-Capital Finance: A Security Design Approach, in: Review of Finance, vol 8, S 75-108.

Schmidt K (2003): Convertible Securities and Venture-Capital Finance, in: Journal of Finance, vol 63, S 1139-1166.

Trester J J (1998): Venture-Capital Contracting under Asymmetric Information, in: Journal of Banking and Finance, vol 22, S 675-699.

Business Angels

Malte Brettel

Abstract

Der Beitrag „Business Angels“ führt grundsätzlich in das Thema informeller Beteiligungskapitalmarkt ein und betrachtet darauf aufbauend die Tätigkeiten dieser informellen Investoren, der so genannten Business Angels, anhand der Phasen des Beteiligungsprozesses. Im Rahmen der Einführung wird der informelle vom formellen Beteiligungskapitalmarkt abgegrenzt, um darauf aufbauend aktive von passiven Privatinvestoren zu unterscheiden. Business Angels als aktive Privatinvestoren durchlaufen einen Beteiligungsprozess, der dem von formellen Investoren ähnelt: Sie haben zur Aufgabe geeignete Beteiligungsgelegenheiten zu finden, aus den Gelegenheiten die richtigen auszuwählen, mit diesen eine Einigung über die Beteiligung zu erzielen, die Beteiligungen dann ausreichend zu unterstützen – darin liegt neben dem Kapital der zweite wichtige Aspekt einer Business Angel-Tätigkeit – und letztlich einen Exit zu finden, der ermöglicht, einen Gewinn auf die Kapitaleinlage zu erzielen.

1 Einleitung

Business Angels sind Privatpersonen, die sich im Austausch mit Anteilen an Unternehmen direkt und ohne formellen Mittler beteiligen. Ihre Leistung besteht dabei in zwei Bereichen: Bereitstellung von Kapital und informeller Unterstützung. Beschäftigt man sich mit dem Phänomen Business Angels genauer, so gilt inhaltlich bzw. definitorisch zu klären, um welche Privatpersonen es sich handelt, was ein Austausch mit Anteilen bedeutet, wie die Beteiligung ohne formellen Mittler zu verstehen ist und was die Leistung von Business Angels auszeichnet.

Obwohl das Phänomen erst in den letzten Jahren in Deutschland diskutiert wird, kann die Institution „Business Angels“ auf eine durchaus lange Tradition zurückblicken: Bereits 1903 begann Henry Ford mit Hilfe des Kapitals von fünf informellen Beteiligungskapitalgebern in den USA die Herstellung von Automobilen (vgl. Gaston 1989, S. 2). Auch in Deutschland waren bereits in der ersten Gründerzeit Business Angels die treibende Kraft bei vielen Unternehmensgründungen. So gehörten beispielsweise Werner von Siemens und der Kölner Industrielle Eugen Langen zu den ersten Financiers der Brüder Mannesmann (vgl. Tschammer-Osten 1996, S. 718 f.). Doch nicht jede Privatperson, die sich an einem Unternehmen beteiligt, wird auch als Business Angel bezeichnet. Das bedeutet, die Gesamtheit der Privatinvestoren ist genauer zu differenzieren.

In der Literatur werden die Begriffe Privatinvestor, informeller Investor und Business Angel zwar oftmals synonym verwendet, es ist jedoch sinnvoll, eine genauere Unterscheidung zwischen den reinen Finanzinvestoren, d.h., den passiven Privatinvestoren, und den aktiven Privatinvestoren, den Business Angels, zu treffen. Business Angels unterscheiden sich von passiven Privatinvestoren erstens in der Art der Beziehung zwischen Kapitalgebern und Kapitalnehmern und zweitens in den erbrachten Leistungen (vgl. auch praxisorientiert Kleinhückelskoten et al. 2002, S. 12 ff.). Die Beziehung eines Business Angels zu den Kapitalnehmern ist durch einen über die rein finanzielle Transaktion hinausgehenden Beitrag gekennzeichnet. Business Angels erbringen für ihre Beteiligungen einen zusätzlichen Mehrwert, indem sie ihnen mit aktiver Mithilfe und in beratender Funktion zur Seite stehen. Gemeinhin erwächst dieser Mehrwert aus dem beruflichen Erfahrungshintergrund der Business Angels, den sie zur Unterstützung der Unternehmen einsetzen:

- Business Angels haben oftmals selbst ein oder mehrere Unternehmen gegründet, aufgebaut und möglicherweise im Anschluss verkauft und dabei umfangreiche unternehmerische Erfahrungen gesammelt (vgl. Mason/Harrison 1993, S. 23).
- Business Angels verfügen in der Regel über kaufmännisches Know-how, welches aufgrund des häufig technischen Ausbildungs- bzw. Erfahrungshintergrundes des Gründerteams junger technologieorientierter Unternehmen oft eine erhebliche Schwachstelle darstellt (vgl. Baier/Pleschak 1996, S. 18 f.).
- Im Laufe ihrer eigenen Karriere haben sich die meisten Business Angels ein professionelles Netzwerk von Kontakten zu relevanten Entscheidungsträgern innerhalb einzelner Branchen aufgebaut. Sie verfügen insbesondere über Kontakte zu geeigneten Anwälten, Steuerberatern, Wirtschaftsprüfern und Banken (vgl. Fiet 1991).Viele Business Angels haben ein spezifisches Wissen in ihrem jeweiligen Fachbereich, das sie in ihre Beteiligung einzubringen wissen.
- Mit Hilfe ihrer unternehmerischen Erfahrungen, ihres Know-hows, ihres Netzwerkes und dem oftmals vorhandenen spezifischen Wissen leisten Business Angels unterschiedliche, für das kapitalnehmende Unternehmen relevante Beiträge:
- Business Angels motivieren und unterstützen den Unternehmer durch informelle Betreuung und Beratung, „Coaching“ genannt. Kirchner verwendet den Begriff „Pate“ und unterstreicht damit diese Rolle des Business Angels (vgl. Kirchner 1998, S. 10). Dabei kann ein Business Angel beispielsweise auch als Katalysator für die Entstehung des Unternehmens und die Komplettierung des Gründerteams fungieren. Unter Ausnutzung des oben genannten Netzwerks kann diese Betreuung bis hin zur „Vermarktung“ der Gesellschaft über Börsengang oder Fusion gehen.
- Durch das Herstellen von Kontakten beziehungsweise „Türöffnen“ können Business Angels beispielsweise Kooperationen mit anderen Unternehmen initiieren, oder auch über die eigenen Mittel hinaus zur Sicherung der Gesamtfinanzierung beitragen. Dies gilt insbesondere für zusätzliches Kapital weiterer Bu-

siness Angels sowie für Fördermittel, die oft an das Engagement eines fachkundigen Investors gebunden sind.
- Teilweise leisten Business Angels auch operative Unterstützung bis zu phasenweiser Voll- oder Teilzeittätigkeit in dem finanzierten Unternehmen (vgl. insbesondere Coveney/Moore 1998, S. 54 f.).

Sowohl die einzelnen Beiträge als auch ihre Intensität können von Business Angel zu Business Angel und sogar zwischen einzelnen Beteiligungen eines individuellen Kapitalgebers sehr unterschiedlich sein.

In der Abgrenzung dazu sind alle Privatinvestoren, die keinen solchen zusätzlichen Beitrag leisten, passive Privatinvestoren. Dabei gilt es als irrelevant, ob die Ursache hierfür in mangelndem Können oder Wollen, auch aufgrund von Zeitrestriktionen, begründet ist.

Erstens kann ein Privatinvestor, der aufgrund einer anderen beruflichen Tätigkeit nicht die Gelegenheit hatte, unternehmerisches, kaufmännisches oder für das finanzierte Unternehmen relevantes technisches Know-how zu erwerben und ein entsprechendes Kontaktnetz zu knüpfen, einem jungen Unternehmen über das Kapital hinaus keinen oder nur sehr begrenzten Mehrwert stiften (vgl. Mason/Harrison 1996, S. 116 f.).

Zweitens ist der Fall denkbar, dass ein Business Angel aufgrund seines individuellen Hintergrundes relevante Beiträge leisten kann, doch aufgrund von Zeitmangel oder mangelndem persönlichen Interesse dem Unternehmen mit seinen Erfahrungen und aktivem Engagement nicht zur Verfügung steht. Auch hier handelt es sich im eigentlichen Sinne nicht um einen Business Angel: Bei Business Angels ist mit dem Kapitalfluss eine weitere informelle Hilfeleistung verbunden. Als rein renditeorientierte Anleger stellen auch sie allerdings eine bedeutende Quelle privaten Kapitals für junge Technologieunternehmen dar. In diesem Zusammenhang gilt es zu beachten, dass im Falle eines Zusammenschlusses mehrerer Business Angels zu einem Investorenteam nicht immer alle Investoren eine aktive Rolle in der Beteiligung einnehmen (können). Es handelt sich dennoch um Business Angels im zuvor erläuterten Sinne, sofern der in diesem Falle passive Investor bei mindestens einer weiteren Beteiligung eine aktive Investorenrolle innehat. Der Business Angel grenzt sich vom passiven Investor also dadurch ab, dass er in mindestens einer Beteiligung eine aktive Investorenrolle übernimmt.

Auf dieser Unterscheidung zwischen Business Angels und anderen privaten Investoren aufbauend wurde in den vergangenen Jahren der Versuch unternommen, innerhalb der so definierten Business Angels weiter zu differenzieren (vgl. Coveney/Moore 1997, S. 70, sowie Coveney/Moore, 1998 S. 8 ff.).

Zunächst lassen sich Business Angels, die aktuell aktiv sind, abgrenzen von solchen, die zwar grundsätzlich als Business Angel fungieren, doch zum momentanen Zeitpunkt nicht an einem Unternehmen beteiligt sind. Letztere werden auch als potenzielle Business Angels bezeichnet. In der angelsächsischen Literatur werden diese potenziellen Angels noch weiter nach dem Hintergrund ihrer gegenwärtigen Inaktivität unterschieden. „Virgin Angels“ sind solche, die bislang noch keine Business Angel-Investition getätigt haben, dies jedoch in der Zukunft beabsichtigen. „Latent Angels“ sind Business Angels, die in der Vergangenheit bereits aktiv waren und eine oder mehrere Beteiligungen eingegangen sind, gegenwärtig jedoch keine Beteiligung halten. Die Differenzierung zwischen passiven und aktiven Investoren zugrunde legend und die Unterscheidung zwischen den beiden Gruppen von potenziellen und den aktiven Angels berücksichtigend, ergibt sich das folgende Bild:

Privatinvestoren		
Aktive **Business Angels**	Potenzielle **Business Angels**	**Passive Privatinvestoren**
• Können Mehrwert im Unternehmen erbringen	• Können Mehrwert im Unternehmen erbringen	• Können oder wollen keinen Mehrwert im Unternehmen erbringen
• Sind gegenwärtig beteiligt	• Sind gegenwärtig nicht beteiligt	• Sind gegenwärtig beteiligt, rein renditeorientiert
• Engagieren sich über das Kapital hinaus	• Engagieren sich über das Kapital hinaus **Virgin Angels**: Möchten investieren, hatten aber noch keine Möglichkeit **Latent Angels**: Waren in der Vergangenheit schon aktiv	• Engagieren sich nicht über das Kapital hinaus

Abb. 1. Übersicht über die Formen von Privatinvestoren nach Brettel/Jaugey/Rost, 2000, S. 112.

Die Kapitalzufuhr von Business Angels und ihre weitere Betätigung erfolgt im Austausch mit Anteilen an dem Beteiligungsunternehmen. Das bedeutet, Business Angels investieren einen Teil ihres privaten Vermögens unmittelbar Risiko tragend (vgl. Hemer 1999, S. 1. Dies schließt jedoch nicht eine teilweise Übernahme des Risikos durch Garantien Dritter (beispielsweise durch Förderbanken) aus), es besteht keine Rückzahlungsverpflichtung, sondern die Rückzahlung kann nur erfolgen, wenn die Anteile wieder verkauft werden. Sie investieren dabei in junge, nicht-börsennotierte Unternehmen (vgl. hierzu Landstrom 1992, S. 200) in einem frühen Entwicklungsstadium. Als Beteiligungsfokus wählen Privatinvestoren oft Unternehmen in technologieintensiven Wirtschaftszweigen, die sich durchweg in einer Phase starken Wachstums befinden oder ein solches zumindest erhoffen lassen (vgl. Wetzel 1983, S. 27 sowie Osnabrugge 1998, S. 5). Dieses Beteiligungsverhalten wird vor allem auf die notwendigen Kapitalbedarfe dieser Unternehmen und daraus resultierende häufigere und gravierendere Finanzierungsengpässe bei jungen technologieintensiven Unternehmen zurückgeführt. Zudem sind mit einer solchen Beteiligung nicht nur erhebliche Risiken, sondern dementsprechend auch ein überdurchschnittliches Renditepotenzial für die Investoren verbunden (vgl. Freear/Sohl/Wetzel 1994, S. 109, oder Mason/Harrison 1994, S. 92).

Bei der Beteiligung ist anzumerken, dass diese ohne Zwischenschaltung von Intermediären, wie beispielsweise professionelle Venture-Capital-Gesellschaften geschieht; Unternehmen wird auf direktem Wege Beteiligungskapital bereitgestellt. Die Grenze zum formellen Beteiligungskapital ist überschritten, wenn die Aktivitäten des Privatinvestors in Form eines Fonds auf eine formale Basis gestellt werden. So könnten ehemalige Business Angels, die regelmäßig syndizierte Investments vorgenommen haben, einen Fonds für ihre Investements gründen und diesen durch einen Fondsmanager verwalten lassen. Die Existenz eines Fonds ist wesentliches Kriterium für die Zugehörigkeit zum formellen Beteiligungskapitalmarkt (vgl. hierzu beispielsweise Hemer 1999, S. 109 sowie Lessat et al. 1999, S. 160). Wichtig dabei ist, dass sich die informelle Eigenschaft also lediglich auf den geringen Organisationsgrad des Marktes sowie die nicht-institutionellen Investoren bezieht, das impliziert damit jedoch nicht eine informelle, jeder vertraglichen Absicherung entbehrende Beziehung zwischen diesen Investoren und Unternehmen. Eine Ausnahme hiervon sind nicht-börsennotierte Unternehmen, welche nur die Funktion eines Mantels für die informellen Beteiligungsaktivitäten einer natürlichen Person übernehmen und dabei ausschließlich das persönliche Vermögen des Eigentümers investieren Eine solche Konstruktion legt die momentane Steuergesetzgebung nahe, denn sie behandelt die Veräußerung von Unternehmensanteilen durch natürliche Personen und Kapitalgesellschaften unterschiedlich und zu Ungunsten der natürlichen Personen.

Ist eine Beteiligung und damit die Kapitalzufuhr erfolgt, so beginnt die Phase der Unterstützung durch den Business Angel. Dieser Teil der Leistung wird als konstituierend für Business Angels betrachtet und wurde in den vorangegangenen Absätzen bereits angesprochen. Darauf aufbauend haben verschiedene Autoren versucht, Business Angels weiter zu differenzieren (vgl. Coveney/Moore 1997, S. 65 ff., Mason/Harrison 1994, S. 99 ff., Sullivan 1990, S. 72 ff., Tschammer-Osten 1996, S. 717, und Sohl/Osnabrug-ge/Robinson 2000):

- Tschammer-Osten unterscheidet die aktiven Business Angels nach zunehmendem Grad unternehmerischer Einbindung in ihre Beteiligungen und nennt fünf Typen von Business Angels. Dabei resultiert der Grad der Einbindung primär aus dem professionellen Hintergrund der jeweiligen Business Angels und ihrer für die Angel-Tätigkeit disponiblen Zeit (vgl. Tschammer-Osten 1996, S. 717).
- Sullivan segmentiert nach der Art der Bedürfnisse, die Business Angels zu befriedigen suchen (vgl. Sullivan 1990, S. 34 sowie S. 72 ff.). Dabei werden sowohl die Bedeutung von Bedürfnissen primär ökonomischer Art als auch die Bedeutung von primär außerökonomischen Bedürfnissen berücksichtigt. Im Ergebnis ihrer empirischen Untersuchung wies Sullivan drei Typen von Investoren nach: erstens den „Rational Economic Investor“, der ausschließlich finanzielle Ziele verfolgt, sowie zweitens den „Responsive Investor“, für den gesell-

schaftliche Verpflichtung vor finanziellen Motivationen steht. Der dritte Typus ist der „Risk-Managing Investor", der sowohl aus ökonomischen als auch aus außer-ökonomischen Motiven investiert.

- Mason/Harrison stellen im Ergebnis ihrer empirischen Erhebung fest, dass aufgrund der Relevanz von außerökonomischen Motivationen Business Angels im Durchschnitt möglicherweise auch bei niedrigeren Renditeerwartungen als institutionelle Anleger zu investieren bereit sind (vgl. Mason/Harrison 1994, S. 99 ff.).
- Coveney/Moore segmentieren auf Basis einer empirischen Studie nach persönlichem Hintergrund und Motiven der Business Angels. So werden vier Typen von Angels identifiziert, die sich hinsichtlich des Umfanges ihrer unternehmerischen Erfahrung, der Höhe des Privatvermögens und den ihrer Business Angel-Aktivität zugrunde liegenden Motivationen unterscheiden (vgl. Coveney/Moore 1997, S. 65-80).
- Basierend auf der angelsächsischen Literatur unternimmt Hemer eine ähnliche Segmentierung (vgl. Hemer 1999, S. 104 f.). Insbesondere stechen hierbei die so genannten „Corporate Angels" hervor. Dies sind Unternehmerpersönlichkeiten, die ihr Privatvermögen in andere Unternehmen zum Nutzen ihres eigenen Unternehmens investieren. Solche Beteiligungen dienen unternehmensstrategischen Zwecken und sind infolgedessen verwandt mit dem Corporate Venture-Capital.

Die Betrachtung dieser Vielzahl von Typologien deutet darauf hin, dass sich bisher keine wirklich trennscharfen Gruppen erkennen lassen. Darüber hinaus ist zu bedenken, dass sich sämtliche empirisch fundierten Typologisierungen auf den angelsächsischen Sprachraum beschränken. Für Deutschland existiert noch kein Versuch einer empirisch fundierten Typologie; es stellt sich also zudem die Frage, ob sich die bestehenden angelsächsischen Typologien auf Deutschland übertragen lassen. Als Ergebnis der Betrachtung der Typologien bleibt festzuhalten, dass sich Business Angels aufgrund ihres Hintergrunds, ihrer Motivation und Bedürfnisse, des Anlageverhaltens sowie des Grads der Einbindung in den unternehmerischen Prozess voneinander unterscheiden. Das soll in den nachfolgenden Abschnitten vertieft werden, um Hinweise abzuleiten, wie ein Unternehmen eine Finanzierung durch einen Business Angel gestalten kann. Dazu sind nachfolgend Erkenntnisse geschildert, die im Wesentlichen aus den empirischen Studien von Brettel/Jaugey/Rost (2000), und Brettel (2004), stammen. Angereichert sind sie durch Ergebnisse weiterer Studien, vornehmlich aus dem deutschsprachigen Raum, aber auch aus anderen europäischen Ländern und den USA.

2 Charakterisierung von Business Angels in der deutschen Praxis

Business Angels gibt es beinahe jeden Alters: Es existieren Business Angels, die unter dreißig sind, genauso wie solche über siebzig. Über die Altersverteilung gibt die nachfolgende Abbildung Auskunft. Bei dem Vergleich zeigt sich, dass in Bezug auf das Alter deutsche Business Angels ungefähr denen in den USA ähneln, lediglich die Angels in Großbritannien sind im Schnitt älter.

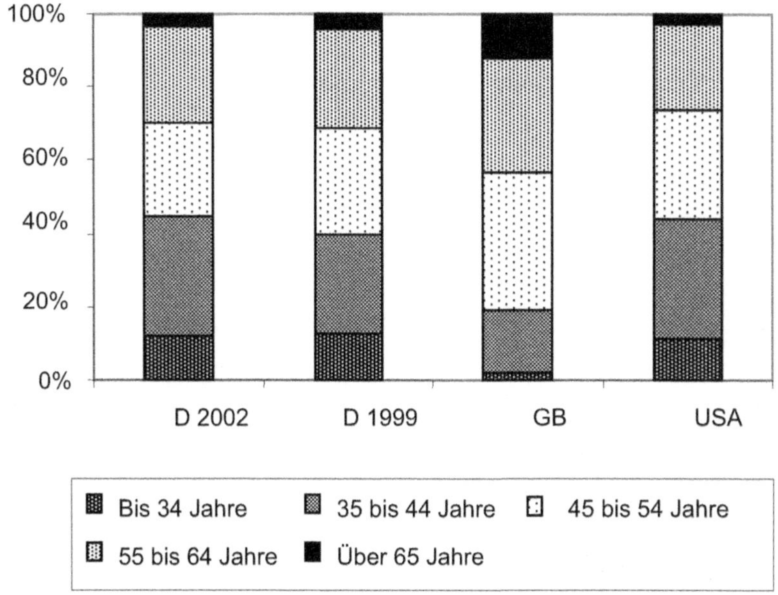

Abb. 2. Altersverteilung von Business Angels in Deutschland, Großbritannien und den USA im Vergleich (vgl. Mason/Harrison, 1994, S. 23, Gaston 1989, S. 18, und Brettel/Jaugey/Rost 2000, S. 131, Brettel, 2004, S.208)

Business Angels sind oft selber erfahrene Unternehmer. In der Regel haben sie mindestens ein oder mehrere Unternehmen gegründet und sind mit diesen auch noch verbunden. Bei dieser Verbindung kann es sich um eine reine Beteiligung, aber auch um eine operative Mitarbeit, meist in der obersten Führungsebene handeln. Von den Business Angels, die noch kein Unternehmen gegründet haben, konnte ein weiterer Teil Erfahrungen in kleinen und mittleren Unternehmen sammeln. Im Ergebnis verfügen deshalb lediglich ganz wenige Business Angels weder über Gründungs- noch über Arbeitserfahrung in kleinen und mittleren Unternehmen. Damit ist eine wesentliche Voraussetzung für die Aufnahme der Business Angel-Tätigkeit und der damit verbundenen informellen Hilfeleistung erfüllt (vgl. auch Ehrlich et al. 1994).

Betrachtet man die Erfahrung, über die Business Angels verfügen, näher, so ist diese zu differenzieren in Branchen- und funktionale Erfahrung. Bei der Branchenerfahrung zeigt sich in unterschiedlichen Studien (vgl. z.B. Brettel 2004), dass ein großer Teil der Business Angels Erfahrung in wissensintensiven Branchen hat. Das ist auch darauf zurückzuführen, dass es dort in den letzten Jahren noch am besten gelingen konnte, neben dem Aufbau an unternehmerischer Erfahrung auch eigenes Vermögen, insbesondere durch Exits eigener Unternehmen und Beteiligungen zu bilden.

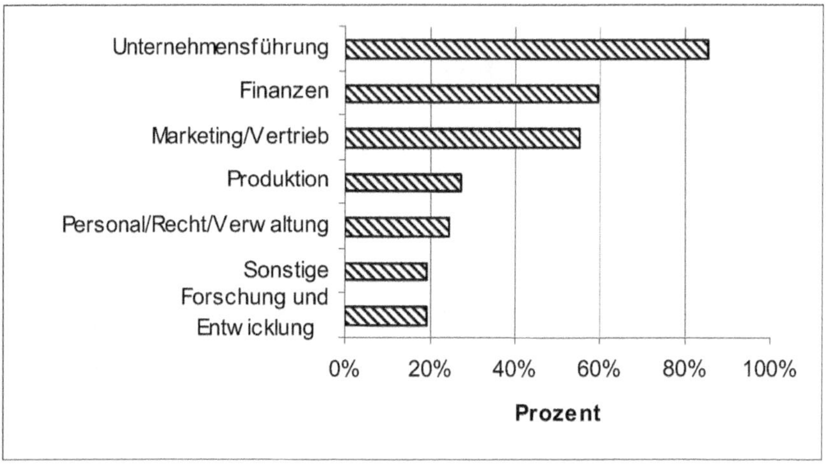

Abb. 3. Funktionale Erfahrung von Business Angels (vgl. Brettel 2004, S. 212)

Funktional hat ein großer Teil aktiver Business Angels Erfahrung im Bereich der Unternehmensführung vorzuweisen. Oft ist die Unternehmensführungsaufgabe gepaart mit einer weiteren funktionalen Aufgabe, beispielsweise im Bereich Finanzen als CFO oder im Bereich Marketing und Vertrieb. Die nachfolgende Abbildung zeigt die funktionale Erfahrung deutscher Business Angels auf (vgl. Brettel 2004, S.211).

Bei der genaueren Analyse der funktionalen Erfahrung von Business Angels ist darüber hinaus festzustellen, dass die Hilfeleistung im Bereich der allgemeinen Unternehmensführung einen positiven Einfluss auf den Erfolg des Beteiligungsunternehmens, also des Unternehmens hat (vgl. Brettel 2004, S.212 ff.). Dieser Befund zeigt auf, dass die Erfolg versprechende Hilfeleistung durch die Business Angels vor allem allgemeiner Natur ist. Das zeigt sich auch in den Aussagen zu der Frage, welche Hilfeleistung durch Business Angels erbracht wird. Es fällt auf, dass allgemeine Dinge, wie Coaching oder Netzwerk weit häufiger genannt werden als funktionale Hilfestellung oder die Unterstützung durch spezielles Branchenwissen. Darüber gibt die nachfolgende Abbildung Auskunft.

Beiträge der Business Angels in ihren Beteiligungen	**Beiträge allgemein**		**Wichtigster Beitrag**	
	Anzahl Nennungen	**% der Investoren**	**Anzahl der Investoren**	**% der Investoren**
Coaching	**28**	**58%**	**14**	**29%**
Netzwerk/Kontakte	**42**	**85%**	**14**	**29%**
Finanz-Know-how	**25**	**52%**	**5**	**11%**
Marketing-Know-how	15	31%	3	6%
Strategie	5	11%	2	4%
Kapital	**48**	**100%**	**2**	**4%**
Management-Know-how	22	46%	1	2%
Personalentwicklung	5	11%	1	2%
Branchen-Know-how	14	29%	1	2%
Sonstiges	6	13%	5	11%
Summe			*48*	*100%*

Abb. 4. Beiträge der Business Angels in ihren Beteiligungen und ihre Relevanz (vgl. Brettel/Jaugey/Rost, 2000, S. 179)

In Bezug auf den beruflichen Status zeigt sich, dass die meisten der Business Angels noch im Berufsleben aktiv sind, insbesondere in der Geschäftsleitung eigener und fremder Unternehmen. Allerdings bezeichnet sich auch immer ein Teil der Business Angels als Rentner bzw. Frührentner. Im Vergleich mit anderen Ländern zeigt sich für deutsche Business Angels ein hohes Maß an Selbständigkeit (vgl. Brettel 2002).

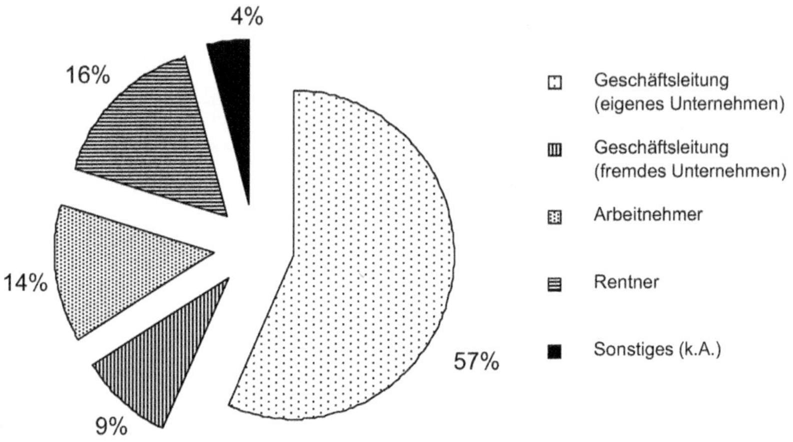

Abb. 5. Beruflicher Status von Business Angels (vgl. Brettel 2004, S. 216)

Business Angels verfügen grundsätzlich nicht nur über umfangreiche eigene Erfahrung als Unternehmer oder als Führungskraft, sondern sind in der Regel inzwischen auch in ihrer Funktion als Business Angel erfahren. So begegnet man häufig Angels, die bereits einige Jahre als solche tätig sind und dabei eine Reihe von Beteiligungen betreut haben.

Business Angels haben in der Regel gute Möglichkeiten auf Beteiligungen. So liegt die Anzahl der Beteiligungsgelegenheiten, die Business Angels insgesamt erhalten zwischen einer und 200 pro Jahr. Im Durchschnitt nehmen Angels davon zwischen 6 und 16 Prozent der Gelegenheiten an (vgl. Brettel 2004, S.218 und Stedler/Peters 2002). Interessant ist für Unternehmer dabei, wie die Gelegenheiten zu den Angels gelangen. Darüber gibt die nachfolgende Abbildung Auskunft. Interessant ist dabei, dass die Quelle für Gelegenheiten „Geschäftsfreunde" nicht nur die wichtigste ist, sondern die Beteiligungen, die über Geschäftsfreunde vermittelt wurden, sich erfolgreicher entwickeln – so jedenfalls das Ergebnis aus der Untersuchung von 123 Beteiligungsunternehmen (vgl. Brettel 2004, S.219 ff.).

Informationsquelle	Gelegenheiten Anzahl der Investoren	Eingegangene Beteiligungen Anzahl der Investoren	 % der Invest.	 % aller Beteilig.
Informelle Quellen				
Geschäftsfreunde	44	38	79%	63%
Aktive persönliche Suche	5	1	2%	2%
Gründer	21	14	29%	12%
Formelle Quellen				
VC-Gesellschaften	9	7	15%	7%
Banken	11	3	6%	2%
Anlageberater	3	1	2%	0%
Steuerberater/ Wirtschaftsprüfer	10	1	2%	1%
Rechtsanwälte	9	2	4%	1%
Universitäten/ Forschungsinstitute	4	3	6%	2%
Organisierte Quellen				
Investment Clubs/ Matching-Services	17	8	17%	4%
Business Broker	2	0	0%	0%
Zeitungen	3	1	2%	1%
Sonstige Quellen	9	4	8%	5%

Abb. 6. Quellen für Beteiligungsgelegenheiten (vgl. Brettel/Jaugey/Rost 2000, S. 153)

Die Motive für Business Angels, sich an Unternehmen zu beteiligen, sind vielfältig. Wichtig sind hohe Kapitalzuwächse, aber auch nicht ökonomische Motive, wie der Spaß mit der Beteiligung, spielen eine große Rolle. Darüber gibt die nachfolgende Abbildung Auskunft.

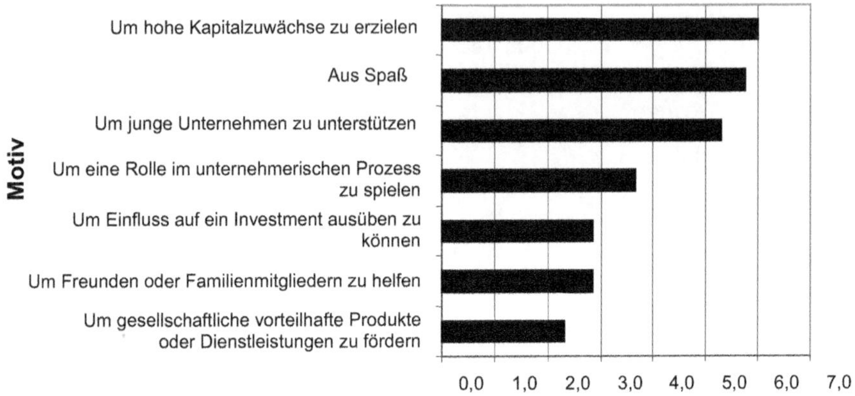

Abb. 7. Motive für die Business Angel-Tätigkeit (vgl. Brettel 2004, S. 221)

Die Beteiligungshöhe durch Business Angels reicht von etwa 10 Tausend Euro bis über eine Million Euro. Im Durchschnitt liegt die Beteiligung eines Angels bei gut 200 TEU (vgl. z.B. Brettel/Jaugey/Rost 2000, S. 170). Für ihre Beteiligung haben Business Angels überdurchschnittliche Renditeerwartungen, wobei die geplanten Haltedauern unterschiedlich eingeschätzt werden. So gehen Angels durchaus davon aus, eine Beteiligung nur 3 Jahre zu halten, andere erwarten, dass sich die Beteiligungsdauer bis über zehn Jahre ausdehnen kann. Die Beteiligungen, die Business Angels halten, finden sich durchschnittlich in zwei bis drei unterschiedlichen Branchen, wobei Business Angels im Durchschnitt vier bis fünf unterschiedliche Beteiligungen im Portfolio haben.

Voraussetzung für eine Beteiligung bildet das Vorhandensein des dazu notwendigen Kapitals. Die Frage, welches Kapital für informelle Beteiligungen bereit steht, haben in der Studie von Brettel 57 Angels beantwortet (vgl. Brettel 2004, S. 225 f.). Das insgesamt von den Business Angels zur Verfügung stehende Kapital ist durchschnittlich zu 60% in Beteiligungen eingesetzt, wodurch sich die Business Angels theoretisch die Möglichkeit erhalten, in nachfolgenden Finanzierungsrunden weiter zu investieren.

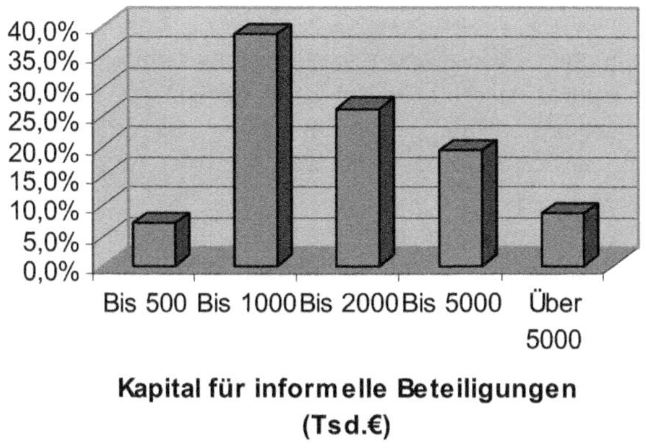

Abb. 8. Kapital von Business Angels für informelle Beteiligungen (vgl. Brettel 2004, S. 226)

Der Anteil des für informelle Beteiligungen bereit gestellten Kapitals am Gesamtvermögen einzelner Angels beträgt zwischen 5 und 60%. Das bedeutet, dass Business Angels aus den dargestellten Studien über ein erhebliches Privatvermögen verfügen.

Diese Erkenntnisse sagen etwas über den Stand des informellen Beteiligungskapitalmarkts in Deutschland aus: Business Angels verfügen über ein erhebliches Privatvermögen, das sie nur zu einem Teil in junge Unternehmen investieren. Neben den geschäftlichen Aspekten spielt dabei vor allem der Spaß an der Business Angel-Tätigkeit eine Rolle. Das lässt darauf schließen, dass eine solche Tätigkeit durchaus vergleichbar einem Hobby ist: Auch dafür wird ein Teil des eigenen Vermögens bereitgestellt, aber nur, wenn das auch Spaß verspricht.

Für Unternehmer auf der Suche nach Kapital haben diese Erkenntnisse über Business Angels in der Praxis einige erhebliche Implikationen.

- Erstens gilt es, vor der Ansprache von Business Angels ein Profil zu formulieren, was der Kapitalbedarf ist und welche Art von Hilfeleistung benötigt wird. Übersteigt der Kapitalbedarf 500 TEU deutlich, so sind Business Angels wahrscheinlich die falschen Ansprechpartner. Darüber hinaus verfügen die Angels über umfangreiche Erfahrung, es ist folglich für ein junges Unternehmen wichtig einzuschätzen, welche Erfahrung wichtig ist.
- Zweitens gilt es die geeigneten Kanäle zur Ansprache von Angels zu finden. Business Angels verfügen über unternehmerische Erfahrung, nicht selten haben sie ihr Vermögen auch aus dieser Erfahrung erlangt, z.B. durch Verkauf oder Börsengang eines von ihnen selbst gegründeten Unternehmens. In der Regel ist eine solche Transaktion dokumentiert, sei es durch diverse Hochglanzjournale oder in den einzelnen Firmenhistorien. Diese lohnt es zu durchforsten, schnell wird ein Unternehmer fündig werden. Darauf aufbauend kann er zwar versuchen, den Angel selber anzusprechen, Erfolg versprechender ist jedoch die Su-

che nach „Geschäftsfreunden", die diese Person kennen und die Ansprache übernehmen können.

- Drittens sollten sich Unternehmer, ist der Kontakt hergestellt, immer über die Motive der Business Angel-Tätigkeit im Klaren sein. Sie müssen also nicht nur vermitteln, dass es sich um ein ökonomisch interessantes Investment handelt, sondern auch, dass es Spaß bereiten kann zu investieren und mit ihnen zusammen zu arbeiten.
- Viertens sollten Unternehmer nicht frustriert sein, wenn sie eine Absage erhalten: Nur etwa eine von zehn Beteiligungsgelegenheiten wird durch Business Angels realisiert. Also müssten die Unternehmer im – nicht ganz zulässigen Umkehrschluss – zehn Angels ansprechen, um einen von einer Beteiligung zu überzeugen. Damit erhielten sie theoretisch aber auch neun Absagen.
- Fünftens sollten junge Unternehmer auch ihrerseits Business Angels prüfen. Angels verfügen, wie gesehen, in der Regel über weitere Beteiligungen; die kann man anrufen und sich über den informellen Beitrag der Business Angels erkundigen. Das sollte kein ungewöhnlicher Vorgang sein, denn Business Angels prüfen ihrerseits ihre Beteiligungsgelegenheiten auch.

Wie die nachfolgende Prüfung der Beteiligungsgelegenheiten durch Business Angels geschieht und worauf sich Gründer einstellen müssen, das ist im nächsten Abschnitt geschildert.

3 Beteiligungswürdigkeitsprüfung durch Business Angels

Im Rahmen der Prüfung des Unternehmens durch den Business Angel, versucht dieser zu erfassen, ob es sich um eine Beteiligungsmöglichkeit handelt, in die es zu investieren lohnt. Dabei gilt es zwei Bereichen Beachtung zu schenken:

- Relevante Merkmale, durch die sich ein Unternehmen auszeichnen sollte,
- Maßnahmen, die ein Business Angel bei der Prüfung ergreift.

Gemäß einer Studie aus dem Jahr 2000 spielt für eine positive Beteiligungsentscheidung eines Business Angels das Management Team die wichtigste Rolle. Dieses Ergebnis zeigt sich in der nachfolgenden Abbildung und wird dadurch unterstützt, dass sich Unternehmen, in denen die Unternehmer Erfahrung im Bereich Unternehmensführung haben, besser entwickeln als solche, in denen das nicht der Fall ist (vgl. Brettel 2004).

Bei der Entscheidungsfindung über informelle Beteiligungen berücksichtigte Faktoren	Bedeutung		
	sehr wichtig	**wichtig**	**unwichtig**
Managementteam	96%	4%	0%
Wachstumspotenzial des Marktes	58%	31%	11%
Einzigartigkeit des Produktes oder der Dienstleistung	58%	31%	11%
Erwartete Rendite	46%	42%	12%
Branche	38%	31%	31%
Wettbewerb	29%	44%	27%
Exit-Mechanismus	14%	40%	46%

Abb. 9. Faktoren bei der Entscheidung über Beteiligungen (vgl. Brettel/Jaugey/Rost 2000, S. 157)

Die Relevanz des Managements für die Beteiligungsentscheidung von Business Angels lässt sich insbesondere für die Beteiligungskapitalgeber aus zwei Aspekten heraus erklären:

- Business Angels suchen Spaß bei ihren Beteiligungen. Diesen kann vor allem das Management Team bringen oder verwehren, es spielt dafür also eine entscheidende Rolle.
- Viele Unternehmen machen in ihrer ersten Lebenszeit radikale Veränderungen durch, die nur dann positiv verlaufen, wenn das Management sie entsprechend gestaltet. Wiederum spielt das Management die entscheidende Rolle.

Neben dem Managementteam spielen das Wachstum des Marktes und die Einzigartigkeit des Produkts für die Beteiligungsentscheidung eines Business Angels wichtige Rollen.

Für Unternehmer bedeuten diese Erkenntnisse, dass sie sich bei der Präsentation ihres Unternehmens vor allem auf eine gute Präsentation der Unternehmer, also ihrer selbst, vorbereiten sollten. Der Auftritt des Teams und die Aussicht auf eine gute Zusammenarbeit spielen für die Beteiligungsentscheidung eine wesentliche Rolle.

Allerdings wird das Management in der ersten Stufe der Beteiligungswürdigkeitsprüfung kaum Gelegenheit bekommen sich zu präsentieren: Zuerst werden Business Angels rein von der Papierform in ihrer Entscheidung geleitet. In der Regel läuft nämlich die Beteiligungsprüfung und -entscheidung in einem zweistufigen Prozess ab, wie er in der nachfolgenden Abbildung aufgezeigt ist. Die Prozentsätze für die Annahmequoten können dabei unterschiedlich sein, genauso wie die Prüfzeiten höher und niedriger sein können, angegeben sind jeweils die Durchschnittswerte aus der Studie von 2000 (Brettel/Jaugey/Rost 2000, S.155 ff.)

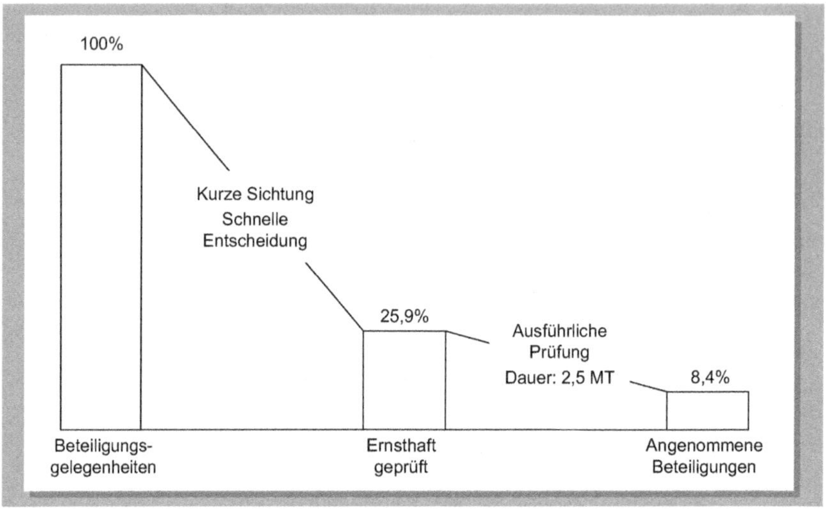

Abb. 10. Zweistufiger Ablauf einer Beteiligungsentscheidung von Business Angels (vgl. Brettel/Jaugey/Rost 2000, S. 155ff.)

In einer ersten Stufe werden, wie in der Abbildung gezeigt, etwa drei Viertel aller Beteiligungsgelegenheiten lediglich nach einer kurzen Sichtung auf Basis der Executive Summary negativ beschieden. Die Unternehmen, die diesen ersten Schritt überstehen, werden dann ausführlicher geprüft, wobei die Prüfung mit durchschnittlich 2,5 Manntagen (MT) Umfang auch noch lange nicht so ausführlich ist wie bei anderen Kapitalgebern, z.B. Venture-Capitalists oder Banken.

Innerhalb dieser Prüfung führt ein Business Angel unterschiedliche Tätigkeiten durch. Diese wurden im Hinblick auf ihre Relevanz bei der Beteiligungswürdigkeitsprüfung abgefragt und in der nachfolgenden Tabelle aufgezeigt. Gefragt wurde für die Relevanz mit einer Skala von 1 bis 7, wobei 1 für sehr unwichtig und 7 für sehr wichtig steht.

Es zeigt sich, dass es bestimmte Tätigkeiten gibt, wie die Kontaktierung aller Gründer, die im Mittel als sehr wichtig eingeschätzt wurden, und solche, die auch weiterhin als unwichtig erscheinen, z.B. unabhängige technische Studien.

Maßnahmen zur Beteiligungswürdigkeitsprüfung	Mittel*
Ich führe Gespräche mit allen Mitgliedern des Gründerteams.	6,8
Ich analysiere die vom Unternehmen erstellten finanziellen Plandaten sehr gründlich.	6,4
Ich diskutiere das Investment mit anderen Business Angels.	5,7
Ich besichtige die Geschäftsräume/Produktionsstätten des Unternehmens.	5,5
Ich führe Diskussionen über das Produkt mit Experten.	5,2
Ich informiere mich über den Marktwert vergleichbarer Unternehmen.	5,1
Ich kontaktiere Lieferanten.	5,0
Ich kontaktiere aktuelle Kunden des Unternehmens.	5,0
Ich kontaktiere potenzielle Kunden.	4,7
Ich kontaktiere Rechtsanwälte.	4,4
Ich kontaktiere Wirtschaftsprüfer/Steuerberater.	3,7
Ich führe Gespräche mit dem Management (inkl. 2. Führungsebene) des Unternehmens.	3,9
Ich kontaktiere die Hausbank des Unternehmens.	3,2
Ich gebe eine unabhängige Marktstudie über das Produkt in Auftrag.	2,2
Ich gebe Studien bei Beratern oder Investmentbankern in Auftrag.	2,2
Ich kontaktiere aktuelle Wettbewerber.	1,9
Ich kontaktiere eventuell bereits vorhandene Investoren.	1,7
Ich gebe eine unabhängige technische Studie für das Produkt in Auftrag.	1,3

Abb. 11. Maßnahmen zur Beteiligungswürdigkeitsprüfung und ihre Relevanz (vgl. Brettel/Jaugey/Rost 2000, S. 155ff.)

Die nach Einschätzung der Business Angels wichtigste Maßnahme zur Beteiligungswürdigkeitsprüfung ist das Gespräch mit den Gründern bzw. dem Managementteam. Das kann einerseits darin begründet sein, dass Business Angels die Relevanz des Teams für den Erfolg einer Beteiligung ebenso wahrgenommen haben, andererseits ist das auch durch die Motive der Business Angel-Tätigkeit zu deuten, Spaß bei der Beteiligung haben zu wollen. Neben dem Managementteam sind die

Plandaten am wichtigsten. Sie geben beispielsweise einen Anhaltspunkt über die Entwicklung des Marktes.

Deutlich wird auch, dass Business Angels sich bei der Beteiligungswürdigkeitsprüfung scheuen, teure Studien in Auftrag zu geben, beispielsweise bei Beratern oder Investmentbankern.

Auf den ersten Blick ist überraschend, dass die Maßnahme, bereits vorhandene Investoren zu kontaktieren, einen so geringen Punktwert zugesprochen bekommt. Das ist wahrscheinlich dadurch zu begründen, dass Business Angels in der Regel die ersten Investoren sind und eventuell bereits beteiligte Freunde oder Familienmitglieder für die Prüfung keinen Mehrwert zu bringen vermögen. Allerdings ist auch denkbar, dass bereits andere Business Angels beteiligt sind; in einem solchen Fall hätte das Gespräch mit vorherigen Investoren einen anderen Stellenwert.

Für Unternehmer, die eine Finanzierung durch Business Angels zu erlangen versuchen, können wertvolle Hinweise aus der vorangegangenen Schilderung der Prozessmerkmale abgeleitet werden:

Zuallererst gilt es, die Executive Summary des Business Plans, auf deren Basis die schnelle Sichtung erfolgt, sehr gut vorzubereiten. Wenn in dieser Phase die meisten Gelegenheiten ausgesondert werden, so gilt es, diese Phase auch entsprechend vorzubereiten. Gelingt es, diese erste Phase zu überstehen, so sollte sich vor allem das Managementteam ausreichend vorbereiten, denn dieses spielt bei der Beurteilung der Beteiligung in der zweiten Phase sicher die größte Rolle. Darüber hinaus sollte das Team professionell genug die einzelnen Aspekte einer möglichen Prüfung vorbereitet haben. Wenn ein Business Angel beispielsweise Kunden oder Lieferanten kontaktieren möchte, so sollte das Management ohne lange nachdenken zu müssen, entsprechende Ansprechpartner bereit halten (und evtl. auch darauf vorbereitet haben).

Idealerweise gelingt es dem Management des Unternehmens, einen Business Angel zu überzeugen, sich an dem Unternehmen beteiligen zu wollen. Dann gilt es, auch die Phase der Beteiligungsverhandlung entsprechend zu gestalten.

4 Beteiligungsverhandlung durch Business Angels

Business Angels beteiligen sich an Unternehmen in der Regel im Austausch mit Anteilen, also in Form einer Eigenfinanzierung. Wie bereits festgestellt, beträgt das durchschnittliche Beteiligungsvolumen gut 200 T€, in der Studie von 2004 bei 123 Portfoliounternehmen konnte ein Durchschnitt von 270 T€ mit einer Spanne von 5 T€ und einer Mio. Euro festgestellt werden (vgl. Brettel 2004 S. 248). Im Gegenzug erhalten Business Angels dafür eine Beteiligung am Unternehmen, in der Regel handelt es sich dabei um eine Minderheitsbeteiligung. Die genaue Höhe der Beteiligung ist abhängig vom ermittelten Wert des Unternehmens (vgl. dazu Rudolf/Witt 2003), wobei Business Angels dazu eher einfache Methoden nutzen, um diesen zu ermitteln. Das beginnt damit, dass es Business Angels gibt, die grundsätzlich nicht in ein Unternehmen investieren, das einen bestimmten Wert, z.B. 5 Mio. Euro übersteigt. Andere bestimmen die Anteile, die die verschiedenen

Parteien am Unternehmen erhalten sollen nach Dritteln: ein Drittel für die Gründer, ein Drittel für das Management (das kann mit den Gründern übereinstimmen) und ein Drittel für die Kapitalgeber, also die Business Angels. Dabei schätzen die Angels ihren Zeitbedarf zur Bestimmung ihrer Anteile auf zehn bis dreißig Minuten (vgl. Amis/Stevenson 2003, S. 149 ff.). Neben den nach einfachen Methoden vorgehenden Angels gibt es allerdings auch solche, die eine Bewertung objektiv nachvollziehbar zu erstellen versuchen. Diese Angels greifen dann zu bekannten Methoden, z.B. diskontieren sie Cash Flows oder suchen nach vergleichbaren Unternehmen (vgl. ausführlich Rudolf/Witt 2003).

Neben der Frage der Bewertung des Unternehmens zur Ermittlung der Beteiligungshöhe werden im Zuge der Beteiligungsverhandlung weitere Vereinbarungen getroffen, die letztlich in einem Beteiligungsvertrag Fixierung finden. Dabei handelt es sich insbesondere um die in der nachfolgenden Abbildung aufgeführten.

Vertragsvereinbarung	**Häufigkeit des Vorkommens**
Wettbewerbsverbote für das Management während der Beteiligung	96,7%
Mindestzeiten für aktive Beschäftigungsdauer des Managements des Portfoliounternehmens	86,0%
Mitbestimmungsrecht für den Verkauf von Anteilen	72,7%
Gründer verpflichtet, ihre gesamte Arbeitszeit für das Portfoliounternehmen einzusetzen	65,3%

Abb. 12. Einsatzhäufigkeit vertraglicher Bestandteile zwischen Business Angels und Portfoliounternehmen (vgl. Brettel 2004, S.249 f.)

Es ist erkennbar, dass Business Angels vor allem wichtig ist, dass die Unternehmer möglichst ihre gesamte Zeit und Kraft dem Unternehmen widmen. Dazu dient die Verpflichtung, möglichst die gesamte Arbeitszeit dem Unternehmen zu widmen, verbunden mit der Auflage, das für eine bestimmte Mindestzeit, z.B. zwei Jahre zu tun. Diese Vereinbarungen sind möglichst begleitet von einem Wettbewerbsverbot, das sich in der Regel auf die Vertragsdauer, aber auch auf die Zeit danach beziehen kann.

Mit dem Mitbestimmungsrecht für den Verkauf von Anteilen möchten Business Angels sicherstellen, dass die Unternehmer nicht ohne ihre Zustimmung Teile des Unternehmens verkaufen können und sich in dieser Form ihrer Verantwortung beim Aufbau des Unternehmens entziehen.

Insgesamt zeigen Business Angels und beispielsweise Venture-Capitalists signifikant unterschiedliche Herangehensweisen in der Vertragsgestaltung, obwohl die Faktoren für eine Erfolg versprechende Gestaltung der Beteiligungsverträge weitgehend die gleichen sind. Es erscheint deshalb für Business Angels sinnvoll, sich in einigen Punkten der Vertragsgestaltung an das Verhalten von Venture-Capitalists anzunähern (vgl. Brettel/Meier/Thust 2004, S.442 ff.)

Zusammengefasst können die Aspekte der Vereinbarung in einem Beteiligungsvertrag werden. Häufig spielt der Beteiligungsvertrag aber kaum eine Rolle. In der Regel werden die einzelnen Vereinbarungen in Gesellschafts- und Geschäftsführungsverträgen (im Falle einer GmbH) realisiert. Das geschieht insbesondere in den Fällen, in denen der Business Angel sich in einem sehr frühen Stadium an dem Unternehmen beteiligt und dadurch direkt bei der Gründung dabei ist. Dann können Mitbestimmungsrechte im Gesellschaftsvertrag geregelt werden, Arbeitszeitregelungen, Mindestzeiten für die Beschäftigung und Wettbewerbsverbote in den Verträgen für die Anstellung als Geschäftsführer oder Vorstände des Unternehmens.

Für Unternehmer gilt es, für die Beteiligungsverhandlung ebenso vorbereitet zu sein wie in den anderen Phasen. Das betrifft einerseits die Frage der Bewertung des Unternehmens und damit der abzugebenden Unternehmensanteile und andererseits die Frage der weiteren Punkte einer Vereinbarung. Die wesentlichen Punkte, die Business Angels wichtig sind, stellen allerdings Aspekte dar, an denen ein junger Unternehmer gleichermaßen Interesse haben sollte: Es ist sinnvoll, seine gesamte Zeit zum Aufbau des Unternehmens zu investieren und das für eine bestimmte Mindestzeit. Dass man dabei nicht für einen Wettbewerber arbeiten oder direkt nach Auslaufen der zeitlichen Bindung zu einem überlaufen darf, sollte selbstverständlich sein. Einzig bei der Frage der Mitbestimmung über den Anteilsverkauf könnten Diskussionen entstehen, weil Unternehmer in ihrer Entscheidung möglichst frei bleiben wollten. Bedenkt man jedoch, dass auch die Unternehmer nicht wollten, dass der Business Angel seine Beteiligung einfach weiterverkauft (z.B. an einen Wettbewerber, der sicherlich daran Interesse haben sollte und deshalb einen hohen Preis dafür zu zahlen bereit sein wird), erscheint die Regelung in beiderseitigem Interesse angemessen.

5 Beteiligungsbegleitung

Bei der Beteiligungsbegleitung kommt idealerweise der „zweite Flügel des Engels", nämlich seine Unterstützung des Unternehmens zum Tragen. Es sollte die Zeit sein, in der der Business Angel durch aktives Eingreifen zum Erfolg des Unternehmens beiträgt. Da Business Angels dies in der Regel nicht Vollzeit tun, werden sie diese Phase gleichzeitig dazu nutzen, die Beteiligung zu beobachten und zu überwachen. Diese Beobachtung (Monitoring) stellt natürlich auch die Voraussetzung dafür dar, um die Hilfeleistungen gezielt wirksam werden zu lassen. Deshalb sollen die beiden Aspekte Monitoring und Hilfeleistung schrittweise betrachtet werden.

Im Rahmen des Monitoring spielen zwei Aspekte eine Rolle, die Frage, welche Informationen Business Angels in welchem Turnus zu erhalten wünschen und die Frage, wie viel Zeit Business Angels darauf verwenden, sich mit ihren Beteiligungen zu befassen.

Um den Informationsbedarf zu sichern, lassen sich Business Angels diesen entweder in einer entsprechenden Vereinbarung garantieren oder sie verlassen sich auf die freiwillige Berichterstattung durch die Unternehmer. Bei den Informationen, die dabei ausgetauscht werden, handelt es sich um Berichte des externen Rechnungswesens einerseits und um sonstige Informationen über die Geschäftsentwicklung, z.B. Investitionen, Budgeteinhaltung etc. andererseits.

Nennung der Vorlage bestimmter Informationen	*Nie*	*Bei Bedarf*	*Jährlich*	*Halbjährlich*	*Quartalsweise*	*Monatlich*	*Wöchentlich*
Umsatz (aktuell u./o. zu erwarten)	0	1	3	29	29	48	13
Bilanz und GuV	0	1	25	25	31	37	4
Cash Flow/ Liquiditätsbericht	0	1	21	22	19	47	13
Zwischenberichte zur Geschäftslage	0	0	24	19	25	52	3
Budgeteinhaltung	0	0	26	30	19	37	11
Bericht über Investitionsvorhaben	0	26	30	23	22	22	0
Bericht über Entwicklungsstadium des Produkts/Projekts	33	31	30	19	5	5	0
Zusätzliche unternehmensspezifische Erfolgskennzahlen	0	26	32	23	19	21	0

Abb. 13. Informationen, die sich Business Angels geben lassen und ihre Vorlagehäufigkeit (vgl. Brettel 2004, S.257)

Aus der Tabelle ist erkennbar, dass die wichtigsten Informationen die Umsätze, Cash Flows und das Budget des Beteiligungsunternehmens betreffen. Sie müssen am häufigsten von den Unternehmen vorgelegt werden. Auch die Bilanz und GuV nimmt einen relativ hohen Stellenwert ein, wobei hinzuzufügen ist, dass es sich bei der Bilanz und der GuV nicht um die formelle Bilanz am Ende des Geschäftsjahrs handelt, sondern um vorläufige Fortschreibungen, insbesondere die Gewinn- und Verlustpositionen betreffend. Diese Informationen lassen sich fast alle Business Angels ebenfalls regelmäßig zukommen. Eine wöchentliche Berichterstattung ist allerdings selten; dieser Turnus erscheint zu kurz. Immerhin kommt er in etwa 10% der Fälle vor. Zudem spielen qualitative Berichte, wie beispielsweise über Entwicklungsstadien von bestimmten Produkten oder Projekten gemäß der vorliegenden Stichprobe, eher eine geringere Rolle. Stellt man einen Zusammenhang zwischen der Informationsintensität (im Sinne der Menge und Häufigkeit des Übersendens von Informationen vom Portfoliounternehmen zum Business Angel) her, so ist zu erkennen, dass Unternehmen, die regelmäßig und in nicht zu langen

Abständen ihren Business Angels relevante Informationen zukommen lassen, erfolgreicher sind (vgl. Brettel 2004, S. 256 ff.).

In der Regel lassen sich die Business Angels die Informationen unaufgefordert per (elektronischer) Post zukommen. Darüber hinaus nehmen sie regelmäßigen schriftlichen oder telefonischen Kontakt auf und versuchen, persönliche Treffen mit dem Beteiligungsunternehmen zu realisieren. Die Häufigkeit dieser Kontakte ist in der nachfolgenden Tabelle aufgeführt.

Häufigkeit der Kontaktaufnahme	*Nie*	*Jährlich*	*Halbjährlich*	*Quartalsweise*	*Monatlich*	*Wöchentlich*	*Täglich*
Schriftliche oder telefonische Kontakte	0	0	7	11	52	49	3
Persönliche Treffen mit dem Management	0	0	21	39	37	18	8

Abb. 14. Häufigkeit der Kontaktaufnahme von Business Angels mit ihren Beteiligungsunternehmen (vgl. Brettel 2004, S.259)

Es ist ersichtlich, dass die Mehrzahl der schriftlichen bzw. telefonischen Kontakte in einem relativ kleinen Turnus stattfindet. Die Kontakte finden bei den meisten Beteiligungen entweder wöchentlich oder monatlich statt. Demgegenüber sind persönliche Treffen seltener, sie können in der Mehrzahl monatlich oder einmal im Quartal beobachtet werden. Das bedeutet, es kommt zu einer regelmäßigen informellen Hilfe bzw. einem regelmäßigen Eingreifen durch Business Angels. Stellt man die Häufigkeit der Kontaktaufnahme in einen Zusammenhang mit dem Erfolg der Unternehmen, so ist erkennbar, dass die telefonischen Kontaktaufnahmen keinen Zusammenhang erkennen lassen, die persönlichen jedoch schon: Die persönliche Kontaktaufnahme scheint eine positive Wirkung auf die Beteiligungsentwicklung zu haben (vgl. Brettel 2004, S. 259 ff.). Weiter spezifiziert ist dazu für Unternehmer abzuleiten:

- Es empfiehlt sich für die Unternehmer einmal im Monat mit dem bzw. den Business Angels persönlich zu interagieren.
- Eine häufigere Kontaktaufnahme, insbesondere schriftlich oder telefonisch, ist dagegen nicht von Nutzen.

Aufbauend auf den Informationen, die Business Angels erhalten, stellt sich die Frage, in welcher Form sie ihre Hilfeleistung anbringen bzw. erbringen sollten. Das kann man in zwei Bereiche trennen, die Form der Interaktion und den funktionalen Bereich, in den Business Angels eingebunden sein sollten.

Bei der Form der Interaktion reicht das Spektrum von einer beratenden Tätigkeit über die institutionalisierte Gremientätigkeit bis hin zu einer Übernahme von operativen Managementaufgaben im Unternehmen. Dabei verbringen Business Angels im Durchschnitt mehr als 2 Tage pro Monat für ihre Tätigkeiten im Beteiligungsunternehmen, wobei diese Angaben erheblichen Schwankungen unterworfen sind: Manche Business Angels beschränken sich darauf, ein kurzes Telefonat zu führen, andere sind quasi vollzeit für ihre Beteiligung tätig. Die Tätigkeiten, die sie dabei ausführen, sind in der nachfolgenden Abbildung aufgezeigt.

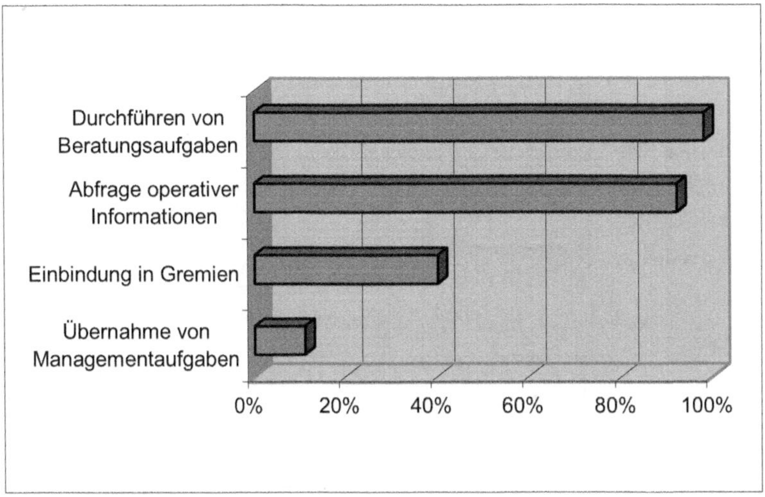

Abb. 15. Form der Interaktion zwischen Business Angels und Beteiligungsunternehmen (vgl. Brettel 2004, S.261; Mehrfachnennungen möglich)

Im Ergebnis ist erkennbar, dass die meisten Business Angels beratende Tätigkeiten ausüben und sich dazu operative Informationen zur Verfügung stellen lassen bzw. diese aktiv abfordern. Allerdings gibt es auch eine Reihe von Business Angels, die operative Managementaufgaben in den Beteiligungsunternehmen übernehmen. Betrachtet man die Motivlage von Unternehmern, u.a. Unabhängigkeit erlangen zu wollen, so kann man die operative Einbindung von Business Angels durchaus auch kritisch werten.

In der Zeit, die ein Business Angel für ein Portfoliounternehmen tätig ist, kann er in verschiedenen funktionalen Bereichen arbeiten. In der nachfolgenden Abbildung sind verschiedene funktionale Bereiche abgetragen und eine Einschätzung von Business Angels erbeten, ob sie in die Bereiche intensiv eingebunden sind (Punktwert 7, ganz rechts) oder gar nicht (Punktwert von 1).

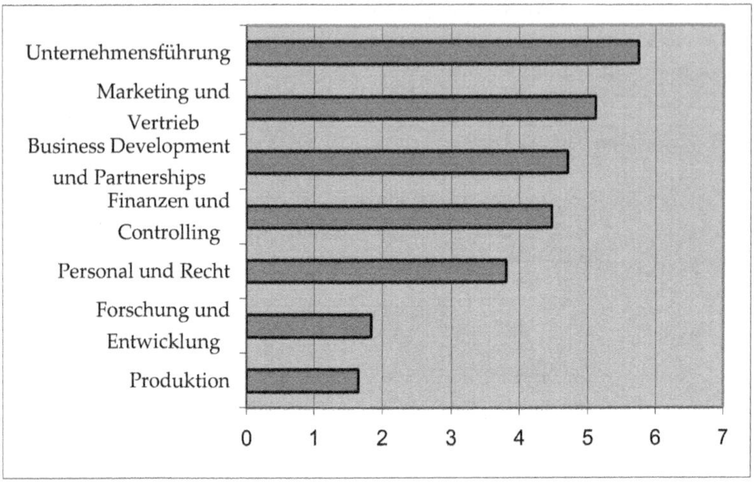

Abb. 16. Funktionale Einbindung von Business Angels in Beteiligungsunternehmen (vgl. Brettel 2004, S.263; Mehrfachnennungen möglich)

Es ist erkennbar, dass die häufigste Einbindung im Bereich Unternehmensführung geschieht. Es folgen Tätigkeiten im Marketing und im Rahmen des Business Development. Das bedeutet, Unternehmer machen sich die Erfahrung zu Nutze, die Business Angels während ihrer eigenen unternehmerischen Tätigkeit gesammelt haben. Es erfolgt quasi eine Art Mentoring, wie es auch in etablierten Unternehmen von Vorgesetzten zu Untergebenen stattfinden kann. Business Angels ersetzen damit in gewisser Weise die Erfahrung, die junge Unternehmer noch nicht haben, die aber zum Aufbau eines Unternehmens notwendig ist.

Zusammengefasst bedeutet dies für Unternehmer Folgendes: Für eine erfolgreiche Entwicklung ihres Unternehmens sollten Unternehmer die Erfahrung von Business Angels möglichst in monatlichen persönlichen Treffen in den Bereichen in Anspruch nehmen, in denen die Business Angels eigene Erfahrung gesammelt haben. Das ist insbesondere im Bereich der Unternehmensführung.

6 Exiting: Ausstieg von Business Angels aus Beteiligungen

Business Angels halten Kapitalbeteiligungen an Unternehmen. Diese Beteiligungen zeichnen sich dadurch aus, dass sie nicht mit einer Rückzahlungsverpflichtung verbunden sind, es sei denn in dem Beteiligungsvertrag ist anderes notiert. Trotzdem geben Business Angels an, sich nach einer gewissen Zeit wieder von den Beteiligungen trennen zu wollen und dadurch einen so genannten „capital gain“ zu realisieren. Hält ein Business Angel einen signifikanten Anteil an einem Unternehmen und ist dies auch in seinem Wert deutlich gewachsen, so wird es kaum einem Gründer möglich sein, dem Business Angel die Anteile abzukaufen oder das Unternehmen diese Anteile zurück kaufen zu lassen. Es muss ein so genannter E-xit erfolgen.

Gemäß der Studie von Brettel/Jaugey/Rost (2000) bewegt sich die von Business Angels für ihre informellen Beteiligungen antizipierte Beteiligungsdauer größtenteils in einem überschaubaren Zeitraum: 54 Prozent der Investoren erwarten bei ihren Investments eine Beteiligungsdauer von drei bis zehn Jahren. Weitere 38 Prozent sind entweder außerstande, zum Zeitpunkt der Befragung bereits eine bestimmte Beteiligungsdauer zu antizipieren oder befinden die Frage nach der Dauer der Beteiligungen als grundsätzlich unwichtig. Nur jeweils 4 Prozent geben an, eine Beteiligungsdauer von unter zwei oder über zehn Jahren zu erwarten. Die Mehrzahl der Beteiligungen ist damit bereits im Vorhinein auf einen beschränkten Zeitraum ausgelegt (vgl. Brettel/Jaugey/Rost 2000, S. 166 ff.)

Als Exitmöglichkeit bieten sich unterschiedliche Wege an, der Verkauf des Unternehmens, der Börsengang oder Buyouts. Allerdings erwarten Business Angels auch nicht, mit jedem Unternehmen unbedingt erfolgreich sein zu müssen: Gefragt nach der Anzahl von Flops (Beteiligung, die keine Rendite erwirtschaftet und notfalls auch komplett abgeschrieben werden muss) die sie bei einem theoretischen Portfolio von zehn Beteiligungen erwarten würden, antworten Business Angels fast jede Anzahl zwischen gar keinem und acht. Das bedeutet, es gibt Business Angels, die in zehn Unternehmen investieren und erwarten, ihre Gesamtrendite über alle Investitionen aus nur zwei Beteiligungen realisieren zu können.

Literatur

Amis D, Stevenson H (2003), Winning Angels, The Seven Fundamentals of Early-stage Investing, Pearson, London et al., 2003.

Baier W, Pleschak F (1996), Marketing und Finanzierung junger Technologieunternehmen: Den Gründungserfolg sichern, Wiesbaden 1996.

Brettel M (2002), Business Angels in International Comparison, in: Journal of Private Equity, Spring 2002, S 53-67.

Brettel M (2004), Der informelle Beteiligungskapitalmarkt – eine empirische Analyse, Wiesbaden, Gabler, 2004.

Brettel M, Jaugey C, Rost C (Business Angels, 2000), Business Angels – Der informelle Beteiligungskapitalmarkt in Deutschland, Wiesbaden 2000.

Brettel M, Meier D, Reißig-Thust S, Vertragsgestaltung von Venture-Capitalists und Business Angels im Vergleich, in: Die Betriebswirtschaft, 4/2004, S 431-447.

Coveney P, Moore K (1997), A Typology of Angels: A better Way of examining the Informal Investment Phenomena, in: Donkels R und Meittinen A (Hrsg): Entrepreneurship and SME Research: On its Way to the Next Millenium, S 65-80.

Coveney P, Moore K (1998), Business Angels: Securing Start Up Finance, Chichester 1998.

Ehrlich SD., De Noble AF, Moore T, Weaver RR (1994), After the cash arrives: A comparative study of Venture-Capital and private investor involvement in entrepreneurial firms, in: Journal of Business Venturing, 1994, S 67-82.

Fiet JO (1991), Network Reliance by Venture-Capital Firms and Business Angels: An Empirical and Theoretical Test in: Churchill N. et al. (Hrsg): Frontiers of Entrepreneurship Research, Wellesley MA: Center for Entrepreneurial Studies, Babson College 1991, S 445-455

Freear J, Sohl JE., Wetzel WE, Jr (1994), Angels and Non-Angels: Are there Differences?, in: Journal of Business Venturing, 9. Jg (1994), S 109-123.

Gaston RJ (1989), Finding Private Venture-Capital for your Firm: A complete guide, New York 1989.

Hemer J (1999), Business Angels und Junge Technologieunternehmen, in: Koschatzky K et al. (Hrsg) (1999): Finanzierung von KMU im Innovationsprozeß - Akteure, Strategien, Probleme, Fraunhofer IRB, Stuttgart 1999.

Kirchner H (1998), Privatinvestoren, in: Achleitner A-K, Thoma GF (Hrsg): Handbuch Corporate Finance: Konzepte, Strategien und Praxiswissen für das moderne Finanzmanagement, Loseblattausgabe, Deutscher Wirtschaftsdienst, Köln 1998.

Kleinhückelskoten H-D et al. (2002), Business Angels, Wenn Engel Gutes tun! Wie Unternehmensgründer und ihre Förderer erfolgreich zusammenarbeiten. Ein Praxishandbuch. Frankfurt 2002.

Landstrom H (1992), The Relationship between Private Investors and Small Firms: An Agency Theory Approach, in: Entrepreneurship & Regional Development, 1992, S 199-223.

Lessat V et al. (1999), Beteiligungskapital und Technologieorientierte Unternehmensgründungen, Gutachten für das BMWi, erstellt vom Fraunhofer-Institut für Systemtechnik und Innovationsforschung (FhG-ISI), Karlsruhe und dem Zentrum für Europäische Wirtschaftsforschung (ZEW), Mannheim 1998.

Mason CM, Harrison RT (1994), Informal Venture-Capital in the UK, in: Hughes A, Storey DJ (Hrsg) (1994): Finance and the Small Firm, Routledge: London 1994.

Mason CM, Harrison RT (1996), Informal Venture-Capital: A Study of the Investment Process, the Post-Investment Experience and Investment Performance, in: Entrepreneurship & Regional Development, 8. Jg (1996), S 105-125.

Osnabrugge, M van (1998), Comparison of Business Angels and Venture-Capitalists: Financiers of Entrepreneurial Firms, Said Business School, University of Oxford, Oxford 1998.

Rudolf M, Witt P (2002), Bewertung von Wachstumsunternehmen – Traditionelle und innovative Methoden im Vergleich, Gabler, Wiesbaden, 2002.

Sullivan MKS (1990) Segmenting the Informal Investment Market: A Benefit-based Typology of Informal Investors, Dissertation, The University of Tennessee: Knoxville 1990.

Sohl JE, Osnabrugge M van, Robinson R (2000), Models of Angel Investing, Portals to the Early-Stage Market, Annual Babson College Research Conference, Babson College 2000, S 1-12.

Stedler H, Peters H-H (2002), Business Angels in Deutschland, Empirische Studie der FH Hannover im Auftrag der tbg Technologie-Beteiligungs-Gesellschaft mbH der Deutschen Ausgleichsbank, Bonn 2002.

Tschammer-Osten G (1996), Business Angel, in: Die Betriebswirtschaft (DBW), 56. Jg (1996), Nr 5, S 716-719.

Wetzel WE, Jr (1983), Angels and Informal Risk Capital, in: Sloan Management Review, 24. Jg (1983), Nr 4 , S 23-34.

Corporate Venture Capital

Peter Witt

Abstract

Mit dem Begriff „Corporate Venture Capital“ bzw. „Corporate Venturing“ bezeichnet man die Finanzierung von Gründungsunternehmen durch Großunternehmen. Diese Finanzierung erfolgt im hier betrachteten Fall nicht direkt, sondern über eine spezielle Corporate Venture Capital-Gesellschaft. In Deutschland handelt es sich beim Corporate Venture Capital um ein vergleichsweise neues Phänomen, in den USA gibt es vergleichbare Aktivitäten seit Mitte der 1960er Jahre. Mit der Errichtung einer Corporate Venture Capital-Gesellschaft verfolgen Großunternehmen finanzielle und strategische Ziele. Durch den mehrstufigen Aufbau und die zum Teil unterschiedlichen Interessen der Beteiligten entstehen jedoch erhebliche Principal Agent-Probleme, die durch geeignete Anreiz- und Kontrollmechanismen zu lösen sind. Aus den bisherigen theoretischen und empirischen Studien lassen sich vergleichsweise eindeutige Gestaltungsempfehlungen ableiten, denen die in Deutschland aktiven Corporate Venture Capital-Programme jedoch in vielerlei Hinsicht nicht entsprechen.

1 Einleitung

Unter einer Innovation versteht man die Einführung eines neuen Produkts oder eines neuen Produktionsverfahrens in den Markt.[1] Die Innovationsforschung hat seit vielen Jahrzehnten die Bedeutung von Innovationen für den langfristigen Erfolg von Unternehmen nachgewiesen und auch gezeigt, dass Unternehmen mit Investitionen in Forschung und Entwicklung Wert schaffen.[2] Allerdings sind diese Investitionen mit erheblichen Risiken verbunden. Neben dem Risiko des technologischen Fehlschlagens eines Forschungs- oder Entwicklungsprojekts bestehen Marktakzeptanzrisiken, Risiken zu kurzer Lebenszyklen für innovative Produkte, das Risiko der Imitation von Innovationen durch Wettbewerber und viele andere Risiken. Daher kommt der Formulierung einer geeigneten Innovationsstrategie und der Implementierung eines effizienten Innovationsmanagement große Bedeutung zu.

---

[1] Vgl. Albach (1993), S. 50.
[2] Vgl. Brockhoff (1995).

Zur Darstellung der Ziele und der Funktionsweisen von Corporate Venture Capital ist eine Unterscheidung von externen und internen Innovationen hilfreich. Während interne Innovationen aus den Erfindungen und Entwicklungsaktivitäten innerhalb des innovierenden Unternehmens entstehen, beruhen externe Innovationen auf Ideen und ersten Entwicklungsschritten eines anderen Unternehmens. Das innovierende Unternehmen übernimmt diese Ideen oder Projekte, führt die Entwicklungsarbeiten dann innerhalb des eigenen Hauses zu Ende und übernimmt auch die Markteinführung.[3] Die Vorteile externer Innovationen im Vergleich mit internen liegen in der verkürzten Zeitdauer bis zur Markteinführung, den potenziell niedrigeren Entwicklungskosten und den verringerten Risiken. Die wesentliche Herausforderung externer Innovationen besteht in der Schwierigkeit, vielversprechende Technologien und Entwicklungsprojekte bei anderen Unternehmen zu erkennen und sie dann zu übernehmen. Zudem stoßen externe Innovationen mitunter auf erhebliche Akzeptanz- und Implementierungsprobleme, die auch als „not invented here"-Effekt bezeichnet werden. Empirische Untersuchungen der Innovationsprozesse von Unternehmen aus verschiedenen Ländern haben gezeigt, dass erhebliche Unterschiede im Innovationsvermögen bestehen. Sie sind besonders ausgeprägt bei externen Innovationen. Deutsche Unternehmen weisen erstaunlicherweise bei externen Innovationen höhere Kosten und längere Entwicklungsdauer auf als bei internen Innovationen. In japanischen Unternehmen ist es, konform mit der Theorie der externen Innovationen, genau umgekehrt.[4]

Große Unternehmen verfügen über verschiedene Möglichkeiten, externe Innovationen durchzuführen. Sie können anderen Unternehmen oder Privatpersonen Erfindungen abkaufen, sie können Forschungskooperationen mit anderen Unternehmen eingehen oder Auftragsforschung durchführen lassen. Dieser Beitrag untersucht eine ganz spezielle Form der Implementierung von externen Innovationen, nämlich Investitionen in bzw. den Erwerb von Eigenkapitalanteilen an innovativen Gründungsunternehmen („Start-ups"). Man bezeichnet solche Investitionen als „Corporate Venture Capital" oder Corporate Venturing".[5] Der strategische Grundgedanke besteht darin, über eine Eigenkapitalfinanzierung von innovativen Start-ups Zugang zu neuen Technologien und Produkten zu erhalten, die später eventuell in das Großunternehmen transferiert und so in externe Innovationen umgewandelt werden können.

Der Begriff Corporate Venture Capital wird in der bestehenden Literatur unterschiedlich gebraucht. In seiner weitesten Fassung bezeichnet er die Bereitstellung eigener Finanzmittel und anderer Ressourcen eines großen Unternehmens für einzelne oder mehrere Gründungsunternehmen.[6] Diese Gründungsunternehmen können Spin-offs aus dem Großunternehmen oder unabhängige Start-ups sein. Die Eigenkapitalfinanzierung, also die Finanzinvestition des Großunternehmens, kann alleine oder in Syndizierung mit anderen Investoren erfolgen, z.B. anderen Groß-

---

3 Vgl. Albach (1993), S. 64.

4 Vgl. Mansfield (1988).

5 Vgl. Hardymon/DeNino/Salter (1983), Sykes (1990), und Brody/Ehrlich (1998).

6 Vgl. Maula/Murray (2000), S. 1.

unternehmen oder Venture Capital-Gesellschaften. Auch organisatorisch und gesellschaftsrechtlich kann Corporate Venture Capital verschiedene Formen annehmen. Die direkteste Form sind Eigenkapitalanteile an einem Gründungsunternehmen, die das Großunternehmen selber hält. Eine sehr indirekte Form des Corporate Venturing sind Investitionen des Großunternehmens in Venture Capital Fonds. Zwischen diesen beiden Extremen liegt das Corporate Venture Capital im engeren Sinne, d.h., die Schaffung einer rechtlich selbstständigen Corporate Venture Capital-Gesellschaft (CVCG), die mehrheitlich oder ganz dem Großunternehmen gehört und ihrerseits Beteiligungen an Gründungsunternehmen eingeht. Dieser Beitrag wird sich im Folgenden nur noch mit Corporate Venture Capital im so definierten engeren Sinne befassen.

2 Corporate Venture Capital und Innovationsziele großer Unternehmen

2.1 Die Geschichte des Corporate Venture Capital

In den USA gibt es Corporate Venture Capital-Aktivitäten seit über 40 Jahren. In den 1960ern und den frühen 1970ern hatten 25 Prozent aller Fortune 500-Unternehmen entsprechende Programme. Sie wurden jedoch zwischen 1974 und 1975 weitgehend wieder aufgegeben, vor allem weil der Markt für Börsengänge junger Unternehmen zusammengebrochen war.[7] Als der Markt für Venture Capital in den frühen 1980ern zu wachsen begann, setzte das Interesse großer US-amerikanischer Unternehmen an Corporate Venture Capital-Programmen wieder ein, allerdings abrupt beendet von der Kapitalmarktkrise des Jahres 1987.[8] Zu Beginn der 1990er begann ein erneuter Zyklus zunehmender Corporate Venturing-Aktivitäten in den USA. Er unterschied sich von den früheren Zyklen vornehmlich dadurch, dass deutlich mehr Unternehmen entsprechende Programme aufsetzten bzw. eine CVCG gründeten und dass wesentlich mehr Kapital als in früheren Jahren investiert wurde.[9] Das Wachstum des Marktes für Corporate Venture Capital in den USA ist erst vor kurzem durch die Krise der sogenannten „New Economy" unterbrochen worden.[10]

In Deutschland sind Corporate Venture Capital-Programme im Vergleich zu den USA ein sehr junges Phänomen. Die älteste deutsche CVCG ist die T-Telematik Venture Holding GmbH, eine Tochter der Deutsche Telekom AG, gegründet 1997 und zur Zeit (Stand April 2004) das größte deutsche Corporate Venture Capital-Unternehmen, gemessen am Fondsvolumen (über 250 Mio. Euro) und der Anzahl der Mitarbeiter. Eine andere CVCG, die früh in den deutschen Markt

---

7 Vgl. Rind (1981), S. 171.

8 Vgl. Gompers/Lerner (1998), S. 7.

9 Vgl. Block/MacMillan (1993), und Lerner (2000), S. 3.

10 Vgl. Chesbrough (2000), S. 31–32.

eintrat, war die DaimlerChrysler Venture GmbH, die 1997 gegründet und mit einem Fonds in Höhe von 20 Mio. Euro ausgestattet wurde. Der Fonds wurde später auf 100 Mio. Euro aufgestockt. Im Jahr 2003 wurde das Unternehmen jedoch wieder aufgelöst. Bertelsmann stieg 1998 mit der Bertelsmann Ventures GmbH und einem Fondsvolumen von 30 Mio. Euro in das Corporate Venture Capital-Geschäft ein. Diese Gesellschaft wurde im Jahr 2000 restrukturiert. Die Siemens Venture Capital GmbH nahm 1999 den Geschäftsbetrieb auf, sie ist zur Zeit die zweitgrößte CVCG in Deutschland. Weitere Corporate Venturing-Programme der verschiedenen Geschäftsbereiche von Siemens, die zwischenzeitlich ins Leben gerufen worden waren, sind mittlerweile alle in die Siemens Venture Capital GmbH integriert worden. In den Jahren 2000 und 2001 setzte ein regelrechter „Gründungsboom“ im deutschen Markt für Corporate Venture Capital ein. Bekannte Beispiele sind die Deutsche Post Ventures GmbH mit einem 50 Mio. Euro Fonds, die BASF Venture Capital GmbH, ausgestattet mit 100 Mio. Euro, und die Metro Online Ventures GmbH, die mit einem Fonds in Höhe von 50 Mio. Euro ausgestattet worden war.

Die Mehrzahl der US-amerikanischen Corporate Venture Capital-Programme[11] und fast alle Programme in Deutschland[12] sind in Form rechtlicher selbständiger CVCGs gegründet worden. Aus theoretischer Sicht hat die organisatorische und gesellschaftsrechtliche Trennung der CVC-Aktivitäten von den anderen Geschäftsbereichen des Großunternehmens mehrere Vorteile. Zunächst werden so typische Motivations- und Organisationsprobleme vermieden, die aus der unternehmensinternen Verteilung von Finanzmitteln auf bestehende Geschäfte und auf hoch riskante Gründungsunternehmen entstehen können. Weiterhin wird eine isolierte Bewertung der Unternehmen im Portfolio der CVCG durch außenstehende Investoren erleichtert. Schließlich gibt die organisatorische und rechtliche Trennung vom Mutterunternehmen dem Management der CVCG die Möglichkeit, schnell und autonom Investitions- und Betreuungsentscheidungen zu treffen. Das ist vor allem deshalb wichtig, weil interessante Gründungsunternehmen auch von anderen Kapitalgebern umworben werden, z.B. von unabhängigen Venture Capital-Gesellschaften. Aus organisationstheoretischer Sicht besteht die zentrale Herausforderung bei der Gestaltung des Corporate Venturing sowohl im Verhältnis zwischen Mutterunternehmen und CVCG als auch im Verhältnis zwischen CVCG und Portfoliounternehmen darin, eine ausgewogene Mischung aus Entscheidungsautonomie und Kontrolle herzustellen.[13]

Eine interessante Parallele zwischen den Entwicklungen der Märkte für Corporate Venture Capital in den USA und in Deutschland ist das stark schwankende Investitionsniveau. Immer wenn Kapitalmärkte Bewertungsrückgänge oder Baissen verzeichneten, wurden wenig später Corporate Venture Capital-Programme beendet und die entsprechenden Gesellschaften aufgelöst. Umgekehrt wurden bevorzugt dann neue CVCGs gegründet, wenn es einen Aufschwung oder

---

[11] Vgl. Albrinck/Hornery/Kletter/Neilson (2000), S. 4.

[12] Vgl. Witt/Brachtendorf (2002), S. 687.

[13] Vgl. Simon/Houghton/Gurney (1999), S. 157.

eine Hausse am Kapitalmarkt gab. Dieses zyklische Investitionsverhalten ist insofern überraschend, als die Kapitalmarktverfassung zwar für den späteren Exit eines Investments, also für den Verkauf von Kapitalanteilen von Bedeutung ist, nicht aber für die Nutzung von technologischen Synergien mit den Gründungsunternehmen und die Realisierung von externen Innovationen. Die beobachtbare Zyklizität des Investitionsverhalten ist folglich als ein Zeichen für fehlendes langfristiges Engagement der großen Unternehmen für ihr Corporate Venturing interpretiert worden.[14] Eine andere Erklärung lautet, dass die finanziellen Ziele einer Investition in Corporate Venture Capital wichtiger sind als die Innovationsziele. Dieser Hypothese zufolge determiniert die kurzfristige Exit-Option, d.h., die Verfügbarkeit einer Möglichkeit zum Anteilsverkauf die Investitionsentscheidung, nicht die langfristigen technologischen Nutzen. Schließlich ist es denkbar, analog zu neueren Erkenntnissen der „Behavioral Finance Theory", dass das zyklische Auftreten und Verschwinden von Corporate Venture Capital-Programmen durch irrationales Herdenverhalten der Großunternehmen zu erklären ist.

2.2 Ziele von Corporate Venture Capital-Programmen

Großunternehmen, die darüber nachdenken, eine CVCG zu gründen, sind typischerweise innovative Unternehmen. Sie verfügen bereits über eigene F&E-Kapazitäten in der Zentrale oder in den einzelnen Geschäftsbereichen (oder in beiden). Dennoch hat sich in den meisten Branchen gezeigt, dass ein Unternehmen nicht alle Technologien und Produkte, die in Zukunft für die Wettbewerbsfähigkeit relevant werden könnten, selber erforschen und entwickeln kann. Aus diesem Grund ist das wichtigste strategische Ziel eines Engagements in Corporate Venture Capital, einen Zugang zu potenziell wichtigen Technologien zu erhalten, ein sogenanntes „window on potenzial new business growth areas"[15] bzw. ein „window on technology"[16]. Zwar ist dieser Zugang nur indirekt, weil die F&E-Leistungen vom Gründungsunternehmen erbracht werden, aber Corporate Venture Capital eröffnet einem Großunternehmen doch erleichterte Möglichkeiten des technologischen Lernens und des Technologietransfers.

Ein zweites Ziel von Investitionen in Corporate Venturing-Aktivitäten ist die Übertragung der innovativen und unternehmerischen Kultur, die für Gründungsunternehmen typisch ist, in das Großunternehmen. Mit der Investition in Corporate Venture Capital verbindet sich auch die Hoffnung, die F&E-Prozesse im eigenen Unternehmen nach dem Vorbild der Gründungsunternehmen effizienter und schneller gestalten zu können. Weiterhin bietet Corporate Venture Capital die Möglichkeit, Spin-offs zu fördern. Mitarbeitern, die sich mit bestimmten, in der Mutter nicht richtig genutzten Technologien selbstständig machen oder eine Ausgründung durchführen wollen, wird eine Finanzierungsoption über eine Eigenka-

[14] Vgl. Rind (1981), Hardymon/DiNino/Salter (1983), und Gompers/Lerner (1998).

[15] Vgl. Sykes (1990), S. 38.

[16] Vgl. Winters/Murfin (1988), S. 208.

pitalbeteiligung der CVCG und eine enge Zusammenarbeit mit passenden Geschäftsbereichen des Großunternehmens angeboten. Schließlich dient Corporate Venturing dazu, gegenüber allen Mitarbeitern auf die Bedeutung von externen Innovationen hinzuweisen: „Communicating the activities of a corporate venture capital program company-wide so that personnel can see firsthand how and why venture companies are formed, nurtured, and succeed or fail, gives invaluable experience and encouragement to intrapreneurs."[17]

Ein drittes Ziel von Corporate Venture Capital ist die Förderung von Produktionsverfahren und Produkten, die schon vom Großunternehmen hergestellt und vertrieben werden, durch komplementäre Dienstleistungen und Technologien, die von Gründungsunternehmen entwickelt werden.[18] In manchen Märkten wie Mobilkommunikation oder Halbleiter hängt der Umsatz eines Großunternehmens stark von der Verfügbarkeit entsprechender Anwendungen, Dienstleistungen und Komplementärtechnologien ab. Je schneller diese sich entwickeln und je mehr entsprechende Angebote am Markt bestehen, desto besser entwickelt sich das Kerngeschäft der Mutter. Corporate Venturing hat in solchen Fällen das Ziel, Gründungsunternehmen zu finanzieren und zu unterstützen, die Geschwindigkeits- und Know-how-Vorteile bei entsprechenden Anwendungen, Dienstleistungen und Komplementärtechnologien haben.

Ein viertes Ziel des Corporate Venturing ist eine möglichst hohe Verzinsung des eingesetzten Kapitals. Hierbei handelt es sich nicht um eine strategische bzw. technologische Zielsetzung des Großunternehmens, sondern um eine klassisch finanzielle. Während es theoretisch und praktisch unbestritten ist, dass die Rendite das wichtigste (oder sogar einzige) Ziel der Eigenkapitalfinanzierungen von unabhängigen Venture Capital-Gesellschaften darstellt, ist die Berechtigung finanzieller Ziele bei Corporate Venture Capital-Programmen weniger klar. Zunächst könnte es durchaus so sein, dass die strategischen Ziele des Corporate Venturing voll erfüllt werden, ohne dass die CVCG aus einem Verkauf ihres Eigenkapitalanteils an Gründungsunternehmen eine hohe bzw. überhaupt eine Rendite erzielt. Darüber hinaus stellt das Erreichen bestimmter Renditen nicht sicher, dass auch die strategischen Ziele erreicht wurden. Solange mit Corporate Venture Capital-Programmen keine anderen Ziele verbunden sind als das Erwirtschaften finanzieller Renditen, bieten sich aussichtsreichere Investitionsmöglichkeiten, z.B. in Venture Capital-Fonds. Die genannten theoretischen Überlegungen sprechen auf jeden Fall dafür, mit Corporate Venturing primär strategische Ziele zu verfolgen. „The impact of possible capital gains on total corporate results is viewed as minor compared with the potential for development of new business."[19]

[17] Winters/Murfin (1988), S. 208.

[18] Vgl. Chesbrough/Scolof (2000).

[19] Vgl. Sykes (1990), S. 38.

3 Corporate Venture Capital als ein mehrstufiges Principal Agent-Problem

3.1 Die Organisation von Corporate Venture Capital-Programmen

Corporate Venture Capital-Programme – so wie sie in diesem Beitrag definiert werden – bestehen aus drei gesellschaftsrechtlich separaten Organisationen, dem Großunternehmen, der CVCG und einer gewissen Anzahl an Gründungsunternehmen, an denen sich die CVCG beteiligt hat. Um die Darstellung sprachlich möglichst einfach zu halten, wird im Folgenden immer nur von einem einzigen Gründungsunternehmen im Portfolio der CVCG ausgegangen. Die theoretischen Analysen gelten aber genauso für ein Portfolio mit mehreren Start-ups. Aus organisationstheoretischer Sicht entsteht durch diese Struktur des Corporate Venturing eine zweistufige Principal Agent-Beziehung, aus der sich eine ganze Reihe von interessanten Herausforderungen und Problemen ergeben.

Auf der ersten Stufe ist das Großunternehmen der Principal, der Geld in eine CVCG, den Agent, investiert. Die Investition kann in Form eines Fonds oder in Form eines jährlichen Budgets erfolgen. Die Gegenleistung besteht darin, dass die CVCG finanzielle Renditen und/oder strategische Nutzen für das Großunternehmen bereit stellt. Es bestehen zwischen beiden Parteien offensichtliche Informationsasymmetrien, da die CVCG mehr Informationen über die geprüften Beteiligungsangebote und die in das Portfolio aufgenommenen Gründungsunternehmen hat als das Großunternehmen. Interessendivergenzen zwischen Principal und Agent sind auf der ersten Stufe nicht zwingend gegeben, aber doch vorstellbar. So könnte das Großunternehmen der Theorie des Corporate Venture Capital entsprechend vornehmlich an der Erreichung strategischer Ziele interessiert sein, während der Geschäftsführer bzw. Manager der CVCG nach der abgelieferten Rendite bezahlt wird und daher vornehmlich versucht, renditeträchtige Beteiligungen an Start-ups einzugehen. Bei dieser Konstellation wären die Anreize für die CVCG insofern falsch gesetzt, als der Agent Ziele verfolgt, die nicht deckungsgleich mit den Zielen des Principals sind, sich also möglicherweise opportunistisch verhalten könnte.[20] Ein Interessenkonflikt zwischen Principal und Agent auf der ersten Stufe des Corporate Venture Capital-Programms könnte auch dadurch entstehen, dass das Großunternehmen keine längerfristige Finanzierung der CVCG garantiert, so dass das Management der CVCG eher kurzfristige finanzielle Erfolge seiner Tätigkeit anstrebt und weniger die Erreichung langfristiger strategischer Ziele.

Auf der zweiten Stufe investiert die CVCG Geld und Unterstützungsleistungen in das Gründungsunternehmen. Im Gegenzug erwirbt sie Eigenkapitalanteile und die Aussicht auf finanzielle Rückflüsse. Theoretisch ist diese Principal Agent-Situation wohlbekannt, weil sie der Konstellation einer Venture Capital-Beteiligung entspricht. In bisherigen Modellen dieser Finanzierungssituation ist das kapitalgebende Venture Capital-Unternehmen der Principal und das kapital-

[20] Vgl. Block/Ornati (1987).

nehmende Gründungsunternehmen der Agent.[21] Allerdings tritt bei Corporate Venture Capital neben die unmittelbaren finanziellen Rückflüsse aus der Eigenkapitalbeteiligung eine indirekte Gegenleistung des Gründungsunternehmens, nämlich der mögliche Technologietransfer vom Start-up an das Großunternehmen. Erneut liegt eine offensichtliche Informationsasymmetrie vor. Zudem bestehen Interessendivergenzen, wenn die Gründer andere Ziele verfolgen als die investierende CVCG. Beispiele solcher Interessendivergenzen sind technische Entwicklungspräferenzen der Gründer, die wirtschaftlichen Zielsetzungen entgegenlaufen, übertriebener Konsum am Arbeitsplatz durch die Gründer oder unterschiedliche Präferenzen bezüglich der Gestaltung des Beteiligungsexits. Abb. 1 veranschaulicht den zweistufigen Principal Agent-Charakter des Corporate Venturing.

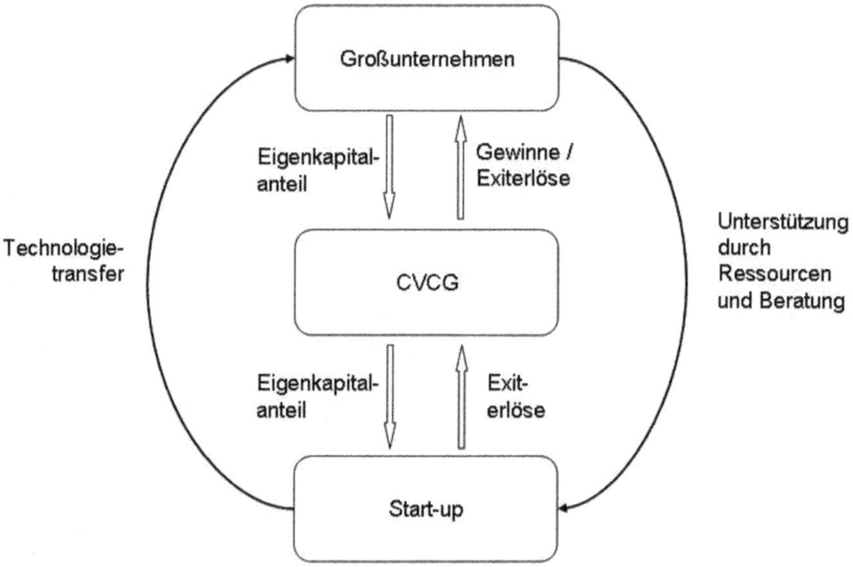

Abb. 1. Corporate Venturing als mehrstufiges Principal-Agent-Problem

Während es in der bisherigen Literatur üblich ist, den Finanzier von Gründungsunternehmen als den Principal und das finanzierte Start-up als Agent anzusehen, kommt der umgekehrten Perspektive ebenso große Bedeutung zu. Auch Investoren können sich opportunistisch verhalten. Sie stellen dem Gründungsunternehmen Leistungen wie Beratung und Netzwerkvermittlung in Aussicht, deren spätere Erbringung kaum justiziabel ist. Auch bei der Planung des Beteiligungsexit gibt es aus Sicht des Start-up die Gefahr eines opportunistischen Verhaltens durch den Finanzier. So versprechen die meisten CVCGs zwar, die Exit-Option zu wählen, die zur höchsten Unternehmensbewertung führt und damit die Rendite beider Partner maximiert. Angesichts der strategischen Ziele des Corporate Ventu-

[21] Vgl. Admati/Pfleiderer (1994), und Hellmann (1998).

ring und deren theoretisch gut begründeter Dominanz über finanzielle Zielsetzungen kommen aus Sicht der CVCG jedoch auch Exit-Optionen in Frage, die möglicherweise nicht im Interesse des Gründungsunternehmens sind. Konkret ist zu erwarten, dass das Großunternehmen das Start-up übernimmt und in die Gruppe eingliedert, wenn dessen technologische Entwicklungen erfolgreich verlaufen, selbst wenn eine andere Form des Exit zu einer höheren Unternehmensbewertung geführt hätte. Ein anderes Beispiel für Opportunismus des Investors im Falle von Corporate Venture Capital betrifft die vom Großunternehmen zur Verfügung zu stellenden Unterstützungsleistungen. Sie werden in der Phase der Vertragsanbahnung von der CVCG angeboten, sind in der Phase der Betreuung jedoch nicht uneingeschränkt oder gar nicht verfügbar, weil die entsprechenden Abteilungen im Großunternehmen eine Schädigung ihres eigenen Geschäfts durch die Aktivitäten des Gründungsunternehmens befürchten.

Eine für den Erfolg von Corporate Venture Capital-Programmen entscheidende Position ist die des Geschäftsführers bzw. „Managing Directors" der CVCG. Dieser Geschäftsführer muss die Fähigkeit besitzen, Verbindungen zwischen den Start-ups und den Mitarbeitern des Großunternehmens herzustellen, motivierte Teams von Investment Managern zusammen zu stellen und unternehmerisch zu denken. Die theoretische Literatur zu Fragen des Corporate Venture Capital hat bisher keine klaren Empfehlungen ausgesprochen, ob CVCGs von internen (aus dem Großunternehmen kommenden) oder externen (häufig aus dem Venture Capital-Bereich kommenden) Managern geführt werden sollten.[22] Externe Kandidaten, insbesondere solche, die schon Erfahrungen mit dem Venture Capital-Markt aufweisen können, haben den Vorteil, gute Kenntnisse und Netzwerke zu Vertretern der Kapitalmärkte und zu potenziellen weiteren Investoren mitzubringen. Sie verfügen zudem häufig über Kenntnisse in der Bewertung und Auswahl des „Deal flow", d.h., eingehender Beteiligungsanfragen. Der wesentliche Nachteil externer CVCG-Geschäftsführer ist jedoch das Fehlen eines Netzwerks und persönlicher Kontakte innerhalb des Großunternehmens. Interne Kandidaten kennen die Organisation besser und können einfacher feststellen, wer geeignete Ansprechpartner für ein Gründungsunternehmen im Beteiligungsportfolio sind. Es ist auch einfacher, interne Kandidaten nach den Gepflogenheiten des Großunternehmens zu bezahlen. Die tendenziell höheren (und leistungsabhängigeren) Gehälter externer Kandidaten können dagegen leicht Neid und Missgunst unter den Managern innerhalb des Großunternehmens erzeugen. Umgekehrt besteht die Gefahr, dass Geschäftsführer der CVCG, die aus dem Großunternehmen kommen, zu wenig Kenntnisse des Markts für Gründungsfinanzierungen mitbringen.

3.2 Finanzielle und strategische Ziele

Aus theoretischer Sicht erscheint Corporate Venture Capital, so wie es in diesem Beitrag definiert wurde, eindeutig nur dann sinnvoll, wenn das betreffende Groß-

[22] Vgl. Albrinck/Hornery/Kletter/Neilson (2000), S. 10.

unternehmen strategische Ziele verfolgt, d.h., eine Förderung von externen Innovationen im weitesten Sinne betreibt. Wenn nur finanzielle Ziele der Gründungsfinanzierung bestünden, wären Investitionen in Venture Capital-Fonds eine organisatorisch viel weniger aufwändige und auch renditeträchtigere Form des Investment. Allerdings haben sich strategische Ziele in der Vergangenheit als deutlich schwieriger realisierbar erwiesen.[23] Beispiele US-amerikanischer Corporate Venture Capital-Programme haben gezeigt, dass der Weg von der Identifizierung einer aussichtsreichen Technologie in einem Gründungsunternehmen bis hin zum erfolgreichen Transfer dieser Technologie in das Großunternehmen lang ist.

Vor allem ist nachgewiesen worden, dass externe Innovationen, die aus Corporate Venturing stammen, vergleichsweise viel Zeit benötigen. Eine empirische Studie aus den USA untersuchte einige der ersten Corporate Venture Capital-Programme aus den 1960er und 1970er Jahren und kam zum Ergebnis: „Unless it is the firm intention to continue the programme for at least seven years, a venture activity should not be organized."[24] In einer der ersten großzahligen empirischen Untersuchungen des Marktes für Corporate Venture Capital in den USA stellte sich heraus, dass die meisten Programme zwar vornehmlich strategische Ziele und nicht so sehr finanzielle Ziele verfolgten, dass aber der Fokus auf strategische Ziele auch übertrieben werden kann. Konkret ergab die Studie, dass die CVCGs die Qualität der Unternehmer und der Geschäftsmodelle immer dann gering gewichteten bzw. nicht ausreichend beachteten, wenn ein hohes Maß an strategischer Anpassung zwischen dem jeweiligen Start-up und dem Großunternehmen festgestellt worden war.

Während die Priorität strategischer über finanzieller Ziele aus theoretischer Sicht vollkommen gerechtfertigt erscheint, kann sie einer CVCG doch erhebliche Nachteile auf dem Markt für Gründungsfinanzierungen verschaffen. Insbesondere im Wettbewerb mit Venture Capital-Gesellschaften besteht im Sinne der Principal Agent-Theorie folgendes Problem des Corporate Venture Capital: Die Gründungsunternehmen müssen stärker als bei einer Venture Capital-Finanzierung befürchten, dass der Investor bzw. das dahinter stehende Großunternehmen im Rahmen der Gründungsfinanzierung versucht, sich technologisches Know-how und/oder innovative Produkte anzueignen. „Entrepreneurs really do fear the loss of proprietary information to the parent."[25] Venture Capital-Gesellschaften können glaubwürdiger behaupten, dass sie sich nur für Renditen aus Beteiligungsexits interessieren und das Gründungsunternehmen nicht seiner Technologien „berauben" wollen.

---

23 Vgl. Chesbrough (2000), S. 33.

24 Rind (1981), S. 178.

25 Hardymon/DeNino/Salter (1983), S. 118.

3.3 Unterstützung des Start-up durch das Großunternehmen

Ein Gründungsunternehmen, das eine Eigenkapitalbeteiligung einer CVCG vereinbart, erwartet neben der Bereitstellung der entsprechenden finanziellen Mittel Unterstützungs- und Beratungsleistungen von der CVCG, aber auch vom Großunternehmen selbst, weil dort wesentliche Ressourcen sowie Technologie- und Markt-Know-how bestehen. Neben dem Informationsaustausch zwischen der CVCG und dem Start-up kommt also den direkten Kommunikationsmöglichkeiten der Gründer mit Mitarbeitern des Großunternehmens entscheidende Bedeutung zu. Die indirekte Kommunikation zwischen Gründungs- und Großunternehmen über die CVCG reicht nach bisherigen Erfahrungen nicht aus, um dem Start-up das Potenzial der Unterstützungsleistungen aus dem Großunternehmen zugänglich zu machen. Das bestätigen auch empirische Studien aus den USA, in denen sich die direkte Kommunikation auf Arbeitsebene zwischen Mitarbeitern des Start-up und Mitarbeitern aus dem Großunternehmen als deutlich wertvoller erwies als Besprechungen in Aufsichtsräten oder Informationen aus dem Großunternehmen, die von den Investment Managern der CVCG an die Gründungsunternehmen weiter gereicht wurden.[26]

Ein wesentliches Problem des Angebots von Unterstützungsleistungen für Gründungsunternehmen im Rahmen von Corporate Venture Capital sind fehlende oder falsch gesetzte Anreize. Die CVCG bietet diese Leistungen vertraglich an, sie müssen aber im Wesentlichen von Mitarbeitern des Großunternehmens erbracht werden, ohne dass für diese immer auch ein eigener Nutzen oder ein klarer Auftrag erkennbar wäre. Im Gegenteil, im Falle substitutionaler Technologien oder konkurrierender Produkte bestehen sogar klare Anreize im Großunternehmen, die Start-ups im Portfolio der CVCG nicht zu unterstützen. Je erfolgreicher ein Gründungsunternehmen in solchen Fällen in seiner Technologieentwicklung ist und je eigenständiger es am Markt agieren kann, desto eher entsteht aus der Sicht der betroffenen Geschäftsbereiche im Großunternehmen ein Bedrohungsgefühl, das jegliche Unterstützungsleistungen verhindert.[27]

In einem formalen Modell, das auf den Ansätzen der Principal Agent-Theorie beruht, hat Hellmann explizit positive und negative Interaktionen zwischen Start-ups und einem Großunternehmen analysiert und optimale Formen der Gründungsfinanzierung abgeleitet.[28] Es zeigt sich, dass Corporate Venture Capital nur dann die optimale Form der Gründungsfinanzierung ist, wenn das Start-up Komplemente anbietet, also Technologien, die das Geschäft des Großunternehmens unterstützen und es nicht verdrängen. Im Fall von substitutionalen Technologien ist die optimale Form der Gründungsfinanzierung nicht Corporate Venture Capital, sondern Venture Capital. Die zentrale Erkenntnis aus dem Modell ist die Bedeutung einer sauberen Definition möglicher technologischer Synergien aus dem Corporate Venturing. Es reicht nicht aus, sich nur für Gründungsunternehmen zu interessieren,

---

[26] Vgl. Sykes (1990), S. 44.

[27] Vgl. Chesbrough (2000), S. 34.

[28] Vgl. Hellmann (2001).

die in ähnlichen Märkten tätig sind oder ähnliche Forschungsvorhaben verfolgen. Strategische Nähe ist nur dann ein gutes Auswahlkriterium, wenn sichergestellt ist, dass technologische Komplementarität zwischen den Aktivitäten der beteiligten Partner besteht.

Eine Anwendung der Principal Agent-Theorie auf das Corporate Venturing lässt noch ein weiteres Problem erkennen. Unterstützungsleistungen, die das Großunternehmen für ein Start-up im Portfolio der CVCG erbringt, können leicht in Versuche übergehen, Einfluss auf das Gründungsunternehmen auszuüben. Wenn die beiden Partner direkten Kontakt haben, also die CVCG als Intermediär übergehen, bestehen für das Großunternehmen auch Möglichkeiten, sich technologisches Wissen direkt anzueignen. Auch für dieses Problem gibt es erste empirische Evidenz aus den USA. Es konnte gezeigt werden, dass Unterstützungsleistungen vom Großunternehmen genutzt wurden, um Informationen über Technologien zu erhalten und Einfluss auf die Entwicklungs- und Vermarktungstätigkeiten der Portfoliounternehmen zu erlangen. Diese Versuche verminderten den Erfolg des Corporate Venturing insgesamt.[29] In einer anderen empirischen Studie ergab sich, dass Gründungsunternehmen, die mit Corporate Venture Capital finanziert worden waren, engere F&E-Strategien verfolgten als ihre Ressourcenbasis und ihre technologischen Fähigkeiten es zugelassen hätten. Sie fürchteten – ganz im Sinne der obigen Argumentation - „to infringe on someone else's turf" im Großunternehmen.[30]

3.4 Technologietransfer vom Start-up zum Großunternehmen

Externe Innovationen können nur dann erfolgreich umgesetzt werden, wenn technologisches Wissen, Erfindungen oder vorentwickelte Produkte vom Start-up zum Großunternehmen transferiert werden. Eine sehr direkte Möglichkeit, dies zu tun, besteht darin, dass das Großunternehmen dem Start-up Technologien abkauft, nachdem die ersten Entwicklungsschritte erfolgreich durchlaufen wurden. Eine andere Form des Technologietransfers besteht in der vollständigen Übernahme des Gründungsunternehmens. In diesem Fall erwirbt das Großunternehmen die Eigenkapitalanteile der CVCG, die der Gründer und die etwaiger externer Investoren. Anschließend wird das Start-up als Abteilung oder als strategische Geschäftseinheit in das Großunternehmen integriert.[31] Das wesentliche Problem des Technologietransfers aus dem Start-up in das Großunternehmen besteht aus Sicht der Principal Agent-Theorie in den mangelnden Anreizen für das Gründungsunternehmen, den Transfer zu unterstützen.

Zunächst ändert ein Verkauf der zentralen Technologie oder sogar des ganzen Unternehmens an das Großunternehmen die Rolle und die Aufgaben der Gründer nachhaltig. Sie werden Abteilungs- oder Geschäftsbereichsleiter und verlieren

[29] Vgl. Stringer (2000), S. 80.

[30] Shrader/Simon (1997), S. 47.

[31] Vgl. Albrinck/Hornery/Kletter/Neilson (2000), S. 9.

damit ihre unternehmerische Unabhängigkeit. Alternativ nehmen Sie den Verkauf des Unternehmens oder der wesentlichen Technologie des Unternehmens zum Anlass, ganz auszuscheiden und etwas anderes zu tun. Die sogenannten „Serien-Unternehmer" werden ein neues Unternehmen gründen. Andere werden sich zur Ruhe setzen oder in eine andere Angestelltentätigkeit wechseln. Weiterhin ist zu beachten, dass der Verkauf der Technologie bzw. des ganzen Start-up an das Großunternehmen von den Gründern nur dann als wirtschaftlicher Erfolg angesehen wird, wenn der Kaufpreis dem wahrgenommenen Wert der Technologie bzw. des Unternehmens entspricht bzw. ihn übersteigt. Häufig bestehen jedoch neben dem Verkauf an das Großunternehmen noch andere, mitunter als lukrativer angesehene Exit-Optionen wie z.B. ein Börsengang oder der Verkauf an einen Wettbewerber. Unternehmer geben solche Exit-Optionen nicht leichtfertig auf und stehen daher einem Verkauf an das Großunternehmen kritisch gegenüber.[32] In ähnlicher Weise können auch bezüglich der zeitlichen Planung des Exit erhebliche Interessendivergenzen zwischen dem Großunternehmen, der CVCG und dem Start-up bestehen. Die CVCG wird immer dann einen frühen Exit bevorzugen, wenn sie unter Druck steht, finanzielle Erfolge nachzuweisen. Umgekehrt wird das Start-up den für die Gründer lukrativsten Exit bevorzugen, selbst wenn er zeitlich erst später möglich wird. Aus Sicht des Großunternehmens bietet sich der Exit unabhängig vom Stand des Unternehmenswerts dann an, wenn die Technologie gerade gut transferiert werden kann bzw. einen Reifegrad erreicht hat, der Synergien mit Technologien im Großunternehmen erwarten lässt.

In der Praxis versuchen Corporate Venture Capital-Programme, die beschriebenen Principal Agent-Probleme beim Technologietransfer und bei der Exitplanung durch geeignete vertragliche Regelungen zu begrenzen oder ganz zu vermeiden. Beispiele für solche vertraglichen Regelungen sind gestaffelte Finanzierungen mit Meilensteinvereinbarungen, vorab vereinbarte Bewertungsmethoden und verschiedenste Exit-Klauseln. Damit das Gründungsunternehmen keine Möglichkeiten hat, seine technologischen Entwicklungserfolge vor der CVCG und den Vertretern des Großunternehmens zu verstecken, werden häufig Berichts- und Controlling-Systeme zwischen CVCG und Start-up vereinbart. In ähnlicher Weise werden Berichtssysteme der CVCG an das Mutterunternehmen institutionalisiert. Alle diese Formen von Berichtswesen dienen dem Ziel, die Informationsasymmetrie in der zweistufigen Principal Agent-Beziehung des Corporate Venturing zu verringern und auf diese Weise das Konfliktpotenzial zwischen den beteiligten Parteien zu reduzieren.

32 Vgl. Sykes (1990), S. 42.

4 Empirische Befunde zum deutschen Corporate Venture Capital-Markt

Da der deutsche Markt für Corporate Venture Capital im Vergleich zu den USA sehr klein ist und erst vor wenigen Jahren entstand, gibt es bisher nur wenig empirische Studien über ihn. Die meisten in der Literatur vorliegenden Arbeiten bestehen aus der Darstellung einzelner Fallstudien,[33] Empfehlungen von Praktikern[34] oder der Analyse von Einzelproblemen wie z.B. geeigneten Steuerungsinstrumenten für CVCGs.[35] Drei empirische Untersuchungen mit größeren Stichproben sind bisher zum deutschen Markt für Corporate Venture Capital veröffentlicht worden, sie werden im Folgenden detailliert vorgestellt. Alle drei Arbeiten sind deskriptiv. Theoriegeleitete und konfirmatorische, d.h., Hypothesen testende empirische Untersuchungen liegen meines Wissens nach bisher nicht vor (Stand April 2004).

Die erste Studie, die systematisch deutsche Corporate Venture Capital-Programme untersucht, stammt aus dem Jahr 1996.[36] Da die empirischen Daten dieser Studie aus der Zeit vor der Gründung der ersten rechtlich selbstständigen CVCG stammen, konzentrieren sich die Ausführungen auf Corporate Venturing-Aktivitäten innerhalb von großen Unternehmen, die in diesem Beitrag nicht näher betrachtet werden. Eine zweite Studie wurde 2001 durchgeführt und beinhaltete Interviews mit acht deutschen CVCGs.[37] Diese Arbeit befasste sich insbesondere mit den strategischen Zielsetzungen und der Organisationsstruktur der deutschen Corporate Venture Capital-Programme. Die bisher umfangreichste empirische Studie erschien 2002.[38] Sie hatte zum Stand Juni 2001 eine Anzahl von 29 privaten und erwerbswirtschaftlich orientierten CVCGs in Deutschland erfasst. Da acht von ihnen zum Zeitpunkt der Datenerhebung den Geschäftsbetrieb schon wieder eingestellt hatten, verblieben 21 aktive Corporate Venture Capital-Gesellschaften, die ausnahmslos an der empirischen Untersuchung in Form einer persönlichen Befragung auf der Basis pregesteter und halb-standardisierter Fragebögen teilnahmen. Inhaltlich erfasste die Studie die gesamte Wertschöpfungskette des Corporate Venturing von der Generierung des Deal flow bis hin zum Beteiligungsexit. Aufgrund des geringen Alters der befragten Programme konnten jedoch nur vergleichsweise wenige Unternehmen Angaben zu den tatsächlichen Exits aus ihrem Portfolio machen.

In der Untersuchung von Daniels, Leker und Seeliger[39] gaben alle befragten CVCGs an, dass die Erhebung von Informationen über sich schnell entwickelnde Technologien und die Schaffung der Option, diese Technologien später zu erwerben, die beiden wichtigsten strategischen Ziele seien. Dieses Ergebnis zeigt deut-

---

33 Vgl. z.B. Tümpen (2001).

34 Vgl. z.B. Lorenz/Seeliger (2000).

35 Vgl. Faisst/Franzke/Hagenmüller (2002).

36 Vgl. Schween (1996).

37 Vgl. Daniels/Leker/Seeliger (2002).

38 Vgl. Witt/Brachtendorf (2002).

39 Vgl. Daniels/Leker/Seeliger (2002).

lich, dass das Streben nach externen Innovationen ein wesentliches Anliegen deutscher Corporate Venture Capital-Aktivitäten ist (oder zumindest zu diesem Zeitpunkt als wesentliches Anliegen genannt wurde). Mit Blick auf die Organisation des Corporate Venturing konnte die Studie sechs Empfehlungen ableiten: Unterstützung des Programms durch das Top-Management, Konzentration auf strategisches Potenzial (nicht finanzielle Renditen), die Schaffung von Schnittstellen zwischen externen und internen Entwicklungen, die Berücksichtigung von Expertenwissen, die Unterstützung der Start-ups durch erfahrene Manager aus dem Großunternehmen und die Nutzung des Know-hows der CVCG-Manager.

In der Arbeit von Witt und Brachtendorf[40] wurden das „window on technology" und die Förderung des Innovationsvermögens im Großunternehmen als wichtigste Ziele des Corporate Venturing genannt. Interessanterweise ergaben sich deutliche Unterschiede in der Bewertung der Bedeutung von Renditezielen zwischen der CVCG und Vertretern des Großunternehmens. Während die Geschäftsführer der CVCGs die finanziellen Ziele als ebenso wichtig wie die strategischen Ziele ansahen, stuften die Großunternehmen selbst die Erreichung finanzieller Ziele als weniger bedeutsam ein. Ein anderes interessantes Ergebnis der Studie war, dass bis auf eine Ausnahme alle deutschen CVCGs die Rechtsform der GmbH gewählt haben und von einem ehemaligen Manager aus dem Großunternehmen geleitet wurden, typischerweise aus der zentralen F&E- oder Technikabteilung. In keinem Fall wurde die Geschäftsführung der CVCG mit einer Venture Capital-erfahrenen Person besetzt.

Die im theoretischen Teil dieses Beitrags dargestellten Principal Agent-Probleme des Corporate Venturing konnten empirisch sehr gut bestätigt werden, vor allem für die Zusammenarbeit zwischen dem Start-up und dem Gründungsunternehmen.[41] Die Studie von Witt und Brachtendorf fand praktisch keine institutionalisierte Form der Unterstützung von Gründungsunternehmen im Portfolio der CVCG durch Mitarbeiter oder Abteilungen des Großunternehmens. Wenn überhaupt ein Wissens- oder Ressourcentransfer stattfindet, dann beruht er ausschließlich auf informellen Kontakten oder der persönlichen Vermittlung eines Intermediärs, konkret des Geschäftsführers der CVCG. Alle diese Geschäftsführer müssen ihrerseits monatlich oder einmal im Quartal an das Großunternehmen berichten, in den meisten Fällen an den Vorstandsvorsitzenden oder den Finanzvorstand. Die Bezahlung der Mitarbeiter und des Geschäftsführers der CVCG richtet sich überwiegend nach den Vergütungsmustern des Großunternehmens. Interessant ist dabei vor allem, dass der variable Teil der Vergütung an kurzfristigen Zielvereinbarungen ausgerichtet wird und nicht an den strategischen Zielen oder der Rendite des eingesetzten Kapitals. Insgesamt zeigen die Ergebnisse, dass die Geschäftsführer der deutschen CVCGs entgegen anderslautender Empfehlungen in der Literatur[42] wie Manager im Großunternehmen und nicht wie unabhängige Venture Capitalists behandelt werden.

---

40 Vgl. Witt/Brachtendorf (2002).

41 Vgl. Witt/Brachtendorf (2002), S. 688–690.

42 Vgl. z.B. Siegel/Siegel/MacMillan (1988), S. 233.

5 Zusammenfassung

Gompers und Lerner haben die Ursachen für das zyklische Investitionsverhalten und die häufigen Fehlschläge von US-amerikanischen Corporate Venture Capital-Programmen in den drei Jahrzehnten seit Ende der 1960er Jahre untersucht und drei wesentliche strategische Fehler abgeleitet.[43] Erstens fehlte es vielen Programmen in den USA an einer klaren und eindeutigen Zielsetzung, d.h., sie versuchten, eine große Bandbreite an nicht immer kompatiblen strategischen und finanziellen Zielen zu erreichen. Zweitens zeigte das Top-Management des Großunternehmens eine unzureichende Unterstützung der Corporate Venturing-Aktivitäten und beendete viele Programme lange bevor die strategischen Zielsetzungen überhaupt hätten erreicht werden können. Drittens wurde die Bereitschaft zur Übernahme von Risiken durch die Geschäftsführung der CVCGs unzureichend gefördert und Fehlschläge übergebührlich bestraft.

Wenn man diese Analyse auf den deutschen Markt für Corporate Venture Capital anwendet, dessen Teilnehmer ja angesichts des deutlichen zeitlichen Vorlaufs von den Erkenntnissen und Fehlern der US-amerikanischen Unternehmen hätte lernen können, dann erkennt man eine erstaunliche Parallelität der strategischen Fehler. Der Studie von Witt und Brachtendorf zufolge setzen sich die meisten deutschen Corporate Venture Capital-Programme eine verwirrende Vielfalt von strategischen und finanziellen Zielsetzungen.[44] Viele Programme wurden schon kurze Zeit nach Beginn der Geschäftstätigkeit wieder aufgelöst, vor allem weil sich die Kapitalmärkte ungünstig entwickelten und die Vorstände der Großunternehmen dementsprechend keine kurzfristigen Exit-Optionen für die Beteiligungen der CVCG mehr sahen. Schließlich kann die Vergütung des Managements der deutschen CVCGs nicht als anreizverträglich bezeichnet werden, da sie sich vornehmlich an den Gehaltstufen im betreffenden Großunternehmen orientiert und nicht an der Erreichung der strategischen Zielsetzungen der Corporate Venture Capital-Programme.

Offensichtlich hat also bei Corporate Venture Capital wenig oder gar kein Lernen deutscher Unternehmen von den Erfahrungen ausländischer Unternehmen stattgefunden. Es ist auch nicht erkennbar, dass in Deutschland wirklich die theoretisch wichtigeren und aussichtsreicheren Innovationsziele verfolgt werden und nicht nur Renditeziele. Die (kurze) Geschichte des Corporate Venture Capital in Deutschland offenbart eine sehr kurzfristig ausgerichtete und in hohem Maße zyklisch zum Kapitalmarkt verlaufende Investitionstätigkeit von Großunternehmen. Das vielleicht bestürzendste empirische Ergebnis ist die Tatsache, dass deutsche Unternehmen sich beim Corporate Venturing noch zyklischer verhalten als Venture Capital-Gesellschaften auf ihrem Markt.

---

[43] Vgl. Gompers/Lerner (1998), S. 9–10.

[44] Vgl. Witt/Brachtendorf (2002), S. 686–690.

Literatur

Admati A, Pfleiderer P (1994) Robust Financial Contracting and the Role of Venture Capitalists. Journal of Finance 49, S 371–402.
Albach H (1993) Culture and Technical Innovation. Berlin.
Albrinck J, Hornery J, Kletter D, Neilson G (2000) Adventures in Corporate Venturing. Strategy + Business 22, S 1–12.
Block Z, MacMillan IC (1993) Corporate Venturing – Creating New Businesses within the Firm. Boston.
Block Z, Ornati OA (1987) Compensating Corporate Venture Managers. Journal of Business Venturing 2, S 41–51.
Brockhoff K (1995) Value generation by industrial research. Technovation 15, S 591–599
Brody P, Ehrlich D (1998) Can big companies become successful Venture Capitalists? The McKinsey Quarterly, S 50–63.
Chesbrough HW (2000) Designing Corporate Ventures in the Shadow of Private Venture Capital. California Management Review 42, S 31–49.
Chesbrough HW, Scolof SJ (2000) Creating New Ventures from Bell Labs Technologies. Research & Technology Management March-April, S 13–17.
Daniels H von, Leker J, Seeliger CW (2002) Corporate Venture Capital – der Weg zur erfolgreichen Erschließung neuer Technologien?. Perspektiven der Wirtschaftspolitik 3, S 303–316.
Faisst U, Franzke E, Hagenmüller M (2002) Balanced Scorecard für Corporate Venture Capital. Finanz Betrieb Heft 5, S 340–345.
Gompers PA, Lerner J (1998) The determinants of corporate Venture Capital success: organizational structure, incentives and complementarities. Working Paper No. 6725, National Bureau of Economic Research, NBER Working Paper Series, Cambridge, MA.
Hardymon GF, DeNino MJ, Salter MS (1983) When corporate Venture Capital doesn't work. Harvard Business Review May/June, S 114–120.
Hellmann T (1998) The Allocation of Control Rights in Venture Capital Contracts. Rand Journal of Economics 29, S 57–76.
Hellmann T (2001) A Theory of Strategic Venture Investing. Working Paper, Graduate School of Business, Stanford University, February.
Lorenz M, Seeliger CW (2000) Corporate Venture Capital. Finanz Betrieb Heft 10, S 658–662.
Mansfield, E (1988) The Speed and Cost of Industrial Innovation in Japan and the United States: External vs. Internal Technology. Management Science 34, 10, S 1157–1168
Maula J, Murray G (2000) Corporate Venture Capital and the creation of US public companies: the impact of sources of Venture Capital on the performance of portfolio companies, Working Paper, Helsinki University.
Rind KW (1981) The role of Venture Capital in corporate development. Strategic Management Journal 2, S 169–180.
Schween K (1996) Corporate Venture Capital: Risikokapitalfinanzierung deutscher Industrieunternehmen, Wiesbaden.
Shrader RC, Simon M (1997) Corporate versus independent new ventures: resource, strategy, and performance differences. Journal of Business Venturing 12, S 47–66.

Siegel R, Siegel E, MacMillan, IC (1988) Corporate Venture Capitalists: Autonomy, obstacles, and performance. Journal of Business Venturing 3, S 233–247.

Simon M, Houghton SM, Gurney J (1999) Succeeding at Internal Corporate Venturing: Roles Needed to Balance Autonomy and Control. Journal of Applied Management Studies 8, S 145–159.

Stringer R (2000) How To Manage Radical Innovation. California Management Review 42, S 70–88.

Sykes HB (1990) Corporate Venture Capital: Strategies for Success. Journal of Business Venturing 5, S 37–47.

Thornhill S, Amit R (2000) A dynamic perspective on internal fit in corporate venturing. Journal of Business Venturing 16, S 25–50.

Tümpen M (2001) Corporate Venture Capital – Ein Instrument für eine erfolgreiche Partnerschaft von Großorganisationen und Start-up-Unternehmen. In: Sadowski D (Hrsg.) Entrepreneurial Spirits. Wiesbaden, S 91–102.

Winters, TE, Murfin DL (1988) Venture Capital Investing for Corporate Development Objectives. Journal of Business Venturing 3, S 207–222.

Witt P, Brachtendorf G (2002) Gründungsfinanzierung durch Großunternehmen. Die Betriebswirtschaft 62, S 681–692.

Venture-Capital-Finanzierung aus Sicht der Portfoliounternehmen

Isabell Welpe und Michael Dowling

Abstract

Dieser Beitrag betrachtet die Venture-Capital (VC) Finanzierung aus dem Blickwinkel von Portfoliounternehmen (PU) und beschreibt auf der Grundlage der wesentlichen Forschungsergebnisse der Venture-Capital-Finanzierung, die zur Zusammenarbeit und Beziehung von Venture-Capital-Gesellschaft (VCG) und Portfoliounternehmen vorliegen, Ziele und Bedarf von Portfoliounternehmen in einer VC-Finanzierung und stellt ein theoriegeleitetes Modell zum Kooperationserfolg zwischen VCG und PU nach Abschluss des Investmentvertrages aus Sicht der Portfoliounternehmen vor. Der Artikel hat dabei folgende thematische Schwerpunkte:

- Die Darstellung von Portfoliounternehmen und VCG als Akteure im Venture-Capital-Markt
- Einen Überblick zu empirisch bearbeiteten Forschungsfragen der Venture-Capital Wertschöpfungskette
- Die Vorstellung der führenden theoretischen Ansätze zur Analyse der Zusammenarbeit von Venture-Capital-Gebern und Portfoliounternehmen: Spieltheorie, Austauschtheorie, interpersonelle Attraktionstheorie und Principal-Agent-Theorie
- Die Entwicklung eines konzeptionellen Modells zur Bedarfsdeckung der Portfoliounternehmen und zum Wirkungsgefüge des Kooperationserfolgs

Ziel dieses Beitrages ist es, zur Weiterentwicklung eines Modells zur Kooperation zwischen VCG und PU und zur Theorieleitung empirischer Untersuchungen, die zur weiteren Aufklärung der Wertschöpfungsprozesse einer Venture-Capital-Finanzierung notwendig sind, beizutragen.

1 Junge Wachstumsunternehmen in der Venture-Capital-Finanzierung

1.1 Definition und Eigenschaften junger Wachstumsunternehmen

Eine einheitliche Definition des Begriffs junger Wachstumsunternehmen liegt bisher nicht vor, aber wesentliche Charakteristika junger Wachstumsunternehmen sind Neuheit, Innovationsorientierung und Wachstumsausrichtung. In der Regel führen junge Wachstumsunternehmen komplexe Innovationsprojekte durch, für die ein hoher Bedarf an Kapital zur Deckung ihres Entwicklungsaufwands und zur Weiterentwicklung besteht[1].

Sobald Unternehmen Venture-Capital erhalten haben, werden sie ins Portfolio einer Venture-Capital-Gesellschaft aufgenommen und dann auch als Portfoliounternehmen bezeichnet. VC-finanzierte junge Unternehmen sind demnach eine Teilmenge aus der Gruppe der jungen Wachstumsunternehmen, die ein besonderes Potenzial für Wachstum, Wertsteigerung und Erfolg am Markt haben.

Venture-Capital-Gesellschaften investieren in ihre PU voll haftendes Eigenkapital, oft in Form einer Minderheitsbeteiligung und verfügen in der Regel im jungen Unternehmen über erhebliche Kontroll- und Mitspracherechte, die über den Kapitalanteil hinausgehen können. Zusätzlich zu der Kapitalbereitstellungsfunktion hat die VCG auch noch Beratungs-, Unterstützungs- und Betreuungsfunktionen, die in Kooperation mit dem Portfoliounternehmen ausgeübt werden[2].

Der Entwicklungsprozess von VC-finanzierten Wachstumsunternehmen lässt sich idealtypisch in die Phasen Gründung, Forschung und Entwicklung, Markteinführung, Wachstum und Reife einteilen[3], wobei jede dieser Phasen von spezifischen Bedürfnissen, Risiken, Problemen und Aufgaben der Wachstumsunternehmen gekennzeichnet ist. Ihre Entwicklungsverläufe werden sowohl durch unternehmensinterne Faktoren, wie z.B. Zielsysteme der Gründer oder finanzielle und nicht-finanzielle Ressourcen als auch durch unternehmensexterne Faktoren, wie z.B. die Marktsituation[4] bestimmt. Junge Wachstumsunternehmen haben besonders in den frühen Phasen ihrer Entwicklung sowohl einen finanziellen als auch einen nicht-finanziellen Ressourcenbedarf, den es unter anderem durch die Zusammenarbeit mit der VCG zu decken gilt[5]. Der hohe Kapitalbedarf entsteht durch Forschungs- und Entwicklungskosten sowie durch Produktionsaufbau und Markteinführungskosten und/oder weil die Zeiträume zwischen Produktentwicklung und Markteinführung, in der nur geringe Umsätze erzielt werden[6], sehr lang sind.

---

[1] Vgl. bspw. die Studien von Barry/Muscarella/Peavy/Vetsuypens (1990), und Baum/Locke/Smith (2001).

[2] Vgl. Barry et al. (1990); Fried/Bruton/Hisrich (1998); Schefczyk (2000a), S. 17f.; Schefczyk (2000b), S. 19ff.

[3] Vgl. Kazanjian/Drazin (1990), S. 137ff.; Jantz (2002), S. 98.

[4] Vgl. Baum et al. (2001), S. 294.

[5] Vgl. Sapienza/Manigart/Vermeir (1996), S. 440; Brinkrolf (2002).

[6] Vgl. Timmons/Bygrave (1986), S. 162f.; Baum et al. (2001), S. 294.

Die nicht-finanziellen Bedürfnisse von Wachstumsunternehmen ergeben sich vor allem aus den außerordentlich hohen strategischen Managementanforderungen bei der Entwicklung und Vermarktung von Innovationen, sowie dem Aufbau von Unternehmensorganisation, Personalführungssystemen, strategischer Partnerschaften und der Beschaffung weiterer finanzieller Ressourcen. Die häufig vorkommenden Wissens-, Kompetenz- und Ressourcendefizite im Bereich Unternehmensführung vieler Gründer- und Managementteams und die Verletzbarkeit des jungen Unternehmens im unsicheren Markt- und Wettbewerbskontext sind wesentliche Gründe für den Bedarf an nicht-finanzieller Beratung und Unterstützung des PU von Seiten der VCG[7].

1.2 Ziele der Portfoliounternehmen in der Venture-Capital-Finanzierung

Neben dem generell und von den beiden Akteuren geteilten Ziel, den Unternehmenswert zu steigern, verfolgen VCG und PU eigene Ziele, welche das Grundverhältnis beider bestimmen.

VCG: ein Hauptziel	**PU: viele Ziele**
▪ Erfüllung der Investorenerwartungen: Überdurchschnittliche Rendite durch Steigerung des Unternehmenswertes *zwischen Investment und Exit*	▪ Unternehmensziele: Gewinn, Wachstum, Organisationsaufbau ▪ Persönliche Ziele: Eigenständigkeit, Gestaltungsfreiheit, Macht und Geltung ▪ Volkswirtschaftliche und soziale Ziele: Arbeitsplätze schaffen, Nutzen stiften
ZIEL ist einfach – klar – bewusst – strategisch	ZIEL ist komplex – intransparent – operativ

Abb. 1. Unterschiede in den Zielsetzungen von Venture-Capital-Gesellschaften und Portfoliounternehmen. Quelle: In Anlehnung an *Welpe* (2004), S. 61.

Die unterschiedlichen Zielsetzungen resultieren aus den unterschiedlichen Geschäftszwecken, die auf Seiten der VCG maßgeblich durch die Renditeinteressen

7 Vgl. Gorman/Sahlman (1989), S. 231; MacMillan/Kulow/Khoylian (1988), S. 27ff.; Schefczyk/Gerpott (1998), S. 573ff.

der Investoren und auf Seiten der Gründer zusätzlich durch unternehmerische Motive begründet sind[8].

Aus ihren spezifischen Zielen leiten VCG und PU ihre Funktionen und gegenseitigen Leistungsanforderungen aneinander ab. VCG definieren Überwachung, Kontrolle und Unterstützung als ihre Kernfunktionen und fordern von PU die wertsteigerungsorientierte Unternehmensentwicklung ein. PU definieren Produkt-, Organisations- und Marktentwicklung als ihre Kernfunktionen und fordern über das Risikokapital hinaus ein professionelles Management durch die VCG.

Aus Sicht der Portfoliounternehmen können aus den Diskrepanzen, die zwischen den Leistungsversprechen für Managementunterstützung und den tatsächlich erbrachten Betreuungsleistungen erhebliche Spannungen entstehen[9]. Aus der Sicht der VCG können Konflikte entstehen, wenn die angestrebte Optimierung des Verhältnisses zwischen Kapitalinvestition und Aufwänden für Verwaltung und Managementunterstützung wegen der unzureichenden Professionalität des Gründerteams nicht erreicht wird[10].

Die potenziell konkurrierenden[11] Interessen und Ziele (vgl. Abb. 1) prägen das spannungsreiche Grundverhältnis zwischen PU und VCG, für das es keine Auflösung, sondern lediglich spezifische Gestaltungsmöglichkeiten innerhalb der Phasen der Venture-Capital Wertschöpfungskette gibt. Der Erfolg einer Venture-Capital-Finanzierung beginnt aus der Sicht der Unternehmensgründer mit der Auswahl von leistungsfähigen VCG, mit der Aufdeckung von unvereinbaren, konkurrierenden Interessen von VCG und PU, mit der Herstellung von Zielklarheit bei der Erstellung des Betreuungskonzepts in der Verhandlungsphase mit der VCG und mit der Zustimmung zu den unternehmerischen Zielvorgaben durch die VCG.

1.3 Venture-Capital-Gesellschaften und Portfoliounternehmen

Die Beziehung zwischen Portfoliounternehmen und ihren Venture-Capital-Gesellschaften fällt in die sogenannte Postinvestment Phase[12] der VC-Finanzierung und ist ein jüngeres Feld der Venture-Capital-Forschung[13]. Seit der

[8] Vgl. Jantz (2002), S. 100; Schefczyk (2000a), S. 31f.; Wupperfeld (1996), S. 123.

[9] Vgl. Brinkrolf (2002), S. 3.

[10] Vgl. Schröder (1992), S. 166f.

[11] VCG und PU teilen generell das Ziel der Wertsteigerung des Portfoliounternehmens in einem bestimmten Zeitraum, aber konkurrierende Interessen zwischen ihnen sind trotzdem möglich. VCG geben den Druck des Marktes nach wirtschaftlichen Erfolgssignalen weiter und können so z.B. eine frühe Auslizenzierung oder Verkauf von PU-Technologien verlangen, die den langfristigen Zielen und Interessen der Gründer entgegen stehen.

[12] Die Phase zwischen Venture-Capital Investment und Desinvestition wird als Postinvestment Phase bezeichnet

[13] Vgl. Gorman/Sahlman (1986), S. 424; MacMillan et al. (1988), S. 323.

Erkenntnis, dass die Geschäftsbeziehung zwischen Venture-Capital-Gesellschaft und Portfoliounternehmen mehr als nur die Finanzierung umfasst, und dass durch immaterielle Leistungen der VCG eine über das investierte Kapital hinausgehende Wertsteigerung des Portfoliounternehmens erzielt werden kann[14], hat sich die internationale Venture-Capital Forschung seit Anfang der 90er Jahre intensiv mit dem Ausmaß und der Qualität von Betreuungsleistungen und dem Stil der Zusammenarbeit zwischen VCG und PU nach Vertragsabschluss beschäftigt[15].

Die Zusammenarbeit zwischen VCG und PU und ihre Auswirkungen auf Unternehmenserfolg und Entwicklung ist Forschungsfeld, das vor allem Sapienza[16] hinsichtlich derjenigen Faktoren untersucht, die in der Postinvestment Phase werterzeugend sein können. Die bisher vorliegenden Untersuchungen zur Postinvestment Phase gliedern sich grob in drei Gebiete[17], nämlich (1) die Tiefe und Art der Betreuung, (2) die Rollen, die VCG in der Beratung und Betreuung ihrer PU spielen und (3) die Ergebnisse und den Erfolg der jeweiligen Betreuung.

Methodisch lassen sich die empirischen Studien zur Postinvestment Phase aufteilen in (a) fragebogenbasierte Studien, welche die Wertsteigerung der Portfoliounternehmen durch nicht-finanzielle Leistungen der VCG mittels Befragungen von VCG[18] und Befragungen von Portfoliounternehmen[19] untersucht haben und (b) in Studien, welche die Aktienkursentwicklungen zwischen VC-finanzierten und nicht VC-finanzierten Unternehmen[20] verglichen haben.

Der Beitrag beider Untersuchungsmethoden zur Aufklärung der Wertsteigerungseffekte durch VCG scheint bisher jedoch begrenzt zu sein: Da die Ergebnisse der Studien zu den Aktienkursentwicklungen uneindeutig und teils kontrovers[21] sind, lassen sie die Frage offen, ob es tatsächlich eine Wertsteigerung durch Venture-Capital über das investierte Geld hinaus gibt. Darüber hinaus können sie die Frage danach, wie eine Wertsteigerung durch VC Betreuungsleistungen entstehen könnte nicht beantworten, weil sie lediglich eine ‚Black Box' Betrachtung der Unternehmen vornehmen. Die Befragungsstudien aus der VCG-, PU- oder vergleichenden Perspektive beider Akteure[22] können zwar mehr als Aktienkursanalysen konkrete Beratungs- und Betreuungsaktivitäten auf ihre wertsteigernden Effekte hin überprüfen, liefern jedoch weniger solide Erfolgsmaße als es die Aktienkursstudien tun.

---

[14] Vgl. Bygrave/Timmons (1992), S. 207.

[15] Vgl. bspw. Timmons/Bygrave (1986), S. 163; Gorman/Sahlman (1989), S. 232; Gomez-Mejia/Balkin/Welbourne (1990), S. 104; Sapienza (1992), S. 21ff.

[16] Vgl. bspw. Sapienza (1989); Sapienza (1992); Sapienza/Gupta (1994); Sapienza et al. (1996).

[17] Vgl. Manigart/Sapienza (2000), S. 241.

[18] Vgl. Flynn (1991), S. 185f.; MacMillan et al. (1988), S. 323.

[19] Vgl. Rosenstein/Bruno/Bygrave (1993), S. 99ff.; Fredriksen/Olofsson/Wahlbin (1997).

[20] Vgl. Cherin/Hergert (1988), S. 341.

[21] Vgl. Brophy/Verga (1988), S. 339.

[22] Vgl. Frederiksen/Klofsten (1999).

Betrachtet man die Ergebnisse der bisherigen empirischen Studien insgesamt, muss man schlussfolgern, dass eine Wertsteigerung durch VCG unter bestimmten Bedingungen wahrscheinlich ist (z.B. dass die ‚besten' VCG zur Wertsteigerung ihrer PU über das Kapital hinaus beitragen), kann aber gleichzeitig nicht beantworten, welche Faktoren letzten Endes wertsteigernd wirken.

Da nach dem Vertragsabschluss beide Akteure für die Dauer einer mehrjährigen Investition aneinander gebunden sind[23], und das Portfoliounternehmen erst in der Phase der Beteiligungsbetreuung Aufschluss über die Leistungsfähigkeit des VCG erhält, ist für Portfoliounternehmen und Venture-Capital-Gesellschaften die Aufklärung der Erfolgsdeterminanten einer Venture-Capital-Finanzierung gleichermaßen bedeutsam.

2 Empirische Ergebnisse

2.1 Die Venture-Capital-Wertschöpfungskette

Die Forschungsfelder der Venture-Capital-Finanzierung lassen sich der Venture-Capital-Wertschöpfungskette zuordnen. Unter den unterschiedlichen Phasen der Wertschöpfungskette[24] sind die Beteiligungsprüfung, die Vertragsverhandlung und die Beteiligungsbetreuung für Portfoliounternehmen besonders relevant.

Auf die empirischen und theoretischen Defizite im Forschungsfeld der VCG-PU-Kooperation hat Schefczyk[25] hingewiesen. Vor allem ist es für zukünftige Forschung in ihren theoretischen und empirischen Auseinandersetzungen mit den Erfolgsfaktoren einer Venture-Capital-Finanzierung wesentlich, die von der VCG erbrachten Leistungen in der Phase der Beteiligungsbetreuung auch aus der Perspektive der Portfoliounternehmen zu untersuchen, da diese die Empfänger von VCG-Leistungen sind und die damit erzielbaren Wertsteigerungen beurteilen können.

[23] Vgl. Schefczyk (2000b), S. 22f.
[24] Vgl. Zemke (1995), S. 213.
[25] Vgl. Schefczyk (2000b), S. 122.

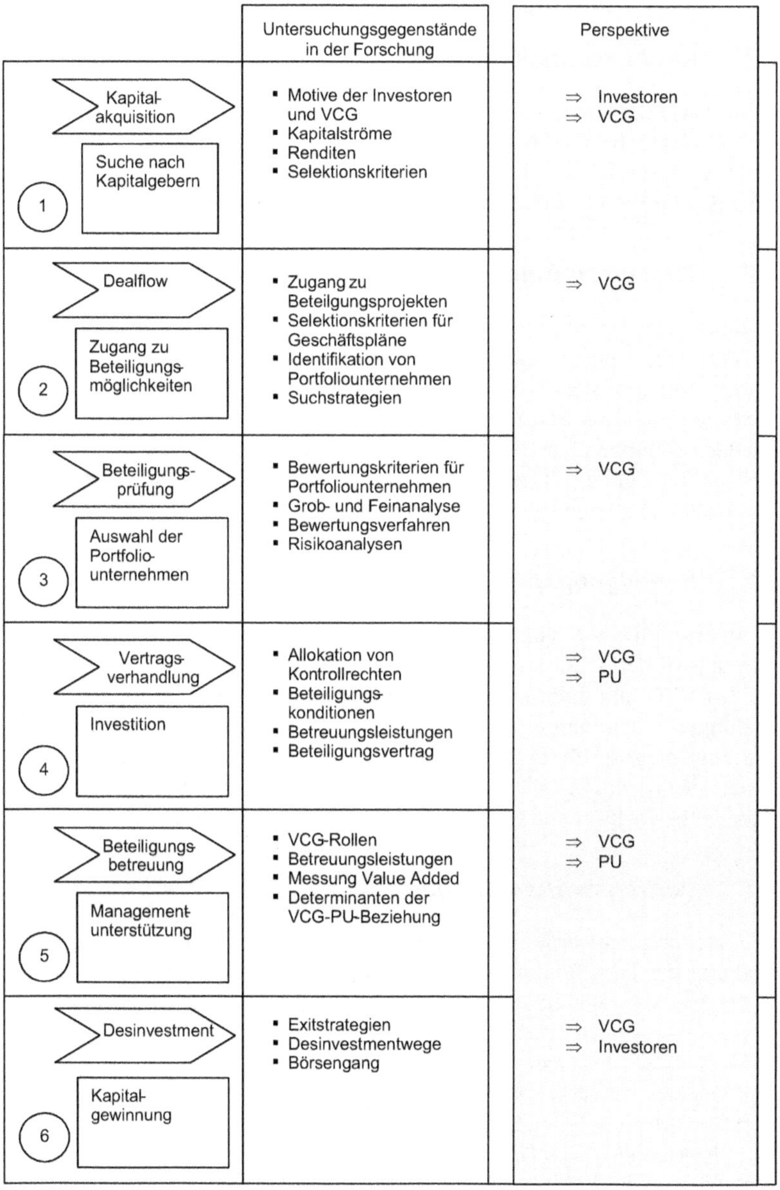

Abb. 2. Untersuchungsgegenstände der empirischen Venture-Capital-Forschung gemäß der Venture-Capital-Wertschöpfungskette. Struktur in Anlehnung an *Tyebjee/Bruno* (1984), S. 1052-1054 und *Schefczyk* (2000a), S. 34.

2.2 Empirische Ergebnisse entlang der VC-Wertschöpfungskette

2.2.1 *Kapitalakquisition*

Für die Phase der Kapitalakquisition liegen zahlreiche Arbeiten zu Kapitalströmen in der VC-Branche[26], zu Motiven, Erwartungen und Selektionskriterien institutioneller Investoren für Wagniskapital-Fonds vor[27], sowie Studien zu den Prognosemöglichkeiten für VC-Renditen[28].

2.2.2 *Zugang zu Beteiligungsmöglichkeiten (Deal Flow)*

Der eigentliche Beteiligungsprozess beginnt für die VCG mit der Identifikation und Akquisition potenzieller Portfoliounternehmen[29]. Die Aktivitäten der VCG zur Identifikation attraktiver Beteiligungsmöglichkeiten (Deal-Flow) stehen im Mittelpunkt mehrerer Studien[30]. Einen Schwerpunkt bilden in diesem Forschungsfeld Untersuchungen zur Bedeutung und der Nutzung von Netzwerken und Syndikaten durch VCG beim Deal-Flow[31], sowie Marketingaktivitäten der VCG bei der Suche nach geeigneten Beteiligungsprojekten[32].

2.2.3 *Beteiligungsprüfung*

Die Auswahlprozesse von Portfoliounternehmen durch VCG haben eine große Beachtung in der VCG-Forschung gefunden. Auch hier gilt das Forschungsinteresse den VCG und ihren Problemen und Lösungsversuchen bei Finanzierungsentscheidungen[33]. Umfangreiche Arbeiten liegen zu Bewertungskriterien und zum Bewertungsprozess für Portfoliounternehmen vor[34]. Wesentliche Selektionskriterien der VCG sind danach die Qualifikationsmerkmale der Gründer, Markt- und Wettbewerbssituation und Merkmale des jungen Unternehmens.

2.2.4 *Vertragsverhandlungen*

Die Forschungsschwerpunkte betreffen in diesem Feld die Verhandlungen zur Gestaltung des Beteiligungsvertrags aus der Perspektive der VCG. Da jedoch die meisten VC-Verträge heute standardisiert sind, haben empirische Arbeiten zur

[26] Vgl. Bygrave/Timmons (1985), S. 105f.

[27] Vgl. Fried/Hisrich (1994), S. 28.

[28] Vgl. Stevenson/Muzyka/Timmons (1987), S. 103.

[29] Vgl. Wupperfeld (1995), S. 54.

[30] Vgl. Fendel (1987), S. 154; Silver (1985), S. 47ff.; Zemke (1995), S. 211.

[31] Vgl. Kunze (1990), S. 27.

[32] Vgl. Silver (1985), S. 47ff.

[33] Vgl. Pichotta (1990), S. 118ff.; Roberts (1991), S. 12.

[34] Vgl. MacMillan/Siegel/SubbaNarasimha (1985), S. 120ff.; Laub (1989), S. 19ff.; Dixon (1991), S. 339ff.

formalen Vertragsgestaltungen in den letzten Jahren abgenommen[35]. Bedeutender sind hier theoretische Arbeiten zur Allokation von Kontrollrechten der VCG mit ihren PU unter Berücksichtigung der Prinzipal-Agent-Risiken in der Beziehung zwischen PU und VCG[36].

Da die Beziehung zwischen PU und VCG beiderseitige Risiken aufgrund ungleicher Informationsverteilung und unterschiedlicher Zielsetzungen enthalten kann, müssen ausgehend von der Prinzipal-Agent-Theorie die Parteien ihre Beziehung so gestalten, dass der potenzielle Einfluss des opportunistischen Verhaltens mit Hilfe von Vertragsklauseln gemindert wird[37]. Nach der Studie von Landström/Manigart/Mason/Sapienza (1998) werden Maßnahmen gegen opportunistisches Verhalten der VCG nur selten in VC-Verträge aufgenommen, obwohl Unternehmensgründer ebenso Problemen der asymmetrischen Information ausgesetzt sind[38]. Mögliche Probleme, die durch opportunistisches Verhalten der VCG zustande kommen können, werden nur selten in die Verträge aufgenommen. Beispiele für derartiges opportunistisches Verhalten der VCG wären z.B. nicht ausreichende Unterstützung des Managements, Absage weiterer Finanzierung, frühzeitiger Ausstieg und Ausnutzung der Kooperation für schnelle Ausbeutung der Unternehmenstechnologie[39]. Da aber nicht alle Konflikte und Kontingenzen ex ante antizipiert werden können und formalisierte Regelungen notwendige Anpassungsmaßnahmen verzögern oder verhindern können, müssen Verträge durch informale Vereinbarungen, wie verbale Zusicherungen oder Absichtserklärungen[40] ergänzt werden. Durch emotionales Engagement, Flexibilität und Dynamik tragen relationale Vereinbarungen dazu bei, die VCG-PU-Beziehung langfristig aufrechtzuerhalten und die Kooperation zu verbessern[41].

Einige praxisorientierte Untersuchungen haben sich bereits mit den Auswahlkriterien der Portfoliounternehmen für potenzielle VCG befasst. Qualifizierte Gründerteams mit potenziell hochrentablen Unternehmenskonzepten können unter den ihnen Finanzierung anbietenden VCG auswählen. Wesentliche Kriterien für die VCG-Auswahl sind demnach für die PU Sympathie, Bewertung, Branchenerfahrung und Ruf der VCG[42] sowie Fairness und Betreuungsqualität der VCG während der Vertragsverhandlungen[43].

---

35 Vgl. Norton/Tenenbaum (1992), S. 20f.

36 Vgl. Hellmann (1998), S. 57.

37 Vgl. Kelly/Hay (2000).

38 Vgl. Cable/Shane (1997), S. 142.

39 Vgl. ebd. (1997).

40 Vgl. Lyons/Mehta (1997), S. 43.

41 Vgl. Landström/Manigart/Mason/Sapienza (1998).

42 Vgl. ICD (2001), S. 17; VDJ (2000), S. 13.

43 Vgl. Finance Magazin (2002), S. 28.

2.2.5 Beteiligungsbetreuung

Im Fokus der Forschungsarbeiten zur Beteiligungsbetreuung stehen die nichtfinanziellen Leistungen der VCG, die zur Wertsteigerung des Portfoliounternehmens beitragen sollen. Diese sogenannten ‚Postinvestment Aktivitäten'[44] der VCG zielen einerseits auf die Reduktion der Verlustrisiken der Investoren und der Kontrolle der Geschäftsentwicklung ab und dienen andererseits auch der Unternehmensentwicklung[45] durch Beratung und Unterstützung in den wesentlichen Funktionsfeldern des Unternehmens.

Auch in dieser Phase standen die VCG und ihre Leistungen lange mehr im Forschungsinteresse als die Portfoliounternehmen. Zahlreiche Studien befassen sich mit dem ‚Value Added' der VCG[46], unter dem der Beitrag der VCG zur Wertsteigerung der PU verstanden wird, der über das investierte Kapital hinausgeht und durch nicht-finanzielle Leistungen wie Beratung und Unterstützung geleistet wird. Je nach Intensität wird die Betreuung durch die VCG entsprechend der vorliegenden Literatur als passive, reaktive und aktive Zusammenarbeit klassifiziert. Bei einem passiven ‚Ansatz' wird das Portfoliounternehmen lediglich überwacht, um opportunistisches Verhalten des Managementteams zu minimieren. Reaktive Zusammenarbeit schließt neben der Kontrolle auch unterstützende und beratende Leistungen ein, die das Portfoliounternehmen einfordern kann. Eine umfassende Managementunterstützung, die intensive Kontrolle und operative und strategische Beratung bietet, wird als aktive Zusammenarbeit bezeichnet[47].

Welche Form der Unterstützung gewählt wird, hängt von den Zielen und dem Kosten-Nutzen-Verhältnis der Leistungen ab. Einige VCG haben ein reaktives Betreuungskonzept[48] und erbringen ihre nicht-finanziellen Leistungen erst in ökonomischen Krisensituationen, andere VCG haben einen Mangel an Expertise oder Personalkapazität. Die Frage, ob VCG tatsächlich einen wertsteigernden Beitrag durch nicht-finanzielle Leistungen erbringen, ist bisher nicht eindeutig beantwortet. Wenn auch eine Vielzahl empirischer Studien zur Schlussfolgerung kommen, dass Betreuungsleistungen das Wachstum und die Entwicklung der Portfoliounternehmen positiv beeinflussen[49], so bleibt bisher der Nachweis des Wertbeitrags durch Betreuungsleistungen deshalb schwierig, weil nur sehr schwer zwischen dem ursprünglichen Potenzial eines jungen Unternehmens und dem wertsteigerndem Einfluss einer VCG getrennt werden kann. Dieses sogenannte ‚Selection versus Treatment' Problem, sowie die bisher ungelöste Problematik der Erfolgsmessung bei junger Wachstumsunternehmen, für die traditionelle Erfolgskenngrößen

---

44 Vgl. Rosenstein/Bruno/Bygrave/Taylor (1989), S. 216.
45 Vgl. Schröder (1992), S. 233ff.
46 Vgl. bspw. Sapienza/Timmons (1989), S. 75f.; Sapienza (1992), S. 9
47 Vgl. MacMillan et al. (1988), S. 323.
48 Vgl. Wupperfeld (1996), S. 61.
49 Vgl. für einen Überblick zur Diskussion über die Wertsteigerung durch VCG Busenitz/Fiet/Moesel (im Erscheinen).

wenig aussagekräftig sind[50], erschweren den empirischen Nachweis einer Wertsteigerung durch VCG.

Weitere Fortschritte dürfen erhofft werden, wenn spezifische Erfolgskennwerte für junge Wachstumsunternehmen identifiziert werden können und eigenständige theoretische Modelle zum ökonomischen und nicht-ökonomischen Erfolg in der Frühinvestitionsphase VC-finanzierter Unternehmen entwickelt sind, in die neben den Erfolgskonzepten der Investoren auch die Erfolgsdefinitionen der Gründer Eingang finden[51].

Die aktuellen Studien im Forschungsfeld lassen auch erkennen, dass sich bei der Analyse der Qualität der Zusammenarbeit und Beziehung zwischen VCG und PU neue theoretische Richtungen aufzeigen. So wird die Prinzipal-Agent-Theorie als Analyserahmen nach Diskussionen über ihre Angemessenheit zur Beschreibung der VCG-PU-Beziehung[52] allmählich ersetzt durch Anwendung spieltheoretischer, verhaltenstheoretischer und prozesstheoretischer Ansätze auf die Beziehung und Zusammenarbeit zwischen VCG und PU. Für zukünftige Studien über die Bedeutung der Portinvestment Phase für Portfoliounternehmen wird von einigen Autoren die Analyse der Kooperation zwischen VCG und PU vorgeschlagen[53]. Neue Untersuchungskonzepte dazu sollen unterschiedliche theoretische Ansätze integrieren, um ein besseres Verständnis der VCG-PU-Dyade zu erreichen[54].

2.2.6 Desinvestition

Für die Phase der Desinvestition stehen mit der Beforschung von Exit-Strategien und unterschiedlichen Desinvestitionswegen die Investoren und VCG im Mittelpunkt der bisherigen Studien[55].

Im Überblick und zusammenfassend kann festgestellt werden, dass aus Sicht der Portfoliounternehmen lediglich die Phase der Betreuungsbeteiligung ausführlich beforscht worden ist. Zum Verständnis einer VC-Finanzierung sind zukünftig jedoch zwei weitere Phasen, die Beteiligungsprüfung und die Vertragsverhandlung aus dem Blickwinkel der Portfoliounternehmen zu untersuchen.

Analog zu den Investmententscheidungsstrategien, die für VCG untersucht wurden[56] und den aus VCG-Sicht erstellten Kriterienkatalogen zur PU-Auswahl[57] sind auch für Portfoliounternehmen Bewertungs- und Beurteilungskriterien für die richtige VCG-Auswahl vor einem Vertragsabschluss zukünftig ein relevanter Untersuchungsgegenstand. Dem ökonomischen Erfolg von Portfoliounternehmen wären weitere Erkenntnisse zu Indikatoren dienlich, welche die Leistungsfähigkeit

[50] Vgl. Cooper (1993), S. 345ff.
[51] Vgl. Fallgatter (2002), S. 158f.
[52] Vgl. Fredriksen et al. (1997), S. 503
[53] Vgl. Sapienza/Manigart/Vermeir (1996), S. 439.
[54] Vgl. Manigart/Sapienza (2000), S. 240f.
[55] Vgl. z.B. Black/Gilson (1998), S. 243ff.
[56] Vgl. Fried/Hirsich (1994), S. 31.
[57] Vgl. Laub (1989), S. 191ff.

und Leistungsbereitschaft der VCG während der Beteiligungsbetreuung anzeigen und die Determinanten zur Gestaltung einer kooperativen Zusammenarbeit aufklären.

3 Wirkungsgefüge des Kooperationserfolgs

3.1 Ein Basismodell zur Bedarfsdeckung für Portfoliounternehmen

Mit der Zielsetzung, ein wirtschaftlich tragfähiges Unternehmen aufzubauen, sind für das Managementteam eines Portfoliounternehmens das allgemeine Unternehmensmanagement und phasenspezifische Unternehmensaufgaben zu bewältigen. Die Literatur zur Beteiligungsbetreuung[58] stellt übereinstimmend fest, dass nach Vertragsabschluss Venture-Capital-Gesellschaften ihren Portfoliounternehmen in allen unternehmerischen Fragestellungen und in unterschiedlichen Rollen zur Verfügung stehen.

Wie in Abschnitt 1.2 festgestellt ist das gemeinsame Ziel von VCG und PU die Wertsteigerung des PU, für die finanzielle und nicht-finanzielle Bedarfsdeckung Voraussetzung ist. Wir formulieren nachfolgend ein Grundmodell der Bedarfsdeckung, das den Zusammenhang zwischen dem Bedarf und der Bedarfsdeckung durch Betreuungsleistungen auf der Grundlage einer kooperativen Zusammenarbeit zwischen VCG und PU beschreibt.

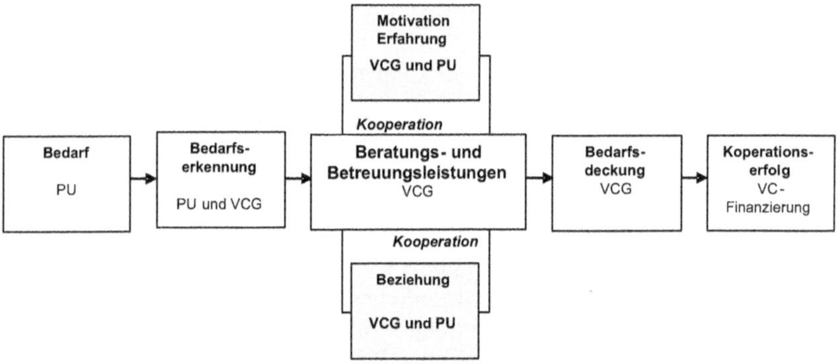

Abb. 3. Das Basismodell der Bedarfsdeckung für Portfoliounternehmen
Quelle: *Welpe* (2004), S. 80.

Aus diesem Modell ergeben sich Überlegungen zu den Einflussgrößen auf die Bedarfserkennung, die Bedarfsdeckung und die Determinanten der Kooperation zwischen VCG und PU, die wir im Folgenden thesenartig zusammengefasst vorstellen.

[58] Vgl. z.B. Sapienza (1992), S. 20f.

3.1.1 These 1: Die Erkennung des PU-Bedarfs durch die VCG in einer Venture-Capital-Finanzierung ist nur beschränkt möglich

Eine Betreuungsleistung durch die VCG setzt das Erkennen eines Bedarfs voraus. Eine Reihe von Merkmalen des Portfoliounternehmens, der Venture-Capital-Finanzierung und der Venture-Capital-Gesellschaften tragen bei zur Beschränkung der Möglichkeiten der Bedarfserkennung.

Wesentliche und begrenzende Faktoren liegen in exogenen und endogenen Unsicherheiten, die für eine Venture-Capital-Finanzierung charakteristisch sind. Dazu gehört insbesondere die Problemstruktur des jungen Unternehmens, die als ‚liability of newness'[59] beschrieben wurde. Mit der frühen Entwicklungsphase und dem Grad der Produktinnovation, gehen Geschäftsrisiken einher, die Unsicherheitsaspekte mit sich bringen bezüglich der technischen Durchführbarkeit der Innovation, dem Vorsprung potenzieller Wettbewerber und die Frage nach der Wahrscheinlichkeit der Durchsetzung des Geschäftsmodells und der Produkte im Markt[60]. Die Informationsdefizite und fehlenden Prognosemöglichkeiten, die diese Situation kennzeichnen, führen zur Aufgaben- und Entscheidungsunsicherheit und machen die Identifikation des richtigen Bedarfs für VCG und PU schwierig. Zusätzlich erschwert wird die Bedarfserkennung auch durch einen dynamischen Markt, der ein schnelles Handeln in den Bereichen Entwicklung, Produktion und Markt erfordert und wenig Zeit für Bedarfsanalysen gewährt.

Die Bedarfserkennung wird zusätzlich erschwert durch die Informationsasymmetrien zwischen VCG und PU, die unter Verwendung der Prinzipal-Agent-Theorie in der Interaktion zwischen VCG und PU bereits beschrieben worden sind[61]. So besitzt eine VCG nicht alle Informationen über die Managementfähigkeiten der Gründer und über die Marktchancen und Qualität des Geschäftsmodells des PU[62]. Da das Managementteam des Portfoliounternehmens seine Fähigkeiten besser kennt als die VCG und zudem unterschiedliche Zielsetzungen zwischen PU und VCG (vgl. Abb. 1) bestehen, kann daraus in einer Venture-Capital-Finanzierung sowohl ein 'adverse selection' Problem[63] als auch ein 'moral hazard' Problem[64] entstehen. Werden seitens des Managementteams aus oben angeführten opportunistischen Gründen die Stärken und Schwächen des Unternehmens vor einer VC-Investition gegenüber der VCG nicht offen gelegt, so darf angenommen werden, dass nach der Investition der tatsächliche Bedarf des PU seitens der VCG nur schwer erkannt und gedeckt werden kann. Das trifft insbesondere dann zu, wenn die Innovation und die Komplexität des Geschäftsmodells hoch sind und nur die Gründer über spezifisches Wissen verfügen, dieses zu beurteilen.

---

59 Stinchcombe (1956), S. 142f.

60 Vgl. Sapienza/Gupta (1994), S. 1622.

61 Vgl. Sapienza/Gupta (1994), S. 1616.

62 Vgl. Bygrave (1988), S. 137; Gompers/Lerner (1999), S. 128.

63 Vgl. Amit/Glosten/Muller (1990), S. 1232f.

64 Vgl. Gompers/Lerner (1999), S. 128.

Opportunistisches Verhalten, das die Bedarfserkennung und -deckung verhindert, darf allerdings auch der VCG gegenüber dem PU unterstellt werden, z.B. wenn diese die Zeitallokation für das PU nicht optimiert[65], aus Kostengründen Betreuungsleistungen nicht erbringt[66] oder aber aus Gründen der eigenen Nutzenmaximierung in das Portfoliounternehmen unterinvestiert[67]. Wenn VCG den nichtfinanziellen Leistungen einen geringen Stellenwert zumessen, gibt es aus VCG-Sicht wenig Anlass, den nicht-finanziellen Bedarf des PU festzustellen und sich um seine Deckung zu bemühen.

Beschränkt sich eine VCG auf das formelle Monitoring[68], Gremienarbeit und auf das Controlling von Budgets und Geschäftsplänen, sind die Möglichkeiten, den Bedarf zu erkennen, geringer als bei auf Inhalten zielende, kreativ angelegte Informations- und Kontrollaktivitäten. Weitere Engpässe für die Bedarfserkennung entstehen durch Mangel an Expertise auf Seiten der VCG[69], wenn branchenspezifische Kenntnisse der Branche fehlen oder für die erfolgskritischen Unternehmensfunktionen im Bereich Entwicklung, Markt, Organisation und Personal das Wissen fehlt. Auf der Seite der Gründer stellt eine mangelhafte Qualifikation und fehlende Gründungserfahrung vergleichbare Hindernisse für die Bedarfserkennung dar, weil Problemlagen des Unternehmens gar nicht erst erkannt werden.

3.1.2 These 2: Im Verlauf der VC-Finanzierung verbessern sich die Möglichkeiten zur Bedarfserkennung

In den späteren Finanzierungsphasen reduzieren sich die Informationsasymmetrien der frühen Phase auf Grund gegenseitiger Beobachtungsmöglichkeiten, gemeinsamer Erfahrungsbildung und durch Lerneffekte[70]. Damit verbessern sich zugleich die Möglichkeiten für VCG und PU, den Bedarf zu Betreuungsleistungen zu erkennen. Besondere Bedeutung kommt dabei den Finanzierungsrunden zu. Sie sind ein weiterer wichtiger Mechanismus, der die anfänglichen Informationsasymmetrien reduziert. Als Instrument zur Bewertung des Portfoliounternehmens vor weiteren Auszahlungen der Investitionssumme vergleichen die VCG die durch Meilensteine beschriebenen Zielvorgaben mit der realen Geschäftsentwicklung. Dabei werden gleichzeitig die Übereinstimmungen zwischen VCG und PU hinsichtlich der Zielsetzungen und Interessen verbessert.

Mit zunehmender Übereinstimmung zwischen VCG und PU reduzieren sich die anfänglichen Prinzipal-Agent-Risiken[71]. Das verbessert die Beziehung, den Informationsaustausch und die Vertrauensbildung zwischen beiden Akteuren. Für die Bedarfserkennung nach Investment kann auch die wahrgenommene Fairness der

65 Vgl. Gifford (1997), S. 463ff.
66 Vgl. Cable/Shane (1997), S. 151.
67 Vgl. Gorman/Sahlman (1989), S. 232.
68 Vgl. Landström (1990), S. 345ff.
69 Vgl. Wupperfeld (1996), S. 213, 214.
70 Vgl. Murray (1996), S. 41ff.
71 Vgl. Sapienza/Gupta (1994), S. 1620.

Beteiligungsprüfung durch das Portfoliounternehmen bedeutsam sein. Die beschriebene Beratungsresistenz von Managementteams gegenüber VCG in der Phase nach Investment wird unter anderem auch mit einer wahrgenommenen Übervorteilung der Portfoliounternehmen in den Vertragsverhandlungen in Zusammenhang gesehen[72]. Auf den Grundlagen einer verbesserten Zusammenarbeit lässt sich so der Betreuungsbedarf durch VCG und PU besser erkennen.

3.1.3 These 3: Die Bedarfsdeckung durch VCG Betreuungsleistungen erfolgt auf Basis einer Kooperation zwischen VCG und PU

‚We need each other. We're in the same lifeboat; once we've cut the mooring and written the check and are rowing out to sea with the guy (sic), we can either pull in the same direction or we can hit each other over the head with the oars"[73].

Spieltheoretische Überlegungen haben maßgeblich zum besseren Verstehen der VCG-PU-Beziehung beigetragen[74]. Aus den Merkmalen der Beziehung zwischen Venture-Capital-Gesellschaft und Portfoliounternehmen kann spieltheoretisch abgeleitet werden, dass eine kooperative Strategie das größte Erfolgspotenzial für PU-VCG-Interaktionen enthält. Erfolgreiche Interaktionen sind Voraussetzungen für die Bedarfsdeckung und daher ist Kooperation die Grundlage der Bedarfsdeckung. Die VCG-PU-Beziehung lässt sich gemäß Cable und Shane (1997) folgendermaßen beschreiben: Nach Vertragsabschluss besteht in der VCG-PU-Beziehung Interdependenz. Die Interdependenz entsteht aus der Arbeitsteilung und Spezialisierung von VCG und PU. Von ihrer Zusammenarbeit versprechen sich VCG und PU höhere Produktivität durch gemeinsame Nutzung ihres jeweiligen Spezialwissens und durch Arbeitsteilung für ihre gemeinsame Zielsetzung sowie die Entwicklung und die Wertsteigerung des jungen Unternehmens. Die Interdependenz bedeutet, dass weder VCG noch PU eigenständig ihre Zielsetzungen erreichen können, da diese nicht nur vom eigenen Handeln, sondern auch vom Handeln des Partners abhängig sind.

Die Phase nach Vertragsabschluss enthält dabei eine Mischung aus konkurrierenden und kooperierenden Interessen der VCG und des PU und diese Verflechtung macht es notwendig, dass VCG und PU ihre jeweiligen Einzelbeiträge leisten müssen für den Gesamterfolg des PU. Zusätzlich besitzen VCG und PU verschiedenes und wechselseitig nicht substituierbares Wissen, und die für eine erfolgreiche Interaktion und Zielerreichung notwendigen Informationen stehen weder der VCG noch dem PU allein zur Verfügung. Die so entstehende bilaterale Informationsasymmetrie bewirkt aber auch Unsicherheit und führt zu instabilen Interaktionen in der Zusammenarbeit.

---

[72] Vgl. Busenitz/Moesel/Fiet (1997), S. 14ff.

[73] Zitat eines Venture-Capital-Gebers in Sapienza (1989).

[74] Vgl. für eine ausführliche Darstellung der spieltheoretischen Analyse der VCG-PU-Interaktion Cable/Shane (1997), S. 153ff.

Eine stabile Strategie zur Herstellung von Informationssymmetrie ist die Kooperation, welche die Bedarfsdeckung und die Zielerreichung auch unter der Unsicherheit von Markt und Wettbewerb ermöglicht. Obwohl zahlreiche Anreize sowohl für VCG als auch PU bestehen in der Postinvestment Phase miteinander zu kooperieren, ist aus der VC-Literatur hinreichend bekannt, dass Kooperation zwischen ihnen durchaus nicht immer die Regel ist[75], sondern während der VC-Finanzierung zahlreiche Situationen bestehen, in denen VCG oder PU sich opportunistisch für nicht-kooperative Strategien entscheiden.

Eine wesentliche Konsequenz von Nicht-Kooperation ist eine ungenügende Bedarfsdeckung und damit eine Verminderung des ökonomischen Erfolges einer Venture-Capital-Finanzierung, worauf ein Teil der VC-Literatur[76] hinweist.

3.2 Ein konzeptionelles Modell zum Wirkungsgefüge des Kooperationserfolges

Auf der Grundlage des in Abschnitt 3.1 vorgestellten Basismodells und unter Berücksichtigung empirischer Befunde der Postinvestment-Forschung sowie unter Bezug auf ausgewählte Theorieperspektiven bilden wir nachfolgend ein Modell zum Wirkungsgefüge des Kooperationserfolges.

Das Modell ist deskriptiv, es betrachtet die Kooperation zwischen VCG und PU vor und nach dem Vertragsabschluss und beschreibt die Elemente des Kooperationserfolges. Im Wirkungsgefüge werden Bedarfsdeckung und nicht-ökonomischer Erfolg als unabhängige Variablen (AV) und Vorvertragsverhandlung, Bedarf, Potenzial, Beziehung, Struktur der Kooperation, Merkmale der Akteure, der externe Kontext und Phase des PU als unabhängige Variablen (UV) betrachtet.

Die Wirkungen der Elemente können einseitig oder zweiseitig sein und sind durch entsprechende Vektoren gekennzeichnet. Junge Unternehmen in der Frühphase haben in einem externen Kontext einen nicht-materiellen Bedarf an Beratung und Unterstützung, der teilweise von der VCG gedeckt werden kann. Der Grad der Bedarfsdeckung entspricht dabei dem Ausmaß des Kooperationserfolges. Den Kooperationserfolg bewirken Variablen der Vorvertragsphase, die Merkmale von VCG und PU, das Potenzial von VCG und PU, die Merkmale der Beziehung von VCG und PU sowie die Struktur der Kooperation. Der Kooperationserfolg zwischen VCG und PU trägt langfristig zur ökonomischen und nicht-ökonomischen Entwicklung des PU bei.

Im Folgenden sollen die theoretischen Ansätze für das Kooperationspotenzial von VCG und PU und die Beziehung zwischen VCG und PU beschrieben werden.

---

75 Vgl. ebd. (1997), S. 147.

76 Vgl. z. B. Sapienza et al. (1996).

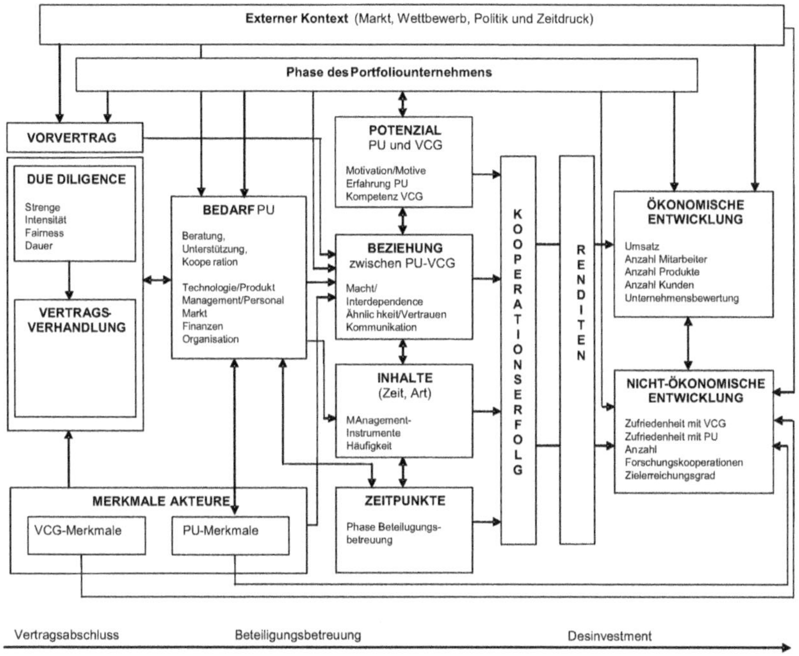

Abb. 4. Deskriptives Modell zum Wirkungsgefüge des Kooperationserfolgs mit einseitigen und zweiseitigen Wirkungsrichtungen mit den Elementen Bedarf PU, Merkmale Akteure, Potenzial von VCG und PU und Beziehung zwischen PU und VCG, sowie Erfolgsmaßen. Quelle: *Welpe* (2004), S. 86.

3.3 Ausgewählte Theorieansätze zum Kooperationserfolg zwischen PU und VCG

Nach der Feststellung, dass eine kooperative Strategie die Grundlage der Bedarfsdeckung ist (siehe These 3), ist zu fragen, welche Bedingungen eine kooperative Zusammenarbeit zwischen VCG und PU begünstigen und unter welchen Bedingungen beide Akteure in einer längerfristigen Zusammenarbeit sich für und nicht gegen eine kooperative Strategie entscheiden.

Der Forderung der empirischen Venture-Capital Forschung nach einem theoretischen Modell[77], das die Beziehung zwischen Venture-Capital-Geber und Unternehmer adäquat beschreibt, ist mit der spieltheoretischen Analyse von Cable und Shane (1997) geleistet worden. Sie beschreiben die Determinanten einer kooperativen VCG-PU-Beziehung sowie die Zusammenhänge zwischen diesen Determinanten und den Entscheidungsgrundlagen für kooperatives Verhalten aus der Per-

[77] Vgl. z.B. Sapienza/Korsgaard (1996).

spektive der VCG und des Unternehmers[78]. Nach diesem Modell sind es die der Kooperation inhärenten Belohnungsfunktionen und Möglichkeiten der gegenseitigen Nutzenmaximierung, die Kooperation zu einer selbstverstärkenden Erfolgsstrategie machen.

In der Bewertung ihres Modells machen Cable und Shane[79] auf die Subjektivität der von ihnen identifizierten Hauptdeterminanten aufmerksam und verweisen auf den perzeptiven Charakter, den Zeitdruck, Gewinnerwartung, Kommunikation, Macht, Vertrauen und Ähnlichkeit in einer Beziehung haben. Subjektivität und Perzeptionen sind der Grund dafür, dass der Kooperation zwischen VCG und PU komplexe soziale Beziehungen zu Grunde liegen, zu deren Untersuchung auch verhaltenswissenschaftliche Theoriekonzepte benötigt werden. Neben der Spieltheorie können von der sozialen Austauschtheorie und Equity-Theorie, der Motivationstheorien und der Theorien zur interpersonellen Attraktion weitere aufschlussreiche Erkenntnisse zum Verständnis der interpersonellen Beziehungen und des Kooperationserfolges erwartet werden.

Abbildung 5 zeigt nachfolgend das Theorienset zur Beschreibung der VCG-PU Kooperation.

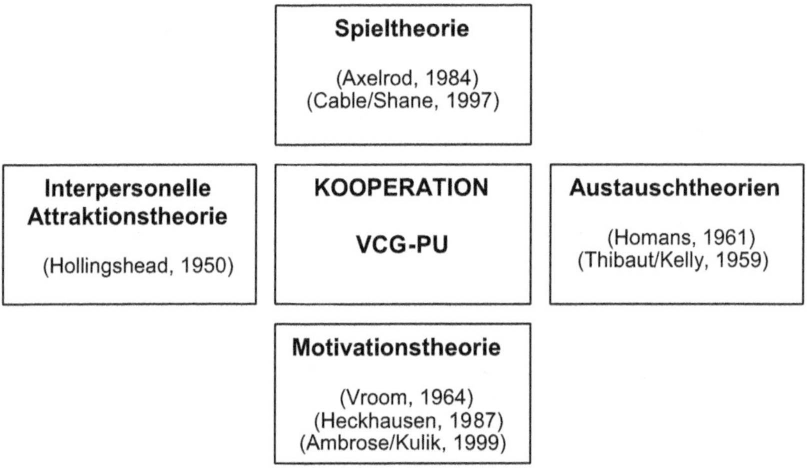

Abb. 5. Theorienset zur Modellierung der Kooperation. Quelle: *Welpe* (2004), S. 52.

Während die Spieltheorie vor allem zur Beschreibung der Kooperation nach der Investition geeignet ist, lässt sich mit austauschtheoretischen Ansätzen der Gesamtprozess der VCG-PU-Beziehung einschließlich der Phasen vor dem Vertragsabschluss modellieren.

[78] Vgl. Cable/Shane (1997), S. 157.

[79] Vgl. ebd., S. 169.

Die klassischen Austauschtheorien haben einen soziologischen Ursprung[80] und haben als allgemeine Theorie zur Erklärung sozialer Interaktionen in der sozialpsychologischen Beziehungsforschung eine breite Anwendung gefunden[81]. Die Kernaussagen betreffen den Aufbau, Kosten und Nutzen, Symmetrie und Macht sowie Emotion und Attraktion in Interaktionen. Die Equity-Theorie[82] beschreibt die Zufriedenheit und Stabilität einer Beziehung in Zusammenhang mit Fairness, Gerechtigkeit und Ausgewogenheit der persönlichen Beiträge der Interaktionspartner.

Die Wirksamkeit spezifischer Personenmerkmale einer dyadischen Beziehung ist Gegenstand der Theorie der interpersonellen Attraktion[83]. Sie beschreibt die Passung zwischen Einzelpersonen oder Gruppen. Zu den attraktionserzeugenden Merkmalen gehören emotionale und kognitive Übereinstimmung, demographische und psychologische Ähnlichkeit sowie Komplementarität von Bedürfnissen und Ressourcen. Den größten Prädiktorwert für interpersonelle Attraktivität haben gleiche Einstellungen und persönliche Kompetenz[84] und die Komplementarität von Bedürfnissen und Ressourcen. Zusätzlich erlauben die Aussagen der Austauschtheorien und der interpersonellen Attraktionstheorie auch weiterführende Untersuchungen von spezifischen Details der VCG-PU-Beziehung und ermöglichen die Einordnung einer Reihe bereits vorliegender empirischer Ergebnisse, so etwa zur ‚persönlichen Chemie' zwischen VCG und PU[85], zur Ähnlichkeit[86] oder zum ‚emotionalen Engagement' von VCG[87].

Damit können die Austauschtheorie und die Equity-Theorie Erklärungsansätze zu den Auswahlprozessen zwischen VCG und PU bei der Beteiligungsprüfung ebenso liefern wie zur Dynamik erfolgreicher oder misslungener Zusammenarbeit bei Interdependenz und konkurrierenden Zielen.

Für den Kooperationserfolg ist in unserem Modell das Kooperationspotenzial von VCG und PU bedeutsam. Ein Potenzialfaktor ist dabei die Motivation der VCG. Unter den der allgemeinen Psychologie zurechenbaren Motivationstheorien sind hier die Erwartungswerttheorie[88] und die Motivations-Handlungskette[89] bedeutsam, da diese die Steuerung und Aufrechterhaltung von Aktivitäten für die Zielerreichung der VCG verständlich machen können.

Ein Wirkungsgefüge des Kooperationserfolgs, das als wesentliche Elemente die organisationale Beziehungsfähigkeit und die Potenziale von VCG und PU enthält, weist zukünftige Forschungsvorhaben darauf hin, dass sich eine kooperative Stra-

---

[80] Vgl. Thibaut/Kelly (1959); Homans (1961); Blau (1964).
[81] Vgl. Burgess/Huston (1979).
[82] Vgl. Walster/Berscheid/Walster (1973), S. 153.
[83] Vgl. Hollinshead (1950), S. 135.
[84] Vgl. Aronson/Willermann/Floyd (1966), S. 158.
[85] Vgl. Hisrich/Jankowicz (1990), S. 49.
[86] Vgl. Sapienza (1989).
[87] Vgl. Higashide/Birley (2002), S: 61ff.
[88] Vgl. Vroom (1964).
[89] Vgl. Heckhausen (1987).

tegie in einer VC-Finanzierung nicht mit einem Standard-Algorithmus beschreiben lässt. Der ökonomische Erfolg einer realen VC-Finanzierung wird auch davon abhängen, wie gut PU und VCG die Natur ihres komplexen, sozialen Zusammenspiels verstehen und in Unternehmenswertsteigerung transformieren können.

Literatur

Amit R, Glosten L, Muller E (1990): Entrepreneurial ability, venture investments, and risk sharing. In: Management Science, 38(10), S 1232-1245.

Aronson E, Willermann B, Floyd, J (1966): The effects of pratfall on increasing interpersonal attractiveness, in: Psychonomic Science, 4, S 157-158.

Barry ChB, Muscarella ChJ, Peavy JW III, Vetsuypens MR (1990): The role of Venture-Capital in the creation of public companies, in: Journal of Financial Economics, 27, S 447-471.

Baum RJ, Locke EA, Smith KG (2001): A multidimensional model of venture growth, in: Academy of Management Journal, 44, S 292-303.

Black BS, Gilson RJ (1998): Venture-Capital and the structure of capital markets: banks versus stock markets, in: Journal of Financial Economics, 46(3), S 243-277.

Blau P (1964): Exchange and power in social life, New York.

Brinkrolf A (2002): Managementunterstützung durch Venture-Capital-Gesellschaften, Wiesbaden.

Brophy DJ, Verga J (1988): More than money? The performance of Venture-Capital backed public offerings, in: Kirchhoff BA, Long WA, McMullan WE, Vesper KH., Wetzel WE (Hrsg): Frontiers of Entrepreneurship Research. Babson College, Wellesley, Massachusetts, S 339-340.

Burgess RL, Huston TL (1979): Social exchange in developing relationships, New York, Academic Press.

Busenitz L, Fiet J, Moesel D (im Erscheinen): Reconsidering the Venture-Capitalists' 'value added' proposition: An international learning perspective, in: Journal of Business Venturing.

Busenitz L, Moesel D, Fiet J, Barney, J (1997): The framing of perceptions of fairness in the relationship between Venture-Capitalists and new venture teams, in: Entrepreneurship Theory and Practice, 21(3), S 5-21.

Bygrave W (1988): Venture-Capital investing: A resource exchange perspective. Unpublished Dissertation, School of Management, Boston University.

Bygrave W, Timmons J (1985): An empirical model for the flows of Venture-Capital. In: Frontiers of Entrepreneurship Research, S 105-125.

Bygrave W, Timmons J (1992): Venture-Capital at the crossroads, Boston, Massachusetts.

Cable D, Shane S (1997): A prisoner's dilemma approach to entrepreneur-Venture-Capitalist relationships, in: Academy of Management Review, 22(1), S 142-176.

Cherin A, Hergert N (1988): Do Venture-Capitalists create value? A test from the computer industry, in: Frontier of Entrepreneurship Research, S 341-342.

Cooper AC (1993): Challenges in predicting new firm performance, in: Journal of Business Venturing, 8(3), S 241-253.

Dixon R (1991): Venture-Capitalists and the appraisal of investments, in: OMEGA International Journal of Management Science, 19(5), S 333-344.

Fallgatter MJ (2002): Theorie des Entrepreneurship. Perspektiven zur Erforschung der Entstehung und Entwicklung junger Unternehmen, Wiesbaden.

Fendel A: (1987): Investmententscheidungsprozesse in Venture-Capital-Unternehmungen: Darstellung und Möglichkeiten der instrumentellen Unterstützung. Deutscher Wirtschaftsdienst, Köln.

Finance Magazin (Hrsg, 2002): Der Markt für Unternehmen und Finanzen, S 14-28.

Flynn D (1991): The critical relationship between Venture-Capitalists and entrepreneurs: Planning, decision-making, and control, in: Journal of Small Business Economics, 3, S 185-196.

Fredriksen Ö, Klofsten M (1999): CEO vs. board typologies in Venture-Capital-entrepreneur relationships, in: Frontiers of Entrepreneurship Research. Babson College, MA Wellesley.

Fredriksen Ö, Olofsson C, Wahlbin C (1997): Are Venture-Capitalists firefighters? A study of influence and impact of Venture-Capital firms, in: Technovation, 17(9), S 503-511.

Fried VH, Bruton G, Hisrich R (1998): Strategy and the board of directors in Venture-Capital-backed firms, in: Journal of Business Venturing, 13(6), S 493-504.

Fried VH, Hisrich RD (1994): Toward a model of Venture-Capital investment decision-making, in: Financial Management, 23(3), S 28-37.

Gifford S (1997): Limited attention and the role of the Venture-Capitalist, in: Journal of Business Venturing, 12, S 459-482.

Gomez-Mejia LG, Balkin DB, Welbourne TM (1990): Influence of Venture-Capitalists on high tech management, in: The Journal of High Tech Management Research, 1(1), S 103-118.

Gompers PA, Lerner J (1999): The Venture-Capital cycle, Cambridge.

Gorman M, Sahlman WA (1989): What do Venture-Capitalists do?, in: Journal of Business Venturing 4(4), S 231-249.

Gorman M, Sahlman WA. (1986): What do Venture-Capitalists do?, in: Ronstadt R, Hornaday JA, Peterson R, Vesper KH (Hrsg): Frontiers of entrepreneurship research. Wellesley, Mass. Babson College.

Heckhausen H (1987): Motivation und Handeln. Berlin.

Hellmann T (1998): The allocation of control rights in Venture-Capital contracts, in: The RAND Journal of Economics, 29, S 57-76.

Higashide H, Birley S (2002): The consequences of conflict between the Venture-Capitalist and the entrepreneurial team in the United Kingdom from the perspective of the Venture-Capitalist, in: Journal of Business Venturing, 17(1), S 59-81.

Hisrich R, Jankowicz A (1990): Intuition in Venture-Capital Decisions: An exploratory study using a new technique, in: Journal of Business Venturing, 5, S 49-62.

Hollinshead AB (1950): Cultural factors in the selection of marriage mates, in: American Sociological Review, 15, S 135-175.

Homans GC (1961): Social behaviour: Its elementary forms. New York.

IDC (2001): How Venture-Capitalists can better serve and ensure the success of their portfolio companies – Ergebnisbericht zur Studie, Framingham, MA.

Jantz W (2002): Venture-Capital. Förderprogramme und Business Angels, in: M Dowling, H J Drumm (Hrsg): Gründungsmanagement. Vom erfolgreichen Unternehmensstart zu dauerhaftem Wachstum, Springer: Berlin, S 95-111.

Kazanjian RK, Drazin R (1990): A stage-contingent model of design and growth for technology based new ventures, in: Journal of Business Venturing, 5(3), S 137-151.

Kelly P, Hay M (2000): Helping hand or watchful eye? An agency theory perspective on private investor involvement in entrepreneurial ventures. Paper presented at the Babson College-Kauffman Foundation Entrepreneurship Research Conference.

Kunze RJ (1990): Nothing ventured: The perils and payoffs of the great American Venture-Capital game, New York, HarperBusiness.

Landström H (1990): Cooperation between Venture-Capital companies and small firms, in: Entrepreneurship and Regional Development, S 345-362.

Landstrom H, Manigart S, Mason C, Sapienza H (1998): Contracts between enterpreneurs and investors: terms and negotiation processes. Paper presented at the Babson College-Kauffman Foundation Entrepreneurship Research Conference, Gent.

Laub UD (1989): Zur Bewertung innovativer Unternehmensgründungen im institutionellen Zusammenhang: eine empirische Analyse, München.

Lyons B, Mehta J (1997): Private sector business contracts: The text between the lines, in: Deakin S, Michie J (Hrsg): Contracts, cooperation and competition: Studies in economics, management and law, S 43-66.

MacMillan I, Siegel R, SubbaNarasimha PN (1985): Criteria used by Venture-Capitalists to evaluate new venture proposals, in: Journal of Business Venturing 1, S 119-128.

MacMillan IC, Kulow DM, Khoylian R (1988): Venture-Capitalists' involvement in their investments: Extent and performance, in: Journal of Business Venturing, 4, S 27-47.

Manigart S, Sapienza HJ (2000): Venture-Capital and growth, in: DL Sexton, H Landström (Hrsg): The Blackwell Handbook of Entrepreneurship. Blackwell Publishers, Oxford (UK), S 240-258.

Murray GC (1996): Six Case Studies of Successfully Exited, Venture Backed, European New Technology Based Firms, in: Entrepreneurship Theory and Practice, 20(4), S 40-61.

Norton E, Tenenbaum B (1992): Factors Affecting the Structure of Venture
Capital Deals, in: Journal of Small Business Management 30(3), S 20-29.

Pichotta A (1990): Die Prüfung der Beteiligungswürdigkeit von innovativen Unternehmungen durch Venture-Capital-Gesellschaften, Köln.

Roberts EB (1991): High stakes for high-tech entrepreneurs: Understanding Venture-Capital decision making, in: Sloan Management Review, S 9-20.

Rosenstein J, Bruno A, Bygrave W, Taylor N (1993): The CEO, Venture-Capitalists, and the board, in: Journal of Business Venturing, 8, S 99-113.

Rosenstein J, Bruno AV, Bygrave WD, Taylor N (1989): Do Venture-Capitalists on boards of portfolio companies add value besides money? Paper presented at the Babson College Entrepreneurship Research Conference, Wellesley, MA, Center for Entrepreneurial Studies, Babson College.

Sapienza HJ (1989): Variations in Venture-Capitalist-entrepreneur relations: Antecedents and consequences. PhD. Dissertation. University of Maryland.

Sapienza HJ (1992): When do Venture-Capitalists add value?, in: Journal of Business Venturing, 7, S 9-27.

Sapienza HJ, Gupta AK (1994): Impact of agency risks and task uncertainty on Venture-Capitalist-entrepreneur relations, in: Academy of Management Journal, 37, S 1618-1632.

Sapienza HJ, Korsgaard MA (1996): Managing investor relations: The impact of procedural justice in establishing and sustaining investor support, in: Academy of Management Journal, 39, S 544-574.

Sapienza HJ, Manigart S, Vermeir W (1996): Venture-Capitalist governance and value added in four countries in: Journal of Business Venturing, 11(6), S 439-469.

Sapienza HJ, Timmons J (1989): The roles of Venture-Capitalists in new ventures: What determines their importance?, in: Proceedings of the Academy of Management, S 74-78.

Schefczyk M (2000a): Erfolgsstrategien deutscher Venture-Capital-Gesellschaften: Eine Analyse der Investitionsaktivitäten und des Beteiligungsmanagements von Venture-Capital-Gesellschaften, 2. Auflag, Stuttgart, Schäffer-Poeschel.

Schefczyk M (2000b): Finanzieren mit Venture-Capital: Grundlagen für Investoren, Finanzintermediäre, Unternehmer und Wissenschaftle, Stuttgart, Schäffer-Poeschel.

Schefczyk M, Gerpott T J (1998): Managerqualifikationen und -fluktuation in Venture-Capital-Unternehmen. In: Die Betriebswirtschaft, 1998, 58. Jg, S 573-590.

Schröder C (1992): Strategien und Management von Beteiligungsgesellschaften: Ein Einblick in Organisationsstrukturen und Entscheidungsprozesse von institutionellen Eigenkapitalinvestoren, Baden-Baden, Nomos.

Silver A D (1985): Venture-Capital. New York.

Stevenson HH, Muzyka DF, Timmons, J (1987): Venture-Capital in transition: A Monte Carlo simulation of changes in investment patterns, in: Journal of Business Venturing, 2(2), S 103-121.

Stinchcombe AL (1965): Social Structure and Organizations, in: JG March (Hrsg): Handbook of Organizations, Chicago: Rand McNally, S 142–193.

Thibaut JW, Kelly HH (1959): The social psychology of groups. New York.

Timmons JA, Bygrave WD (1986): Venture-Capital's role in financing innovation for economic growth, in: Journal of Business Venturing, 1, S 161-176.

Tyebjee TT, Bruno AV (1984): A model of Venture-Capital investment activity, in: Management Science, 30(9), S 1051-1066.

VDI Verlag GmbH (2000): Venture-Capital Partnerschaft: Wie Gründer und Investoren zueinander finden, zusammenarbeiten und einander bewerten – Studienbericht, Düsseldorf.

Vroom VH (1964): Work and Motivation, New York.

Walster E, Berscheid E, Walster G W (1973): New directions in equity research. Journal of Personality and Social Psychology, 25, S 151-176.

Welpe I (2004): Venture-Capital-Geber und ihre Portfoliounternehmen. Erfolgsfaktoren der Kooperation, Wiesbaden, Gabler.

Wupperfeld U (1996): Management und Rahmenbedingungen von Beteiligungsgesellschaften auf dem deutschen Seed-Capital-Markt: Empirische Untersuchung, Frankfurt a.M., Peter Lang.

Zemke I (1995): Die Unternehmensverfassung von Beteiligungskapital-Gesellschaften: Analyse des institutionellen Designs deutscher Venture-Capital-Gesellschaften, Wiesbaden.

Corporate Governance bei Venture-Capital-Finanzierungen

Michael Schefczyk und Frank Pankotsch

Abstract

Steht in der allgemeinen Diskussion zu Corporate Governance die Kapitalgesellschaft mit breitem Anlegerkreis im Mittelpunkt, betrachtet der vorliegende Artikel deren Gestaltung bei Venture-Capital-Finanzierungen. Dazu lassen sich drei Ebenen für die Installation von Corporate Governance-Mechanismen identifizieren. Die erste Ebene zwischen Investoren und VC-Gesellschaft wird bestimmt durch vertragliche Regelungen, die den Spielraum des Managements einschränken und durch Regelungen zur Vergütung des Managements der VC-Gesellschaft. Von Bedeutung ist ferner die Festlegung eines Maßstabes, mit dem die Zielerreichung der VC-Gesellschaft innerhalb des Corporate Governance-Systems gemessen wird. Diskutiert wird dazu die Beteiligungsrendite als zentrale Zielgröße. Die zweite Ebene ist insbesondere bei in Fonds- und Managementgesellschaft separierten VC-Gesellschaften relevant. Der Artikel konzentriert sich hier auf die Vertragsbeziehungen zwischen den Teilgesellschaften. Die dritte Ebene wird durch die Beziehungen der VC-Gesellschaft zu ihren Portfoliounternehmen gebildet. Auf Grund der dazu zahlreich vorhandenen Literatur wird diese Ebene im vorliegenden Artikel nicht vertieft.

1 Begriff und Aufgaben von Corporate Governance

Der Begriff „Corporate Governance“ ist in der letzten Zeit insbesondere aufgrund spektakulärer Pleiten börsennotierter Unternehmen und der damit verbundenen Nachteile für deren Aktionäre stärker in den Mittelpunkt der Debatte gerückt. Dementsprechend fokussieren sich sowohl die Diskussion als auch Forschungsarbeiten stark auf den Kontext großer börsennotierter Unternehmen. So stellte Tirole fest, dass sich unter Wirtschaftswissenschaftlern und Juristen die Standarddefinition von Corporate Governance auf die Wahrung der Interessen der Aktionäre bezieht.[1] Beispielsweise definiert die OECD in ihrer neuesten Fassung der Grundsätze der Corporate Governance: „Ein gutes Corporate-Governance-System sollte

[1] Vgl. Tirole (2001), S. 1.

dem Aufsichtsorgan und der Unternehmensleitung die richtigen Anreize zur Verfolgung der im Interesse des Unternehmens und seiner Aktionäre liegenden Ziele geben und eine wirkungsvolle Überwachung erleichtern."[2]

Etwas breiter ist demgegenüber die Definition von Shleifer/Vishny, die unter Corporate Governance alle Wege verstehen, auf denen die „Lieferanten" von Kapital sicherstellen, dass ihnen aus ihrem Investment auch ein Ertrag zufließt.[3] Sie lösen sich damit vom engen Rahmen einer Aktiengesellschaft und beziehen auch andere Anteilseigner ein. Gleichzeitig weist ihre Definition auf das Kernproblem hin, welches der Diskussion um Corporate Governance zu Grunde liegt: Die Financiers und damit zumeist auch Eigentümer eines Unternehmens übertragen die Führung des Unternehmens auf ein Management und müssen deswegen sicherstellen, dass sich dieses auch im Sinne ihrer Interessen (zuvorderst Renditeerzielung) verhält. Dies ist notwendig, da zum Zeitpunkt der Übertragung nicht alle zukünftigen Ereignisse vertraglich erfasst werden können, sei es weil darüber nur unzureichende Informationen vorliegen oder weil deren vertragliche Fixierung mit hohen Transaktionskosten verbunden ist. Beim Vorliegen derartiger unvollständiger Verträge zwischen dem Management und den Financiers kommt der Corporate Governance die Aufgabe zu, Mechanismen bereitzustellen, wie mit diesen nicht spezifizierten Ereignissen umgegangen werden soll.[4] Aus diesem Verständnis wird deutlich, dass sich die Diskussion zu Corporate Governance nicht nur auf große, börsennotierte Unternehmen beschränkt, sondern ebenso auf kleinere Unternehmen mit einer begrenzten Zahl von Anteilseignern Anwendung finden kann. In diese Gruppe sind auch die in diesem Artikel im Mittelpunkt stehenden Venture-Capital-Gesellschaften einzuordnen.

Einen noch breiteren Definitionsansatz erhält man, wenn der Kreis der Anteilseigner (shareholder) verlassen wird und auch die Anspruchinhaber (stakeholder) des Unternehmens[5] und deren Beziehung zum Management einbezogen werden. Eine solche Definition geben Weimer/Pape, die ein Corporate Governance-System als einen mehr oder minder länderspezifischen Rahmen rechtlicher, institutioneller und kultureller Faktoren sehen, der den Einfluss festlegt, den Anspruchinhaber gegenüber dem Management ausüben können.[6] In dieser kommt ein weiterer wichtiger Aspekt des Corporate Governance-Systems zum Ausdruck. Es ist vordergründig durch gesetzliche oder vergleichbare Regelungen kodifiziert und weist nicht zuletzt daher Unterschiede zwischen verschiedenen Staaten auf.

Zusammenfassend lässt sich festhalten, dass ein Corporate Governance-System ein Regelwerk darstellt, mit dem das Management eines Unternehmens überwacht und sein Handlungsspielraum eingeschränkt werden kann. Hart sprich hier von ei-

---

[2] OECD (2004), S. 11.

[3] Vgl. Shleifer/Vishny (1997), S. 737.

[4] Vgl. Hart (1995), S. 680.

[5] dazu zählen u. a. Mitarbeiter, Kunden, Lieferanten, Kreditgeber.

[6] Vgl. Weimer/Pape (1999), S. 152.

nem System aus „checks and balances“[7]. Umgesetzt wird dieses Regelwerk primär von den Anteilseignern bzw. deren Vertretern.

Überträgt man diesen Grundgedanken auf Venture-Capital-Gesellschaften, so sind diese zunächst in die diskutierten Unternehmenstypen einzuordnen. Bei einer Venture-Capital-Gesellschaft handelt es sich um einen Finanzintermediär, welcher sich mit dem Kapital der Investoren an Unternehmen beteiligt, die zumindest zum Finanzierungszeitpunkt nicht börsenreif sind.[8] Die Mittel der Investoren werden dazu in den meisten Fällen in einem so genannten Fonds gebündelt. Allerdings verfügen insbesondere in Deutschland nur relativ wenige Venture-Capital-Gesellschaften über einen breiten Investorenkreis oder sind – in Deutschland ebenso wie international – gar börsennotiert.[9] Mit Blick auf die Corporate Governance sind daher die Diskussionen und Systeme für große Gesellschaften mit breit gestreutem Anlegerpublikum nicht unmittelbar übertragbar.

Aus der Intermediärsrolle leitet sich weiter ab, dass zumindest zwei relevante Coporate Governance-Beziehungen existieren, die zwischen den Investoren und dem Management der Venture-Capital-Gesellschaft und die zwischen der Venture-Capital-Gesellschaft und dem Management des von dieser finanzierten Unternehmens. Auf diese Thematik wird im Folgenden zweiten Abschnitt ausführlicher eingegangen.

2 Ebenen von Corporate Governance bei VC-Finanzierungen

Will man die Erkenntnisse zu Corporate Governance etwa im Sinne der Definition von Shleifer/Vishny auf Venture-Capital-Finanzierungen adaptieren, so sind zunächst detaillierter diejenigen Akteure abzugrenzen, zwischen denen Corporate Governance-Beziehungen überhaupt in Betracht kommen. Stark vergröbert ergeben sich hierbei drei Ebenen aus Investoren, Venture-Capital-Gesellschaft (VCG) und Portfoliounternehmen (PU). Bei genauerer Betrachtung unterteilt sich die mittlere Ebene gegebenenfalls in den Venture-Capital-Fonds und eine Managementgesellschaft.[10] Dies ist insbesondere bei den idealtypischen unabhängigen („independent“) VCG relevant, die auf dem Markt Eigenkapital von einer Vielzahl von Investoren einwerben, die ihrerseits Gesellschafter des Venture Capital-Fonds, nicht aber der Managementgesellschaft werden. Die Managementgesellschaft stellt zumeist eine Partnerschaft im Eigentum der beim Management des

---

[7] Vgl. Hart (1995), S. 681.

[8] Vgl. dazu und zu einer ausführlicheren Diskussion verschiedener Begriffsauffassungen Schefczyk (2004), S. 18-22.

[9] zur Abgrenzung verschiedener Investorenmodelle vgl. Schefczyk (2004), S. 23-28 und 69-72.

[10] Vgl. Schröder (19929, S. 74-80; Wupperfeld (1994), S. 19-20 und Schefczyk (2004), S. 27-28.

Venture-Capital-Fonds aktiven Personen dar. Abgesehen von Sonderaspekten der Corporate Governance, die sich bei Venture-Capital-Gesellschaften des öffentlichen Sektors und bei Corporate Venture-Capital-Gesellschaften ergeben könnten, stellt diese Konstellation die umfassendste und allgemeinste Betrachtungsbasis für Corporate Governance bei Venture-Capital-Finanzierungen dar. Deshalb erfolgt hier eine Konzentration auf derartige renditeorientierte, unabhängige Venture-Capital-Gesellschaften.

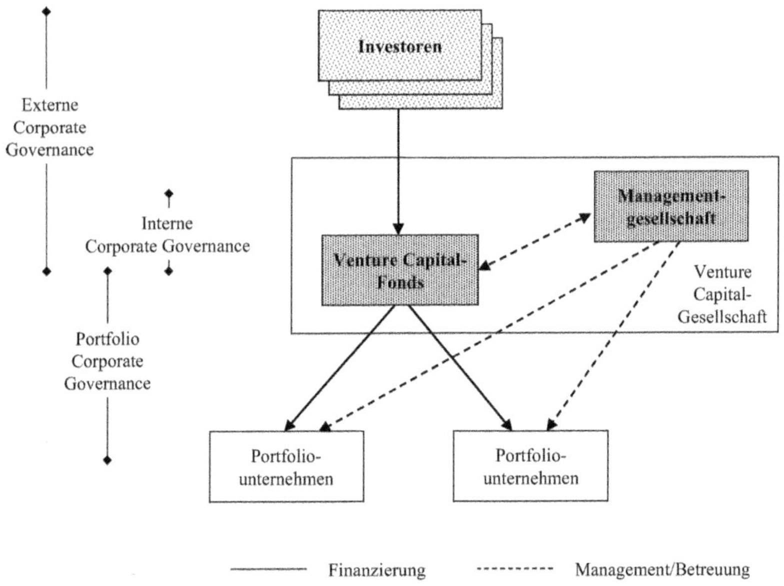

Abb. 1. Ebenen der Corporate Governance bei VC-Finanzierungen

Im Unterschied zu den traditionellen Analysen von Corporate Governance zwischen nur zwei Ebenen („Lieferanten" und „Empfänger" von Kapital), sind hier die drei in Abbildung 1 dargestellten Ebenen zu unterscheiden. Die ersten Ebene, die wir als „Externe Corporate Governance" bezeichnen, beschreibt das Verhältnis zwischen den Investoren und der Venture-Capital-Gesellschaft (= Venture-Capital-Fonds und Managementgesellschaft). Komplexitätserhöhend ist dabei zu bedenken, dass zwischen den Investoren und der Managementgesellschaft bestehende Rechtsbeziehungen größtenteils indirekten – d. h. über den Venture-Capital-Fonds vermittelten – Charakter haben, was aber Fragen der Corporate Governance keineswegs ausschließt. Die „Interne Corporate Governance" ist entsprechend auf die Corporate Governance-Beziehungen zwischen der Managementgesellschaft und dem Fonds, also innerhalb der Venture-Capital-Gesellschaft bezogen, wenn man diese als Oberbegriff für VC-Fonds und Managementgesellschaft auffasst. Die strukturelle Besonderheit dieser Ebene liegt darin, dass zweiseitige Corporate Governance-Beziehungen zwischen dem Fonds und der Managementgesellschaft bestehen. Die „Portfolio Corporate Governance“ betrifft schließlich das Management des Beteiligungsportfolios, bei dem die Venture-Capital-Gesellschaft als Lieferant und die Portfoliounternehmen als Empfänger von Kapital auftreten. Diese dritte Ebene ist nicht Gegenstand des vorliegenden Aufsatzes.

2.1 Ebene 1: Das Verhältnis Investoren zu VC-Gesellschaft

Betrachtungsgegenstand dieses Abschnitts ist das Corporate Governance-System zwischen den Investoren und der Venture-Capital-Gesellschaft. Zielsetzung eines solchen Systems ist aus Sicht der Investoren, den Handlungsspielraum der Venture-Capital-Gesellschaft so zu begrenzen, dass es im Sinne der Investoren tätig wird. Der Handlungsspielraum für die Venture-Capital-Gesellschaft entsteht durch die Beauftragung der Investoren, an deren Stelle in Unternehmen zu investieren, die Investments zu betreuen und zu einem geeigneten Zeitpunkt wieder zu veräußern. Der Investor hat damit in der Regel keinen direkten Zugriff mehr auf sein eigentliches Anlageziel, die Portfoliounternehmen.

Das Corporate Governance-System hat daher die Aufgabe, Wege zur Überwachung der Handlungen der Venture-Capital-Gesellschaft und Eingriffsmöglichkeiten für die Investoren bereitzustellen. Im Kontext einer VC-Finanzierung hat dies zwei Besonderheiten. Zum einen mangelt es an unabhängigen Kontrollinstitutionen, die es bspw. Analysten bei börsennotierten Unternehmen darstellen, zum anderen ist das Tätigkeitsfeld selbst höchst intransparent, da für die gehaltenen Beteiligungen ebenfalls keine unabhängige Beurteilungsinstanz existiert und deren Entwicklung mit hohen Unsicherheiten behaftet ist.[11]

Eine Grenze findet ein Corporate Governance-System dort, wo durch zu starke Eingriffs- und Kontrollrechte die Trennlinie zwischen eher passivem Investor und aktivem Management überschritten wird. Diese Grenze wird zum einen durch die Grundkonstruktion an sich, d. h. die Einschaltung eines Intermediärs an Stelle einer Direktinvestition, gezogen. Dies bedingt eine gewisse Passivität des Investors, um dem Intermediär ein sinnvolles Handeln zu ermöglichen. Eine andere wichtige Grenze wird vielfach durch das Steuerrecht gezogen. Dieses verlangt eine passive Rolle sowohl von Investoren als auch von Intermediären, wenn bestimmte steuerliche Vorteile in Anspruch genommen werden sollen.[12]

Im Folgenden sollen die im Bereich der Venture-Capital-Finanzierung auf der Ebene zwischen Investoren und VC-Gesellschaft typischen Elemente eines Corporate Governance-Systems dargestellt werden. Dabei wird die VC-Gesellschaft als eine Einheit aus dem eigentlichen Fonds und dessen Management begriffen, d. h. die Darstellung bezieht sich auf die Beziehung zwischen den Investoren und der

---

[11] Vgl. Hoffmann (2003), S. 112.

[12] Dies ist insbesondere für die im folgenden Abschnitt dargestellte weitere Aufspaltung auf der Ebene der VC-Gesellschaft von Bedeutung. S. im Detail Erlass des Bundesfinanzministeriums vom 16.12.2003, Bundessteuerblatt 2004 I, S. 40, v. a. Rz. 16.

Ebene des Intermediärs. Die konkreten Regelungen des Corporate Governance-Systems können sich dabei auf mehrere Vertragsbeziehungen verteilen, wenn auf der Ebene des Intermediärs, also der VC-Gesellschaft, mehrere Einzelgesellschaften bspw. für die Fondsverwaltung und das Management existieren. Eine Darstellung zu dieser Aufteilung und den sich daraus ergebenden Aufgaben und Instrumenten der Corporate Governance findet sich im folgenden Abschnitt.

Abstrahiert werden soll weiterhin von den konkreten rechtlichen Umsetzungen, insbesondere den Grenzen des Gesellschaftsrechts. Diese unterscheiden sich zum einen durch länderspezifische Rechtssysteme. Zum anderen sind auch innerhalb dieser Systeme VC-Gesellschaften in verschiedenen Rechtsformen anzutreffen, wobei diese Wahl zumeist von steuerlichen und weniger auf die Corporate Governance-Möglichkeiten bezogenen Gründen dominiert wird.

Unterteilen lassen sich die Elemente des VC-bezogenen Corporate Governance-Systems auf einer ersten Ebene in vertragliche Regelungen, die den Spielraum des Managements einschränken und in Regelungen zur Vergütung des Managements. Von Bedeutung ist ferner die Festlegung eines Maßstabes, mit dem die Zielerreichung der VC-Gesellschaft innerhalb des Corporate Governance-Systems gemessen wird. Zentrale Größe ist dabei die von der VC-Gesellschaft erzielte Rendite, weswegen auf deren Ermittlung gesondert eingegangen werden soll. Auf dieser Ebene wird Corporate Governance nur teilweise instrumentell konkretisiert. Zu den üblichen Instrumenten der Corporate Governance gehören regelmäßige Berichte der Venture-Capital-Gesellschaft an die Investoren und Gremien, in denen Vertreter von Investoren ihre Zustimmungsvorbehalte bezüglich einzelner Investitionsentscheidungen ausüben (Details hierzu im Rahmen der Diskussion der internen Corporate Governance). Häufig nicht über das Instrument der Gesellschafterversammlung hinaus konkretisiert sind Instrumente zur Vertretung der Investoreninteressen gegenüber der Venture-Capital-Gesellschaft außerhalb der Ausübung von Zustimmungsvorbehalten.

3 Vertragsregelungen

Die bei VC-Gesellschaften zu findenden Vertragsregelungen lassen sich grob vier Kategorien zuordnen. Dies sind Regelungen a) zu finanzierungsbezogenen Eigenschaften des Fonds, b) zur Steuerung des Verhaltes des Managements, c) zur Investitionspolitik sowie d) zum Berichtswesen.[13] Nicht in allen Verträgen sind sämtliche der nachfolgend dargestellten Klauseln zu finden. Des Weiteren existieren jeweils spezifische Ausprägungsformen, sodass hier nur der Grundmechanismus der jeweiligen Regelung dargestellt werden kann.

Zur Frage, wovon die Anzahl der in einem Vertrag zu findenden Klauseln abhängt, existieren bisher unterschiedliche Erkenntnisse. Eine Studie von Gompers

[13] Einteilung in Anlehnung an Gompers/Lerner 1996, S. 479-848, jedoch erweitert um die Kategorie d).

und Lerner bei der 140 Verträge aus den Jahren 1978 bis 1992 einbezogen wurden, zeigte, dass der wesentliche Einfluss von der jeweils aktuellen Marktsituation ausging. War das Kapitalangebot durch Investoren und damit auch die Nachfrage nach den Diensten von VC-Gesellschaften hoch, so sank die Zahl der in den Verträgen verankerten Regelungen. Kein signifikanter Einfluss ging hingegen von strukturellen Variablen wie der Erfahrung der VC-Gesellschaft oder der Spezialisierung des Fonds aus.[14] Eine vergleichbare Studie führten Feinendegen et al. auf Basis von 122 Prospekten und 46 Verträgen europäischer Fonds aus den Jahren 1996 bis 2001 durch. Sie bestätigten den Einfluss der bei Fondsauflage aktuellen Marktsituation ebenso wie den Befund, dass eine Spezialisierung des Fonds ohne Wirkung auf die Anzahl der Vertragsklauseln ist. Abweichend ergab sich jedoch zur Erfahrung der VC-Gesellschaft, dass bei Folgefonds signifikant mehr Reglungen in den Verträgen enthalten waren als beim ersten Fonds der VC-Gesellschaft. Eine Erklärung der Verfasser dazu war, dass das Management bei einer Erstauflage auch ohne entsprechende Vertragsregelungen hohe Anreize hat, sich im Sinne der Investoren zu verhalten, um eine Reputation für Folgefonds auszubauen.[15] Andererseits könnte der Befund auch durch Lerneffekte des Marktes hinsichtlich effizienter Vertragsgestaltung verursacht sein. Der europäische Markt hatte im untersuchten Zeitraum ein starkes Wachstum und damit auch eine Zunahme an Erfahrungen zu verzeichnen.

3.1.1 Finanzierungsbezogene Eigenschaften des Fonds

Die Festlegung der *Laufzeit des Fonds* gehört zu den grundlegenden Regelungen. Typisch sind dabei Laufzeiten von zehn Jahren, wobei in den meisten Fällen eine Verlängerungsoption vorgesehen ist. Diese kann entweder durch das Fondsmanagement oder – häufiger – durch die Mehrheit der Investoren ausgeübt werden.[16] Die Wirkung dieser Klausel entsteht eher indirekt, da das Fondsmanagement zum Ende der Laufzeit gezwungen ist, neue Mittel für Nachfolgefonds einzuwerben und sich dazu einer Leistungsbeurteilung durch die neuen Investoren zu stellen. Diese Beurteilung stützt sich maßgeblich auf den vorangegangenen Erfolg beim Fondsmanagement, die Reputation ist also ein zentraler Faktor.[17] Dadurch entsteht für das Management ein Anreiz, im aktuellen Fonds bestmöglich im Sinne der Investoren zu arbeiten, um sich eine hohe Reputation aufzubauen.

Regelungen zum *Kapitalabruf* sind ebenfalls Standard. Mit diesen wird festgelegt, dass die von den Investoren zugesagten Mittel nur zu einem Teil bereits zu Beginn der Fondslaufzeit dem Management zur Verfügung gestellt werden müssen. Dieser Anteil beträgt üblicherweise zwischen einem Viertel und einem Drittel der Gesamtsumme. Die restlichen Mittel werden dann in definierten Raten abgerufen, die entweder an bestimmte Zeitpunkte oder an die Investitionstätigkeit des

---

[14] Vgl. Gompers/Lerner (1996), S. 484-491.

[15] Vgl. Feinendegen et al. (2003), S. 1186-1188.

[16] Vgl. Sahlman (1990), S. 490.

[17] Vgl. Norton (1995), S. 19-20.

Fonds gebunden sind.[18] Insbesondere mit letzterer Variante wird eine regelmäßige Überprüfung des Fondsmanagement erreicht, da der Mittelabruf einer entsprechenden Begründung bedarf. Diese Kontrolle des Mittelabflusses durch die Investoren ist vergleichbar mit der von den Venture-Capital-Gesellschaften selbst gegenüber ihren Portfoliounternehmen angewandten schrittweisen Kapitalzufuhr (staging).[19] Auch durch diese entsteht ein Anreiz, sich im Sinne der Investoren zu verhalten, um weitere Mittel zu erhalten. Gravierender Unterschied ist jedoch, dass die VC-Gesellschaften die weitere Kapitalzufuhr versagen können, während dies bei den Investoren zumeist mit Vertragsstrafen belegt ist.

Mit dem Festschreiben einer *maximalen Investitionshöhe* für ein Portfoliounternehmen soll zunächst eine gewisse Risikostreuung erreicht werden. Des Weiteren kann damit verhindert werden, dass das Management weitere Mittel in ein Portfoliounternehmen mit schlechter Performance investiert, um dieses zu retten und so einen reputationsschädlichen Ausfall des Investments zu vermeiden.[20] Damit dieser Mechanismus jedoch nicht Folgeinvestitionen in Unternehmen mit guter Performance behindert, können Ausnahmeregelungen vorgesehen sein, die an die besondere Zustimmung der Investoren geknüpft sind. Die Grenze für die maximale Investitionshöhe kann als absoluter Betrag festgelegt werden, üblicher sind jedoch Prozentsätze des zugesagten oder des investierten Kapitals. So zeigte eine Untersuchung bei europäischen VC-Gesellschaften, dass bei mehr als der Hälfte die maximale Investitionshöhe zwischen 10 und 20 Prozent des zugesagten Kapitals lag.[21]

Beschränkt wird zumeist auch die Möglichkeit einer *zusätzlichen Fremdkapitalfinanzierung* der Beteiligungsengagements. Diese kann für das Management attraktiv sein, um unter Ausnutzung des Leverage-Effektes[22] die Eigenkapitalrendite zu erhöhen. Da damit neben der Verschuldung an sich noch weitere Risiken entstehen, soll die Fremdkapitalaufnahme mit einer Vertragsregelung begrenzt werden. Dabei kann diese gänzlich ausgeschlossen werden, wie es bei knapp einem Drittel der europäischen Fonds der Fall ist[23], oder es wird eine Obergrenze für die Fremdkapitalaufnahme festgelegt. Letztere Regelung kommt im deutschen Markt insbesondere dann in Betracht, wenn die Refinanzierungsprogramme der KfW[24] genutzt werden sollen. Insgesamt wird von dieser Regelung starker Gebrauch gemacht. Nur 5 Prozent der amerikanischen und 35 Prozent der europäischen Fonds treffen dazu keine Festlegungen.[25]

Beschränkt werden kann neben einer Fremdkapitalfinanzierung auch Möglichkeit zu *Coinvestments mit anderen Fonds*, die vom gleichen Management verwal-

---

[18] Vgl. Sahlman (1990), S. 491.

[19] Vgl. Admati/Pfleiderer (1994) und Wang/Zhou (2004).

[20] Vgl. Gompers/Lerner (1996), S. 480.

[21] Vgl. Feinendegen et al. (2003), S. 1180.

[22] Vgl. Perridon/Steiner (1999), S. 474-477.

[23] Vgl. Feinendegen et al. (2003), S. 1180.

[24] Vgl. Schefczyk (2004), S. 103-109.

[25] Vgl. Gompers/Lerner (1996), S. 485 und Feinendegen et al. (2003), S. 1180.

tet werden. Solche parallelen Finanzierungen können entweder ganz ausgeschlossen oder unter einen besonderen Zustimmungsvorbehalt gestellt werden. Damit soll ein opportunistisches Verhalten des Managements verhindert werden, das bspw. bestrebt sein könnte, notleidende Beteiligungen des einen Fonds mit Mitteln des anderen zu retten.[26] Dieser Gefahr wird bei amerikanischen Fonds eine höhere Bedeutung beigemessen, wie die Reglungsquote von knapp zwei Dritteln im Vergleich zu einem Viertel bei europäischen Fonds belegt.[27]

Nicht nur bei den Investitionen, auch zur *Wiederanlage von Gewinnen* aus Beteiligungsveräußerungen können Regelungen getroffen werden.[28] Zum einen kann diese gänzlich untersagt oder auf die ersten Jahre der Fondslaufzeit begrenzt sein. Damit soll erreicht werden, dass bis zum Ende der geplanten Laufzeit tatsächlich alle Beteiligungen veräußert werden und der Gewinn den Investoren zur Verfügung steht. Bei Reinvestitionen kurz vor Ende der Laufzeit ist nicht nur die Veräußerungsfähigkeit ungesichert, sie erhöhen auch das Risiko, dass bereits realisierte Gewinne wieder geschmälert werden. In der bereits zitierten Untersuchung bei europäischen Fonds war bei drei Vierteln eine unbegrenzte Wiederanlage möglich, knapp ein Viertel der Verträge schloss diese grundsätzlich aus.[29] Amerikanische Fonds verhielten sich ähnlich, etwa zwei Drittel sah keine entsprechenden Begrenzungen vor.[30]

Eng damit verbunden sind Regelungen zur *Ausschüttung von Gewinnen*. Eine solche kann auf jährlicher Basis vorgeschrieben sein oder im Ermessen des Managements liegen. Eine Studie bei amerikanischen VC-Gesellschaften zeigte, dass ersteres bei knapp einem Fünftel der Gesellschaften der Fall war.[31] Eine solche Ausschüttung kann dabei entweder bar oder in Aktien erfolgen. Letztere Variante kommt insbesondere dann in Betracht, wenn der Exit bei einer Beteiligung über einen Börsengang stattgefunden hat und die Anteile auf Grund von Mindesthaltefristen oder zur Kurspflege noch nicht veräußert werden konnten.

3.1.2 Steuerung des Verhalten des Managements

Einschränkungen sind auch für *Coinvestments der Manager* möglich. Auch diese können entweder ganz ausgeschlossen oder auf einen bestimmten Anteil begrenzt bzw. unter Zustimmungsvorbehalt gestellt werden. Davon macht jedoch nur ein kleiner Teil der Fonds Gebrauch.[32] So schlossen unter europäischen Fonds nur etwa ein Drittel ein solches Parallelinvestment der VC-Manager gänzlich aus. Verhindert werden soll mit solchen Regelungen, dass sich die Manager in ihren Anstrengungen nur auf die Portfoliounternehmen konzentrieren, in die sie auch in-

[26] Vgl. Sahlman (1990), S. 492 und Gompers/Lerner (1996), S. 480-481.
[27] Vgl. Gompers/Lerner (1996), S. 485 und Feinendegen et al. (2003), S. 1180.
[28] Vgl. Gompers/Lerner (1996), S. 481.
[29] Vgl. Feinendegen et al. (2003), S. 1180.
[30] Vgl. Gompers/Lerner (1996), S. 485.
[31] Vgl. Sahlman (1990), S. 491-492.
[32] Vgl. Sahlman (1990), S. 492 und Gompers/Lerner (1996), S. 481.

vestiert haben. Andererseits wird aber gerade in einem solchen Investment ein Anreiz für die Manager gesehen, eine möglichst hohe Wertsteigerung der Beteiligung (ihrer persönlichen und damit auch der des Fonds) zu erreichen.

Verschiedene Regelungen können zum *Ausscheiden von Managern* getroffen werden. Ziel hierbei ist immer, die Manager langfristig zu binden und so die Qualität und Fondsperformance sicherzustellen. Haben die Manager persönlich in den Fonds investiert, so kann der Verkauf dieser Anteile beschränkt (z. B. nur an andere Manager des Fonds) oder gänzlich untersagt sein. Derartige Festlegungen finden sich bei etwa der Hälfte der amerikanischen und europäischen Fonds.[33] Geregelt werden könnte ferner, dass der Manager bei einem Ausscheiden seinen Anteil am Veräußerungsgewinn der Portfoliounternehmen (siehe Abschnitt zur Vergütung) ganz oder abnehmend proportional zur Fondslaufzeit verliert. Um dies umzusetzen, müssten die Gewinnanteile nicht ausbezahlt, sondern bis zum Abschluss der Fondslaufzeit auf einem Treuhandkonto geparkt werden. Die bei Verträgen zwischen VC-Gesellschaften und deren Portfoliounternehmen durchaus übliche Regelung (hier jedoch bezogen auf den Gesellschaftsanteil) findet jedoch kaum Anwendung.[34]

Schließlich können Einschränkungen zu *Tätigkeiten des Managements außerhalb des Fonds* getroffen werden, um deren gesamte Arbeitskraft zu nutzen und eine opportunistische Arbeitsverteilung zwischen verschiedenen Tätigkeiten zu unterbinden. Diese Regelungen können zum einen allgemein auf die Arbeitszeit bezogen sein, so wie dies bei einem Achtel der amerikanischen und einem Drittel der europäischen Fonds anzutreffen ist. Zum anderen kann die Akquise eines neuen Fonds durch das Management eingeschränkt werden. Derartige Regelungen finden sich bei 85% der amerikanischen, jedoch nur einem Drittel der europäischen Fonds. Beide Regelungen sind zumeist auf die ersten Jahre der Fondslaufzeit oder bis zum Erreichen eines bestimmten Anteils der investierten Mittel am Fondsvolumen begrenzt. [35]

3.1.3 Investitionspolitik

Regelungen zu den *Anlageschwerpunkten* werden zumeist nicht erst bei Vertragsschluss definiert, sondern sind bereits Bestandteil der Kapitalakquiseprozesses durch die VC-Gesellschaft. Bevor diese auf Investoren zugeht, entwickelt sie ein Fondskonzept, dass auch bestimmte Anlageschwerpunkte vorsieht. Diese werden dann im Rahmen des Vertragsabschlusses ggf. modifiziert und endgültig fixiert. Der Anlageschwerpunkt wird zumeist in drei Dimensionen definiert. Erster Schwerpunkt ist das geografische Tätigkeitsfeld der VC-Gesellschaft, wobei zwischen regionaler, nationaler oder internationaler Ausrichtung unterschieden wird. Als zweites konzentrieren sich die VC-Gesellschaften auf einen bestimmten Entwicklungsabschnitt der zu finanzierenden Unternehmen. In grober Einteilung wird

[33] Vgl. Gompers/Lerner (1996), S. 485 und Feinendegen et al. (2003), S. 1180.

[34] Vgl. Gompers/Lerner (1996), S. 483.

[35] Vgl. Gompers/Lerner (1996), S. 485 und Feinendegen et al. (2003), S. 1180.

dazu zwischen frühen Entwicklungsphasen, Expansionsphasen und späten Phasen unterschieden.[36] Die dritte Dimension bildet schließlich ein Fokus auf bestimmte Branchen oder Technologien, in denen das zu finanzierende Unternehmen tätig sein soll.

Neben diesen inhaltlichen Vorgaben können auch Regelungen zur *Art der Anlage* getroffen werden. Damit soll erreicht werden, dass die Manager ausschließlich in die Anlageklasse investieren (zumeist direkte Unternehmensbeteiligung), die die Investoren vorgesehen haben. Intention ist zum einen, dass die Verteilung auf verschiedene Anlageprodukte nicht durch das Management, sondern durch die Investoren selbst vorgenommen werden soll. Zum anderen ist auch die Vergütung der Manager auf diese intendierte Anlageart ausgerichtet, so dass sich die Manager durch ein abweichendes Anlageverhalten ungewollte Kosten- und damit auch Gewinnvorteile verschaffen könnten. Konkret ausgeschlossen oder in ihrem Anteil begrenzt werden Investitionen in andere VC-Fonds und in börsennotierte Unternehmen. Dabei sind solche Festlegungen bei zwei Drittel der amerikanischen, aber nur einem Viertel der europäischen Fonds üblich.[37] Regelungen zu anderen Anlagemöglichkeiten (ausländische Wertpapiere, Derivate o. ä.) sind demgegenüber weitaus seltener anzutreffen.

3.1.4 Berichtswesen

Die vierte Kategorie von Regelungen betrifft das Berichtswesen der VC-Gesellschaft gegenüber den Investoren. Dieses ist die Voraussetzung für eine effektive Überwachung durch die Investoren, da es wesentliche Daten zur Entwicklung des Fonds liefert. Bestandteile eines solchen Berichtswesens sind periodische Reports, die neben Angaben zu Investitionen und Verkäufen sowie zur Entwicklung der Portfoliounternehmen auch Angaben zur Bewertung der eingegangenen Beteiligungen enthalten. Hiervon abzugrenzen ist das ereignisgetriebene Berichtswesen, bei dem aperiodisch über Sondersituationen bei einzelnen Portfoliounternehmen berichtet wird oder in Form von Entscheidungsvorlagen über Investitions- und teilweise Desinvestitionsmöglichkeiten bereichtet wird, um Gremienzustimmungen zu erwirken. Im periodischen Berichtswesen kann die Berichtsfrequenz dabei zwischen monatlich und jährlich liegen. Bewertungen werden in der Regel nicht häufiger als halbjährlich abgefordert. Daneben dienen regelmäßige Besuche bei der VC-Gesellschaft und Präsentationen durch deren Management der Überwachung durch die Investoren. In einer Studie bei britischen VC-Gesellschaften wurde gezeigt, dass hinsichtlich der Periodizität sehr unterschiedliche Kombinationen aus diesen Elementen vorzufinden sind. Als eine typische wurden halbjährliche Reports inklusive Portfoliobewertungen und ein jährliches Treffen oder eine Präsentation identifiziert.[38]

---

[36] Vgl. zu diesen Phasendefinitionen ausführlich Schefczyk (2004), S. 40-42.

[37] Vgl. Gompers/Lerner (1996) S. 483-485 und Feinendegen et al. (2003), S. 1181.

[38] Vgl. Robbie et al. (1997), S. 19-20.

Die Bewertung der Portfoliounternehmen ist ein zentraler Baustein des Berichtswesens, da sich aus dieser die Performance des Fonds ergibt, die wiederum aus Sicht der Investoren der wichtigste Beurteilungsmaßstab für die Leistungen des Fondsmanagement darstellt. Dazu setzen die Investoren bestimmte Zielgrößen hinsichtlich der Performance, wobei auch mehrere gleichzeitig zu erreichende angewandt werden. Die meisten der verwendeten Zielgrößen basieren auf der vom Fonds erzielten Rendite, der sog. Internal Rate of Return (IRR). Die IRR ist der derjenige Zins, mit dem die Diskontierung aller Ein- und Auszahlungen über die Fondslaufzeit den Gegenwartswert von Null ergibt. Als Zielgrößen dienen absolute Renditen oder Renditedifferenzen zu andern Anlageklassen. Mit letzterer werden allgemeine Entwicklungen, die alle Anlageklassen gleichmäßig treffen (z. B. konjunkturelle Entwicklungen, Börsencrash) und vom VC-Management nicht beeinflusst werden können, in die Bewertung einbezogen. Weiterhin kommt als Zielgröße auch die in einer bestimmten Zeitdauer generierte Liquidität zur Anwendung.[39]

Problematisch an der Performance als Beurteilungsmaßstab ist, dass die Bewertung der Portfoliounternehmen in der Regel vom Management der VC-Gesellschaft selbst durchgeführt wird. Damit entsteht der Anreiz, die Performance und damit auch die eigene Arbeit besser dazustellen, als es der Realität entspricht. Dies ist insbesondere deswegen möglich, weil der Wert eines Portfoliounternehmens erst bei seiner Veräußerung an Hand des Verkaufspreises verlässlich festgestellt werden kann. Für dazwischen liegende Bewertungszeitpunkte bedarf es einer subjektiven Wertermittlung.[40]

Diesem Problem kann durch die Festlegung klarer Bewertungsregeln zumindest teilweise begegnet werden. Es verbleibt lediglich das Risiko der Nichteinhaltung dieser Regeln. Sofern solche Bewertungsregeln individuell zwischen Investor und VC-Gesellschaft festgelegt werden, kann damit nicht die Vergleichbarkeit mit anderen VC-Gesellschaften gewährleistet werden. Diese ist aber aus Investorensicht erforderlich, da die ermittelte Performance allein noch keine Aussage zur Arbeit des VC-Managements ermöglicht. Erst durch den Vergleich mit der Performance, die andere ähnlich strukturierte Fonds in der selben Periode erbracht haben, wird eine Aussage möglich. Eine Vergleichbarkeit der Fonds setzt insbesondere Investitionen in bezüglich Lebensphase und Branche ähnliche Portfoliounternehmen voraus. Weiter sollte die geografische Fokussierung und der Auflagezeitpunkt des Fonds identisch sein.

Um diese Vergleichbarkeit zu ermöglichen, haben insbesondere die Branchenverbände Richtlinien für die Bewertung entwickelt und ihren Mitgliedern zur Anwendung empfohlen. Aus Sicht der Investoren ist es somit ein wichtiger Bestandteil einer effektiven Corporate Governance, die Anwendung dieser Richtlinien verbindlich festzuschreiben. Andererseits können VC-Gesellschaften mit der freiwilligen Anwendung der Richtlinien nicht nur für Transparenz sorgen, sondern gleichzeitig auch die Qualität ihrer Arbeit verlässlich signalisieren. Als Indiz, dass

---

39 Vgl. Robbie et al. (1997), S. 17-18.

40 Vgl. Wright/Robbie (1998), S. 534.

diese beiden Effekte wirken, können zwei Studien für den deutschen Markt interpretiert werden. In einer Untersuchung von Hielscher et al. im Jahr 2002, an der sich 37 VC-Gesellschaften beteiligten, wurde erfragt, inwieweit der Standard des Branchenverbandes EVCA bei der Performanceermittlung benutzt wurde. Dabei konnte unabhängig von der Art der VC-Gesellschaft eine weitgehende Anwendung der Internal Rate of Return (IRR) als zentrales Performancemaß und eine hohe Akzeptanz des Standards festgestellt werden. Mehr als zwei Drittel der Gesellschaften gaben an, ihre Performance gemäß den EVCA-Richtlinien zu ermitteln.[41] Im Vergleich mit einer drei Jahre zuvor von Perlitz et al. durchgeführten Studie mit ähnlicher Zielstellung ist damit eine deutliche Zunahme der Akzeptanzwerte zu verzeichnen. In dieser lag der Anwendungsgrad der IRR bei etwa 50%. Der EVCA-Standard zur Performancemessung wurde von 55% der Gesellschaften genutzt.[42]

Gleichwohl bietet auch die Anwendung dieser Richtlinien der Branchenverbände keine Garantie für eine absolute Vergleichbarkeit der Ergebnisse. Zum einen handelt es sich dabei um Mindeststandards, die dem Management der VC-Gesellschaften nach wie vor Bewertungsspielräume offen lassen. Zum anderen weichen die Richtlinien verschiedener Verbände zum Teil erheblich voneinander ab[43], was die internationale Vergleichbarkeit von Renditen einschränkt. Um dem zumindest teilweise zu begegnen, sehen die Richtlinien mehrere Ebenen der Renditeberechnung vor. So empfiehlt der europäische Branchenverband EVCA die Ermittlung von insgesamt drei Renditemaßen (vgl. Abb. 2)[44].

Die Bruttorendite auf realisierte Beteiligungen (IRR_1) stellt auf eine Zahlungszeitreihe, bestehend aus Barauszahlungen der VC-Gesellschaft an ein Portfoliounternehmen, primär also dem Beteiligungserwerb, und Barrückflüssen in Form des Veräußerungserlöses und ggf. Gewinnausschüttungen sowie Zinsen und Tilgungen von Gesellschafterdarlehen, ab. Dabei werden prinzipiell nur bereits veräußerte Beteiligungen berücksichtigt. Damit wird das Problem der Bewertung noch nicht veräußerter Unternehmen umgangen, was der Rendite ein hohes Maß an Objektivität verleiht. Nachteilig ist jedoch, dass damit nur ein Teil des Gesamtportfolios in die Bewertung einbezogen wird, was insbesondere in den ersten Jahren der Fondslaufzeit die Nutzung als Bewertungsgröße im Rahmen der Corporate Governance stark einschränkt.

41 Vgl. Hielscher et al. (2003), S. 504.

42 Vgl. Perlitz et al. (1999).

43 Vgl. zu Knyphausen-Aufseß (2003), S. 552-554.

44 Vgl. EVCA (2003).

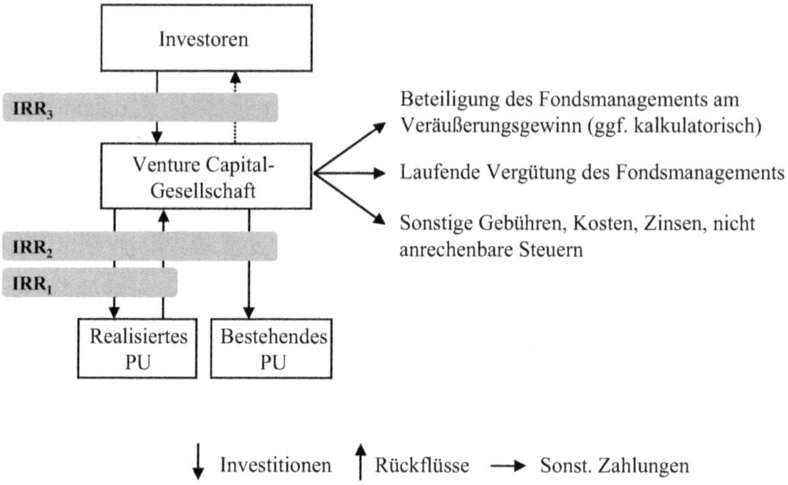

Abb. 2. Renditeermittlung nach den EVCA-Richtlinien

Die Bruttorendite auf realisierte und bestehende Beteiligungen (IRR_2) wird ähnlich ermittelt, bezieht jedoch die noch im Portfolio der VC-Gesellschaft gehaltenen Beteiligungen in die Bewertung ein. Die dafür notwendige Schätzung der Endwerte bestehender Beteiligungen soll grundsätzlich zu Anschaffungskosten erfolgen. Ausnahmen sind in positiver Richtung zugelassen bzw. in negativer Richtung obligatorisch, wenn (1) eine Nachfinanzierung durch einen Dritten stattgefunden hat, aus der sich objektive neue Anhaltspunkte für den Wert der Beteiligung ergeben, (2) der auf die VC-Gesellschaft entfallende Anteil am Buchwert des Portfoliounternehmens zwischenzeitlich die Anschaffungskosten deutlich übersteigt oder (3) die Ergebnisse des Portfoliounternehmens in positiver oder negativer Richtung nachhaltig vom Plan abweichen. Die Nettorendite für den Fondsinvestor (IRR_3) stellt schließlich auf die Zahlungsströme zwischen Investoren und VC-Gesellschaft ab und bezieht alle an die VC-Gesellschaften zu leistenden Zahlungen ein. Dazu zählen Anteile am Veräußerungsgewinn, die laufende Vergütung sowie alle sonstigen Gebühren und Kosten, die mit der Fondsverwaltung verbunden sind. Aus Sicht der Investoren ist diese Nettorendite die richtige Größe zur Beurteilung ihrer Anlage. Sie eignet sich jedoch nur bedingt zur Beurteilung des Managements der VC-Gesellschaften, da ein Großteil der einfließenden Kosten nicht von diesem selbst, sondern teilweise sogar von den Investoren (z. B. die Managementvergütung) bestimmt wird.

Neben diesen mit der Akzeptanz von Standards nur teilweise behebbaren Problemen bei der Bewertung birgt die Rendite als Beurteilungsmaß noch ein weiteres Problem. Es bleibt unberücksichtigt, mit welcher Unsicherheit diese Rendite verbunden ist, d. h. welches Risiko die VC-Gesellschaft eingegangen ist. Dass die VC-Gesellschaft Anreize hat, für eine höhere Rendite auch ein höheres Risiko in

Kauf zu nehmen, wurde in der Diskussion zu den Vertragsbestandteilen bereits gezeigt, ebenso wie die Möglichkeiten der Investoren, dieses zu begrenzen. Um das Risiko beurteilen zu können, bedarf es der Verwendung weitergehender Maße, wie sie von der Finanzwissenschaft vorgeschlagen wurden. Jedoch kommen diese in der Praxis der VC-Gesellschaften bisher kaum zum Einsatz.[45]

4 Vergütung

Die Vergütung der VC-Gesellschaft für das Management des Fonds besteht in der Regel aus zwei Bestandteilen, einer festen Vergütung und einer Beteiligung an den Veräußerungserlösen bei Verkauf eines Portfoliounternehmens.[46] Die feste Vergütung (management fee) berechnet sich dabei zumeist als Prozentsatz des Fondskapitals, ein gängiger Anteil sind 2,5 Prozent pro Jahr.[47] Für die Corporate Governance ist jedoch die zweite Komponente, die Gewinnbeteiligung (carried interest) von Bedeutung. Sie dient als Mittel, um die Interessen der Investoren und VC-Manager in Einklang zu bringen und auf ein gemeinsames Ziel, die Wertsteigerung der Beteiligungen, auszurichten.

Verschiedene Untersuchungen zeigen, dass diese Gewinnbeteiligung quasi zum Standard bei Verträgen zwischen VC-Gesellschaften und Investoren geworden ist, ebenso wie deren Höhe, die fast stets bei 20 Prozent liegt.[48] Gleichwohl birgt die Gewinnbeteiligung auch Anreize, die aus Sicht der Investoren negativ sind. Die Gewinnbeteiligung stellt für die VC-Manager eine Option auf einen Anteil an der Wertsteigerung des Portfoliounternehmens dar. Der Wert dieser Option ist auch von dem mit der Beteiligung am Portfoliounternehmen verbundenen Risiko abhängig, so dass es für das VC-Management vorteilhaft ist, den Wert ihrer Option über das Eingehen eines höheren Risikos zu steigern. Dieses Vorgehen ist insbesondere deswegen attraktiv, weil das VC-Management nicht auch in der gleichen Höhe am Verlustrisiko beteiligt ist. Dieses trägt allein der Fonds, an dem das VC-Management, wenn überhaupt, dann nur mit einem sehr geringen Anteil von zumeist einem Prozent beteiligt ist.[49] Die Fondsinvestoren werden daher bestrebt sein, das Risiko, welches die VC-Manager eingehen, zu begrenzen. Der effektivste Weg dazu wäre, sie auch in gleicher Höhe am Verlustrisiko zu beteiligen. Das scheitert jedoch regelmäßig an den für eine solche Beteiligung am Fonds aufzu-

[45] Vgl. Schefczyk (2004), S. 202-205 und zu Knyphausen-Aufseß (2003), S. 554.

[46] Vgl. Sahlman (1990), S. 491.

[47] Vgl. Sahlman (1990), S. 491 (mehr als 50% der untersuchten amerikanischen Fonds verwendeten diese Berechnung), und Feinendegen et al. (2003), S. 1176-1177 (bei 60% der betrachteten europäischen Fonds lag die management fee bei 2,5%, bei einem weiteren Fünftel bei 2,0%).

[48] Vgl. Sahlman (1990), S. 491 (88% der untersuchten Fonds hatten eine Gewinnbeteiligung von 20%), Gompers/Lerner (1999), S. 14 (81% der Fonds), und Feinendegen et al., S. 1178 (90% der Fonds).

[49] Vgl. Sahlman (1990), S. 496.

bringenden hohen Summen. Stattdessen kommen vertragliche Regelungen (s. o.) zur Anwendung, wie bspw. die Begrenzung der maximal in ein Unternehmen zu investierenden Mittel.

Ein weiterer Mechanismus, mit dem Investoren versuchen, ihre Position bei der Gewinnverteilung abzusichern, ist der der Vorabverzinsung (hurdle rate). Darunter wird verstanden, dass aus den Veräußerungserlösen zunächst die Investoren ihren Einsatz plus eine angemessene Verzinsung zurück erhalten, bevor der verbleibende Betrag zwischen ihnen und dem VC-Management aufgeteilt wird. Damit kann zwar das eben skizzierte Risiko eines Verlustes durch zu risikoreiches Agieren nicht ausgeschlossen werden, das VC-Management erhält jedoch einen zusätzlichen Anreiz, sein Verhalten nachhaltig gewinnorientiert auszurichten. Aber auch dieser Mechanismus birgt einen negativen Anreiz. Die VC-Manager werden versucht sein, diese Hürde der Vorabverzinsung möglichst schnell zu überspringen, um am Gewinn zu partizipieren. Dabei werden sie dies eher mit der Veräußerung unterdurchschnittlich erfolgreicher Portfoliounternehmen erreichen wollen, um an den Veräußerungsgewinnen überdurchschnittlicher Unternehmen teilhaben zu können. Sie beeinflussen daher die Zeitpunkte der Veräußerung eher so, dass ein Überspringen der Hürde möglich wird, als dass die Gewinnsituation des Fonds über die Gesamtlaufzeit optimiert wird. Dem kann entgegengewirkt werden, indem der Gewinnanteil der VC-Manager nicht sofort zur Auszahlung kommt, sondern bis zum Ende der Fondslaufzeit auf einem Treuhandkonto geparkt wird.[50] Damit entfällt aber auch dessen Funktion als Vergütungsanteil für laufende Aufwendungen des Fondsmanagements und es verbleibt allein die Anreizfunktion. Das teilweise übliche Vorgehen, die feste Vergütung in der zweiten Hälfte der Fondslaufzeit zu reduzieren, weil dann Gewinnanteile verfügbar werden und der Managementaufwand ohnehin sinkt, ist demnach nur noch begrenzt anwendbar.

Vor dem Hintergrund dieser oft zweiseitigen Wirkung einer Gewinnbeteiligung stellt sich die Frage nach deren tatsächlicher Wirkung, insbesondere auf die Gesamtperformance des Fonds. Dem gingen Gompers und Lerner in einer Studie bei 419 amerikanischen Fonds nach. Mit einer umfassenden Analyse, bei der auch andere mögliche Einflussfaktoren auf die Performance Berücksichtigung fanden, konnte kein Beleg dafür gefunden werden, dass eine Gewinnbeteiligung des Managements der VC-Gesellschaft zu einer besseren Performance des von ihm betreuten Fonds führt.[51] Vor diesem Hintergrund bedarf die breite Anwendung des Instrumentes der Gewinnbeteiligung zumindest aus Sicht der Investoren einer weiteren kritischen Überprüfung.

---

50 Vgl. Hoffmann (2003), S. 116-117.

51 Vgl. Gompers/Lerner (1999), S. 26-29.

5 Exkurs: Corporate Governance per Statut

Die bisher aufgezeigten Mechanismen der Corporate Governance basieren ausschließlich auf individuellen vertraglichen Vereinbarungen zwischen den beteiligten Partnern. Ergänzend wirken allenfalls Markt-Usancen, die sich herausgebildet haben und das Anspruchsniveau insbesondere der Investoren beeinflussen. Daneben existieren aber auch gesetzliche Regelungen zur Corporate Governance, wie sie im Bereich der börsennotierten großen Unternehmen als dominierende Quelle vorhanden sind.

Für den Bereich der VC-Finanzierung entwickelten sich die Regelungen weniger aus dem Bedürfnis einer effektiveren Überwachung und Kontrolle, als aus dem staatlichen Anliegen der Förderung der VC-Branche heraus. Zu diesem Zweck schufen verschiedene Länder besondere Rechtsformen für die VC-Gesellschaften, bei denen die Förderaspekte mit entsprechenden Governance-Regeln verknüpft wurden. Dies war erforderlich, weil sich diese Gesellschaften zumeist an ein breites Anlegerpublikum richten sollen, um so weitere Mittel für VC-Finanzierungen zu mobilisieren. Da diese Anlegerschichten im Gegensatz zu den spezialisierten institutionellen Investoren aber über weniger Kenntnisse verfügen, sollte deren Engagement mit diesen Governance-Regeln geschützt werden.

In Deutschland wurde dafür u. a. die sog. Unternehmensbeteiligungsgesellschaften (UBG) geschaffen, die spezifischen gesetzlichen Regelungen unterliegen und einer behördlichen Aufsicht unterworfen sind. Erstmals eingeführt im Jahr 1986 wurden die Regelungen zu den UBG mehrmals verändert.[52] In der aktuellen Gesetzesfassung genießen die UBG zwei zentrale Vorteile. Zum einen ist die Bezeichnung geschützt und zum anderen sind sie von der Zahlung der Gewerbesteuer befreit. Im Gegenzug unterliegen sie verschiedenen Regulierungen hinsichtlich ihrer rechtlichen Struktur (Rechtsform, Sitz, Unternehmensgegenstand), ihres Investorenkreises und ihres Anlageverhaltens. Während die ersten beiden Punkte insbesondere einen Missbrauch der Vorteile verhindern sollen, stellt die letzte Gruppe von Regelungen das Pendant zu den vertraglich vereinbarten Corporate Governance-Regelungen dar. So finden sich auch hier Beschränkungen hinsichtlich der maximal in ein Portfoliounternehmen zu investierenden Anteils des Fondskapitals oder der Beteiligung an börsennotierten Unternehmen. Weitere besondere Rechtsformen (Investmentaktiengesellschaft, Beteiligungs-Sondervermögen haben trotz der seit mehreren Jahren bestehenden gesetzlichen Definition keine praktische Resonanz erfahren.

Auch in anderen Ländern wurde vergleichbare Regelungen geschaffen, so u. a. in Großbritannien zu den sog. Venture-Capital Trusts, einer 1995 eingeführten Form börsennotierter Unternehmen, die ebenfalls bestimmten Restriktionen unterliegen und deren Anteilsinhaber steuerliche Vorteile genießen. In einer bis 2002 reichenden Studie verfolgte Cumming die Performance-Entwicklung dieser Venture-Capital Trusts und zeigte, dass diese unter der anderer britischer VC-

[52] Vgl. dazu ausführlich Schefczyk (2004), S. 73-82.

Gesellschaften und der wichtiger Vergleichsindizes liegt. Der zentrale Erklärungsansatz dafür wurde in den gesetzlichen Regelungen gesehen, die im Vergleich zu den einzelvertraglichen Bestimmungen der anderen VC-Gesellschaften zu unflexibel sind, sowohl hinsichtlich der Änderung ökonomischer Rahmenbedingungen als auch der Anpassung an die Investoren und Fondsmanager sowie deren Fähigkeiten und Besonderheiten.[53] Dass sich in Deutschland nur wenige VC-Gesellschaften den Regelungen zu den UBG unterworfen haben, kann als eine Bestätigung für diese Interpretation gesehen werden.

5.1 Ebene 2: Die Strukturierung auf der Ebene der VC-Gesellschaft

Die Trennung zwischen Fonds- und Managementgesellschaft bei den hier im Zentrum stehenden unabhängigen Venture-Capital-Gesellschaften ergibt im Detail den in Abbildung 3 illustrierten Leistungsfluss. Venture-Capital-Gesellschaften erbringen dabei zum einen Leistungen, die mit der reinen Investitionstätigkeit verbunden sind. Dazu bündeln sie im Auftrag der Investoren Investitions- und Desinvestitionsentscheidungen und bereiten diese durch eine Auswahl und Bewertung möglicher Portfoliounternehmen bzw. potenzieller Käufer vor. Weiterhin übernehmen sie die laufende Verwaltung der Beteiligungen. Zum anderen treten sie aber auch als „Produzenten“ einer Managementunterstützung für Portfoliounternehmen auf, die nicht von den Investoren selbst erbracht werden kann oder soll. Diese Managementunterstützung, die in der Regel auf den strategischen Bereich beschränkt bleibt, soll dazu beitragen, eine möglichst hohe Wertsteigerung des Portfoliounternehmens während der Beteiligungsdauer sicher zu stellen.

[53] Vgl. Cumming (2003).

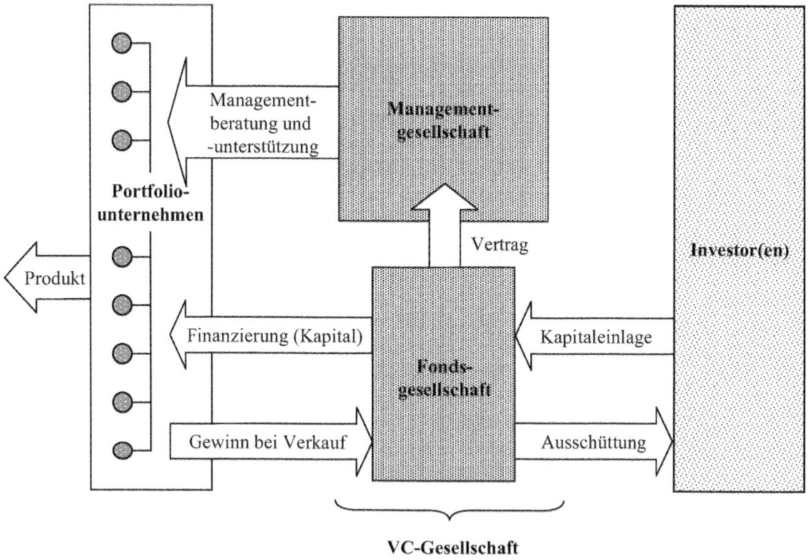

Abb. 3. Leistungsbeziehungen bei einer VC-Finanzierung

Bei der Gestaltung der Leistungsbeziehungen kann zwischen einem direkten Management des Fonds durch angestellte Manager und einem indirekten Management durch unabhängige Dritte im Rahmen eines Geschäftsbesorgungsvertrages unterschieden werden. Die Möglichkeit, ein unabhängiges Fondsmanagement gesellschaftsrechtlich in den Fonds einzubinden steht zwischen diesen beiden Extremen und trägt die Merkmale sowohl des direkten als auch des indirekten Fondsmanagements. Diese Alternativen sind nebst ihren wesentlichen Vor- und Nachteilen in Abbildung 4 dargestellt. Gegenstand dieses Aufsatzes ist dabei die gesellschafts- und schuldrechtliche Einbindung eines von der Fondsgesellschaft separierten Managements, da dies dem Modell gemäß Abbildung 1 entspricht.

Ein Teil des spezifischen Bedarfs für Corporate Governance bezieht sich dabei auf das Zusammenwirken von Fonds- und Managementgesellschaft. Dieser Bedarf ergibt sich im Sinne der Agency-Theorie aus der doppelten Agency-Beziehung, bei der die Venture-Capital-Gesellschaft einerseits Agent der Investoren und andererseits Prinzipal der Portfoliounternehmen ist. Das daraus resultierende Konflikt-Potenzial[54] kristallisiert sich naturgemäß nicht an dem funktionalen „Vehikel“ der Fondsgesellschaft, sondern an der oft personalistisch strukturierten Managementgesellschaft. Ebenfalls im Sinne der Agency-Theorie lassen sich die hier angewendeten Instrumente des Corporate Governance grob in die Kategorien „Monitoring“ und „Bonding“ einteilen. Insbesondere die Kategorie des Monitoring wurde

[54] Vgl. Schefczyk (2004), S. 145-147.

bereits teilweise bei der Diskussion der ersten Ebene beleuchtet, z. B. hinsichtlich des Reportings.

Einbindung durch ...	**...Anstellungsvertrag**	**...Gesellschaftsrecht**	**...Schuldrecht**
Gestaltungsform	Manager sind angestellte der Fondsgesellschaft (ohne separate Managementgesellschaft)	Managamentgesellschaft ist Komplementär/sonstiger geschäftsführender Gesellschafter des Fonds	Zwischen Managamentgesellschaft und Fonds besteht ein Geschäftsbesorgungsvertrag
Vor- und Nachteile	- Management kann kaum für andere Fonds tätig werden - nachteilige Positionierung am Personalmarkt mangels Gewinnbeteiligung + Fokus der Managementaktivität auf Investment + für capitve VCG geeignet und niedrige Transaktionskosten - hohe Personalbezogenheit, aber suboptimale Institutionengestaltung	+ einfache Einrichtung und Betreuung weiterer Fonds + aussichtsreiche Positionierung am Personalmarkt wg. Gewinnbeteiligung - Spaltung der Managementaktivitäten zwischen Akquisition und Investment - für semi captive/independent VCG geeignet, höhere Transaktionskosten + maximale Rechtssicherheit, aber auch Komplexität und Starrheit	+ einfache Einrichtung und Betreuung weiterer Fonds + aussichtsreiche Positionierung am Personalmarkt wg. Gewinnbeteiligung - Spaltung der Managementaktivitäten zwischen Akquisition und Investment - für semi captive/independent VCG geeignet, höhere Transaktionskosten - weniger klare Institutionengestaltung als bei gesellschaftsrechtlicher Lösung

Abb. 4. Möglichkeiten der Einbindung des Fondsmanagements

Ein weiteres wesentliches Instrument des Monitoring ist es, einen Teil der Entscheidungskompetenz von der Managementgesellschaft (= Agent) zurück zu den Investoren (= Prinzipale) zu transferieren und zwar in Form von Gremien, in denen Vertreter der Investoren ihre Zustimmungsvorbehalte bezüglich einzelner Investitionsentscheidungen ausüben. Diese Gremien werden häufig „Investment Committee" oder „Beteiligungsausschuss" genannt.[55] Sie unterscheiden sich von Aufsichtsräten insofern, als dass sie sich nur mit einem spezifischen Teilsegment von Entscheidungen befassen, nämlich den Investitions- und oft auch Desinvestitionsentscheidungen. Prinzipielle Erwägungen zur Investitionspolitik bleiben dabei nach wie vor der Ebene der Investoren als Gesellschafter des Fonds vorbehalten. Die Gremien befassen sich nur mit Einzelfallentscheidungen zu Investments, um das als notwendig erachtete Monitoring institutionell abzusichern. Die mit der Entsendung von Vertretern in die Gremien verbundene Delegation soll die zügige

[55] Vgl. Leopold et al. S. 111-112.

und transaktionskostenminimale Erreichung dieses Ziels fördern. Zusätzlich werden teilweise externe Experten, z. B. entsprechend dem Branchenfokus eines Fonds, in die Gremien einbezogen, um ein ausgewogenes Verhältnis zwischen Interessenvertretung und Fachkompetenz hinsichtlich Markt und Technologie zu erreichen.

Das Bonding wird, über eine teilweise erfolgsabhängige Vergütung des Fondsmanagements hinaus, die ebenfalls bereits bei der Diskussion der ersten Ebene erläutert wurde, häufig über die obligatorische Anlage eigener Mittel der Manager entweder in der Fondsgesellschaft oder durch Co-Investments realisiert. Hiervon soll insbesondere eine vertrauensfördernde Signalwirkung zur Identifikation des Managements mit dem Fonds ausgehen.

Ein anderer Teil des spezifischen Bedarfs für Corporate Governance entsteht aus den Beziehungen zwischen der Managementgesellschaft und ihren Gesellschaftern. Dieser, leider in der einschlägigen Forschung derzeit weitestgehend unbeleuchtete Bereich, weist in der Idealform der personalistisch strukturierten Managementgesellschaft, die im Eigentum der aktiven Führungskräfte der Managementgesellschaft steht, parallelen zu Partnerschaftsgesellschaften in freien Berufen auf. Regelungsbedürftig sind hier insbesondere die Verteilung von Leistungsbeiträgen, Erträgen und Stimmrechten unter den Partnern sowie das Eintreten und Ausscheiden von Partnern. Der letzte Punkt ist insbesondere dann von Bedeutung, wenn die Tätigkeitsdauer nicht mit der Laufzeit der von einem Manager betreuten Fondsgesellschaft synchronisiert ist. An dieser Stelle besteht auch eine enge Verbindung zur externen Corporate Governance. Der Wechsel der Partner ist nicht nur für die innere Verfasstheit der Managementgesellschaft von Bedeutung, sondern stellt auch aus Sicht der Investoren eine wesentliche Veränderung dar. Deren Investitionsentscheidung ist zu einem erheblichen Teil an die Qualität der Fondsmanager gebunden, so dass sie, wie im vorangegangenen Kapitel aufgezeigt, verschiedene vertragliche Regelungen für den Fall des Ausscheidens treffen. Darüber hinaus ist der tatsächlich auf Venture-Capital-Managementgesellschaften bezogene Erkenntnisstand zu diesen Fragen der inneren Verfasstheit der Managementgesellschaft und den vorherrschenden Gestaltungsmöglichkeiten derzeit allerdings sehr niedrig.

6 Zusammenfassung

Für Corporate Governance verstanden als Maßnahmenbündel, mit dem Gesellschafter insgesamt, unter teilweiser Angleichung ihrer individuellen Interessen, effizient ihr Recht auf einen Anteil am Ertrag und an der Wertentwicklung ihres Unternehmens ausüben, wurden zuvor drei Ebenen definiert, auf denen Corporate Governance im Zusammenhang mit Venture-Capital-Finanzierungen eine bedeutende Rolle spielen kann. Dabei handelt es sich um:

1. *Externe Corporate Governance*, bei der die Investoren ihre Interessen gegenüber der Venture-Capital-Gesellschaft (verstanden als Obermenge aus Venture-Capital-Fonds und Managementgesellschaft) vertreten.
2. *Interne Corporate Governance*, bei der für unabhängige Venture-Capital-Gesellschaften wechselseitige Überwachungs- und Bindungsmechanismen zwischen Venture-Capital-Fonds und Managementgesellschaft bzw. deren Gesellschaftern balanciert werden.
3. *Portfolio Corporate Governance*, bei der Venture-Capital-Gesellschaften als Vertreter von Investoren Gesellschafterrechte gegenüber einer Mehrzahl von Portfoliounternehmen gestalten und ausüben.

Vertieft wurde im Rahmen des Aufsatzes insbesondere die erste sowie die zweite Ebene, da sich diese Ebenen von der klassischen Perspektive der Portfoliotheorie deutlich unterscheiden, was für die dritte Ebene nicht der Fall ist.

Als Corporate Gonvernance-Instrumente werden auf der ersten externen Ebene vor allem vertragliche Regelungen und die Vergütung der Venture-Capital-Gesellschaft eingesetzt. *Vertraglich* werden finanzierungsbezogene Eigenschaften des Fonds (Laufzeit, gestaffelte Kapitalabrufe, maximale Investitionshöhen pro Portfoliounternehmen, Fremdfinanzierungs- und Coinvestmentmöglichkeiten, Wiederanlage bzw. Ausschüttung von Veräußerungsgewinnen), Verhaltensaspekte des Managements (Coinvestments, Ausscheidensfolgen, Tätigkeitsbeschränkungen), die Investitionspolitik in Form von phasen-, branchen- und regionenbezogenen Anlageschwerpunkten und Beteiligungsformen sowie das Berichtswesen geregelt. Die *Vergütung* zeigt sich zugunsten des Einsatzes standardisierter Modelle (ca. 2-3% feste Vergütung, zzgl. variable Vergütung von 20% des Gewinns oberhalb von 6-8% p. a.) als erstaunlich wenig differenziert. Allerdings konnte bislang auch noch kein klarer Zusammenhang zwischen der Gestaltung der Vergütung und dem Erfolg des Fonds erhärtet werden. Feststellen lässt sich weiter, dass die externe Corporate Governance auch in Deutschland weit überwiegend durch Verträge zwischen Investoren und Venture-Capital-Gesellschaften konkretisiert wird, und von der Möglichkeit zur gesetzlichen Typisierung bestimmter Formen (z. B. durch das Gesetz über Unternehmensbeteiligungsgesellschaften) nur partiell Gebrauch gemacht wird.

Die zweite interne Ebene ist bei Venture-Capital-Gesellschaften relevant, bei denen Venture-Capital-Fonds und Managementgesellschaft institutionell getrennt sind. Die zunächst entscheidende Frage ist dann, ob die Managementgesellschaft per Gesellschaftsrecht oder per Schuldrecht mit der Fondsgesellschaft verbunden ist. Wären die Manager bei einer einheitlichen Venture-Capital-Gesellschaft angestellt, entfiele nicht nur die Corporate Governance-Beziehung zwischen Fonds und Managementgesellschaft, sondern auch die Beziehung zwischen Managern und Venture-Capital-Gesellschaft würde von einem Gesellschafter-Gesellschaft-Verhältnis auf eine Prinzipal-Agent-Beziehung im Angestelltenverhältnis mit primär kurzfristigen Vergütungsaspekten vereinfacht. Während die Charakteristika für das Zusammenwirken zwischen Fonds und Managementgesellschaft klar herausgearbeitet werden können (vor allem fördert eine gesellschaftsrechtliche Einbindung die Rechtssicherheit, allerdings auf Kosten von Komplexität und Starrheit), bleibt die Corporate Governance zwischen der Managementgesellschaft und ihren Gesellschaftern bislang weitgehend unerforscht.

Aus Forschungssicht ergibt sich Bedarf zur empirischen Validierung der primär angelsächsischen Forschungsergebnisse zur Corporate Governance auf der externen Ebene in Deutschland mit den Schwerpunkten Vertragsgestaltung und Vergütung zwischen Investoren und Venture-Capital-Gesellschaften sowie zur Vertiefung der Erkenntnisse zum zuvor skizzierten Zusammenwirken zwischen Managementgesellschaft und ihren Gesellschaftern auf der internen Ebene der Corporate Governance.

Literatur

Admati A, Pfleiderer P (1994): Robust Financial Contracting and the Role of Venture-Capitalists. In: Journal of Finance, 49 (2), S 371-402.

Cumming D (2003): The Structure, Governance and Performance of UK Venture-Capital Trusts. In: Journal of Corporate Law Studies, 3 (2), S 401-427.

European Venture-Capital Association (2003): EVCA Guidelines. Zaventem, Belgien.

Feinendegen S et al. (2003): Die Vertragsbeziehungen zwischen Investoren und europäischen Venture-Capital-Fonds. In: Zeitschrift für Betriebswirtschaft, 73 (11), S 1167-1195.

Hart O (1995): Corporate Governace: Some Theory and Implications. In: Economic Journal, 105, S 679-689.

Hielscher U et al. (2003): Performancemessung und Reporting von Venture-Capital-/Private Equity-Gesellschaften. In: Finanzbetrieb, 5 (7-8), S 498-505.

Hoffmann G (2003): Corporate-Governance-Systeme und ihr Einfluss auf die Innovationsfinanzierung. Wiesbaden: DUV.

Leopold G/Frommann H/Kühr T (2003): Private Equity – Venture-Capital: Eigenkapital für innovative Unternehmer, 2. Aufl, München: Vahlen.

OECD (2004): OECD-Grundsätze der Corporate Governance – Neufassung 2004. Paris: OECD.

Norton E (1995): Venture-Capital as an Alternative Means to Allocate Capital: An Agency-Theoretic View. In: Entrepreneurship Theory and Practice, 20 (2) S 19-29.

Perlitz M et al. (1999): Einsatz von Investitionsbewertungsmethoden bei deutschen Venture-Capital Unternehmen. Arbeitspapier Nr 6, Lehrstuhl für Allgemeine Betriebswirtschaftslehre und Internationales Management, Universität Mannheim.

Perridon L, Steiner M (1999): Finanzwirtschaft der Unternehmung. 10. Aufl, München: Vahlen.

Robbie K (1997): The Monitoring of Venture-Capital Firms. In: Entrepreneurship Theory and Practice, 21 (4), S 9-28.

Schefczyk M (2004): Erfolgsstrategien deutscher Venture-Capital-Gesellschaften. 3. Aufl, Stuttgart: Schäffer-Poeschel.

Schröder C (1992): Strategien und Management von Beteiligungsgesellschaften: Ein Einblick in Organisationsstrukturen und Entscheidungsprozesse von institutionellen Eigenkapitalinvestoren. Baden-Baden: Nomos.

Shleifer A, Vishny R (1997): A Survey of Corporate Governance. In: Journal of Finance, 52 (2), S 737-783.

Tirole J (2001): Corporate Governance. In: Econometria, 69 (1), S 1-36.
Wang S, Zhou H (2004): Staged financing in Venture-Capital: moral hazard and risks. In: Journal of Corporate Finance, 10 (1), S 131-155.
Weimer J, Pape J (1999): A Taxonomy of Systems of Corporate Governance. In: Corporate Governace, 7, (2), S 152-166.
Wupperfeld U (1994): Strategien und Management von Beteiligungsgesellschaften im deutschen Seed-Capital-Markt. Karlsruhe: Fraunhofer-Institut.
zu Knyphausen-Aufseß D et al. (2003): Internationale Standardisierungstendenzen bei der Renditeberechnung von Venture-Capital-Fonds. In: Finanzbetrieb, 5 (9), S 548-555.

Vertragsgestaltung bei Venture-Capital-Finanzierungen

Eike Houben und Peter Nippel

Abstract

Ein Finanzierungsvertrag zwischen einem Venture-Capital-Geber und einer (Start-up-) Unternehmung kommt nur zustande, wenn sich beide Seiten zunächst im Hinblick auf die Bewertung der Unternehmung einigen. Typischerweise wird dann aber nicht nur eine einfache Beteiligungsquote vereinbart, sondern eine ganze Reihe z.T. recht komplexer Regelungen in den Finanzierungsvertrag aufgenommen. Dieses Regelungen, die zusammen mit gesetzlichen Bestimmungen die gegenseitigen Rechte und Pflichten des Venture-Capital-Gebers, der Unternehmensgründer und evtl. weiterer Beteiligter (z.B. des Managements) definieren, werden hier zunächst vorgestellt. Anschließend wird aus grundsätzlichen ökonomischen Überlegungen heraus die Existenzberechtigung für die Vielzahl der real existierenden Vertragsklauseln und die Komplexität der in der Praxis verwendeten Finanzierungsverträge im Venture-Capital-Bereich abgeleitet. Hierbei wird insbesondere auf Informationsasymmetrie, heterogene Erwartungen, Hold Up und Moral Hazard abgestellt. Die damit verbundenen Probleme sind bei typischen Venture-Capital-Finanzierungen i.d.R. besonders stark ausgeprägt.

1 Einleitung

Die Überlassung von Kapital durch einen Venture-Capital-Geber an ein junges Unternehmen (Start Up) setzt i.d.R. den Abschluss eines oftmals sehr umfangreichen Finanzierungsvertrages voraus, der zusammen mit gesetzlichen Bestimmungen die gegenseitigen Rechte und Pflichten des Venture-Capital-Gebers (oder auch mehrerer Venture-Capital-Geber, die als Syndikat gemeinsam Kapital zur Verfügung stellen), der Unternehmensgründer und evtl. weiterer Beteiligter (z.B. des Managements) definiert. Diese Rechte und Pflichten müssen so gestaltet werden, dass eine Kapitalüberlassung (ein Investment) für den Venture-Capital-Geber attraktiv ist, gleichzeitig jedoch die übrigen Beteiligten nicht übervorteilt werden, und zudem effiziente zukünftige Entscheidungen im Unternehmen und im Rahmen zukünftiger Finanzierungsrunden unterstützt werden.

Die einzelnen Vertragsbestandteile können ihrer Art nach in unmittelbar zahlungsbezogene Vertragsklauseln und nur mittelbar zahlungsbezogene Klauseln unterschieden werden.[1] Unmittelbar zahlungsbezogene Klauseln wirken sich direkt auf die Aufteilung laufender Erträge und eines evtl. Erlöses aus einer späteren Veräußerung des Unternehmens (sog. Exit) aus, während die mittelbar zahlungsbezogenen Klauseln, kurz als Kontrollrechte i.w.S. bezeichnet, die Einflussmöglichkeiten der Vertragsparteien auf die Geschäftspolitik und somit den Wert des Unternehmens definieren. Diese dienen damit letztlich ebenfalls dem Zweck, Vermögenspositionen zu gestalten und zu sichern. Durch die Gesamtheit der finanziellen Klauseln wird die Kapitalstruktur i.w.S. definiert. Neben den explizit in einem Finanzierungsvertrag zwischen einem Venture-Capital-Geber und einem Unternehmen geregelten Rechten und Pflichten sind auch typische Vorgehensweisen, wie insbesondere das Staged Financing (die sukzessive Kapitalbereitstellung in aufeinanderfolgenden Finanzierungsrunden) von Bedeutung.

Im Folgenden werden die in Venture-Capital-Verträgen typischerweise vorzufindenden Regelungen vorgestellt (Kapitel 3) und erläutert, in welchem Zusammenhang diese von Bedeutung sind (Kapitel 4). Dabei wird deutlich, dass die Vertragsgestaltung der Lösung der fundamentalen Probleme bei einer Finanzierung (Informationsasymmetrie, heterogene Erwartungen, Hold Up und Moral Hazard) dient, die bei typischen Venture-Capital-Finanzierung i.d.R. besonders stark ausgeprägt sind. Grundlage jeder Finanzierungsbeziehung ist jedoch zunächst die Bewertung des Unternehmens, wie in Kapitel 2 dargestellt ist.

2 Bewertung des Unternehmens und Emissionspreis je Aktie

Von der sog. Pre-Money-Bewertung, dem für das Unternehmen angesetzten Wert vor Investition des Venture-Capital-Gebers, hängt ab, welche Beteiligungsquote dem Venture-Capital-Geber mindestens eingeräumt werden muss. Die Pre-Money-Bewertung ist daher ein zentraler Bestandteil der Vertragsbeziehung zwischen Venture-Capital-Geber und Unternehmen.

Wird zu der Pre-Money-Bewertung die Investitionssumme (die Einlage des Venture-Capital-Gebers) addiert, ergibt sich die sog. Post-Money-Bewertung. Der Anteil der Investitionssumme an der Post-Money-Bewertung ist der dem Venture-Capital-Geber mindestens einzuräumende Eigenkapitalanteil.

$$\text{Eigenkapitalanteil} = \frac{\text{Investitionssumme}}{\text{Pre} - \text{Money} - \text{Bewertung} + \text{Investitionssumme}}$$

$$= \frac{\text{Invstitionssumme}}{\text{Post} - \text{Money} - \text{Bewertung}}$$

[1] Vgl. Nippel (1998), S. 57ff.

Durch die Vereinbarung spezieller, zahlungswirksamer Vorrechte des Venture-Capital-Gebers, z.B. eines Liquidationsvorrechts (s.u.) kann der Eigenkapitalanteil allerdings reduziert werden. Dies kann auch als eine implizite Erhöhung der Pre-Money-Bewertung aufgefasst werden.

Wird der Kapitalbetrag durch den Venture-Capital-Geber durch die Ausgabe neuer Aktien eingebracht, ist die Anzahl der zu emittierenden Aktien zu bestimmen. Dazu wird die Investitionssumme durch den Emissionskurs geteilt, der in der Regel dem rechnerischen Wert einer bereits ausstehenden Aktie entspricht, d.h., die Pre-Money-Bewertung geteilt durch die Anzahl der bereits emittierten Aktien. Dies führt dazu, dass der Venture-Capital-Geber genau den Eigenkapitalanteil erwirbt, der oben als Verhältnis aus Investitionssumme und Post-Money-Bewertung ermittelt wurde.

Wenn der Emissionspreis in Höhe des rechnerischen Wertes der bereits ausstehenden Aktien gewählt wird, findet keine Berücksichtigung von eventuell bestehenden oder im Zuge der Finanzierungsrunde zu schaffenden Mitarbeiteroptionen (vgl. Mitarbeiteroptionsprogramm) statt. Das bedeutet, dass für den Venture-Capital-Geber die Gefahr einer zukünftigen Verwässerung seines Anteils besteht. Um eine solche Verwässerung auszuschließen, wird für die Berechnung des Eigenkapitalanteils eine (voll-) verwässerte – (fully) diluted – Pre-Money-Bewertung zugrunde gelegt. Diese berücksichtigt die Mitarbeiteroptionen dergestalt, dass bei der Berechnung des Emissionspreises die Mitarbeiteroptionen zu der Anzahl der ausstehenden Aktien hinzugezählt werden. Hierdurch sinkt der Emissionspreis im Vergleich zu obiger Vorgehensweise, so dass der Venture-Capital-Geber bei konstanter Investitionssumme mehr Aktien erhält.

3 Unmittelbar und mittelbar zahlungsbezogene Vertragsbestandteile

3.1 Unmittelbar zahlungsbezogene Vertragsbestandteile

Wie in Kapitel 2 dargestellt wurde, erhält ein Venture-Capital-Geber im Gegenzug für die Überlassung von Kapital zumeist einen bestimmten Anteil am Unternehmen. Dabei wurde aber auch schon darauf hingewiesen, dass diese einfache Beteiligung durch eine Reihe weiterer Rechte modifiziert werden kann. Die Position des Venture-Capital-Gebers unterscheidet sich deshalb im Endeffekt von der eines „normalen" Gesellschafters, der mit einem fixen Anteil am Unternehmen beteiligt wäre. Durch die im Folgenden beschriebenen weiteren Rechte kommt es zu einer nicht durchgängig linearen Erfolgsbeteiligung des Venture-Capital-Gebers.

3.1.1 Liquidationsvorrecht / Liquidation Preference

Das Liquidationsvorrecht sichert dem Venture-Capital-Geber einen bevorzugten Zugriff auf den Erlös, der bei der Auflösung oder dem Verkauf des Unternehmens – in Teilen, als Ganzes oder im Zuge eines Asset Deals – anfällt (d.h., bei einem sog. Exit). Von dem erzielten Verkaufserlös muss zunächst eine Zahlung an den Venture-Capital-Geber geleistet werden, die in der Regel ein bestimmtes Vielfaches der Investitionsauszahlung darstellt. Üblich sind hierbei Multiplikatoren zwischen 1 und 3. Erst wenn die Vorrechtszahlung vollständig befriedigt ist, partizipieren die übrigen Anteilseigner am Exiterlös. Im Vergleich zu einem einfachen Eigenkapitaltitel verbessert sich durch eine Liquidation Preference die Vermögensposition des Venture-Capital-Gebers, da er relativ stärker an geringen Exiterlösen partizipiert. Implizit wird also die Pre-Money-Bewertung erhöht. Bei gleicher Investitionssumme kann die Beteiligungsquote verringert werden.

Das Liquidationsvorrecht kann auf vielerlei Weisen strukturiert werden. Den einfachsten Fall stellt hierbei die sogenannte „participated preferred"-Struktur dar. Bei dieser wird der nach Abzug der Liquidation Preference verbleibende Exiterlös pro rata an alle Aktionäre verteilt. Die Bevorzugung bleibt demnach bei allen möglichen Verkaufserlösen erhalten, so dass der Venture-Capital-Geber immer einen Anteil am Verkaufserlös erhält, der höher als sein pro rata Anteil ist. Allerdings sinkt der relative Vorteil mit der Höhe des Exiterlöses. Das Gegenteil hierzu bildet die „non participating preferred"-Struktur, bei der der Venture-Capital-Geber das Maximum aus seiner Liquidation Preference und seinem pro rata Anteil erhält. Ist der Verkaufserlös so hoch, dass der pro rata Anteil des Venture-Capital-Gebers größer ist als seine Liquidation Preference, geht die Liquidation Preference unter.

3.1.2 Vorzugsdividende

Die Vereinbarung einer Vorzugsdividende sichert dem Venture-Capital-Geber eine bevorzugte Zahlung zu, die in der Regel einer Verzinsung von 6% p.a. bis 15% p.a. der Investitionssumme entspricht. Da jedoch laufende Zahlungen aus dem Gesellschaftsvermögen die Liquidität strapazieren, ist die Dividende zumeist erst im Exitfall aus dem Veräußerungserlös zu zahlen, und zwar bevor andere Liquidationsvorrechte befriedigt werden. Damit wirkt eine Vorzugsdividende wie ein zeitabhängiges Liquidationsvorrecht. Auch durch eine Vorzugsdividende wird die Pre-Money-Bewertung implizit reduziert.

3.1.3 Einlöseklausel (Redemption)

Eine Einlöseklausel gibt ihrem Inhaber das Recht, Wertpapiere zu einem bestimmten Zeitpunkt, in einem bestimmten Zeitraum oder bei Vorliegen eines bestimmten Ereignisses gegen Zahlung eines festgelegten Betrages einzulösen. Hierbei sind das sog. Put-Recht und das sog. Call-Recht zu unterscheiden. Während ersteres dem Venture-Capital-Geber das Recht zur Einlösung seiner Wertpapiere gibt, liegt das Recht zur Einlösung bei letzterem beim Unternehmen. Eine Einlöseklausel kann auch obligatorisch formuliert sein, d.h., bei Vorliegen eines bestimmten Ereignisses oder nach Ablauf eines bestimmten Zeitraumes muss es ausgeübt werden.

3.1.4 Verwässerungsschutz (Anti Dilution)

Eine Anti-Dilution-Klausel sichert dem Venture-Capital-Geber das Recht zu, den gezahlten Preis je Aktie nachträglich zu reduzieren, falls eine weitere Finanzierungsrunde zu einem niedrigeren Preis je Aktie durchgeführt wird. Dies wird dadurch erreicht, dass der Venture-Capital-Geber weitere Aktien zum Nominalwert erwirbt und somit der Durchschnittspreis je Aktie sinkt. Von der vereinbarten Anpassungsmethode hängt ab, welcher Durchschnittspreis erzielt wird. Bei der sog. Full-Ratchet-Methode wird der Durchschnittspreis auf den Emissionskurs in der neuen Finanzierungsrunde reduziert, während bei der Weighted Average Methode auch die Höhe der Kapitalerhöhung in die Anpassung einfließt. Bei der am häufigsten verwendeten Methode wird der Multiplikator wie folgt berechnet: Im Zähler steht die Anzahl der Aktien, die nach einer Finanzierungsrunde insgesamt umlaufen würden, wenn die Finanzierungsrunde zum ursprünglichen Preis durchgeführt würde; im Nenner steht die Anzahl der Aktien, die nach der Finanzierungsrunde zu den festgelegten Bedingungen insgesamt ausstehen werden.

3.1.5 Bezugsrechte (Pre Emptive Rights)

Ein Bezugsrecht sichert dem Venture-Capital-Geber das Recht zu, an allen zukünftigen Finanzierungsrunden bzw. bei jeder Ausgabe von neuen Eigenkapitalanteilen oder in Eigenkapitalanteile wandelbaren Wertpapieren pro rata teilnehmen zu dürfen. Hierdurch ist sichergestellt, dass der Venture-Capital-Geber sich gegen eine Verwässerung seiner Vermögens- und Stimmrechtsposition schützen kann. Bei bestimmten Transaktionen wird jedoch das Bezugsrecht i.d.R. ausgeschlossen, z.B. bei der Emission von Mitarbeiteroptionen oder von Aktien zur Vergütung von Beratungsleistungen.

3.1.6 Mitarbeiteroptionen / ESOP

Ein Mitarbeiteroptionsprogramm dient zur Motivation und Bindung von qualifizierten, leitenden Mitarbeitern. Wenn im Rahmen einer weiteren Finanzierungsrunde neue Aktien emittiert werden, kommt es jedoch zu einer Verwässerung bestehender Mitarbeiteroptionen. Der Anteil, den die begünstigten Mitarbeiter durch Ausübung ihrer Optionen am Unternehmen erwerben können, sinkt. Um die gewünschte Motivationswirkung aufrecht zu erhalten, wird daher bei Durchführung einer weiteren Finanzierungsrunde i.d.R. ein neues Mitarbeiteroptionsprogramm aufgelegt. Dessen Gestaltung hat indes wiederum eine Auswirkung auf die Vermögensposition des Venture-Capital-Gebers, da dessen Eigenkapitalanteil durch die Ausübung der Mitarbeiteroptionen verwässert wird.

Um die mögliche finanzielle Veränderung für den Venture-Capital-Geber abschätzen zu können, sollten im Finanzierungsvertrag daher der Umfang des Mitarbeiteroptionsprogramms – üblicherweise 10% bis 15% des ausstehenden Eigenkapitals – und der Ausübungspreis und -zeitpunkt festgelegt werden. Außerdem sollte festgelegt werden, ob die Mitarbeiteroptionen in der Pre-Money-Bewertung berücksichtigt werden sollen.

3.2 Mittelbar zahlungsbezogene Vertragsbestandteile (Kontrollrechte i.w.S.)

3.2.1 *Informationsrechte*

Durch die Vereinbarung spezieller Informationsrechte, die über die gesetzlichen Anforderungen hinausgehen, wird das Unternehmen verpflichtet, den Venture-Capital-Geber umfangreich über seine Geschäftstätigkeit zu informieren. Üblicherweise wird die Übersendung von monatlichen Finanzberichten – insbesondere einer Bilanz, einer Gewinn- und Verlustrechnung und einer Cashflow-Rechnung – innerhalb von dreißig Tagen nach Monatsende vereinbart, ebenso wie die Vorlage eines geprüften Jahresabschlusses innerhalb von 90 Tagen nach Geschäftsjahresende. Darüber hinaus sollte das Unternehmen auch verpflichtet werden, über besondere Ereignisse wie den Abschluss wichtiger Lieferverträge o.ä. zeitnah zu berichten. Ebenfalls sollte das Unternehmen dem Venture-Capital-Geber spätestens 30 Tage vor Beginn eines Geschäftsjahres einen überarbeiteten Business- und Budget-Plan zur Verfügung stellen. Weitere Informationserfordernisse können sich außerdem aus der Art des betriebenen Geschäfts ergeben. So können bei einem produzierenden Unternehmen Kennzahlen über die Produktionsauslastung und die Ausschussrate wichtig sein. Bei der Gestaltung der Informationsrechte muss allerdings auch berücksichtigt werden, dass Start-up-Unternehmen oftmals nur über begrenzte Berichtskapazitäten verfügen.

Häufig wird auch vereinbart, dass der Venture-Capital-Geber auf Kosten des Unternehmens einen Wirtschaftsprüfer mit der Beschaffung der Informationen beauftragen darf, sofern das Unternehmen seinen Verpflichtungen nicht nachkommt.

3.2.2 *Zustimmungsrechte*

Im Beteiligungsvertrag wird in der Regel vereinbart, dass das Unternehmen bestimmte Geschäfte nur mit Zustimmung des bzw. der Venture-Capital-Geber tätigen darf. Üblicherweise sind dies die Aufnahme von größeren Krediten, die Gründung von Tochtergesellschaften, die Änderung des Mitarbeiteroptionsprogramms, die Ausgabe von Eigenkapitaltiteln und ähnliche Transaktionen.

3.2.3 *Einflussnahme über ein Aufsichtsgremium*

Geschäfte, die eine besondere Bedeutung für das Untenehmen haben, die ihres Umfangs wegen jedoch den Aufwand einer besonderen Zustimmung der Venture-Capital-Geber nicht rechtfertigen, bedürfen üblicherweise der Zustimmung des Aufsichtsrats bzw. Boards of Directors. Hierzu gehören vor allem die Einstellung von zentralen Mitarbeitern, die Änderung des Geschäftsjahres etc. Eine weitere Aufgabe des Aufsichtsgremiums ist darüber hinaus die Beratung des Unternehmens, so dass der Zusammensetzung des Aufsichtsgremiums eine wichtige Rolle zukommt. Diese wird daher i.d.R. bereits im Beteiligungsvertrag festgelegt. Oftmals werden sich Venture-Capital-Geber einen Sitz in dem Aufsichtsgremium ausbedingen, um (auch) darüber auf die Geschäftsführung Einfluss nehmen zu können.

Wenn mehrere Venture-Capital-Geber an der Finanzierung beteiligt sind (Syndizierung), wird jedoch nicht unbedingt jedes Syndikatsmitglied einen Sitz im Aufsichtsrat bzw. im Board erhalten können. Es kann statt dessen angebracht sein, unabhängige Experten in das Gremium zu berufen. Die nicht vertretenen Venture-Capital-Geber sollten allerdings auf einem Observer-Recht bestehen, das es ihnen erlaubt, an allen Sitzungen des Aufsichtsgremiums teilzunehmen, ohne jedoch an Abstimmungen teilnehmen zu dürfen.

3.2.4 Meilensteinabhängige Investitionsauszahlung

Um das Investitionsrisiko für den Venture-Capital-Geber zu begrenzen, kann er dem Unternehmen die Investitionssumme in Teilbeträgen auszahlen. Dabei wird die Auszahlung weiterer Teilbeträge vom Erreichen im Voraus zu definierender Meilensteine abhängig gemacht. Erreicht das Unternehmen diese nicht, ist der Venture-Capital-Geber nicht mehr verpflichtet, die verbleibenden Teilbeträge (Tranchen) zu überweisen. Dieses sog. Tranching weist große Ähnlichkeiten mit der Stufenfinanzierung auf. Allerdings bietet es den Vorteil, dass keine neue Finanzierungsrunde mit den damit verbundenen Kosten notwendig ist. Während das Tranching in Europa weit verbreitet ist, ist es in den USA völlig unüblich.

3.2.5 Mitverkaufsrecht (Tag Along / Co Sale Right)

Das Mitverkaufsrecht räumt einem Anteilseigner das Recht ein, seine Anteile zu denselben Konditionen an eine kaufinteressierte Partei zu veräußern, die diese Partei einem verkaufswilligen Mitgesellschafter unterbreitet hat. Dieses Recht stellt sicher, dass sich ein Anteilseigner nicht unerwartet in der Position eines Minderheitsgesellschafters wiederfindet. Eine solche Position hätte evtl. zur Folge, dass er seine Anteile nicht mehr veräußern könnte, da eine Minderheitsposition wenig attraktiv ist. Das Mitverkaufsrecht schließt auch ineffiziente Unternehmensübernahmen aus.[2]

3.2.6 Mitverkaufspflicht (Drag Along Right)

Durch die Mitverkaufspflicht können verkaufsunwillige Anteilseigner gezwungen werden, ihre Anteile an einen Aufkäufer zu veräußern. Hierdurch soll verhindert werden, dass eine Minderheit einen Trade Sale blockieren kann. Denn häufig ist ein Aufkäufer nur dann an einer Übernahme interessiert, wenn er das gesamte Unternehmen erwerben kann.

---

2 Vgl. Houben (2000), S. 1881ff.

3.2.7 Vorkaufsrecht (Right of First Refusal)

Durch das Vorkaufsrecht ist es den Anteilseignern möglich, den Verkauf von Anteilen durch einen Mitgesellschafter an eine dritte Partei zu verhindern und die Anteile stattdessen zu denselben Konditionen selbst zu erwerben. Möglich ist auch, dass das Unternehmen selbst ein solches Vorkaufsrecht hält. Da aber in der Regel der Cashflow zum Rückkauf der eigenen Anteile nicht ausreicht, wird das Recht zumeist an die Anteilseigner delegiert. Bei Aktiengesellschaften ist das Recht häufig auch so ausgestaltet, dass das Vorkaufsrecht nur innerhalb einer Aktiengattung gilt.

Durch dieses Recht soll verhindert werden, dass sich unbekannte oder unerwünschte Dritte in das Unternehmen einkaufen können.

3.2.8 Registrierungsrechte (Piggyback / Demand)

Aufgrund gesetzlicher Vorschriften können die Anteile an einem Unternehmen nur dann zum Börsenhandel zugelassen werden, wenn sie zuvor bei der zuständigen Aufsichtsbehörde registriert worden sind. Die Registrierung kann dabei nur durch das Unternehmen selbst beantragt werden, nicht jedoch von den Aktionären. Durch die Vereinbarung eines Registrierungsrechts kann der Venture-Capital-Geber vom Unternehmen die Registrierung seiner Aktien bei der zuständigen Aufsichtsbehörde verlangen (Demand-Registrierungsrecht). Durch ein Inkludierungs- oder Piggyback-Registrierungsrecht kann verhindert werden, dass das Unternehmen nur für einen Teil der Aktien eine Registrierung beantragt und die Aktien des Venture-Capital-Gebers nicht registrieren lässt.

3.2.9 Automatische Konvertierung

Mit den Anteilen im Besitz der Venture-Capital-Geber sind in der Regel besondere Rechte verbunden, die vor einer Börseneinführung des Unternehmens (Initial Public Offering, IPO) aufgegeben werden müssen. Denn diese Rechte – insbesondere die Liquidation Preference und alle sich auf einen Aktienverkauf beziehenden Rechte – stehen einem geregelten Börsenhandel entgegen. Um sicherzustellen, dass ein geplanter Börsengang nicht an der Weigerung einzelner Anteilseigner zur Aufgabe ihrer Sonderrechte scheitert, wird vereinbart, dass die Vorzugsaktien im Fall eines Börsengangs automatisch in einfache Aktien gewandelt werden.

3.2.10 Definition „Qualified IPO"

Durch die Aufnahme der Definition eines „Qualified IPO" in den Finanzierungsvertrag werden Mindestanforderungen an einen Börsengang festgelegt. Hierbei wird insbesondere ein minimaler Emissionspreis je Aktie festgelegt, der in der Regel bei dem zwei- bis dreifachen des Emissionspreises der aktuellen Finanzierungsrunde liegt. Außerdem wird bestimmt, wie viel neues Kapital bei einem Börsengang mindestens zusätzlich in das Unternehmen fließen soll. Durch diese Klausel sichern sich die Venture-Capital-Geber im Fall eines Börsengangs zum einen eine Mindestrendite und zum anderen eine Mindestmarktkapitalisierung, die einen liquiden Börsenhandel sichern soll.

3.2.11 Garantien und Offenlegungen

Üblicherweise muss seitens des Unternehmens und evtl. auch durch die zentralen Mitarbeiter (Geschäftsführer, Vorstände) persönlich eine Garantie dafür abgeben werden, dass alle Informationen gegenüber den Venture-Capital-Gebern vollständig und wahrheitsgemäß offenbart worden sind. Das Garantieversprechen ist hierbei strafbewährt, d.h., wenn sich nach Abschluss des Beteiligungsvertrages herausstellt, dass wissentlich oder fahrlässig falsche Informationen übermittelt wurden, so sind das Unternehmen und, soweit anwendbar, die zentralen Mitarbeiter schadensersatzpflichtig. Die Höhe des vom Unternehmen zu leistenden Schadenersatzes wird in der Regel auf die Höhe des Investments beschränkt, die der zentralen Mitarbeiter auf das ein- bis zweifache Jahresgehalt oder die gehaltenen Unternehmensanteile.

Das Garantieversprechen kann sich selbstverständlich nur auf die Gegenwart und Vergangenheit des Unternehmens erstrecken, d.h., eine Garantie für zukünftige Gewinne wird nicht abgegeben. Vielmehr erstreckt sich das Garantieversprechen darauf, dass insbesondere die dargelegten Finanzkennzahlen der Vergangenheit zutreffend sind, das Unternehmen ermächtigt ist, neue Anteilsscheine auszugeben, ob und wenn ja welche Rechtsstreitigkeiten anhängig sind, die dargelegte Eigentümerstruktur der tatsächlichen entspricht, etc. Auf welche weiteren Umstände sich das Garantieversprechen noch erstrecken sollte, ist vom Einzelfall abhängig. Besondere Aufmerksamkeit sollte jedoch dem Bereich „Intelectual Property“ gewidmet werden. Gerade im High Tech Bereich basiert der Erfolg eines Unternehmens auf der Verwendung von patentgeschütztem Wissen. Es ist daher sinnvoll, dass das Unternehmen eine Garantieerklärung darüber abgibt, dass es über alle notwendigen Patente oder zumindest (Exklusiv-) Lizenzen verfügt und keine Patente verletzt („Freedom to Operate“).

3.2.12 Rückgabeklausel / Vesting

Durch eine Rückgabeklausel werden Mitarbeiter, die aus dem Unternehmen ausscheiden, verpflichtet, ihre Anteile an das Unternehmen zurückzugeben, und zwar meist zum Nominal- oder Buchwert. Da es natürlich nicht statthaft ist, einen Arbeitnehmer für den Rest seines Lebens zu binden, wird in der Regel eine sog. Vesting-Vereinbarung getroffen, nach der die Anzahl der zurückzugebenden Anteile im Zeitablauf sinkt.

3.2.13 Wettbewerbsklausel

Eine Wettbewerbsklausel verbietet es den zentralen Mitarbeitern des Unternehmens, mit diesem in Konkurrenz zu treten. In der Regel gilt das Wettbewerbsverbot auch über das Ausscheiden eines solchen Mitarbeiters aus dem Unternehmen hinaus, und zwar meist ein Jahr lang.

3.2.14 Intelectual Property

Der Wert eines Start-up-Unternehmens hängt überwiegend von dem technischen Wissen ab, das es schafft. Es muss deshalb sichergestellt sein, dass alle Erfindungen, Patente u.ä., die durch die Mitarbeiter geschaffen werden, dem Unternehmen gehören.

3.2.15 Pay to Play

Die oben beschriebenen Sonderrechte des Venture-Capital-Gebers können mit einer sog. „Pay to Play"-Klausel versehen werden. D.h., dass er seine Sonderrechte nach einer weiteren Finanzierungsrunde nur behält, wenn er an dieser weiteren Finanzierungsrunde mindestens mit seinem pro rata Anteil teilnimmt.

4 Zu lösende Probleme der VC-Finanzierung

4.1 Übersicht

Die Finanzierung, zumal von kleinen Unternehmen oder Unternehmensgründungen, ist kein triviales Problem. Anderenfalls gäbe es keine Existenzberechtigung für die Vielzahl der oben beschriebenen, real existierenden Vertragsklauseln. Um deren Bedeutung richtig einschätzen zu können, im konkreten Fall eine Finanzierung überhaupt erst zu ermöglichen und den Finanzierungsvertrag bestmöglich auszugestalten, müssen die fundamentalen Probleme der Venture-Capital-Finanzierung erkannt werden.

Zunächst muss ein potenzieller Venture-Capital-Geber davon überzeugt werden, dass ein Investment in das kapitalsuchende Unternehmen lohnend ist. Dazu muss eine möglicherweise bestehende Skepsis des potenziellen Venture-Capital-Gebers, von einem besser informierten Kapitalnehmer übervorteilt zu werden, überwunden werden. Diesem Zweck dienen (auch) bestimmte Vertragsbestandteile, mit denen ein Kapitalnehmer sein eigenes Vertrauen in den Erfolg des Unternehmens signalisieren kann (vgl. 4.2).

Für gegebene und (trotz Signaling möglicherweise noch) unterschiedliche Erwartungen von Kapitalnehmer (Unternehmensgründer oder Manager) und Kapitalgeber (Venture-Capital-Geber), gilt es, die Vertragskonstruktion zu finden, die eine Pareto-effiziente Lösung darstellt. Pareto-effizient ist der Finanzierungsvertrag, wenn durch eine Änderung keine Partei besser gestellt werden kann, ohne eine andere schlechter zu stellen.[3] Die optimale Vertragsgestaltung im Sinne der Pareto-Effizienz lässt sich im Hinblick auf die vielfältigen Probleme in der Praxis nicht konkret, und schon gar nicht allgemeingültig bestimmen. Oftmals kann und muss jedoch darüber nachgedacht werden, ob durch eine Änderung der Vertragskonditionen nicht wenigstens eine Steigerung des Nutzens einer oder gar aller Par-

---

[3] Vgl. Franke/Hax (2004), S. 426f.

teien erreicht werden kann. Damit wird offenbar auch die Chance, dass es überhaupt zu einer Einigung zwischen Kapitalgeber und Kapitalnehmer kommt, gesteigert. Da der Nutzen der Parteien nicht nur durch die ihnen zustehenden Zahlungsansprüche, sondern auch von ihren Erwartungen abhängen, wird in diesem Zusammenhang von Erwartungsarbitrage gesprochen. In Abschnitt 4.3 wird exemplarisch gezeigt, dass zu diesem Zweck insbesondere solche Vertragsbestandteile eingesetzt werden können, die in einfachen, linearen Eigen- oder Fremdfinanzierungsverträgen nicht enthalten sind.

Daneben besteht die Gefahr, dass die Unternehmensleitung nach Zustandekommen der Finanzierung durch eigennützige Entscheidungen den Venture-Capital-Geber schädigt (oder auch umgekehrt der Venture-Capital-Geber die übrigen Gesellschafter schädigt). So ist durch geeignete Vertragskonstruktionen und -bestandteile sicherzustellen, das es nicht zu Hold-up-Problemen (vgl. 4.4) oder Moral Hazard (vgl. 4.5 und 4.6) kommt. Schließlich sollten auch alle Beteiligten ein Interesse an einer effizienten Exitentscheidung haben (vgl. 4.7).

4.2 Vorvertragliche Informationsasymmetrie

Wenn ein Unternehmen an einen potenziellen Venture-Capital-Geber mit dem Wunsch um Bereitstellung von Kapital herantritt, besteht zunächst eine asymmetrische Informationsverteilung hinsichtlich des Ertragspotenzials und damit des Wertes des Unternehmens. Das Management ist a priori besser über die Vermögensposition des Unternehmens, das vorhandene Know how, das eigene Wettbewerbspotenzial etc. informiert. Aufgrund dieser Informationsasymmetrie besteht für den Venture-Capital-Geber prinzipiell die Gefahr, ein für ihn nachteiliges Investment einzugehen. Infolge dessen kann es zu einem Marktversagen kommen, dergestalt dass gar kein Venture-Capital bereit gestellt wird (Adverse-Selection-Problem).[4]

Um den Venture-Capital-Geber von der Vorteilhaftigkeit einer Kapitalbereitstellung zu angemessenen Konditionen zu überzeugen, muss die Informationsasymmetrie überwunden, zumindest aber reduziert werden. Dazu dient einerseits das Screening des Unternehmens im Rahmen der Due Diligence, d.h., die Prüfung des Business Plans und die Einholung aller verfügbaren und überprüfbaren Informationen. Des Weiteren dienen die vom Unternehmen abzugebenden Garantieversprechen und die Verpflichtung zur Offenlegung von Informationen diesem Zweck (vgl. 3.2.8). Nicht zuletzt können das Management und die Altgesellschafter des Unternehmens aber auch durch ihre Zustimmung zu spezifischen Vertragsstrukturen ihr Vertrauen in den Erfolg des Unternehmens signalisieren. Insbesondere bei Vereinbarung von Liquidationsvorrechten (vgl. 3.1.1) und Vorzugsdividenden (vgl. 3.1.2) zu Gunsten des Venture-Capital-Gebers partizipiert dieser überproportional bei schlechter Entwicklung des Unternehmens. Wenn sich Ma-

[4] Vgl. grundlegend dazu Akerlof (1970).

nagement und Altgesellschafter darauf einlassen, signalisieren sie ihr Vertrauen in eine positive Entwicklung.[5]

Neben der Informationsasymmetrie vor Vertragsabschluss zu Lasten des potenziellen Venture-Capital-Gebers kann aber auch in entgegengesetzter Richtung ein Informationsproblem bestehen. Auf Seiten des kapitalsuchenden Unternehmens sind die Fähigkeiten des potenziellen Venture-Capital-Gebers, eine produktive Management-Unterstützung leisten zu können, nicht unbedingt bekannt. Auch weiß der Venture-Capital-Geber als Marktinsider vielleicht besser über die allgemeinen Wachstumsaussichten der Branche Bescheid, in der das kapitalsuchende Unternehmen tätig ist. Der Venture-Capital-Geber wird diese Wachstumsaussichten in den Vertragsverhandlungen allerdings eher pessimistischer darstellen als er sie einschätzt, um so die Bewertung zu drücken und damit einen möglichst hohen Eigenkapitalanteil zu erhalten.

Insgesamt besteht also eine doppelseitige Informationsasymmetrie. Unternehmensgründer oder Management sind besser über die eigenen Fähigkeiten, das vorhandene Know how, den tatsächlichen Reifegrad des Produkt-Prototyps etc. informiert, während der Venture-Capital-Geber besser über seine eigenen Fähigkeiten zur Management-Unterstützung, die zu erwartende Entwicklung der Branche im Allgemeinen, die Wahrscheinlichkeit für einen späteren Börsengang etc. informiert ist. Diese doppelseitige Informationsasymmetrie muss bei der Vertragsgestaltung beachtet werden.[6]

4.3 Erwartungsarbitrage

Trotz Screening und Signaling können die Erwartungen von Venture-Capital-Geber, Management und Altgesellschaftern, auf Basis derer sie eine Finanzierungsrunde bestreiten, noch auseinander fallen. Es ist zu vermuten, dass das Management und die Altgesellschafter eher optimistischere Erwartungen haben. Der Venture-Capital-Geber ist vielleicht eher etwas skeptisch hinsichtlich der Erfolgsaussichten des Unternehmens. In der Vertragsgestaltung müssen derartige heterogene Erwartungen berücksichtigt werden, um eine Pareto-effiziente Lösung zu erreichen. Wenn jeder Partei jeweils in dem Zustand, für den sie eine höhere Wahrscheinlichkeit als die übrigen Parteien ansetzt, ein möglichst großer Teil des Unternehmenswertes zufällt, kann der Gesamtnutzen maximiert werden. Zur Verdeutlichung dieser Überlegung sei ein einfaches Zahlenbeispiel betrachtet:

[5] Der Extremfall einer überproportionalen Beteiligung bei schlechter Entwicklung ist im Rahmen einer Kreditfinanzierung gegeben. Dass diese daher zum Signaling eingesetzt werden kann, hat schon Ross (1977), gezeigt.

[6] Wie Houben (2003), S. 37ff., zeigt, kann u.U. ein Gleichgewicht erreicht werden, in dem beide Seiten ihre Informationen wahrheitsgemäß offenbaren. Dies ist möglich, wenn der Unternehmer unterschiedliche, von seiner eigenen Information abhängende Vertragsmenüs anbietet, aus denen der Venture-Capital-Geber einen Vertrag auswählt und hierdurch ebenfalls seine Information preisgibt.

Das Unternehmen benötigt Kapital in Höhe von $I = 1$, in einem Jahr wird der Wert des Unternehmens im Rahmen eines IPO, eines Trade Sale oder einer Liquidation realisiert. Im günstigsten Fall (IPO) sei mit einem Wert von 5 zu rechnen, bei einem Trade Sale kann „nur" ein Preis von 2 erzielt werden, falls das Unternehmen gar liquidiert werden muss, beträgt der Erlös insgesamt nur 0,5. Hinsichtlich der Eintrittswahrscheinlichkeiten dieser drei Zustände liegen heterogene Informationen vor. In der folgenden Tabelle sind die von dem Venture-Capital-Geber und den Altgesellschaftern geschätzten Wahrscheinlichkeiten angegeben:

Tabelle 1. Geschätzte Eintrittswahrscheinlichkeiten

Wahrscheinlichkeiten	Unternehmenswert		
	0,5	2	5
VC-Geber	0,1	0,6	0,3
Altgesellschafter	0,1	0,4	0,5

Anhand der relativ hohen Wahrscheinlichkeit, die die Altgesellschafter für den Wert von 5 ansetzen, ist ersichtlich, dass sie optimistischer sind als der Venture-Capital-Geber.

Damit der Venture-Capital-Geber bei gegebenen eigenen Erwartungen keinen Vermögensverlust erleidet, müsste bei einem (angenommenen) risikoadäquaten Kapitalkostensatz von 40% und einer Investition in Höhe von 1 eine konstante Beteiligungsquote von mindestens 51% (gerundet) vereinbart werden, da

$$\frac{(0{,}1 \cdot 0{,}5 + 0{,}6 \cdot 2 + 0{,}3 \cdot 5) \cdot \alpha}{(1 + 0{,}40)} = 1 \quad \textit{für} \quad \alpha = 0{,}5\overline{09}. \tag{4.1}$$

Der Erwartungswert der Vermögensposition der Altgesellschafter im Exitzeitpunkt beträgt bei dieser Beteiligungsquote, *basierend auf deren Erwartungen*,

$$(0{,}1 \cdot 0{,}5 + 0{,}4 \cdot 2 + 0{,}5 \cdot 5) \cdot (1 - 0{,}5\overline{09}) = 1{,}64. \tag{4.2}$$

Erhält der Venture-Capital-Geber hingegen statt der konstanten Beteiligungsquote eine überproportionale Beteiligung im schlechten und im mittleren Zustand, so wie dies bspw. mittels eines Liquidationsvorrechts oder einer Vorzugsdividende erreicht werden kann, können die Altgesellschafter eine höhere erwartete Vermögensposition erzielen. Diese nicht-lineare Beteiligung könnte z.B. so aussehen, dass der Venture-Capital-Geber eine Participating Preferred Liquidation Preference in Höhe von $1,\overline{3}$ und einen Eigenkapitalanteil von $\alpha = 0{,}1$ erhält. Im schlechten Zustand fällt ihm damit der gesamte Exiterlös zu, da seine Liquidation Preference den Exiterlös übersteigt, im mittleren Zustand beträgt sein Anteil 0,7 und im guten Zustand 0,34. Er erzielt damit die gleiche Position wie bei der obigen konstanten Beteiligungsquote von 0,51, d.h., die erwartete Zahlung hat auch hier einen Barwert in Höhe von 1:

$$\frac{1 \cdot 0{,}1 \cdot 0{,}5 + 0{,}7 \cdot 0{,}6 \cdot 2 + 0{,}34 \cdot 0{,}3 \cdot 5}{1 + 0{,}40} = 1\,. \tag{4.3}$$

Bei dieser Finanzierungsstruktur erzielen die Altgesellschafter jedoch eine erwartete zukünftige Vermögensposition in Höhe von

$$(1-0{,}7) \cdot 0{,}4 \cdot 2 + (1-0{,}34) \cdot 0{,}5 \cdot 5 = 1{,}89\,, \tag{4.4}$$

also einen höheren Wert als bei der konstanten Beteiligungsquote.

Da hier die Unterschiede in den Erwartungen so ausgenutzt werden, dass jeweils der Partei ein höherer Anteil an der gesamten Zahlung zukommt, die die größere Wahrscheinlichkeit für den jeweiligen Zustand ansetzt, wird von Erwartungsarbitrage gesprochen. Implizit werden Zahlungen in den Zuständen von der Partei gekauft, die aufgrund der höheren Wahrscheinlichkeit auch bereit ist, den höchsten Preis dafür zu zahlen.

4.4 Hold-up

Unter Hold-up wird eine nachträgliche Vermögensumverteilung zu Gunsten einer Vertragspartei verstanden, die unter Ausnutzung einer Position der Stärke die Konditionen des bestehenden Vertrages nachverhandelt.[7] So könnte z.B. ein Unternehmensgründer nach Abschluss eines Finanzierungsvertrages mit einem Venture-Capital-Geber damit drohen, das Unternehmen zu verlassen und sein besonderes Know how in einem neuen Unternehmen einzusetzen, um ex post seine Position zu verbessern. Wenn keine Vorkehrungen gegen solche Verhaltensweisen in den Finanzierungsvertrag einfließen, kommt es wahrscheinlich gar nicht erst zur Bereitstellung von Venture-Capital, auch wenn das Investment an sich lohnend ist. Auf die Vermeidung des beschriebenen Hold-up-Problems zielen z.B. Rückgabeklauseln (vgl. 3.2.12), Wettbewerbsklauseln (vgl. 3.2.13) und Intelectual-Property-Klauseln (vgl. 3.2.14). Denn diese verhindern, dass der Unternehmer in Konkurrenz zu seinem alten Unternehmen treten kann.

Die Unternehmensleitung kann einen Venture-Capital-Geber auch dadurch schädigen, dass eine weitere Kapitalbeschaffung (Finanzierungsrunde) ohne Beteiligung des Venture-Capital-Gebers durchgeführt wird, bei der neue Anteile zu vorteilhaften Konditionen an andere Investoren – evtl. befreundete Personen oder verbundene Unternehmen – veräußert werden. Unabhängig von den Konditionen einer Kapitalerhöhung können sich dadurch die Mehrheitsverhältnisse zu Lasten des Venture-Capital-Gebers ändern. Gegen eine Vermögens- und Stimmrechtsverwässerung kann sich der Venture-Capital-Geber durch Vereinbarung eines Verwässerungsschutzes (vgl. 3.1.4), durch Bezugsrechte (vgl. 3.1.5) oder auch durch die Vereinbarung eines Zustimmungsvorbehalts (vgl. 3.2.2) schützen.

---

[7] Vgl. Richter/Furubotn (1999), S. 93.

Umgekehrt besteht möglicherweise auch die Gefahr des Hold-ups durch den Venture-Capital-Geber. Nachdem dieser erstmals in das Unternehmen investiert hat, müssen ggf. später noch weitere Tranchen der Investitionssumme überwiesen oder weitere Finanzierungsrunden durchgeführt werden. Dies gibt dem Venture-Capital-Geber prinzipiell die Möglichkeit, eine Verbesserung der eigenen Position zu erzwingen, indem er damit droht, weitere Tranchen zurückzuhalten oder an weiteren Finanzierungsrunden nicht teilzunehmen. Letzteres ist deshalb eine Drohung, weil der Venture-Capital-Geber durch das bestehende Engagement tendenziell einen Informationsvorsprung vor potenziellen externen Investoren hat, und daher die Nicht-Teilnahme an einer weiteren Finanzierungsrunde als negatives Signal hinsichtlich der Erfolgsaussichten gedeutet werden könnte. Damit würde es für das Unternehmen schwierig, neue Investoren zur Teilnahme an der Finanzierungsrunde zu bewegen. Um das Zurückhalten von noch nicht überwiesenen Tranchen der Investitionssumme zu Lasten des Unternehmens unter dem Aspekt des Hold-up zu verhindern, müssen Meilensteine definiert werden (vgl. 3.2.4), deren Erreichung verifizierbar ist, d.h., auch von Dritten beobachtet werden kann. Um den Venture-Capital-Geber zur Teilnahme an weiteren Finanzierungsrunden zu bewegen, werden z.B. eine Pay-to-Play-Klauseln (vgl. 3.2.15) vereinbart.

4.5 Risikoanreiz

Eine Projektidee kann zumeist durch verschiedene Strategien am Markt verwertet werden, die sich durch ihr Risiko unterscheiden. So spart bspw. die Konzentration auf nur einen Großabnehmer Marketingkosten ein, birgt allerdings auch das Risiko, eine Zeit lang keine Umsätze tätigen zu können, wenn dieser Großabnehmer „abspringt".[8]

Die Wahl der Strategie und des damit verbundenen Risikos durch die Unternehmensleitung hängt unter anderem davon ab, in welcher Art und Weise diese am Erfolg beteiligt ist. Wenn – wie bei einer Kreditaufnahme – eine fixe Zahlung an die Kapitalgeber zu leisten ist und das Residuum vollständig den geschäftsführenden Gesellschaftern zufällt, haben diese einen Anreiz, eine zu riskante Strategie zu wählen.[9] Denn sie partizipieren nur bei großem Unternehmenserfolg (an hohen Exiterlösen), während sie bei niedrigem leer ausgehen. Da bei einer riskanteren Strategie im Erfolgsfall höhere und im Misserfolgsfall niedrige Exiterlöse zu erwarten sind als bei einer weniger riskanten Strategie und die Unternehmensleitung bei niedrigen Exiterlösen ohnehin leer ausgeht, wird sie c.p. höhere Risiken präferieren.[10] Alleine schon aus diesem Grund sollte der Venture-Capital-Geber keinen

---

8 Vgl. Houben (2003), S. 58.

9 Vgl. z.B. Gompers (1995), S. 1465.

10 Dieses Risikoanreizproblem der Fremdfinanzierung ist vor allem durch Jensen u. Meckling (1976) in die Finanzierungstheorie eingeführt worden.

fixen Zahlungsanspruch erhalten.[11] Ein guter Kompromiss im Hinblick auf die Vermeidung des Risikoanreizproblems und die Signalisierung des Vertrauens des Managements in die Erfolgsaussichten des Unternehmens (vgl. 4.2, insbes. auch Fußnote 5) stellt die Vereinbarung von Liquidationsvorrechten oder einer Vorzugsdividende für den Venture-Capital-Geber dar. Damit partizipiert der Venture-Capital-Geber zwar überproportional an geringen Erfolgen, ist aber auch an großen Erfolgen beteiligt. Der Anreiz der Unternehmensleitung, durch eine Steigerung des Risikos besonders hohe Exiterlöse zu erzielen, die allerdings nur eine geringe Wahrscheinlichkeit haben, wird so deutlich reduziert. Auf diese Lösung läuft auch die bereits von Green (1984) vorgeschlagene Verwendung von Wandelanleihen hinaus.

4.6 Arbeitsanreiz

Der wirtschaftliche Erfolg eines Unternehmens hängt unzweifelhaft vom zielgerichteten Arbeitseinsatz des Unternehmers bzw. des Managements ab. Aber auch der Venture-Capital-Geber kann oftmals durch Beratungs- und Unterstützungsleistungen zum Erfolg des Unternehmens beitragen.[12] So sollte dieser bei der Zusammenstellung des Managementteams mitwirken, Kontakte zu potenziellen Kunden und Kooperationspartnern vermitteln sowie zumeist auch bei der Erstellung der Strategie und einem Turn-Around-Management helfend zur Seite stehen.[13]

Sowohl auf Seiten der Unternehmensleitung als auch auf Seiten des Venture-Capital-Gebers können indes Anreize bestehen, die einem effizienten Arbeitseinsatz entgegenstehen. So kann das Management zu „technikverliebt" sein und deshalb die F&E-Tätigkeiten zu stark in den Mittelpunkt stellen, anstatt sich auch ausreichend um die Marketing Aktivitäten zu kümmern. Auch besteht der Anreiz, zu viele Perquisites zu konsumieren, da die Kosten hierfür in Form von verringerten Gewinnen auch von dem Venture-Capital-Geber zu tragen sind. Zu den (problematischen) Perquisites gehören nicht nur anschauliche Dinge, wie etwa ein übermäßig teurer Sportwagen als Dienstwagen, sondern vor allem auch unzureichende Anstrengungen, um den Erfolg auf dem Absatzmarkt sicherzustellen.

Um diesen Anreiz zu reduzieren, werden daher häufig Aktienoptionsprogramme (ESOPs, vgl. 3.1.6) eingeführt. Hierdurch erhält das Management bzw. der Unternehmensgründer im Erfolgsfall (bei einem hohen Exiterlös) einen höheren Anteil am Unternehmen, so dass ein starker Anreiz geschaffen wird, sich um den wirtschaftlichen Erfolg zu bemühen. Darüber hinaus lässt sich ein Venture-Capital-Geber auch weitreichende Kontroll- und Einflussmöglichkeiten einräu-

[11] Dagegen sprechen auch die Vorteile einer Risikoteilung, vgl. dazu Neus u. Nippel (1991).

[12] Vgl. Sapienza (1992), S. 21f. und Schefczyk (1999), S. 1137.

[13] Vgl. Sahlman (1990), S. 508, Black/Gilson (1998), S. 252f. Empirisch zum Erfolg des Einflusses Ruhnka et al. (1992), S. 151, Hellmann/Puri (2000), S. 976 und Hellmann/Puri (2002), S. 176ff.

men, um auf die Unternehmensleitung einwirken und sie eventuell sogar austauschen zu können. Er wird sich deshalb die Zustimmung zu bestimmten Geschäften vorbehalten (vgl. 3.2.2) und evtl. in einem Aufsichtsgremium vertreten sein wollen (vgl. 3.2.3).

Die Einräumung der Kontroll- und Einflussmöglichkeiten ist auch notwendig, um dem Venture-Capital-Geber einen Anreiz zu setzen, sich im Unternehmen zu engagieren. Sonst könnte die Unternehmensleitung jede für sie möglicherweise nachteilige Initiative des Venture-Capital-Gebers abblocken oder ihn zu Nachverhandlungen zwingen, was unzweifelhaft negative Auswirkungen auf den Arbeitsanreiz des Venture-Capital-Gebers hat.[14]

Der Arbeitsanreiz für den Venture-Capital-Geber hängt dabei insbesondere von seiner Beteiligung am Erfolg des Unternehmens ab. Allerdings wird die Beteiligungsquote des Venture-Capital-Gebers in aller Regel kleiner als 100% sein, so dass ihm auch nur ein Teil des Grenzertrages seiner wertsteigernden Beratung und Unterstützung des Managements zukommt. Da er gleichzeitig aber die vollen Kosten[15] tragen muss, besteht grundsätzlich die Gefahr, dass der Venture-Capital-Geber – genau wie auch das Management – zu wenig Anstrengungen zur Steigerung des Unternehmenswertes unternimmt. Durch eine einfache, lineare Erfolgsteilung mittels einer fixen Beteiligungsquote des Venture-Capital-Gebers können niemals beide Parteien (Management und Venture-Capital-Geber) gleichzeitig den gesamten Grenzertrag ihres Arbeitseinsatzes internalisieren. Es kommt somit zu einem doppelseitigen Moral-Hazard-Problem. Jede Partei leistet im Gleichgewicht nur einen zu geringen Arbeitseinsatz. Schmidt (2003) und Houben (2003) haben jedoch gezeigt, dass dieses Problem unter bestimmten Annahmen durch die Emission von wandelbaren Wertpapieren (Convertible Securities) statt einer einfachen Beteiligung gelöst werden kann. Durch die Verwendung von Optionskomponenten in der Finanzierung (der Wandlungsmöglichkeit), können sowohl Unternehmensleitung als auch Venture-Capital-Geber zu „Full Residual Claimants at the Margin“ gemacht werden.

4.7 Exit

Venture-Capital-Geber realisieren eine Rendite auf ihr eingesetztes Kapital in der Regel erst beim Exit, d.h., bei der Veräußerung der Beteiligung. Der Veräußerungserlös hängt dabei entscheidend vom gewählten Exitkanal ab, d.h., der Art der Veräußerung. Grundsätzlich stehen für den Verkauf fünf verschiedene Exitkanäle offen[16]: (i) der Börsengang (Initial Public Offering, IPO), (ii) der Verkauf an ein

[14] Vgl. Hellmann (1998).

[15] Gorman/Sahlman (1989), S. 242, berichten, dass ein Venture-Capital-Geber im Durchschnitt 115 Stunden pro Jahr für die Betreuung aufwendet. Nach Sapienza (1992), S. 17, setzen sich Venture-Capital-Geber dabei im Durchschnitt dreimal pro Monat mit jedem ihrer Portfoliounternehmen in Verbindung.

[16] Vgl. z.B. Schefczyk (2000), S. 29.

anderes Unternehmen (Trade Sale), (iii) der Verkauf an einen anderen Venture-Capital-Geber (Secondary Sale), (iv) der Verkauf an die übrigen Gesellschafter des Unternehmens und (v) die Liquidation des Unternehmens, auch wenn letztere Alternative keinen Verkauf im eigentlichen Sinne darstellt.

Kann ein Exit nur über die Liquidation des Unternehmens erfolgen, so ist dies zumeist mit dem Verlust des eingesetzten Kapitals verbunden. Dieser kann jedoch durch eine rechtzeitige Liquidation begrenzt werden. Vor allem macht es keinen Sinn, weiteres Kapital in ein Unternehmen zu investieren, das nicht fortführungswürdig ist. Für die Unternehmensgründer und das Management ist eine Liquidation jedoch in der Regel individuell nachteilig. Denn einerseits ist mit einer Liquidation das Eingestehen des Scheiterns, der Untergang des Traums vom Erfolg und der Verlust des eigenen Arbeitsplatzes verbunden. Andererseits ist auch die Anreizstruktur gegen eine Liquidation gerichtet, da Management und Unternehmensgründer in diesem Fall zumeist wegen der Liquidation Preference zu Gunsten des Venture-Capital-Gebers leer ausgehen. Ihre Beteiligung und evtl. Aktienoptionen sind wertlos. Wird das Unternehmen hingegen fortgeführt, können ihre Anteile indes wieder an Wert gewinnen – wenn es wider Erwarten doch gut geht. Das Management bzw. der Unternehmer wird das Unternehmen daher im Allgemeinen erst dann liquidieren, wenn es bzw. er dazu gezwungen ist, d.h., wenn das Unternehmen über keine finanziellen Mittel mehr verfügt.[17]

Um eine effiziente Liquidation durchsetzen zu können, stellen die Venture-Capital-Geber dem Unternehmen deshalb nicht in der ersten Finanzierungsrunde die gesamte Investitionssumme zur Verfügung, die zur Erreichung eines positiven Cashflows aus operativer Tätigkeit notwendig ist. Vielmehr verteilen sie die Investitionssumme auf mehrere Finanzierungsrunden (sog. Stufenfinanzierung), so dass das Management gezwungen ist, in regelmäßigen Abständen neues Kapital bei den Venture-Capital-Gebern nachzufragen.[18] Damit entscheiden die Venture-Capital-Geber über die Liquidation des Unternehmens. Die Abstände zwischen den Finanzierungsrunden werden hierbei an die Unternehmensplanung angepasst, d.h., es wird immer soviel Kapital bereit gestellt, wie zur Vollendung eines Entwicklungsschritts notwendig ist.[19] Auch durch Rückgriff auf eine Einlöseklausel mit einem Put-Recht (vgl. 3.1.3) oder durch seine Mitwirkung in den Leitungsgremien (vgl. 3.2.3) kann der Venture-Capital-Geber eine Liquidation erzwingen.

Die Veräußerung an ein anderes Unternehmen (Trade Sale) oder einen anderen Venture-Capital-Geber (Secondary Sale) kann ebenfalls zu Konflikten zwischen den Eigentümern führen. So sehen sich die verbleibenden Eigentümer anschließend mit einem neuen Anteilseigner konfrontiert, mit dem eine vertrauensvolle

[17] Vgl. z.B. Sahlman (1990), S. 507, Admati/Pfleiderer (1994), S. 372, Gompers (1995), S. 1465f., Schmidt (2000), S. 259, und Gebhardt/Schmidt (2002), S. 241.

[18] Vgl. Sahlman (1990), S. 506.

[19] Da die Durchführung einer Finanzierungsrunde mit erheblichen Kosten verbunden ist, werden in Europa mehrere Entwicklungsschritte in einer Finanzierungsrunde abgedeckt. Um dem Management aber nicht zuviel Spielraum zu gewähren, erfolgt die Auszahlung in meilensteinabhängigen Tranchen.

Zusammenarbeit vielleicht nicht möglich ist. Außerdem besteht die Gefahr, seine eigenen Anteile am Unternehmen nicht mehr oder nur zu einem niedrigen Preis verkaufen zu können, da der neue Anteilseigner eine beherrschende Position eingenommen hat und sich somit kein weiterer Trade Sale realisieren lässt. Um diese Situation ausschließen zu können, wird im Finanzierungsvertrag sowohl ein Vorkaufsrecht (3.2.7) als auch ein Mitverkaufsrecht (3.2.5) vereinbart. Dadurch können die verbleibenden Anteilseigner einen Verkauf an einen unerwünschten Aufkäufer verhindern oder, falls ihnen das Kapital hierzu fehlt, ebenfalls aus ihrer Beteiligung aussteigen. Es kann aber auch der Fall eintreten, dass der Aufkäufer an einer Übernahme nur interessiert ist, wenn er das gesamte Unternehmen übernehmen kann. Sofern die Miteigentümer ihre Anteile nicht veräußern wollen – da sie z.B. einen Private Benefit aus der eigenständigen Fortführung des Unternehmens ziehen – würde der Trade Sale scheitern. Um dies zu verhindern, wird im Finanzierungsvertrag eine Mitverkaufspflicht (3.2.6) für alle Anteilseigner vereinbart, die dann zur Geltung kommt, wenn eine qualifizierte Mehrheit der Anteilseigner einen Verkauf wünscht.

Ein Börsengang, im Rahmen dessen der Venture-Capital-Geber und die Unternehmensgründer einen Teil ihrer Anteile veräußern können, sollte nur dann angestrebt werden, wenn das Unternehmen sehr gute Zahlen aufweisen kann und demzufolge einen hinreichend hohen Marktwert hat. Dies folgt schon allein aus der Tatsache, dass ein Börsengang als solcher und das anschließende Listing mit hohen Kosten und für das Management mit hohem Aufwand verbunden ist. So ist zunächst eine Zeit raubende Roadshow erforderlich, die das Management von seinen eigentlichen Aufgaben abhält, ebenso wie umfangreiche Publikationspflichten, die das anschließende Listing an der Börse nach sich zieht. Außerdem kann es im Rahmen des Börsengangs zu einem Underpricing kommen, d.h., der Emissionskurs liegt unter dem (erwarteten) ersten Börsenkurs, so dass die Aktionäre zusätzliche indirekte Kosten tragen müssen (Kapitalverwässerung). Ein solches Underpricing kann jedoch notwendig sein, um im Gleichgewicht auch schlechter informierte Anleger als Zeichner der Emission zu gewinnen.[20]

Diesen Kosten, die vom Venture-Capital-Geber allerdings nur anteilig getragen werden müssen, steht ein Reputationsgewinn für den Venture-Capital-Geber entgegen, den er bei Durchführung des Börsengangs verzeichnen kann. So werten Anleger, die ihrerseits den Venture-Capital-Gesellschaften Kapital zur Verfügung stellen, die Begleitung eines Unternehmens bis zu einem solchen öffentlichkeitswirksamen Abschluss als Indiz für die Fähigkeit, erfolgversprechende Investments zu identifizieren und das Management des Unternehmens geeignet zu unterstützen. Daher hat der Venture-Capital-Geber c.p. ein stärkeres Interesse an einem Börsengang als das Management und die übrigen Gesellschafter, da ihm so das einwerben neuen Kapitals erleichtert wird.[21] Da ein Börsengang allerdings nur vom Unternehmen selbst initiiert werden kann und nicht von den Venture-Capital-

---

[20] Vgl. Rock (1986).

[21] Vgl. zum Interessenskonflikt im Hinblick auf die Wahl zwischen Börsengang und Trade Sale auch Bascha/Walz (2001).

Gebern direkt, kann ein Börsengang gegen den Willen des Managements zunächst nur durch einen entsprechenden Beschluss des Aufsichtsrats bzw. Board of Directors durchgesetzt werden. Da die Venture-Capital-Geber in diesen Gremien nicht unbedingt die Mehrheit haben müssen, lassen sich Venture-Capital-Geber im Finanzierungsvertrag Registrierungsrechte (vgl. 3.2.8) einräumen, durch die sie das Management zu einem Börsengang zwingen können.

Allerdings könnte ein Börsengang noch immer an der Weigerung einzelner Anteilseigner scheitern, ihre mit speziellen Vorrechten ausgestatteten Anteile in einfache Aktien zu wandeln. Eine solche Wandlung, durch die insbesondere die freie Übertragbarkeit der Aktien hergestellt und die Liquidation Preference aufgehoben wird, ist indes zwingende Voraussetzung für einen Börsengang. Im Finanzierungsvertrag wird daher vereinbart, dass die Vorzugsaktien im Fall eines Börsengang automatisch in einfache Stammaktien gewandelt werden.[22]

Ein Börsengang sollte demgegenüber nicht angestrebt werden, wenn die zu erwartende Marktkapitalisierung keinen liquiden Börsenhandel verspricht und/oder nicht genug Kapital eingesammelt werden kann, um das Unternehmen bis zum Break Even zu führen. Die Aufnahme einer Qualified-IPO-Klausel (vgl. 3.2.10) in den Finanzierungsvertrag soll verhindern, dass das Management einen solchen Börsengang anstrebt, um bspw. eine Liquidation Preference des Venture-Capital-Gebers durch die Konvertierung in einfache Stammaktien aufzuheben.

5 Zusammenfassung

Die Finanzierung von Unternehmensgründungen und jungen, stark wachsenden Unternehmen mit Venture-Capital bedarf einer sorgfältigen Vorbereitung und vertraglichen Absicherung. Nur so kann den besonderen, in diesem Aufsatz dargelegten Risiken begegnet werden, die solchen Finanzierungen innewohnen und in jeder Phase der Beziehung zwischen Venture-Capital-Geber und Unternehmen präsent sind. Bereits vor der Kapitalüberlassung muss sich ein Venture-Capital-Geber eine Meinung darüber bilden, ob eine Kapitalüberlassung überhaupt und wenn ja zu welchen Bedingungen wirtschaftlich sinnvoll ist, und das, obwohl er wesentlich schlechter über die ökonomische Qualität des Unternehmens informiert ist als die Altgesellschafter. Um den Venture-Capital-Geber von der Qualität zu überzeugen, kann es hilfreich sein, wenn die Kapital nachfragende Seite einen Vertrag akzep-

[22] Hellmann (2003) zeigt, dass durch die automatische Konvertierung auch das von Gompers (1993) theoretisch beschriebene und von Gompers (1996) empirisch nachgewiesene Problem des „Grandstanding" reduziert werden kann. Grandstanding bezeichnet den Anreiz von Venture-Capital-Gebern, ein Unternehmen an die Börse bringen zu wollen, auch wenn das Unternehmen hierfür noch nicht reif genug ist und somit ein höheres Underpricing in Kauf genommen werden muss. Dieses auf den ersten Blick irrationale Verhalten resultiert aus dem Reputationseffekt, den ein Venture-Capital-Geber aus einem Börsengang zieht. Insbesondere in der Phase des Fundraising besteht daher ein Anreiz zum Grandstanding.

tiert, der das Vertrauen in das eigene Unternehmen glaubwürdig signalisiert. Ist eine grundsätzliche Einigung über die Investition erfolgt, müssen die Ansprüche der Beteiligten im Finanzierungsvertrag definiert und durch diesen abgesichert werden. Eine Absicherung muss insbesondere gegen nachträgliche Vermögensverschiebungen und ineffiziente Entscheidungen der Unternehmensleitung getroffen werden. Diesem Zweck dienen die in diesem Aufsatz vorgestellten speziellen Vertragsklauseln.

Eine Besonderheit von Venture-Capital-Finanzierungen ist, dass Venture-Capital-Geber ihre Rendite nicht mit Zins- oder Dividendenzahlungen erzielen, sondern durch den späteren Wiederverkauf ihrer Unternehmensanteile. Da es hierbei häufig zu Konflikten zwischen den Vertragsparteien kommen kann, sollte der Beteiligungsverkauf ebenfalls bereits im Finanzierungsvertrag geregelt werden.

Literatur

Admati AR, Pfleiderer P (1994): Robust Financial Contracting and the Role of Venture-Capitalists, in: Journal of Finance, 49, S 371-402.

Akerlof G (1970): The Market for Lemons - Qualitative Uncertainty and the Market Mechanism, in: Quarterly Journal of Economics, 89, S 488-500.

Bascha A, Walz U (2001): Convertible securities and optimal exit decisions in Venture-Capital finance, in: Journal of Corporate Finance, 7, S 285-306.

Black BS, Gilson RJ (1998): Venture-Capital and the structure of capital markets: banks versus stock markets, in: Journal of Financial Economics, 47, S 243-277.

Franke G, Hax H (2004): Finanzwirtschaft des Unternehmens und Kapitalmarkt, Springer, Berlin u.a.

Gebhardt G,Schmidt KM (2002): Der Markt für Venture-Capital: Anreizprobleme, Governance Strukturen und staatliche Interventionen, in: Perspektiven der Wirtschaftspolitik, 3, S 235-255.

Gompers PA (1993): The Theory, Structure, and Performance of Venture-Capital, Dissertation, Harvard Universität.

Gompers PA (1995): Optimal Investment, Monitoring, and the Staging of Venture-Capital, in: Journal of Finance, 50, S 1461-1489.

Gompers PA (1996): Grandstanding in the Venture-Capital industry, in: Journal of Financial Economics, 42, S 133-156.

Gorman M, Sahlman WA (1989): What do Venture-Capitalists do?, in: Journal of Business Venturing, 4, S 231-248.

Green R (1984): Investment incentives, debt and warrants, in: Journal of Financial Economics, 13, S 115-136.

Hellmann TF (2003): Going Public and the Option Value of Convertible Securities in Venture-Capital, in: McCahery und Renneboog (Hrsg.), Venture-Capital Contracting and the Valuation of High Technology Firms, Oxford University Press, Oxford,S 60-73.

Hellmann TF, Puri M (2000): The Interaction Between Product Market and Financing Strategy: The Role of Venture-Capital, in: Review of Financial Studies, 13, S 959-984.

Hellmann TF, Puri M (2002): Venture-Capital and the Professionalization of Start-Up Firms: Empirical Evidence, in: Journal of Finance, 57, S 169-197.

Houben E (2000): Die Gestaltung des Pflichtangebots unter dem Aspekt des Minderheitenschutzes und der effizienten Allokation der Unternehmenskontrolle, in: WM Zeitschrift für Wirtschafts- und Bankrecht, 54, S 1873-1883.

Houben E (2003): Optimale Vertragsgestaltung bei Venture-Capital-Finanzierungen, DUV, Wiesbaden.

Jensen MC, Meckling WH (1976): Theory of the Firm: Managerial Behavior, Agency Costs, and Ownership Structure, in: Journal of Financial Economics, 3, S 305-360.

Neus W, Nippel P (1991): Investitionsvolumen und Risikoallokation, in: Kredit und Kapital, 24, S 85-106.

Nippel P (1998): Finanzierung, in: Berndt R u.a. (Hrsg.), Springers Handbuch der Betriebswirtschaftslehre, Berlin u.a., S 51-97.

Richter R, Furubotn EG (1999): Neue Institutionenökonomik, Mohr Siebeck, Tübingen.

Rock K (1986): Why New Issues are Underpriced, in: Journal of Financial Economics, 15, S 187-212.

Ross SA (1977): The Determination of Financial Structure: the Incentive-Signaling Approach in: Journal of Economics, 8, 23-40.

Ruhnka JJC, HHD Feldman, Dean TTJ (1992): The "Living Dead" Phenomenon in Venture-Capital Investments, in: Journal of Business Venturing, 7, S 137-155.

Sahlman WWA (1990): The structure and governance of venture-capital organizations, in: Journal of Financial Economics, 27, S 473-521.

Sapienza HHJ (1992): When Do Venture-Capitalists Add Value?, in: Journal of Business Venturing, 7, S 9-27.

Schefczyk M (1999): Erfolgsdeterminanten von Venture-Capital-Investments in Deutschland, in: Zeitschrift für betriebswirtschaftliche Forschung, 51, S 1123-1145.

Schefczyk M (2000): Finanzieren mit Venture-Capital, Schäffer-Poeschl, Stuttgart.

Schmidt KM (2000): Anreizprobleme bei der Finanzierung von Wagniskapital, in: Franz W,Hesse H, HJ Ramser, Stadler M (Hrsg), Ökonomische Analyse von Verträgen, Mohr Siebeck, Tübingen, S 248-284.

Schmidt KM (2003): Convertible Securities and Venture-Capital Finance, in: The Journal of Finance, 58, S 1139-1166.

Risikocontrolling bei Venture-Capital-Finanzierungen

Jochen Bigus

Abstract

Gewinne und Verluste von Venture-Capital-Finanzierungen werden durch exogene Faktoren beeinflusst, aber auch durch das Verhalten der Vertragsparteien. Verschiedene risikopolitische Instrumente dienen dazu, das Verlustpotenzial zu reduzieren, ohne das Gewinnpotenzial einzuschränken. Die Staffelung der Kapitalzufuhr ist ökonomisch sinnvoll, um exogene Risiken und opportunistisches Unternehmerverhalten zu begrenzen. Im Zeitablauf variable, erfolgsabhängige Beteiligungsquoten dämpfen Fehlanreize für den Unternehmer und für den Wagnisfinanzier. Daneben verringern auch andere Instrumente das Verlustpotenzial, etwa Informations- und Kontrollrechte oder Diversifikation.

1 Einleitung

Was sind die besonderen Risiken bei Venture-Capital (VC)-Finanzierungen und wie kann man sie beschränken? VC-Finanzierung umfasst die Finanzierung von jungen Unternehmen, die ein starkes, häufig innovationsbedingtes Wachstumspotenzial, aber auch eine hohe Insolvenzwahrscheinlichkeit aufweisen.[1] Behandelt werden Engagements einer VC-Gesellschaft in den sehr frühen Unternehmensphasen, d.h., vor einem möglichen Börsengang.

Risiko kann sehr unterschiedlich definiert werden, so als Gefahr einer Fehlentscheidung oder Fehlentwicklung oder als kalkulierbare Unsicherheit zukünftiger Entwicklungen.[2] Im Kontext finanzwirtschaftlicher Entscheidungen wird unter Risiko häufig die Gefahr verstanden, dass eine finanzwirtschaftliche Zielgröße von einem Referenzwert negativ abweicht, d.h., es kann ein Verlust auftreten. Von diesem Risikobegriff geht auch dieser Beitrag aus, zumal die experimentelle Entscheidungsforschung zeigt, dass Individuen grundsätzlich referenzpunktabhängige

---

[1] Sahlman berichtet, dass 34,5% aller Finanzierungen mit einem (Total)-Verlust für die Investoren verbunden sind, siehe Sahlman (1990), S. 506, siehe auch Barry (1994), und Gompers (1995).

[2] Bitz (1993), S. 642.

Bewertungen vornehmen.[3] Verluste werden dabei deutlich stärker, häufig (mehr als) doppelt so stark gewichtet als betragsmäßig gleich hohe Gewinne.[4]

Zur Messung des Verlustrisikos benötigt man eine finanzwirtschaftliche Zielgröße und eine Referenzgröße. Zielgröße sei im Weiteren der erzielte Rückfluss des Wagnisfinanziers, Referenzgröße sei der Betrag des eingesetzten Vermögens.[5] Negative Abweichungen zwischen erzieltem Rückfluss und eingesetztem Betrag sind demnach Verluste und Gegenstand des Risikomanagements. Das Verlustpotenzial, d.h., der Erwartungswert des unsicheren Verlustbetrags, steht im Mittelpunkt des Risikomanagements.

Dem Risikocontrolling kommen zwei Aufgaben zu:[6] Zunächst diejenige, die verschiedenen Risikokomponenten zu bestimmen, in ihrem individuellen Ausmaß zu untersuchen und Zusammenhänge zwischen Einzelrisiken zu erkennen (*Risikoanalyse*). Die andere Aufgabe besteht darin, durch verschiedene risikopolitische Maßnahmen Einfluss auf die originäre Rückflussverteilung zu nehmen, um Verluste zu reduzieren (*Risikopolitik*).

Die Maßnahmen der Risikopolitik kann man wiederum danach unterscheiden, ob sie primär darauf abzielen, den Rückfluss aus dem Wagnis (Projektrückfluss) generell, d.h., für möglichst viele Umweltzustände, zu erhöhen oder primär die Streubreite zu verringern. Im ersten Fall steigt der Projektrückfluss im Mittel an und damit c.p. auch der Wert und die erwartete Rendite des Engagements. Im zweiten Fall wird eher die Streubreite möglicher Rückflüsse verringert, ohne dass der Wert des Projekts steigt. Beide Formen der Risikopolitik reduzieren tendenziell das Verlustpotenzial der VC-Gesellschaft – bei Kredit- wie bei Beteiligungsfinanzierung.[7] Häufig haben risikopolitische Maßnahmen Einfluss sowohl auf den Mittelwert als auch auf die Streubreite der Verteilung, möglicherweise sogar mit gegenläufigen Wirkungen auf das Verlustpotenzial: Der Mittelwert wird erhöht, aber auch die Streubreite. Es gilt daher, den Gesamteffekt zu beachten. Zur besseren Systematisierung behalten wir im Weiteren die gedankliche Trennung bei. Bevor wir zu den risikopolitischen Instrumenten im Einzelnen kommen, seien die Komponenten näher beleuchtet, die das Verlustrisiko beeinflussen können.

---

[3] Kahneman/Tversky (1979), S. 277. Die referenzpunktabhängige Bewertung ist auch in das prominenteste deskriptiv orientierte Entscheidungskonzept, in die Prospect Theory, eingeflossen. Hierzu Kahneman/Tversky (1979).

[4] Wie bedeutsam die relevante Bezugsgröße für die Abschätzung von Risiken ist, zeigt das sogenannte Onassis-Paradox. Stützel (1970).

[5] Die folgende Analyse erbringt ähnliche qualitative Ergebnisse, wenn man als Zielgröße den bei alternativer Anlage erzielbaren (erwarteten), Rückflussbetrag definiert. Die Höhe des individuell erzielten Rückflussbetrages hängt nicht nur vom Gesamtrückfluss des Wagnisses ab, sondern auch von dem Finanzierungsvertrag, der diesen Gesamtrückfluss unter den Vertragsparteien aufteilt.

[6] Bitz (1993), S. 643.

[7] Siehe Bigus (2003b), S. 436-438 für eine ausführlichere Analyse.

2 Risikoanalyse

2.1 Exogene Unsicherheiten

Zwei Arten von Komponenten beeinflussen die Erfolgsaussichten und damit auch das Verlustpotenzial: exogene Unsicherheiten und Verhaltensunsicherheiten.[8] Verhaltensunsicherheiten umfassen eigennützige Handlungen der Vertragsparteien, die die Erfolgsaussichten des Wagnisses beeinträchtigen. Sie werden in den Abschnitten 2.2 und 2.3 ausführlicher betrachtet.

Exogene Unsicherheiten sind durch die Vertragsparteien kurzfristig nicht oder kaum beeinflussbar, z.B. die technische Realisierbarkeit der Innovation, die Aufnahme durch den Markt und das plötzliche Auftreten neuer Konkurrenten, auch die technische und kaufmännische Qualifikation des Gründers oder des Gründerteams. Oft können Ausmaß und Einfluss dieser Unsicherheitskomponenten nur schwer prognostiziert werden. Dieser Fall ist gerade in den sehr frühen Unternehmensphasen gegeben, in denen ein Produkt noch nicht zur Marktreife entwickelt ist und keine oder kaum Umsatzerlöse erzielt werden.[9] In dieser Forschungs- und Entwicklungsphase liegen nur wenige zuverlässige Daten über mögliche Absatzerfolge und -erlöse vor. Im Zeitablauf reduziert sich der Grad an Unsicherheit. Insbesondere nach einer Markteinführung ist eine erste Beurteilung der Marktakzeptanz möglich. Dennoch: Märkte für innovative Produkte sind sehr dynamisch, erste Erfolge sind nur begrenzt kennzeichnend für die künftige Unternehmensentwicklung. Kurzum: Eine Prognose künftiger Einzahlungsüberschüsse ist grundsätzlich schwieriger als bei etablierten oder weniger innovativen Unternehmen, da die Wachstumsraten schwerer einzuschätzen sind und die Überschüsse im stärkeren Maße von den Qualitäten der Gründer abhängen.[10]

Trotz der diffusen Datenlage ist in frühen Phasen eine Bewertung erforderlich, zum einen, um die Anlageentscheidung der VC-Gesellschaft vernünftig begründen zu können, zum anderen, um Argumente für Vertragsverhandlungen zu generieren. Ansatzpunkte für eine Bewertung finden sich in empirischen Studien, die die Erfolgsfaktoren der Wagnisfinanzierung beleuchten. Danach ist die Managementqualifikation des Gründers – im Sinne von kaufmännischer oder Branchenerfahrung – häufig der Schlüssel zum Erfolg.[11] Es verwundert daher nicht, dass eine

---

[8] Die Begriffe „exogenes Risiko" und „Verhaltensrisiko" sind im Schrifttum geläufiger, harmonieren aber nicht mit dem eingangs gewählten Risikobegriff. Kaplan/Strömberg (2004), S. 178f. sprechen auch von „external risk" und „internal risk".

[9] Hayn (1998), S. 15-34.

[10] Heitzer (2002), S. 472.

[11] Für den deutschen VC-Markt Schefczyk (1999), für den US-Markt Keeley/Roure (1990). Weniger eindeutig sind die Ergebnisse im Hinblick auf Geschäftsführungserfahrung, allgemeine Berufserfahrung oder das Ausbildungsniveau. Überblick bei Schefczyk (1999a).

Bewertung stark davon abhängt, wie die Gespräche mit dem/den Gründer(n) verlaufen.[12]

Die Erfolgsaussichten verbessern sich zudem mit der Anzahl der Gründer, möglicherweise weil sich ihre Fähigkeiten ergänzen.[13] Eine systematische Gründungsvorbereitung und eine hohe Qualität der Geschäftsplanung erhöhen die Erfolgschancen.[14] Nicht überraschend ist, dass die Erfolgsaussichten umso besser sind, je überlegener und innovativer das Produkt, je kürzer die Produktentwicklungszeit und je schwächer der Wettbewerbsdruck ist.[15] Förderlich ist es zudem, wenn ein Absatzmarkt bereits existiert und sich im Wachstum befindet.[16]

Natürlich ist es schwer, solche eher qualitativen Informationen in eine Verteilung künftiger Einzahlungsüberschüsse zu übersetzen. Da es an quantitativen Daten mangelt, wird zuweilen erst gar keine explizite Bewertung vorgenommen und eine Finanzierungsentscheidung von der Erfahrung abhängig gemacht.[17] Im Falle einer *expliziten* Bewertung stellt üblicherweise der Geschäftsplan des Unternehmers eine wichtige Grundlage dar, ferner die Ergebnisse der Analyse durch die VC-Gesellschaft („Due Diligence Defense"). In der Praxis wird die prinzipiell unendliche Anzahl möglicher Zukunftsszenarien nicht selten auf drei Entwicklungen reduziert:[18] Erfolg, mäßige Entwicklung und Misserfolg. Feinere Zustandsbäume, Sensitivitätsrechnungen und Simulationsverfahren können einen tieferen Einblick in die Unsicherheitsstruktur geben, sind aber mit zusätzlichen Kosten verbunden. Gelingt es, für die relevanten Szenarien die Struktur möglicher Einzahlungsüberschüsse vorherzusagen und einen geeigneten, insbesondere risikoadäquaten Kalkulationszinsfuß zu finden, dann ist eine Bewertung prinzipiell möglich.[19]

Probleme ergeben sich jedoch, wenn VC-Gesellschaften geeignete Bewertungsverfahren fehlerhaft anwenden oder sich bestimmter Verfahren trotz mangelnder Eignung bedienen. Das ist bei deutschen VC-Gesellschaften, die sich auf Frühphasenfinanzierungen spezialisieren, offenbar zu vermuten.[20] *Dittmann/Maug/Kemper* (2002) finden heraus, dass nur drei von 31 befragten VC-Gesellschaften in offensichtlich korrekter Weise einen Diskontierungssatz verwenden, der aus theoretischer Sicht gut begründbar ist und z.B. auf dem Capital

[12] Peemöller/Geiger/Barchet (2001), S. 340f.

[13] Überblick bei Schefczyk (1999a). Wichtig ist offenbar die funktionale Vollständigkeit des Managementteams, d.h., es sollte sowohl kaufmännisches als auch technisches Know-how vorhanden sein. Letzteres ist typischerweise gegeben, Keeley/Roure (1990).

[14] Kulicke et al. (1993), bzw. Schefczyk (1999).

[15] Keeley/Roure (1990), (Innovationsgrad und Produktentwicklungszeit), und Schefczyk (1999), (Wettbewerbsdruck).

[16] Keeley/Roure (1990).

[17] Der Studie von Peemöller/Geiger/Barchet (2001), zufolge lehnen 18% der befragten VC-Gesellschaften eine Bewertung von Frühphasenengagements ab. Siehe auch Dittmann/Maug/Kemper (2002), S. 15.

[18] Leopold/Frommann (1998), S. 139f.

[19] Überblick und kritische Diskussion verschiedener Bewertungsverfahren finden sich bei Drukarczyk (2003).

[20] Dittmann/Maug/Kemper (2002).

Asset Pricing Model beruht. 19 von 31 VC-Gesellschaften verwenden Ad-hoc-Diskontierungssätze, häufig im Bereich von 30% - 70% p.a. *Kerins/Smith/Smith* (2004) zufolge sollte der Opportunitätskostensatz einer risikoaversen, aber gut diversifizierten VC-Gesellschaft bei durchschnittlich 16,7% p.a. liegen.[21] Es ist daher zu vermuten, dass häufig zu hohe, theoretisch kaum begründbare Diskontierungssätze gewählt werden. Damit besteht die Gefahr, dass ein Wagnis nicht finanziert wird, obwohl es bei korrekter Anwendung der Bewertungsmethoden vorteilhaft wäre. Multiplikatorenrechnungen sind noch beliebter als Diskontierungsverfahren,[22] allerdings ist ihre Verwendung häufig fragwürdig, da sich nur schwer hinreichend vergleichbare, börsennotierte Unternehmen finden lassen.[23]

Bemerkenswert ist auch, dass VC-Manager Projekte grundsätzlich besser beurteilen (und eher finanzieren), wenn der/die Unternehmer einen ähnlichen beruflichen Hintergrund wie sie selbst haben.[24] Ein objektive Projektbeurteilung und ein kritischer Umgang mit Bewertungsverfahren dürfte zu einer besseren Bewertung führen. Man sollte jedoch nicht zu optimistisch sein. Wird der Unternehmenswert auch korrekt berechnet, kann man nicht zwangsläufig auf das Verlustpotenzial schließen. Hierzu muss man die *Verteilung* künftiger Einzahlungsüberschüsse kennen.

2.2 Unsicherheiten im Verhalten des Unternehmers

Verhaltensunsicherheiten ergeben sich, wenn die Interessen divergieren und eine Partei Informationsvorteile hat und sie opportunistisch und zum Schaden der anderen Partei ausnutzen kann. Sie treten insbesondere dann auf, wenn die schädigende Partei aus rechtlichen Gründen oder faktisch nur beschränkt haftet und somit im unzureichenden Maße die Konsequenzen ihrer Handlung trägt. Opportunistische Handlungen reduzieren typischerweise den erwarteten Rückfluss. Zu unterscheiden ist zwischen opportunistischen Handlungen vor und nach Abschluss des Finanzierungsvertrages.

Vor Vertragsabschluss sind die Informationen typischerweise asymmetrisch verteilt.[25] Der Unternehmer hat stets einen Anreiz, das Projekt und seine Fertigkeiten in einem sehr günstigen Lichte darzustellen, um eine Finanzierung zu ermöglichen und günstigere Konditionen zu erzielen. Die VC-Gesellschaft kann häufig die Erfolgsaussichten des Vorhabens schlechter einschätzen. Das gilt insbesondere, wenn der Erfolg eng an die Unternehmerperson gebunden ist, z.B. an ihre

---

[21] Dabei wird ein Zinssatz von 4% für risikolose Anlagen und eine Risikoprämie von 6% für das Marktrisiko unterstellt, Kerins/Smith/Smith (2003). Die Studie bezieht sich auf die USA.

[22] Peemöller/Geiger/Barchet (2001), S. 342f.

[23] Daneben besteht die Gefahr, dass der Markt den Wert des Referenzunternehmens in gewissen Perioden fehlerhaft einschätzt.

[24] Siehe Franke et al. (2003), zu diesem „similarity bias".

[25] Amit/Glosten/Müller (1990), und Hellmann (1998).

kaufmännischen und technischen Fertigkeiten und/oder ihre charakterlichen Eigenschaften (auch die Bereitschaft zu unfairem Verhalten). Das eingehende Studium des Lebenslaufes und Gespräche mit dem Unternehmen dürften die Informationsasymmetrie reduzieren, aber nicht vollständig beseitigen. Mitunter ist eine zu günstige Projektdarstellung nicht (alleine) Ausfluss opportunistischen Verhaltens. Junge Unternehmer – und nicht nur sie[26] – neigen dazu, ihre Fähigkeiten und Kenntnisse deutlich zu überschätzen (*Selbstüberschätzung*). Einer Studie von *Cooper/Dunkelberg/Woo* (1988) zufolge glauben 81% der Befragten, dass ihr Unternehmen auch in fünf Jahren mit einer Wahrscheinlichkeit von mindestens 70% existieren wird.[27] Die objektive Überlebenswahrscheinlichkeit beträgt nur 25%.

Nach Vertragsabschluss kann der Gründer Unternehmensressourcen im Übermaße für eigene Zwecke einsetzen (*Sondervorteile*). Anders als bei etablierten Unternehmen ist weniger an Vermögensverschiebungen zu denken, sondern eher an Aktivitäten, die den persönlichen Nutzen maximieren, z.B. das wissenschaftliche Renommee. Der Unternehmer kann zudem die Insolvenz verschleppen; es gibt gewisse Ermessensspielräume, ohne dass der Unternehmer strafrechtlich belangt wird.[28]

Eine andere Form opportunistischen Verhaltens ist denkbar, wenn eine VC-Gesellschaft das Wagnis alleine finanziert und hierbei spezifisch investiert hat.[29] Bei einer spezifischen Investition unterschreitet der Liquidationswert der Aktiva den Investitionsbetrag deutlich. Der Unternehmer droht nun, sein Humankapital nicht einzusetzen, und verlangt bessere Finanzierungskonditionen (*Nachverhandlungsanreiz*). Der Unternehmer weiß: Ohne sein Humankapital ist das Projekt nahezu wertlos. Die VC-Gesellschaft ist daher eventuell gezwungen, Zugeständnisse zu machen.

Besondere Anreizprobleme ergeben sich im Rahmen der stufenweisen Kapitalzufuhr (Phasenfinanzierung), wenn weitere Finanzierungsspritzen vom Erfolg der Vorrunde abhängig gemacht werden. Dann könnte der Unternehmer versucht sein, Zeit und Arbeitseinsatz zu investieren, um die Kennzahlen zu „schönen" und eine Fortführung zu erwirken, obwohl der Abbruch des Wagnisses ökonomisch sinnvoll wäre.[30] Statt solcher Bemühungen hätte er sinnvoller Weise Zeit und Arbeitseinsatz auf die Projektentwicklung verwenden können. Von ähnlicher Natur sind drei weitere Probleme. So könnte der Unternehmer versucht sein, schnell ein Produkt auf den Markt zu bringen, wenngleich für eine bessere Produktqualität eine längere Testphase notwendig gewesen wäre. Oder er gibt Geld für nicht profitable Marketingkampagnen aus, um kurzfristig den Umsatz zu erhöhen. Schließlich könnte er eher risikoarme Strategien verfolgen, die mit relativ hoher Wahr-

[26] So zeigt ein anderes Experiment, dass ungefähr 82% der Befragten glaubten, sie gehörten zu den 30% besten Autofahrern, Eisenführ/Weber (2003), S. 370.

[27] Cooper/Dunkelberg/Woo (1988).

[28] Drukarczyk (1993), S. 366-370. Ermessensspielräume bestehen bei dem Insolvenztatbestand der Überschuldung, insbesondere bei der Bewertung der Aktiva.

[29] Neher (1999).

[30] Cornelli/Yosha (2003).

scheinlichkeit zu einem Erfolg und damit zu einer Weiterfinanzierung führen, obwohl eine riskantere Strategie im Mittel einen höheren Rückfluss erbringt (*Sicherheitsanreiz*).[31]

Andere Interessenkonflikte sind bei der Desinvestition denkbar.[32] Üblicherweise halten VC-Gesellschaften eine Beteiligung maximal für einen Zeitraum von 4-6 Jahren, um sie dann zu verkaufen. Es gibt nun verschiedene Wege der Desinvestition, z.B. der Börsengang oder der Verkauf an ein anderes Unternehmen.[33] Der Gründer präferiert den Gang an die Börse, da er dann üblicherweise die Geschäftsführung beibehalten kann.[34] In schwierigen Börsenzeiten bevorzugt eine VC-Gesellschaft eher den Verkauf an ein anderes Unternehmen. In diesem Fall muss der Unternehmer häufig die Geschäftsführung aufgeben. Der Interessenkonflikt kann dazu führen, dass nicht immer diejenige Desinvestitionsform gewählt wird, die den Verkaufserlös maximiert.

2.3 Unsicherheiten im Verhalten der VC-Gesellschaft

In mancher Hinsicht können auch VC-Gesellschaften Informationsvorsprünge haben und diese dann zu ihrem Vorteil, aber zu Lasten des Unternehmers und des gesamten Vorhabens ausnutzen. Der Erfolg eines Wagnisses hängt maßgeblich auch vom Einsatz der VC-Gesellschaften ab – insbesondere in den frühen Phasen.[35] Sie helfen bei strategischen Entscheidungen, rekrutieren wichtiges Personal, kontaktieren potenzielle Lieferanten und Abnehmer, erschließen zusätzliche Finanzierungsquellen und bereiten auch Unternehmenskäufe vor. Opportunistisches Verhalten kann sich darin äußern, dass die VC-Gesellschaft den Unternehmer in suboptimaler Weise unterstützt. Prinzipiell trägt sie ja die Kosten dieser Aktivitäten, muss aber die Erträge dann mit dem Unternehmer teilen.[36]

Im Kontext der Phasenfinanzierung sind zusätzliche Fehlanreize denkbar, wenn der Unternehmer eine ausbeutungsoffene Position aufweist, d.h., bei einem Wechsel zu einem anderen Finanzier etwas verlieren könnte (Wechselkosten).[37] Hierfür kann es mehrere Gründe geben. Die VC-Gesellschaft könnte die noch nicht pa-

---

[31] Bigus (2002). Beispielsweise könnte der Unternehmer an einer weniger ertragreichen Erfindung arbeiten, die mit hoher Wahrscheinlichkeit zu einem Patent führt. Der Unternehmenswert würde aber stärker steigen, wenn er seine Anstrengungen auf eine andere, deutlich ertragreichere Erfindung mit geringerer Patentwahrscheinlichkeit bündelte.

[32] Bascha/Walz (2000), und Berglöf (1994).

[33] Daneben gibt es andere Desinvestitionsmöglichkeiten, so der Rückkauf der Anteile durch die Gründer oder der Verkauf nach erfolgtem Börsengang. Der Unternehmensverkauf stellt in Europa die wichtigste Form der Desinvestition dar; im Jahre 2000 umfasste er ca. 48% des gesamten Desinvestitionsvolumens, siehe EVCA (2001), S. 89f.

[34] Zemke (1995), S. 261.

[35] Sahlman (1990), S. 508f., Barry (1994), S. 5f. und Black/Gilson (1998), S. 252-255.

[36] Siehe z.B. Casamatta (2003), und Schmidt (2003), die mangelnde Arbeitsanreize sowohl für den Unternehmer als auch für die VC-Gesellschaft unterstellen.

[37] Bigus (2003).

tent- oder urheberrechtlich geschützte (oder schützbare) Idee des Unternehmers für eigene Zwecke verwenden (*Stehlen der Idee*), wenn der Unternehmer zu einem anderen Finanzier wechselt.[38] Wechselkosten können zudem aufgrund von Informationsdefiziten auftreten. Andere Finanziers können die Qualität des Projektes oder des Unternehmers schlechter einschätzen als die bisher involvierte VC-Gesellschaft und werden ihre Angebote bestenfalls an einer durchschnittlichen Qualität ausrichten. Wüssten die anderen Finanziers, dass es sich um ein gutes Projekt oder guten Unternehmer handelt, würden sie marktgerechte, weniger teure Konditionen verlangen. Ein „guter" Unternehmer wird daher bei der bisherigen VC-Gesellschaft bleiben, solange sie die Konditionen neuer Finanziers unterbietet, selbst wenn diese teurer als die „marktgerechten" Konditionen sind. Das gilt insbesondere in frühen Phasen, in denen die Informationsasymmetrien besonders stark ausgeprägt sind.

Wechselkosten fesseln den Unternehmer an die VC-Gesellschaft, schränken den Wettbewerb ein und bieten daher einen Spielraum für Nachverhandlungen. Die VC-Gesellschaft kann zu einem gewissen Grade bessere finanzielle Konditionen durchsetzen. Allerdings schwächt das tendenziell die Arbeitsanreize des Unternehmers und verschlechtert die Projektaussichten.

Daneben kann die VC-Gesellschaft wegen ihrer Fachkunde und Erfahrung regelmäßig die Marktrisiken besser einschätzen als der Unternehmer. Sie kann diesen Informationsvorteil zu ihrem Vorteil nutzen, z.B. indem sie vorgibt, relativ bescheidene Marktchancen zu sehen. Dies führt zu einer niedrigeren Bewertung und erhöht – bei gegebener Finanzierungssumme – den Kapitalanteil der VC-Gesellschaft. Vor Vertragsabschluss ist der Unternehmer offenbar ähnlichen Problemen ausgesetzt wie die VC-Gesellschaft: Er kann die Qualität der VC-Gesellschaft nicht exakt einschätzen, insbesondere ihre Bereitschaft zu einer fairen, uneigennützigen und tatkräftigen Kooperation. Wichtig ist daher die Reputation der VC-Gesellschaft. Eine neue empirische Untersuchung von *Hsu* (2004) zeigt, dass die Reputation den VC-Gesellschaften auch ökonomische Vorteile bringt: „Offers made by VCs with a high reputation are three times more likely to be accepted, and high-reputation VCs acquire start-up equity at a 10-14% discount."[39]

Tabelle 1 gibt einen Überblick über exogene und Verhaltensunsicherheiten.

---

[38] Bigus (2003a), S. 231-244, Ueda (2004), und Bigus (2004). Das Problem besteht selbst dann, wenn ein Stehlen der Idee vertraglich ausgeschlossen ist (Geschäftsgeheimnisse), die Kosten zur Durchsetzung dieser vertraglichen Klausel jedoch prohibitiv hoch sind, z.B. bei substantiellen Beweisschwierigkeiten.

[39] Hsu (2004), S. 1805.

Tabelle 1. Exogene Unsicherheiten und Verhaltensunsicherheiten bei Venture-Capital-Finanzierungen

Exogene Unsicherheiten (insbesondere in frühen Phasen)	technische Realisierbarkeit künftige Konkurrenz ist unsicher künftige Nachfrage ist unsicher
Unsicherheiten im Verhalten des Unternehmers (insbesondere in frühen Phasen)	vor Vertragsabschluss: Vortäuschung guter Projektaussichten (aber auch Selbstüberschätzung) nach Vertragsabschluss: (2) Maximierung persönlicher Vorteile (3) Insolvenzverschleppung (4) Nachverhandlungsanreiz bei spezifischen Investitionen der VC-Gesellschaft (5) Bei Phasenfinanzierung: Anreiz zur Fortführung unvorteilhafter Projekte Bei Phasenfinanzierung: Sicherheitsanreiz (eher risikoarme, aber wertmindernde Strategien, um Fortführungswahrscheinlichkeit zu erhöhen)
Unsicherheiten im Verhalten der VC-Gesellschaft	vor Vertragsabschluss: Vortäuschung schlechter Marktaussichten (um günstigere Finanzierungskonditionen durchzusetzen) nach Vertragsabschluss: Nachverhandlungsanreiz bei Phasenfinanzierung, wenn dem Unternehmer bei einem Wechsel zu einem alternativen Finanzier Kosten entstehen, da: (2a) seine Patent-/Urheberrechte schwach sind (2b) der alternative Finanzier über die Qualität des Vorhabens schlechter informiert ist

3 Risikopolitik

3.1 Reduzierung exogener Unsicherheiten

Insbesondere zwei risikopolitische Instrumente sind zu nennen, um das Ausmaß exogener Unsicherheit zu reduzieren und damit auch die hieraus resultierenden Verluste. Beide Instrumente zielen primär darauf ab, den Projektrückfluss zu erhöhen, können aber auch die Streubreite möglicher Rückflüsse beeinflussen. Unbedingte Finanzierungshilfen erhöhen den Rückfluss in sämtlichen Umweltzuständen und somit den Mittelwert. Bürgschaften und die Staffelung der Kapitalzufuhr (Phasenfinanzierung) reduzieren das Verlustpotenzial, ohne das Gewinnpotenzial zu beeinträchtigen.

Typisch für die Finanzierung von Wagnissen ist die Staffelung der Kapitalzufuhr, wobei stets neue Finanzierungsverträge geschlossen werden.[40] Eine Alternative bestünde darin, einen langfristigen Finanzierungsvertrag zu schreiben und die benötigte Investitionssumme zu Anfang gänzlich zur Verfügung zu stellen. Dies kann Vorteile haben: Der Unternehmer könnte die notwendigen Investitionen dann tendenziell früher durchführen, der technologische Vorsprung gegenüber Konkurrenten könnte erhalten oder ausgebaut werden, die Rückflüsse aus dem Wagnis könnten früher eintreffen und/oder umfangreicher sein. Dennoch werden langfristige Finanzierungsverträge kaum geschlossen – insbesondere bei einem hohen Grad exogener Unsicherheit.[41] Die Staffelung der Kapitalzufuhr erlaubt es nämlich, bei negativen Umweltentwicklungen auszusteigen, ohne allzu viel Geld zu verlieren (flexible Planung).[42] Das Verlustrisiko wird somit begrenzt, das Gewinnpotenzial hingegen vollständig ausgeschöpft. Damit steigt im Mittel der Projektrückfluss an.[43] Die Möglichkeit, auf verschiedene Umweltentwicklungen flexibel reagieren zu können, stellt einen Handlungsspielraum dar, dessen Wert prinzipiell mit Hilfe der Optionsbewertungstheorie bestimmt werden kann.[44] Die Option des Aussteigens ist c.p. tendenziell um so wertvoller, je höher der Grad an Unsicherheit ist, das heißt, je riskanter das Wagnis ist. Dies hängt auch von der Branche ab und davon, ob die VC-Gesellschaft in frühen oder eher späteren Phasen einsteigt.[45]

Bürgschaften (bei teilweiser Kreditfinanzierung) und Finanzierungshilfen dritter Parteien reduzieren ebenfalls das Verlustrisiko einer VC-Gesellschaft und erhöhen den Mittelwert, wenn die zu zahlenden Prämien nicht risikoadäquat und zu niedrig bemessen sind.

Das ist bei Finanzierungshilfen der öffentlichen Hand zumeist der Fall. Diese stellt in Deutschland – und in anderen Industrienationen – verschiedene Finanzierungshilfen bereit, um Unternehmensgründungen zu fördern.[46] Zumeist handelt es

---

[40] Sahlman (1990), S. 506f., Gompers/Lerner (1999), S. 139-169.

[41] Daneben ist der künftige Kapitalbedarf zuweilen nicht genau abschätzbar, wenn es sich um ein innovatives Produkt handelt.

[42] Misirli (1988), S. 129-143 und Wang/Zhou (2004), generell zum Konzept der flexiblen Planung Bitz (1998).

[43] Phasenfinanzierung reduziert tendenziell auch die Streubreite künftiger Rückflüsse, indem die Wahrscheinlichkeit geringer Ergebnisausprägungen (d.h., großer Verluste), reduziert wird.

[44] Zu den Voraussetzungen, unter denen Handlungsspielräume im Leistungsbereich (Realoptionen), mittels optionspreistheoretischer Kalküle bewertet werden können, z.B. Laux (1993).

[45] Zudem steigt der Wert der Ausstiegsoption c.p. mit dem Ausübungspreis, d.h., dem Rückfluss bei Abbruch, und mit dem Liquidationswert, der vom Spezifitätsgrad der Aktiva abhängt.

[46] Für einen internationalen Überblick Lessat et al. (1999), S. 190-199, für die USA Lerner (1999). In den USA verbürgt und vergibt eine Bundesbehörde – die 1953 geschaffene Small Business Administration – langfristige Kredite an kleine oder neu gegründete Unternehmen. Daneben vergeben staatlich geförderte VC-Gesellschaften, die sog. Small

sich um zinsgünstige Darlehen mit langer Laufzeit und zwei oder drei tilgungsfreien Jahren am Anfang.[47]

Das Verlustrisiko der VC-Gesellschaft wird auch beim sogenannten Koinvestormodell im Rahmen des BTU-Programms[48] begrenzt. Hier beteiligt sich die Technologie-Beteiligungs-Gesellschaft (tbg) der Deutschen Ausgleichsbank, wenn die VC-Gesellschaft als „Lead-Investor" fungiert. Der Lead-Investor muss sich mindestens in gleicher Höhe wie die tbg beteiligen und ist zudem verpflichtet, das Unternehmen in allen wirtschaftlichen und finanziellen Belangen zu beraten und zu unterstützen. Die tbg hält regelmäßig eine typische stille Beteiligung mit einer Laufzeit von bis zu zehn Jahren.[49]

Die öffentliche Hand geht bewusst Verluste ein, um die Innovationstätigkeit anzuregen. Finanzierungshilfen und Bürgschaften mindern aber auch die Anreize einer VC-Gesellschaft, nur vorteilhafte Projekte zu selektieren oder den Unternehmer im hinreichenden Maße zu unterstützen.

Der Finanzierungsvertrag beeinflusst die *Streubreite individueller Rückflüsse.* Bei Kreditfinanzierung hat der Finanzier einen fixen, bei Beteiligungsfinanzierung einen erfolgsabhängigen Zahlungsanspruch. Kreditfinanzierung impliziert eine geringere Streuung der individuellen Rückflüsse für die VC-Gesellschaft, aber eine größere für den Unternehmer. Jener erhält keinerlei Rückfluss bei schlechter Umweltentwicklung und relativ hohe Beträge in guten Zuständen. Um die Streubreite ihrer Rückflüsse und damit das Verlustrisiko zu reduzieren, sollte eine VC-Gesellschaft möglichst Kreditfinanzierung anstreben. Unter Wohlfahrtsaspekten ist dies sinnvoll, wenn der Unternehmer einen geringeren Grad an Verlustaversion aufweist. Allerdings haben wir bislang Verhaltensunsicherheiten ausgeklammert und damit auch die Anreizeffekte, die von verschiedenen Teilungsregeln ausgehen.

Business Investment Corporations (SBIC), zu günstigen Konditionen Finanzierungsmittel an junge Unternehmen.

[47] Einen Überblick über aktuelle Förderprogramme in Deutschland geben die Internetseiten des Bundesministeriums für Wirtschaft (www.bmwi.de), der Kreditanstalt für Wiederaufbau (www.kfw.de), und der Technologie-Beteiligungs-Gesellschaft (tbg), der Deutschen Ausgleichsbank (www.tbgbonn.de; www.dta.de). Einen Überblick bietet Schefczyk (2000), S. 77-86.

[48] BTU steht für „Beteiligungskapital für kleine Technologieunternehmen".

[49] Zur Zeit fordert die tbg im Regelfall eine vom Jahresergebnis unabhängige Vergütung von 8% p.a. sowie ein gewinnabhängiges Beteiligungsentgelt, das von der spezifischen Unternehmenssituation abhängt. Im Liquidationsfall hat die tbg einen Gläubigeranspruch, sofern kein Rangrücktritt vereinbart wird.

3.2 Reduzierung der Unsicherheiten im Verhalten des Unternehmers

Drei Gruppen von Bestandteilen des Finanzierungsvertrages zielen darauf ab, Fehlanreize des Unternehmers einzuschränken. Sie betreffen

- die Verteilung der Rückflüsse,
- die Staffelung der Bereitstellung der Finanzierungsmittel (Phasenfinanzierung),
- und die Informations-, Mitwirkungs- und Entscheidungsrechte der VC-Gesellschaft.

3.2.1 Finanzielle Anreize durch die Wahl der Teilungsregel

Sowohl Kredit- als auch Beteiligungsfinanzierung können Fehlanreize induzieren.[50] Bei Kreditfinanzierung hat der Unternehmer grundsätzlich einen Anreiz, eine riskantere Geschäftspolitik zu wählen, auch wenn sie den Unternehmenswert senkt. Bei Beteiligungsfinanzierung sind die Anreize des Unternehmers schwächer, hart zu arbeiten. Schließlich kann er Grenzerlöse nur in Höhe seines Kapitalanteils vereinnahmen, muss aber die Grenzkosten gänzlich tragen. In der Praxis der Wagnisfinanzierung findet man häufig Zwischenformen vor mit einer Kombination aus fixen und erfolgsabhängigen Zahlungsansprüchen. Wegen des fixen Anspruchs vereinnahmt die VC-Gesellschaft den Projektrückfluss bei schlechter Entwicklung, der Unternehmer erhält oft nichts. Damit wird einerseits das Verlustrisiko der VC-Gesellschaft begrenzt, andererseits der Unternehmer angereizt, höhere Rückflüsse zu erwirtschaften. Der fixe Anspruch macht es für den Unternehmer auch weniger lohnenswert, die Erfolgsaussichten wider besseres Wissens zu günstig darzustellen. Wird die Täuschung deutlich und nur ein geringer Rückfluss erzielt, so erhält der Unternehmer davon nichts. Zudem muss die VC-Gesellschaft erfolgsabhängig entlohnt werden und an hohen Rückflüssen angemessen partizipieren, um ihrerseits einen Anreiz zu haben, ihre Geschäftsverbindungen und Beratungskapazitäten einzusetzen. Bislang gibt es kein theoretisches Modell, dass sämtliche vorstellbaren Anreizprobleme in simultaner Weise abbildet und hieraus den optimalen Finanzierungsvertrag ableitet. Ein Finanzierungsvertrag, der der VC-Gesellschaft gleichermaßen einen festen als auch einen erfolgsabhängigen Anspruch an zukünftigen Rückflüssen gewährt, scheint jedoch in vielen Konstellationen geeignet zu sein und wird im In- und Ausland verwendet.

Im Detail gibt es jedoch Unterschiede. In den USA sind insbesondere zwei Instrumente verbreitet: In Stammaktien wandelbare Vorzugsaktien und die Kombination aus Stamm- und Vorzugsaktien,[51] wobei Vorzugsaktien einen vorrangigen

---

[50] Jensen/Meckling (1976).

[51] Kaplan/Strömberg (2003), S. 284. Die beiden genannten Finanzierungsinstrumente wurden in ca. 80% aller Verträge verwendet. Aktienähnliche Instrumente erleichtern eine Desinvestition über einen Börsengang. VC-Gesellschaften ist es in den USA häufig vertraglich nicht erlaubt, reines Fremdkapital einzusetzen, Gompers/Lerner (1996).

Anspruch im Liquidationsfall gewähren. In Kanada werden hauptsächlich Stammaktien eingesetzt,[52] in Deutschland insbesondere Gesellschaftsanteile und stille Beteiligungen.[53] Die Unterschiede sind offenbar auch – so *Cumming* (2002) und *Gilson/Schizer* (2002) – auf Differenzen im Steuerrecht,[54] in der Entwicklung des Kapitalmarktes und in der staatlichen Förderung zurückzuführen.

3.2.2 Phasenfinanzierung

Eine stufenweise Finanzierung ist nicht nur ratsam, um die Verlustrisiken aus exogener Unsicherheit zu reduzieren. Die Drohung, dass das Wagnis nicht fortgeführt wird, kann Fehlanreize des Unternehmers abschwächen oder gar eliminieren.[55] Phasenfinanzierung beschränkt die ausbeutbare Position der VC-Gesellschaft und reizt den Unternehmer zu guten Leistungen an. *Sahlman* – ein Pionier in der Venture-Capital-Forschung – kommt daher zu dem Schluss: „The most important mechanism for controlling the venture is staging the infusion of capital."[56]

Phasenfinanzierung wirkt nicht nur als Sanktionsinstrument, sondern auch als Mechanismus zur Informationsgenerierung und Anreizsetzung. Im Laufe des Engagements kann die VC-Gesellschaft Informationen über das Ausmaß und die Entwicklung exogener Unsicherheiten gewinnen, aber auch über die kaufmännisch-technische Qualifikation und die charakterlichen Eigenschaften des Unternehmers. Phasenfinanzierung kann einige Fehlanreize dämpfen, andere aber auch

---

52 Cumming (2000), betrachtet 5.323 Wagnisfinanzierungstransaktionen in Kanada im Zeitraum von 1991-1998. Stammaktien wurden für 41,9% aller Transaktionen verwandt. Zu 29,9% setzte man eigenkapitalähnliche Instrumente ein wie Wandelanleihen (12,7%), Kombination von Fremdkapital und Stammaktien (7,4%), in Stammaktien wandelbare Vorzugsaktien (5,1%), und Vorzugsaktien (4,7%). Bemerkenswerterweise kam reines Fremdkapital (straight debt), in 14,6% aller Fälle zur Anwendung. Andere Finanzierungsformen umfassen 13,6%.

53 Bascha/Walz (2001), fragten im Januar 2000 121 Mitgliedsgesellschaften des deutschen VC-Verbandes BVK unter anderem nach der relativen Häufigkeit, mit der sie bestimmte Finanzinstrumente verwenden. Im Durchschnitt werden zu 38,7% stille Beteiligungen (hiervon 5,6% zusammen mit Fremdkapital), zu 26,6% Eigenkapital (Gesellschaftsanteile), zu 14,4% eine Kombination aus Eigen- und Fremdkapital, zu 10,6% wandelbare Finanzierungsinstrumente, und zu 9,7% andere, nicht näher benannte Finanzierungsinstrumente eingesetzt. Leider wird bei Bascha/Walz nicht deutlich, welche Formen stiller Beteiligungen vorherrschen. Die Zahlungsansprüche aus stillen Beteiligungen können fest, aber auch im starken Maße erfolgsabhängig und damit ähnlich zu denjenigen eines Eigenkapitalgebers sein. Die Studie von Brettel et al. (2004), bestätigt, dass Kombinationen von Eigen- und Fremdkapital in Deutschland nicht häufig eingesetzt werden (26 von 107 Venture-Capital-Gesellschaften und 4 von 123 Business Angels).

54 In den USA wird der Einsatz konvertierbarer Vorzugsaktien steuerlich begünstigt, während dies in Kanada und Deutschland nicht der Fall ist.

55 Bigus (2002), S. 399 und Wang/Zhou (2004).

56 Sahlman (1990), S. 506.

gerade hervorrufen, wie Abschnitt 2.2 zeigte, z.B. die Verfolgung kurzfristiger, suboptimaler Strategien.

Um solchen Fehlanreizen zu begegnen, sollten die *Bedingungen* der Fortführung schon in der ersten Periode davon abhängig gemacht werden, ob und zu welchem Grad bestimmte beobachtbare monetäre oder nicht-monetäre Zwischenziele (Meilensteine) erreicht werden.[57] Eine US-Studie zeigt, dass die Beteiligungsquote der VC-Gesellschaft im Zeitablauf ansteigt (sinkt), wenn der Unternehmer bestimmte Zielvorgaben nicht erreicht (bzw. erreicht) oder wenn er das Unternehmen verlässt.[58] Die Idee erfolgsabhängiger Beteiligungsquoten ist folgende: Die VC-Gesellschaft richtet die künftigen Finanzierungskonditionen so aus, dass sie relativ unabhängig von der zwischenzeitlichen Entwicklung einen gleich hohen erwarteten Rückfluss erzielt. Dadurch wird der Unternehmer zum Residualberechtigten und trägt (idealerweise) vollständig die Konsequenzen suboptimaler Handlungen. Auch die Entscheidungs- und Kontrollrechte des Unternehmers werden an die Erfolge der Vorperiode(n) gebunden, wie der folgende Abschnitt zeigt.

3.2.3 Informations- und Kontrollrechte der VC-Gesellschaft

VC-Gesellschaften haben verschiedene Informations- und Kontrollrechte, um Fehlanreizen des Unternehmers zu begegnen. Informationsrechte umfassen das Recht auf regelmäßige Berichterstattung und auf Auskunfts- und Besuchsrechte.[59] Kontrollrechte erlauben eine direkte Einflussnahme auf die Geschäftspolitik. *Kaplan/Strömberg* untersuchen die Kontrollrechte US-amerikanischer VC-Gesellschaften. Sie messen Kontrollrechte anhand der Stimmrechtsverteilung bei Unternehmensentscheidungen (*voting rights*) und der Zusammensetzung der Geschäftsführung (*board rights*). Überraschenderweise halten VC-Gesellschaften in 54% der Fälle die Stimmenmehrheit, selbst wenn Zwischenziele (milestones) erreicht werden. Es ist aber umso eher mit einer Stimmenmehrheit zu rechnen, wenn Zwischenziele nicht erreicht wurden. Üblicherweise haben VC-Gesellschaften eher eine Stimmenmehrheit in späteren als in frühen Phasen.

Kaplan/Strömberg berichten, dass der Board der untersuchten Firmen durchschnittlich sechs Mitglieder aufweist. Üblicherweise teilen sich Unternehmensgründer und VC-Gesellschaft die Sitze mit externen Personen, auf die sich beide Seiten verständigen. Je schlechter die Unternehmenssituation, desto eher hat die VC-Gesellschaft die Mehrheit der Sitze inne.[60] In späteren Phasen ist eine Sitz-

[57] Zu den rechtlichen Problemen, die mit Meilensteinregelungen verbunden sind, siehe Hoffmann/Hölzle (2004).

[58] Kaplan/Strömberg (2003), S. 287f. Im Durchschnitt sind VC-Gesellschaften zu ca. 46,7% (55,5%), am Residualerlös beteiligt, wenn der Unternehmer die gesetzten Ziele erreicht (bzw. nicht erreicht). Die Zahlenangaben differieren hier und auch im folgenden leicht zu denjenigen, die noch in einem gleichnamigen Working Paper aus dem Jahre 2000 genannt werden. Die Stichprobe wurde leicht verändert.

[59] Heitzer (2002), S. 473.

[60] Kaplan/Strömberg (2003), S. 288.

mehrheit der VC-Gesellschaft eher gegeben als in frühen Phasen (25,4% gegenüber 11,6%).

Die Verteilung von Stimmrechten und die Ergebnisbeteiligung der VC-Gesellschaften sind häufig von der Erreichung von Zwischenzielen abhängig.[61] Die Zwischenziele können hierbei monetärer oder nicht-monetärer Natur sein. So wurden in 18,8% aller Verträge die künftigen Finanzierungskonditionen explizit davon abhängig gemacht, ob ein bestimmter Erfolg – häufig der Gewinn vor Zinsen und Steuern – erreicht wird oder nicht. Stimmrechte und Ergebnisbeteiligung können auch an bestimmte Ereignisse gekoppelt werden, z.B. ob der Unternehmer eine Versuchsreihe erfolgreich beendet, ein Patent angemeldet oder fähige Fach- oder Führungskräfte eingestellt hat.[62]

Bedeutsam sind auch Regelungen, die einen Weggang des (der) Gründer(s) erschweren und ihn somit an das Unternehmen binden.[63] Solche Regelungen dämpfen den in Abschnitt 2.2 skizzierten Fehlanreiz des Unternehmers, den Finanzierungsvertrag zu seinen Gunsten nachzuverhandeln – unter der Drohung, das Unternehmen zu verlassen. In 70,4% aller Fälle wurde ein Wettbewerbsverbot vereinbart, d.h., der Unternehmer darf nicht in der gleichen Branche tätig werden, wenn er das Unternehmen verlässt.[64] Daneben gibt es monetäre Sanktionen. Die VC-Gesellschaft hat bei einem Fortgang das Recht, Aktien des Gründers zu einem Preis unter Marktwert zu kaufen. Mitunter wird der Buchwert angesetzt.[65] Je früher der Unternehmer das Unternehmen verlässt, desto mehr verliert er. Für welchen Zeitraum diese Bestimmungen gelten, lassen *Kaplan/Strömberg* offen. Allerdings finden sie sich in frühen Phasen bei 41% aller Finanzierungen, in der ersten Phase sind es 48%.

Andere Studien zeigen, dass VC-Gesellschaften zudem häufig das vertragliche Recht haben, den Gründer als Geschäftsführer zu entlassen, wenn er bestimmte Zielvorgaben nicht erreicht. Eine Entlassung ist in den USA nicht ungewöhnlich. Die Gründer werden in den ersten 20 (40, 80) Monaten nach Unternehmensstart mit einer Wahrscheinlicheit von 10% (bzw. 40% bzw. 80%) entlassen.[66] In

---

61 Kaplan/Strömberg (2003), S. 293f.

62 Für den deutschen Markt berichten Brettel et al. (2004), S. 439, dass 25% der Verträge mit VC-Gesellschaften und 12% der Verträge mit Business Angels Meilensteinregelungen enthalten.

63 Kaplan/Strömberg (2003), S. 292. In Deutschland verpflichtet/n sich der/die Gründer häufig (in etwa ¾ aller Verträge), für eine Mindestdauer im Unternehmen zu bleiben, siehe Brettel et al. (2004), S. 443.

64 Kaplan/Strömberg (2003), S. 289. Wettbewerbsverbote finden sich auch sehr häufig für den deutschen Markt, Brettel et al. (2004), beobachten entsprechende Vereinbarungen in ca. 90% aller Verträge.

65 Sahlman (1990), S. 505.

66 Hannan et al. (1996), nach Hellmann (1998), auch Hellmann/Puri (2000).

Deutschland scheint der Druck der VC-Gesellschaften auf die Geschäftsführung weniger stark ausgeprägt zu sein.[67]

Daneben sichern sich VC-Gesellschaften häufig bestimmte Rechte für den Fall des Anteilsverkaufs, so etwa (1) ein Mitbestimmungsrecht für den Verkauf von Anteilen, (2) ein Recht auf Mitverkauf der Anteile, wenn der Gründer Anteile an Dritte verkauft oder (3) die Verpflichtung der Gründer, Anteile zu verkaufen, wenn die VC-Gesellschaft Anteile an Dritte verkauft.[68]

3.3 Reduzierung der Unsicherheiten im Verhalten der VC-Gesellschaft

Abschnitt 2.2 verdeutlicht, dass auch eine VC-Gesellschaft opportunistisch handeln könnte – gerade wegen der starken Kontrollrechte und der Wechselkosten des Unternehmers. Eine VC-Gesellschaft hat tendenziell einen Anreiz, ab der zweiten Phase zu teure, d.h., nicht marktgerechte Finanzierungskonditionen zu verlangen. Dieses Anreizproblem wird entschärft, wenn bereits zu Beginn der ersten Runde ein Vertrag geschrieben wird, der die Beteiligungsquote für künftige Perioden in Abhängigkeit vom nachweisbaren Erfolg (Meilenstein) der Vorrunde *fest*schreibt, d.h., die Quote ist nach Ablauf der ersten Periode nicht neu zu verhandeln. Solche zeitlich variablen Beteiligungsquoten sind in der Praxis der Wagnisfinanzierung verbreitet. Damit dient dieses Vertragselement – wie im Schrifttum häufig geäußert[69] – nicht nur dazu, Fehlanreizen des Unternehmers entgegenwirken. Es werden auch Fehlanreize der *VC-Gesellschaft* gedämpft. Im Idealfall wird die VC-Gesellschaft hierdurch gebunden und kann nicht nachverhandeln. Der Unternehmer hat dann eher einen Anreiz, sich voll einzusetzen. Notwendige Bedingung ist allerdings, dass der Projektfortschritt nachweisbar ist.

Üblicherweise verfügen VC-Gesellschaften vor Vertragsabschluss über bessere Informationen hinsichtlich der Marktrisiken. Sie könnten vorgeben, eher pessimistische Marktchancen zu sehen, um einen höheren Anteil an den künftigen Rückflüssen zu erlangen. In späteren Finanzierungsrunden können die Beteiligungsquoten von den erreichten Zwischenzielen abhängig gemacht werden. Ist die Erreichung eines Zwischenziels auch von der Marktentwicklung abhängig und stellt sich die Entwicklung günstiger dar als von der VC-Gesellschaft behauptet, so erlangt der Unternehmer in der nächsten Runde eher marktgerechte Finanzierungskonditionen. Natürlich kann die VC-Gesellschaft ihren Informationsvorteil immer noch in der ersten Runde ummünzen.

---

[67] Für den deutschen Markt siehe Schefczyk/Gerpott (1998), S. 584-586: Während der Beteiligungsdauer haben 9% der Geschäftsführer das Unternehmen verlassen und sind hierbei von den VC-Gesellschaften „ermutigt" worden. VC-Gesellschaften forcieren eine Entlassung nur bei einer deutlich unterdurchschnittlichen Wertentwicklung.

[68] Siehe Brettel et al. (2004).

[69] Zemke (1995), S. 251-254, Kaplan/Strömberg (2003), S. 293f.

Der mögliche Verlust an wertvoller Reputation kann opportunistisches Verhalten der VC-Gesellschaft ebenso unterbinden wie syndizierte Finanzierungen mit mehreren Finanziers. Ein Informationsvorteil ist bei Syndizierungen schwieriger in einen monetären Vorteil umzumünzen – sofern die Finanziers nicht als Kartell agieren. Konkurrenz entschärft auch den Anreiz, die Marktaussichten absichtlich zu pessimistisch einzuschätzen.

3.4 Reduzierung der Streuung der Rückflüsse

Bislang haben wir ein Engagement isoliert betrachtet und mögliche Verlustkompensationseffekte durch andere Finanzanlagen unberücksichtigt gelassen.[70] Betrachtet man nun das gesamte Anlageportefeuille einer VC-Gesellschaft, so gelten grundsätzlich die Erkenntnisse der Portefeuilletheorie: Mit der Diversifikation sinkt tendenziell auch das Verlustpotenzial der VC-Gesellschaft. In der Praxis sind häufig Anlagegrundsätze zu beachten. Danach sollte der Anteil eines einzelnen Engagements einen bestimmten Prozentsatz des Gesamtportefeuilles nicht übersteigen, z.B. 10%.[71] Mit einer Diversifikation können sich die Einzelrisiken kompensieren, damit reduziert sich c.p. auch das Verlustpotenzial aus dem Portefeuille. Trotz der möglichen Diversifikationsvorteile spezialisieren sich zahlreiche VC-Gesellschaften auf bestimmte Phasen, Branchen oder Regionen – zumindest zu einem gewissen Grad.[72] Dem Nachteil mangelnder Diversifikation steht der Vorteil der Spezialisierung gegenüber, was mit einer besseren Überwachung und Beratung des Gründers einhergeht.[73]

Tabelle 2 fasst zusammen, wie einzelne risikopolitische Maßnahmen auf exogene und Verhaltensunsicherheiten wirken. Ausgangspunkt hierfür ist die Tabelle 1.

---

[70] Kompensationseffekte treten auf, sofern die Renditen einzelner Engagements nicht in vollständig positiver Weise korrelieren. Dieser Fall dürfte in praxi grundsätzlich gegeben sein.

[71] Zemke (1995), S. 152-160.

[72] Hierzu die empirische Studie von Norton/Tenenbaum (1993), für den US-Markt und Zemke (1995), S. 155-160 für den deutschen Markt. Zemke zeigt, dass VC-Gesellschaften sich auf bestimmte Finanzierungsphasen und Branchen spezialisieren, nicht aber – anders als in den USA – auf bestimmte Regionen. Der Spezialisierungsgrad ist höher bei „unabhängigen" VC-Gesellschaften, die nicht von einem Großinvestor, in Deutschland üblicherweise von Banken, dominiert werden.

[73] Kanniainen/Keuschnigg (2003), leiten hieraus eine optimale Anzahl von Portfoliounternehmen ab, in die eine VC-Gesellschaft investieren sollte.

Tabelle 2. Die Wirkung risikopolitischer Instrumente auf exogene und Verhaltensunsicherheiten bei Venture-Capital-Finanzierungen

Art des Finanzierungsrisikos	Risikopolitisches Instrument
Exogene Unsicherheiten (technische Realisierbarkeit, unsichere Marktkonkurrenz und -nachfrage)	Bürgschaften/Finanzierungshilfen Phasenfinanzierung (verschärft evtl. Verhaltensunsicherheiten (6), (8)) Risikostreuung: Anlagegrundsätze
Unsicherheiten im Verhalten des Unternehmers Vortäuschung guter Projektaussichten Maximierung persönlicher Vorteile Insolvenzverschleppung Nachverhandlungsanreiz Fortführung unvorteilhafter Projekte Sicherheitsanreiz	bzgl. (1) und (2): Kombination aus fixen und erfolgsabhängigen Zahlungsansprüchen bzgl. (1), (2), (3), (4): Phasenfinanzierung (verschärft aber evtl. Verhaltensunsicherheiten (6), (8)) bzgl. (5), (6): zeitlich variable, erfolgsabhängige Beteiligungsquoten, abhängig von nachweisbaren Zwischenzielen („milestones“) bzgl. (5), (6): Kontrollrechte abh. von nachweisbaren Zwischenzielen („milestones“) bzgl. (4): bei Weggang des Unternehmers Wettbewerbsverbot, Kauf seiner Anteile unter Marktwert
Unsicherheiten im Verhalten der VC-Gesellschaft Vortäuschung schlechter Marktaussichten Nachverhandlungsanreiz	bzgl. (7), (8): Reputation bzgl. (7), (8): zeitlich variable, erfolgsabhängige Beteiligungsquoten syndizierte Finanzierungen (d.h., mit mehreren Finanziers)

4 Zusammenfassung

Wie kann das Verlustpotenzial bei der Wagnisfinanzierung begrenzt werden? Gründe für Wertrisiken sind (exogene) Unsicherheiten des Marktes, aber auch opportunistisches Verhalten der Vertragsparteien. Insbesondere in den frühen Phasen ist es sehr schwierig, exogene Risiken zu quantifizieren. Ein geeignetes Instrument der Risikopolitik ist hier die Phasenfinanzierung, d.h., weitere Finanzierungsspritzen werden in Abhängigkeit vom zwischenzeitlich eintretenden Projekterfolg gegeben. Bürgschaften und Finanzierungshilfen der öffentlichen Hand verringern das Verlustpotenzial. Kredit- oder Mischfinanzierung implizieren für die VC-Gesellschaft geringere Verlustrisiken als Beteiligungsfinanzierung – wenn man von Fehlanreizen abstrahiert.

Unter Anreizaspekten sollte die VC-Gesellschaft fixe Zahlungsansprüche für den Fall niedriger Rückflüsse und (zusätzlich) erfolgsabhängige Zahlungsansprüche bei höheren Rückflüssen haben. Ersteres verhindert, dass der Unternehmer selbst dann Rückflüsse erzielt, wenn er kaum zum Projekterfolg beiträgt. Erfolgsabhängige Zahlungsansprüche reizen die VC-Gesellschaft an, ihre Beratungs- und Managementleistungen einzubringen. Umfassende Informations- und Kontrollrechte der VC-Gesellschaft dienen dazu, Fehlanreize des Unternehmers einzuschränken. Auch die Staffelung der Kapitalzufuhr (Phasenfinanzierung) stellt ein wichtiges Instrument dar, unternehmerisches Fehlverhalten zu sanktionieren und zu steuern. Insgesamt zielen der Finanzierungsvertrag und die Staffelung der Kapitalzufuhr primär darauf ab, Wertverluste aus opportunistischen Verhalten zu reduzieren.

Allerdings können sowohl Unternehmer als auch VC-Gesellschaft speziellen Fehlanreizen unterliegen, die gerade aus der Phasenfinanzierung resultieren. So könnte der Unternehmer versucht sein, Erfolge vorzutäuschen oder aber kurzfristige Erfolge zu erzielen, auch wenn dies die langfristigen Aussichten beeinträchtigt. Er könnte eher risikoarme, aber suboptimale Strategien verfolgen, wenn diese die Wahrscheinlichkeit erhöhen, ein Zwischenziel zu erreichen. Die VC-Gesellschaft ihrerseits hat verschiedene Möglichkeiten, teure, d.h., nicht marktgerechte Finanzierungskonditionen durchzusetzen, wenn dem Unternehmer bei einem Wechsel zu einem anderen Finanzier hohe Kosten entstehen würden und der Wettbewerb zwischen den Finanziers nur noch eingeschränkt funktioniert. Hohe Wechselkosten können gegeben sein, wenn außen stehende Finanziers die Qualität des Unternehmers sehr viel schlechter beurteilen können oder wenn die Rechte an der Idee nicht hinreichend geschützt oder schützbar sind. Es zeigt sich, dass beide Anreizprobleme gedämpft werden, wenn die künftigen Finanzierungskonditionen bereits bei Beginn der *ersten* Runde festgelegt werden, und zwar in Abhängigkeit vom zwischenzeitlich eintretenden und nachweisbaren Projekterfolg. Solche Regelungen steigern daher den Wert des Projektes.

Das Verlustrisiko einer VC-Gesellschaft wird zudem reduziert, indem sie ihre Anlagen streut und in verschiedene Phasen, verschiedene Branchen oder Regionen investiert. Dem Vorteil der Risikostreuung steht der Nachteil von Spezialisierungsverlusten gegenüber.

Literatur

Amit R, Glosten L, Muller E (1990): Entrepreneurial Ability, Venture Investments, and Risk Sharing, in: Management Science, Vol 36, No 10, S 1232-1245.

Barry Ch B (1994): New Directions in Research on Venture-Capital Finance, in: Financial Management, Vol 23, S 3-15.

Bascha A, Walz U (2000): Convertible Securities and Optimal Exit Decisions in Venture-Capital Finance, in: Journal of Corporate Finance, Vol 8, S 285-306.

Bascha A, Walz U (2001): Financing Practices in the German Venture-Capital Industry, An Empirical Assessment, Discussion Paper, Universität Tübingen, Februar 2001.

Berglöf E (1994): A Control Theory of Venture-Capital Finance, in: Journal of Law, Economics and Organization, Vol 10, S 247-267.

Bigus J (2002): Sicherheitsanreiz des Unternehmers bei der Phasenfinanzierung von Wagnissen, in: Die Betriebswirtschaft, 62. Jg, S 398-408.

Bigus J (2003): Fehlanreize für Insider-Investoren bei der Wagnisfinanzierung, in: Zeitschrift für Betriebswirtschaft, 73. Jg, S 267-293.

Bigus J (2003a): Zur Theorie der Wagnisfinanzierung, Wiesbaden 2003, zugleich Habilitationsschrift Universität Hamburg 2003.

Bigus J (2003b): Risiken und Risikocontrolling bei Venture-Capital-Finanzierungen, in: Zeitschrift für Bankrecht und Bankwirtschaft, 15. Jg, S 435-448.

Bigus J (2004): Staging of Venture Financing, Investor Opportunism, and Patent Law, Working Paper, Universität Osnabrück, September 2004.

Bitz M (1993): Grundlagen des finanzwirtschaftlich orientierten Risikomanagements, in: Gebhardt, G, Gerke, W, Steiner, M (Hrsg): Handbuch des Finanzmanagements, München, S 641-668.

Bitz M (1998): Investition, in: Bitz, M, Dellmann, K, Domsch, M, Wagner, F (Hrsg): Vahlens Kompendium der Betriebswirtschaftslehre, 4. Auflage, München 1998, S 107-173.

Black BS, Gilson RJ (1998): Venture-Capital and the Structure of Capital Markets: Banks versus Stock Markets, in: Journal of Financial Economics, Vol 47, S 243-277.

Brettel M, Meier D, Reißig-Thust S (2004): Vertragsgestaltung von Venture-Capitalists und Business Angels im Vergleich, Die Betriebswirtschaft, 64. Jg, S 431-447.

Casamatta C (2003): Financing and Advising: Optimal Financial Contracts with Venture-Capitalists, in: Journal of Finance, Vol 58, S 2059-2085.

Cooper AC, Dunkelberg WC, Woo CY (1988): Entrepreneurs‘ perceived Chances for Success, in: Journal of Business Venturing, Vol 3, S 97-108.

Cornelli F, Yosha O (2003): Stage Financing and the Role of Convertible Debt, in: Review of Economic Studies, Vol 70, S 1-32.

Cumming D J (2000): The Convertible Preferred Equity Puzzle in Venture-Capital Finance, Working Paper, University of Alberta, März 2000.

Cumming D J (2002): United States Venture-Capital Financial Contracting: Foreign Securities, Working Paper, University of Alberta, Mai 2002.

Dittmann I, Maug E, Kemper J (2002): How Fundamental are Fundamental Values ? Valuation Methods and Their Impact on the Performance of German Venture-Capitalists, Working Paper, Humboldt-Universität Berlin, November 2002, erscheint in European Financial Management, Dezember 2004.

Drukarczyk J (1993): Theorie und Politik der Finanzierung, 2. Aufl, München.

Drukarczyk J (2003): Unternehmensbewertung, 4. Aufl, München.

Eisenführ F,Weber M (2003): Rationales Entscheiden, 4. Aufl, Berlin, Heidelberg.

EVCA (European Venture-Capital Association): Yearbook 2000, Zaventem, Belgien 2001.

Franke N, Gruber M, Harhoff D, Henkel J (2003): What you are is what you like – Similarity Bias in Venture-Capitalists' Evaluations of Start-up Teams, Discussion Paper 2003-02, LMU München, November 2003.

Gilson R, Schizer D (2002): Understanding Venture-Capital Structure: A Tax Explanation for Convertible Preferred Stock, Working Paper, Columbia Law School, Februar 2002.

Gompers P (1995): Optimal Investment, Monitoring, and the Staging of Venture-Capital, in: Journal of Finance, Vol 50, S 1461-1489.

Gompers P, Lerner J (1996): The Use of Covenants: An Empirical Analysis of Venture Partnership Agreements, in: Journal of Law and Economics, Vol 39, S 463-498.

Gompers P, Lerner J (1999): The Venture-Capital Cycle, Cambridge (Mass), 1999.

Hannan MT, Burton MD, Baron IN (1996): Inertia and Change in the Early Years: Employment Relations in Young, High-Technology Firms, in: Industrial and Corporate Change, Vol 5 (1996), S 503-535.

Hayn M (1998): Bewertung junger Unternehmen, Herne/Berlin.

Heitzer B (2002): Risikomanagement bei Venture-Capital-Finanzierungen, in: Finanz-Betrieb, 5. Jg, S 471-478.

Hellmann Th (1998): The Allocation of Control Rights in Venture-Capital Contracts, in: Rand Journal of Economics, Vol 29, S 57-76.

Hellmann Th, Puri, M (2000): The Interaction Between Product Market and Financing Strategy: The Role of Venture-Capital, in: Review of Financial Studies, Vol 13, S 959-984.

Hoffmann R, Hölzle A (2004): Meilensteinregelungen in Venture-Capital-Verträgen nach deutschem Recht, in: Finanz-Betrieb, 7. Jg, S 233-238.

Hsu D H (2004): What Do Entrepreneurs Pay for Venture-Capital Affiliation?, in: Journal of Finance, Vol 59, S 1805-1844.

Jensen M, Meckling W (1976): Theory of the Firm: Managerial Behavior, Agency Costs and Ownership Structure, in: Journal of Financial Economics, Vol 3, S 305-360.

Kahneman, Tversky (1979): Prospect Theory: An Analysis of Decision Under Risk, in: Econometrica, Vol 47, S 263-291.

Kanniainen V, Keuschnigg Ch (2003): The Optimal Portfolio of Start-up Firms in Venture-Capital Finance, in: Journal of Corporate Finance, Vol 9, S 521-534.

Kaplan St, Strömberg P (2003): Financial Contracting Theory Meets the Real World: An Empirical Analysis of Venture-Capital Contracts, in: Review of Economic Studies, Vol 70, S 281-315.

Kaplan St, Strömberg P (2004): Characteristics, Contracts, and Actions: Evidence from Venture-Capitalist Analyses, in: Journal of Finance, Vol 59, S 2177-2210.

Keeley RH, Roure JB (1990): Management, Strategy, and Industry Structure as Influences on the Success of New Firms: a Structural Model, in: Management Science, Vol 36, S 1256-1267.

Kerins F, Smith JK, Smith RL (2004): Opportunity Costs of Capital for Venture-Capital Investors and Entrepreneurs, in: Journal of Financial and Quantitative Analysis, Vol 39, S 385-405.

Kulicke M et al. (1993): Chancen und Risiken junger Technologieunternehmen: Ergebnisse des Modellversuchs „Förderung technologieorientierter Unternehmensgründungen", Heidelberg.

Laux Ch (1993): Handlungsspielräume im Leistungsbereich des Unternehmens: Eine Anwendung der Optionspreistheorie, in: Zeitschrift für betriebswirtschaftliche Forschung, 45. Jg, S 933-958.

Leopold G, Frommann H (1998): Eigenkapital für den Mittelstand, München.

Lerner J (1999): The Government as Venture-Capitalist: The Long-Run Impact of the SBIR-Programme, in: Journal of Business, Vol 72, S 285-318.

Lessat V, Eckerle Th, Licht G, Nerlinger E, Steiger M , Steil F (1999): Beteiligungskapital und technologieorientierte Unternehmensgründungen, Wiesbaden 1999.

Misirli O (1988): Venture-Capital-Gesellschaften als Intermediär auf dem Kapitalmarkt, Bergisch Gladbach, Köln.

Neher D (1999): Staged Financing: An Agency Perspective, in: Review of Economic Studies, Vol 66, S 255-274.

Norton E, Tenenbaum B (1993): Specialization versus Diversification as a Venture-Capital Investment Strategy, in: Journal of Business Venturing, Vol 8, No 5, 1993, S 431-442.

Peemöller VH, Geiger Th, Barchet H (2001): Bewertung von Early-Stage-Investments im Rahmen der Venture-Capital-Finanzierung, in: Finanz-Betrieb, 4. Jg, S 334-344.

Sahlman W A (1990): The Structure and Governance of Venture-Capital Organizations, in: Journal of Financial Economics, Vol 27, S 473-521.

Schefczyk M (1999): Erfolgsdeterminanten von Venture-Capital-Investments in Deutschland, in: Zeitschrift für betriebswirtschaftliche Forschung, 51. Jg, S 1123-1145.

Schefczyk M (1999a): Zur empirischen Erforschung der Erfolgsdeterminanten junger, Venture-Capital-finanzierter Unternehmen, in: Betriebswirtschaftliche Forschung und Praxis 3/99, S 272-292.

Schefczyk M (2000): Erfolgsstrategien deutscher Venture-Capital-Gesellschaften, 2. Aufl, Stuttgart.

Schefczyk M, Gerpott, TJ (1998): Managerqualifikationen und -fluktuation in Venture-Capital-Unternehmen, in: Die Betriebswirtschaft, 58. Jg, S 573-590.

Schmidt K (2003): Convertible Securities and Venture-Capital Finance, in: Journal of Finance, Vol 58, S 1139-1166.

Stützel W (1970): Die Relativität der Risikobeurteilung von Vermögensbeständen, in: Hax, H (Hrsg): Entscheidungen bei unsicheren Erwartungen, Opladen 1970, S 9-26.

Ueda M (2004): Banks versus Venture-Capital: project Evaluation, Screening, and Expropriation, in: Journal of Finance, Vol 59, forthcoming.

Wang S , Zhou H (2004): Staged Financing in Venture-Capital: Moral Hazard and Risks, in: Journal of Corporate Finance, Vol 10, S 131-155.

Zemke I (1995): Die Unternehmensverfassung von Beteiligungskapital-Gesellschaften; Analyse des institutionellen Designs deutscher Venture-Capital-Gesellschaften, Wiesbaden.

Gründungsfinanzierung und beschränkte Rationalität

Marc Gürtler und Nora Hartmann

Abstract

In dem vorliegenden Beitrag wird erörtert, wie beschränkte Rationalität auf verschiedene Phasen der Gründungsfinanzierung einwirken kann. Dabei wird konkret die Venture-Capital-Finanzierung als wohl bedeutendste Form einer Gründungsfinanzierung der Untersuchung zugrunde gelegt. Für diese Finanzierungsform werden zunächst empirische Sachverhalte und typische Abläufe vorgestellt, um auf dieser Basis realiter zu beobachtende Verhaltensmuster zweier an Venture-Capital-Finanzierungen beteiligter Gruppen herauszuarbeiten: die Gruppe der Venture-Capital-Geber (VC-Geber) und die Gruppe der Investoren, die nachfolgend die Unternehmensteile von den Venture-Capital-Gebern übernehmen (Investoren). Um grundsätzlich Erklärungsansätze beschränkter Rationalität nutzen zu können, werden ferner wichtige Elemente der Behavioral Finance dargestellt, wobei insbesondere die auf Kahneman und Tversky zurückgehende Prospect-Theorie Berücksichtigung findet. Über den Einbezug dieser Elemente gelingt es, beobachtbare Verhaltensmuster sowohl für die Gruppe der VC-Geber als auch für die Gruppe der Investoren zu begründen.

1 Einleitung

Spätestens seit den neunziger Jahren hat in Deutschland die Frage nach einer geeigneten Gründungsfinanzierung verstärkt an Bedeutung gewonnen. Ein wesentlicher Faktor dieser Entwicklung war der Gründungsboom im Rahmen der Interneteuphorie der späten neunziger Jahre, der zu einer vermehrten Nachfrage nach Gestaltungsmöglichkeiten im Bereich der Gründungsfinanzierung geführt hat. Ferner stellen die enormen Veränderungen an den Finanzmärkten in den letzten Jahren, unter anderem geprägt durch die Entstehung innovativer Finanzierungsformen,[1] sicherlich einen weiteren Katalysator für diese Entwicklung dar. Daneben wirken sich Risikoüberlegungen vor dem Hintergrund von Basel II[2] über neue Anforde-

---

[1] Vgl. Breuer et al. 2003a u. 2003b.

[2] Vgl. zu den modelltheoretischen Überlegungen hinsichtlich der in Basel II für Kreditinstitute vorgesehenen risikoadäquaten Eigenkapitalunterlegungspflicht von Krediten Gürtler 2002. Ausführungen zu den endgültig im Juni 2004 verabschiedeten Kapital-

rungen im Rahmen der Kreditvergabe nicht nur auf etablierte, sondern auch auf junge Unternehmen aus.

Angetrieben durch diese Entwicklungstendenzen entstanden neue Formen von Finanzierungsmöglichkeiten für junge Unternehmen, wobei an vorderster Stelle das Risikokapital, das auch als Venture-Capital bezeichnet wird, zu nennen ist. Genau an diesem soll im vorliegenden Beitrag angeknüpft werden, um beispielhaft zu skizzieren, wie sich beschränkte Rationalität der Marktteilnehmer auf die Vertragsbeziehungen auswirken kann.

Dabei wird hier unter beschränkter Rationalität jede Verhaltensabweichung von so genannten Axiomen rationalen Verhaltens verstanden, wie diese von von Neumann u. Morgenstern 1947 formuliert wurden.[3] Im Rahmen dieser Axiome werden einfache und plausible Verhaltensweisen angegeben, die für einen (rational handelnden) Entscheidungsträger grundsätzlich akzeptabel erscheinen. Vor diesem Hintergrund stellen diese Axiome für eine normative Entscheidungstheorie eine sinnvolle Grundlage dar. In der Realität zeigt sich hingegen, dass Entscheidungsträger keineswegs stets die auf den Axiomen basierenden plausiblen Handlungsanweisungen befolgen, sondern durchaus in ihrem Verhalten von diesen Grundregeln abweichen. Daher ist die Berücksichtigung eines solchermaßen beschränkt rationalen Verhaltens der Marktteilnehmer für die Entwicklung unternehmerischer (Finanzierungs-)entscheidungen durchaus relevant.

Im Weiteren wird die Relevanz der Berücksichtigung beschränkter Rationalität speziell für den Themenkomplex der Gründungsfinanzierung genauer analysiert. Zu diesem Zweck werden im folgenden Abschnitt 2 verschiedene Formen der Gründungsfinanzierung vorgestellt, wobei sich im Weiteren auf die im Rahmen der Gründungsfinanzierung wohl wichtigste Finanzierungsform des Venture-Capital beschränkt wird. Abschnitt 3 behandelt die wesentlichen Grundkonzepte, die im Rahmen beschränkt rationalen Verhaltens in der Literatur bisher behandelt wurden. Der für diesen Beitrag zentrale Abschnitt 4 stellt denkbare Auswirkungen beschränkt rationalen Verhaltens auf Venture-Capital dar. Dabei wird im Abschnitt 4.1 die Struktur einer Venture-Capital-Finanzierung genauer erörtert. Im Abschnitt 4.2. werden Auswirkungen diskutiert, wie diese bei beschränkter Rationalität auf Seiten der Venture-Capital-Geber vorliegen können, wobei verschiedene Formen beschränkter Rationalität berücksichtigt werden. Dem wird im Abschnitt 4.3 beschränkt rationales Verhalten solcher Investoren gegenüber gestellt, die in einer späteren Phase die Unternehmensbeteiligung von den Venture-Capital-Gebern übernehmen. Abschnitt 5 fasst die wesentlichen Ergebnisse des Beitrags zusammen.

standards des Baseler Ausschusses können Schulte-Mattler u. von Kenne 2004 entnommen werden.

[3] In nachfolgenden Beiträgen konnten die von von Neumann u. Morgenstern formulierten Axiome auf drei Axiome verdichtet werden: das Axiom der vollständigen Ordnung, das der Stetigkeit sowie das der Unabhängigkeit. Vgl. z.B. Herstein u. Milnor 1953 oder Jensen 1967. Gerade das Unabhängigkeitsaxiom unterliegt allerdings vielfacher Kritik, die auch im Rahmen dieses Beitrags noch erörtert wird.

2 Gründungsfinanzierung

In Abgrenzung zur klassischen Unternehmensfinanzierung werden – an den Lebenszyklus von Unternehmen anknüpfend – die Finanzierungsmaßnahmen, die im Rahmen der Gründungs- und Frühentwicklungsphase einer Unternehmung Verwendung finden, als *Gründungsfinanzierung* oder auch *Entrepreneurial Finance* bezeichnet.[4] Diese Phase lässt sich in die Vorgründung, die Gründung sowie die Frühentwicklung untergliedern.[5] Während die Phase der Vorgründung etwa aus der Entwicklung der Geschäftsidee, der Fertigung von Prototypen und dem ersten Aufbau von Kunden- und Lieferantenbeziehungen besteht, so umfasst die Gründung den eigentlichen juristischen Gründungsakt mit der Eintragung ins Handelsregister sowie, je nach Rechtsform, der Leistung einer Einlage. Dem schließt sich unmittelbar die Phase der Frühentwicklung an, in der das Warenlager aufgebaut wird, der Produktionsbeginn anläuft und das Produkt in den Markt eingeführt wird. Diese ersten Phasen des unternehmensbezogenen Zyklus sind geprägt durch einen schlechten Zugang zum Kapitalmarkt und tendenziell erhöhtem Insolvenzrisiko auf Unternehmensseite. Letzteres basiert auf den anfänglich enormen Ausgaben, dem Fehlen von Sicherheiten und generell keinen oder nur geringen Einzahlungen zu Beginn der Geschäftstätigkeit. Gleichzeitig verfügt die Unternehmensleitung junger Unternehmen häufig zwar über Expertenwissen bezüglich ihres Produkts, jedoch nur über unzureichende betriebswirtschaftliche Kenntnisse. Ferner fehlen in der Regel Erfahrungswerte, so dass insgesamt eine Unternehmensbewertung erschwert wird und mit einer relativ hohen Unsicherheit behaftet ist. Bei technologieorientierten Gründungen unterliegt die Unternehmung zusätzlich noch weiteren Risiken, etwa denen der Produktentwicklung, der Fertigung, der Marktakzeptanz oder dem Risiko, sich Marktanteile nicht frühzeitig gegenüber Konkurrenten sichern zu können. Aus diesen genannten Gründen spricht man auch von einem *speziellen Finanzierungsrisiko* bei jungen Unternehmen.

Zwar stehen jungen und reifen Unternehmen grundsätzlich die gleichen Finanzierungsinstrumente zur Verfügung, jedoch ist der Zugang junger Unternehmen zu diesen aufgrund der besonderen Risikosituation erschwert. So verfügen junge Unternehmen – wie schon angesprochen – in der Regel noch über keine signifikanten positiven Einzahlungsüberschüsse, womit eine interne Finanzierung nahezu ausgeschlossen ist. Darüber hinaus werden sie beispielsweise keine Anleihen, Schuldverschreibungen oder Derivate emittieren können, da solche Instrumente eine Mindestbonität beim Emittenten verlangen, die junge Unternehmen (noch) nicht besitzen.[6] Um diesen Problemen Rechnung zu tragen, haben sich neben der

---

[4] Daneben können auch Finanzierungen mit gründungsähnlichen Prozessen wie die Innovations- oder Projektfinanzierung zur Gründungsfinanzierung gezählt werden. Vgl. Nathusius 2001, S. 2.

[5] Vgl. Hering/Vincenti 2003.

[6] Beispielsweise stellt Hsu 2004 fest, dass Venture-Capital-Geber hoher Reputation mit einer dreimal höheren Wahrscheinlichkeit Beteiligungen an „Start-up"-Unternehmen erhalten als potenzielle Venture-Capital-Geber mit nur geringer Reputation. Ferner erzie-

klassischen Eigenfinanzierung spezielle Finanzierungsformen für junge Unternehmen entwickelt. Hierzu zählen neben dem Venture-Capital mit seinen verschiedenen Spielarten auch mezzanine Finanzierungsformen wie stille Beteiligungen oder nachrangige Darlehen. Lieferantenkredite und Leasing sind ebenfalls bedeutsam im Rahmen der Frühphasenfinanzierung. Schließlich stehen jungen Unternehmen häufig auch Fördergelder aus Bundes- und Landesmitteln zur Verfügung. Eine Förderinstitution ist beispielsweise die Kreditanstalt für Wiederaufbau (KfW). Da die zur Zeit wohl bedeutendste Finanzierungsform für junge Unternehmen das Venture-Capital (VC) darstellt, sollen anhand dieser exemplarisch Auswirkungen beschränkter Rationalität der Marktteilnehmer aufgezeigt werden. Bevor jedoch auf die spezielle Struktur des Venture-Capital näher eingegangen wird, soll im Folgenden kurz der Begriff der beschränkten Rationalität genauer dargelegt werden.

3 Beschränkte Rationalität

Im Rahmen der Modellierung ökonomischen Entscheidungsverhaltens hat sich in den letzten Jahrzehnten die auf den so genannten Axiomen rationalen Verhaltens basierende Erwartungsnutzentheorie als Entscheidungskriterium bei Risiko etabliert. Aufgrund der Einfachheit sowie der intuitiven Nachvollziehbarkeit der Axiome wird ein Verhalten, dass mit diesen konform ist, allgemein als rational empfunden. Entsprechend wird jedes Verhalten, dass nicht im Einklang zur Erwartungsnutzentheorie steht, als beschränkt rationales Verhalten oder auch als Entscheidungsanomalie gewertet. Seit langem ist jedoch bekannt, dass Entscheider realiter gegen das schon angesprochene Unabhängigkeitsaxiom verstoßen.[7] Darüber hinaus sind mittlerweile zahlreiche weitere Anomalien im Entscheidungsverhalten beobachtet worden. Die wohl bedeutendsten Verhaltens-Anomalien sind in der auf *Kahneman u. Tversky* 1979 zurückgehenden *Prospect-Theorie* berücksichtigt – einer neueren deskriptiven Entscheidungstheorie, die speziell beschränkt rationales Verhalten einbezieht. Sie grenzt sich von der klassischen Erwartungsnutzentheorie ab, indem sie nicht normatives Verhalten herleitet, sondern vielmehr beschreibt, wie sich Individuen tatsächlich verhalten. Konkret unterstellen Kahneman u. Tversky zwei Stufen der Entscheidungsfindung, indem sie vor der eigentlichen Bewertung von Handlungsalternativen von einer Datenaufbereitung der Entscheidungsträger ausgehen. In beiden Stufen werden empirisch beobachtete Verhaltensanomalien berücksichtigt.

---

len erstere darüber hinaus noch einen Nachlass von 10% bis 14%, so dass „Start-up"-Unternehmen der Reputation scheinbar einen hohen Stellenwert einräumen. Dies wiederum stellt einen Indikator für die geringe Bonität der jungen Unternehmen dar.

[7] Diese Feststellung ist als Allais-Paradox bekannt geworden, da Allais im Rahmen eines Experiments Verstöße gegen das Unabhängigkeitsaxiom nachweisen konnte. Vgl. hierzu Allais 1953.

Im Rahmen der *Datenaufbereitungsphase* werden zum einen Konsequenzen und Wahrscheinlichkeiten einer Handlungsalternative transformiert, um kognitive Grenzen im Rahmen der Formulierung des Entscheidungsproblems zu berücksichtigen. Beispielsweise werden Wahrscheinlichkeiten, die identischen Konsequenzen zugeordnet sind, kombiniert; unwahrscheinliche Konsequenzen werden gestrichen und stochastisch dominierte[8] Konsequenzen bleiben für die Entscheidungsfindung unberücksichtigt. Zum anderen gehen Kahneman u. Tversky davon aus, dass Individuen anstelle des Endvermögens Gewinne und Verluste bewerten. Zu diesem Zweck wird ein (für jeden Entscheidungsträger individueller) *Referenzpunkt* gesetzt, der die Grenze determiniert, ab der eine Vermögensrealisation einen Gewinn und nicht mehr einen Verlust darstellt. Man spricht von der *Kodierung* von Vermögenspositionen.

In die der Datenaufbereitung nachfolgenden *Bewertung* fließen als wesentliche Elemente beschränkt rationalen Verhaltens die so genannte *Verlustaversion* sowie die Bildung von Entscheidungsgewichten ein. Der Sachverhalt der Verlustaversion beschreibt dabei den Umstand, dass Gewinne und Verluste gleichen Betrags von Entscheidungssubjekten in aller Regel unterschiedlich beurteilt werden. Dementsprechend verfügen (beschränkt rationale) Entscheider im Gegensatz zu einer Nutzenfunktion im Sinne der Erwartungsnutzentheorie über eine in Abbildung 1 dargestellte Wertfunktion, die die Beurteilung von (auf der Abszisse abgetragenen) Gewinnen und Verlusten charakterisiert. Die Verlustaversion zeigt sich, indem die Wertfunktion im Bereich der Verluste steiler als im (betragsmäßig entsprechenden) Bereich der Gewinne verläuft und die stärkste Steigung um den Referenzpunkt besitzt: Verluste werden von Entscheidern stärker negativ als Gewinne positiv empfunden. Schließlich ist noch das Krümmungsverhalten der Wertfunktion, das in ihrem „S“-förmigen Verlauf zum Ausdruck kommt, charakteristisch, wurde doch beobachtet, dass sich Investoren über Gewinne risikoavers, über Verluste jedoch risikofreudig verhalten.

[8] Vgl. zur Definition der stochastischen Dominanz z.B. Levy 1992.

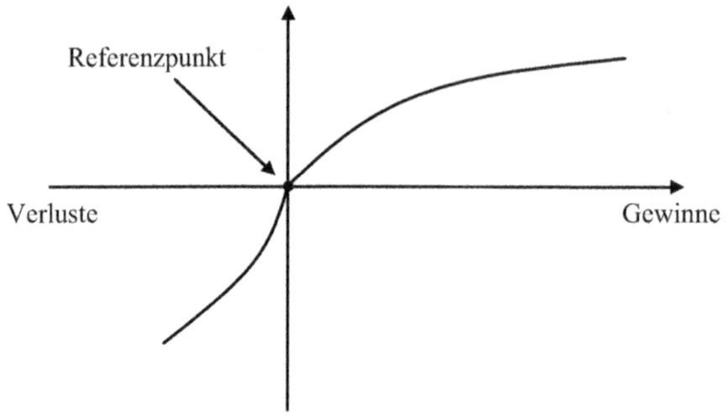

Abb. 1. Typische Wertfunktion der (kumulativen) Prospect-Theorie[9]

In diesem Zusammenhang muss allerdings konstatiert werden, dass auch im Rahmen der (rationalen) Erwartungsnutzentheorie positive und negative Vermögensrealisationen unterschiedlich bewertet werden, da dort bei zugrunde liegenden risikoaversen Entscheidungssubjekten von einem konkaven Verlauf der Nutzenfunktion auszugehen ist. Allerdings ist es gerade das unterschiedliche Risikoverhalten zwischen dem Bereich der „Gewinne" und der „Verluste", das ein besonderes Charakteristikum des beobachtbaren (beschränkt rationalen) Verhaltens ausmacht.

Die in der Prospect-Theorie enthaltene Bildung von Entscheidungsgewichten charakterisiert den Sachverhalt, dass neben der individuellen Bewertung von Konsequenzen auch Wahrscheinlichkeiten einer subjektiven Beurteilung unterworfen sind.[10] Vor diesem Hintergrund stellen Entscheidungsgewichte Funktionen dar, die (objektiven) Eintrittswahrscheinlichkeiten (subjektive) Gewichte zuordnen. Typischerweise werden dabei kleine Wahrscheinlichkeiten untergewichtet und große Wahrscheinlichkeiten übergewichtet. Analog zur Wertfunktion wird bei den Entscheidungsgewichten unterschieden, ob die zu beurteilende Eintrittswahrscheinlichkeit einen Gewinn ($f^{(+)}$) oder einen Verlust ($f^{(-)}$) betrifft. Ferner wird von einer großen Steigung der Gewichtungsfunktionen an den Wahrscheinlichkeitsstellen null und eins ausgegangen, womit die empirisch zu beobachtende besondere Bedeutung der (Quasi-) Sicherheit Berücksichtigung findet. die Der Verlauf typischer Gewichtungsfunktionen der Prospect-Theorie ist in Abbildung 2 dargestellt.

---

9 Quelle: Kahneman/Tversky 1979.

10 Im Jahr 1992 entwickelten Tversky u. Kahneman eine verbesserte Form der Prospect-Theorie, die sie als kumulative Prospect-Theorie bezeichneten. Im vorliegenden Beitrag wird auf diese verbesserte Version Bezug genommen.

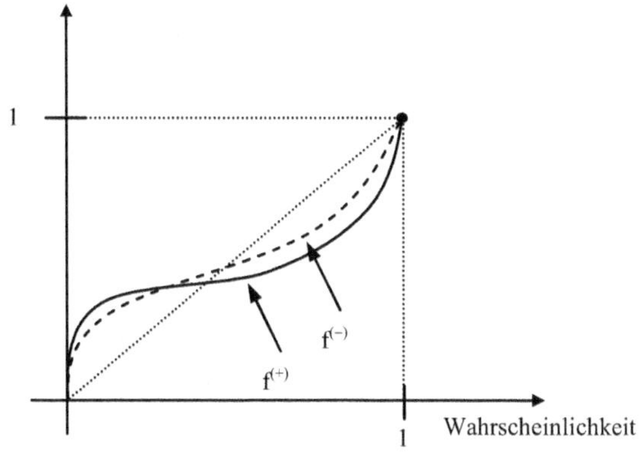

Abb. 2. Typische Gewichtungsfunktionen der Prospect-Theorie[11]

Der Durchbruch der Beachtung und theoretischen Darstellung beschränkter Rationalität blieb nicht ohne Folgen für andere ökonomische Gebiete. Entsprechend wird seit den achtziger Jahren vermehrt versucht, Auswirkungen von Verhaltensanomalien auf die Gesetzmäßigkeiten an Kapitalmärkten zu analysieren, was gemeinhin als *Behavioral Finance* bezeichnet wird. Diese Ansätze integrieren Elemente der Prospect-Theorie oder weitere, zwar empirisch bestätigte, nicht aber einer umfassenden Entscheidungstheorie zugehörige Verhaltensmuster[12] in finanztheoretische Modelle, um damit bisher nicht erklärbare Puzzles zu lösen und neue Einsichten zu gewinnen. Hierzu gehören das Equity Premium verbunden mit dem Risk Free Rate Puzzle, Unter- und Überreaktionen der Kurse, Momentum und Kalendereffekte, um nur einige Phänomene zu nennen.

Neben der kapitalmarktorientierten Sicht, finden sich in jüngster Zeit auch Ansätze, die sich mit einer sachgerechten Unternehmensfinanzierung befassen.[13] Vor diesem Hintergrund lassen sich Konsequenzen beschränkter Rationalität auch auf die Gründungsfinanzierung ableiten.

[11] Quelle: Kahneman/Tversky 1992.

[12] Mittlerweile ist eine ganze Fülle von Verhaltensanomalien bekannt, die hier nicht alle aufgelistet werden sollen. Vgl. anstelle dessen etwa den Überblick in Eisenführ u. Weber 2003, S. 366ff.

[13] Vgl. etwa Breuer/Hartmann 2003.

4 Auswirkungen von Verhaltensanomalien auf Venture-Capital

4.1 Venture-Capital als relevante Finanzierungsform im Rahmen der Gründungsfinanzierung

Mit Entstehung des *Neuen Marktes* hat Venture-Capital zur Finanzierung von Gründungsunternehmen in Deutschland stark an Bedeutung gewonnen, was nicht zuletzt auch an den Ende der neunziger Jahre stark gestiegenen Bruttoinvestitionen in diesen Bereich deutlich wird, deren Entwicklung in Abbildung 3 dargestellt ist. Zwar sind diese nach dem Zusammenbruch der New Economy deutlich gesunken, dennoch bleibt Venture-Capital das wohl bedeutendste Finanzierungsinstrument für Gründungsunternehmen auf dem deutschen Kapitalmarkt.

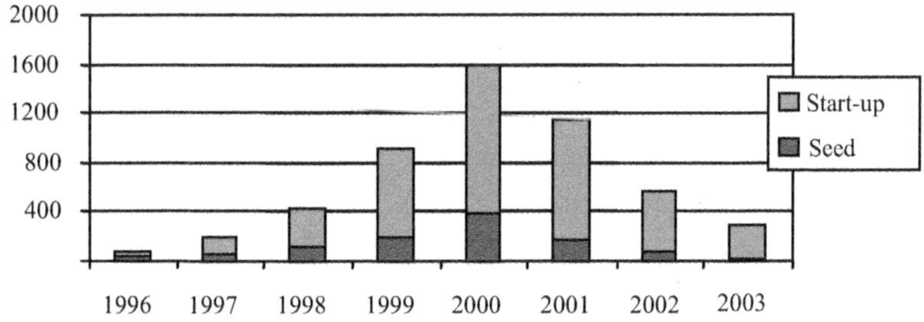

Abb. 3. Bruttoinvestitionen in Mio. Euro in den Bereich Venture-Capital nach Seed- und Start-up-Finanzierung[14]

Venture-Capital lässt sich zum Eigenkapital einer Unternehmung zählen. Privatinvestoren, Großunternehmen oder Risikokapitalgesellschaften (als Intermediäre) stellen dem Unternehmen Kapital zur Verfügung und erhalten dafür Mitspracherechte an der Unternehmensführung.[15] Da die Kapitalempfänger in der Regel zunächst keine Gewinne erwirtschaften, aber häufig als Wachstumsunternehmen eingestuft werden, ist die wesentliche Zielsetzung der Kapitalgeber, ihre Beteiligung langfristig (in der Regel nach 5 Jahren) mittels Desinvestitionsstrategien zu veräußern. Aber auch strategische Erwägungen können eine Motivation für die Kapitalvergabe sein. Zur Vereinfachung wird die Betrachtung für die folgende Analyse auf eine idealtypische Venture-Capital-Finanzierung beschränkt, wie diese in Abbildung 4 illustriert ist.

[14] Quelle: BVK Statistik 2003. Während unter der Seed-Finanzierung die finanziellen Mittel zur Entwicklung und Umsetzung einer Geschäftsidee bis hin zur Entwicklung des Prototypen verstanden wird, so beschreibt die Start-up-Finanzierung die eigentliche Gründungsfinanzierung.

[15] Je nach Art des Kapitalgebers spricht man von informellem (Privatinvestor), Corporate (Großunternehmen), oder formellem (Risikokapitalgesellschaft), Venture-Capital.

In dieser idealtypischen Struktur wird nicht zwischen VC-Geber, VC-Fonds und VC-Management unterschieden, sondern allgemein von einem VC-Geber ausgegangen, der alle Positionen abdeckt. Dieser wird aus Gründen der Diversifikation in der Regel mehreren VC-Nehmern Kapital überlassen. Auch hier wird sich in der vorliegenden Darstellung auf nur einen VC-Nehmer beschränkt.

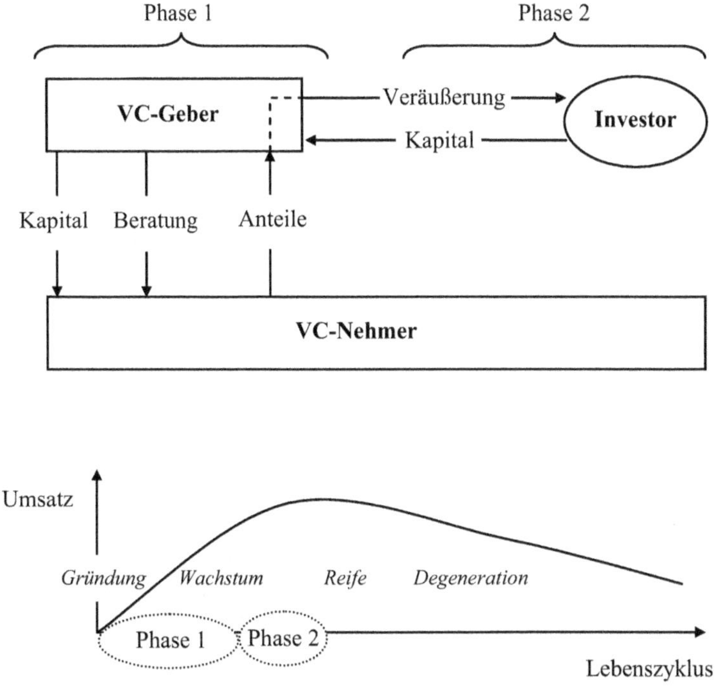

Abb. 4. Idealtypische Struktur einer VC-Beziehung

Im Wesentlichen lassen sich zwei Phasen des Finanzierungsprozesses unterscheiden. In Phase 1, der unternehmerischen Gründungs- und Wachstumsphase, stellt der VC-Geber einem VC-Nehmer haftendes Kapital für einen bestimmten Zeitraum zur Verfügung und leistet unternehmensbezogene Beratung bei wesentlichen Entscheidungen. Im Gegensatz zu einem Kredit müssen keine (hohen) Kreditsicherheiten vorliegen. Der VC-Geber entscheidet nach dem von ihm geschätzten Wachstumspotenzial der Unternehmung über die Mittelüberlassung, denn nachdem das Unternehmen hinreichend umsatzstark ist, wird der VC-Geber – in Phase 2 – seine Beteiligung an einen Investor veräußern. Diese zweite Phase der VC-Finanzierung wird auch als *Exit* bezeichnet. Der Investor kann dabei eine weitere VC-Gesellschaft oder ein Finanzinvestor (*Secondary Sale*), ein Industrieunternehmen (*Trade Sale*) oder auch der VC-Nehmer selbst (*Buy Back*) sein. Angestrebt wird in der Regel jedoch der Börsengang (*Going Public*), damit der VC-

Geber über diesen Kanal seine Anteile veräußern kann. Im Jahr 2003 war jedoch bei der Hälfte der Unternehmen der Totalverlust als *Exit* zu beobachten, was durch die schlechte wirtschaftliche Lage begründet war und insbesondere die Risikoträchtigkeit einer Gründungsfinanzierung belegt. Abbildung 5 zeigt, wie sich die verschiedenen Formen des *Exits* im Jahr 2003 nach Volumen und Anzahl der Unternehmen aufteilten.

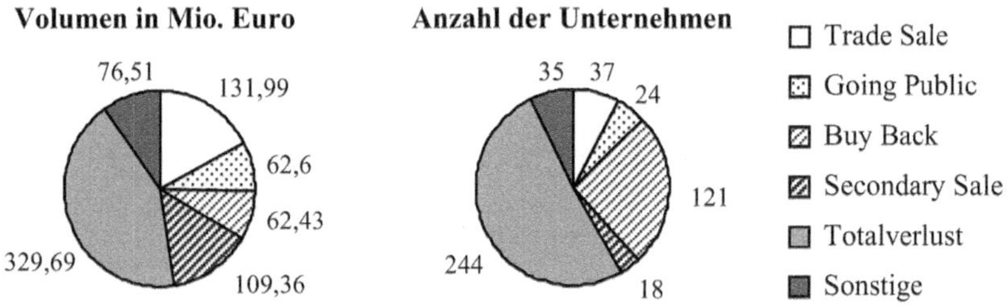

Abb. 5. Exits von Venture-Capital-Unternehmen 2003 nach Volumen und Anzahl der Unternehmen16

Während in Phase 1 der VC-Geber als Kapitalgeber in Erscheinung tritt, ist dies in Phase 2 der Investor. Als Besonderheit der Gründungsfinanzierung im Vergleich zur klassischen Unternehmensfinanzierung sind vor dem Hintergrund beschränkter Rationalität somit die zwei hintereinandergeschalteten Finanzierungsphasen mit den damit verbundenen beiden Kapitalgebertypen zu nennen. Entsprechend soll im Folgenden zunächst die Beziehung zwischen VC-Nehmer und VC-Geber und anschließend die zwischen VC-Geber und Investor näher analysiert werden. Dabei werden realiter zu beobachtende Verhaltensmuster herausgearbeitet, um diese durch typische im Rahmen der Behavioral Finance erkannte Anomalien zu erklären.

4.2 Beschränkte Rationalität auf VC-Geberseite

Da hier Auswirkungen beschränkter Rationalität analysiert werden sollen, wird von den typischen Anreizproblemen der VC-Finanzierung wie etwa dem doppelten Moral-Hazard-Problem abstrahiert.[17] Vielmehr herrsche zwischen VC-Geber und VC-Nehmer vor und nach Vertragsschluss vollständige Informationssymmetrie, so dass jegliche Verhaltensanomalien auf VC-Nehmer-Seite vom VC-Geber erkannt und entsprechend in die Bewertung des Investitionsprojekts einfließen würden. Vor diesem Hintergrund kann zur Vereinfachung auch von einem rational agierenden VC-Nehmer ausgegangen werden, der sich im Interesse der (be-

[16] Quelle: BVK Statistik 2003.

[17] Vgl. zu derartigen Ansätzen etwa Schmidt 2003.

schränkt rationalen) VC-Geber verhält.[18] Daher soll der VC-Nehmer im Folgenden nicht näher betrachtet, sondern sein Unternehmen als mögliches Investitionsprojekt des (beschränkt rationalen) VC-Gebers interpretiert werden.

Die VC-Finanzierung lässt sich aus Sicht des VC-Gebers, wie in Abbildung 6 ersichtlich, im Wesentlichen in vier Phasen unterteilen. Zunächst bewertet der VC-Geber die ihm zur Verfügung stehenden Investitionsprojekte und wählt geeignete Projekte zur Finanzierung aus (Phase A). Nach der Auswahl folgen Verhandlungen über die Finanzierungsmodalitäten, der Vertragsschluss sowie schließlich die Auszahlung an die VC-Nehmer (Phase B). Diese beginnen mit ihrer Geschäftstätigkeit und werden währenddessen durch den VC-Geber kontrolliert, aber auch betreut (Phase C). Die vertraglichen Modalitäten sehen in der Regel vor, dass keine zwischenzeitlichen Ausschüttungen erfolgen, sondern alle Mittel reinvestiert werden. Nach einer Phase des Wachstums wird der VC-Geber seine Kapitalgewinne über eine (Teil-) Veräußerung realisieren (Phase D).

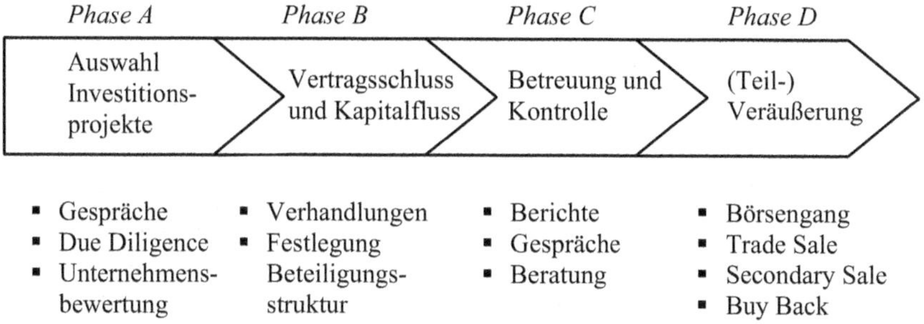

Abb. 6. Phasen der VC-Finanzierung aus VC-Gebersicht

Grundsätzlich kann jede der vier Phasen durch Verhaltensanomalien geprägt sein und soll im Folgenden daraufhin untersucht werden. Bezüglich Phase A stellt sich unmittelbar die Frage, warum VC-Geber ihr Kapital nicht anderweitig investiv verwenden, sondern im Gegensatz zu Finanzintermediären wie Banken bereit sind, ihre Mittel in hochriskante Jungunternehmen zu investieren, obwohl keine dem Risiko entsprechende Rendite zu erwarten ist. Wenn man vor diesem Hintergrund von strategischen Motiven sowie dem Gedanken risikofreudiger VC-Geber abstrahiert,[19] kann eine aufgrund von Verhaltensanomalien vom Fundamentalwert[20] abweichende Unternehmensbewertung ursächlich sein.

---

[18] Vgl. zur Annahme eines rationalen Managements bei beschränkt rationalen Kapitalgebern auch Breuer/Hartmann 2003 oder Langer 1999, S. 41ff.

[19] Das Vorliegen risikofreudiger Entscheidungsträger ist in unternehmerischen Entscheidungssituationen wohl eher nicht zu beobachten. Allenfalls in Spielsituationen – wie die Teilnahme an Lotterien – ist risikofreudiges Verhalten nicht unüblich. Vgl. hierzu näher Laux 1998, S. 158, oder Bamberg/Coenenberg 2002, S. 95.

[20] Der Fundamentalwert eines Unternehmens bezeichnet die Summe der risikoadäquat diskontierten erwarteten Ein- und Auszahlungen, die von der Unternehmung aufgrund ihrer

So werten einige Investoren nur die Informationen aus, die ihren Standpunkt unterstützen und vernachlässigen solche, die ihrer bisherigen Einschätzung widersprechen, was sich auch auf die Bewertung der unternehmerischen Fähigkeiten der VC-Nehmer auswirken kann. Marktteilnehmer, die ihre Handelsaktivitäten nicht auf Fundamentaldaten basieren, werden gemeinhin auch als *Noise Trader* bezeichnet. Zur Veranschaulichung sei unterstellt, dass ein *Noise Trader* die Rendite $\tilde{r}_{t+1,i}$ eines Wertpapiers i für die künftige Periode t+1 ermitteln möchte. Für seine Schätzung geht er davon aus, dass die künftige Rendite von einem beobachteten Signal $\varepsilon_{t,i}$ abhängt, obwohl die Rendite tatsächlich unabhängig von diesem ist. Dieses Signal könnte beispielsweise die Dividendenrendite der Periode t sein. Obwohl alle aktuellen Informationen unter Berücksichtigung der semi-starken Form der Kapitalmarkteffizienz[21] im Fundamentalwert enthalten sein müssten, glaubt der *Noise Trader* Gegenteiliges und handelt entsprechend. Unterstellt man konkret, dass er von folgender gemeinsamen Verteilung[22]

$$(\tilde{r}_{t+1,i},\ \tilde{\varepsilon}_{t,i}) \sim N_2\left(\begin{pmatrix}\mu_{ri}\\ 0\end{pmatrix}, \begin{pmatrix}\sigma_{ri}^2 & \rho_{ri,\varepsilon i}\times\sigma_{ri}\times\sigma_{\varepsilon i}\\ \rho_{ri,\varepsilon i}\times\sigma_{\varepsilon i}\times\sigma_{ri} & \sigma_{\varepsilon i}^2\end{pmatrix}\right) \tag{4.1}$$

für Rendite und Signal ausgeht, wobei μ_{ri} den Erwartungswert und σ_{ri} die Standardabweichung von $\tilde{r}_{t+1,i}$ sowie $\rho_{ri,\varepsilon i}$ den vom *Noise Trader* unterstellten Korrelationskoeffizienten zwischen der Wertpapierrendite und seinem Signal darstellt, so kann die Wertpapierauswahl des *Noise Traders* durch seine fehlerhafte Erwartungsbildung beeinflusst werden.

Zur Begründung dieses Sachverhalts sei von einem Noise Trader ausgegangen, der sein gesamtes Vermögen auf risikolose Anlage und genau ein riskantes Wertpapier aufteilen wird. Aufgrund der Verteilungsannahme (4.1) basiert die Wertpapierauswahl des Investors nur auf dem Erwartungswert und der Standardabweichung seines Gesamtportfolios, und man spricht in diesem Zusammenhang von einem Handeln nach dem *μ–σ-Prinzip*. Es zeigt sich, dass das so genannte *Sharpe-Maß* als Kriterium für die Auswahl des (riskanten) Wertpapiers sachgerecht ist.[23] Dabei entspricht das Sharpe-Maß eines Portfolios dem Quotienten aus Risi-

realwirtschaftlichen Tätigkeit generiert werden. Vgl. hierzu z.B. Külpmann 2002, S. 50, unter Berücksichtigung der dortigen Fußnote 16. Alle unternehmerischen Daten, die zur Schätzung dieser Zahlungen benötigt werden, werden als Fundamentaldaten bezeichnet.

21 Das Vorliegen einer semi-starken Form der Kapitalmarkteffizienz drückt aus, dass öffentlich verfügbare Informationen bereits in den Marktpreisen reflektiert werden. Vgl. hierzu und zu weiteren Formen der Kapitalmarkteffizienz Bruns u. Meyer-Bullerdiek 2003, S. 86ff.

22 Dabei bezeichne $N_2(M, C)$, die zwei-dimensionale Normalverteilung mit Erwartungswert(vektor), M und Varianz-Kovarianz-Matrix C.

23 Vgl. auch Breuer/Gürtler 1999, die diese Aussage für Fragen der Performancemessung belegen. In der Tat besitzt das Sharpe-Maß insbesondere im Rahmen der Performancemessung von Investmentfonds eine erhebliche Bedeutung.

koprämie (gemessen über die Differenz von erwarteter Portfoliorendite und risikolosem Zins) und Risiko (gemessen über die Standardabweichung) des betrachteten Portfolios. Stehen auf dem Kapitalmarkt nun ausschließlich die beiden Wertpapiere i und j zur Verfügung, so wählt der in Rede stehende Investor genau das Wertpapier mit dem höheren *Sharpe*-Maß.

Unterstellt man ferner, dass Gründungsunternehmen aufgrund ihres hohen Risikos von rationalen (risikoaversen) Kapitalgebern nicht nachgefragt werden, so könnten *Noise Trader* aufgrund der von ihnen (falsch) geschätzten Rendite-Risiko-Konstellation der Gründungsunternehmen bereit sein, diesen Kapital anzubieten.[24]

Darüber hinaus gilt unter den betrachteten Umständen, dass der *Noise Trader* die Varianz der Wertpapierrendite mit[25]

$$\sigma_{ri}^{(NT)2} = Var(\tilde{r}_{t+1,i} | \overset{\rightarrow}{\leftarrow} \varepsilon_{t,i}) = (1-\rho_{ri,\varepsilon i}^2) \times \sigma_{ri}^2 < \sigma_{ri}^2 \tag{4.2}$$

berechnet und somit unterschätzt. Diese Unterschätzung kann wiederum als Ausdruck einer Selbstüberschätzung des Investors gewertet werden: der *Noise Trader* ist überzeugt, den Erwartungswert der Wertpapierrendite präziser als andere Marktteilnehmer abschätzen zu können. Die Verhaltensanomalie der Selbstüberschätzung ist empirisch recht gut belegt und wird in der entsprechenden Literatur meist als *Overconfidence* bezeichnet.[26] Konkret wird hierunter verstanden, dass Investoren ihre eigenen Fähigkeiten überschätzen und somit ihren eigenen Analysen oder Informationen eine zu starke Gewichtung zukommen lassen, was Fehleinschätzungen verursachen kann. Daneben wird hierunter die falsche Beurteilung bezüglich der Präzision von Signalen verstanden. Bezogen auf Venture-Capital belegen *Zacharakis u. Shepherd* 2001, dass VC-Geber insofern der *Overconfidence* unterliegen, als dass sie sowohl die Erfolgs- als auch die Misserfolgswahrscheinlichkeit junger Unternehmen jeweils zu hoch ansetzen. Dieses Verhalten kann nach der grundsätzlichen Entscheidung für Venture-Capital als Anlageform zur fehlerhaften Auswahl des VC-Nehmers führen.

Darüber hinaus zeigen *Zacharakis u. Shepherd*, dass VC-Geber eher intuitive als rationale Entscheider sind und dem *Availibility Bias* unterliegen. Durch diesen Bias schätzen Investoren die Wahrscheinlichkeit bestimmter Ereignisse umso höher ein, je leichter und schneller sie sich Beispiele hierfür in Erinnerung rufen können. So mag die Fülle der erfolgreichen Börsengänge während der Phase der Interneteuphorie dazu geführt haben, dass viele Investoren die Erfolgswahrscheinlichkeit der Jungunternehmen überschätzt und in diese investiert haben.

Eine weitere Anomalie, die zu der Wahl eines nicht geeigneten Investitionsprojekts führen kann, ist der *Attention Effekt*. Dieser beschreibt die von *Odean* im Jahr 1999 formulierte Feststellung, dass Investoren nicht alle Informationen aus-

24 Vgl. zu einer Herleitung dieses Sachverhalts den Anhang zu diesem Beitrag.

25 Vgl. hierzu Schmitz 1996, S. 159.

26 Lichtenstein, Fischhoff/Phillips 1982 belegen, dass Entscheider Wahrscheinlichkeitsverteilungen bzw. Konfidenzintervalle als häufig zu eng unterstellen, was zu einer Unterschätzung der Varianz führt.

werten, sondern in das Wertpapier investieren, dass ihre Aufmerksamkeit erregt hat. So können die positiven Pressemitteilungen über die Fülle der Start-ups im Technologiebereich der späten neunziger Jahre den *Attention Effekt* hervorgerufen und zu (unreflektierten) Beteiligungsentscheidungen der Investoren geführt haben. Insgesamt lassen sich sicherlich noch unzählige weitere Verhaltensanomalien finden, die zu einer Fehlbewertung von Unternehmen führen und daher die Investition in Venture-Capital selbst dann rechtfertigen, wenn rationale Investoren aus Rendite-Risiko-Gesichtspunkten nicht bereit wären, VC-Nehmern Kapital zur Verfügung zu stellen.

Im Weiteren soll nun der Frage nach Motiven des besonderen Finanzierungsdesigns von Venture-Capital nachgegangen werden, dass in der Regel keine Dividendenzahlungen im Zeitablauf vorsieht, sondern sich ausschließlich auf Kursgewinne in Form des späteren *Exits* beschränkt. Neben dem hoch bewerteten Wachstumspotenzial der Unternehmung können im Vergleich zu gewöhnlichen Aktien gerade die *Exit*-Möglichkeiten für den VC-Geber von Interesse sein. Unterstellt man für einen Augenblick einen rationalen VC-Geber, so könnte er auf Bewertungsanomalien seiner künftigen Investoren hoffen, die zu einer Überbewertung der Unternehmung des VC-Nehmers führen, sodass er seine Anteile zu einem höheren als dem gerechtfertigten Preis verkaufen kann. Zum einen erwartet er dadurch insgesamt eine Rendite, die über derjenigen anderer Marktteilnehmer liegt, die diesen Umstand nicht berücksichtigen. Dies mag ursächlich dafür sein, dass er überhaupt in Venture-Capital investiert, was Phase A zuzurechnen wäre. Zum anderen aber werden dadurch Dividendenausschüttungen für ihn nachteilig. Sie reduzieren den Wert seiner gehaltenen Anteile, die er zum Ende der Vertragsbeziehung überbewertet verkaufen kann, wodurch er in Summe eine geringere Rendite erwirtschaftet als ohne zwischenzeitliche Dividendenzahlungen.[27] Vor diesem Hintergrund ist die Vertragsgestaltung auf Bewertungsanomalien künftiger Investoren konzipiert, auf die näher im Abschnitt 4.3 eingegangen wird.

Ein weiteres Charakteristikum der VC-Beziehung ist die relativ lange vorgesehene Dauer der Beteiligung. Erneut ist an die Verhaltensanomalie der *Overconfidence* zu denken, da die langfristige Kapitalbindung im Falle des Venture-Capital ein Schutzmechanismus der VC-Geber gegen ihre eigene Anomalie sein könnte. *Barber u. Odean* 2000, fanden nämlich heraus, dass Investoren, die sich selbst überschätzen, zu häufig handeln, wodurch hohe Transaktionskosten entstehen.[28] Im Falle von Venture-Capital wäre ihr Kapital jedoch langfristig gebunden.

Auch in Phase C, in der der VC-Geber als Berater auftritt, kann sich die Anomalie der *Overconfidence* bemerkbar machen. So kann der VC-Geber aufgrund der Überschätzung seiner Managementfähigkeiten den VC-Nehmer zu Entscheidungen beeinflussen, die sich als eher nachteilig auf die Unternehmensentwicklung auswirken. Insbesondere ist diese Phase aber vor dem Hintergrund von Ver-

---

[27] Man bedenke in diesem Zusammenhang, dass jede zwischenzeitlich als Dividende ausgeschüttete Geldeinheit im Rahmen eines zukünftigen Verkaufs keine „Fehlbewertungsprämie" mehr erwirtschaften kann.

[28] Vgl. auch Odean 1999.

haltensfehlanreizen im Rahmen asymmetrischer Information interessant und soll deswegen hier nicht näher betrachtet werden.

Bezogen auf Aktienverkäufe ist bereits seit längerem bekannt, dass Investoren Wertpapiere mit sinkendem Kurs zu lange halten und Wachstumsaktien zu früh verkaufen.[29] Dieses Phänomen wird auch als *Dispositionseffekt* bezeichnet. *Shefrin u. Statman* 1985 führen dies auf unterschiedliche Risikoneigungen zwischen Gewinnen und Verlusten zurück, wie sie in der Wertfunktion der Prospect-Theorie vorliegen. Das risikofreudige Verhalten nach Aktienkursverlusten führt zu einer Spekulation auf folgende Kursgewinne, so dass Aktien tendenziell weiter gehalten werden. Entsprechend führt das risikoaverse Verhalten nach vorangegangenen Aktienkursgewinnen zu einer Veräußerung, um künftige Verluste zu vermeiden. Verfügen auch VC-Geber über eine Wertfunktion im Sinne der Prospect-Theorie, so ist zu erwarten, dass sie in Phase D den *Exit* zu früh planen, wenn das Unternehmen stark gewachsen ist, da sie sich dann entsprechend im risikoaversen Gewinnbereich ihrer Wertfunktion befinden. Hat sich die Unternehmung jedoch schlecht entwickelt, so werden sie den *Exit* weiter in die Zukunft schieben.

Fraglich ist darüber hinaus, warum die meisten VC-Geber eine Platzierung der durch sie betreuten Unternehmen an der Börse anstreben, obwohl hinlänglich bekannt ist, dass Neuemissionen in aller Regel unterbewertet werden.[30] Auch dies kann Ausdruck der Overconfidence sein, da die einzelnen VC-Geber davon überzeugt sind, dass dieser Sachverhalt für sie nicht zutreffen wird und sie im Falle der Platzierung einen Informationsvorsprung vor dem Kapitalmarkt besitzen.

Insgesamt zeigt dieser Abschnitt, dass Verhaltensanomalien auf VC-Geberseite die VC-Beziehung maßgeblich beeinflussen können. Inwiefern Irrationalitäten auf Investorenseite während der Phase des Exits in Erscheinung treten können, soll im folgenden Abschnitt untersucht werden.

4.3 Beschränkte Rationalität auf Investorenseite

Wie bereits in Phase A, so herrsche auch für die Beziehung zwischen VC-Geber (als Repräsentant des VC-Nehmers) und Investor vollständige Informationssymmetrie, so dass Verhaltensanomalien des VC-Gebers durch den Investor antizipiert werden und entsprechend in den Kaufpreis einfließen. Im Folgenden sollen deswegen primär Auswirkungen etwaiger Verhaltensanomalien auf Investorenseite analysiert werden, die sich abhängig von der Art des *Exits* erweisen werden.

Für die angestrebte Form des *Exits*, den Börsengang der finanzierten Unternehmung, finden sich bereits einige Quellen über beschränkte Rationalität auf Investorenseite. Hierzu zählt etwa der Befund, dass einige Investoren der Ansicht sind, die anfänglich zu erzielenden Renditen nach einem Börsengang seien mit denen anderer Unternehmen positiv korreliert, die jüngst an die Börse gegangen

---

[29] Vgl. zu einem empirischen Beleg Odean 1998.

[30] Vgl. hierzu überblicksartig Ibbotson/Ritter 1995.

sind.[31] VC-Geber könnten diese Anomalie nun ausnutzen, indem sie den Börsengang zeitlich entsprechend planen, um so überteuerte Preise für ihre Anteile zu erhalten.

Handelt es sich bei dem Käufer um eine weitere VC-Gesellschaft oder einen Finanzinvestor, so spricht man, wie bereits erwähnt, vom *Secondary Sale*. Im Gegensatz dazu bezeichnet man den Verkauf an einen Industrieinvestor als *Trade Sale*. Obwohl bei der VC-Gesellschaft finanzielle und bei dem Industrieinvestor häufig eher strategische Motive eine Rolle spielen, sind diese vor dem Hintergrund beschränkter Rationalität ähnlich zu würdigen und sollen daher im Folgenden zusammengefasst werden. Darüber hinaus ist ein *Secondary oder Trade Sale* grundsätzlich identisch zu Phase A der VC-Finanzierung aus VC-Gebersicht, wie sie in Abbildung 6 dargestellt ist. Jedoch ist hier die Weiterentwicklung des Unternehmens hin zum Stadium der Reife zu berücksichtigen. Vor diesem Hintergrund können nun Anomalien greifen, die in der (reinen) Gründungsfinanzierung noch keine Rolle gespielt haben. Zu denken ist beispielsweise an *Anchoring*, das Festhalten an ersten Eindrücken oder vergangenen Trends, zusammen mit *Adjustment*, der langsamen Anpassung an neue Informationen. Sei zur Verdeutlichung dieser Sachverhalte angenommen, dass ein beschränkt rationaler Investor ohne den Erhalt weiterer Informationen in einem Zeitpunkt t die aktuelle Renditebeobachtung $r_{t,i}$ der letzten Periode als sichere Schätzung für die Rendite $\tilde{r}_{t+1,i}$ der nächsten Periode ansieht. Erhält dieser Investor ein (sachgerechtes) Informationssignal, wonach die künftige Wertpapierrendite $\tilde{r}^{(Signal)}_{t+1,i}$ (unsicher) normalverteilt ist und über einen Erwartungswert μ_{ri} sowie eine Standardabweichung σ_{ri} verfügt, so wird der Investor aufgrund eines *Adjustment* seine Einschätzung wie folgt an das neue Signal anpassen:

$$\tilde{r}^{(A)}_{r+1,i} = \lambda \cdot \tilde{r}^{(Signal)}_{r+1,i} + (1-\lambda) \cdot r_{t,i} \quad mit\ \lambda \in [0;\ 1]. \tag{4.3}$$

Der Parameter λ kann dabei als Adjustierungsparameter interpretiert werden, der misst, in welcher Geschwindigkeit die Anpassung an neue Informationen (hier das Signal) erfolgt. Vor diesem Hintergrund adjustiert der Investor seine Renditeerwartungen gemäß

$$\mu^{(A)}_{ri} = \lambda \cdot \mu_{ri} + (1-\lambda) \cdot r_{t,i}, \tag{4.4}$$

und die zugehörige Varianz[32] berechnet sich entsprechend als

$$\sigma^{(A)2}_{ri} = \lambda^2 \cdot \sigma^2_{ri}. \tag{4.5}$$

Bei *Adjustment* und *Anchoring* im Sinne von (4) (und (5)) lautet das *Sharpe*-Maß somit:

---

[31] Vgl. Ibbotson/Ritter 1995.

[32] Da der Investor von einer normalverteilten Rendite ausgeht, sind für ihn ausschließlich Erwartungswert und Varianz der Rendite beurteilungsrelevant.

$$j_i^{(A)} = \frac{\lambda \cdot \mu_{ri} + (1-\lambda) \cdot r_{t,i} - r_0}{\lambda \cdot \sigma_{ri}} = \frac{\mu_{ri} - r_0 + [(1-\lambda)/\lambda] \cdot (r_{t,i} - r_0)}{\sigma_{ri}} . \tag{4.6}$$

Offensichtlich wird hier neben Erwartungswert und Standardabweichung auch die aktuelle Rendite zur Beurteilung der Vorteilhaftigkeit einer Investitionsmöglichkeit herangezogen. Auf diese Weise werden gerade solche Projekte vorgezogen, die ceteris paribus über eine hohe aktuelle Rendite verfügen, was bei jüngst gegründeten Unternehmen wohl eher selten zu beobachten, jedoch in der Wachstumsphase geradezu charakteristisch ist. Ist der VC-Nehmer für den (alten) VC-Geber aufgrund der veränderten Rendite-Risiko-Struktur nicht mehr interessant, so kann er in einer VC-Gesellschaft, die dem *Anchoring* und *Adjustment* unterliegt, einen geeigneten Käufer finden. Bemerkenswerterweise unterschätzt die VC-Gesellschaft ebenfalls die Renditevarianz, sodass auch das Verhalten der VC-Gesellschaft als *overconfident* zu werten ist.

Im Falle eines *Buy Back* verkauft der VC-Geber seine Anteile an den VC-Nehmer und kann so etwaige Verhaltensanomalien des Unternehmers ausnutzen. Beispielsweise kann auch der Unternehmer dem Phänomen der *Overconfidence* unterliegen und seine unternehmerischen Qualitäten überschätzen. Diese Anomalie kann sich beispielsweise darin äußern, dass der Unternehmer seine künftigen unternehmerischen Nettoeinzahlungen anstelle einer sachgerechten Vorgabe $\tilde{z} \in (\underline{z}; \overline{z})$ als um einen Betrag Δ erhöhte Einzahlungen $\tilde{z} + \Delta \in (\underline{z} + \Delta; \overline{z} + \Delta)$ mit $\Delta > 0$ ansieht. Ermittelt er seinen Unternehmenswert mit der DCF-Methode, so bemisst er das Risiko zwar adäquat, überschätzt aber seine erwarteten Einzahlungen,[33] weswegen er bereit ist, einen höheren Kaufpreis zu zahlen als eigentlich durch die tatsächliche Rendite-Risiko-Struktur seiner Unternehmung gerechtfertigt wäre.

Zusammengefasst zeigt sich, dass während der Phase des Exits auch auf Investorenseite eine Vielzahl an beschränkt rationalen Verhaltensweisen vorliegen können, die den Exit entscheidend beeinflussen. Insbesondere das Vorliegen von (unterschiedlich begründetem) Overconfidence kann in diesem Zusammenhang beobachtbare Verhaltensweisen erklären.

5 Zusammenfassung

In dem vorliegenden Beitrag wurde der Einfluss in praxi zu beobachtender Irrationalitäten der Marktteilnehmer auf Kapitalmärkten auf die Gründungsfinanzierung

---

[33] Dieser Aussage liegt die Anschauung zugrunde, dass ein Entscheidungssubjekt für die zu beurteilenden Einzahlungen stets eine Trennung in eine „Höhenkomponente" Erwartungswert und eine Risikokomponente vornimmt. Dieses Verständnis von Risiko wird beispielsweise in Breuer et al. 2004, Abschnitt II.3.2, für allgemeine Nutzenstrukturen genauer dargelegt.

am Beispiel des *Venture-Capital* dargelegt. Zu diesem Zweck wurden typische Verhaltensweisen, die im Rahmen von Gründungsfinanzierungen auftreten, herausgearbeitet, um diese mittels (aus der Literatur zur „Behavioral Finance") bekannter Verhaltensanomalien zu erklären.

Konkret wurden dabei die beiden ersten Phasen einer idealtypischen VC-Beziehung zugrunde gelegt: die *Gründungs- und Wachstumsphase* (Phase 1) und der *Exit* (Phase 2). Dabei tritt in Phase 1 im Besonderen der VC-Geber in Erscheinung, der dem VC-Nehmer haftendes Kapital für einen bestimmten Zeitraum zur Verfügung stellt und für diesen Zeitraum durch Beratung eine entscheidungsunterstützende Funktion einnimmt. Phase 2 ist vornehmlich durch die Tätigkeit des Investors gekennzeichnet, der die Beteiligung vom VC-Geber übernimmt.

Vor diesem Hintergrund wurden die Tätigkeiten auf Seiten der VC-Geber im Rahmen von Phase 1 und auf Seiten der Investoren im Rahmen von Phase 2 hinsichtlich denkbarer Verhaltensanomalien genauer untersucht.

So ist es grundsätzlich überraschend, dass VC-Geber in Jungunternehmen investieren, obwohl diese als äußerst riskant zu bewerten sind. Dies kann darin begründet sein, dass VC-Geber der Gruppe so genannter *Noise Trader* angehören, die (fälschlicher Weise) ihre Investitionsentscheidung nicht auf Fundamentaldaten basieren, sondern neben diesen für ihre Entscheidungsfindung auf unabhängige Stör-Signale zurückgreifen. Vor diesem Hintergrund ist es denkbar, dass Noise Trader zum einen erwartete Unternehmensrenditen überschätzen und simultan die zugehörige Renditevarianz unterschätzen. Letzteres ist zusätzlich Ausdruck einer *Selbstüberschätzung* oder *Overconfidence* des VC-Gebers, der davon ausgeht, exaktere Schätzungen für die zu erwartenden Unternehmensrenditen vorzugeben als dies anderen Marktteilnehmern möglich ist. Ferner konnten der *Avaibility Bias* und der *Attention Effekt* als denkbare Verhaltensanomalien bei den VC-Gebern identifiziert werden. Dabei besagt der Availibility Bias, dass Eintrittswahrscheinlichkeiten tendenziell überschätzt werden, wenn für die zugehörigen Ereignisse vielfältige Beispiele in der Erinnerung der Entscheider liegen. Insofern führen möglicherweise erfolgreiche Börsengänge im Rahmen der Interneteuphorie zu einer Überschätzung der Erfolgswahrscheinlichkeit von VC-Investitionen. Ähnliches resultiert aus dem Attention Effekt, wonach Investoren vermehrt in solche (ohne weiteres suboptimalen) Unternehmen investieren, die aus beliebigen Gründen ihre Aufmerksamkeit erregt haben.

Des Weiteren konnte der Sachverhalt üblicherweise fehlender Dividendenzahlungen im Rahmen von VC-Finanzierungen derart erklärt werden, dass VC-Geber auf eine Überbewertung des Unternehmens beim Exit hoffen. Die auf diese Weise mögliche „Fehlbewertungsprämie" würde durch zwischenzeitliche Dividendenauszahlungen gekürzt und macht diese somit für den VC-Geber unattraktiv.

Schließlich kann der so genannte *Dispositionseffekt* dafür verantwortlich sein, dass stark gewachsene Unternehmen den Exit zu früh und gering gewachsene Unternehmen den Exit zu spät planen.

Zur Beschreibung des irrationalen Verhaltens auf Investorenseite sind vor allem *Anchoring*, das Festhalten an vergangenen Trends, und *Adjustment*, der langsame Anpassungsprozess an neue Informationen, als denkbare Anomalien zu nennen. So konnte die Modellierung dieser beiden Sachverhalte nachweisen, dass Unternehmen, die historisch über eine hohe Rendite, aber über ein nachteiliges Rendite-Risiko-Profil verfügen, durchaus (und unsachgemäß) anderen Unternehmen mit einem besseren Rendite-Risiko-Profil vorgezogen werden. Auch in diesem Zusammenhang zeigte sich eine Unterschätzung der Renditevarianz, die wiederum Ausdruck der Overconfidence (in diesem Fall beim Investor) ist. Letztere kann auch im Falle eines Buy Back beim Investor bzw. VC-Nehmer vorliegen, der seine unternehmerischen Fähigkeiten überschätzt und daher von (unsachgemäß) erhöhten Einzahlungen ausgeht.

Alles in allem sind eine Vielzahl an typischen Verhaltensanomalien denkbar, die im Rahmen einer VC-Finanzierung junger Unternehmen Relevanz besitzen. Grundsätzlich offen bleibt die Frage, wie solche Anomalien im Rahmen einer geschlossenen Modellierung anzusetzen sind, um Fragen der optimalen Gründungsfinanzierung klären zu können. Hier bleibt die weitere Entwicklung im Rahmen der „Behavioral Finance“ abzuwarten.

6 Anhang

Nach Schmitz 1996, S. 158 f., gilt für den Erwartungswert der auf $\varepsilon_{t,i}$ bedingten Rendite unter der Berücksichtigung der Verteilungsannahme (4.1):

$$E(\tilde{r}_{t+1,i} | \; \varepsilon_{t,i}) = \mu_{ri} + \rho_{ri,\varepsilon i} \cdot \frac{\sigma_{ri}}{\sigma_{\varepsilon i}} \cdot \varepsilon_{t,i} =: \mu_{ri}^{(NT)} . \qquad (6.1)$$

Ferner liegt die Varianz der auf $\varepsilon_{t,i}$ bedingten Rendite gemäß Gleichung (4.2) vor, so dass insgesamt für das durch den *Noise Trader* gebildete *Sharpe*-Maß $\varphi_i^{(NT)}$ des Wertpapiers i resultiert:

$$j_i^{(NT)} = \frac{\mu_{ri}^{(NT)} - r_0}{\sigma_{ri}^{(NT)}} = \frac{\mu_{ri} + \rho_{ri,\varepsilon i} \cdot \sigma_{ri} / \sigma_{\varepsilon i} \cdot \varepsilon_{t,i} - r_0}{\sqrt{(1 - \rho_{ri,\varepsilon i}^2)} \cdot \sigma_{ri}} . \qquad (6.2)$$

Sei nun ein weiteres Wertpapier j betrachtet, dass über den gleichen (wahren) Erwartungswert wie Wertpapier i bei geringerem Risiko verfüge. Folglich gelte

$$\mu_{ri} - r_0 = \mu_{rj} - r_0 , \; \sigma_i < \sigma_j \text{ und } j_i > j_j , \qquad (6.3)$$

wobei φ_i und φ_j das jeweils wahre *Sharpe*-Maß kennzeichnen. Hat ein rationaler Investor mit μ–σ-Präferenzen die ausschließliche Möglichkeit, sein Vermögen in Wertpapier i oder j zu investieren, so wird er Wertpapier i wählen. Ein *Noise Trader* kann unter Umständen jedoch auch Wertpapier j vorziehen, weil trotz der Gültigkeit von (6.3) der Sachverhalt

$$j_i^{(NT)} = \frac{\mu_{ri} + \rho_{ri,\varepsilon i} \cdot \sigma_{ri}/\sigma_{\varepsilon i} \cdot \varepsilon_{t,i} - r_0}{\sqrt{(1-\rho_{ri,\varepsilon i}^2)} \cdot \sigma_{ri}} < \frac{\mu_{rj} + \rho_{rj,\varepsilon j} \cdot \sigma_{rj}/\sigma_{\varepsilon j} \cdot \varepsilon_{t,j} - r_0}{\sqrt{(1-\rho_{rj,\varepsilon j}^2)} \cdot \sigma_{rj}} = j_j^{(NT)} \quad (6.4)$$

bei geeignet vorliegenden Parametern $\sigma_{\varepsilon j}$ und $\rho_{rj,\varepsilon j}$ möglich ist.

Literatur

Allais M (1953) Le comportement de l'homme rationnel devant le risque, critique des postulats et axiomes de l'école Américaine. Econometrica 21, S 503-546.

Bamberg G, Coenenberg AG (2002) Betriebswirtschaftliche Entscheidungslehre. 11. Auflage, Vahlen, München.

Barber B, Odean T (2000) Trading is Hazardous to Your Wealth: The Common Stock Investment Performance of Individual Investors. Journal of Finance 55, S 773-806.

Breuer W, Gürtler M (1999) Performancemessung mittels Sharpe-, Jensen- und Treynor-Maß – eine Anmerkung. Zeitschrift für Bankrecht und Bankwirtschaft 11, S 273-286.

Breuer W, Gürtler M, Schuhmacher F (2004) Portfoliomanagement I – Grundlagen. Gabler, Wiesbaden.

Breuer W, Hartmann N (2003) Unternehmensfinanzierung und beschränkte Rationalität – Das Beispiel optimaler Dividendenpolitik. Zeitschrift für betriebswirtschaftliche Forschung 55, S 343-363.

Breuer W, Hartmann N, Kleefisch A (2003a) Finanzinnovationen der Fremdfinanzierung – Überblick und Würdigung. (Österreichisches) Bank Archiv 51, S 277-287.

Breuer W, Hartmann N, Kleefisch A (2003b) Finanzinnovationen der Beteiligungsfinanzierung – Überblick und Würdigung. (Österreichisches) Bank Archiv 51, S 325-335.

Bruns C, Meyer-Bullerdiek F (2003) Professionelles Portfoliomanagement. 3. Auflage, Schäffer-Poeschel, Stuttgart.

BVK Statistik (2003) Teilstatistik: Venture-Capital 2003 in Zahlen.

Eisenführ F, Weber M (2003) Rationales Entscheiden. Springer-Verlag, Berlin, Heidelberg, New York.

Gürtler M (2002) Der IRB-Ansatz im Rahmen von Basel II. Die Betriebswirtschaft 62, S 450-452.

Hering T, Vincenti AJF (2003) Gründungs- und Frühphasenfinanzierung. In: Breuer W, Schweizer T (Hrsg) Gabler Lexikon Corporate Finance. Gabler, Wiesbaden, S 221-224.

Herstein JN, Milnor JW (1953): An Axiomatic Approach to Measurable Utility. Econometrica 21, pp 291-297.

Hsu DH (2004): What do Entrepreneurs pay for Venture-Capital Affiliation? Journal of Finance 59, S 1805-1844.

Ibbotson RG, Ritter JR (1995) Initial Public Offerings. In: Jarrow R et al. (ed) Handbooks in OR and MS 9 – Finance. Elsevier Science, Amsterdam, S 993-1016.

Jensen MC (1967): Random Walks – Reality or Myth – Comment. Financial Analysts Journal 23, S 77-85.

Kahneman D, Tversky A (1979) Prospect Theory: An Analysis of Decision under Risk. Econometrica 47, S 263-291.

Külpmann M (2002) Stock Market Overreaction and Fundamental Valuation. Springer, Berlin, Heidelberg, New York.

Langer T (1999) Alternative Entscheidungskonzepte in der Banktheorie. Physica, Heidelberg.

Laux H (1998) Entscheidungstheorie. 4. Auflage, Springer, Berlin, Heidelberg, New York

Levy H (1992) Stochastic Dominance and Expected Utility – Survey and Analysis. Management Science 38, S 555-593.

Lichtenstein S, Fischhoff B, Phillips LD (1982) Calibration of Probabilities: The State of the Art to 1980. In: Kahneman D, Slovic P, Tversky A (ed) Judgment under Uncertainty: Heuristics and Biases. Cambridge University Press, Cambridge, S 306-334.

Odean T (1998) Are Investors Reluctant to Realize their Losses? Journal of Finance 53, S 1775-1798.

Odean T (1999) Do Investors Trade Too Much? American Economic Review 89, S 1279-1298.

Nathusius K (2001) Grundlagen der Gründungsfinanzierung. Gabler, Wiesbaden.

Schmidt KM (2003) Convertible Securities and Venture-Capital Finance. Journal of Finance 58, S 1139-1166.

Schmitz N (1996) Vorlesungen über Wahrscheinlichkeitstheorie. Teubner, Stuttgart.

Schulte-Mattler H, von Kenne U (2004) Meilenstein der Bankenaufsicht. Die Bank o Jg, Heft 9, S 37-40.

Shefrin HM, Statman M (1985) The Disposition to Sell Winners Too Early and Ride Losers Too Long. Journal of Finance 40, S 777-790.

Tversky A, Kahneman D (1992) Cumulative Prospect Theory – An Analysis of Decision under Uncertainty. Journal of Risk and Uncertainty 5, S 297-323.

von Neumann J, Morgenstern O (1947): Theory of Games and Economic Behavior, 2. Auflage, Princeton University Press, Princeton.

Zacharakis AL, Shepherd DA (2001) The Nature of Information and Overconfidence on Venture-Capitalists' Decision Making. Journal of Business Venturing 16, S 311-332.

IPO als Exit der Venture-Capital-Finanzierung

Stefanie Franzke und Erik Theissen

Abstract

Venture-Capital (VC)-Finanzierungen sind Finanzierungen auf Zeit. Die VC-Gesellschaft trennt sich über kurz oder lang von ihrer Beteiligung. Hierfür stehen verschiedene Exitkanäle zur Verfügung. Dem Börsengang (IPO) des Portfoliounternehmens wird als Exitkanal in der Literatur große Bedeutung beigemessen. In augenscheinlichem Widerspruch dazu steht die Beobachtung, daß die tatsächliche Bedeutung des Börsengangs als Veräußerungsmöglichkeit vergleichsweise gering ist. In diesem Beitrag wird untersucht, worauf die große Bedeutung, die dem IPOs als Exitkanal zugesprochen wird, zurückzuführen ist. Aus dieser Diskussion ist die Schlußfolgerung zu ziehen, daß die Aussicht auf einen möglichen Börsengang ein Instrument darstellt, das Anreize für die Beteiligten setzt und möglicherweise sogar erforderlich ist, damit eine VC-Finanzierung überhaupt zustande kommt.

1 Problemstellung

Zur Hochzeit des Neuen Marktes (1998 – 2000) erlebte Deutschland nicht nur eine nie dagewesene Zahl von Börsengängen (Initial Public Offerings, IPOs), sondern auch einen Boom bei der Unternehmensfinanzierung durch Venture-Capital (VC).[1] Dieser Boom bezog sich zum einen auf das Volumen an Kapital, das VC-Gesellschaften für Investitionszwecke zufloß (New Funds raised) und zum anderen auf die Anzahl und die Höhe der in Portfoliounternehmen getätigten Bruttoinvestitionen. Die nachfolgenden Abbildungen verdeutlichen die Entwicklungen am Erstemissions- und VC-Markt.

---

1 Für eine Diskussion der Hindernisse, die überwunden werden mußten, damit es zu einem Boom auf dem Emissionsmarkt und einem Anstieg bei VC-Finanzierungen in Deutschland Ende der 90iger Jahre hatte kommen können, siehe Franzke/Grohs/Laux (2004).

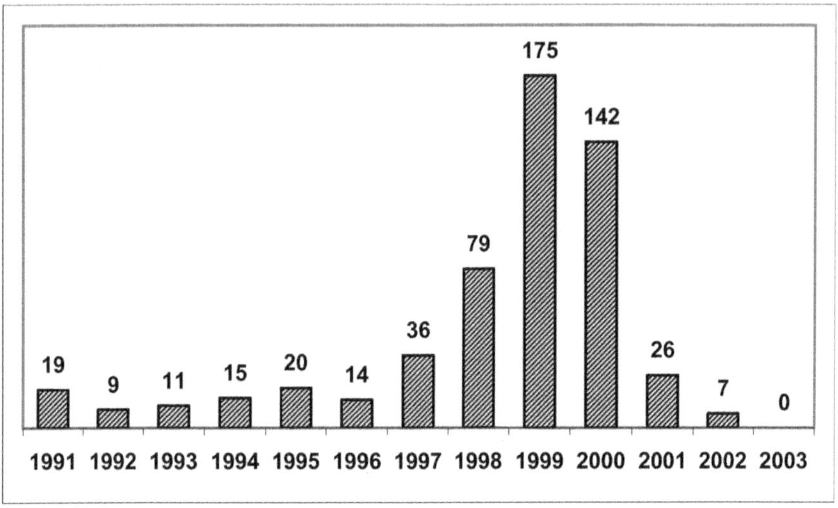

Abb. 1. Anzahl inländischer IPOs in Deutschland, 1991 – 2003; Quelle: DAI (2003, S. 03-8)

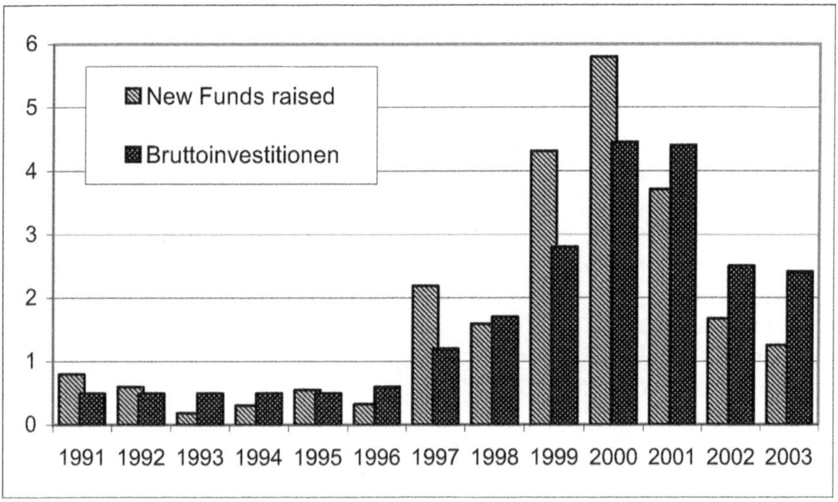

Abb. 2. Fundraising und Bruttoinvestitionen von Mitgliedern des Bundesverbandes deutscher Kapitalbeteiligungsgesellschaften (in Milliarden €), 1991 – 2003* Quelle: BVK (2003, S. 65 und S. 102 ff.) und (2004, S. 1)

* Um eine Vergleichbarkeit der Zahlen im Zeitablauf zu gewähren, wurden die von paneuropäischen Fonds eingeworbenen und nur für die Jahre 2001 – 2003 vom BVK ausgewiesenen Angaben zu „New Funds raised" nicht berücksichtigt.

Das Zusammenfallen der Trends in den Abbildungen 1) und 2) kann natürlich ein zufälliges Ereignis sein, begünstigt durch die allgemeine Börsenverfassung am Ende der neunziger Jahre. Es ist jedoch vielfach die Vermutung geäußert worden, es gebe einen Zusammenhang zwischen der Attraktivität von Venture-Capital einerseits und der Verfassung des IPO-Marktes andererseits. VC-Finanzierungen sind als zeitlich befristete Kapitalüberlassungen gedacht. Daher benötigen VC-Gesellschaften Exit-Möglichkeiten, also Wege, auf denen sie sich von ihren Beteiligungen wieder trennen können. Der Börsengang des Portfoliounternehmens ist eine solche Exit-Möglichkeit, bei der die VC-Gesellschaft ihre Beteiligung reduzieren oder ganz veräußern kann.

Ziel des vorliegenden Beitrags ist es, den Zusammenhang zwischen VC-Finanzierungen und dem IPO-Markt zu untersuchen. Dabei wird insbesondere auf die Frage eingegangen, ob ein funktionierender IPO-Markt eine notwendige Voraussetzung für ein hohes Volumen an VC-Finanzierungen ist.

Der Beitrag ist wie folgt aufgebaut. Im zweiten Abschnitt wird zunächst ein kurzer Überblick über den Ablauf eines Börsengangs und die mit einem IPO verbundenen ökonomischen Probleme gegeben. Im Anschluß daran wird in Abschnitt 3 die Grundstruktur von VC-Finanzierungen erläutert und die Bedeutung des Exits und der verschiedenen Exit-Formen aufgezeigt. Auf dieser Basis wird dann im vierten Abschnitt der Zusammenhang zwischen der VC-Finanzierung und dem Primärmarkt für Erstemissionen untersucht. Eine kurze Zusammenfassung beschließt den Beitrag.

2 Initial Public Offerings

Bei einem Börsengang werden Aktien eines bislang noch nicht börsennotierten Unternehmens einem breiten Publikum zum Kauf (zur Zeichnung) angeboten und nach diesem Verkaufsvorgang an der Börse gehandelt. In Abgrenzung zum späteren Börsenhandel (dem Handel am Sekundärmarkt) spricht man im Zusammenhang mit Erstemissionen vom Primärmarkt.

Im wesentlichen gibt es zwei Motive für einen Börsengang. Erstens wird es möglich, dem Unternehmen zusätzliches Eigenkapital zuzuführen, wenn die bisherigen Eigentümer nicht in der Lage oder nicht bereit sind, dieses zusätzliche Kapital zur Verfügung zu stellen. Zweitens ist es (allen oder einigen) der bisherigen Eigentümer möglich, sich im Rahmen des Börsengangs ganz oder teilweise von ihrer Beteiligung zu trennen; ein Motiv, dem insbesondere im Rahmen von VC-Finanzierungen Bedeutung zukommt. Ein wichtiger Vorteil des Börsengangs besteht dabei darin, daß nicht nur unmittelbar beim Börsengang Aktien abgegeben werden können, sondern auch nach dem Börsengang jederzeit durch Verkauf am Sekundärmarkt. Diese Möglichkeit ist bei anderen Exit-Möglichkeiten nicht gegeben.

Die im Zuge eines Börsengangs angebotenen Aktien können aus einer Kapitalerhöhung oder aus dem Bestand der Alteigentümer stammen. Nur im ersten Fall fließt dem Unternehmen durch den Börsengang unmittelbar zusätzliches Eigenkapital zu. Beim Verkauf durch Alteigentümer fließt zwar zunächst kein Kapital, jedoch werden die Voraussetzungen für zukünftige Kapitalerhöhungen geschaffen. Damit dient der Börsengang auch in diesem Fall zumindest mittelbar der Eigenkapitalbeschaffung. Der in der Praxis häufigste Fall ist im übrigen eine Kombination beider Möglichkeiten.

Der Börsengang eines Unternehmens wird stets von mindestens einem Wertpapierdienstleistungsunternehmen begleitet. Zumeist (und insbesondere bei größeren Emissionen) gibt es ein Emissionskonsortium. Häufig werden im Vorfeld der Emission auch Beratungsunternehmen eingeschaltet. Der Emissionsprozess läßt sich in Phasen einteilen (Wahrenburg 2000, vgl. auch die ausführliche Darstellung bei Blättchen u. Jacquillat 1999 und für die USA Ellis et al. 1999).

Während der Beratungsphase im Vorfeld der Emission geht es hauptsächlich darum, die Börsenfähigkeit und Börsenreife des Unternehmens herbeizuführen bzw. zu überprüfen. Dadurch sollen die Voraussetzungen für eine erfolgreiche Plazierung der Aktien geschaffen werden. Hierzu gehören das Vorhandensein eines überzeugenden Geschäftskonzepts, aber auch die Sicherstellung eines leistungsfähigen und zeitnahen externen Rechnungswesens und die Implementierung leistungsfähiger interner Steuerungssysteme. Zudem muß entschieden werden, in welchem Marktsegment (General Standard oder Prime Standard) der Börsengang erfolgen soll. Eine Notierung im Segment Prime Standard stellt höhere Anforderungen an die Unternehmenspublizität und ist zudem Voraussetzung für die Aufnahme eines Unternehmens in die Auswahlindizes der Deutschen Börse. Die höheren Publizitätsanforderungen sollen insbesondere das Vertrauen der Anleger erhöhen.

In der „Pre-Marketing-Phase" wird das Unternehmen vor institutionellen Investoren präsentiert, um das Zeichnungsinteresse und die Zahlungsbereitschaft auszuloten. Durch geeignete Marketing-Maßnahmen soll zudem der Bekanntheitsgrad des Unternehmens erhöht und das Interesse potentieller Zeichner geweckt werden. Anschließend werden die Zeichnungsfrist und die Konditionen für den Börsengang bekannt gegeben und der Prospekt veröffentlicht. In diesem werden umfangreiche Informationen über das Unternehmen (Jahresabschlüsse, Prognosen, Hinweis auf besondere Risiken und vieles mehr) und die Details der Emission dokumentiert. Für die Richtigkeit der Angaben haftet auch die Emissionsbank (Prospekthaftung).

Für die Feststellung des Emissionspreises gibt es drei grundsätzliche Verfahren, das Festpreis-, das Bookbuilding- und das Auktionsverfahren. Beim bis Mitte der neunziger Jahre in Deutschland üblichen Festpreisverfahren wird der Emissionspreis vor Beginn der Zeichnungsfrist genau festgelegt. Es gibt keine Möglichkeit, den Preis an die Nachfrage anzupassen. Seit etwa 1995 hat sich das Bookbuilding als dominierendes Verfahren durchgesetzt. Dabei wird vor Beginn der Zeichnungsfrist eine Preisspanne veröffentlicht, innerhalb derer der Emissionspreis liegen wird. Anleger können limitierte und unlimitierte Zeichnungsaufträge abgeben. Die Emissionsbank (der Bookrunner) legt auf Basis der erteilten Aufträge dann den endgültigen Emissionspreis fest. Typischerweise wird der Emissionspreis so festgelegt, daß die Emission bei diesem Preis überzeichnet ist, daß also die Nachfrage größer ist als das Angebot. Der Emissionsprospekt kann vorsehen, daß zur

Anpassung an eine hohe Nachfrage die Bookbuilding-Spanne während der Zeichnungsfrist erhöht werden kann (in Deutschland bislang sehr selten). Auktionen mögen zwar aus theoretischer Sicht attraktiv sein, haben sich in der Praxis aber bislang (trotz spektakulärer Einzelfälle wie dem Google-Börsengang) nicht durchgesetzt.[2]

In der Marketing-Phase findet der eigentliche Verkauf der Aktien statt. Er erfolgt, indem (private und institutionelle) Anleger Zeichnungsaufträge erteilen. Nach Ende der Zeichnungsfrist wird (je nach Emissionsverfahren) der endgültige Emissionspreis festgelegt. Im Fall von Überzeichnung wird festgelegt, welche Anleger wie viele Aktien erhalten. Bei unzureichendem Interesse der Anleger wird in der Regel entweder die Emission abgesagt oder verschoben oder aber es wird die Bookbuilding-Spanne gesenkt.

Seit Ende der neunziger Jahre ist auch in Deutschland die Existenz eines Greenshoe (overallotment option) üblich.[3] Dieses Instrument setzt sich aus zwei Teilen zusammen, dem Recht der Emissionsbank, ein über das „eigentliche" Investitionsvolumen hinausgehendes Kontingent an Aktien bei hoher Nachfrage zusätzlich zu platzieren, und einer Call-Option, die vom emittierenden Unternehmen (i.a.R. unentgeltlich) gewährt wird.[4] Zunächst muß sich die Bank diese „zusätzlichen" Aktien, etwa per Wertpapierleihe, beschaffen. Um die aus der Wertpapierleihe resultierenden Verpflichtungen zu erfüllen, kann sie die Aktien später dadurch erlangen, daß sie sie am Markt zurückkauft oder die Call-Option ausübt, d.h., die Aktien vom Emittenten zum Emissionspreis bezieht.

Ein Börsengang ist mit nicht unerhebliche Kosten verbunden. Die monetären Kosten bestehen aus

- direkten Kosten, wie Provisionen und Entgelten, die im Rahmen des Emissionsprozesses an Banken, Berater und andere Beteiligte zu zahlen sind[5], sowie Kosten der Inanspruchnahme der Börse und Publizitätskosten und
- indirekten Kosten, die aus dem Underpricing herrühren.

Franzke (2004) hat anhand einer Auswertung von 300 Emissionen der Jahre 1997 bis 2001 am Neuen Markt die Höhe der Provisionen an Emissionsbanken und die darüber hinausgehenden Emissionskosten untersucht. Die Ergebnisse sind auszugsweise in Tabelle 1 dargestellt. Die direkten Emissionskosten betragen

---

[2] Vgl. dazu etwa Degeorge et al. (2004).

[3] Die Bezeichnung „Greenshoe" ist darauf zurückzuführen, daß die erste Emission, bei der eine entsprechende vertragliche Vereinbarung getroffen wurde, die der Greenshoe Corporation war.

[4] Damit enthält der Greenshoe ein Optionselement, das als Bestandteil der Vergütung der Emissionsbank anzusehen ist. Hierauf wird aber im folgenden nicht weiter eingegangen, vgl. hierzu ausführlich Franzke/Schlag (2003). Vgl. zur rechtlichen Einordnung des Greenshoe insbesondere Schanz (2000), S. 322ff.

[5] Die Höhe der Vergütung der Emissionsbanken ist abhängig von den Details des Emissionsverfahrens.

durchschnittlich 8,89% des Emissionserlöses (bei beachtlicher Streuung[6]), wobei der Anteil, der auf Bankgebühren entfällt, im Durchschnitt allein 5,27% ausmacht.

Tabelle 1. Direkte Kosten des Börsengangs in Prozent des Emissionserlöses am Neuen Markt

	Mittelw.	Median	10% Quantil	90% Quantil
Gesamtkosten	8,89	8,32	5,78	12,43
Bankgebühren	5,27	5,20	4,05	6,23

Quelle: Franzke (2004, S. 211)

Franzke (2004) hat außerdem untersucht, von welchen Faktoren die Höhe dieser direkten Emissionskosten abhängt. Sie kommt u.a. zu dem Ergebnis, daß die (als Prozentsatz des Emissionsvolumens gemessenen) Kosten höher sind, wenn das an die Börse gebrachte Unternehmen riskanter ist (gemessen anhand der Volatilität der Renditen nach dem Börsengang).[7] Zudem lassen sich „economies of scale" nachweisen, d.h., die direkten Emissionskosten fallen bei größeren Emissionen tendenziell niedriger aus.

Die etwa durch erhöhte Publizitätserfordernisse nach dem Börsengang entstehenden Kosten sind schwer zu quantifizieren. Ihre Existenz ist zum einen auf den organisatorischen und zeitlichen Aufwand der Aufbereitung und Publikation der Informationen zurückzuführen, zum anderen darauf, daß zum Teil Informationen veröffentlicht werden müssen, die das Management lieber geheim halten würde.

Die dritte Kostenkomponente sind die indirekten Kosten, die durch das sogenannte Underpricing entstehen. Es ist ein für verschiedene Länder und Zeiträume empirisch sehr gut dokumentiertes Phänomen, daß der Emissionspreis neu emittierter Aktien systematisch niedriger ist, als der kurz darauf festgestellte erste Börsenkurs. Studien für den deutschen Markt für die Zeit vor 1997 kommen auf ein durchschnittliches Underpricing zwischen knapp 10% bis über 20% (vgl. etwa Wasserfallen u. Wittleder 1994, Ljungqvist 1997). Am Neuen Markt war das Underpricing deutlich höher. Der erste Börsenkurs lag hier im ungewichteten Mittel knapp 50% über dem Emissionspreis. Auch im gewichteten Mittelwert, bei dem das Volumen der einzelnen Emissionen berücksichtigt wird, betrug das Underpricing etwa 40%. Der Anteil der Emissionen mit negativer Zeichnungsrendite betrug nur knapp 10%.

Das Underpricing erhöht die Emissionskosten, denn der Emissionserlös fällt geringer aus, als er angesichts der späteren Marktbewertung hätte sein können.

---

[6] Für die USA ist beobachtet worden, daß die direkten Emissionskosten durchschnittlich etwa 7% betragen und daß die Streuung um diesen Durchschnittswert überraschend gering ist. In diesem Zusammenhang wird von der „seven percent solution" (Chen/Ritter 2000), gesprochen. Die Frage, ob dieses Phänomen auf Kollusion zwischen den Investmentbanken zurückzuführen ist oder andere Gründe hat, ist derzeit noch umstritten.

[7] Vgl. auch die Ergebnisse von Kaserer/Bühner (2000).

Den Verlust aus Sicht der Alteigentümer bezeichnet man gelegentlich als „Money left on the Table". Der Betrag läßt sich wie folgt bestimmen:

$$V=n\left(p_M-p_e\right) \tag{2.1}$$

wobei p_M der spätere Börsenkurs, p_e der Emissionspreis der Aktien und n die Zahl der dem Publikum angebotenen Aktien ist.[8]

Underpricing ist ein verbreitetes und von der Größenordnung her höchst relevantes Phänomen. Die Frage nach den ökonomischen Gründen des Underpricing ist daher von großer Bedeutung. Sie hier zu erörtern würde jedoch den Rahmen dieses Beitrags sprengen. Vgl. für eine ausführliche Darstellung Jenkinson u. Ljungqvist (2001), für einen kurzen Überblick Theissen (2002).

Nach diesem Überblick über den IPO-Markt werden nun im folgenden Abschnitt Ablauf und ökonomische Problematik von VC-Finanzierungen beschrieben, bevor dann die Zusammenhänge zwischen den beiden Bereichen diskutiert werden.

3 Venture-Capital-Finanzierungen

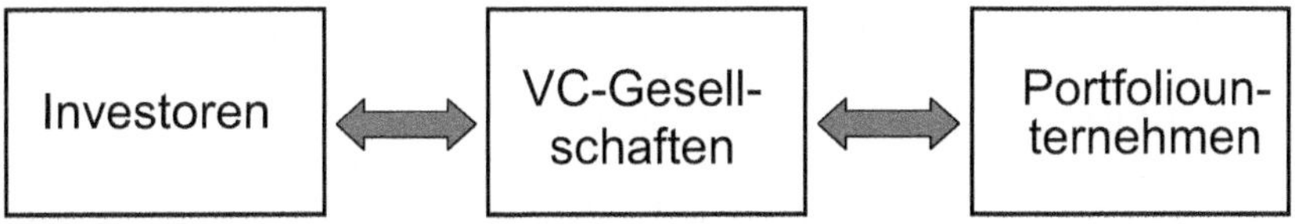

VC-Gesellschaften zählen zu den Finanzintermediären, die Kapital für Investitionszwecke (in zumeist geschlossenen VC-Fonds) bündeln. Zudem übernehmen sie die unter volkswirtschaftlichen Gesichtspunkten wichtigen Funktionen der Identifikation und Finanzierung von erfolgversprechenden Innovationen und zukunftsträchtigen Projekte.[9] Venture-Capital wird insbesondere von schnell wachsenden Unternehmen, für die weder Innenfinanzierung noch Kreditfinanzierungen eine wirkliche Alternative darstellen, da sie z.B. nur wenige besicherbare Aktiva vorweisen können, in Anspruch genommen.

Ein bedeutendes Kennzeichen der in aller Regel langfristig angelegten, zeitlich aber begrenzten VC-Finanzierungen ist,[10] daß VC-Gesellschaften neben Kapital

---

[8] Diese Formel ist auch dann richtig, wenn man berücksichtigt, daß ein Teil der plazierten Aktien aus einer Kapitalerhöhung stammt. Bekanntlich führt die Durchführung einer Kapitalerhöhung zu einem Emissionskurs, der unter dem Börsenwert der Aktien liegt, dann zu einem Vermögensnachteil der alten Aktionäre, wenn deren Bezugsrecht ausgeschlossen wird. Genau das ist aber hier (implizit), der Fall.

[9] Der Vorgang der Identifikation und Überprüfung von finanzierungswürdigen Projekten wird auch als Screening-Prozeß bezeichnet.

[10] Gompers/Lerner (1996), S. 469 und Lin/Smith (1998), S. 244 berichten von einem Zeitraum von fünf bis zehn Jahren.

auch aktive Managementunterstützung in Form von *Coaching* und Beratung gewähren. Aus Sicht der sogenannten Portfoliounternehmen wird insbesondere die Existenz eines kompetenten Diskussionspartners, die Beratung in Finanzfragen und der Zugriff auf Kontakte aus dem Netzwerk der finanzierenden VC-Gesellschaft (z.B. Rechtsanwälte, Wirtschaftsprüfer, Steuerberater, Investmentbanken, Werbe- und PR-Agenturen) als wertvolle Zusatzleistung zur Kapitalgewährung erachtet. Darüber hinaus üben VC-Gesellschaften häufig auch Kontroll- und Mitspracherechte aus, etwa im Rahmen einer Tätigkeit im Aufsichtsrat oder über die stufenweise Zuführung von Kapital.[11] Erhebliche Anreize, Einfluß auf die Entwicklung und Unternehmensstrategie der von ihnen finanzierten Portfoliounternehmen zu nehmen, haben Venture-Capitalisten vor folgendem Hintergrund: Sie realisieren die Rendite auf ihr eingesetztes Kapital, den *Return on Investment,* in erster Linie in Form von Kapitalgewinnen, die sie im Zuge des Exits, d.h., der Veräußerung ihrer Anteile an Portfoliounternehmen zu erzielen versuchen. Dabei müssen die wenigen Top-Engagements die im Portfolio zumeist überwiegenden schlechten Engagements ausgleichen: Die durchschnittliche Struktur eines VC-Fonds-Portfolios besteht nach Frommann (2001) zu 20%-30% aus Unternehmen, die eine negative Rendite aufweisen oder aber einen Totalverlust darstellen, zu 40%-60% aus Unternehmen, die die in sie gesetzten Erwartungen nicht erfüllen bzw. eine Rendite zwischen 0%-30% p.a. aufweisen und zu 10%-20% aus Unternehmen, welche die Erwartungen übererfüllen bzw. eine Rendite von über 30% erwirtschaften.

In der Literatur gibt es die Auffassung (vgl. Black u. Gilson (1998) und Cumming u. MacIntosch (2003)), daß es für eine VC-Gesellschaft einen optimalen Zeitpunkt gibt, die Rendite auf das in das Portfoliounternehmen eingesetzte Kapital zu realisieren. Dieser Zeitpunkt, man spricht auch vom Exitzeitpunkt, ist dann eingetreten, wenn der marginale derzeitige und zukünftig erzielbare *value added* aus dem Engagement und der Beteiligungsleistung der VC-Gesellschaft geringer ist als die damit verbundenen marginalen derzeitigen und zukünftig anfallenden Kosten[12]. Hintergrund dieses Sachverhalts ist, daß das vielfach zunächst unerfahrene Management des Portfoliounternehmens im Zeitablauf kundiger und selbständiger wird und zudem seine eigene Reputation aufbaut, so daß der Nutzen der offerierten Erfahrung bzw. Überwachungsleistung durch die VC-Gesellschaft abnimmt. Irgendwann ist unter dem Gesichtspunkt der Profitabilität für eine VC-

[11] Die stufenweise Zuführung von Kapital eröffnet der VC-Gesellschaft die Möglichkeit, ihr Portfoliounternehmen an der Erreichung von vordefinierten Zwischenzielen zu messen. Schween (1996), S. 115 legt dar, daß dieses Kontrollinstrument vor allem dann greift, wenn Informationen, die der VC-Gesellschaft zwischen den einzelnen Finanzierungsrunden zugehen, nicht nur für die Entscheidung über eine Weiterfinanzierung, sondern auch für die Festlegung der zugrundeliegenden Bedingungen genutzt werden.

[12] Unter den Kosten werden neben den Aufwendungen für die Betreuungsleistung auch die Opportunitätskosten einer alternativen Verwendung des Kapitals verstanden, vgl. Cumming/MacIntosh (2003), S. 516.

Gesellschaft der Zeitpunkt gekommen, das eingesetzte Kapital vom erfolgreichen Unternehmen hin zu jungen Wachstumsunternehmen zu „recyclen".

Der Exit des Investments ist auch für die Beziehung zwischen Venture-Capitalist und Investoren von VC-Fonds von entscheidender Bedeutung (vgl. Black u. Gilson (1998)):

- Für Investoren in VC-Fonds muß die Möglichkeit bestehen, die Fähigkeiten des in ihrem Auftrag agierenden Venture-Capitalisten zu beurteilen, denn hierauf aufbauend treffen sie die Entscheidungen, inwieweit bzw. welchem Venture-Capitalisten zusätzliches Kapital für Investitionszwecke zur Verfügung gestellt wird.
- Um die Entscheidung treffen zu können, in welchen VC-Fonds wie viel zu investieren ist, benötigen Fonds-Investoren eine Abschätzung des relativen Risikos und Ertrags der vom Venture-Capitalisten getätigten Investitionen, was nur durch einen Vergleich mit anderen Investitionen möglich ist.
- Zum dritten brauchen Fonds-Investoren eine Möglichkeit, wenig erfolgreichen Managern von VC-Fonds Kapital wieder entziehen zu können. Hierunter fallen auch Manager, deren industriespezifisches Know-how nicht mehr den Marktgegebenheiten bzw. -erfordernissen entspricht.

Demzufolge dient der Exit des Portfoliounternehmens durch die VC-Gesellschaft nicht nur der Realisierung der Rendite auf das eingesetzte Kapital, sondern auch der Generierung einer Bewertungsgrundlage, d.h., einer Basis für zukünftige Investitionsentscheidungen von VC-Fonds-Investoren. Diese Bewertungsgrundlage ist damit auch entscheidend für das Fortbestehen der VC-Gesellschaft.

Wie einleitend erwähnt wird dem Börsengang als Exitkanal häufig eine große Bedeutung nachgesagt. Alternativen hierzu sind der Verkauf der Unternehmensanteile an einen industriellen oder strategischen Investor (*Trade Sale*) oder der Rückkauf durch den Altgesellschafter (*Buy Back*), der Verkauf der Beteiligung an eine andere VC-Gesellschaft oder einen anderen Finanzinvestor (*Secondary Sale*) oder im Falle eines Totalverlustes (*Write-off*) die Abschreibung. Überprüft man die relative Bedeutung des Exitkanals „Börsengang" für die deutsche VC-Industrie anhand des VC-Exitvolumens zeigt sich jedoch, daß der wichtigste Exitkanal sowohl am deutschen VC-Markt als auch international *Trade Sales* waren und sind. Dies dokumentiert insbesondere die Statistik, die die Boomperiode am Emissionsmarkt, d.h., den Zeitraum 1998 bis einschließlich 2000 abdeckt: In diesem Zeitraum betrug das im Zuge und Nachgang von IPOs veräußerte Volumen durchschnittlich 14% des VC-Exitvolumens, das durchschnittlich über *Trade Sales* veräußerte VC-Volumen betrug dagegen 31%. Im gleichen Betrachtungszeitraum beliefen sich die über IPOs und *Trades Sales* durchschnittlich veräußerten Anteile am VC-Exitvolumen in Großbritannien auf 16% bzw. 31% und in Frankreich auf 18% bzw. 59%.

Tabelle 2. Entwicklung des VC-Exitvolumens, 1998 - 2003

Zu den möglichen VC-Exitkanälen zählen der Gang an die Börse (IPO) (aufgegliedert in IPOs am Neuen Markt (NM) und Veräußerung der über den Zeitpunkt des IPOs gehaltenen Anteile auf dem Sekundärmarkt), der Verkauf der Unternehmensanteile an einen industriellen oder strategischen Investor (Trade Sale), der Rückkauf durch den Altgesellschafter (Buy Back) oder die Abschreibung bei einem Totalverlust. „Sonstige" umfaßt u.a. den Verkauf an eine andere VC-Gesellschaft oder einen anderen Finanzinvestor. Die Abkürzung „n.e." steht für „nicht erhoben".

	1998		1999		2000		2001		2002		2003	
	€ Mio.	%	€ Mio.	%	€ Mio.	%	€ Mio.	%	€ Mio.	%	€ Mio.	%
IPOs	75,2	14,0	97,1	12,6	116,3	9,2	7,3	0,4	0,0	0,0	8,6	1,1
darunter: NM	(47,0)	(8,8)	(44,5)	(12.6)	(105,8)	(8,5)	(2,1)	(0,1)	(0,0)	(0,0)	(0,0)	(0,0)
Veräuß. auf Sekundärmarkt nach vorherigem IPO	n.e.	n.e.	48,6	6,3	40,4	3,2	138,5	7,5	122,3	5,7	56,3	6,9
Trade Sale	119,6	22,3	192,8	25,1	492,4	39,0	379,1	20,4	651,6	30,6	146,1	17,8
Buy Back	161,1	30,0	159,5	20,7	215,7	17,1	333,8	18,0	78,1	3,7	81,3	9,9
Totalverlust	91,5	17,0	161,1	21,0	232,1	18,4	673,8	36,3	941,2	44,1	330,2	40,2
Sonstige	90,0	16,8	110,0	14,3	164,6	13,1	322,6	17,4	338,7	15,9	198,0	24,1
Summe	537,4	100,0	769,1	100,0	1.261,5	100,0	1.855,1	100,0	2.131,8	100,0	820,5	100,0

Quelle: BVK (2004a, S. 113) und (2004b, S.18))

Diese Zahlen stehen augenscheinlich im Widerspruch zu der oft behaupteten großen Bedeutung des Exitkanals „Börsengang" für Venture-Capital-Finanzierungen. Im nachfolgenden Abschnitt soll nun untersucht werden, ob es ökonomische Argumente gibt, die trotz der anteilsmäßig vergleichsweise geringen Bedeutung dieses Exitkanals die ihm nachgesagte große Bedeutung rechtfertigen.

4 Börsengänge und VC-Finanzierung

Die sich mit den unterschiedlichen Exitvarianten von Venture-Capitalisten beschäftigende Literatur (vgl. u.a. Cumming u. MacIntosh (2002)) unterstreicht, daß aus Sicht einer *VC-Gesellschaft* der Verkauf eines Portfoliounternehmens über die Börse im Vergleich zu anderen Veräußerungsmöglichkeiten vor allem deshalb lohnend erscheint, weil i.d.R. ein höherer Erlös erzielt werden kann, da im Preis der Aktie Prämien enthalten sind für[13]

- die jederzeitige Handelbarkeit der Aktie,

[13] Siehe Cumming/MacIntosh (2002), S. 47ff. Der Begriff „Prämie" bezieht sich hier auf den Vergleich zwischen dem Exit durch den Börsengang und anderen Exitformen wie z.B. dem Trade Sale.

- die potentielle Realisation von Transaktionssynergien im Rahmen einer Unternehmensübernahme[14] und
- die breite Streuung des Risikos.

Unterstützung erfährt diese Auffassung u.a. auch durch die Ergebnisse der empirischen Studie von Amit, Brandner u. Zott (1998). Sie untersuchen 121 Exits in Kanada im Zeitraum von 1991 bis 1996 und messen eine jährliche Durchschnittsrendite von 43% im Falle von IPOs und 36% im Falle von Trade Sales.

Ein weiterer wichtiger Aspekt des Börsengangs ist aus Sicht von VC-Gesellschaften die Möglichkeit, einen *Track Record* hinsichtlich der erfolgreichen Finanzierung von Wachstumsunternehmen und damit Reputation aufbauen zu können. Gute Reputation ist zum einen notwendig, um die Aufmerksamkeit von Unternehmern mit innovativen Ideen zu erlangen und diese zum Einsenden ihrer Business-Pläne zu bewegen. Zum anderen ist eine gute Reputation Grundlage für ein funktionierendes Netzwerk einer VC-Gesellschaft. Insbesondere für junge Venture-Capitalisten besteht eine Notwendigkeit zum Reputationsaufbau. Damit häufig verbunden ist deren Anreiz, ihre Portfoliounternehmen sehr früh an den Markt zu bringen, um auf diesem Weg selbst möglichst zeitig das Augenmerk der Finanzpresse oder potentieller Investoren auf sich zu ziehen.[15]

Aus Sicht des *Portfoliounternehmens* erscheint der Börsengang, abgesehen einmal davon, daß hierdurch der Bekanntheitsgrad erweitert werden kann, insbesondere deshalb attraktiv, weil es der einzige Exitkanal ist, durch den dem Portfoliounternehmen direkt zusätzliches Eigenkapital zugeführt wird (da ein Teil der am Markt plazierten Aktien regelmäßig aus einer Kapitalerhöhung stammt). Durch einen Börsengang wird dem Portfoliounternehmen außerdem die Möglichkeit eröffnet, bei Bedarf weiteres Kapital über den Aktienmarkt zu beschaffen.[16]

Das zentrale Argument in der Diskussion um die Bedeutung des Exitkanals Börse im Kontext von VC-Finanzierungen scheint aber vor allem der folgende Aspekt zu sein (vgl. Black u. Gilson (1998) sowie Walz (2004)): Besteht die Möglichkeit eines Exits über die Börse, nehmen die Vertragskosten zwischen Unternehmer und Venture-Capitalist ab, da ein potentieller Börsengang aus Sicht des

[14] Eine Übernahmeprämie für die mögliche Realisierung von Transaktionssynergien wird auch im Rahmen eines Trade Sales gezahlt, wenn der strategische Käufer dem Portfoliounternehmen einen hohen Wert zumißt, z.B. weil er dessen Firmentechnologie nicht in den Händen eines Konkurrenten wissen will. Folglich ist dieser Aspekt kein trennscharfes Kriterium für einen Börsengang bzw. gegen einen Trade Sale, siehe Cumming/MacIntosh (2002), S. 49ff. Siehe zu Transaktionssynergien zudem auch Black/Gilson (1998), S. 257.

[15] Vgl. hierzu die in der Literatur unter dem Stichwort „Grandstanding" geführte Diskussion; siehe insbesondere Gompers (1996).

[16] Anzumerken ist, dass die Beantwortung der Frage, in welchem Maße ein Trade Sale tatsächlich einen Nachteil z.B. für das weitere Wachstums des Portfoliounternehmens darstellt, ganz entscheidend von der Finanzkraft des übernehmenden Investors bzw. dessen Zugang zum Kapitalmarkt abhängt.

Unternehmers einer impliziten Call Option auf die zukünftige Unternehmenskontrolle entspricht und bereits zum Zeitpunkt des Vertragsabschlußes zwischen VC-Gesellschaft und Unternehmer dazu führt, daß letzterer einen (zusätzlichen) Anreiz hat, eine erfolgreiche Unternehmensentwicklung herbeizuführen. Der Unternehmer erhält die Möglichkeit zur Wiedererlangung der Unternehmenskontrolle aufgrund von zwei Effekten, die mit einem Börsengang verbunden sind: Zum einen verringert die VC-Gesellschaft durch Aktienverkäufe im Rahmen des Börsengangs ihren Kontrollanteil.[17] Je stärker der Besitzanteil der VC-Gesellschaft abnimmt, desto geringer wird auch ihr Anreiz zur Unternehmenskontrolle. Mit dem Verkauf von Anteilen durch die VC-Gesellschaft nimmt zum anderen gleichzeitig die Kontrolle des Unternehmers über sein Unternehmen zu, weil die Unternehmensanteile insgesamt breiter gestreut sind und die von ihm gehaltenen Anteile nunmehr relativ mehr Gewicht erhalten. Aktien, die im Zuge der Emission verkauft werden, gehen in aller Regel in Streubesitz über. Aktionäre mit geringer Beteiligung haben aber nur einen geringen Anreiz, Kontrolle auszuüben.

Um die Unternehmenskontrolle wiederzuerlangen, bleibt einem Unternehmer als Alternative zum Börsengang lediglich die Möglichkeit der Verschuldung mit anschließender Ausbezahlung der VC-Gesellschaft (*Buy Back*).[18] Dies ist aber für schnell wachsende, kapitalintensiv arbeitende Unternehmen, die der Fokus von VC-Gesellschaften sind, nur in seltenen Fällen möglich. Ein Unternehmensverkauf an ein etabliertes Unternehmen stellt keine Alternative dar, da der Unternehmer, auch wenn er möglicherweise im Management seine Position behält, die Unternehmenskontrolle an den Käufer abtreten muß.

Allein die Aussicht auf einen Börsengang scheint somit einen erheblichen Einfluß auf den Vertragsabschluß zwischen VC-Gesellschaft und Unternehmer und die daraus resultierende Anreizstruktur zu haben. In bestimmten Fällen – nämlich dann, wenn Unternehmensgründer einer Beteiligung von Externen an ihrem Unternehmen und der damit einhergehenden Kontrollabtretung nur unter der Bedingung zustimmen, daß zumindest mittelfristig die Wiedererlangung der Unternehmenskontrolle möglich erscheint – kann die Option auf einen späteren Börsengang sogar eine notwendige Voraussetzung für den Abschluß eines VC-Finanzierungsvertrages sein.

Cumming u. MacIntosh (2002) kommen zu dem Schluß, daß sowohl aus Sicht qualitativ hochwertiger, schnell wachsender Unternehmen als auch aus Sicht von VC-Gesellschaften der Börsengang die erstrebenswerteste Form des Exits darstellt. Vor dem Hintergrund, daß der Markt für Erstemissionen in der Praxis so-

[17] Denkbar ist auch, daß die VC-Gesellschaft Anteile des IPO-Unternehmens im Rahmen von Vergütungszahlungen direkt an Fonds-Investoren weiterleitet, mit der Konsequenz einer breiteren Streuung der Unternehmensanteile.

[18] Da Black/Gilson (1998), annehmen, daß ein Unternehmensgründer ohne Reputation zu Beginn einer VC-Finanzierung die Unternehmenskontrolle an die VC-Gesellschaft abgeben muß, ist der in Deutschland häufig anzutreffende Fall einer Vertragsbeziehung in Form einer stillen Beteiligung per Definition ausgeschlossen und nicht Gegenstand der Betrachtung.

wohl hinsichtlich des Volumens als auch hinsichtlich der Bewertung deutliche Zyklen aufweist, schränken sie diese Aussage allerdings ein. In letzter Instanz seien zwei Faktoren für die Entscheidung eines Verkaufs über die Börse oder über einen anderen Veräußerungsweg bedeutsam: Das Klima am Emissionsmarkt und die Restlaufzeit des im Unternehmen (anteilig) investierten VC-Fonds:[19] Je stärker ein VC-Fonds sich seinem Auflösungszeitpunkt nähert, desto stärker kommt der verwaltende VC-Fonds-Manager unter Zugzwang, Beteiligungen zu liquidieren, über die Börse oder aber in Zeiten schlechter Marktverfassung über einen anderen Exitkanal.

Eine wichtige Aufgabe für zukünftige Forschungsarbeiten wird darin bestehen, die hier dargelegten Zusammenhänge empirisch zu überprüfen. Zu untersuchen wäre dabei etwa, ob und ggf. in welcher Weise sich die Charakteristika der Portfoliounternehmen (hinsichtlich Wachstum, Eigentümerstruktur, etc.), die über einen Trade Sale oder aber im Rahmen eines IPOs von Venture-Capitalisten veräußert werden, systematisch unterscheiden.

5 Zusammenfassung

VC-Finanzierungen sind Finanzierungen auf Zeit. Das heißt, die VC-Gesellschaft trennt sich über kurz oder lang von ihrer Beteiligung. Hierfür stehen verschiedene Exitkanäle zur Verfügung. Der Börsengang des Portfoliounternehmens ist nur einer davon – und noch nicht einmal der mit der größten zahlenmäßigen Bedeutung. Trotzdem wird dem IPO als Exitkanal in der Literatur große Bedeutung beigemessen.

In diesem Beitrag wurden zunächst IPOs und VC-Finanzierungen hinsichtlich ihres Ablaufs charakterisiert. Im Anschluß daran wurde untersucht, worauf die große Bedeutung des IPOs als Exitkanals zurückzuführen ist. Diese Diskussion führt zu der Schlußfolgerung, daß die Aussicht auf einen möglichen Börsengang ein Instrument darstellt, das Anreize für die Beteiligten setzt und möglicherweise sogar erforderlich ist, damit eine VC-Finanzierung überhaupt zustande kommt. Dieser Zusammenhang unterstreicht die Bedeutung, die die Existenz eines gut funktionierenden Primärmarktes für Wachstum und Innovationspotential einer Volkswirtschaft hat.

[19] Siehe auch Ritter/Welsh (2002), S. 1822: "Still, the evidence of large variation in the number of IPOs suggests that market conditions are the most important factor in the decision to go public. The stage of the firm in its life cycle seems to be the second important factor."

Literatur

Amit R, J Brander und C Zott (1998): Why Do Venture-Capital Firms Exist? Theory and Canadian Evidence, Journal of Business Venturing, Vol 13, S 441-466.

Black B S und R J Gilson (1998): Venture-Capital and the Structure of Capital Markets: Banks versus Stock Markets, Journal of Financial Economics, Vol 47, S 243-277.

Blättchen W und B Jacquillat (1999): Börseneinführung Fritz Knapp Verlag Frankfurt/Main.

Bundesverband deutscher Kapitalbeteiligungsgesellschaften – German Venture-Capital Association e.V. (BVK) (2004a): BVK Jahrbuch 2004.

Bundesverband deutscher Kapitalbeteiligungsgesellschaften – German Venture-Capital Association e.V. (BVK) (2004b): BVK Statistik 2003.

Chen H-C und J Ritter (2000): The Seven Percent Solution. Journal of Finance 55, S 1105-1131.

Cumming D J und J G MacIntosh (2003): A Cross-Country Comparison of Full and Partial Venture-Capital Exits, Journal of Banking and Finance, Vol 27, No 3, S 511-548.

Cumming D J und J G MacIntosh (2002): Venture-Capital Exists in Canada and the United States, University of Toronto, Law and Economics Research Paper No 01-10.

Degeorge F, F Derrien und K Womack (2004): Quid pro quo in IPOs: Why Bookbuilding is Dominating Auctions. CEPR Working Paper 4462, Juni.

Ellis K, R Michaely und M O'Hara (1999): A Guide to the Initial Public Offering Process. Arbeitspapier, Cornell University, Januar.

Franzke S (2004): Underpricing of Venture-Backed and Non Venture-Backed IPOs – Germany's Neuer Markt, in: P Roosenboom und G Giudici (Hrsg): The Rise and Fall of Europe's New Stock Markets: Advances in Financial Economics – Volume 10, Elsevier Ltd.

Franzke S, S Grohs und C Laux (2004): Initial Public Offerings and Venture-Capital in Germany, in: The German Financial System, Hrsg von Jan P Krahnen und Reinhard H Schmidt, Oxford University Press.

Franzke S und Ch Schlag (2003): Over-Allotment Options in IPOs on Germany's Neuer Markt – An Empirical Investigation. CFS Working Paper 2002/16, Center for Financial Studies, Frankfurt, September.

Frommann H (2001): Beteiligungskapital – das Produkt und der Markt in der nationalen Entwicklung, Folien zum Vortrag gehalten am Center for Financial Studies am 01.03.2001, Frankfurt am Main.

Gompers P A und J Lerner (1996): The Use of Covenants: An Empirical Analysis of Venture Partnership Agreements, Journal of Law and Economics, Vol 39, S 463-498.

Gompers P A (1996): Grandstanding in the Venture-Capital Industry, Journal of Financial Economics, Vol 42, S 133-156.

Jenkinson T und A Ljungqvist (2001): Going Public, 2nd Edition. Oxford University Press.

Kaserer Ch und Th Bühner (2000): Die Kosten der externen Eigenkapitalbeschaffung und Skalenerträge im Emissionsgeschäft - Eine empirische Perspektive. Arbeitspapier, Universität Fribourg, September.

Lin T H und R L Smith (1998): Insider Reputation and Selling Decisions: The Unwinding of Venture-Capital Investments during Equity IPOs, Journal of Corporate Finance, Vol 4, S 241-263.

Ljungqvist A (1997): Pricing Initial Public Offerings: Further Evidence from Germany, European Economic Review 41, S 1309-1320.

Ritter J R und I Welch (2002): A Review of IPO Activity, Pricing and Allocations, Journal of Finance, Vol 57, No 4, S 1795-1828.

Schanz K-M (2000): Börseneinführung - Recht und Praxis des Börsengangs. München.

Schween K. (1996): Corporate Venture-Capital: Risikokapitalfinanzierung deutscher Industrieunternehmen, Gabler Verlag, Wiesbaden.

Theissen E (2002): Initial Public Offerings (IPOs). In: D Krimphove und D Tytko (Hrsg): Praktiker-Handbuch Unternehmensfinanzierung. Schaeffer-Poeschel-Verlag.

Wahrenburg M (2000): Emissionsgeschäft. In: Gerke W und M Steiner (Hrsg): Handwörterbuch des Bank- und Finanzwesens, 3. Auflage, Schäffer/Poeschel-Verlag.

Walz U (2004): Börsengänge, Börsenentwicklung und Venture-Capital, Beitrag für das 34. Wirtschaftswissenschaftliche Seminar Ottobeuren, 12-15. September 2004.

Wasserfallen W und Ch Wittleder (1994): Pricing Initial Public Offerings: Evidence from Germany, European Economic Review 38, S 1505-1517.

Teil IV

Beiträge zum Finanzmanagement

Kapitalstrukturentscheidungen junger Unternehmen

Rüdiger von Nitzsch, Christian Rouette und Olaf Stotz

Abstract

Die Kapitalstrukturentscheidung eines (jungen) Unternehmens hängt primär von den Kosten ab, welche Kapitalgeber für die Übernahme der Risiken verlangen. In der klassischen Unterscheidung zwischen Fremd- und Eigenkapitalfinanzierung eines Unternehmens lassen sich diese Kosten an den entsprechenden Risikoprämien der Finanzierungsvarianten konkretisieren. In diesem Beitrag werden diejenigen Determinanten herausgearbeitet und diskutiert, die insbesondere für junge Unternehmen einen wichtigen Einfluss auf die Risikoprämien sowohl für Fremdkapital als auch für Eigenkapital haben. Hierzu zählt die Ineffizienz des Marktes für eine Kapitalaufnahme eines jungen Unternehmens, die relativ geringe Diversifikationsmöglichkeiten der Kapitalgeber, eine erforderliche Kompetenz in der Bewertung junger Geschäftsmodelle, die Sorge über opportunistisches Verhalten junger Unternehmer und die erhöhte Abhängigkeit junger Unternehmen von Marktstimmungen.

1 Einführung und Motivation

Die Kapitalstruktur eines Unternehmens lässt sich idealtypisch durch die Aufteilung in Eigen- und Fremdkapital charakterisieren. Der Unterschied zwischen diesen beiden Kapitalarten liegt vornehmlich darin, dass die Eigenkapitalgeber den Hauptteil des ökonomischen Risikos des Unternehmens tragen und die Fremdkapitalgeber bis auf das Ausfallrisiko kein Risiko übernehmen. Da grundsätzlich jeder Kapitalgeber für eine Risikoübernahme entlohnt werden möchte, erhält er vom Unternehmen eine so genannte Risikoprämie. Im Fremdkapital zeigt sich die Risikoprämie bei der Vereinbarung des Kreditzinses in einem Risikozuschlag auf den sicheren Zins, d.h., den Zins, den Kapitalgeber bei einer völlig risikofreien Kapitalvergabe (z.B. bei einer Staatsanleihe) verlangen würden. Im Eigenkapital fließt die Risikoprämie als Risikozuschlag in den Diskontierungszins ein, mit dem Investoren die zukünftig erwarteten Cash Flows des Unternehmens in einem Discounted Cash Flow-Verfahren auf den Barwert abzinsen, um somit eine faire Bewertung für den Eigenkapitaltitel zu finden. Letztlich ist sowohl im Fremd- als auch im Eigenkapital die Risikoprämie genau die zusätzliche Rendite, die der Investor bei der mit Risiko behafteten Kapitalüberlassung im Erwartungswert mehr erhält als bei einer gänzlich risikolosen Anlage. Hierbei gilt, je höher das Risiko ist, desto höher sollte im Allgemeinen die Risikoprämie ausfallen. Risikoprämien für Eigenkapital liegen deshalb regelmäßig über dem Niveau der Risikoprämien für Fremdkapital.

Risikoprämien sind für die Überlegungen einer optimalen Kapitalstruktur deshalb so wichtig, da sie Finanzierungskosten für das Unternehmen darstellen – und diese gilt es im Rahmen einer Kapitalstrukturentscheidung schließlich zu minimieren. Zwar ist die Minimierung der Kapitalkosten nicht das einzige Ziel bei der Kapitalstrukturentscheidung. So müssen gerade junge Unternehmen darauf achten, dass sie durch das Einwerben der richtigen (Eigen)Kapitalbeteiligungen auch ihre zukünftigen Erträge – beispielsweise durch „Smart Money“ eines reputierten und vernetzten Venture-Capitalisten oder durch eine passende strategische Allianz – verbessern. Allerdings wollen wir diese Aspekte in diesem Beitrag nicht weiter vertiefen, da sie im Kern nicht die Frage der Kapitalstruktur betreffen, sondern vielmehr die strategische Aufstellung des jungen Unternehmens. Wir werden in dem Beitrag deshalb lediglich diejenigen Determinanten herausarbeiten und diskutieren, die einen wichtigen Einfluss auf die Risikoprämien sowohl für Eigenkapital als auch für Fremdkapital bei jungen Unternehmen besitzen. Hieraus lassen sich dann Schlussfolgerungen für die optimale Kapitalstruktur unter dem Gesichtspunkt minimaler Kapitalkosten ableiten.

Der Beitrag ist wie folgt aufgebaut. Im nächsten Abschnitt 2 gehen wir zunächst auf einige zentrale theoretische, noch nicht auf junge Unternehmen bezogene Erkenntnisse zur optimalen Kapitalstruktur ein. Der Abschnitt 3 zeigt anschließend die Unzulänglichkeit der bisherigen Untersuchungen im Hinblick auf ihre Eignung, Kapitalstrukturentscheidungen für junge Unternehmen in der Praxis unterstützen zu können und zeigt zugleich diejenigen Unvollkommenheiten des Marktes für Kapital junger Unternehmen auf, die in den Kapitalstrukturüberlegungen eine wichtige Rolle spielen. Im nächsten Abschnitt 4 behandeln wir die unseres Erachtens fünf wichtigsten Determinanten in der Kapitalstrukturentscheidung des jungen Unternehmens anhand der jeweiligen Auswirkungen auf die Risikoprämien. Der Abschnitt 5 fasst die Ergebnisse übersichtsartig zusammen und versucht, Handlungsvorschläge für den CFO eines Unternehmens hinsichtlich der zu wählenden Kapitalstruktur abzuleiten.

2 Grundlegende Erkenntnisse zur optimalen Kapitalstruktur

Die klassischen Erkenntnisse zur optimalen Kapitalstruktur nach Modigliani und Miller (1958) besagen, dass in einem vollkommenen Kapitalmarkt die Gesamtrisikoprämie unabhängig von der Kapitalstruktur und somit konstant ist. Die Begründung: Je geringer die Eigenkapitalquote des Unternehmens bei einem gegebenen Gesamtrisiko des Unternehmens ist, desto mehr Risiko lastet auf einem Euro Eigenkapital und desto höher muss die Risikoprämie für den Investor ausfallen, der bereit ist, diesen Euro als Eigenkapital zu investieren. Die Irrelevanz der Kapitalstruktur ergibt sich in der Folge aus der Beobachtung, dass es letztlich für das Unternehmen egal ist, wenig Eigenkapitalgebern jeweils eine hohe Risikoprämie zu geben oder einer größeren Anzahl von Eigenkapitalgebern jeweils eine entsprechend niedrigere. In der Summe ergibt sich unter den vereinfachenden Bedingungen eines vollkommenen Marktes kein Unterschied.

Auch wenn Modigliani und Miller eine unrealistische Idealsituation unterstellt haben und das Irrelevanzergebnis deshalb - zumindest in absoluter Konsequenz - nicht auf die Praxis übertragbar ist, machen sie trotzdem eines deutlich: Für das dem Geschäftsmodell des Unternehmen innewohnende Risiko fällt in der Summe eine bestimmte Risikoprämie an, die nicht dadurch reduziert werden kann, dass der CFO eine geschickte Aufteilung zwischen Eigen- und Fremdkapital vornimmt. Letztlich muss jedes Risiko im Unternehmen von irgendeinem Kapitalgeber getragen werden, der dafür auch entlohnt werden möchte.

Im Anschluss an das Irrelevanzergebnis von Modigliani und Miller war die wissenschaftliche Literatur gefordert, Gründe für eine Relevanz der Kapitalstrukturentscheidung zu finden und in theoretischen Modellen abzubilden.[1] Ansonsten hätten alle CFOs nach Bekannt werden des Irrelevanztheorems entlassen werden müssen. Eine erste realistische Erweiterung stellt in diesem Zusammenhang die Berücksichtigung von Steuern dar. Weil Fremdkapitalkosten vom Unternehmen steuerlich als Aufwand anzusehen sind, Ausschüttungen an die Eigenkapitalgeber aber nicht, führt diese zu einer tendenziellen Bevorzugung von Fremdkapital in der Kapitalstruktur (Modigliani/Miller 1963, Miller/Scholes 1978).

Eine zusätzliche Erweiterung des klassischen Modells von Modigliani/Miller (1958) betrifft die Berücksichtigung der Präferenz der Unternehmer, einen Konkurs möglichst zu vermeiden. Innerhalb der klassischen Denkweise wird das Szenario eines Konkurses im Modell nicht angemessen gewürdigt. Tatsächlich ist dies aber ein zentraler Aspekt, der insbesondere bei sehr risikobehafteten Geschäftsmodellen zu einer hohen Eigenkapitalquote führen müsste. Werden die Kosten eines Konkurses in die Modelldenkweise eingebaut, so lässt sich auch dieser Aspekt sinnvoll berücksichtigen (Myers 1977).

Nicht zuletzt spielen auch Anreizprobleme zwischen Kapitalgeber und Management eine wichtige Rolle, die ebenfalls in die theoretischen Modelle integriert wurden.[2] Hierbei lassen sich Argumente sowohl für einen höheren als auch für einen niedrigeren Verschuldungsgrad ableiten. Grundidee ist die Prinzipal-Agenten-Beziehung, in der der Agent versucht, Freiräume opportunistisch auszunutzen.[3] Gegen eine zu hohe Eigenkapitalversorgung eines Unternehmens sprechen aus dieser Denkweise das Arbeitseinsatzproblem nach Jensen/Meckling (1976) und das Überinvestitionsproblem nach Jensen (1986), Stulz (1990) bzw. Harris/Raviv (1990). Das erste Problem besteht darin, dass durch zusätzliches externes Eigenkapital die Beteiligung des Managements am Unternehmen und damit der Ar-

---

[1] Myers (1983), und Harris/Raviv (1991), geben einen Überblick über entsprechende Modellerweiterungen.

[2] Eine systematische Einführung bietet Breuer (1998).

[3] Hierzu gehören der Perks-Konsum, die Ansammlung von Macht und der Hang zum Empire Building.

beitseinsatz zurückgeht. Das zweite Problem besteht darin, dass das Management freie Cashflows zur Investition in unrentable Projekte[4] nutzt, um im Rahmen des Empire Building das eigene Machtempfinden zu steigern.

Doch auch eine zu hohe Fremdkapitalquote kann zu Fehlanreizen führen. Hierbei ist vor allem das von Jensen/Meckling (1976) vorgestellte Risikoanreizproblem zu nennen, bei dem das Management aufgrund einer problematischen Risikoteilung insbesondere stark risikobehaftete Projekte durchführt, da diese im Erfolgsfall dem Management einen höheren Nutzen ermöglichen und für die in schlechten Zuständen die Fremdkapitalgeber haften.[5]

Diese Modellerweiterungen haben jeweils das Ziel, eine eindeutige optimale Kapitalstruktur unter Berücksichtigung der genannten Faktoren zu ermitteln. Daneben sind noch zwei weitere Modelle zu nennen, die dieses Ziel nicht mehr direkt verfolgen. Dies ist zum einen die Pecking-Order-Theorie nach Myers (1984), nach der keine optimale Kapitalstruktur für ein Unternehmen existiert, da die Kosten einer externen Finanzierung höher sind als der Nutzen aus der Einhaltung einer optimalen Struktur es kompensieren könnte. Die Kosten einer externen Eigenfinanzierung resultieren vor allem aus dem Informationsvorsprung des Managements gegenüber externen Kapitalgebern. Myers/Majluf (1984) zeigen, dass sich eine Aktienemission insbesondere für überbewertete Unternehmen lohnt. Daher werden rationale Investoren Aktienemissionen mit einem entsprechenden Abschlag bewerten, wodurch diese Finanzierungsform für Unternehmen teurer wird. Hieraus ergibt sich für Unternehmen folgende Rangliste zur Finanzierung ihres Geschäftsmodells: Zunächst sollte das Innenfinanzierungsvolumen ausgeschöpft werden, bevor eine möglichst risikolose Fremdfinanzierung genutzt wird. Nur für den Fall, dass diese Mittel nicht ausreichen, sollte externes Eigenkapital aufgenommen werden.[6]

Der zweite Modellansatz ist die Market-Timing-Theorie. Während in der vorangegangenen Argumentation davon ausgegangen wurde, dass rationale Investoren Fehlbewertungen, bzw. der Versuch des Managements diese auszunutzen, erkennen und verhindern würden, besteht diese Möglichkeit für das Unternehmen unter Voraussetzung (teilweise) irrationaler Investoren sehr wohl. Unternehmen werden dann Eigenkapital emittieren, wenn die Eigenkapitalkosten (respektive die Risikoprämie für Eigenkapital) sehr niedrig sind und werden dieses Eigenkapital zurückkaufen, wenn die Risikoprämie entsprechend hoch ausfällt. Unternehmen versuchen also, den Kapitalmarkt durch eine Timing-Strategie auszuspielen. Dies bedeutet, dass die Kapitalstruktur nur das kumulierte Ergebnis vergangener Finanzierungsentscheidungen abbildet. Baker/Wurgler (2002) bestätigen diese These empirisch. In einer Umfrage unter CFO's werden sie von 67% der Befragten be-

---

4 Hierunter werden Projekte mit negativem Kapitalwert verstanden, die nicht die von den Eigenkapitalgebern verlangten Kapitalkosten erwirtschaften. Die Mittel sollten ökonomisch betrachtet nicht investiert, sonder an die Kapitalgeber ausgeschüttet werden.

5 Siehe auch Myers (1977).

6 Die Pecking order existiert als Heuristik schon lange, wurde aber erstmals von Myers/Majluf (1984), theoretisch gestützt.

stätigt, da diese die Fehlbewertung eines Unternehmens am Kapitalmarkt als einen Einflussfaktor auf Aktienemissionsentscheidungen ansehen.[7]

3 Besonderheiten der Kapitalstrukturentscheidung bei jungen Unternehmen

Die im letzten Abschnitt skizzierten theoretischen Modelle konzentrieren sich in ihren Überlegungen jeweils auf bestimmte Teilaspekte der Kapitalstrukturentscheidung und leiten vor diesem Hintergrund recht allgemeine Ergebnisse ab. Daraus lassen sich zwar sicherlich einige nützliche Anregungen zur Verbesserung der realpraktischen Entscheidung, wie hoch der CFO die Eigenkapitalquote wählen sollte, ableiten, doch hängt in der Praxis die Kapitalstrukturentscheidung von einer Vielzahl situativer und unternehmensspezifischer Faktoren ab. Es fällt also schwer, auf der Basis der bisherigen Untersuchungen allgemeingültige Aussagen zur Kapitalstruktur herauszuarbeiten.

Dies gilt in ganz besonderer Weise für junge Unternehmen. So weisen junge Unternehmen in ihrem Geschäftsmodell gegenüber etablierten Unternehmen meist ein deutlich höheres Risiko auf und benötigen deshalb grundsätzlich eine höhere Eigenkapitalquote als etablierte Unternehmen, um gegen eine mögliche Insolvenz besser abgesichert zu sein. Gleichwohl reagieren, wie wir im nächsten Abschnitt verdeutlichen können, die Risikoprämien im Eigenkapital weit empfindlicher auf Unvollkommenheiten des Marktes als die Risikoprämien im Fremdkapital. Deshalb haben junge, nicht etablierte Unternehmen erheblich mehr mit den Unvollkommenheiten des Marktes zu kämpfen als etablierte Unternehmen. Vielmehr können die Kapitalstrukturentscheidungen von etablierten Unternehmen sogar annähernd so behandelt werden, als würde ein vollkommener Kapitalmarkt vorliegen. Kapitalstrukturentscheidungen für junge Unternehmen hingegen verlangen eine eingehende Analyse der Unvollkommenheiten und vor allen Dingen der spezifischen Ausprägung einer Unvollkommenheit bezogen auf das betrachtete Unternehmen. Wenn beispielsweise das Management eines Startup-Unternehmens ein vertrauensvolles Verhältnis zu einem solventen Geschäftsmann genießt, der grundsätzlich als Business Angel mit fairen Risikoprämien in Frage käme, so sollte sich dieses Unternehmen für eine höhere Eigenkapitalquote entscheiden als ein anderes Unternehmen, das über dieses Plus nicht verfügt und nur Eigenkapitalgeber finden würde, die aufgrund des fehlenden Vertrauens eine sehr hohe Risikoprämie verlangen würden. Die grundsätzlich durch Informationsasymmetrie bedingte Marktunvollkommenheit fällt also beim ersten Unternehmen weniger ins

[7] Graham/Harvey (2001). Als Folge rentieren Aktien von Unternehmen, die eine Kapitalerhöhung oder Neuemission durchgeführt haben, nach der Kapitalmaßnahme über mehrere Jahre deutlich schlechter als der Gesamtmarkt. Der Renditenachteil kann mehr als 5%-Punkte pro Jahr betragen (Loughran u. Ritter 1995).

Gewicht als beim zweiten. Die Auswirkungen auf die optimale Kapitalstruktur sind offensichtlich.

Um die Kapitalstrukturentscheidung eines jungen Unternehmens untersuchen und letztlich auch unterstützen zu können, müssen also zunächst diejenigen Unvollkommenheiten des Marktes untersucht werden, die – wie im Beispiel – einen signifikanten Einfluss auf die Risikoprämien im Eigen- oder Fremdkapital haben. Wir sehen in den folgenden fünf Aspekten die zentralen Einflussfaktoren auf die Risikoprämien:

1. Fehlender effizienter Markt zur Kapitalaufnahme
2. Geringe Diversifikationsmöglichkeiten der Kapitalgeber
3. Hohe erforderliche Kompetenz in der Bewertung des Geschäftsmodells
4. Sorge über opportunistisches Verhalten des Managements
5. Variierende Stimmungen an den Kapitalmärkten

Bevor im nächsten Abschnitt 4 auf diese Punkte im Einzelnen eingegangen wird, ist an dieser Stelle noch ein weiterer Aspekt aufzuführen, der für die Unzulänglichkeit der bisherigen Untersuchungen zur Kapitalstruktur spricht. So gehen die in Abschnitt 2 aufgeführten Untersuchungen stets von der idealtypischen Aufteilung der Finanzierungstitel in Eigen- und Fremdkapital aus, lassen also Zwischenformen in Form von Mezzaninekapital gänzlich außer Acht. Mezzanine umfasst ein Kontinuum von Instrumenten, die den Charakter sowohl von Eigen- als auch von Fremdkapital vereinigen und beliebige zustandsbezogene Zahlungsvereinbarungen und derivative Elemente enthalten können.

Tatsächlich besitzt Mezzaninekapital in der Praxis aber eine hohe Bedeutung, was anhand zweier empirischer Untersuchungen belegt werden kann. Cumming (2004) untersucht 3083 Finanzierungsverträge junger kanadischer Unternehmen[8] im Zeitraum von 1991-2000. Bascha/Walz (2002) untersuchen in einer verwandten Studie den deutschen Venture-Capital-Markt. Die folgende Tabelle gibt eine zusammengefasste Übersicht der eingesetzten Finanzierungsinstrumente.

Tabelle 1. Genutzte Finanzierungsinstrumente junger Unternehmen [%]

		Bascha/Walz (2002)		Cumming (2004)	
EK FK	Aktien/Fremdkapital-Mix		14,4		10,7
	Stammaktien		26,6		36,3
	Fremdkapital		n.n.		15,0
Mezzanine	Vorzugsaktien		n.n.		7,3
	Stille Gesellschaft	43,7	33,1	30,5	n.n.
	Wandelbare Wertpapiere		10,6		23,3
	Sonstiges		16,3		7,5

[8] Untersuchungen zum US-amerikanischen Markt sind aufgrund von steuerlichen Verzerrungen wenig aussagekräftig. Siehe Gilson/Schizer (2003).

Betrachtet man die empirischen Ergebnisse, so zeigt sich die Bedeutung mezzaniner Konstruktionen. In Kanada zählen ca. 30,5% der genutzten Instrumente zum Mezzaninekapital und in Deutschland sogar 43,7%. Letzteres ist insbesondere an der für den deutschen Markt typischen Verbreitung der stillen Beteiligung festzumachen. Ein stiller Gesellschafter ist sowohl am Gewinn als auch am Verlust der Gesellschaft beteiligt und erhält neben einer fixen Nominalverzinsung des eingesetzten Kapitals eine gewinnabhängige Vergütungskomponente. Der Anteil wandelbarer Wertpapiere ist jedoch in Deutschland mit 10,6% weniger als halb so hoch wie in Kanada (23,3%). Solche Wandelwertpapiere verkörpern die besondere Flexibilität des Mezzaninekapitals. In den Finanzierungsverträgen können Meilensteine vereinbart werden, deren Erreichung Konsequenzen auf die Finanzierungsinstrumente hat. So könnte bspw. der Inhaber einer Wandelanleihe in den Zuständen, in denen das Unternehmen einen positiven Wachstumspfad beschreitet, eine Wandlung in Aktien durchführen und somit stärker am Erfolg des Unternehmens partizipieren. Solche Komponenten werden als Equity Kicker bezeichnet.[9]

Die relativ geringe Verbreitung solcher Instrumente am deutschen Markt kann auf die erst relativ junge Einführung zurückgeführt werden. Dass insbesondere in der Finanzierung junger Wachstumsunternehmen Mezzanine aber eine ideale Voraussetzung bietet, kann nicht übersehen werden. Wir werden in folgenden Abschnitten auch zeigen, warum dies so ist.

4 Die Einflussgrößen auf die Risikoprämien

In den folgenden Unterabschnitten behandeln wir die oben aufgeführten fünf kritischen Einflussgrößen auf die Risikoprämien, die in einer Kapitalüberlassung an junge Unternehmen anfallen. Wir vergleichen in jedem Unterabschnitt die Risikoprämien mit etablierten Unternehmen sowohl für Eigenkapital als auch Fremdkapital.

4.1 Fehlender effizienter Markt zur Kapitalaufnahme

Ein effizienter Markt zur Eigen- und Fremdfinanzierung für etablierte und größere Unternehmen ist die Börse. Hier treffen viele kapitalgebende Investoren auf kapitalsuchende Unternehmen. Durch die Emission von Aktien können Unternehmen Eigenkapital aufnehmen und durch den Verkauf von Unternehmensanleihen erhöht sich ihr Fremdkapital. Aber auch Mezzaninekapital, bspw. in Form einer Wandelanleihe, kann über die Börse aufgenommen werden.

---

9 Einen Überblick über mögliche Ausgestaltungen von Mezzaninekapital geben Dörscher/Hinz (2003).

Jungen Unternehmen dagegen fehlt der Zugang zu einem effizienten Kapitalmarkt wie einer Börse aus folgenden drei Gründen. Zunächst reicht ihre Größe nicht aus, um die anfallenden Kosten für eine Börsennotierung zu rechtfertigen.[10] Zweitens ist es nicht für jede Rechtsform möglich, Finanzierungstitel an der Börse zu handeln. So lassen sich Eigenkapitalanteile von GmbHs oder KGs nicht wie Aktien bei einer AG oder Bankkredite nicht wie Unternehmensanleihen problemlos von einem Investor auf den anderen übertragen. Als drittes kommt hinzu, dass ein großer Teil der Finanzierung junger Unternehmen aus komplexen Finanzierungsverträgen (Mezzanine) besteht. Da diese Finanzierungsinstrumente wenig standardisiert sind, ist ein Handel an einer Börse nur schwer möglich. Wegen der Größenproblematik, der unterschiedlichen Rechtsformen und der nicht standardisierten Finanzierungstitel existiert kein liquider Handelsplatz für Finanzierungstitel junger Unternehmen.[11] Dadurch wird der Zugang zu Kapital für junge Unternehmen erschwert und Kapital suchende Unternehmer und kapitalgebende Investoren können sich nur unter erheblich höheren Anstrengungen treffen, um Finanzierungsverträge zu vereinbaren.

Da es keinen effizienten Kapitalmarkt für Finanzierungstitel junger Unternehmen gibt, müssen diese Finanzierungsvereinbarungen mit wenigen Partnern vereinbaren. Zur Fremdfinanzierung bleibt oft nur der Weg zum Bankinstitut.[12] Eine Kreditfinanzierung eines jungen Unternehmens ist aber schwierig, da diese meist nicht profitabel wirtschaften, kaum Vermögensgegenstände als Sicherheiten hinterlegen können und somit ein hohes Ausfallrisiko haben. Aufgrund des hohen Ausfallrisikos sind Banken in der Kreditvergabe sehr zurückhaltend, das Risikoprofil, was sich die Bank bei der Kreditvergabe wünscht, passt nicht zum risikoreichen Profil, was das junge Unternehmen mit seiner unsicheren geschäftlichen Entwicklung anbietet. Bekommt ein junges Unternehmen trotzdem einen Kredit von einer Bank, so muss der Unternehmer in der Regel Sicherheiten aus seinem Privatvermögen leisten. Dadurch senkt die Bank das Kreditrisiko, wodurch der Kredit dem Risikoprofil der Bank (Kreditabteilung) Rechnung trägt. Durch die Sicherheitshinterlegung trägt der Unternehmer als Privatperson ein zusätzliches unternehmerisches Risiko. Dadurch sinken zwar die Kreditkosten für das Unternehmen, und die Risikoprämien für das Fremdkapital erscheinen auf den ersten Blick günstig. Die korrekte Berücksichtigung der Sicherheitsleistungen des Unternehmers würde die Risikoprämien jedoch erhöhen.

Die Finanzierung auf Eigenkapitalbasis gestaltet sich für ein junges Unternehmen oftmals schwieriger als der Zugang zu Fremdkapital. Ist für Fremdkapital die

---

[10] Hier wird der Unterschied zu einem effizienten und vollkommenen Kapitalmarkt, der in der Theorie gerne unterstellt wird, besonders deutlich. Denn im vollkommenen Kapitalmarkt spielen Größenargumente keine Rolle, es ist sogar möglich, ein sogenanntes elementares Wertpapier (pure security), zu emittieren und zu handeln, dass in nur einem zukünftigen Zustand 1 Euro auszahlt.

[11] Vgl. zur Illiquidität der Finanzierungstitel junger Unternehmen auch Cochrane (2001).

[12] Staatliche Finanzierungsinstitute wie die KfW, die ebenfalls Kredite für Jungunternehmer anbieten, spielen aufgrund des geringen Volumens eine untergeordnete Rolle.

Bank ein klarer Ansprechpartner, so sind als Hauptquellen für Eigenkapital vor allem Venture-Capital Fonds (VC) und Business Angels (BA) zu nennen. Business Angels, in der Regel sehr vermögende Privatinvestoren (High Net Worth Individuals), stellen jungen Unternehmen vor allem in der Gründungsphase (im ersten Jahr der Unternehmensgründung) Eigenkapital zur Verfügung, während Venture-Capital Fonds erst nach der Gründungsphase (ab dem ersten Jahr der Gründung) Eigenkapital investieren.[13] Im Gegensatz zu Bankinstituten handelt es sich bei VC und BA um Investoren, die weniger leicht zu finden sind. Dadurch fallen Suchkosten sowohl auf der Unternehmer- als auch Investorenseite an. Diese verteuern die Finanzierung vor allem für den Unternehmer, da der Investor die Kosten auf ihn überwälzt.[14] Eigenkapital wird damit zu einer teuren Finanzierungsform. Andererseits kommen lukrative Finanzierungsgeschäfte vielleicht auch gar nicht zustande, weil sich Unternehmer und Kapitalgeber nicht treffen. Bei börsennotierten Unternehmen ist der Ausgleich von Kapitalangebot und -nachfrage leichter möglich. Ein weiterer Grund, warum Eigenkapitalfinanzierungen junger Unternehmen teurer sind als bei etablierten Unternehmen liegt darin, dass VC und BA aktive Investoren im Sinne von Jensen (1993) sind. Neben der Bereitstellung von Eigenkapital übernehmen sie zusätzliche Aufgaben wie die Überwachung der Geschäftsentwicklung oder die Unterstützung in der strategischen Entwicklung.[15] Für diese zusätzlichen Aufgaben lässt sich der VC Investor entschädigen, wodurch sich die Eigenkapitalfinanzierung für den Jungunternehmer weiter verteuert. Durch die zusätzlichen Aufgaben können sich für das Unternehmen aber auch positive Effekte wie bspw. eine schnellere Produktreife ergeben.[16] In der Einleitung wurde dieser Aspekt mit „Smart Money“ bereits angesprochen. Das Jungunternehmen muss hier die Abwägung treffen, ob der zusätzliche Nutzen die erhöhten Eigenkapitalkosten auffängt.

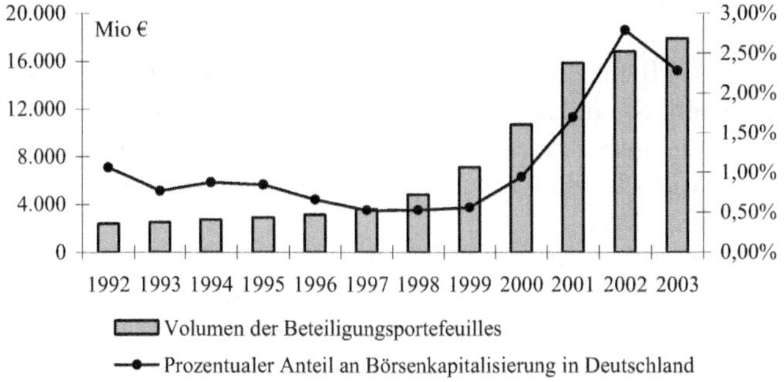

Abb. 1. Entwicklung des Beteiligungsportfolios in Deutschland

[13] Vgl. Wong (2002), und Brettel et al. (2004).

[14] Vgl. Kaplan/Stromberg (2001).

[15] Vgl. Gompers (1995), und Kaplan/Stromberg (2001, 2003).

[16] Vgl. Hellman/Puri (2002).

Das Volumen der VC Finanzierungen in einer Volkswirtschaft hängt nach Black/Gilson (1998) eng mit der allgemeinen Kapitalmarktentwicklung zusammen. Deshalb haben Länder wie die USA oder Großbritannien, die einen gut entwickelten Kapitalmarkt für etablierte Unternehmen aufweisen, auch einen größeren VC Markt. Länder wie Deutschland oder Japan weisen dagegen einen Nachholbedarf sowohl bei etablierten als auch jungen Unternehmen auf. Der schwierigere Marktzugang für junge Unternehmen zu investitionswilligem Kapital in Deutschland macht sich an dem geringen Volumen von Beteiligungskapital bemerkbar, dass in Abbildung 1 dargestellt ist. Absolut gesehen ist das Volumen in den 90er Jahren zwar stetig gestiegen, was für einen sich verbessernden Marktzugang spricht, doch beträgt das Finanzierungsvolumen nur etwas mehr als zwei Prozent an der Marktkapitalisierung des deutschen Aktienmarkts.

4.2 Geringe Diversifikationsmöglichkeiten der Kapitalgeber

Nach der Portfoliotheorie von Markowitz (1952) sollte ein Anleger in ein breit diversifiziertes Portfolio investieren. Durch ein diversifiziertes Anlageverhalten sinkt das unsystematische (unternehmensspezifische) Risiko und der Investor trägt letztlich nur das systematische, nicht diversifizierbare Marktrisiko. Für Fremdkapitalgeber wie eine Bank oder Eigenkapitalgeber von etablierten Unternehmen kommt der Diversifikationsgedanke deutlich zum Tragen. Ein Finanzinstitut konzentriert seine Kreditvergabe selten auf nur ein oder wenige Unternehmen, sondern verleiht sein Geld an viele verschiedene Kreditnehmer. Das Kreditportfolio ist damit diversifiziert, und das unternehmensspezifische Risiko eines einzelnen Kreditnehmers ist aus Gesamtbanksicht oft gering.[17] Investoren, die Eigenkapital in etablierte Unternehmen anlegen (bspw. durch den Kauf eines Aktienportfolios) sind in der Regel ebenfalls gut diversifiziert. Dies gilt vor allem für institutionelle Investoren.[18]

Dagegen sind Eigenkapitalinvestoren in jungen Unternehmen (VC und BA) kaum diversifiziert. Sie investieren einen Großteil ihres Vermögens in wenige Unternehmen. Durch dieses Anlageverhalten diversifiziert sich das unternehmensspezifische Risiko nicht, und VC und BA haben in ihrem Portfolio oftmals hohe unsystematische Risiken.

In der Theorie sollten Investoren für dieses unsystematische Risiko keine zusätzliche Risikoprämie verlangen. Die Grundlagen hierzu liefert das Capital Asset

[17] Dies gilt nur in eingeschränktem Maß, wenn Banken so genannte Klumpenrisiken (bspw. Kredite innerhalb einer Branche), haben. Um diese Klumpenrisiken zu diversifizieren, müssten einzelne Kredite bspw. an einer Kreditbörse handelbar sein. Bislang existierte eine solche Börse nicht. Jedoch ist in Zusammenarbeit mit der Rating Agentur S&P der Start der Deutschen Kredit Börse in München am 13. Oktober 2004 geplant, die ein Handel einzelner Kredite ermöglichen wird.

[18] Ein Teil der Privatinvestoren folgt dem Diversifikationsgedanken bei der Aktienanlage nicht. Vgl. Blume et al. (1974), und Starr-McCluer (1995).

Pricing Model (CAPM) (siehe Sharpe (1964), Lintner (1965) und Black (1972)). Nach dem CAPM ist dann nur das Risiko bewertungsrelevant, welches mit dem Marktportfolio[19] zusammenhängt:

$$\textit{Risikoprämie} = \underbrace{\rho(R_U, R_M) \cdot \frac{\sigma(R_U)}{\sigma(R_M)}}_{\beta\text{-Faktor}} \times \textit{Marktrisikoprämie} \tag{4.1}$$

Nach dem CAPM setzt sich die zu fordernde Risikoprämie aus Unternehmenssicht aus zwei Faktoren zusammen, der Korrelation der Unternehmensrendite R_U mit der Marktrendite R_M sowie der Standardabweichung der Unternehmensrendite $\sigma(R_U)$. Für ein junges Unternehmen müsste die Risikoprämie sehr niedrig liegen. Der Grund hierfür liegt in der geringen Korrelation des Unternehmenserfolgs mit der Gesamtmarktentwicklung.[20] Durch die geringe Korrelation sollte sich die höhere Standardabweichung der Rendite nicht auf die Risikoprämie niederschlagen.

In einem realen Kapitalmarkt verlangen Investoren, die jungen Unternehmen Eigenkapital zur Verfügung stellen, jedoch keine Verzinsung in Höhe des risikolosen Zinses (weil die Renditen unabhängig vom Markt sind), sondern einen Risikozuschlag, der das drei- bis fünffache der Marktrisikoprämie ausmacht (weil deren Standardabweichung der Rendite höher ist).[21] So kalkulieren VC und BA mit Risikoprämien von circa 15% bis 20%. Sie ziehen in ihr Bewertungskalkül nicht nur das β-Risiko mit ein, sondern vor allem das unternehmensspezifische Risiko, welches sich in ihren Portfolios nicht diversifiziert. Für junge Unternehmen bedeutet dies, dass Eigenkapital gegenüber etablierten Unternehmen und einer Bewertung im vollkommenen Kapitalmarkt teurer wird.[22]

4.3 Erforderliche Kompetenz in der Bewertung des Geschäftsmodells

Um ein Unternehmen zu bewerten (und damit seine Kapitalkosten zu bestimmen), ist der Rückgriff auf Informationen oder ein Werturteil von Experten notwendig. Für etablierte Unternehmen sind beide Aspekte gegeben. So existiert ein eigen-

---

[19] In dem Theorierahmen des CAPM umfasst das Marktportfolio alle risikobehafteten Finanzierungstitel. In der Praxis wird das Marktportfolio oft durch einen Aktienindex approximiert.

[20] Nach Rieg (2004), gibt es fünf wesentliche Erfolgsfaktoren: das Gründerteam, die Strategie, die Branche, Markt- und Kundenorientierung und die Kategorie Organisation/Kosten. Bis auf den Faktor Branche hängen die restlichen vier Erfolgsfaktoren wenig oder gar nicht mit der gesamtwirtschaftlichen Entwicklung zusammen und korrelieren somit nicht mit der Marktrendite.

[21] Vgl. Jones/Rhodes-Kropf (2003).

[22] Ein Großteil der etablierten Unternehmen wendet dagegen das CAPM zur Berechnung der Eigenkapitalkosten an. Graham/Harvey (2001), dokumentieren, dass der Anteil bei rund 75% liegt.

ständiger Markt für Informationen, der durch so genannte Informationsintermediäre wie beispielsweise Analysten oder Ratingagenturen abgedeckt wird. Der Börsenkurs spiegelt die durchschnittlichen Wertvorstellungen aller Marktteilnehmer wider und übernimmt eine wichtige Bewertungsaufgabe. Eine Investition in ein etabliertes Unternehmen basiert dann letztendlich „nur" auf der Entscheidung eines einzelnen Anlegers, ob dieser den Börsenkurs (Aktie oder Unternehmensanleihe) als zu teuer oder zu günstig einschätzt.

Für ein junges Unternehmen existieren keine Informationsintermediäre. Hier muss der Eigenkapitalinvestor (VC und BA) oder die kreditgebende Bank selbst Auskünfte über das zu finanzierende Unternehmen und die Unternehmensgründer[23] einholen. Die Bank kann bei der Kreditvergabe in der Informationsbeschaffung oftmals auf eine langjährige Beziehung mit dem Gründer aus anderen Bereichen der Bank (bspw. im Privatkundenbereich) zurückgreifen. Ohne diese Informationen wird die Bank entweder keinen Kredit vergeben oder nur zu erhöhten Kreditkosten, die der Jungunternehmer oft nicht tragen möchte oder durch zusätzliche Sicherheitshinterlegung reduzieren kann.

Dem VC und dem BA dagegen fehlen oftmals detaillierte Informationen, da er zum Unternehmensgründer keine historisch gewachsene Beziehung aufgebaut hat. So muss der VC oder der BA sich die Informationen zum Jungunternehmen, die gegenüber etablierten Unternehmen oftmals umfangreicher und schwieriger einzuschätzen sind, selbst erarbeiten. Erschwerend kommt hierbei hinzu, dass der Eigenkapitalinvestor auf vergangene Erfahrungen nicht zurückgreifen kann. Ein Investor, der jungen Unternehmen Kapital zur Verfügung stellt, muss im Gegensatz zu einem Anleger in etablierte Unternehmen deshalb mehr Kompetenzen in der Unternehmensbewertung haben: Er muss zunächst Informationen beschaffen (da es keine Informationsintermediäre gibt), diese bewerten (da Wertvorstellungen anderer Experten fehlen), um letztendlich zum Unternehmenswert mit den daraus resultierenden Kapitalkosten zu gelangen.

Die erhöhten Anforderungen des Investors führen dazu, dass es nur wenige, oft sehr spezialisierte Investoren gibt, die Kompetenz für Beteiligungen an jungen Unternehmen haben. VC und BA bringen diese Kompetenz mit, die sie dem Unternehmen in Form höherer Eigenkapitalkosten berechnen. Eigenkapital wird damit für das junge Unternehmen teurer und die Risikoprämien steigen gegenüber börsennotierten Unternehmen.

4.4 Sorge über opportunistisches Verhalten

Spätestens seit den grundlegenden Erkenntnissen neoinstitutionalistischer Arbeiten ist die Anreizproblematik in der wirtschaftswissenschaftlichen Theorie akzeptiert.[24] In der Unternehmenspraxis wurden mit der Implementierung wirksamer

[23] Nach Rieg (2004), einer der wichtigsten Erfolgsfaktoren.

[24] Siehe hierzu Abschnitt 2 dieses Beitrags.

Überwachungsmechanismen im Rahmen der Corporate Governance die notwendigen Konsequenzen für etablierte Unternehmen bereits vollzogen.

Bei jungen Unternehmen sind solche Instrumentarien weniger ausgeprägt. Gleichzeitig hängt der Erfolg von jungen Unternehmen in Relation zu etablierten Unternehmen noch weit mehr an den gestaltenden und führenden Persönlichkeiten der Unternehmensleitung. So ist der Gestaltungsspielraum bei jungen Unternehmen größer, der gestalterische Einfluss auf die Unternehmensprozesse direkter. Dies führt zu der latenten Sorge der Kapitalgeber junger Unternehmen, dass sich die Unternehmensführung opportunistisch verhält, d.h., das Chancen/Risiko-Profil des Geschäftsmodells viel zu optimistisch darstellt oder die zur Verfügung gestellten finanziellen Mittel nicht ordnungsgemäß einsetzt.[25]

Für die Financiers junger Unternehmen bestehen somit zwei Risikoquellen. Zum einen müssen sie das hohe Geschäftsrisiko der jungen Unternehmung tragen und zum anderen gehen sie die ungewisse Situation ein, dass sie dem Management nicht vertrauen können, sei es aufgrund falscher Informationspolitik[26] oder aufgrund schlechten Arbeitseinsatzes[27]. Für dieses zusätzliche Risiko werden Kapitalgeber eine im Vergleich zu etablierten Unternehmen zusätzliche Risikoprämie verlangen.

Visualisieren lässt sich diese Situation idealtypisch durch eine exemplarische Dichtefunktion der Geschäftstätigkeit eines Unternehmens, die in der folgenden Abbildung dargestellt ist. Hierbei ist in der gepunkteten Dichtefunktion mit FCFF- die schlechtmöglichte Ausprägung des Free Cashflow to Firm[28] und mit FCFF+ die entsprechend bestmöglichste Ausprägung dargestellt, unter der Voraussetzung, dass kein opportunistisches Verhalten der Geschäftsführung vorliegt.

---

[25] Die Eignung neoinstitutionalistischer Arbeiten zur Gestaltung von VC-Verträgen zeigt bereits Schmidt (1985).

[26] So könnte das Management anstehende Projekte positiver darstellen, als sie tatsächlich sind. Hier spielt neben der bewussten Falschaussage (hidden information), auch noch der empirisch belegte Aspekt der Selbstüberschätzung junger Unternehmer bzgl. der Erfolgswahrscheinlichkeit ihrer Geschäftsidee (Cooper et al. (1988)), eine Rolle.

[27] Der Arbeitseinsatz des Managements ist in der Regel unbeobachtbar für die Kapitalgeber (hidden action).

[28] Der Free Cashflow to Firm gibt diejenigen finanziellen Mittel an, die zur Bedienung der Fremd- und Eigenkapitalgeberansprüche zur Verfügung stehen (von Nitzsch/Rouette (2004)).

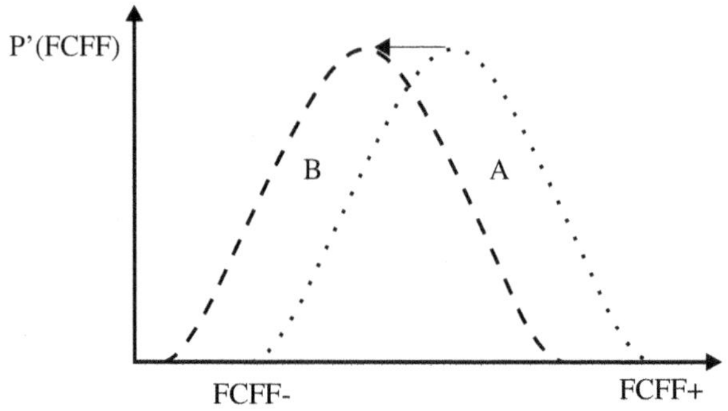

Abb. 2. Auswirkung opportunistischen Verhaltens auf den Geschäftserfolg

Wird allerdings potenzielles Fehlverhalten der Geschäftsleitung berücksichtigt, so kommt es zu einer Linksverschiebung der Dichtefunktion, welche in der Abbildung gestrichelt dargestellt ist. Somit wird die Fläche A ersetzt durch die Fläche B. Der Verlust der Wahrscheinlichkeit des Eintretens sehr guter Geschäftserfolge wird ersetzt durch schlechtere Zustände. Da dies direkt mit dem den Kapitalgebern zur Verfügung stehenden FCFF zusammenhängt, sind Kapitalgeber junger Unternehmen besonders besorgt über opportunistisches Fehlverhalten.

Welche Auswirkungen hat dies auf die Vergabe von Eigen- und Fremdkapital? Fremdkapitalgeber partizipieren am linken Teil der Dichtefunktion. Der schlechtmöglichste FCFF muss (ohne Bereitstellung von Sicherheiten) aus ihrer Perspektive also Zins- und Tilgungszahlungen ermöglichen, damit sie Kapital bereitstellen. Im Vergleich zu etablierten Unternehmen wird die Fremdkapitalvergabe bei jungen Unternehmen aus der Sorge um opportunistisches Verhalten tendenziell nur zu teureren Kreditkonditionen geschehen, da eine entsprechend höhere Risikoprämie berücksichtigt werden wird, oder möglicherweise gänzlich verwehrt.

Eigenkapitalgeber partizipieren nach Bedienung der Fremdkapitalgeberansprüche am gesamten Geschäftserfolg. Die Sorge um opportunistisches Verhalten wird dazu führen, dass neben der Risikoprämie für die Übernahme der Unsicherheit des Geschäftsmodells eine Prämie für die Ungewissheit (Ambiguität) verlangt wird. Anhand der Abbildung lassen sich diese Prämienarten wie folgt unterscheiden. Die Risikoprämie wird durch die Varianz der Dichtefunktion determiniert, also durch die Risikoträchtigkeit des Geschäftsmodells, während die Ambiguitätsprämie aus der Ungewissheit resultiert, wo genau die Dichtefunktion liegt.

Die Sorge um opportunistisches Verhalten kann im Extremfall sogar dazu führen, dass Geschäftsmodelle gar keine Finanzierung erhalten, es sei denn die Kapitalgeber haben (bspw. aus familiären Gründen[29]) allen Grund, dem Management zu vertrauen. Dort wo das Vertrauen fehlt, ist es nötig, eine Finanzierungsform zu finden, die den Kapitalgebern eine gewisse Kontrolle über die Unternehmensleitung erlaubt und gleichzeitig eine von den Kapitalgebern erwünschte Partizipation

[29] Smith/Smith (2000).

am Geschäftserfolg durchsetzt. Diese erwünschte Partizipation ist in der Abbildung 3 als durchgezogene Linie skizziert.

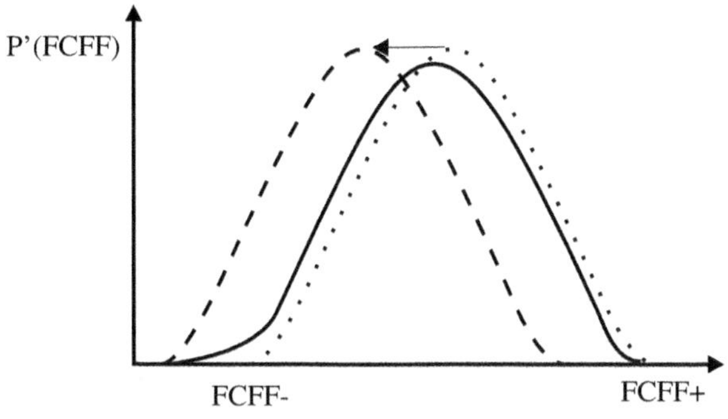

Abb. 3. Erwünschte Erfolgspartizipation der Kapitalgeber

Die Kapitalgeber möchten somit die aufgrund von Opportunitätseffekten erwarteten Einbußen minimieren und gleichzeitig möglichst nahe an das Erfolgsprofil der Dichtefunktion ohne Opportunität gelangen. Dies wäre bspw. möglich, indem in Phasen schlechterer Unternehmensperformance Anleihen des Unternehmens erworben und in Phasen hohen Geschäftserfolgs Stammaktien erworben würden. Wie jedoch in Abschnitt 4.1 dargestellt wurde, fehlen Transaktionsmärkte für junge Unternehmen, um solche dynamischen Investitionsstrategien durchzuführen. Als Ausweg stehen daher mezzanine Finanzierungsinstrumente zur Verfügung, die aufgrund ihrer flexiblen Ausgestaltbarkeit obiges Partizipationsprofil verbriefen und damit opportunistisches Verhalten kontrollieren können.[30]

Stellt man sich den Erfolgspfad eines Unternehmens als Zustandsbaum vor, der erfolgreiche und nicht erfolgreiche Zustände umfasst, so besteht bei der Konstruktion mezzaniner Instrumente die Möglichkeit, Aspekte von Eigenkapital und Fremdkapital zu kombinieren und zudem noch mit derivativen Elementen zu spicken. So könnten in denjenigen Zuständen, in denen das Unternehmen weniger erfolgreich wirtschaftet, fixe Zinszahlungen vereinbart werden und in erfolgreichen Zuständen bspw. Wandlungsrechte in Vorzugsaktien (oder andere equity-kicker) implementiert werden.[31] Dies hat zur Folge, dass die Unternehmensleitung stärkeren monetären Anreizen ausgesetzt ist als bei den klassischen Finanzierungsformen und die Kapitalgeber entsprechend das Unternehmensgeschick durch die Finanzierungswahl positiv beeinflussen können.

[30] Siehe Link (2002).

[31] Für weitere Gestaltungsmöglichkeiten siehe Repullo/Suarez (2004), oder Rudolph (2004).

4.5 Abhängigkeit von Stimmungen am Kapitalmarkt

Im vollkommenen Kapitalmarkt agieren die Marktteilnehmer stets rational. Entsprechend ist die Risikoaversion der Marktteilnehmer stets stabil und sie verlangen für ein und dasselbe Risiko über die Zeit auch immer dieselbe Risikoprämie. Bei nicht stark variierender Nachfrage der Unternehmen nach Kapital würde sich also im Zeitablauf eine konstante Risikoprämie ergeben.

Tatsächlich schwanken die Risikoprämien für Eigenkapital im Zeitablauf aber erheblich. Dies liegt vornehmlich darin begründet, dass sich das Risikoverhalten von Marktteilnehmer aus unterschiedlichen psychologischen Gründen zyklisch ausbildet. In Zeiten steigender Kurse wächst die Risikofreude, da die Marktteilnehmer sorgloser werden und sich eine Kontrollillusion einstellt. Hingegen wächst die Risikoscheu in Phasen, die durch Kursrückgänge gekennzeichnet sind. Dementsprechend entstehen Trends nicht nur an den Preisen an der Börse, sondern auch in den Risikoprämien, was an folgender Grafik veranschaulicht werden kann.

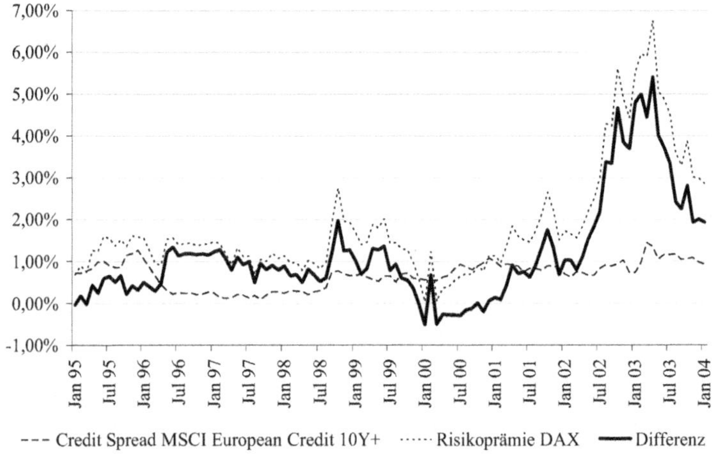

Abb. 4. Differenz zwischen Credit Spread europäischer Unternehmensanleihen und Aktienrisikoprämien des DAX

Die Risikoprämien, die wir für das Eigenkapital der DAX-Unternehmen für das Zeitfenster der letzten Jahre berechnet haben[32], bewegen sich in einem Bereich zwischen 0% und 6%, wobei in der Spitze der Euphorie Anfang des Jahres 2000 das Minimum erreicht wurde und Mitte 2003 das Maximum. Unternehmen, die gemäß der im Abschnitt 2 schon angesprochenen Market-Timing-Strategie bei niedrigen Risikoprämien Eigenkapital eingeworben haben, haben also gegenüber Unternehmen, die dies nicht geschafft haben, vorteilhaft ihre Kapitalstruktur gelenkt.

[32] Zur Berechnung von Risikoprämien vgl. Stotz (2004).

Auch wenn es sich bei den Zahlen aus der Grafik nicht um die Konditionen für das Eigenkapital von jungen Unternehmen sondern von etablierten Unternehmen handelt, so sind die Grundaussagen nicht nur übertragbar auf junge Unternehmen, sondern treten dort noch mit einer deutlich größeren Schwankungsbreite auf. So haben die Unterschiede in den Risikoprämien für Eigenkapital junger Unternehmen in der Realität sogar dazu geführt, dass viele junge Unternehmen aus dem Start-up-Bereich in der Euphoriezeit ihr Geschäftsmodell mehr oder weniger nur auf die Investorenseite ausgerichtet haben, in dem sie eine so genannte „Equity-Story" generierten, die gerade das Einwerben des Eigenkapitals ermöglicht. Die Profiteure waren, wie eben schon erwähnt, die Unternehmensgründer oder die bisher schon engagierten Eigenkapitalgeber. Zugleich führten die sehr hohen Risikoprämien in den Jahren 2002 und 2003 zu einer erheblichen Schwierigkeit für junge Unternehmen, überhaupt noch an Eigenkapital zu gelangen. Deutlich wurden diese Zusammenhänge auch schon in der Abbildung 1, in der hohe Steigerungsraten im Beteiligungsportfolio bis 2001 sehr niedrigen Steigerungsraten für die Jahre 2002 und 2003 gegenüberstehen.

Neben der absoluten Höhe der Risikoprämien für Eigenkapital zeigt die Grafik auch den relativen Unterschied zu dem Credit Spread für Fremdkapital, der zumindest approximativ als Risikoprämie interpretiert werden kann.[33] Durch den Bezug auf Unternehmensanleihen wird hier auch konsistenter Weise auf die Daten etablierter, größerer Unternehmen abgestellt. Bemerkenswert ist die Tatsache, dass auch diese Differenz im Zeitablauf erheblich schwankt. In der Zeit besonders günstigen Eigenkapitals im Jahr 2000 ist diese Differenz sogar negativ, d.h., Eigenkapital war zum dortigen Zeitpunkt günstiger als Fremdkapital, was natürlich ökonomisch aufgrund des höheren Risikos im Eigenkapital in keiner Weise erklärt werden kann.

5 Fazit

Wir haben in diesem Beitrag wichtige Einflussgrößen in der Entscheidung eines jungen Unternehmens über seine Kapitalstruktur unter der Perspektive der Kapitalkostenminimierung behandelt und uns hierbei an den jeweiligen Auswirkungen der Einflussfaktoren auf die Risikoprämien für Eigenkapital und Fremdkapital orientiert. Als Ergebnis ist zunächst festzuhalten, dass junge Unternehmen in der Regel ein höheres Geschäftsrisiko als etablierte Unternehmen aufweisen, welches zur Vermeidung eines Konkurses mit einer hohen Eigenkapitalquote abgefedert werden sollte. Gleichwohl stellt sich für das junge Unternehmen das Problem, dass die Risikoprämien für das notwendige Eigenkapital bedeutend höher liegen als es in einem vollkommenen Markt der Fall wäre. Eine Finanzierung über Eigenkapital

[33] Der Creditspread unterscheidet sich leicht von der Risikoprämie, weil in dem Creditspread die Ausfallwahrscheinlichkeit in der Berechnung der erwarteten Zahlungen nicht berücksichtigt wird, siehe von Nitzsch/Rouette (2004).

ist also für junge Unternehmen im Grunde notwendig, aber sehr teuer. Die Gründe liegen in verschiedenen Marktunvollkommenheiten, denen die jungen Unternehmen in einem weitaus stärkeren Umfang ausgeliefert sind als etablierte Unternehmen.

Die Risikoprämien für Fremdkapital werden hingegen weniger von den Unvollkommenheiten belastet. So existiert ein vergleichsweise gut funktionierender Markt für die Kreditvergabe an junge Unternehmen mit hinreichenden Diversifikationsmöglichkeiten für die Kreditgeber. Unvollkommenheiten finden sich hier vornehmlich nur in der Sorge über opportunistisches Verhalten, was sich bei Kreditfinanzierung neben einer überzogen positiven Einschätzung durch das Management auch im Risikoanreizproblem offenbart. Deshalb und aufgrund des hohen Risikos einer Kapitalüberlassung wird es in vielen Fällen allerdings auch zu gar keiner Kreditvergabe kommen. D.h., entweder gibt es einen Kredit zu akzeptablen Zinskonditionen oder es gibt gar keinen.

Welche Konsequenzen ergeben sich nun aus diesen Ergebnissen für die Kapitalstrukturentscheidung eines jungen Unternehmens? Zunächst kann festgehalten werden, dass es junge Unternehmen meist außerordentlich schwer haben, günstig Kapital einzuwerben. In einigen Fällen wird man sogar auch gar nicht von einer aktiven Kapitalstruktur*entscheidung* sprechen können, da das Unternehmen schlicht und einfach das nehmen muss, was ihr ein oder mehrere Kapitalgeber „großzügiger Weise“ anbieten.

In allen anderen Situationen, in denen das Unternehmen Freiheitsgrade in der Gestaltung besitzt, kann es die Kapitalkosten tendenziell dadurch minimieren, dass es möglichst wenig (teures) Eigenkapital einwirbt und weitgehend (nicht ganz so teure) Kreditfinanzierungen in Anspruch nimmt, notfalls unter Stellung von Sicherheiten, um den Kredit überhaupt zu erhalten. Um die Gefahr eines frühen Konkurses zu vermeiden, sollte allerdings die Summe an Eigenkapital mindestens so hoch ausfallen, dass auch bei möglichen negativen Planabweichungen in einem mittelfristigen Planungshorizont noch keine Insolvenztatbestände eintreten und somit die Sicherheiten wohlmöglich verloren gehen.

Als ein sinnvolles Instrument zur Finanzierung junger Unternehmen bieten sich zudem Mezzanine-Finanzierungen an. Durch die Flexibilität dieser Finanzierungsform lassen sich einige negative Auswirkungen der beschriebenen Marktunvollkommenheiten abfedern und hierüber die Risikoprämie reduzieren. Wir sehen deshalb in der Mezzanine-Finanzierung ein hohes Potenzial für die zukünftige Finanzierung junger Unternehmen, wenn sich die institutionellen Rahmenbedingungen in Deutschland für derartige Finanzierungen noch weiter verbessern.

Überlagert werden alle Überlegungen hinsichtlich der Gewichtung von Eigenkapital und Fremdkapital jedoch von den momentanen Marktstimmungen. Vereinfacht ausgedrückt: Ist bei einer schlechter Stimmung Eigenkapital vergleichsweise teuer, sollte der optimale Eigenkapitalanteil geringer ausfallen als in einer positiven Stimmung, die aufgrund der geringen Risikoprämien für Eigenkapital eine sehr kostengünstige Überwälzung von fundamentalen Risiken an die Marktteilnehmer ermöglicht. Insofern erfordert die Kapitalstrukturentscheidung des jungen Unternehmens auch ein gutes Timing.

Wie anfangs schon erwähnt, ist die Minimierung der Kapitalkosten allerdings nur ein, wenn auch zentraler Aspekt der Kapitalstrukturentscheidung. Für den Fall, dass dem Unternehmen mehrere Optionen der Finanzierung, insbesondere auch mit unterschiedlichen Kapitalgebern zur Auswahl stehen, müssen letztlich auch die mit den jeweiligen Kapitalgebern einhergehenden strategischen Aspekte, die sich letztlich auf die Ertragsseite auswirken, in einer sorgfältigen Abwägung Eingang finden.

Literatur

Baker M, Wurgler J (2002) Market timing and capital structure. Journal of Finance 57, S 1-32.

Bascha A, Walz U (2002) Financing practices in the German Venture-Capital industry: An empirical assessment. CFS Working Paper Series 2002/08.

Black F (1972) Capital Market Equilibrium with Restricted Borrowing. Journal of Business 45, S 444-455.

Black B,. Gilson R (1998) Venture-Capital and the structure of capital markets: banks versus stock markets. Journal of Financial Economics 47, S 243-277.

Blume M,. Crockett J, Friend I (1974) Stock ownership in the United States: characteristics and trends. Survey of Current Business 54, S 16-40.

Brettel M, Meier D, Reißig-Thust S (2004) Vertragsgestaltung von Venture-Capitalists und Business Angels im Vergleich. Die Betriebswirtschaft 64, S 431-447.

Breuer W (1998) Finanzierungstheorie: Eine systematische Einführung. Gabler, Wiesbaden

Cochrane J (2001) The risk and return of Venture-Capital. University of Chicago working paper.

Cooper A, Woo C, Dunkelberg W (1988) Entrepreneurs' perceived chances for success. Journal of Business Venturing 3, S 97-108.

Cumming D (2004) Capital structure in venture finance, in: Journal of Corporate Finance, forthcoming.

Denis D (2004) Entrepreneurial finance: An overview of the issues and evidence. Journal of Corporate Finance 10, S 301-326.

Dörscher M, Hinz H (2003) Mezzanine Capital: Ein flexibles Finanzierungsinstrument für KMU. Finanz Betrieb 10/2003, S 606-610.

Frank M, Goyal V (2003) Capital structure decisions, Working paper.

Gilson R, Schizer D (2003) Venture-Capital structure: A tax explanation for convertible preffered stock. Harvard Law Review 116, S 875-916.

Gompers P (1995) Optimal investment, monitoring, and the staging of Venture-Capital. Journal of Finance 50, S 1461-1489.

Graham J, Harvey C (2001) The theory and practice of corporate finance: Evidence from the field. Journal of Financial Economics 60, S 187-243.

Harris M, Raviv A (1990) Capital structure and the informational role of debt. Journal of Finance 45, S 321-349.

Harris M, Raviv A (1991) The theory of capital structure. Journal of Finance 39, S 127-145.

Hellman T, Puri M (2002) Venture-Capital and the professionalization of start-up firms. Journal of Finance 57, S 169-197.

Jensen M (1986) Agency costs of Free-Cash-Flow, corporate finance, and take-overs. American Economic Review 76, S 323-329.
Jensen M (1993) The modern industrial revolution, exit, and the failure of internal control systems. Journal of Finance 48, S 831-880.
Jensen M, Meckling W (1976) Theory of the firm: Managerial behavior, agency costs, and ownership structure. Journal of Financial Economics 3, S 305-360.
Jones C, Rhodes-Kropf M (2003) The price of diversifiable risk in Venture-Capital and private equity. Columbia University working paper.
Kaplan S, Stromberg P (2001): Venture-Capitalists as principals: contracting, screening, and monitoring. American Economic Review, Papers and Proceedings 91, S 426-430.
Kaplan S, Stromberg P (2003): Financial contracting meets the real world: An empirical analysis of Venture-Capital contracts. Review of Economic Studies 70, S 281-315.
Link G (2002) Anreizkompatible Finanzierung durch Mezzanine-Kapital. Peter Lang, Frankfurt am Main.
Lintner J (1965) The valuation of risk assets and the selection of risky investments in stock portfolios and capital budgets. Review of Economics and Statistics 47, S 587-615.
Loughran T, Ritter J (1995) The new issues puzzle. Journal of Finance 50, S 23-51.
Miller M, Scholes M (1978) Dividends and taxes. Journal of Financial Economics 6, S 333-364.
Modigliani F, Miller M (1958) The cost of capital, corporation finance, and the theory of investment. American Economic Review 48, S 261-297.
Modigliani F, Miller M (1963) Corporate income taxes and the cost of capital: A correction. American Economic Review 53, S 433-443.
Mossin J (1966) Equilibrium in a capital asset market. Econometrica 34, S 768-783.
Myers S (1977) Determinants of corporate borrowing. Journal of Financial Economics 5, S 147-175.
Myers S (1984) The capital structure puzzle. Journal of Finance 39, S 575-592.
Repullo R, Suarez J (2004) Venture-Capital finance: A decurity design approach. Review of Finance 8, S 75-108.
Rieg U (2004) Analyse der Bewertung junger innovativer Unternehmen. Josef Eul, Lohmar.
Rudolph B (2004) Mezzanine Finanzierung im Rahmen der Kapitalstruktur von Unternehmen. In: Gerke W, Siegert T (Hrsg) Aktuelle Herausforderungen des Finanzmanagements. Schäffer-Poeschel, Stuttgart, S 153-183.
Schmidt R (1985) Venture-Capital aus der Sicht der Finanzierungstheorie. Betriebswirtschaftliche Forschung und Praxis 37, S 421-437.
Sharpe W (1964) Capital asset prices: A theory of market equilibrium under conditions of risk. Journal of Finance 19, S 425-442.
Smith R, Smith J (2000) Entrepreneurial finance. Wiley, New York.
Starr-McCluer M (1995) Tax losses and the stock portfolios of individual investors. Federal Reserve Bank of Governors working paper.
Stotz O (2004) Aktives Portfoliomanagement auf Basis von Fehlbewertungen in den Renditeerwartungen Duncker&Humblot, Berlin.
Stulz R (1990) Managerial discretion and optimal financing policies. Journal of Financial Economics 17, S 3-27.
von Nitzsch R (2002) Entscheidungslehre. Schäffer-Poeschel, Stuttgart.

von Nitzsch R, Rouette C (2004) Kapitalmarktorientierte Unternehmensführung. Mainz, Aachen.

Wong A (2002) Angel finance: The other Venture-Capital. University of Chicago working paper.

Entrepreneurship und Kapitalstruktur: eine empirische Analyse

Olivier Cochet, Thomas Ehrmann und Rainer Harms

Abstract

Dieser Beitrag geht davon aus, dass sich Investitions- und Finanzierungsentscheidungen bedingen, und untersucht empirisch den Einfluss unternehmerischer Strategien auf die Kapitalstruktur von kleinen und mittleren Unternehmen (KMU). Unternehmerische Strategien drücken sich durch Risikofreude, starke Wachstumsabsichten und einem Fokus auf die Ausnutzung neuer Geschäftsgelegenheiten aus. Die empirische Überprüfung der aufgestellten Hypothesen basiert auf einer Stichprobe 56 rapide wachsender KMU aus Deutschland. Die Ergebnisse unterstützen einen direkten Zusammenhang zwischen Risikoneigung und Kapitalstruktur. Ebenso wird bestätigt, dass ein Fokus auf der Ausnutzung neuer Geschäftsgelegenheiten die Kapitalstruktur beeinflusst. Schließlich wird im Rahmen moderierter Regressionen die Effektivität unternehmerischen Strategien unter unterschiedlichen Ausprägungen der Kapitalstruktur geschätzt. Demnach wird der positive Zusammenhang von Wachstumsabsichten und realisiertem Wachstum durch einen zunehmenden Verschuldungsgrad geschwächt.

1 Einleitung

Im Rahmen von Kapitalstrukturtheorien, in denen die Abhängigkeit zwischen Investitions- und Finanzierungsentscheidungen thematisiert wird (Jensen und Meckling 1976, Williamson 1988), hebt die „moderne strategische Perspektive der Kapitalstruktur"[1] die Bedeutung idiosynkratischer Wettbewerbsstrategien für die Kapitalstruktur hervor.

Basierend auf der Prämisse, dass die Strategien eines Unternehmens die Investitionsentscheidungen beeinflussen, sollten sich die verfolgten Strategien auch auf die Kapitalstruktur auswirken. Empirische Studien haben deutliche Belege für diese Überlegung gefunden (Balakrishnan und Fox 1993, Barton und Gordon 1988, Kochhar und Hitt 1998, O'Brien 2003). In dieser Untersuchung werden die Kapitalstrukturauswirkungen unternehmerischer (entrepreneurial) Strategien thematisiert. Entrepreneurship kann als Unternehmensverhalten definiert werden, das aus

---

[1] O'Brien (2003), S. 417.

verschiedenen Dimensionen bezüglich Strategieformulierung und Strategieinhalt besteht. Diese Dimensionen sollen das Unternehmen befähigen, laufend innovativ tätig zu sein (Covin und Slevin 1986) und Gelegenheiten, die sich im Markt bieten, zu nutzen (Stevenson 1999). Die Kapitalstruktur wird durch den Verschuldungsgrad, d.h., durch das Verhältnis von Fremd- zu Gesamtkapital abgebildet. Zusätzlich zu den direkten Einflüssen von Entrepreneurship auf die Kapitalstruktur werden moderierende Einflüsse des Verschuldungsgrades auf die Stärke der Beziehung von Entrepreneurship und Unternehmenserfolg betrachtet.

Unsere Untersuchung trägt zur Literatur in folgender Weise bei. Erstens wurden die Kapitalstrukturauswirkungen einer unternehmerischen Strategie bislang noch nicht untersucht. Diese Forschungsagenda ist jedoch von Bedeutung, da Finanzierungsentscheidungen die Effektivität von Unternehmensstrategien beeinflussen könnten (O'Brien 2003, Simerly und Li 2000). Zweitens tragen wir zur Untersuchung der Kapitalstruktur in eigentümergeführten Unternehmen bei, indem wir unsere Hypothesen an einer entsprechenden Stichprobe überprüfen. Bisherige Forschungsergebnisse zeigen deutliche Unterschiede in der Finanzierungspraxis von manager- und eigentümergeführten Unternehmen auf (Berger und Udell 1998, Van Auken und Holman 1995).

Zudem ist die empirische Forschung auf dem Gebiet der Kapitalstruktur in KMU, die Strategievariablen einschließt, begrenzt.[2] Daher thematisiert unsere Untersuchung im Weiteren die Gültigkeit der Strategie-Kapitalstruktur-Verbindung für diese wichtige Gruppe von Unternehmen.

Die Arbeit ist wie folgt aufgebaut: Zuerst beleuchten wir vorherige Untersuchungen zu den Einflussfaktoren auf die Kapitalstruktur. Als Zweites stellen wir Hypothesen bezüglich der Verbindung zwischen den verschiedenen Dimensionen von Entrepreneurship und Kapitalstruktur auf. Als Drittes werden die Hypothesen auf Basis einer Stichprobe rasch wachsender KMU in Deutschland getestet. Unsere Ergebnisse legen nahe, dass das strategische Profil eines Unternehmens in der Tat Auswirkungen auf die Kapitalstruktur hat. Zuletzt werden die Ergebnisse interpretiert, Schlüsse gezogen und Vorschläge für weiterführende Untersuchungen präsentiert.

2 Theorie und Hypothesen

2.1 Theoretische Ansätze zur Erklärung der Kapitalstruktur

Im folgenden Abschnitt werden verschiedene theoretische Ansätze zur Erklärung der Kapitalstruktur vorgestellt und deren Anwendbarkeit bei KMU thematisiert. Insbesondere werden die statische Trade-Off Theorie (Modigliani und Miller

---

[2] Unseres Wissens nach liegt mit der Arbeit von Jordan et al. (1998) bislang nur eine einzige Studie vor, in der die Auswirkungen strategischer Variablen auf die Kapitalstruktur im Zusammenhang mit KMU untersucht werden.

1963), der Pecking-Order Ansatz (Myers 1984), und die Strategie-Literatur zur Kapitalstruktur (Balakrishnan und Fox 1993, Barton und Gordon 1988, Jensen und Meckling 1976, Kochhar und Hitt 1998, O'Brien 2003, Simerly und Li 2000, Vincente-Lorente 2001, Williamson 1988) berücksichtigt.

Aus Sicht der statischen Trade-Off Theorie der Kapitalstruktur optimiert ein Unternehmen seinen Verschuldungsgrad, um die Steuervorteile durch Zinszahlungen (Modigliani und Miller 1963) den Kosten der Verschuldung (Konkurskosten und Agencykosten) anzugleichen. Agencykosten treten als Resultat sowohl von Konflikten zwischen Eigentümern und Managern sowie zwischen Eigentümern und Gläubigern auf (Jensen 1986, Jensen und Meckling 1976). Konflikte zwischen Shareholdern und Managern werden in eigentümergeführten Unternehmen verringert, wenn der Eigentümer einen großen Teil des Eigenkapitals stellt. Nachweise zur empirischen Relevanz der statischen Trade-Off Theorie sind jedoch widersprüchlich (Shyam-Sunder und Myers 1999).

Gemäß dem Pecking-Order Ansatz gehen Unternehmen bei Finanzierungsentscheidungen wir folgt vor: Unternehmen bevorzugen interne Finanzierungsquellen (d.h., einbehaltene Gewinne) gegenüber externen Quellen (Myers und Majluf 1984). Bei Bestehen von Informationsasymmetrien zwischen dem Unternehmen und den Kapitalgebern passen Letztere ihre Renditeforderungen an das Investitionsrisiko an. Wenn interne Cashflows nicht ausreichen und externe Finanzierung notwendig wird, werden daher vom Unternehmen zunächst die am wenigsten riskanten Finanzierungsmöglichkeiten (Verschuldung) und danach erst riskantere Finanzierungsquellen gewählt (d.h., Anteilsscheine). Diese Pecking-Order Logik ist bezüglich KMU besonders relevant, da a) die Kosten der Aufnahme externen Anteilskapitals im Allgemeinen in kleineren Unternehmen höher sind als in großen (Chittenden et al. 1996) und b) externes Anteilskapital mit einem Machtverlust assoziiert wird, den Eigentümer zu vermeiden suchen (Jordan, Lowe and Taylor 1998). Vorherige empirische Studien zeigten deutliche Unterstützung für diesen Zusammenhang bezüglich KMU (Jordan, Lowe and Taylor 1998, Michaelas et al. 1999).

Untersuchungen, die sich mit der Beziehung zwischen Strategie und Kapitalstruktur befassen, betonen die Heterogenität von Unternehmen und die Rolle von Verhaltensaspekten. Damit wird die bisherige Finanzierungsliteratur ergänzt, die häufig auf Basis der Prämisse eines restringierten rational-ökonomischen Verhaltens argumentiert. Dies stellt jedoch eine starke Vereinfachung der Realität dar (Barton und Gordon 1988). Auf Basis der Transaktionskostenökonomik (Williamson 1988) und der Agencytheorie (Jensen 1986, Jensen und Meckling 1976) wurden eine Reihe von Einflussfaktoren auf die Kapitalstruktur ermittelt, wie beispielsweise die Diversifikationsstrategie (Barton und Gordon 1988, Kochhar und Hitt 1998), intangibles Vermögen (Balakrishnan und Fox 1993), Kostenführerstrategien (Jordan, Lowe and Taylor 1998), Umweltdynamik (Simerly und Li 2000), und die F&E-Investitionsintensität (O'Brien 2003, Vincente-Lorente 2001).

2.2 Entwicklung der Hypothesen

Die oben erwähnten Arbeiten legen nahe, dass die Kapitalstruktur eines Unternehmens deutlich von der gewählten Strategie beeinflusst werden kann. Eine unternehmerische Orientierung kann ebenfalls als ein Strategiekonstrukt angesehen werden (Lumpkin und Dess 1996), und es steht zu vermuten, dass diese Orientierung ebenfalls Auswirkungen auf die Kapitalstruktur hat. Da Unternehmertum ein multidimensionales Konstrukt ist (Brown et al. 2001, Eliasson et al. 2002, Kreiser et al. 2002), können verschiedene Dimensionen von Entrepreneurship unabhängig voneinander betrachtet werden. Nur die Dimensionen von Entrepreneurship, die direkt das Investitionsverhalten beeinflussen, werden in diesem Beitrag näher untersucht.

Von je her wurde Entrepreneurship mit Risikobereitschaft und Innovation assoziiert (Covin und Slevin 1986, Miller 1983). Diese Elemente werden auch als unternehmerische Orientierung bezeichnet (Entrepreneurial Orientation, künftig: EO).[3] Die jeweilige EO eines Unternehmens lässt sich als Position auf einem Kontinuum zwischen einem unternehmerischen Extrem (risikobereit, innovativ) und einem konservativen Extrem (risikoavers, nichtinnovativ) denken. Da die bisherige Forschung bereits den Einfluss von Innovationsstrategien auf die Kapitalstruktur herausheben konnte (Jordan, Lowe and Taylor 1998, O'Brien 2003), wird diese Dimension in unserer Studie als Kontrollvariable berücksichtigt.

Neuere Definitionen von Entrepreneurship heben die Identifikation und die Verfolgung von Geschäftsgelegenheiten als zentrales Element hervor. Stevenson (Stevenson 1999) fasst Entrepreneurship als eine Anzahl von Managementmethoden auf, die ein Unternehmen in die Lage versetzten, Gelegenheiten zu identifizieren und zu nutzen. Der Grad, bis zu dem ein Unternehmen einen unternehmerischen Managementansatz (Entrepreneurial Management, künftig: EM) verfolgt, wird wiederum durch seine Position auf einem Kontinuum zwischen unternehmerisch (d.h., den „Promotern") als ein Extrem und konservativ (d.h., den „Verwaltern") als anderes Extrem dargestellt. Entsprechend dem Zweck der vorliegenden Untersuchung konzentrieren wir uns auf diejenigen EM-Dimensionen, die unserer Einschätzung nach eine direkte Wirkung auf das Investitionsverhalten haben.[4]

2.2.1 Risikobereitschaft und Verschuldungsgrad

Barton und Gordon (Barton und Gordon 1987) argumentierten, dass die Risikoneigung des Managements Einfluss auf die Kapitalstruktur haben sollte. Diese Beziehung ist unseres Wissens nach noch nicht empirisch untersucht worden. Miller

[3] Eine weitere Dimension des EO-Konstrukts ist die Proaktivität. Da diese Dimension jedoch inhaltlich mehrdeutig ausgelegt werden kann (vgl. Lumpkin/Dess (1996), vgl. auch Brown et al. (2001) für eine Diskussion dieser Dimension), bleibt sie in dieser Untersuchung unberücksichtigt.

[4] Dies sind die Indikatoren für die Strategie- und die Wachstumsorientierung.

und Friesen definieren Risikobereitschaft als „das Ausmaß, bis zu dem Manager bereit sind, weit reichende und riskante Ressourcenverpflichtungen einzugehen, d.h., solche, die eine begründete Wahrscheinlichkeit hoher Verluste aufweisen".[5] Aus Sicht der Agencytheorie entsteht ein Konflikt zwischen Gläubigern und Anteilseignern, wenn das Unternehmen Risiken eingeht. Während ungünstige Resultate durch die Gläubiger getragen werden, hält das Unternehmen eine Option, die mit der Unsicherheit steigt (Myers 1977). Mit Schulden und beschränkter Haftung wird das Unternehmen daher riskantere Strategien verfolgen, um die Wahrscheinlichkeit positiver Ergebnisse zu erhöhen, die den Anteilseignern zufallen (Jensen und Meckling 1976). Bei risikoaversen Unternehmen gilt diese Logik ebenfalls, nur werden die Anreize, riskante Strategien zu verfolgen, nicht so stark sein wie für risikofreudige Unternehmen (vgl. dazu Neus 1995). Gläubiger, welche die mit der Risikoübernahme zusammenhängenden Kosten vorhersehen, werden ihre Renditeforderungen daran anpassen (Harris und Raviv 1991), wodurch c.p. die Attraktivität von Schuldenfinanzierung verringert wird. Als Konsequenz wird das Unternehmen den Verschuldungsgrad reduzieren. Daher sollte Folgendes gelten:

Hypothese 1: Je risikoorientierter die Unternehmung ist, umso niedriger ist der Verschuldungsgrad.

Verglichen mit risikoaversen Unternehmen haben risikofreudige Unternehmen eine größere Zahl von Investitionsmöglichkeiten zur Auswahl. Im Zeitablauf sollte dies in höheren Wachstumsraten zum Ausdruck kommen, weil mehr Gelegenheiten genutzt werden können. Wir vermuten jedoch, dass ein hoher Verschuldungsgrad durch einen Liquiditätseffekt die Fähigkeiten eines Unternehmens reduziert, Wachstum zu finanzieren (Lang, Ofek and Stulz 1996). Schulden binden das Management daran, zukünftige Cashflows *auszuzahlen*. Gläubiger haben das Recht, einen Insolvenzantrag zu stellen, wenn das Unternehmen seinen Verpflichtungen bezüglich Zins- und Tilgungszahlungen nicht nachkommt. Dieses Argument steht im Einklang mit dem disziplinierenden Effekt von Schulden auf das Unternehmenswachstum (Jensen 1986). Zudem werden Gläubiger umso weniger bereit sein, Kapital zu tragfähigen Kosten zur Verfügung zu stellen, je höher die Verschuldung bereits ist. Dies wird ebenfalls einen dämpfenden Effekt auf Expansionsbestrebungen haben.

Hypothese 1a: Je höher der Verschuldungsgrad, desto niedriger wird die Beziehung zwischen Risikoorientierung und dem realisierten Wachstum sein.

2.2.2 Wachstumsorientierung und Verschuldungsgrad

Ein Element des unternehmerischen Managementansatzes ist die Wachstumsorientierung des Unternehmens (Stevenson und Jarillo 1990). Für Unternehmen mit einer hohen Wachstumsorientierung ist rasches Wachstum, obwohl definiti-

[5] Miller/Friesen (1978), S. 923.

onsgemäß riskant, ein primäres Unternehmensziel. Konservativere Unternehmen ziehen hingegen sichere und kontinuierliche Wachstumsraten vor (Brown, Davidsson and Wiklund 2001). Cassar (Cassar 2004) hat bereits den Einfluss der ex-ante Wachstumsabsicht auf die Kapitalstruktur im Zusammenhang mit neu gegründeten Unternehmen untersucht. Obwohl er keine Bestätigung für die Existenz eines Einflusses finden konnte, wird dieser Zusammenhang im gegenwärtigen Kontext noch einmal unter Verwendung eines anderen Messinstruments untersucht. Der grundlegende Konflikt zwischen Eigentümern und Gläubigern ist, dass die Ersteren einen Anreiz haben, die Interessen der Gläubiger bei Investitionsentscheidungen suboptimal zu berücksichtigen. Gläubiger, die dies vorhersehen, passen infolgedessen ihre Renditeforderungen an. Diese Agencykosten erhöhen sich mit der Flexibilität des Unternehmens im Hinblick auf zukünftige Investitionen, d.h., Wachstumschancen. Daher ist es wahrscheinlich, dass erwartetes zukünftiges Wachstum negativ mit dem Verschuldungsgrad korreliert ist (Titman und Wessels 1988).

Da Unternehmen ihre Wachstums*absichten* auf privaten Informationen über zukünftiges Unternehmenswachstum gründen, würden wir erwarten, dass Manager mit hohen Wachstumsabsichten einen niedrigeren Verschuldungsgrad wählen als Manager mit niedrigen Wachstumsabsichten (Lang et al. 1996). Daher sollte, selbst nach dem Kontrollieren von Wachstums*gelegenheiten*, das Folgende gelten:

Hypothese 2: Je höher die Wachstumsabsicht, desto niedriger der Verschuldungsgrad des Unternehmens.

In der Literatur zu Unternehmenswachstum spielen Wachstumsabsichten eine wichtige Rolle bei der Erklärung der realisierten Wachstumsrate (Orser et al. 1998). Die Theorie des geplanten Verhaltens, die postuliert, dass Intentionen späteren Aktionen vorausgehen, kann auch auf Entscheidungen bezüglich des Unternehmenswachstums angewandt werden (Wiklund 1998). Es steht zu vermuten, dass der Verschuldungsgrad die Beziehung zwischen diesen beiden Faktoren beeinflusst. Wie bei der Argumentation für Hypothese 1a gehen wir hier von einem negativen Einfluss des Verschuldungsgrades auf die Beziehung zwischen Wachstumsabsicht und realisiertem Wachstum aus. Daher vermuten wir:

Hypothese 2a: Je höher der Verschuldungsgrad, desto niedriger wird der positive Zusammenhang von Wachstumsorientierung und realisiertem Wachstum sein.

2.2.3 Strategische Orientierung und Verschuldungsgrad

Eine weitere Dimension des EM-Konstrukts ist die strategische Orientierung. Damit wird beschrieben, welche Faktoren die Formulierung der strategischen Absichten des Unternehmens beeinflussen. Die Promoter-Strategie wird von den Chancen im Markt, ohne Berücksichtigung momentan zur Verfügung stehender Ressourcen, bestimmt. Erst wenn Chancen identifiziert worden sind, werden die zu ihrer Nutzung notwendigen Ressourcen akquiriert. Daher ist jegliche identifizierte Gelegenheit für die Strategie des Promoters relevant.[6] Im Gegensatz dazu definieren konservative Unternehmen ihre Strategie als eine Funktion der zur Verfügung stehenden Ressourcen. Gelegenheiten werden daran gemessen, wie sie zum effizienten Gebrauch des bestehenden Ressourcenportfolios passen (Stevenson 1999). Empirische Studien belegen einen positiven und signifikanten Zusammenhang zwischen der strategischen Orientierung und der Rekombinierung von Ressourcen in Schumpeters Sinn, das heißt der Einführung neuer Produkte und/oder Dienstleistungen (Eliasson, Wiklund and Davidsson 2002).[7] Die Entwicklung und Vermarktung neuer Leistungsangebote ist ein „ressourcenverbrauchender Prozess".[8] Da bei technologieorientierten Unternehmen die in der Forschungs- und Entwicklungsphase und die für die Markteinführung notwendigen Mittel (durchschnittliche Summe 1,65 Mio. €) den Eigenkapitalrahmen des Unternehmers in der Regel bei weitem überschreiten, werden Finanzmittel von außen benötigt (Gläser 2002). Dem Pecking-Order Ansatz und dem Wunsch nach hohen Kontrollbefugnissen (Robinson et al. 1991) nach ist eine Schuldenfinanzierung attraktiver als Anteilskapital von außen.

Im Hinblick auf Wachstums- und Risikoorientierung haben wir dargelegt, dass Ambitionen zu hohem und risikoreichem Wachstum mit einem niedrigerem Verschuldungsgrad assoziiert werden. Für die Verfolgung von Gelegenheiten jedoch erwarten wir eher das Gegenteil. Gelegenheiten können als spezifische Projekte interpretiert werden, die das Unternehmen angesichts eines positiven erwarteten Kapitalwerts umzusetzen gedenkt. Der Cashflow des Projekts und die Risiken können von den Gläubigern genauer eingeschätzt werden, als wenn Kapital für nicht spezifizierte Wachstumsbestrebungen bewilligt werden sollte (Kensinger und Martin 1993). Dies führt zu unserer dritten Hypothese.

Hypothese 3: Die unternehmerische strategische Orientierung steht in einem positiven Zusammenhang mit dem Verschuldungsgrad.

Eine unternehmerische strategische Orientierung kann zu einer höheren Performance führen (Harms und Ehrmann 2003). Unternehmen mit einer unternehmerischen strategischen Orientierung beschränken ihre Betrachtung nicht auf solche Gelegenheiten, die zu den zur Verfügung stehenden Ressourcen passen, son-

[6] Unterschiede in Bezug auf die Fähigkeit, Gelegenheiten wahrnehmen zu können, werden gemeinhin durch differierende Erfahrungen und kreatives Potenzial erklärt. Diese Fähigkeiten werden auch als „entrepreneurial alertness" bezeichnet (Kirzner 1973).

[7] Stevenson (Stevenson 1999) betont, dass die Nutzung von Gelegenheiten nicht notwendigerweise innovativer Natur sein muss, sondern genauso gut aus einer Verbindung bereits existierender Leistungsangebote und der kreativen Anwendung traditioneller Produktionsprozesse bestehen kann. Dies stellt auch Bhidé in seiner Untersuchung von Unternehmen der Inc. 500, einer Liste wachstumsstarker Unternehmen, fest. Vgl. Bhidé AV (2000).

[8] Tushman und Romanelli (1985), nach de Koning/Brown (2001).

dern sie berücksichtigen alle vorhandenen Optionen. Folglich können unternehmerische Firmen mehr Gelegenheiten im Markt identifizieren und werden eher in der Lage sein, diese auch zu nutzen. Der Einfluss des Verschuldungsgrades auf die Beziehung zwischen der strategischen Orientierung und der tatsächlichen Nutzung neuer Gelegenheiten kann prinzipiell über zwei Mechanismen erfolgen. Ersten zwingen Schulden ein Unternehmen dazu, ausreichend Cashflow zu generieren, da die Gläubiger das Unternehmen in Konkurs treiben können, wenn Zins- und Tilgungszahlungen ausbleiben (Jensen 1986). Kapitalknappheit verhindert die Option, auf neue Informationen zu warten und macht eher sofortige Aktion notwendig.[9] Daher mögen Schulden einen aktionsfördernden Einfluss haben. Zweitens kann argumentiert werden, dass Gelegenheiten nur dann umgesetzt werden können, wenn das nötige Umlaufvermögen finanziert werden kann. Dies ist insbesondere dann möglich, wenn Kunden durch beispielsweise Anzahlung Kredite gewähren. Diese Kredite werden in die Berechnung des Verschuldungsgrades einfließen. Dementsprechend sollte gelten:

Hypothese 3a: Je höher der Verschuldungsgrad, desto stärker wird der positive Zusammenhang von strategischer Orientierung und der Nutzung von Gelegenheiten sein.

3 Methode

3.1 Stichprobe

Die folgende empirische Untersuchung basiert auf derselben Stichprobe wie die Studie von Harms und Ehrmann (Harms und Ehrmann 2003), in der eine empirische Analyse der Beziehung zwischen den EO/EM-Konstrukten und dem Unternehmenswachstum vorgestellt wurde. Die branchenübergreifende Stichprobe umfasst die Finalisten von Deutschlands „Entrepreneur des Jahres" Wettbewerb des Jahres 2002.[10] Die Teilnehmer dieses Wettbewerbs sind eigentümergeführte Unternehmen mit starken organischen Wachstumsraten. Eine postalische Befragung führte zu Antworten von 82 Unternehmen. Eine außergewöhnlich hohe Rücklaufquote von 100% resultierte daraus, dass die Teilnahme an der Befragung Voraussetzung für die Teilnahme am Wettbewerb war. Auf Grundlage des Key-Informant Ansatzes wurden Information durch die Befragung von Eigentümern/Managern erhoben, die als geeignetste Person angesehen werden, um Informationen über strategische Aspekte des Unternehmens offen zu legen. Wenn mög-

[9] Im Zusammenhang mit neu gegründeten unabhängigen Unternehmungen mag dieses optionstheoretische Argument erklären, warum diese Unternehmen sich nicht mit zeitraubender formaler Planung in der Start Up-Phase beschäftigen.

[10] Bezüglich einer Einschätzung der Repräsentativität der Stichprobe vgl. Harms/Ehrmann (2003).

lich, wurden die Primärdaten mit Sekundärdaten abgeglichen. Dabei kam es in keinem Fall zu Abweichungen. Durch den Ausschluss von Fällen mit teilweise fehlenden Daten wurde die Stichprobengröße je nach Modell auf 60 bzw. 56 Fälle reduziert. Die berücksichtigten Unternehmen wiesen einen Durchschnittsumsatz von ca. 23 Mio. €, ein Gesamtkapital von ca. 11 Mio. € und annähernd 125 Angestellte auf. Die Unternehmen waren ca. 8,5 Jahre alt und wuchsen mit einer durchschnittlichen jährlichen Rate von 39,5% (Steigerung der Umsatzerlöse, Durchschnitt über die letzten beiden Berichtsjahre). Daher können diese Unternehmen als rasch wachsende KMU angesehen werden.[11]

3.2 Operationalisierung

In diesem Abschnitt werden die verwendeten Indikatoren diskutiert, beginnend mit den abhängigen Variablen, gefolgt von einer Beschreibung der Entrepreneurshipvariablen und letztlich den Kontrollvariablen.

Verschuldungsgrad: Der Verschuldungsgrad wurde als Durchschnitt des Verhältnisses von Schulden zu Gesamtkapital der Jahre 1999-2001 gemessen (zu dieser und alternativer Operationalisierungen vgl. Brealey und Myers (2003).

In der moderierten Regressionsanalyse, die eingeführt wird, um den Erfolgseinfluss der Beziehung zwischen Verschuldungsgrad und Entrepreneurship im Detail zu analysieren, werden andere abhängige Variablen thematisiert:

Steigerung der Umsatzerlöse: Die Steigerung der Umsatzerlöse wird als durchschnittliche relative Wachstumsrate zwischen 1999 und 2000, und 2000 und 2001 gemessen. Dabei wurden nur vollständige Bilanzjahre berücksichtigt, um die Wachstumsraten nicht zu verzerren.

Nutzen von Gelegenheiten: Als Maß zur Nutzung von Gelegenheiten wurde der Anteil des Umsatzes, der durch Neukunden (Kunden, welche die Unternehmen drei Jahre zuvor noch nicht hatten) generiert wurde, gewählt. Gelegenheiten können natürlich auch bei bereits vorhandenen Kunden entstehen. In Anbetracht der oftmals dynamischen Umfelder, in denen sich die Unternehmen unserer Stichprobe bewegen, wurde jedoch die Fähigkeit, neue Kunden zu gewinnen, als Indikator gewählt.

Entrepreneurship: In dieser Arbeit wurden Operationalisierungen der Dimensionen von unternehmerischer Orientierung (Covin und Slevin 1986) und unternehmerischem Management (Brown, Davidsson and Wiklund 2001) gewählt. Übereinstimmend mit der Ansicht von Lumpkin und Dess (996), die darlegen, dass die Dimensionen von Entrepreneurship unabhängig voneinander variieren können, wurden die Teildimensionen von EO, d.h., Innovation (3 Items, Cronbachs Alpha = 0,71) und Risikoneigung (2 Items, Cronbachs Alpha = 0,70), genauso wie die Teildimensionen von EM, d. h. strategische Orientierung (3 Items, Cronbachs Al-

[11] Die Angaben beziehen sich auf Medianwerte. Zur Definition von KMU vgl. Europäische Kommission (2003), für eine Übersicht über die Definitionen von raschem Unternehmenswachstum vgl. Harms (2004).

pha = 0,67) und Wachstumsorientierung (2 Items, Cronbachs Alpha = 0,70) mittels Hauptkomponentenanalyse und Varimax-Rotation extrahiert.[12] Die Variablen sind so kodiert, dass ein höherer Wert auf eine stärkere unternehmerische Ausrichtung hinweist. Allerdings muss erwähnt werden, dass in dieser Erhebung keine exakte Nachbildung der ursprünglichen Faktorenstrukturen von EO bzw. EM abgeleitet werden konnte.

Als *Kontrollvariablen* wurden Indikatoren für Performance, Unternehmensalter, Wachstumsgelegenheiten und Einkommensvolatilität gewählt. In früheren Untersuchungen hatte sich ein Einfluss dieser Variablen auf die Kapitalstruktur herausgestellt.

Profitabilität: Auf Basis des Pecking-Order Ansatzes wurde ermittelt, dass die Profitabilität in einer negativen Beziehung zum Verschuldungsgrad steht (Barton und Gordon 1988, Shyam-Sunder und Myers 1999). Profitabilität wird als durchschnittlicher ROI der Jahre von 1999 bis 2001 gemessen.

Alter: Hinsichtlich des Alters können Argumente sowohl für positive wie für negative Einflüsse auf den Verschuldungsgrad vorgebracht werden. Zum Beispiel können größere, etabliertere Unternehmen einen höheren Verschuldungsgrad aufweisen, da es bei ihnen wahrscheinlicher ist, dass sie Darlehen erhalten als kleine, neugegründete Unternehmen (Ang 1992, Ennew und Binks 1994). Allerdings liegt auch Evidenz in gegenteiliger Richtung vor (Titman und Wessels 1988, Van Auken und Holman 1995). In jedem Fall jedoch muss der Einfluss des Alters auf den Verschuldungsgrad kontrolliert werden. Da die gleichzeitige Kontrolle von Alter und Größe zu Multikollinearität führt, wurde nur das Unternehmensalter, gemessen in Jahren seit der Gründung, einbezogen.

Wachstumsgelegenheiten: Als Indikator für Wachstumsgelegenheiten wurde das Marktwachstum gewählt. Hier ist ein negativer Zusammenhang mit dem Verschuldungsgrad zu erwarten (Cassar 2004, Lang, Ofek and Stulz 1996, Michaelas, Chittenden and Poutziouris 1999, Titman und Wessels 1988). Das jeweilige Marktwachstum wurde ebenfalls durch Befragung des Eigentümer/Managers ermittelt.

Einkommensvolatilität: Der Einkommensvolatilität, gemessen als Standardabweichung des ROI zwischen 1999 und 2001, wird ein negativer Zusammenhang mit dem Verschuldungsgrad unterstellt (Balakrishnan und Fox 1993, Barton und Gordon 1988).

Zusätzlich fügen wir das *Gesamtkapital* ein, um für die absolute Kapitalverfügbarkeit insbesondere bei der Nutzung von Wachstumschancen und dem Wahrnehmen von Gelegenheiten zu kontrollieren.

---

[12] Nach Hair et al. (1998) wird die untere Grenze der Akzeptabilität durch Alpha-Werte von 0,6 bestimmt. Daher erfüllen unsere Maßzahlen das Kriterium der Akzeptabilität.

4 Ergebnisse

Um die Auswirkungen der verschiedenen Komponenten von Unternehmertum auf den Verschuldungsgrad zu testen, wurde die OLS-Regression (Hair, Anderson, Tatham and Black 1998) in Form einer hierarchischen Regression angewandt. Nach der Prüfung auf Erfüllung der Prämissen der OLS-Regression wurden in einem ersten Schritt die Kontrollvariablen einbezogen. Dieser Ansatz ist als konservativ zu werten, da auf die unabhängigen Variablen, die in einem zweiten Schritt mit berücksichtigt werden, nur noch derjenige Varianzanteil entfällt, der ausschließlich durch diese erklärt wird (Tabachnick und Fidell 1996).
Um die Erfolgsimplikationen der Interaktion von Entrepreneurship und dem Verschuldungsgrad zu überprüfen, wurde die moderierte Regressionsanalyse verwendet (Aiken und West 1991). Dieses Verfahren testet, ob eine sog. Moderatorvariable einen Einfluss auf die Stärke und/oder Richtung der Wirkung einer unabhängigen Variable auf die abhängige Variable hat. In der vorliegenden Untersuchung bedeutet dies beispielsweise, dass der Verschuldungsgrad (in Tabelle 4.2 als Moderator gekennzeichnet) die Stärke der Beziehung zwischen Wachstumsabsichten (unabhängige Variable) und realisiertem Wachstum (abhängige Variable) beeinflussen könnte (vgl. Hypothese 1a). Falls der Interaktionsterm signifikant ist, kann ein Einfluss der Moderatorvariable auf den Zusammenhang zwischen abhängiger und unabhängiger Variable nicht abgelehnt werden. Das Vorzeichen des Moderatorterms gibt die Richtung der Beziehung an. Die Ergebnisse der OLS-Regression werden in Tabelle 4.1 dargestellt.

Tabelle 1. Ergebnisse der OLS-Regression für die Verschuldungsgrad-Modelle

	Modell 1	Modell 2
Profitabilität	-0,418 ***	-0,344 **
Alter	-0,383 ***	-0,390 ***
Marktwachstum	-0,350 **	-0,363 **
Einkommensvolatilität	-0,137	-0,208 #
Innovation	0,181	0,104
Strategieorientierung		0,358 **
Wachstumsorientierung		-0,053
Risikoorientierung		-0,260 *
n	56	56
F	6,785 ***	6,510 ***
R^2	0,399	0,520
ΔR^2		0,122
F-ratio Test ΔR^2		4,034 *

Signifikanzniveaus ***p < 0,001; ** p < 0,01; * p < 0,05; # p < 0,1. Regressionskoeffizienten sind für alle Modelle standardisiert.

Zunächst kann festgehalten werden, dass die Modellgesamtqualität als recht gut bezeichnet werden kann, da 52% der Varianz mit Modell 2 erklärt werden. Unter Berücksichtigung der Entrepreneurshipvariablen werden 12,2% Varianz zusätzlich erklärt.[13] Die gewählten Kontrollvariablen weisen signifikante bis sehr signifikante Zusammenhänge mit dem Verschuldungsgrad auf. Wie vom Pecking-Order Ansatz vorhergesagt, hängt die Profitabilität negativ mit dem Verschuldungsgrad zusammen. Zudem stehen Alter, Marktwachstum und Einkommensvolatilität in einem negativen Zusammenhang mit dem Verschuldungsgrad: Je profitabler und älter ein Unternehmen ist, je stärker das Marktwachstum und je höher die Einkommensvolatilität, umso weniger Schulden werden zur Finanzierung der Unternehmung verwendet. Noch interessanter sind die Beziehungen zwischen den Dimensionen von Entrepreneurship und dem Verschuldungsgrad. Wachstumsorientierung und Innovation scheinen in keinem Zusammenhang zum Verschuldungsgrad zu stehen. Jedoch scheint es eine in die durch die Hypothesen vermutete Richtung gehende Beziehung zwischen strategischer Orientierung und Risikoorientierung auf den Verschuldungsgrad zu geben.

Die Ergebnisse der moderierten Regressionsanalyse werden in Tabelle 2 dargestellt.

Tabelle 2. Ergebnisse der moderierten Regressionsanalyse der Performance-Modelle

	Umsatzwachstum				Anteil Neukunden	
	Modell 3	Modell 4	Modell 5	Modell 6	Modell 7	Modell 8
Alter	-0,384**	-0,415**	-0,355**	-0,311*	-0,396**	-0,362**
Gesamtkapital	0,240#	0,248#	0,179	0,095	-0,118	-0,085
Verschuldungsgrad	-0,041	-0,032	-0,028	-0,077	-0,185	-0,183
Strategieorientierung					0,372**	0,343**
Wachstumsorientierung			0,271*	0,365**		
Risikoorientierung	0,155	0,170				
Strategieorientierung * Verschuldungsgrad						0,332**
Wachstumsorientierung * Verschuldungsgrad				-0,370**		
Risikoorientierung * Verschuldungsgrad		-0,198				
n	60	60	60	60	59	59
F	3,264*	3,216*	4,234**	6,015***	5,283***	6,710***
R^2	0,192	0,229	0,235	0,336	0,281	0,388
ΔR^2		0,038		0,128		0,106
F-ratio Test ΔR^2		2,637		10,822**		9,204**

Signifikanzniveaus *** $p < 0{,}001$; ** $p < 0{,}01$; * $p < 0{,}05$; # $p < 0{,}1$.
Regressionskoeffizienten sind für alle Modelle standardisiert; Variablen wurden zentriert, um das Multikollinearitäts-Problem in der moderierten Regressionsanalyse zu vermeiden.

Im Basismodell (Modell 3) konnte kein Zusammenhang zwischen Verschuldungsgrad, Risikoorientierung und Wachstum entdeckt werden. Jedoch könnte die Beziehung zwischen Risikoorientierung und Wachstum durch einen mode-

[13] Robustheitsuntersuchungen, bei denen verschiedene Verteilungen der unabhängigen Variable sowie potenzielle Ausreißer berücksichtigt wurden, belegen die Stabilität der gefundenen Lösung. Jedoch verliert in drei von vier Fällen die Einkommensvolatilität ihre Vorhersagekraft.

rierenden Einfluss des Verschuldungsgrades verdeckt sein. Daher wurde ein Interaktionsterm errechnet und in die Gleichung (Modell 4) einbezogen. Wiederum konnte kein signifikanter Einfluss festgestellt werden. Aus diesen Gründen muss Hypothese 1a verworfen werden.

Die Analyse der Hypothese 2a, die sich mit dem Einfluss des Verschuldungsgrades auf die Beziehung zwischen Wachstumsorientierung und Wachstum befasst, zeigt einen auf dem Niveau von unter 1% signifikanten Zusammenhang zwischen Wachstumsorientierung und tatsächlichem Wachstum. Die moderierte Regressionsanalyse (Modell 6) ergibt einen Interaktionsterm mit negativem Vorzeichen, ebenfalls signifikant auf einem Niveau unter 1%. Dies kann folgendermaßen interpretiert werden: Der Verschuldungsgrad hat einen abschwächenden Einfluss auf die positive Relation zwischen Wachstumsorientierung und Wachstum, so dass Hypothese 2a nicht verworfen werden kann. Vielmehr erwies sich die Änderung der Vorhersagekraft der Regressionsgleichung, gemessen als das Wachstum von R^2, als signifikant. Dies trägt dazu bei dass die Validität des Gesamtmodells auf einem Niveau von unter 0,1% nicht abgelehnt werden kann

In Bezug auf Hypothese 3a, in der ein Einfluss des Verschuldungsgrades auf die Beziehung von strategischer Orientierung und Chancennutzung postuliert wurde, konnte zunächst ein positiver Zusammenhang zwischen strategischer Orientierung und Nutzung von Gelegenheiten ermittelt werden (signifikant auf einem Niveau von unter 1%, Modell 7). Die Einbeziehung der Interaktion von Verschuldungsgrad und strategischer Orientierung erwies sich als positiv und signifikant, wieder auf einem Niveau von unter 1%, was zu einem signifikanten Anstieg des R^2 und einem signifikanten Gesamtmodell (auf einem Niveau von unter 0,1%) beiträgt. Dies kann dahingehend interpretiert werden, dass der Verschuldungsgrad die positive Wirkung einer unternehmerischen strategischen Orientierung auf die Performance verstärkt, wie in Hypothese 3a vermutet wurde. In der folgenden Tabelle werden die Ergebnisse der empirischen Analyse zusammengefasst.

Tabelle 3. Zusammenfassung der empirischen Ergebnisse

Hypothese	Beziehung	Vermutung	Ergebnis
H1	Risikobereitschaft – Verschuldungsgrad	-	-
H1a	Verschuldungsgrad zu Risikobereitschaft / realisiertem Wachstum	-	0
H2	Wachstumsorientierung – Verschuldungsgrad	-	0
H2a	Verschuldungsgrad zu Wachstumsorientierung / realisiertem Wachstum	-	-
H3	Strategische Orientierung - Verschuldungsgrad	+	+
H3a	Verschuldungsgrad zu strategischen Orientierung und Nutzung von Gelegenheiten	+	+

5 Diskussion und Implikationen

Das Ziel dieser Arbeit war zu ermitteln, ob Entrepreneurship, welches sich als Investitionsverhalten fortschreibt, auch nach Kontrolle anderer Variablen einen Einfluss auf die Kapitalstruktur hat. Übereinstimmend mit bisherigen Untersuchungen zur Kapitalstruktur fanden wir starke Unterstützung für den Erklärungswert der Kontrollvariablen. Hinsichtlich der Verbindung zwischen den Entrepreneurship-Indikatoren und der Kapitalstruktur fanden wir keinen Beleg für Hypothese 2. Jedoch weisen die Ergebnisse für Hypothese 1 und 3 darauf hin, dass sich Entrepreneurship in der Tat auf Finanzierungsentscheidungen auswirkt.

Der starke positive und signifikante Zusammenhang zwischen der strategischen Unternehmensorientierung und dem Verschuldungsgrad mag so erklärt werden, wie in der Begründung zu Hypothese 3 erläutert wurde. Eine Anzahl Gründe kann vorgebracht werden, um zu erklären, warum Gläubiger, wozu auch Kunden des Unternehmens zählen können (Anzahlungen), bei gelegenheitsorientierten Unternehmen bereit sind, die benötigten Mittel zur Verfügung zu stellen. Um die Frage einmal anders zu formulieren: Warum sollten externe Kapitalgeber nicht für profitable Projekte Kapital aufbringen?

Zunächst kann angeführt werden, dass das Streben nach Gelegenheiten ohne Berücksichtigung der gegenwärtig zur Verfügung stehenden Ressourcen zu einer weniger fokussierten Strategie führt als bei ausschließlicher Beschränkung auf effiziente Nutzung bestehender Ressourcen. Theoretisch kann per definitionem jede wahrgenommene Gelegenheit das potenzielle Investmentportfolio des Unternehmens ergänzen. Nach Kochhar und Hitt (1998) kann eine weniger fokussierte Strategie nicht mit ausgesprochen unternehmensspezifischen Ressourcen erreicht werden. Weniger unternehmensspezifische Ressourcen können jedoch ein höheres Schuldenniveau tragen (Vincente-Lorente 2001, Williamson 1988). Zweitens ist, im Gegensatz zur Wachstumsorientierung, die Durchführung von speziellen Projekten mit positivem Kapitalwert mit weniger Informationsasymmetrien assoziiert. Gläubiger können das Risiko, dass sie mit dem Darlehen eingehen, einfacher überblicken, wenn die Nutzung des Darlehens zweckgebunden erfolgt (Kensinger und Martin 1993). Drittens existieren Gelegenheiten nicht nur auf Produkt-, sondern auch auf Faktormärkten (Kirzner 1973). Unternehmer werden einfallsreiche Wege einschlagen, potenzielle Investoren von lohnenden Investmentgelegenheiten zu überzeugen (zu Businessplänen weiter unten).

Unsere erste Erklärung für das positive Vorzeichen des Interaktionsterms zwischen der strategischen Orientierung und dem Verschuldungsgrad zielte darauf ab, dass Ziele tatsächlich in die Realität umgesetzt werden, wenn Zins- und Tilgungsverpflichtungen das Unternehmen dazu zwingen, laufend neue Quellen von Cashflows zu generieren. Dies gilt insbesondere für KMU, deren Eigentümer eine Tendenz dazu haben, den Status Quo ihres Einflusses und der finanziellen Stärke bewahren zu wollen (Stevenson und Jarillo-Mossi 1986). Die wahrgenommenen marginalen Vorteile zusätzlichen finanziellen Erfolgs werden schnell von den marginalen Kosten verdrängt, wenn der Manager den Status Quo mit den a priori Erwartungen zum Gründungszeitpunkt vergleicht. In Bezug auf die persönliche

Nutzenfunktion des Eigentümers ergeben sich durch das Wachstum des Unternehmens Kosten, die in die Begriffe *Commitment* und *Risiko* gefasst werden können. Commitment bezieht sich darauf, dass bei Unternehmenswachstum zusätzliche Arbeitsbelastung auf den Eigentümer-Manager zukommt, und dies eventuell zu einer Zeit, in der die Früchte der Aufbauarbeit geerntet werden könnten. Risiko kann in finanziellen oder psychologischen Dimensionen beschrieben werden. Während finanzielles Risiko sich auf die Möglichkeit des Verlusts von Vermögen verglichen mit dem Status Quo bezieht, kann das Selbstbild des Entrepreneurs im Hinblick auf die eigene Unfehlbarkeit durch Abweichung vom Status Quo gefährdet werden (psychologisches Risiko). Nach Stevenson (1999) können mangelnde Geschäftsgelegenheiten und rapider technologischer Wandel den Status Quo gefährden, und so die Suche nach Geschäftsgelegenheiten auslösen. Wir schlagen vor, dass ein hoher Verschuldungsgrad eine weitere Motivation für die Suche nach neuen Profitquellen sein kann. Abschließend ist zu erwähnen, dass unklar bleibt, welche der von uns für diese Hypothese vorgebrachten Argumente für den empirischen Zusammenhang letztlich ausschlaggebend sind. Weitere Forschungen könnten dies durch detailliere Messungen der Kapitalstruktur erhellen.

Die Interpretation der Ergebnisse im Hinblick auf Risikoneigung von Unternehmen macht eine Aussage darüber notwendig, wie Gläubiger diese Risikoneigung einschätzen, wenn sie ihre Entscheidung über die Kapitalbereitstellung treffen. Die Absicht, Risiken einzugehen, sollte im Businessplan des Unternehmens,[14] der den Kapitalgebern zugänglich gemacht wird, abzulesen sein. Ein Businessplan beinhaltet Informationen über die Investitionsstrategie sowie über operationale Risiken, die in Personen und internen Prozessen begründet sein können (Sahlmann 1997). Auf dieser Informationsbasis passen die Kreditgeber die geforderte Rendite ihrem Investitionsrisiko so weit wie möglich an.

Zwei weiterführende Fragestellungen sind im Zusammenhang mit dieser Studie von Interesse. Zum einen könnte die Rolle der sozialen Eingebundenheit des Unternehmens bei der Erlangung von Krediten (Uzzi und Gillespie 2002) eine lohnende Richtung für weitere Forschung sein. Eng damit verbunden sind Fragestellungen hinsichtlich der Rolle des Vertrauens in Finanzierungsbeziehungen (Barney und Hansen 1994).

Literatur

Aiken LS, West SG (1991) Multiple Regression: Testing and Interpreting Interactions. Sage, Newbury Park, Calif.

Ang JS (1992) On the Theory of Finance for Privately Held Firms. The Journal of Small Business Finance 1.3, S 185-203.

Balakrishnan S, Fox I (1993) Asset Specificity, Firm Heterogeneity and Capital Structure. Strategic Management Journal 14.1, S 3-16.

[14] Businesspläne spielen gleichermaßen eine Rolle in der Bewertung spezifischer Projekte. Vgl. Bhidé (2000).

Barney J, Hansen M (1994) Trustworthiness as a Source of Competitive Advantage. Strategic Management Journal 15.2 , S 175-190.

Barton SL, Gordon PJ (1987) Corporate Strategy: Useful Perspective for the Study of Capital Structure. Academy of Management Review 12.1, S 67-75.

Barton SL, Gordon PJ (1988) Corporate Strategy and Capital Structure. Strategic Management Journal 9.6, S 623-632.

Berger AN, Udell GF (1998) The Economics of Small Business Finance: The Roles of Private Equity and Debt Markets in the Financial Growth Cycle. Journal of Banking & Finance 22.6-8, S 613-673.

Bhidé AV (2000) The Origin and Evolution of New Businesses. Oxford University Press, New York, NY..

Bourgeois LJ (1981) On the Measurement of Organizational Slack. Academy of Management Review 6.1, S 29-39.

Brealey RA, Myers SC (2003) Principles of Corporate Finance. McGraw-Hill, New York, NY.

Brown TE, Davidsson P, Wiklund J (2001) An Operationalization of Stevenson's Conceptualization of Entrepreneurship as Opportunity-Based Firm Behaviour. Strategic Management Journal 22.10, S 953-968.

Cassar G (2004) The Financing of Business Start-Ups. Journal of Business Venturing 19.2, S 261-283.

Chittenden F, Hall G, Hutchinson P (1996) Small Firm Growth, Access to Capital Markets and Financial Structure - Review of Issues and an Empirical Investigation. Small Business Economics 8.1, S 59-67.

Covin JG, Slevin DP (1986) The Development and Testing of an Organizational-Level Entrepreneurship Scale. In: Covin JG, Slevin DP (eds) Frontiers of Entrepreneurship Research. Babson College, Wellesley, Mass, pp 628-639.

de Koning AJ, Brown TE (2001) The Impact of Entrepreneurial Orientation, Market Perceptions and Industry Munificence on Opportunity Alertness: A Longitudinal Study. Babson Entrepreneurship Research Conference, Jönköping, Sweden.

Eliasson C, Wiklund J, Davidsson P (2002) Entrepreneurial Management and Schumpeterian Resource Recombination. Babson Entrepreneurship Research Conference, Boulder, CO.

Ennew CT, Binks MR (1994) The Provision of Finance to Small Businesses: Does the Banking Relationship Constrain Performance? Journal of Small Business Finance 4.1, S 57-74.

Europäische Kommission (2003). European Commission Recommendation of 6 May 2003 Concerning the Definition of Micro, Small and Medium-Sized Enterprises. Internet, hppt://europa.eu.int/, letzter Zugriff 21.02.04.

Gläser J (2002) Staatliche Gründungsförderung: Erkenntnisse aus der neuen Institutionenökonomik. Lit, Münster.

Hair JF, Anderson RE, Tatham RL, Black WC (1998) Multivariate Data Analysis. Prentice Hall, Upper Saddle River, N.J.

Harms R (2004) Entrepreneurship in Wachstumsunternehmen - unternehmerisches Management als Erfolgsfaktor. Deutscher Universitäts-Verlag, Wiesbaden.

Harms R, Ehrmann T (2003) The Performance Implications of Entrepreneurial Management: Linking Stevenson's and Miller's Conceptualization to Growth. Babson Entrepreneurship Research Conference, Babson College, Wellesley, MA.

Harris M, Raviv A (1991) The Theory of Capital Structure. Journal of Finance 46.1, S 297-355.
Jensen MC (1986) Agency Cost Of Free Cash Flow, Corporate Finance, and Takeovers. American Economic Review 76.2, S 323-329.
Jensen MC, Meckling WH (1976) Theory of the Firm: Managerial Behaviour, Agency Costs and Ownership Structure. Journal of Financial Economics 3.4, S 305-360.
Jordan J, Lowe J, Taylor P (1998) Strategy and Financial Policy in UK Small Firms. Journal of Business Finance & Accounting 25.1, S 1-27.
Kensinger JW, Martin JD (1993) Project Finance: Raising Money the Old-Fashioned Way. In: Kensinger JW, Martin JD (eds) The New Corporate Finance. McGraw-Hill, pp 323 – 335.
Kirzner I (1973) Competition and Entrepreneurship. University of Chicago Press, Chicago, IL.
Kochhar R, Hitt MA (1998) Linking Corporate Strategy to Capital Structure: Diversification Strategy, Type and Source of Financing. Strategic Management Journal 19.6, S 601-610.
Kreiser P, Marino L, Weaver M (2002) Assessing the Relationship between Entrepreneurial Orientation, the External Environment, and Firm Performance. Babson Entrepreneurship Research Conference, Boulder, CO.
Lang L, Ofek E, Stulz RM (1996) Leverage, Investment, and Firm Growth. Journal of Financial Economics 40.1, S 3-29.
Lumpkin GT, Dess GG (1996) Clarifying the Entrepreneurial Orientation Construct and Linking It to Performance. Academy of Management Review 21.1, S 135-172.
Michaelas N, Chittenden F, Poutziouris P (1999) Financial Policy and Capital Structure Choice in U.K. SMEs: Empirical Evidence from Company Panel Data. Small Business Economics 12.2, S 113-130.
Miller D (1983) The Correlates of Entrepreneurship in Three Types of Firms. Management Science 29.7, S 770-791.
Miller D, Friesen PH (1978) Archetypes of Strategy Formulation. Management Science 24.8, S 921-933.
Modigliani F, Miller MH (1963) Corporate Income Taxes and the Cost of Capital: a Correction. American Economic Review 53.3, S 433-443.
Myers SC (1977) Determinants of Corporate Borrowing. Journal of Financial Economics 5.2, S 147-175.
Myers SC (1984) The Capital Structure Puzzle. Journal of Finance 39.3, S 575-592.
Myers SC, Majluf NS (1984) Corporate Financing and Investment Decisions when Firms Have Information Investors do not Have. Journal of Financial Economics 13.2, S 187-221.
Neus W (1995) Zur Theorie der Finanzierung kleinerer Unternehmungen. Gabler, Wiesbaden..
O'Brien JP (2003) The Capital Structure Implications of Pursuing a Strategy of Innovation. Strategic Management Journal 24.5, S 415-431.
Orser B, Hogarth-Scott S, Wright P (1998) On the Growth of Small Enterprises: The Role of Intentions, Gender and Experience. In: Orser B, Hogarth-Scott S, Wright P (eds) Frontiers of Entrepreneurship Research. Arthur M. Blank Center for Entrepreneurship, Babson Park, MA, pp 367-380.
Robinson O, Stimpson D, Hueffner J, Hunt H (1991) An Attitude Approach to the Prediction of Entrepreneurship. Entrepreneurship Theory and Practice 15.4, S 13-31.

Sahlmann WA (1997) How to Write a Great Business Plan. Harvard Business Review 75.7-8, S 98-108.

Shyam-Sunder L, Myers SC (1999) Testing Static Tradeoff against Pecking Order Models of Capital Structure. Journal of Financial Economics 51.2, S 219-244.

Simerly RL, Li M (2000) Environmental Dynamism, Capital Structure and Performance: A Theoretical Integration and an Empirical Test. Strategic Management Journal 21.1, S 31-49.

Stevenson HH (1999) A Perspective on Entrepreneurship. In: Stevenson HH (ed). The Entrepreneurial Venture. Harvard Business School Press, Boston, Mass, pp 7-23.

Stevenson HH, Jarillo JC (1990) A Paradigm of Entrepreneurship: Entrepreneurial Management. Strategic Management Journal 11, S 17-27.

Stevenson HH, Jarillo-Mossi JC (1986) Preserving Entrepreneurship as Companies Grow. The Journal of Business Strategy 6.5, S 10-23.

Tabachnick BG, Fidell LS (1996) Using Multivariate Statistics. HarperCollins College Publ., New York, N.Y.

Titman S, Wessels R (1988) The Determinants of Capital Structure Choice. The Journal of Finance 43.1, S 1-19.

Uzzi B, Gillespie JJ (2002) Knowledge Spillovers in Corporate Financing Networks: Embeddedness and the Firms Debt Performance. Strategic Management Journal 23.7, S 595-618.

Van Auken H, Holman T (1995) Financial Strategies of Small Public Firms: A Comparative Analysis with Small Private Firms and Large Public Firms. Entrepreneurship: Theory and Practice 20.1, S 29-41.

Vincente-Lorente JD (2001) Specificity and Opacity as Resource-Based Determinants of Capital Structure: Evidence for Spanish Manufacturing Firms. Strategic Management Journal 22.2, S 157-177.

Wiklund J (1998) Small Firm Growth and Performance: Entrepreneurship and Beyond. Jönköping International Business School, Jönköping.

Williamson O (1988) Corporate Finance and Corporate Governance. Journal of Finance 43.3, S 567-591.

Consulting for Equity als anreizkompatible Vergütungsalternative in der Beratung von Unternehmensgründern

Felix Lowinski und Dirk Schiereck

Abstract

Consulting for Equity wurde vor allem während des New Economy-Booms bei der Beratung von Unternehmensgründern beobachtet. Das in diesem Beitrag hergeleitete Modell spricht im Bereich der Beratung von Unternehmensgründungen grundsätzlich für die Anwendung von Consulting for Equity. Neben den Möglichkeiten von Consulting for Equity zu einer gegenüber der traditionell fixen Beraterhonorierung besseren Risikoallokation kann der Unternehmer über die Bezahlung mit Eigenkapitelanteilen der Gefahr eines opportunistischen Verhaltens auf Seiten des Beraters entgegenwirken. Das Ausmaß der praktischen Anwendbarkeit von Consulting for Equity wird dadurch eingeschränkt, dass es im individuellen Beratungsfall zu klären gilt, inwieweit der Berater in der Lage ist, den Unternehmenswert zu beeinflussen. Ist dies nicht der Fall, kann Consulting for Equity potenzielle Moral Hazard-Probleme nur ungenügend abmildern.

1 Einführung

Wie kaum eine andere Branche haben Unternehmensberatungen in den vergangenen zwei Jahrzehnten eine dynamische Umsatz- und Beschäftigungsentwicklung vollzogen.[1] Der hohe Bedarf nach externer Expertise deutet darauf hin, dass Unternehmensmanager zunehmend Probleme haben, in einem vielschichtigen und von Unsicherheiten geprägten wirtschaftlichen Umfeld unternehmensintern Lösungsansätze für ihre Probleme zu finden.[2] Dieser Treiber für die Nachfrage nach Beratungsdienstleistungen wurde durch das Aufkommen und den Boom der *New Economy* noch erheblich verstärkt. Vor allem die wirtschaftliche Entwicklung seit Mitte der 1990er Jahre führte hierbei zur vermehrten Anwendung einer bis dahin kaum beobachteten alternativen Vergütungsform vor allem bei der Beratung von Unternehmensgründern: Consulting for Equity.

---

[1] Vgl. Niewiem/Richter (2004), S. 8.

[2] Vgl. Wooldridge (1997), S. 3ff.

Dieses Angebot an Beratung gegen Eigenkapitalbeteiligung zielte vor allem auf eine Vielzahl neu gegründeter Unternehmen mit vielversprechenden Geschäftsideen und dynamischen Wachstumsprognosen, die nicht nur einen enormen Bedarf an Risikokapital in Deutschland erzeugten, sondern auch an einer auf ihren spezifischen Entwicklungsstand abgestimmten und qualitativ hochwertigen Beratungsleistung interessiert waren. Diese Start-ups konnten sich aufgrund ihrer zumeist ausgeprägten Liquiditätsknappheit allerdings zu den traditionellen Fixhonoraren oft keine Beratung leisten.

Aufgrund der derzeitigen wirtschaftlichen Situation und der damit einhergehenden allgemeinen Verunsicherung bezüglich der Gründung von Unternehmen scheint Consulting for Equity aktuell eine geringere Rolle zu spielen.[3] Dennoch stellt sich die Frage, ob die Boomjahre der *New Economy* eine innovative erfolgsorientierte Entlohnungsalternative in der Beratungsbranche hervorgebracht haben, durch die neben dem Zugang neuer Klientengruppen zu Beratungsdienstleistungen vor allem die bei der traditionell fixen Vergütung von Beratern oft unterstellten Anreizprobleme behoben werden könnten.

Aufgrund der zumeist komplexen Beratungsleistungen und der Probleme bei der Messung von Beratungserfolgen anhand einfacher Indikatoren zur Unternehmensentwicklung bevorzugen Unternehmensberater im Hinblick auf die Vergütung ihrer Leistungen traditionell eine Entlohnung auf der Basis fixer Honorare gegenüber einer erfolgsabhängigen Bezahlung.[4] Kritiker stellen demgegenüber allerdings in Frage, inwieweit die Leistung, die Managementberatungen anbieten, in einem ausgewogenen Verhältnis zu den hierfür durch das Unternehmen zu zahlenden Entgelten steht. In diesem Zusammenhang wird auch erwähnt, dass Managementberatungen tendenziell standardisierte und kurzfristig orientierte Lösungsansätze anbieten, die langfristig keine Unternehmenswertsteigerungen induzieren.[5] Darüber hinaus würden durch die Beratungstätigkeit vor allem neue Probleme innerhalb des Unternehmens identifiziert, um eine langfristige Beziehung zwischen der Beratungsgesellschaft und ihrem Klientenunternehmen zu etablieren.[6] Da die Dienstleistungen von Managementberatungen vor allem auf Wissenstransfer beruhen, können deren Klienten kaum prüfen, ob die vorgeschlagenen Lösungskonzepte das Beratungsentgelt wert sind.[7] Im Allgemeinen wird aufgrund der oben genannten Kritik deswegen häufig eine erfolgsorientierte Vergütung von Beratern gefordert.

Das Problem einer unbeobachtbaren Qualität und einer nur teilweise beobachtbaren Quantität der erbrachten Dienstleistungen gewinnt durch den Umstand zu-

---

3 Vgl. Lowinski (2004). Neben der Gründungsberatung wird Consulting for Equity allerdings auch im Bereich der Restrukturierungsberatung angewendet und scheint damit nicht grundsätzlich auf einen Bereich der Beratung beschränkt zu sein. Vgl. z.B. FAZ (2000), S. 32.

4 Vgl. Larew/Deprosse (1997), S. 107.

5 Vgl. hierzu z.B. Kieser (1998).

6 Vgl. Nippa/Petzold (2001).

7 Ernst/Kieser (2002), S. 52.

sätzlich an Bedeutung, dass nur in Ausnahmefällen Unternehmenskennzahlen als Indikatoren für die Qualität der Beratungsleistung herangezogen werden können. Bei einer isolierten Betrachtung der Anreize von Unternehmensberatern besteht damit ein Risiko opportunistischen Verhaltens bei der Möglichkeit versteckten Handelns (Moral Hazard) gegenüber dem Klienten, das durch die traditionelle Beratung gegen fixe Honorare nicht ausgeschlossen werden kann.[8]

Wenngleich für große Teile der Managementberatungspraxis Messbarkeitsprobleme eine Vergütung der Beratungsleistungen über die Kopplung an den Unternehmenswert via Eigenkapitalanteilen erschweren, kann im Bereich der Gründungsberatung durchaus angenommen werden, dass die Beratungsleistung einen starken Einfluss auf den Unternehmenserfolg und damit direkt auf den Unternehmenswert hat.[9] So ist es denkbar, dass der Erfolg der Beratungsleistung in der Veränderung des Unternehmenswertes von der ersten Gründungsphase bis zu einer Marktbewertung z.B. im Rahmen eines IPO (Initial Public Offering) messbar wird.[10] Somit könnte Consulting for Equity grundsätzlich eine Vergütungsalternative zumindest innerhalb der Gründungsberatung darstellen, mit der Anreizprobleme bei der traditionellen Beratung gegen Fixhonorierung abgemildert oder gelöst werden können.

Der Bedarf nach einer Bewertung der Vorteilhaftigkeit von Consulting for Equity ergibt sich schließlich auch aus dem Umstand, dass der anhaltende Einbruch des Umsatzwachstums in der Beratungsbranche seit 2001 zu einer Verschärfung des Wettbewerbs geführt hat, welcher zu erheblichen strukturellen Veränderungen in der traditionellen Berater-Klienten-Beziehung führen könnte. Denn während der Beratermarkt der 1990er Jahre noch stark nachfragegetrieben gewesen ist, hat sich diese Situation in den vergangenen Jahren in Richtung eines Käufermarktes entwickelt.[11] Hiervon dürfte auch die Vergütung von Beratungsdienstleistungen betroffen sein, wenn vermehrt eine „innovativere Preisgestaltung" in der Beraterentlohnung gefordert wird, die vor allem erfolgsorientierte Entlohnungsformen einschließt.[12]

In Kapitel 2 wird zunächst eine kurze Definition und Einordnung von Consulting for Equity in den Markt für Gründungsberatungsdienstleistungen vorgenommen. Kapitel 3 stellt die Grundzüge des Moral Hazard-Problems zwischen Unternehmer und Berater vor; in Kapitel 4 wird Consulting for Equity anschließend in einem Modell auf sein Potenzial zur Behebung von Fehlanreizen in der Unternehmer-Berater-Beziehung untersucht. Kapitel 5 diskutiert die Möglichkeiten und

8 Vgl. Trompeter/Elschen (2001).

9 Vgl. Ehrmann (2003), S. 68.

10 Vgl. Trompeter/Elschen (2001), S. 67, und Ehrmann (2003), S. 68.

11 Zu diesem Fazit kommt eine aktuelle Studie von Niewiem und Richter, die in dieser Entwicklung den Anstoß für die Notwendigkeit grundsätzlicher struktureller Veränderungen in der traditionellen Berater-Klienten-Beziehung sehen. Vgl. Niewiem/Richter (2004), S. 9

12 Vgl. Horváth/Kralj (2003), S. 78f.

Grenzen von Consulting for Equity for dem Hintergrund der Modellergebnisse. Kapitel 6 resümiert die Ergebnisse.

2 Definition und Einordnung von Consulting for Equity

Unter Consulting for Equity ist eine Beratungsleistung zu verstehen, zu deren Vergütung neben einer Cash-Komponente eine Vergütung von Beratungsleistungen durch die Übertragung von Eigenkapitalanteilen am Klientenunternehmen vereinbart wird bzw. eine Vergütung ausschließlich in Aktien erfolgt.[13]

Gerade in den ersten Phasen von Unternehmensgründungen herrscht oft ein erheblicher Beratungsbedarf, der teilweise über das hinaus zu gehen scheint, was z.B. von Venture-Capital-Gesellschaften (VCG), Business Angels oder Inkubatoren angeboten werden kann. So ist die Beratung etwa durch VCG dadurch gekennzeichnet, dass die Portfoliomanager ihre Beratungsressourcen vor allem auf diejenigen Portfoliounternehmen lenken, von denen Sie sich den besten Beitrag zur Portfolioperformance versprechen. Beratung durch Portfoliomanager von VCG nimmt darüber hinaus oftmals die Form von „trouble shooting“ an, um vor allem existenzgefährdende Probleme zu lösen, da die personellen Kapazitäten für eine intensive Beratung oft nicht ausreichen.[14]

Im Falle von Business Angels bestehen komparative Vorteile der Beratungsgesellschaft vor allem in einer breiter angelegten Expertise, je nach Anzahl der Berater und der Größe des Kompetenznetzwerkes. Die Betreuung von Start-ups durch Business Angels gestaltet sich typischerweise zwar wesentlich intensiver als z.B. bei VCG. Durch ihre Tätigkeit als zumeist unabhängig agierende vermögende Einzelpersonen können sie allerdings immer nur eine sehr limitierte Anzahl an Start-ups unterstützen, und dann auch nur Fälle, die auf ihre zum Teil branchenspezifische Expertise passen.[15] Das Geschäft von Inkubatoren besteht in diesem Kontext vor allem im Angebot von Infrastruktur und Netzwerken.

Gerade Start-ups könnten hinsichtlich der Vermeidung von Managementfehlern und Entscheidungsproblemen bei der Auswahl der Unternehmensstrategie von der Kompetenz einer qualitativ hochwertigen Strategieberatung über das bereits bestehende Angebot hinausgehend profitieren.[16] Neben der Tatsache, dass durch die

[13] Vgl. Henderson/Leleux (2003), S. 159.

[14] Vgl. Gorman/Sahlman (1989). Bergmann (2003, S. 51), merkt hierzu an, dass VC-Gesellschaften oftmals selbst externe Beratung zur Erfüllung des Beratungsbedarfs innerhalb ihrer Portfolio-Unternehmen akquirieren.

[15] Eine ausführliche Charakterisierung von Business Angels findet sich bei Bergmann (2003), S. 57ff.

[16] Als Reaktion auf den gestiegenen Bedarf an Managementberatung über das Angebot von reinen Inkubatoren hinaus gründeten fast alle großen Beratungsunternehmen in Deutschland zwischenzeitlich eigene Inkubatoren, über die Start-up-Unternehmen vom Management-Know-How des Beratungshauses profitieren. Vgl. Bergmann (2003), S. 1f und Lowinski (2004), S. 207.

teilweise Bezahlung des Beraters in Eigenkapitalanteilen die Nachfrage von Beratungsdienstleistungen aufgrund der in der Gründungsphase ausgeprägten Liquiditätsknappheit z.T. überhaupt erst möglich wird, werden aus Sicht des Unternehmensgründers möglicherweise aber auch positive Leistungsanreize für den Berater gesetzt: Die zusätzliche Bindung an das Unternehmen könnte eine Abmilderung der Gefahr opportunistischen Verhaltens (Moral Hazard) auf Seiten des Beraters nach sich ziehen, welche dann auftritt, wenn der Unternehmer Umfang und/oder Qualität der Leistung des Beraters nicht genau beobachten bzw. vertraglich im Vorhinein nicht genau festlegen kann und so dem Berater einen Spielraum zur Maximierung des eigenen Vorteils überlässt.[17]

Im Rahmen einer Vergütung seiner Leistungen (teilweise) durch Aktien hätte der Berater ein größeres Interesse daran, eine auf das Unternehmen individuell abgestimmte Beratungsleistung zu erbringen, die eine langfristige Unternehmenswertsteigerung zum Ziel hat. Zudem würde durch die Beteiligung am Unternehmensrisiko für die Beratungsgesellschaft ferner ein Selbstdisziplinierungszwang bei der Auswahl der Klienten entstehen. Dies bedeutet, dass eine Beratungsgesellschaft nur dann Beratungsprojekte annehmen wird, wenn sie nach eingehender Prüfung von der Vorteilhaftigkeit des Projekts und der Überlebensfähigkeit des Klientenunternehmens überzeugt ist. Dieses Vorgehen wäre bei der Beratung gegen Fixhonorare nicht zwingend notwendig, solange das Gründungsunternehmen in der Lage ist, eben diese Fixhonorare zu bezahlen.

Aus gesamtwirtschaftlicher Sicht könnte dieser durch Consulting for Equity erzeugte Selbstdisziplinierungseffekt einen positiven Beitrag zu einer effizienteren Allokation knapper Kapital- bzw. Beratungsressourcen leisten. Denn eine im Falle von Consulting for Equity durchgeführte strengere Überprüfung von Unternehmensgründungen hinsichtlich des durch die Beratungsleistung langfristig erzielbaren Unternehmenserfolges würde zu einer besseren Selektion erfolgversprechender Unternehmen führen. Schließlich wäre darüber hinaus denkbar, dass über die (teilweise) Annahme von Eigenkapitalanteilen als Vergütung für die Beratungsleistung Beratungsunternehmen die Qualität ihrer Beratungskompetenz signalisieren können. Consulting for Equity könnte somit etwaige Reputationsdefizite von Beratungsgesellschaften teilweise ersetzen, welche eine erhebliche Markteintrittsbarriere in den Beratungsmarkt darstellen.[18] Eine dadurch induzierte weitere Verschärfung des Wettbewerbs um Beratungsaufträge würde sich wiederum positiv auf die Leistungsbereitschaft aller Berater auswirken.

Im folgenden Modell gehen wir der Frage nach, ob auch theoretische Argumente für einen Einsatz von Consulting for Equity in der Beziehung zwischen Unternehmensgründer und Berater sprechen. Hierbei konzentrieren wir uns auf die Fra-

---

[17] Vgl. Trompeter/Elschen (2001), S. 67.

[18] Vgl. Höck/Keuper (2001), S. 436. Auf der anderen Seite gibt der Wunsch zum Aufbau von Reputation dem Berater Anreize, die ähnlich wirken wie die Kopplung an den Unternehmenserfolg. Dies gilt vor allem dann, wenn sich der Berater eine langfristige Beziehung zum Klienten erhofft.

ge, inwieweit Consulting for Equity in der Lage ist, die Gefahr opportunistischen Verhaltens beim Berater zu beseitigen.

3 Die Beziehung zwischen Unternehmensgründer und Berater und Moral Hazard

Aufgrund der Tatsache, dass Consulting for Equity nach unserem Kenntnisstand bislang in der deutschen wie auch in der angelsächsischen Literatur kaum Gegenstand theoretischer oder empirischer Untersuchungen gewesen ist, soll die nachfolgende theoretische Analyse einen Beitrag zur Schließung dieser Forschungslücke leisten.[19]

Zur Verdeutlichung der Grundproblematik sei folgende vereinfachte Transaktionsbeziehung zwischen einem Unternehmensgründer und einem Berater angenommen: Ein Gründungsunternehmer (Principal) engagiert einen Berater (Agent), damit dieser ihn bei der strategischen Ausrichtung des Unternehmens und bei der Vermeidung von Managementfehlern in der Start-up-Phase unterstützt.[20] Es wird angenommen, dass der Berater vertraglich spezifizierte (Beratungs-) Tätigkeiten für den Unternehmer durchführt. Um das folgende Modell so einfach wie möglich zu halten, sei angenommen, dass am Ende des Beratungsauftrages die Firma, z.B. im Wege eines IPO oder eines Trade Sales, liquidiert wird. Es sei darüber hinaus angenommen, dass vereinbarte fixe Honorarbestandteile unabhängig von etwaigen Liquidationserlösen immer vom Unternehmer gezahlt werden können. Des Weiteren sei es für den Berater möglich, sich entweder für einen hohen oder für einen niedrigen Arbeitseinsatz zu entscheiden, ohne dass der Unternehmer dies beobachten oder aus dem Ergebnis der Unternehmensliquidation eindeutig auf den geleisteten Einsatz des Beraters schließen kann. Da die Leistung eines hohen Arbeitseinsatzes für den Berater nutzenmindernd ist, wird er diesen nur dann leisten, wenn das zusätzlich aus dem hohen Arbeitseinsatz resultierende Einkommen die Kosten für diese Anstrengung übersteigt.[21] Wenn dies nicht der Fall ist, wird der Berater den niedrigen Einsatz wählen.

---

[19] Trompeter/Elschen (2001), beschäftigen sich vor allem mit den steuerlichen Aspekten der Anwendung von Consulting for Equity, und Henderson/Leleux (2003), sowie Lowinski (2004), loten in empirischen Untersuchungen die Vor- und Nachteile dieser Vergütungsform aus. Nach unserer Kenntnis liefert einzig Ehrmann (2003), durch seine Überlegungen anhand eines Modells zur Analyse erfolgsorientierter Honorierungsformen von Anwälten bei Schadensersatzprozessen einen ersten theoretischen Ansatz.

[20] Vgl. zum Folgenden Marty (1999), S. 3f.

[21] Wie aus der Formulierung des Problems ersichtlich wird, beschränken wir uns hier auf die Betrachtung einmaliger und einperiodiger Beziehungen zwischen dem Unternehmer und dem Berater, um zunächst allein auf das Problem der Wirkung erfolgsorientierter Vergütung bei Moral Hazard zu fokussieren. Damit können wir hier Aspekte wie z.B. den Reputationsaufbau in wiederholten Transaktionen vernachlässigen.

Um das Problem in einem einfachen Beispiel zu veranschaulichen, sei angenommen, dass die Beratung von drei möglichen Umweltzuständen begleitet wird, θ_1, θ_2, θ_3, deren Eintritt nicht beeinflussbar ist, deren Eintrittswahrscheinlichkeiten aber beiden Parteien im vorhinein bekannt sind. Weder der Arbeitseinsatz noch die begleitenden zufälligen Umweltzustände sind in ihrer Beeinflussung des Ergebnisses beobachtbar und charakterisieren damit das Kernproblem dieser Principal-Agent-Beziehung. Obwohl der Berater in der Lage ist, durch seinen Arbeitseinsatz das Ergebnis positiv zu beeinflussen, kann der Unternehmer nicht von einem erzielten Ergebnis, zum Beispiel vom realisierten Unternehmenswert, mit Sicherheit auf die Höhe des Arbeitseinsatzes des Beraters schließen, wenngleich die Entscheidung des Beraters, einen hohen Arbeitseinsatz zu wählen, die Wahrscheinlichkeit eines guten Ergebnisses erhöht. So könnte es z.B. sein, dass der Berater hart gearbeitet hat, jedoch von ihm nicht beeinflussbare, exogene Effekte zur Realisierung eines niedrigen Unternehmenswertes geführt haben. Auf der anderen Seite ist es ebenso möglich, dass der Berater nur einen niedrigen Arbeitseinsatz geleistet hat, durch positive Begleitumstände jedoch ein sehr hoher Unternehmenswert erreicht werden konnte. Bei keinem beobachtbaren Ergebnis ist der Unternehmer somit in der Lage, von der Realisierung des Ergebnisses auf die Arbeitsleistung des Beraters zu schließen. Abbildung 1 veranschaulicht noch einmal die in diesem Beispiel erzielbaren Ergebnisse in Abhängigkeit vom Arbeitseinsatz des Beraters und den zufällig eintretenden Umweltzuständen.

		Umweltzustand		
		θ_1	θ_2	θ_3
Berater	hoher Arbeitseinsatz	gut	gut	schlecht
	niedriger Arbeitseinsatz	gut	schlecht	schlecht

Abb. 1. Die Unternehmer-Berater-Beziehung als klassisches Principal-Agent-Problem; Quelle: Marty (1999).

Da auch bei niedrigem Arbeitseinsatz des Beraters eine Chance besteht, dass ein gutes Ergebnis (bei Eintritt von θ_1) erreicht wird, scheint es für den Berater in jedem Fall optimal zu sein, den niedrigen Arbeitseinsatz zu wählen, solange seine Entlohnung nicht vom realisierten Ergebnis abhängt, sondern nur aus einem fixen Honorar besteht.[22] Grundsätzlich müsste der Unternehmer dem Berater in dieser Konstellation demnach einen Vertrag anbieten, der eine Beteiligung am realisierten Ergebnis z.B. über eine Beteiligung am Eigenkapital vorsieht, um den Berater zu einem hohen Arbeitseinsatz anzureizen. Unter der Annahme, dass der Berater risikoneutral ist, d.h., dass er keinen Unterschied zwischen sicheren und erwarte-

[22] Mit Fixhonoraren seien sowohl Pauschalvergütungen als auch stundenbasierte Vergütungen gemeint, da beide erfolgsunabhängig sind.

ten unsicheren Zahlungen in gleicher Höhe macht, würde ein solcher Vertrag keinerlei Wohlfahrtsverlust nach sich ziehen. Da er in diesem Beispiel durch die Wahl der Höhe seiner Anstrengung allein in der Lage ist, ein gutes Ergebnis wahrscheinlicher zu machen, ist sowohl mit Blick auf eine effiziente Risikoallokation als auch hinsichtlich der Reduzierung des Moral Hazard-Problems vorteilhaft, die Vergütung seiner Tätigkeit allein an das erzielte Ergebnis zu binden.[23] Auf die Anwendung von Consulting for Equity übertragen würde dies bedeuten, dass der Unternehmer mit einem umso höheren Arbeitseinsatz des Beraters rechnen kann, je stärker der Aktienanteil innerhalb von Consulting for Equity ist.

Für den Fall, dass der Berater Risikoaversion aufzeigt, hängt eine effiziente Risikoaufteilung zwischen den beiden Parteien auch von der Risikoeinstellung des Unternehmers ab. Während der Berater durch die Wahl seines Arbeitseinsatzes den zukünftigen Unternehmenswert beeinflussen kann, scheut der Berater die Übernahme von Risiko. Andererseits muss der Unternehmer ihn am Risiko beteiligen, da er ansonsten davon ausgehen muss, dass der Berater nicht den gewünschten Arbeitseinsatz zeigt. Ist der Unternehmer risikoneutral, ist demnach zur Lösung des Moral Hazard-Problems davon auszugehen, dass für den Fall eines risikoaversen Beraters eine ineffiziente Risikoteilung hingenommen werden muss, um dem Berater entsprechende Anreize zu geben, sich innerhalb seiner Beratung anzustrengen. Bei gleichzeitiger Risikoaversion des Unternehmers und des Beraters hingegen könnte hingegen nach wie vor eine effiziente Risikoteilung erreicht werden.

Im Folgenden werden wir in einem Modell die Möglichkeiten und Grenzen von Consulting for Equity zur Lösung des hier skizzierten Moral Hazard-Problems formal analysieren.

4 Das Modell

Das folgende Modell basiert auf der Übertragung eines klassischen Ansatzes der Principal-Agent-Theorie, welcher zuerst von Ross (1973), Stiglitz (1974) und Holmström (1979) hergeleitet wurde, auf die Beziehung zwischen Berater und Unternehmer.[24] Um im Folgenden auf das Moral Hazard-Problem zu fokussieren, nehmen wir an, dass ein Gründungsunternehmer einen Berater zum ersten Mal und lediglich einmal engagiert. Aus demselben Grund werden weitere Informationsasymmetrien zwischen Berater und Unternehmer ausgeschlossen.[25]

---

[23] Vgl. Marty (1999), S. 3.

[24] Neben den oben genannten Quellen vgl. z.B. auch Levinthal (1988), Terberger (1994), S. 92-97, Pfaff/Zweifel (1998), oder Haase (2002), S. 134-151.

[25] Ehrmann (2003), nennt in diesem Zusammenhang auch ein Beobachtungsproblem auf Seiten des Beraters: Er kann mglw. ex ante nur unzureichend die Qualität der Unternehmensgründung beobachten. Diese Information sollte jedoch seine Entscheidung über ein Engagement beeinflussen, wenn er sich teilweise in Aktien des zu beratenen Unternehmens vergüten lässt.

Der Unternehmer möchte einen Berater engagieren, der ihn in der Start-up-Phase z.B. in strategischen Fragen und bei der Vermeidung von Managementfehlern berät. Das Ziel des Unternehmers besteht in einer Maximierung des Unternehmenswertes x, wie er sich z.B. im Rahmen eines IPO oder eines Unternehmensverkaufs ablesen lässt.[26] Nachdem der Berater engagiert worden ist, leistet er seinen Arbeitseinsatz a. Aus den Charakteristika von Beratungsleistungen ergibt sich, dass der Unternehmer nicht beobachten kann, mit welcher Arbeitsintensität sich der Berater der Aufgabe widmet. Darüber hinaus kann der Unternehmer nicht bewerten, ob die vorgeschlagenen Lösungsansätze oder strategischen Vorschläge des Beraters individuell auf seine Situation abgestimmt sind oder lediglich unspezifizierte Standardlösungen darstellen, da er vom beobachtbaren Ergebnis aufgrund weiterer zufälliger Einflüsse, die in der Zufallsvariable θ zusammengefasst seien, nicht eindeutig auf die Leistung des Beraters schließen kann.[27] Damit ergibt sich für den Berater die Möglichkeit versteckten Handelns („hidden action"), die er als rationaler Nutzenmaximierer dann ausnutzen wird, wenn seine Interessen von denen des Unternehmers abweichen. Um das daraus resultierende Moral Hazard-Problem zu lösen, muss der Unternehmer eine Honorierungsform finden, die dem Berater Anreize gibt, das gleiche Ziel zu verfolgen wie der Unternehmer.

In Abbildung 2 ist die zeitliche Struktur der Handlungen in der Berater-Unternehmer-Beziehung zusammengefasst.

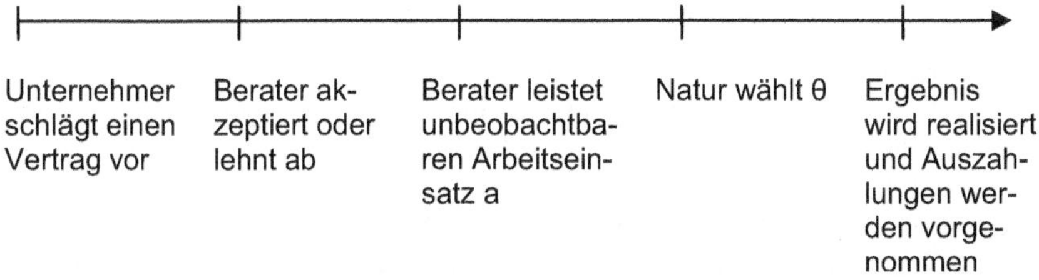

Abb. 2. Die zeitliche Struktur in der Unternehmer-Berater-Beziehung mit Moral Hazard; Quelle: In Anlehnung an Macho-Stadler/Pérez-Castrillo (1997).

Aufgrund der Tatsache, dass der Unternehmer nicht in der Lage ist, eine Trennung der Inputfaktoren a und θ in ihrem Einfluss auf den Unternehmenswert $x = x(a,\theta)$ vorzunehmen, ist es ihm unmöglich, vom realisierten und beobachtbaren Unternehmenswert auf die Höhe der Arbeitsleistung durch den Berater zu schlie-

[26] Vgl. Haase (2002), S. 140.

[27] Um der Einfachheit des Modells Rechnung zu tragen, haben wir hier ignoriert, dass das Informationsproblem des Unternehmers eigentlich zweierlei Natur ist: Zum einen kann er den Arbeitseinsatz in seiner Quantität nicht beobachten, zum anderen ist er nicht in der Lage, die Qualität der vorgeschlagenen Instrumente und strategischen Empfehlungen zu beurteilen. Beide Probleme haben wir aufgrund ihrer gleichen Wirkrichtung im Parameter a zusammengefasst und sprechen in der Folge lediglich vom Problem der Beobachtbarkeit des Arbeitseinsatzes.

ßen. So kann es beispielsweise sein, dass der Berater den ihm bestmöglichen Einsatz zugunsten des Unternehmers geleistet hat, externe Effekte wie etwa das konjunkturelle Klima oder negative branchenspezifische Entwicklungen dazu führen, dass die Unternehmenswertentwicklung hinter den Erwartungen des Unternehmers zurückbleiben bzw. die Unternehmensgründung schließlich sogar scheitert. Umgekehrt ist es allerdings genauso möglich, dass die an sich schlechte Beratungsleistung durch positive exogene Effekte dazu führt, dass die Unternehmensgründung prosperiert und der Gründer z.B. im Rahmen eines IPO hohe Vermögenszuwächse realisieren kann.

In Abbildung 3 wird das Problem der Unbeobachtbarkeit der Beraterleistungen verdeutlicht. Unternehmensgründungen sind grundsätzlich risikobehaftet, und deswegen können sich verschiedene Unternehmenswerte x zwischen x^{min} und x^{max} einstellen. Annahmegemäß kennen sowohl der Unternehmer als auch der Berater die Wahrscheinlichkeitsverteilung der Zufallsvariable θ, so dass sich die Dichtefunktion des Unternehmenswertes in Abhängigkeit des Beraterarbeitseinsatzes darstellen lässt.[28] Angenommen, der Berater kann sich nur zwischen der Leistung eines hohen Arbeitseinsatzes a^H und der Leistung eines niedrigen Arbeitseinsatzes a^L entscheiden, geben die beiden zugehörigen Dichteverteilungen $f(x|a^H)$ und $f(x|a^L)$ die Wahrscheinlichkeiten wider, mit denen gute bzw. schlechte Ergebnisse erzielt werden.[29] Da die Lage der Dichtefunktionen durch den Arbeitseinsatz des Beraters determiniert ist, zeigt sich, dass der Berater durch die Wahl eines hohen Arbeitseinsatzes die Realisierung niedriger Unternehmenswerte unwahrscheinlicher werden lässt und umgekehrt.[30] Der Unternehmer hat demnach im Sinne einer Maximierung seines Erwartungsnutzens aus dem finalen Unternehmenswert ein Interesse daran, dass der Berater immer den hohen Arbeitseinsatz leistet.

Hinsichtlich der Entlohnung des Beraters steht der Unternehmer nunmehr vor folgendem Problem: Eine Entlohnung unabhängig vom Unternehmenswert in Form einer fixen Honorierung der unbeobachtbaren Beratungsleistungen wird immer dazu führen, dass der Berater einen niedrigen Arbeitseinsatz wählen wird, da sich die Steigerung seines Arbeitseinsatzes grundsätzlich nutzenmindernd für ihn auswirkt. Alternativ bleibt dem Unternehmer nur eine Kopplung der Entlohnung an die einzig beobachtbare Variable x, den Unternehmenswert. Unter der Annahme, dass die Wahl eines entsprechenden Entlohnungsschemas s(x) den Be-

---

[28] Vgl. Holmström (1979), S. 76, und Terberger (1994), S. 93.

[29] Da der Unternehmenswert sowohl vom Arbeitseinsatz des Beraters als auch von der Zufallsvariable θ abhängt, kann das Ergebnis selbst auch als Zufallsvariable mit der kumulierten Verteilungsfunktion F(x,a), und der Dichtefunktion f(x|a), aufgefasst werden, deren Lage von der Wahl des Arbeitseinsatzparameters a durch den Berater abhängt. Es sei angenommen, dass die Ableitungen der Dichtefunktion $f_a(x|a)$, und $f_{aa}(x|a)$, existieren und durch einen kontinuierlichen Verlauf charakterisiert sind. Vgl. Mirrlees (1976), S. 108f. Wie Eingangs bereits bemerkt, gehen wir im Fall von Gründungsberatungen davon aus, dass der Berater durch die Wahl seines Arbeitseinsatzes den Unternehmenswert beeinflussen kann.

[30] Vgl. Holmström (1979), S. 77.

rater dazu veranlasst, einen hohen Arbeitseinsatz zu wählen, wird durch die Lage der Dichtefunktion $f(x|a^H)$ in Abbildung 3 deutlich, dass der Berater trotz der Leistung eines hohen Arbeitseinsatzes nicht davor geschützt ist, im Falle der Realisierung eines niedrigen Unternehmenswertes nur eine niedrige Entlohnung zu erhalten.

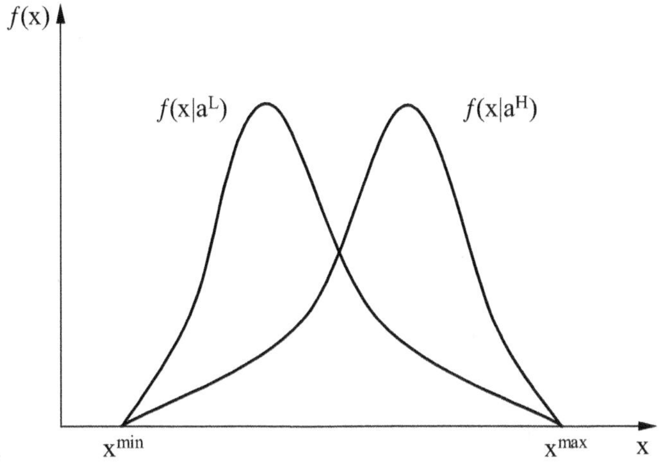

Abb. 3. Der Unternehmenswert x als Zufallsvariable; Quelle: Pfaff/Zweifel (1998).

Die Nutzenfunktion des Unternehmers, G(x- s(x)) hängt ausschließlich vom im Ergebnis erreichten Nettovermögen ab, welches sich als Differenz zwischen dem erzielten Unternehmenswert abzüglich der Kosten für das Engagement des Beraters darstellt. Annahmegemäß sei seine Nutzenfunktion zweimal stetig differenzierbar und linear oder schwach konkav. Dies bedeutet, dass der Unternehmer risikoneutral bzw. risikoavers ist, oder formal ausgedrückt, dass $G_x > 0$ und $G_{xx} \leq 0$ ist.[31] Da es sich beim Ergebnis x um eine Zufallsvariable handelt, maximiert der Unternehmer innerhalb der Vertragsbeziehung seinen Erwartungsnutzen.

Die Nutzenfunktion des Beraters, $H(s(x),a) = U(s(x)) - V(a)$, hängt zum einen vom erreichten Vermögen aus dem Vertrag mit dem Unternehmer ab, zum anderen aber auch von der Höhe des Arbeitseinsatzes, welcher negativ auf den Beraternutzen wirkt. Für die Nutzenfunktion des Beraters wird angenommen, dass sie zweimal stetig differenzierbar und konkav und dass sie außerdem additiv separabel im Vermögen und im Arbeitseinsatz sei. Die Konkavität der Nutzenfunktion gibt hierbei wie im Falle der Nutzenfunktion des Unternehmers Auskunft über die Risikoeinstellung des Beraters, der annahmegemäß risikoavers sei, d.h., die Ablei-

[31] Wo die Ableitung nicht explizit ausgeschrieben wurde, ist wie hier mit $G_x \geq 0$ die erste Ableitung der Funktion nach dem jeweiligen Funktionswert dargestellt.

tungen seiner Nutzenfunktion nach x seien $U_x > 0$ und $U_{xx} < 0$;[32] des Weiteren sei angenommen, dass sich der negative Nutzen aus einem Anstieg der Arbeitsleistung a erhöht, d.h., dass $V_a > 0$ und $V_{aa} > 0$, dass andererseits ein Anstieg der Arbeitsleistung aber auch positiv auf das Ergebnis x wirkt, also $x_a \geq 0$.[33] Demnach bedeutet eine Erhöhung von a einen direkten negativen Nutzen für den Berater, während gleichzeitig der Unternehmer von dieser Erhöhung indirekt profitiert.[34] Damit es zum Vertragsschluss kommt, muss der Berater sich besser stellen als ohne Vertrag. Dabei maximiert er mit der Wahl seines optimalen Arbeitseinsatzes a den Erwartungswert seines Nettonutzens.[35]

Nach Mirrlees (1976) lässt sich unter der Voraussetzung, dass x als Zufallsvariable aufgefasst werden kann, folgendes Entscheidungsproblem des Unternehmers formulieren, dessen Lösung schließlich das optimale Entlohnungsschema beinhaltet:

$$\max_{s(x),a} \int_{\theta} G\left(x\text{-}s\left(x\right)\right) f(x|a)dx \tag{4.1}$$

Der Unternehmer maximiert den Erwartungsnutzen, der sich aus der Realisierung des Unternehmenswertes unter Abzug der Kosten für die Beratungsleistung nach dem Entlohnungsschema s(x) ergibt. Innerhalb seines Maximierungsansatzes muss der Unternehmer allerdings zwei Nebenbedingungen berücksichtigen. Zum einen ist sicher zu stellen, dass der Berater ein Interesse hat, den vom Unternehmer vorgeschlagenen Vertrag zu akzeptieren (Teilnahmebedingung). Durch die Teilnahmebedingung berücksichtigt der Unternehmer die Sicherstellung eines Mindestnutzenniveaus $\hat{H}$ für den Berater aus dessen Möglichkeiten an alternativen Beratungsprojekten:[36]

---

[32] Aus der additiven Separabilität der Nutzenfunktion folgt, dass die Risikoeinstellung unabhängig von der Wahl des Arbeitseinsatzparameters ist. Haase (2002), S. 145f merkt hierzu kritisch an, dass die Realitätsnähe dieser Annahme zu hinterfragen sei, da die Wahl eines hohen Arbeitseinsatzes dem Berater die Chance nimmt, die Differenz zwischen niedrigem und hohem Arbeitseinsatz im Sinne eines Diversifikationsgedankens und damit risikosenkend in anderen Projekten einzusetzen. Ferner muss der Annahme über das Ausmaß der Risikoaversion des Beraters dann eine neue Bedeutung zugemessen werden, wenn, wie hier nicht geschehen, Größenunterschiede zwischen Beratungsunternehmen berücksichtigt werden, was je nach Größe und dem Verhältnis von Consulting for Equity zu fix entlohnten Projekten zu einer unterschiedlichen Risikoeinstellung führen könnte.

[33] Oder genauer: eine marginale Erhöhung von a beeinflusst das Ergebnis x nicht negativ. Die zweite Ableitung der Arbeitsleidfunktion V(a), nach a bedeutet, dass das Arbeitsleid mit wachsendem a zunimmt.

[34] Vgl. Holmström (1979), S. 76.

[35] Vgl. Pfaff/Zweifel (1998), S. 185.

[36] Vgl. Haase (2002), S. 143. Dieses Mindestnutzenniveau wird entweder durch einen Verhandlungsprozess oder aus dem Marktniveau bestimmt.

$$\int_{0} U\left(s\left(x\right)\right) f(x|a)dx\text{-}V\left(a\right){}^{3}\hat{H} \tag{4.2}$$

Die zweite Bedingung berücksichtigt schließlich den Kern des Moral Hazard-Problems: Der Unternehmer muss den Berater dazu anreizen, dasjenige Arbeitsniveau zu wählen, welches den erwarteten Nutzen des Unternehmers maximiert, was dann erreicht ist, wenn sein Nettovermögen aus dem Beratungsprojekt maximal ist:

$$a^{*} = \underset{a}{argmax}\left[\int_{0} U\left(s\left(x\right)\right) f(x|a)dx - V\left(a\right)\right] \tag{4.3}$$

Nach dem First-Order-Ansatz wird die Anreizkompabilitätsbedingung über die erste Ableitung der Zielfunktion nach a in das Maximierungsproblem einbezogen:[37]

$$\int_{0} U\left(s\left(x\right)\right) f_{a}(x|a^{*})dx - V'\left(a^{*}\right)=0 \tag{4.4}$$

Durch Lösung des Maximierungsproblems des Unternehmers (vgl. Anhang) ergibt sich die notwendige Bedingung für das aus Sicht des Unternehmers optimale Entlohnungsschema $s^{*}(x)$:

$$\frac{G'\left(x\text{-}s\left(x\right)\right)}{U'\left(s\left(x\right)\right)}=\lambda+\mu\frac{f_{a}\left(x|a^{*}\right)}{f\left(x|a^{*}\right)} \tag{4.5}$$

Obwohl das optimale Entlohnungsschema $s^{*}(x)$ in dieser Gleichung nur implizit enthalten und eine explizite Herleitung nur unter Kenntnis der Nutzenfunktionen von Unternehmer und Berater möglich ist, lassen sich einige Grundcharakteristika einer optimalen Entlohnung ablesen. Zunächst seien hierzu kurz die einzelnen Komponenten von Gleichung (4.5) erläutert. Auf der linken Seite wird die optima-

---

[37] Innerhalb des First-Order-Ansatzes wird durch Gleichung (4.4), lediglich die notwendige Bedingung für einen Extremwert berücksichtigt. Dies ist nur dann zulässig, wenn die Gleichung ein eindeutiges und stabiles Optimum besitzt. Obwohl diese Annahme Anlass für kontroverse Diskussionen gewesen ist (vgl. z.B. Grossman/Hart (1983), S. 7ff), hat sich der Ansatz als vielfach angewandte Lösungsmethode in Principal-Agent-Modellen bewährt. Um den First-Order-Ansatz zu rechtfertigen, bedarf es allerdings zweier ergänzender Bedingungen: Mit der Bedingung eines monotonen Likelihoodquotienten sei angenommen, dass der Unternehmer stochastisch von der beobachteten Ergebnisvariable x auf das Arbeitseinsatzniveau schließen kann. Des Weiteren wird mit der Annahme über die Konvexität der Verteilungsfunktion die Struktur der Verteilungsfunktion dahingehend eingegrenzt, dass die zweite Ableitung der Verteilungsfunktion nach a nicht negativ sein darf, d.h., dass F_{aa} (x|a), ≥ 0. Vgl. z.B. Levinthal (1988), S. 162ff und Dutta/Radner (1994), S. 877.

le Aufteilung des Unternehmenswertes zwischen Unternehmer und Berater durch das Verhältnis ihrer subjektiven Grenznutzen wiedergegeben. Je nach Grad der Risikoaversion der beiden Parteien fällt die Beteiligung am Unternehmenswert aus. So deutet ein hoher Wert des Bruches auf einen im Vergleich zur Entlohnung des Beraters geringen Nettogewinn des Unternehmers hin, wenn der Unternehmer wesentlich risikoaverser ist als der Berater.[38]

Die rechte Seite der Gleichung (4.5) enthält die objektiven Bestimmungsgründe für die optimale Entlohnungsfunktion. Der Parameter λ gibt die zur Teilnahme des Beraters notwendige Entlohnung wider. Diese kann, je nach Risikoeinstellung von Berater und Unternehmer, eine fixe oder eine erfolgsorientierte Zahlung beinhalten.

Der Multiplikator μ bestimmt, wie wichtig es dem Unternehmer erscheint, dem Berater Anreize setzen zu müssen, d.h., als wie schwer das Moral HazardProblem erachtet wird. Je höher der Wert von μ ausfällt, desto stärkere Bedeutung hat die Anreizkomponente innerhalb der Berater-Unternehmer-Beziehung und desto höher fällt die Bezahlung in Eigenkapitalanteilen aus. In einem hohen Wert von μ könnte sich aber beispielsweise auch der Umstand widerspiegeln, dass das Überleben des Unternehmens davon abhängt, dass der Berater einen hohen Arbeitseinsatz leistet, d.h., dass ohne die Hinzuziehung eines Beraters der Unternehmer von einem Scheitern seiner Firma ausgeht..[39]

Der Term $f_a(x|a^*)/f_a(x|a^*)$ beschreibt das Ausmaß, mit dem der Berater durch eine Erhöhung seines Arbeitseinsatzes die Wahrscheinlichkeitsmasse in Richtung besserer Ergebnisse verschieben kann.[40] Die Ableitung der Dichtefunktion nach a im Zähler gibt dabei grundsätzlich an, wie stark der Berater das Ergebnis durch seinen Arbeitseinsatz beeinflussen kann. Ist dieser Wert hoch, d.h., kann der Berater das Ergebnis stark beeinflussen, spricht dies für eine hohe Beteiligung am Ergebnis. Auf der anderen Seite bedeutet $f_a(x|a) = 0$, dass der Berater keinerlei Einfluss auf die Ergebnisvariable hat, was dazu führt, dass der gesamte Term $\mu[f_a(x|a^*)/f_a(x|a^*)]$ null wird und eine ergebnisabhängige Entlohnung nicht mehr sinnvoll wäre. Das optimale Entlohnungsschema für die Berater-Unternehmer-Beziehung trägt demnach der Eingangs erwähnten Frage Rechnung, inwieweit der Berater in der Lage ist, durch seine Beratungsleistung den Unternehmenswert zu beeinflussen. Wenn der dem Lagrangeparameter μ folgende Bruch groß ist, bedeutet dies, dass die zusätzliche Leistung des Beraters zu einer wesentlich höheren Wahrscheinlichkeit besserer Ergebnisse führen würde.[41]

---

[38] Vgl. Pfaff/Zweifel (1998), S. 186.

[39] In einigen Restrukturierungsberatungsfällen scheint die Übernahme großer Aktienpakete durch die Beratungsgesellschaft im Rahmen von Consulting for Equity möglicherweise u.a. diesem Umstand geschuldet, dass der Unternehmer nur wenige Überlebensalternativen gesehen hat. Vgl. FAZ (2000), S. 32.

[40] Vgl. Pfaff/Zweifel (1998), S. 186.

[41] Vgl. Pfaff/Zweifel (1998), S. 186. Pfaff und Zweifel vergleichen diese Relation in ihrer Wirkungsweise mit dem Konzept der Grenzproduktivität.

Das in Gleichung (4.5) enthaltene optimale Entlohnungsschema lässt sich veranschaulichen, indem wir es mit demjenigen Entlohnungsschema vergleichen, welches sich einstellt, wenn symmetrische Informationsverteilung angenommen wird und somit die Existenz von Moral Hazard-Problemen ausgeschlossen werden kann. Da für den Fall, dass der Unternehmer den Arbeitseinsatz des Beraters beobachten kann, angenommen wird, dass der Berater genau denjenigen Einsatz leistet, der im Vertrag festgelegt wurde, da er ansonsten z.B. vertraglich fixierte Sanktionen fürchten muss, muss der Unternehmer dem Berater keinerlei Anreize setzen. Formal bedeutet dies, dass er in seinem Maximierungskalkül die Anreizkompabilitätsbedingung vernachlässigen kann und sich das optimale Entlohnungssc hema wie folgt darstellt:

$$\frac{G'\left(x\text{-}s\left(x\right)\right)}{U'\left(s\left(x\right)\right)}=\lambda \qquad (4.6)$$

Im optimalen Entlohnungsschema in Gleichung (4.6) wird einzig die optimale Risikoallokation zwischen den beteiligten Parteien festgelegt. Dies bedeutet, dass die beiden Parteien das Unternehmensrisiko nach dem Grad ihrer Risikoeinstellung tragen. Für den Fall, das der Unternehmer risikoneutral und der Berater risikoavers ist, würde dies bedeuten, dass der Berater eine fixe Entlohnung erhält, während der Unternehmer das gesamte Risiko trägt.

Bei asymmetrischer Informationsverteilung muss der Unternehmer von diesem für ihn optimalen Vertrag abweichen. Denn im Falle einer fixen Entlohnung würde der Berater aufgrund des mit höherem Arbeitseinsatz steigenden negativen Nutzens den niedrigsten Arbeitseinsatz leisten. Der Unternehmer muss dem Berater somit in jedem Fall eine erfolgsorientierte Zahlung gewähren, der sein Nettovermögen schmälert und der umso höher ausfallen wird, je risikoaverser der Berater ist, da dieser für den Fall risikobehafteter Entlohnungsbestandteile eine seiner Risikoeinstellung entsprechende Risikoprämie fordern wird. Eine optimale Risikoaufteilung ist für den Fall, dass nicht beide Parteien gleichzeitig risikoneutral sind, dann nicht mehr möglich.[42] Für den Fall von niedrigen Ergebnisrealisationen impliziert das optimale Entlohnungsschema aber auch die Möglichkeit von Abschlägen für den Agenten. Es handelt sich demnach um eine nicht-lineare Entlohnungsfunktion für verschiedene Ergebnisrealisationen.

Der Vertrag zwischen einem risikoneutralen Gründer und einem risikoaversen Berater sieht nach dem obigen Modell wie folgt aus: Der Berater erhält zunächst einen fixen Grundbetrag, der ihn dazu bewegt, nicht alternative Projekte anzunehmen. Je schlechter die Alternativen des Beraters sind, z.B. bei neu in den Markt eintretenden Beratern ohne Reputation und festen Kundenstamm, desto geringer fällt dieser Bestandteil aus. Neben der fixen Entlohnung erhält der Berater

42 Die Ergebnisse implizieren, dass die Risikoeinstellung des Beraters transparent ist. Ist dies nicht der Fall, könnte der Berater einen Anreiz haben, einen hohen Risikoaversionsgrad vorzutäuschen.

eine erfolgsorientierte Bezahlung, die im Fall guter Ergebnisse einen Zuschlag, im Fall schlechter Ergebnisse allerdings auch einen Abschlag bedeuten kann.

Eine explizite Darstellung des optimalen Entlohnungsschemas lässt sich im Rahmen dieses Principal-Agent-Modells nur durch Parameterspezifizierung und die Bestimmung der Nutzenfunktionen von Berater und Unternehmer erreichen. Zudem gilt das hergeleitete optimale Entlohnungsschema nur für gegebene Werte von x. Um sich ein grobes Bild vom Verlauf des optimalen Entlohnungsschemas zu machen, soll die Entlohnungsfunktion $s^*(x)$ anhand zweier angenommener Unternehmenswerte skizziert werden. Abbildung 4 beschreibt die Aufteilung des Unternehmenswertes für zwei verschiedene Szenarien.[43] Einmal wurde ein relativ geringer Unternehmenswert (x) und einmal ein relativ hoher Unternehmenswert $\hat{x}$ realisiert. Die Höhe von x bzw. $\hat{x}$ geht aus der Strecke $\overline{0x}$ bzw. $\overline{0\hat{x}}$ auf der x-Achse hervor, wobei der Anteil des Unternehmers am Ergebnis von links bestimmt wird und der Anteil des Beraters von rechts. Unter der Annahme von Risikoaversion für beide Parteien wird die linke Seite von Gleichung (5) durch den abnehmenden marginalen Nutzen des Unternehmers, G′ bestimmt, der von der linken Achse ausgeht.[44] Hinzu kommt der abnehmende marginale Nutzen des Beraters, U′, der auf der rechten Achse seinen Ursprung hat. Die Kurve, dic von Punkt T aus absinkt, dient als Darstellung der gesamten linken Seite des optimalen Entlohnungsschemas aus Gleichung (4.5). In ihr spiegelt sich der Verlauf des Grenznutzenverhältnisses für Berater und Unternehmer für unterschiedliche x wider: Mit steigendem Anteil des Beraters am Gesamtergebnis nimmt diese Kurve aufgrund der angenommenen Risikoaversion ab.

Weil die rechte Seite der Gleichung (4.5) eine Konstante für gegebene Ergebniswerte von x ist, kann dieser Teil der Gleichung in Form einer horizontalen Linie dargestellt werden mit $\lambda+\mu E$ *(mit* $E = f_a(x|a^*)/f(x|a^*)$*)*.[45] An dem Punkt, an dem diese Linie die fallende Kurve aus T schneidet, markiert R* die optimale Aufteilung des Ergebnisses zwischen Berater und Unternehmer auf der x-Achse.

Um zu illustrieren, wie sich die optimale Entlohnung bei einer Variation des Ergebnisses ändert, wird Abbildung 5 um einen höheren Wert von x erweitert. Hierzu wird die x-Achse nach $\hat{x}$ verlängert. In Korrespondenz zur neuen Lage von G′ verschiebt sich die Kurve G′/U′ nach links. Unter der Annahme, dass der Term $f_a(x|a^*)/f(x|a^*)$ mit unterschiedlichen Ergebnisniveaus variiert, verschiebt sich die horizontale Linie $\hat{\lambda}+\hat{\mu}\hat{E}$ nach oben.[46] Wie im vorangegangenen Fall stellt der neue Kreuzungspunkt R^{**} das neue optimale Entlohnungsschema dar. Für diesen Wert von x erhöht sich der Anteil des Beraters am Ergebnis. Aus der graphischen Darstellung für zwei Ergebnisniveaus lässt sich ein Einblick in die Ausgestaltung des optimalen Entlohnungsschemas $s^*(x)$ gewinnen: Da sich der Anteil des Bera-

[43] Vgl. zu dieser graphischen Interpretation Pfaff/Zweifel (1998), S. 187.

[44] Der Anschaulichkeit halber wurden G′ und U′ hier linear eingezeichnet. Vgl. Pfaff/Zweifel (1998), S. 186.

[45] Vgl. Pfaff/Zweifel (1998), S. 186

[46] Vgl. zu dieser Annahme Holmström (1979), S. 78, oder Pfaff/Zweifel (1998), S. 186.

ters am Unternehmenswert bei steigenden Werten von x stark erhöht, handelt es sich in diesem Falle um eine ausgeprägt erfolgsorientierte Vergütung.

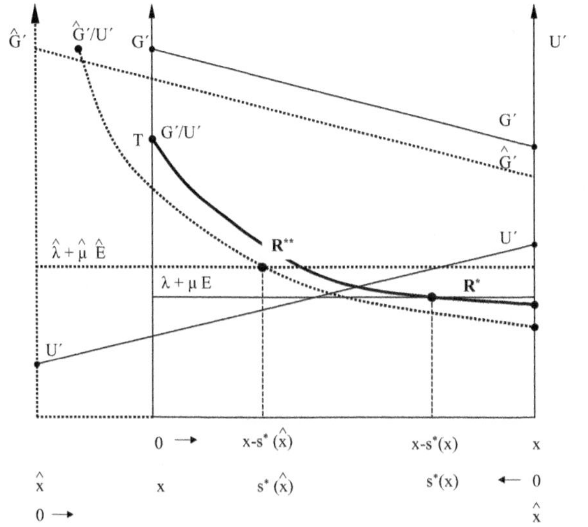

Abb. 4. Die Konstruktion des optimalen Entlohnungsschemas für zwei unterschiedliche Ergebnisniveaus; Quelle: Pfaff/Zweifel (1998).

Zusammenfassend ist festzuhalten, dass das Ergebnis grundsätzlich für eine über die Vorgaben einer effizienten Risikoallokation hinausgehende erfolgsorientierte Vergütung des Beraters spricht, um das Moral Hazard-Problem in der Unternehmer-Berater-Beziehung abzumildern.

Von Bedeutung ist bei der Anwendung einer ergebnisabhängigen Entlohnung die Frage, inwieweit der Berater in der Lage ist, das Ergebnis zu beeinflussen. Für den Fall der Beratung einer Unternehmensgründung kann dieser Einfluss gegenüber Unternehmen in einem späteren Stadium des Unternehmenslebenszyklus zwar als höher angenommen werden, jedoch ist auch hier das Augenmerk darauf zu richten, wie bedeutungsvoll (1) die Setzung von Anreizen im Allgemeinen ist, d.h., als wie schwer das Moral Hazard-Problem erachtet wird, und (2) wie stark die Tätigkeit des Beraters Wirkung z.B. auf den Unternehmenswert als Ergebnisvariable hat.

5 Implikationen der Modellergebnisse für die Anwendung von Consulting for Equity

Die Ergebnisse, welche wir im vorangegangenen Abschnitt hergeleitet haben, zeigen, dass unter den gemachten Annahmen der Unternehmer für den Fall eines Moral Hazard-Problems auf Seiten des Beraters eine ergebnisabhängige Entlohnung z.B. im Rahmen von Consulting for Equity in sein Vertragsverhandlungskalkül einbeziehen sollte. Auf diese Weise lässt sich eine Effizienzsteigerung in der Unternehmer-Berater-Beziehung herbeiführen. Wenngleich das Modell ein nichtlineares Entlohnungsschema suggeriert, könnte über das Angebot von Consulting for Equity die im Modell hergeleitete Entlohnungsfunktion zumindest approximiert werden. Gegenüber der traditionellen Fixentlohnung eröffnet die Berücksichtigung von Consulting for Equity grundsätzlich sowohl eventuelle Verbesserungsmöglichkeiten hinsichtlich einer effizienten Risikoallokation z.B. im Fall zweier risikoaverser Vertragsparteien, als auch eine Möglichkeit zur Abmilderung eines Moral Hazard-Problems zwischen Berater und Unternehmer.

Wie bereits angedeutet, könnten sich bei der Übertragung dieser Modellergebnisse auf die Realität einige neue Probleme ergeben. Zunächst ist das Entlohnungsschema im obigen Modell nur implizit angegeben. Zu einer eindeutigen Bestimmung wäre demnach u.a. eine genaue Kenntnis über die Nutzenfunktionen der beiden Parteien erforderlich. Darüber hinaus muss der Unternehmer die Beeinflussbarkeit des Ergebnisses durch den Berater abschätzen. Das Ausmaß der Beeinflussung des Unternehmenswertes wird einerseits von der Intensität der Beratungstätigkeit, andererseits aber z.B. auch von der Umsetzung der strategischen Empfehlungen im Sinne des Beraters abhängen, wenn dieser nicht selbst bei der Umsetzung eingebunden ist. Eine ergebnisorientierte Entlohnung könnte demnach besonders dann anwendbar sein, wenn der Berater auch die Umsetzung seiner Empfehlungen durchführt oder zumindest überwacht.

Eine weitere Problematik ergibt sich auch daraus, dass der Berater – wie im Modell beschrieben – versuchen wird, für den Fall von Risikoaversion bei der Umwandlung von Teilen seiner Fixhonorierung in Eigenkapitalanteile eine Risikoprämie durchzusetzen. Die Risikoprämie müsste dabei umso höher ausfallen, je risikoaverser der Berater ist. Eine hohe Risikoaversion könnte z.B. dann vorliegen, wenn die Beratung im Rahmen von Consulting for Equity beim Beratungsunternehmen nicht nur einen kleinen Umsatzanteil ausmacht und das sich aus der Vereinbarung von Consulting for Equity-Verträgen ergebende Risiko einen signifikanten Einfluss auf die Cash-Flow-Entwicklung des Beratungsunternehmens hat.[47] Eine hohe Risikoprämie bedeutet allerdings, dass der Unternehmensgründer eventuell einen signifikanten Anteil seines in der Gründungsphase als eher gering anzunehmenden Eigenkapitals abgeben muss. Die Übernahme großer Eigenkapitalanteile durch den Berater könnte wiederum starke Motivationsprobleme beim Un-

[47] Die Hoffnung von Beratungsunternehmen, über das Angebot von Consulting for Equity die eigene Performance überproportional zu steigern, lässt sich nicht ohne die Inkaufnahme einer zunehmenden Instabilität der Berater-Cash-Flows erreichen. Henderson/Leleux (2003), vermuten, dass Consulting for Equity u.a. deswegen verstärkt angeboten wurde, um die Performance der Beratungsgesellschaft von der Anzahl der Berater abkoppeln zu können. Sie merken hierbei an, dass mit einem verstärkten Angebot von Consulting for Equity auch ein erhebliches „Downside Risk" verbunden ist, welches die Cash-Flow-Entwicklung von Unternehmensberatungen unsicherer macht.

ternehmensgründer z.B. hinsichtlich seines Arbeitseinsatzes auslösen.[48] Andererseits könnte die Tatsache, dass der Unternehmer bereit ist, sich im Rahmen von Consulting for Equity von großen Teilen seines Eigenkapitals zu trennen, darauf hindeuten, wie dringend der Unternehmer die Einbindung eines Beraters erachtet. Für den Fall, dass der Berater vor Vertragsschluss nicht in der Lage ist, die Qualität des Gründungsunternehmens vollständig offen zu legen, könnte die Bereitschaft des Unternehmers, sich von großen Anteilen an seinem Unternehmen zu trennen, auch als Signal für die Einschätzung des Unternehmers über die Zukunftsaussichten seines Unternehmens gewertet werden. Ein hieraus resultierendendes Adverse Selection-Problem könnte die Grenzen, innerhalb derer der Berater Eigenkapital als Ersatz für Fixhonorare akzeptieren kann, schmälern.

Eine weitere Einschränkung für ergebnisabhängige Entlohnungen ergibt sich dann, wenn durch einen hohen Nachfrageüberschuss die Alternativoptionen für den Berater sehr hoch sind, d.h., wenn der Berater in der Lage ist, seine Kapazitäten durch alternative fixentlohnte Beratungsaufträge auszuschöpfen. Schließlich könnte die Dringlichkeit der Beratung dazu führen, dass der Unternehmer dem Berater einen Großteil des Ergebnisses verspricht.[49]

6 Schlussfolgerungen

Im Kern spricht das in diesem Beitrag hergeleitete Modell im Bereich der Beratung von Unternehmensgründungen für eine ergebnisorientierte Entlohnung des Beraters, um eine effiziente Risikoallokation zu erreichen bzw. wenn der Unternehmer die Gefahr eines opportunistischen Verhaltens auf Seiten des Beraters vermuten muss. Consulting for Equity könnte demnach eine Verbesserung gegenüber der traditionellen Fixhonorierung bedeuten. Das Ausmaß der praktischen Anwendbarkeit von Consulting for Equity wird dadurch eingeschränkt, dass es im individuellen Beratungsfall zu klären gilt, inwieweit der Berater in der Lage ist, den Unternehmenswert zu beeinflussen. Ist dies nicht der Fall, kann Consulting for Equity potenzielle Moral Hazard-Probleme nur ungenügend abmildern. Gerade für den Bereich der Gründungsberatung gehen wir jedoch davon aus, dass hier im Vergleich zur Beratung etablierter Unternehmen der Einfluss der Berater wesentlich höher ist. Consulting for Equity könnte somit auf der einen Seite ein Bera-

[48] In der Praxis von Consulting for Equity scheint demnach vielfach der Grundsatz zu gelten, dass die Berater nur Minderheitspositionen bei den beratenen Unternehmen erlangen möchten. Aufgrund der Begrenztheit des Eigenkapitals bei Unternehmensgründungen verbietet sich damit die Berücksichtigung einer Risikoprämie zumeist. Vgl. Lowinski (2004), S. 214.

[49] In dieser Hinsicht könnte man von einem Ausnutzen der "Notlage" des Unternehmers sprechen. Andererseits kann die Bereitschaft des Unternehmers, einen großen Teil des zukünftigen Firmenwertes an den Berater abzugeben, auch als Signal für den schlechten Zustand des Unternehmens aus Sicht des Unternehmers gewertet werden. Vgl. hierzu auch Fußnote 40.

tungsdefizit von Unternehmensgründern und gleichzeitig die Gefahr opportunistischen Verhaltens auf Beraterseite abmildern. Wenngleich die Annahme eines strikten Eigeninteresses des Beraters und einer absoluten Unbeobachtbarkeit seiner Arbeitsleistung in der Praxis nur eingeschränkt zutreffen, dürften die Ergebnisse auch bei Abschwächung dieser Annahmen zumindest in Ihrer Tendenz Gültigkeit behalten.[50]

Abseits der hier untersuchten Frage nach dem Potenzial von Consulting for Equity zur Behebung bestehender Anreizprobleme in der traditionellen Unternehmer-Berater-Beziehung ergeben sich weitere Aspekte, die es vor einer abschließenden Bewertung dieser Vergütungsalternative zu untersuchen gilt:[51] Um Consulting for Equity aus Sicht einer Unternehmensberatung erfolgreich gestalten zu können, scheinen institutionelle Anpassungen unumgänglich, die ein mögliches unternehmensinternes Spannungsverhältnis zwischen Investment- und Beratungsinteresse ausgleichen. Damit stellt sich auch die Frage, inwieweit Unternehmensberatungen verschiedener Größe die Annahme von Eigenkapitalanteilen in ihre Unternehmensorganisation implementieren können, um wiederum unternehmensinterne Fehlanreize zu vermeiden. Um eine vollständige Bewertung der Möglichkeiten und Grenzen von Consulting for Equity vornehmen zu können, sollten schließlich auch eventuelle Anreizveränderungen auf Unternehmerseite nicht unberücksichtigt bleiben.

7 Anhang

Aus der Zielfunktion (4.1) des Unternehmers und den beiden Nebenbedingungen (4.2) und (4.4) lässt sich das folgende Lagrangefunktional bilden, bei dem der Lagrangemultiplikator λ der Teilnahmebedingung (4.2) und der Lagrangemultiplikator μ der Anreizkompabilitätsbedingung (4.4) des Beraters voransteht:

$$L=\int_{\theta} G\left(x-s(x)\right) f\left(x|a\right) dx$$
$$+\lambda\left[\int_{\theta} U\left(s(x)\right) f\left(x|a\right) dx-V\left(a\right)-\bar{H}\right]$$
$$+\mu\left[\int_{\theta} U\left(s(x)\right) f_a\left(x|a^*\right) dx-V'\left(a^*\right)\right].$$

Punktweises Differenzieren des Lagrangefunktionals nach s(x) führt zu folgender Gleichung:

$$-G'\left(x-s(x)\right) f\left(x|a^*\right)+\lambda U'\left(s(x)\right) f\left(x|a^*\right)+\mu U'\left(s(x)\right) f_a\left(x|a^*\right)=0.$$

[50] Vgl. Levinthal (1988), S. 157.

[51] Vgl. Lowinski (2004).

Nach Umstellung dieser Gleichung und Division durch f(x|a) beinhaltet die nachfolgende Gleichung, wenn auch nur implizit, die notwendige Bedingung für ein Nutzenmaximum und damit die Struktur des optimalen Entlohnungsschemas:

$$\frac{G'(x\text{-}s(x))}{U'(s(x))}=\lambda+\mu\frac{f_a(x|a^*)}{f(x|a^*)}. \tag{7.1}$$

Literatur

Bergmann MC (2003): Das Multi-Task-Prinzipal-Agenten-Problem zwischen Venture-Capital-Gesellschaft und Management-Dienstleister (Inkubator) in Start-Up-Unternehmen, Dissertation, RWTH Aachen, Onlineversion: http://sylvester.bth.rwth-aachen.de/dissertationen/2003/232/03_232.pdf (Zugang: 20.08.2004).

Borch K, (1962): Equilibrium in a Reinsurance Market, in: Econometrica, 30(3), S 424-444.

Chalmers JMR, Dann LY, Harford J (2001): Managerial Opportunism? Evidence from Directors′ and Officers′ Insurance Purchases, in: Journal of Finance, 57(2), S 609-632.

Dutta PK, Radner R (1994): Moral Hazard, in: Aumann RJ, Handbook of Game Theory with Economic Applications, Vol 2, Amsterdam, S 869-903.

Ehrmann T (2003): Erfolgsorientierte Vergütung von Gründungsberatern, in: Zeitschrift für Betriebswirtschaft, ZfB-Ergänzungsheft 2, S 67-83.

Eisenhardt KM (1989): Agency Theory: An Assessment and Review, in: The Academy of Management Review 14(1), S 57-74.

Ernst B, Kieser A (2002): In Search of Explanations for the Consulting Explosion. In: Engwall L, Sahlin-Andersson K (Hrsg): The Expansion of Management Knowledge: Careers, Ideas, and Circulation, Stanford, S 47-73.

FAZ (2000): Droege verbindet Beratung mit Kapital, in: Frankfurter Allgemeine Zeitung, 11.07.2000, S 32.

Gorman M, Sahlman W (1989): What Do Venture-Capitalists Do?, in: Journal of Business Venturing, 4, S 231-248.

Grossman SJ, Hart OD(1983): An Analysis of the principal agent problem, in: Econometrica, 51(1), S 7-46.

Haase A (2002): Die Make-or-Buy-Entscheidung für die Unternehmensberatung, Wiesbaden.

Höck M, Keuper F (2001): Empirische Untersuchung zur Auswahl und Kompetenz von Beratungsgesellschaften, in: Die Betriebswirtschaft, 61, S 427-442.

Henderson J, Leleux B (2003): Untangling equity for service arrangements, in: von Zedtwitz M, Haour G, Khalil TM, Lefebvre LA (Hrsg): Management of Technology: Growth Through Business Innovation and Entrepreneurship, Amsterdam, S 159-174.

Holmström B (1979): Moral Hazard and Observability, in: Bell Journal of Economics 10(1): 74-91.

Horváth P, Kralj D (2003): Die Vergütung von Beratungsdienstleistungen – Eine Koordinationsaufgabe für Personal- und Preismanagement, in: Speck P, Wagner D (Hrsg), Personalmanagement im Wandel: Vom Dienstleister zum Businesspartner, Wiesbaden, S 77-104.

Kieser A (1998): Immer mehr Geld für Unternehmensberater. Und wofür?, in: Organisationsentwicklung, 17(2), S 63-69.

Larew J, Deprosse H (1997): Erfolgshonorare für Berater?, in: Harward Business Manager, 1, S 107-113.

Levinthal D, (1988): A survey of Agency Models of Organization, in: Journal of Economic Behavior and Organization, 9, S 153-185.

Lowinski F (2004): Do Consulting for Equity-Arrangements Align the Interests of Clients and Consultants?, in: Achleitner A-K, Klandt H, Koch LT, Voigt K-I (Hrsg), Jahrbuch Entrepreneurship 2004/2005 – Gründungsforschung und Gründungsmanagement, Heidelberg, S 195-216.

Macho-Stadler I, Pérez-Castrillo JD (1997): An Introduction to the Economics of Information, Oxford.

Marty FE (1999): Credence Goods in Regulated Markets, Dissertation, Universität Bern, Onlineversion: www.dissertation.de (Zugang: 11.07.2004).

Mirrlees J A (1976): The Optimal Structure of Incentives and Authority within an Organization, in: The Bell Journal of Economics, 7 (1), S 105-131.

Niewiem S, Richter A (2004): The Changing Balance of Power in the Consulting Market, in: Business Strategy Review, 15, (1), S 8-13.

Nippa M, Petzold K (2001): Functions and Roles of Management Consulting Firms - An Integrative Theoretical Framework, Freiberg Working Papers, Universität Freiberg.

Pfaff D, Zweifel P (1998): Die Prinzipal-Agent-Theorie – ein fruchtbarer Beitrag der Wirtschaftstheorie zur Praxis, in: WiSt, 4, S 184-190.

Ross S A, (1973): The Economic Theory of Agency: The Principal's Problem, in: American Economic Review, 63 (2), S 134-139.

Sahlman W (1990): The Structure and Governance of Venture-Capital Organizations, in: Journal of Financial Economics, 27, S 473-521.

Shavell S (1979): Risk Sharing and Incentives in the Principal and Agent Relationship, in: Bell Journal of Economics, 10, S 55-73.

Stiglitz JE (1974): Incentives and Risk Sharing in Sharecropping, in: Review of Economic Studies, 41, S 219-255.

Terberger E (1994): Neo-institutionalistische Ansätze: Entstehung und Wandel, Anspruch und Wirklichkeit, Wiesbaden.

Trompeter F, Elschen R (2001): Consulting for Equity – Steuerliche Unsicherheiten bei der Beratung gegen Aktien, in: Finanz Betrieb, 1, S 67-75.

Wooldridge A (1997): Management Consultancy Survey, in: Economist, 22.3.97, S 3-22.

Fremdfinanzierung junger Unternehmen

Reinhard Schulte

Abstract

Der Beitrag widmet sich der Finanzierung junger Unternehmen durch Gläubigerkontrakte. Neben einer kurzen begrifflichen Einordnung der Fremdfinanzierung und einem Überblick über die Gestaltungsoptionen von Fremdfinanzierungskontrakten werden zunächst einige empirische Evidenzen zur Bedeutung der Fremdfinanzierung für junge Unternehmen sowie die finanzierungsrelevanten Spezifika solcher Unternehmen präsentiert. Anschließend wird gezeigt, warum das Spektrum von Fremdfinanzierungsinstrumenten jungen Unternehmen nur teilweise zur Verfügung steht und sich erst im Prozess der unternehmerischen Frühentwicklung sukzessive erweitert. Im Mittelpunkt des Beitrages steht eine grundlegende theoretische Einordnung der Fremdfinanzierung junger Unternehmen auf der Basis unterschiedlich verteilter Informationen, Gestaltungskompetenzen und Betroffenheiten zwischen Gläubiger und Schuldner, die zu ausgeprägten Anreizkonflikten führen können. Möglichkeiten des Abbaus solcher Konflikte durch vertragliche Vereinbarungen, insbesondere durch Besicherungsmaßnahmen, werden diskutiert. Abschließend wird gezeigt, in welcher Weise fremdfinanzierungsähnliche hybride Finanzierungskontrakte (Mezzanine-Finanzierung) dazu beitragen können, derartige Anreizkonflikte zu reduzieren oder zu umgehen.

1 Grundlagen der Fremdfinanzierung junger Unternehmen

1.1 Begriff, idealtypische Merkmale und Inhaltsüberblick

Finanzierungskontrakte, bei denen der Kapitalgeber in der Insolvenz des Schuldnerunternehmens die Rechtsstellung eines Gläubigers einnimmt, werden als Fremdfinanzierung bezeichnet. Die Fremdfinanzierung steht damit in Gegensatz zur Eigenfinanzierung, bei der der Geldgeber in der Insolvenz nicht als Gläubiger auftreten und im Falle einer Liquidation des Unternehmens allenfalls Residualansprüche geltend machen kann oder sogar mit seinem Privatvermögen für ausstehende Verbindlichkeiten haften muss.

Beide Formen der Finanzierung – Fremd- und Eigenfinanzierung – schlagen sich bilanziell als Fremd- bzw. als Eigenkapital nieder und führen in der Regel zu Einzahlungen, die bei jungen Unternehmen dazu dienen, die für die geplanten

Leistungsprozesse nötigen Ressourcen zu beschaffen und somit Leistungsbereitschaft herzustellen.

Über diese allein an die Insolvenz geknüpfte, legaldefinitorische Abgrenzung hinaus weisen Finanzierungskontrakte aber weitere wichtige Merkmale auf, die zur präziseren ökonomischen Abgrenzung von Eigen- und Fremdfinanzierung herangezogen werden müssen. Dies sind die Regelungen des Anspruchs auf laufende Erträge und Rückzahlung der Kapitalüberlassung und die Gestaltung von Mitwirkungs-, Informations- und Kontrollrechten des Kapitalgebers. Im Hinblick auf laufende Erträge stellt sich die Frage, ob der Geldgeber erfolgsabhängig oder erfolgsunabhängig in fest vereinbarter Höhe honoriert wird.

Fremdfinanzierungskontrakte zeichnen sich idealtypisch dadurch aus, keine Beteiligung am Unternehmenserfolg zu gewähren. Statt dessen erfolgt eine feste Verzinsung der Kapitalüberlassung. Ganz ähnlich verhält es sich mit der Höhe des Rückzahlungsbetrages bei Beendigung des Finanzierungskontraktes. Bei Fremdfinanzierungsmaßnahmen wird die Rückzahlung typischerweise nach Höhe und Termin vorab fixiert und bleibt dabei unabhängig vom Unternehmenserfolg. Mitwirkungs-, Informations- und Kontrollrechte in Bezug auf die Geschäftspolitik des Schuldnerunternehmens schließlich werden dem idealtypischen Fremdmittelgeber nicht eingeräumt. Alle geschäftspolitischen Gestaltungskompetenzen liegen vielmehr in den Händen der die Eigenmittel bereit stellenden Gesellschafter des Unternehmens.

Mithin lassen sich insgesamt vier wesentliche Kriterien heranziehen, um die Fremdfinanzierung von der Eigenfinanzierung abzugrenzen:

1. Beteiligung des Kapitalgebers an den laufenden Erträgen
2. Rückzahlungsbetrag
3. Mitwirkungs-, Informations- und Kontrollrechten des Kapitalgebers
4. Rechtsstellung des Kapitalgebers in der Insolvenz des Unternehmens.

Die idealtypischen Merkmale eines Fremdfinanzierungskontraktes können damit wie folgt zusammen gefasst und der Eigenfinanzierung gegenüber gestellt werden:

		Ausprägungen bei der ...	
Merkmal		... Eigenfinanzierung	... Fremdfinanzierung
(1)	Laufende Erträge	erfolgsabhängige Gewinnbeteiligung	erfolgsunabhängiger fester Zins
(2)	Rückzahlungsbetrag	erfolgsabhängiger Liquidationserlös bei Auflösung der Gesellschaft	erfolgsunabhängiger fester Betrag
(3)	Mitwirkungs-, Informations- und Kontrollrechte	volle Geschäftsführungskompetenz	keine
(4)	Rechtsstellung in der Insolvenz	keine Ansprüche, ggf. Haftung mit dem Privatvermögen	Insolvenzgläubiger mit bevorzugten Ansprüchen (Absonderungsrechte)

Abb. 1. Idealtypische Merkmale von Eigen- und Fremdfinanzierung

Als Beispiel für eine Form der Fremdfinanzierung, die alle idealtypischen Merkmale erfüllt, kann die Aufnahme eines hypothekarisch gesicherten Bankkredites gelten. Die Einlage eines Gesellschafters einer OHG dagegen wäre als idealtypische Form der Eigenfinanzierung zu bezeichnen. Wie die obigen Erläuterungen zu den Abgrenzungskriterien bereits andeuten, handelt es sich bei realiter vorzufindenden Finanzkontrakten aber nur zu einem Teil um idealtypische Eigen- oder Fremdfinanzierung. Da die Ausgestaltung eines Finanzkontraktes weitgehend der allgemeinen Vertragsfreiheit unterliegt, treten in der Realität vielfältige Konstruktionen auf, die von den idealtypischen Merkmalen abweichen. Als konstitutives Abgrenzungsmerkmal gilt in solchen, wie allen anderen Fällen das Merkmal 4 (Insolvenzstellung des Kapitalgebers). Solche Abweichungen von einem der Idealtypen werden auch als „hybride" Finanzierung bezeichnet. Sie werden am Ende dieses Beitrages näher beschrieben.

Während es für den Geld*geber* (den Anleger also, den Investor) von großer Bedeutung ist, mit welchen Risiken und Chancen - also insbesondere Haftung, Verlustgefahr und Ertragsaussichten - die Geldvergabe verbunden ist, stehen für den Geld*nehmer* andere Überlegungen im Vordergrund. Diese sind neben steuerlichen Erwägungen, die an dieser Stelle nicht vertieft werden können, insbesondere an die Aspekte der Liquidität, der Rentabilität, des unternehmerischen Entscheidungsfreiraumes und der Kreditwürdigkeit geknüpft.

Finanzmittel schaffen und beeinflussen die Liquidität des Unternehmens. Die Aufnahme von Fremdmitteln ist im idealtypischen Fall mit dem Eingehen vertraglich fixierter Zins- und Tilgungsverpflichtungen verbunden. Unabhängig von der Ertragslage des Kreditnehmers fallen termingebundene Auszahlungsverpflichtungen an. Auch bei Liquiditätsengpässen sind diese Verpflichtungen nicht flexibel. Da die zukünftigen Rückflüsse aber risikobehaftet sind, erhöht sich mit der Fremdkapitalaufnahme die Insolvenzgefahr des Unternehmens. Entnahmen der Gesellschafter bzw. Ausschüttungen sind hingegen der Liquiditätssituation anpassbar, die Aufnahme von Eigenkapital bietet also verglichen mit der Fremdkapitalaufnahme den Vorteil einer größeren liquiditätsmäßigen Flexibilität. Das Risiko einer Zahlungsunfähigkeit wird dadurch geringer. Bei einer ungünstigen Entwicklung der Rückflüsse des Unternehmens kann auf die Bedienung der Anteilseigner auch ganz verzichtet werden. Daraus folgt, dass mit wachsendem Verschuldungsgrad das Liquiditätsrisiko des Unternehmens zunimmt.

Eng mit der Frage der Liquidität verbunden sind Rentabilitätserwägungen. Sofern eine Maximierung der Eigenkapitalrentabilität r_E angestrebt wird, kann die Erhöhung des Verschuldungsgrades sinnvoll sein. Das setzt jedoch voraus, dass die Gesamtkapitalrentabilität r des Unternehmens größer ist als der Fremdkapitalzins r_F. Zwischen diesen Größen besteht der als Leverage-Effekt bekannte Zusammenhang $r_E = r + \lambda\,(r - r_F)$. Unter der Annahme $r > r_F$ wächst die Eigenkapitalrentabilität bei konstantem Eigenkapitalumfang mit zunehmender Fremdkapitalaufnahme und fällt bei konstantem Fremdkapitalumfang mit zunehmender Eigenkapitalaufnahme. Gilt diese Annahme, ist die Aufnahme von Fremdkapital sinnvoller als die Aufnahme von Eigenkapital. Die wegen des Leverage-Effektes naheliegende unbeschränkte Aufnahme von Fremdkapital ist jedoch aufgrund der dadurch bedingten Zunahme der Risiken nicht realisierbar.

Die Entscheidung zwischen Eigen- und Fremdmitteln tangiert auch den Umfang der unternehmerischen Entscheidungsfreiräume. Mit der Aufnahme von Beteiligungskapital durch das Hinzutreten weiterer Gesellschafter verringert sich der Quotenanteil der eigenen Einlage, was eine Verschiebung der Herrschaftsverhältnisse in der Gesellschaft nach sich zieht. Dadurch verschieben sich auch die Mehrheitsverhältnisse und damit der Einfluss auf die Leitungs- und Kontrollfunktionen der Gesellschaft. Ob und in welcher Weise das tatsächlich geschieht, hängt von der gesellschaftsrechtlichen und satzungsmäßigen Stellung der Eigenkapitalgeber ab. Die Aufnahme von Fremdkapital bedeutet in der Regel keine Veränderung der Herrschaftsverhältnisse, da aus der Fremdkapitalüberlassung üblicherweise kein Leitungsanspruch erwächst. In der Praxis - beispielsweise bei Großkrediten - sind jedoch bestimmte vertragliche Vereinbarungen zur Einräumung von Kontroll- oder Vetorechten durchaus gängig. Eine Fremdkapitalaufnahme in großem Umfang bleibt also mitunter ebenfalls nicht völlig ohne Wirkung auf die Geschäftsführung einer Gesellschaft.

Die Aufnahme zusätzlichen Eigenkapitals, erhöht c. p. schließlich die Kreditwürdigkeit einer Gesellschaft, da hiermit auch die für die Gläubiger zur Haftung bereitstehende Vermögensmasse wächst. Die Aufnahme von Fremdkapital setzt andererseits voraus, dass eine gewisse Eigenkapitalbasis schon vorhanden ist. Umgekehrt vermindert die Fremdkapitalaufnahme c. p. auch die Kreditwürdigkeit, weil das Reinvermögen, das sich betragsmäßig im Eigenkapital ausdrückt, relativ abnimmt.

In ihrer Gesamtheit setzen diese Entscheidungskriterien junge Unternehmen Zielkonflikten aus. Zahlreiche empirische Belege unterstreichen jedoch, dass die Instrumente der Fremdfinanzierung die mit Abstand bedeutendsten Finanzierungsbeiträge für junge Unternehmen leisten.

Die folgenden Ausführungen des Kapitels 1 greifen diese Evidenzen auf und stellen dar, welche Rolle die Fremdfinanzierung für junge Unternehmen spielt. Zudem wird untersucht, welche für die Fremdfinanzierung bedeutsamen Besonderheiten diese Unternehmen aufweisen.

Kapitel 2 umreißt das Spektrum von Fremdfinanzierungsinstrumenten und untersucht, welche dieser Instrumente jungen Unternehmen zur Verfügung stehen. Darüber hinaus wird auch geklärt, in welchen Phasen der Unternehmensgründung bzw. -entwicklung diese Instrumente genutzt werden können.

Kapitel 3 liefert einen kurzen Überblick über die Gestaltungsoptionen von Fremdfinanzierungskontrakten junger Unternehmen. Da junge Unternehmen im Hinblick auf die formelle Ausgestaltung der Kontrakte keine Unterschiede zu etablierten Unternehmen aufweisen, kann sich das Kapitel auf einen kursorischen Abriss beschränken. Unterschiede sind allerdings in materieller Hinsicht zu erwarten, da jungen Unternehmen von Fremdkapitalgebern in der Regel ungünstigere Konditionenbündel angeboten werden.

Die Ursachen dafür werden in Kapitel 4 näher untersucht. Es widmet sich einer grundlegenden theoretischen Einordnung der Fremdfinanzierung junger Unternehmen und untersucht Möglichkeiten, Anreizkonflikte zwischen Gläubiger und Schuldner zu reduzieren.

Kapitel 5 dieses Beitrages wird sich schließlich mit den bereits angesprochenen hybriden Finanzierungsinstrumenten auseinander setzen, also solchen, die von der idealtypischen Form der Fremdfinanzierung abweichen.

1.2 Bedeutung der Fremdfinanzierung für junge Unternehmen

Der Frage der Finanzierung kommt bei jungen Unternehmen bzw. Unternehmensgründungen elementare Bedeutung zu. Diese Erkenntnis zieht sich etwa seit den siebziger Jahren des vergangenen Jahrhunderts (z. B. Kamp et al. 1978) durch praktisch die gesamte empirische Literatur der Gründungsforschung. Befragungen zeigen, dass die betroffenen Handlungsträger selbst die Finanzierung als mit Abstand bedeutendste Schwierigkeit ihrer Gründung ansehen oder sie weitaus häufiger als andere Problembereiche als *Haupt*schwierigkeit benennen. Interessanterweise wird dies von potenziellen Selbständigen, also Personen, die sich in der Vorgründungsphase befinden, noch erheblich häufiger bemängelt als von tatsächlichen Gründerinnen und Gründern (Kamp et al. 1977). Unternehmens- bzw. Existenzgründer greifen im unmittelbaren Gründungskontext erfahrungsgemäß zunächst auf eigene Ersparnisse zurück (Klandt u. Kirschbaum 1985). Daneben werden vorzugsweise Fremdmittel in Form von Bankkrediten und, soweit verfügbar, öffentlichen Fördermitteln herangezogen. Innerhalb der Gruppe kleiner und mittlerer Unternehmen, zu der praktisch ausnahmslos auch junge Unternehmen gehören, hat die Fremdfinanzierung unter allen Außenfinanzierungsmöglichkeiten mit einer Nutzungsquote von über 82% die mit Abstand größte Bedeutung und wird mehrheitlich als wichtigste Finanzierungsform bezeichnet (Geiseler 1999). So bilden Bankkredite beispielsweise im Bereich des Handwerks die weitaus wichtigste langfristige Finanzierungsquelle. Sie wird von über 72% aller Betriebe in Anspruch genommen. Die Beteiligungsfinanzierung spielt dagegen als Quelle der Außenfinanzierung kaum eine Rolle. Nur rund 3% haben einen Beteiligungskapitalgeber, und gut 80% lehnen Beteiligungskapital grundsätzlich ab, was vor allem in der Angst vor dem Verlust unternehmerischer Unabhängigkeit begründet liegt. Am häufigsten wird angeführt, dass fremder Einfluss auf die Geschäftspolitik oder die Einblicknahme Externer in das Unternehmen unerwünscht seien (NWHT 2000). Durch die Neigung, den Einfluss fremder Kapitalgeber zu minimieren, bleiben erhebliche Potenziale zur Eigenmittelaufnahme ungenutzt (Gerke u. Bank 1999). Statt dessen werden oft Bankkredite bevorzugt, die formal keine Mitspracherechte, sondern nur Auskunftsrechte zulassen. Aus diesen Gründen wird die Fremdfinanzierung durch Bankkredite gleichsam unausweichlich für junge Unternehmen. Die ablehnende Haltung gegenüber Beteiligungskapital gilt als typisch für Deutschland (Kulicke et al. 1993; Geiseler 1999) und weicht damit beispielsweise von angelsächsischen Verhältnissen ab (Bruno/Tyebee 1985).

Neuere Untersuchungen von Existenzgründungen bestätigen die dominante Bedeutung der Fremdfinanzierung für junge Unternehmen. So weist eine repräsentative Paneluntersuchung von Unternehmen im Alter von null bis fünf Jahren auf eine Fremdkapitalquote von durchschnittlich rund 67% hin (Schulte 2002). Zusammenfassend kann die Fremdfinanzierung als die deutlich wichtigste Finanzierungsquelle junger Unternehmen bezeichnet werden.

1.3 Finanzierungsrelevante Besonderheiten junger Unternehmen

Junge Unternehmen weisen eine Reihe von Besonderheiten auf, die im Zusammenhang mit Fremdfinanzierungsmaßnahmen bedeutsam sind (Smith u. Smith 2004). Dazu gehören

- die Anonymität des Unternehmens,
- die Unternehmerzentriertheit aller Entscheidungen und Prozesse,
- eine ausgeprägte Abhängigkeit von der Außenfinanzierung,
- der beschränkte Zugang zu organisierten Kapitalmärkten,
- die Interdependenz von Investitions- und Finanzierungsentscheidungen,
- begrenzte Möglichkeiten der Diversifikation und
- der Druck, fremde Aufsicht zu akzeptieren.

Diese spezifischen Merkmale werden im Folgenden erläutert.

Anonymität des Unternehmens. Die von Fremdkapitalgebern wahrgenommenen Risiken eines Kreditengagements sind bei jungen Unternehmen außerordentlich ausgeprägt. Sie korrespondieren mit besonderen Informationsproblemen zwischen Gläubiger und Schuldner, die häufig aus der Neuartigkeit der Leistung des jungen Unternehmens und aus dem weitgehenden Fehlen von Vergangenheitsdaten über das Unternehmen resultieren. Etablierten Unternehmen fällt es daher gemeinhin weitaus leichter, Fremdfinanzierungspartner zu finden. Gelingt dies dem jungen Unternehmen nicht, müssen geplante Projekte oder gar das Unternehmen selbst aufgegeben werden. Diese Anonymität bildet auch den Ausgangspunkt für die zwischen jungen Unternehmen und potenziellen Fremdfinanciers bestehenden informationsökonomischen Probleme, die in Kapitel 4 analysiert werden.

Unternehmerzentriertheit aller Entscheidungen und Prozesse. Bedingt durch die für junge Unternehmen typische Prägung und Ausrichtung aller Strukturen, Abläufe und organisatorischen Gegebenheiten auf die Unternehmerperson(en) sind Person und Unternehmen untrennbar miteinander verbunden. Damit hängt auch der Erfolg des Unternehmens maßgeblich von der Unternehmerperson ab. Die Beurteilung der Bonität durch einen Fremdkapitalgeber ist somit nicht wie in etablierten Unternehmen weitgehend entpersonalisierbar, sondern beruht in großem Umfang auf der Einschätzung der Qualifikation und Vertrauenswürdigkeit der Unternehmerperson. Insoweit besteht auch hier ein Anonymitätsproblem, denn diese Einschätzung kann sich nicht auf Vorerfahrungen mit der Person stützen.

Ausgeprägte Abhängigkeit von der Außenfinanzierung. Da Innenfinanzierungsvorgänge überwiegend an Sachverhalte anknüpfen, die eine funktionierende Leistungs- und Umsatztätigkeit und damit etablierte Erlösquellen voraussetzen, stehen jungen Unternehmen die Möglichkeiten der Innenfinanzierung erst dann in vollem Umfang zur Verfügung, wenn die geplanten Leistungsprozesse vollständig in Gang gebracht wurden. Soeben gegründete Unternehmen haben kaum Gelegenheiten, Finanzierungseffekte durch (offene oder stille) Selbstfinanzierung oder Desinvestition zu erzielen. Ebenso bleiben dem Unternehmen in seiner ersten Lebensphase die eher langfristigen Formen der Innenfinanzierung, namentlich die Finanzierung aus Rückstellungs- und aus Abschreibungsgegenwerten verwehrt. Daraus resultiert eine verglichen mit etablierten Unternehmen stärkere Abhängigkeit von Außenfinanzierungsmaßnahmen bei jungen Unternehmen.

Beschränkter Zugang zu organisierten Kapitalmärkten. Jungen Unternehmen stehen die meisten Varianten der Emissionsfinanzierung, also der Finanzierung durch Ausgabe handelbarer Finanztitel, in der Regel nicht zur Verfügung, weil sie u. a. mit Finanzierungsvolumina verbunden sind, die den Bedarf einer typischen Unternehmensgründung weit übersteigen. Zudem können die dabei entstehenden Emissionskosten nur bei sehr hohen Emissionsvolumina in ein angemessenes Verhältnis zum realisierbaren Netto-Zahlungsmittelzufluss gebracht werden. Aus diesem Grunde entfallen übrigens auch alle sonstigen Finanzkontrakte, die größere Volumina erfordern. Hinzu kommen diverse gesetzliche Anforderungen, die die Begebung handelbarer Finanztitel durch sich gründende oder junge Unternehmen faktisch ausschließen. Außerdem sind einige Formen der Beteiligungsfinanzierung an Rechtsformen gebunden, die gerade für eher kleine Unternehmensgründungen typischerweise unzweckmäßig sind (Ausgabe von Aktien oder Genossenschaftsanteilen). Einzige Ausnahme davon bildet die Ausgabe von GmbH-Anteilen. Nachteilig wirkt sich im übrigen auch aus, dass junge Unternehmen kaum Erfahrungen als Nachfrager am Kapitalmarkt besitzen und entsprechend geringe Professionalität aufweisen können.

Interdependenz von Investitions- und Finanzierungsentscheidungen. Während etablierte Unternehmen Investitionen häufig im Wesentlichen an Hand der zu erwartenden Verzinsung bewerten können, ohne gleichzeitig die entsprechende Finanzierung berücksichtigen zu müssen, sind Investitionsentscheidungen in jungen Unternehmen direkt an darauf abgestimmte Finanzierungsmaßnahmen gebunden. Die für etablierte und große Unternehmen häufig postulierte Unabhängigkeit und Separierbarkeit von Investitions- und Finanzierungsentscheidungen trifft also für junge Unternehmen nicht zu. Das bedeutet nicht nur, dass die Vorteilhaftigkeit von Investitionen unmittelbar von der Verfügbarkeit passender Finanzierungsmaßnahmen abhängt. Auch deren Durchführbarkeit wird direkt davon determiniert. Ursache dafür sind insbesondere die für junge Unternehmen typische Ressourcenarmut sowie der oben beschriebene erschwerte Zugang zum Kapitalmarkt.

Begrenzte Möglichkeiten der Diversifikation. Die für junge Unternehmen typische Ressourcenarmut begrenzt auch die Möglichkeiten ihrer Diversifikation, was wiederum den Zugang zu Fremdfinanzierungskontrakten aller Art erschwert. Unsystematische Risiken können von etablierten Unternehmen eher und zu geringeren Kosten diversifiziert werden, so dass Projektrisiken sich im Wesentlichen auf Marktrisiken beschränken und zu einer anderen, tendenziell günstigeren Projektbewertung führen als in jungen Unternehmen. Können Fremdmittel nur mit konkretem Projektbezug erschlossen werden, wie man es bei jungen Unternehmen unterstellen muss, bedeutet dies eine ungünstigere Projektbewertung durch den potenziellen Fremdkapitalgeber. Anders als in etablierten Unternehmen können junge Unternehmen also nicht davon profitieren, dass diversifizierbare Risiken in der Projektbewertung durch Fremdkapitalgeber zu vernachlässigen sind.

Fremde Aufsicht. Anders als in idealtypischen Fremdfinanzierungskontrakten müssen gerade junge Unternehmen damit rechnen, dass Fremdkapitalgeber auf Informationsasymmetrien mit der Forderung nach verstärkten Informations- und Kontrollrechten reagieren werden.[1] Ohne entsprechende Zugeständnisse dürfte der Zugang zu Fremdmitteln in vielen Fällen ganz verwehrt bleiben.

2 Instrumente der Fremdfinanzierung junger Unternehmen

2.1 Formen und Varianten der Fremdfinanzierung junger Unternehmen

Die Palette an Fremdfinanzierungsmöglichkeiten, die sich etablierten Unternehmen bietet, steht jungen Unternehmen nur zu gewissen Teilen zur Verfügung,

- weil bestimmte Fremdfinanzierungsformen erst im Verlauf des Gründungs- und Frühentwicklungsprozesses erschlossen werden können, da sie eine funktionierende Leistungs- und Umsatztätigkeit erfordern, oder
- weil sie den Zugang zu organisierten Kapitalmärkten erfordern und ihre Inanspruchnahme an bestimmte Rechtsformen gebunden ist.

Die folgende Abbildung gibt einen Überblick über die Formen der Fremdfinanzierung, wobei die für junge Unternehmen relevanten Formen durch Fettdruck und Unterstrich hervor gehoben sind. Sie werden im Anschluss an diesen Überblick kurz charakterisiert.

[1] Vgl. dazu Kapitel 4.

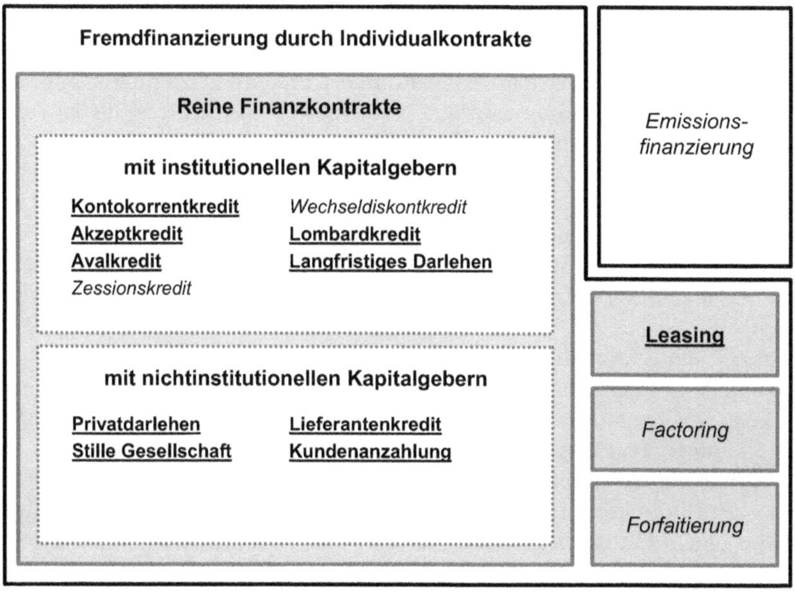

Abb. 2. Überblick über Formen der Fremdfinanzierung junger Unternehmen

Zur Fremdfinanzierung durch Individualkontrakte, bei denen sich einzelne Partner im Rahmen einer Gläubiger-Schuldner-Beziehung gegenüber stehen, können neben so genannten reinen Finanzkontrakten auch Leasing, Factoring und Forfaitierung gezählt werden. Reine Finanzkontrakte zeichnen sich im Gegensatz zu den drei genannten Alternativen dadurch aus, nicht objektbezogen zu sein, also nicht in Zusammenhang mit einem Investitionsobjekt oder mit Innenfinanzierungsvorgängen zu stehen. Als Gläubiger derartiger Finanzkontrakte kommen institutionelle Kapitalgeber wie die privaten Geschäftsbanken oder öffentliche Förderbanken, aber auch nichtinstitutionelle Kapitalgeber wie Kunden, Lieferanten, andere Unternehmen oder Privatpersonen in Betracht. Von den vor allem durch die privaten Geschäftsbanken offerierten reinen Finanzkontrakten sind für junge Unternehmen insbesondere langfristige Darlehen, Kontokorrentkredit, Lombardkredit sowie Aval- und Akzeptkredit verfügbar.

Langfristige[2] Darlehen stellen die wohl wichtigste Form der Fremdfinanzierung junger Unternehmen dar. Gläubiger sind dabei sehr häufig Sparkassen oder Volksbanken. Durch die langfristige Bindung entsteht eine besondere Risikosituation, da die Prognoseunsicherheit des zu finanzierenden unternehmerischen Vorhabens mit der Kontraktdauer korreliert. Langfristige Darlehen werden daher an junge Unternehmen oft nur bei Stellung von Kreditsicherheiten ausgegeben. Als exemplarisch dafür können die als Real- oder Hypothekarkredite bezeichneten

[2] Zum Fristigkeitsbegriff vgl. Abschnitt 3.1.

Kontrakte zur Finanzierung von Bauvorhaben oder zum Erwerb von Immobilien genannt werden.

Kontokorrentkredite als kurzfristige Form der Fremdfinanzierung werden durch Einräumung einer Kreditlinie gewährt, also eines Höchstbetrages, bis zu dem ein Giralgeldkonto überzogen werden darf.

Ein Lombardkredit wird gegen Verpfändung beweglicher Sachen wie Wertpapiere, Waren oder Edelmetalle gewährt. Seine Höhe ist abhängig von der Beleihungsgrenze der verpfändeten Sache, die bei Wertpapieren etwa 50-60% des Kurswertes ausmacht. Sofern entsprechende Gegenstände zur Verpfändung bereit stehen, können diese kurzfistigen Kredite auch von jungen Unternehmen genutzt werden.

Akzept- und Avalkredit bezeichnen Formen der Kreditleihe. Dabei erfolgt keine unmittelbare Überlassung von Zahlungsmitteln, so dass das junge Unternehmen auch keinen Mittelzufluss realisieren kann. Statt dessen werden gegen Gebühr Risiken übernommen. Beim meist kurzfristig angelegten, aber auch lang- oder unbefristet denkbaren Avalkredit übernimmt eine Bank die Haftung in Form einer Garantie oder Bürgschaft für die Erfüllung einer Verbindlichkeit des jungen Unternehmens einem Dritten gegenüber. Der kurzfristige Akzeptkredit wird durch das formelle Akzeptieren einer Wechselverbindlichkeit des jungen Unternehmens gewährt. Der Kreditgeber verpflichtet sich dabei, den Wechsel zur Fälligkeit einzulösen. Auch dabei erfolgt kein Mittelzufluss. Beide Formen der Kreditleihe werden hauptsächlich von Geschäftsbanken betrieben, können aber durchaus auch mit Nichtbanken geschlossen werden.

Zessionskredit und Wechseldiskontkredit hingegen können überwiegend erst nach einer mehr oder weniger langen Anlaufphase von jungen Unternehmen genutzt werden, weil dazu bereits Umsätze erzielt worden sein müssen. Der den kurzfristigen Krediten zuzurechnende Zessionskredit wird üblicherweise gegen die Abtretung von Forderungen aus Lieferungen und Leistungen gewährt. In Ausnahmefällen können allerdings auch Ansprüche aus Lebensversicherungs- oder Sparverträgen abgetreten werden, so dass in diesen Fällen auch junge Unternehmen zum Zuge kommen, sofern die Gründerpersonen entsprechende Verträge vorweisen können. Als Wechseldiskontkredit wird die kurzfristige Überlassung von Zahlungsmitteln im Zusammenhang mit dem Ankauf und der Diskontierung von Wechseln bezeichnet, die bei Fälligkeit des Wechsels zurückzuzahlen sind.

Reine Finanzkontrakte mit nichtinstitutionellen Kapitalgebern wie Unternehmen oder Privatpersonen stehen dagegen ausnahmslos auch jungen Unternehmen zur Verfügung.

Privatdarlehen gleichen formal grundsätzlich den von Geschäftsbanken angebotenen Formen der Geldleihe, werden im Gegensatz zu diesen aber oft auch un- oder unterbesichert vergeben. Als Geldgeber kommen insbesondere Gesellschafter, Mitarbeiter, andere Unternehmen sowie Familie und Freunde der Handlungsträger des jungen Unternehmens in Betracht. Gerade die auch als FFF-Kredit (family, friends and fools) bezeichneten Darlehen der letztgenannten Gruppe stellen nicht selten die einzige oder letzte Chance einer Außenfinanzierung für junge Unternehmen dar.

Lieferantenkredite dienen jungen Unternehmen mitunter zur Herstellung der Betriebsbereitschaft. Sie bieten ihnen eine Anschubfinanzierung für beginnende Leistungsprozesse. Als Hemmnis solcher Kontrakte erweist sich dabei gerade in der Gründungsphase das Problem, dass jungen Unternehmen meist geeignete Referenzen fehlen, den nötigen Vertrauensvorschuss des Lieferanten für eine Lieferung auf Ziel zu erhalten. Der somit erschwerte Zugang zu Lieferantenkrediten kann durch eine Besicherung mittels Eigentumsvorbehalt allerdings erleichtert werden. Kundenanzahlungen können ebenfalls zur Vorfinanzierung der Leistungserstellung heran gezogen werden. Auch dafür ist ein Vertrauensvorschuss des Kunden von Nöten, zumal solche Anzahlungen unbesichert bleiben müssen. Um die Risiken des Geldgebers zu reduzieren, kann deshalb ein nach Arbeitsfortschritt gestaffelter Zahlungsmodus vereinbart werden.

Die Stille Gesellschaft bezeichnet eine kapitalmäßige Beteiligung eines nicht tätigen Gesellschafters am Handelsgewerbe eines anderen (§§ 230-237 HGB). Diese Konstruktion steht jungen Unternehmen grundsätzlich uneingeschränkt zur Verfügung. Derartige Vereinbarungen werden nach außen nicht unbedingt erkennbar, da die überlassenen Mittel in das Vermögen des (meist tätigen) Gesellschafters über gehen. Der Stille kann zudem von Dritten nicht unmittelbar zur Haftung in Anspruch genommen werden. Obwohl der Stille stets am Gewinn der Gesellschaft beteiligt werden muss, handelt es sich um einen Fremdfinanzierungskontrakt, denn der Stille erhält in der Insolvenz der Gesellschaft Gläubigerrang.

Beim Leasing handelt es sich um ein so genanntes Kreditsubstitut, weil es den kreditfinanzierten Kauf von Anlagevermögen ersetzt und dabei vom Leasinggeber eine Finanzierungsleistung erbracht wird. Der Begriff Leasing wird für eine Vielzahl unterschiedlicher Vertragsformen verwendet, denen gemeinsam ist, dass ein Leasingnehmer gegen Zahlung eines periodischen Entgelts an den Leasinggeber, den Leasingraten, das befristete Nutzungsrecht an einem Leasinggegenstand erhält. Leasing hat insoweit also zunächst einen der Miete ähnlichen Charakter, weist darüber hinaus aber auch eine Reihe von Merkmalen auf, die mietuntypisch sind, so etwa die Koppelung mit Andienungsoptionen oder Serviceleistungen (Bitz 2002). Leasing steht jungen Unternehmen ohne Einschränkung zur Verfügung, soweit keine nennnenswerten Bonitätsmängel vorliegen.

Das Factoring als permanente vorfällige Veräußerung von größeren Forderungsbeständen und die Forfaitierung als vorfällige Veräußerung langfristiger einzelner Exportforderungen gehören wie Wechseldiskontkredit und Zessionskredit zu den Fremdfinanzierungsinstrumenten, die jungen Unternehmen erst nach einer gewissen Anlaufzeit zur Verfügung stehen. Sie spielen unmittelbar nach Unternehmensgründung keine nennenswerte Rolle, weil sie an typische Innenfinanzierungsvorgänge anknüpfen und damit etablierte Erlösquellen voraussetzen. Sie werden deshalb an dieser Stelle nicht weiter betrachtet.

Das Gegenstück der Fremdfinanzierung durch Individualkontrakte stellt die Emissionsfinanzierung dar. Dabei wendet sich ein einzelner Emittent an eine große Zahl von potenziellen Gläubigern, denen Teilstücke eines umfangreichen Schuldenvolumens zur Zeichnung angeboten werden. Eine solche Emission erfordert den Zugang zum börsenmäßig organisierten Kapitalmarkt und ist daher an recht hohe Voraussetzungen gebunden. Neben der Beschränkung solcher Emissionen auf Kapitalgesellschaften werden beträchtliche Anforderungen an Rechnungslegung, Prüfung und laufendes Berichtswesen gestellt, die junge Unternehmen in der Regel nicht erfüllen können oder wollen. Sie scheuen zudem die erheblichen Kosten, die mit Kapitalmarktemissionen verbunden sind. Sie stehen üblicherweise erst dann in angemessenem Verhältnis zum Emissionserlös, wenn Volumina erreicht werden, die den Fremdfinanzierungsbedarf junger Unternehmen weit übersteigen. Die Emssionsfinanzierung spielt daher für junge Unternehmen keine nennenswerte Rolle.

2.2 Quellen der Fremdfinanzierung junger Unternehmen

Mit der Differenzierung von Quellen der Fremdfinanzierung wird auf die Herkunft der entsprechenden Finanzierungsmittel abgestellt. Wichtigste und empirisch bedeutendste Fremdmittelgeber des privatwirtschaftlichen Sektors für junge Unternehmen sind in Deutschland traditionell Sparkassen und Volksbanken. Neben Banken und Sparkassen kommen vor allem andere Universalbanken, bestehende Unternehmen, Lieferanten oder spezialisierte Finanzintermediäre wie Leasinggesellschaften oder Realkreditinstitute als Fremdfinanciers junger Unternehmen in Betracht. Darüber hinaus treten häufig auch Nichtunternehmen als Kreditgeber auf, insbesondere aus dem privaten Umfeld der Handlungsträger („FFF"). Gelegentlich sind es auch frühe Kunden, die durch Anzahlungen erste Aufträge vorfinanzieren. Versicherungen, die durch die Vergabe von großvolumigen Schuldscheindarlehen als Fremdfinancier etablierter Unternehmen auftreten, spielen dagegen wegen der vergleichsweise geringeren Kreditvolumina, wie sie junge Unternehmen typischerweise nachfragen keine nennenswerte Rolle.

Neben den genannten privaten Kreditgebern haben aber auch öffentliche Geldgeber große Bedeutung als Finanzierungspartner erlangt. Sie bieten über eine Vielzahl an monetären Förderprogrammen ein recht breites Spektrum an Finanzierungsangeboten für junge oder zu gründende Unternehmen, die im Wesentlichen der Fremdfinanzierung zugerechnet werden können. Um jungen Unternehmen den Zugang zu Fremdmitteln zu erleichtern, stehen anders als bei privatwirtschaftlich tätigen Kreditinstituten weniger wirtschaftliche Ertragsüberlegungen im Vordergrund der Kreditvergabeentscheidung, sondern vor allem wirtschaftspolitische motivierte Förderungsziele im Hinblick auf die Gründungsaktivität und den Gründungserfolg. Klassische monetäre Förderprogramme setzen dabei vor allem auf Konditionenvorteile wie Zinsvergünstigungen und gelockerte Haftungs- und Besicherungsanforderungen. Daneben sind häufig auch liquiditätsschonende Tilgungsaussetzungen oder tilgungsfreie Zeiten in der Frühentwicklungsphase des Schuldnerunternehmens vorgesehen. Auch die Finanzierungsunterstützung durch die Bereitstellung externer Sicherheiten (insbesondere Bürgschaften) ist in diesem Rahmen möglich. In jüngster Zeit wird verstärkt die als Microlending bezeichnete Vergabe von Klein- und Kleinstkrediten gefördert (Koch u. Tokarski 2004). Da den Geschäftsbanken bei der Prüfung von Gründungskonzepten erhebliche Fixkosten entstehen, die über die zu erwartenden Zinserträge bei Kleinkrediten nicht zu decken sind, haben Kreditinstitute kaum Anreize zu derartigen Kontrakten –

mit der Folge, dass praktisch kein Angebot an kleinen Gründungskrediten im Volumen bis zu etwa 20.000 € existiert. Der Markt führt hier also nicht zum gewünschten Ergebnis einer umfassenden Kreditversorgung für junge Unternehmen. Öffentliche Geldgeber können mit entsprechenden Microlendingangeboten diese Lücke schließen und das Marktversagen in dieser Angebotsnische beheben, ohne private Kreditanbieter dabei unangemessen zu behindern.

2.3 Fremdfinanzierung im Gründungs- und Frühentwicklungsprozess

Wie bereits verdeutlicht wurde, eignen sich die genannten Instrumente nicht für den gesamten Gründungs- und Frühentwicklungsprozess in gleicher Weise. Die Mehrzahl der angeführten Fremdfinanzierungsformen steht erst nach vollzogener Gründung oder sogar erst nach Realisierung oder Verstetigung nennenswerter Umsatzerlöse zur Verfügung. Differenziert man nach der im Schrifttum mittlerweile üblichen Weise zwischen Vorgründungsphase, Institutionalisierungsphase und Frühentwicklungsphase (Schulte 2002), lassen sich instrumentenspezifische Phasenunterschiede bestimmen. Die folgende Abbildung gibt einen Überblick über den Phasenbezug von Fremdfinanzierungsinstrumenten im Prozess der frühen Unternehmensentwicklung.

Finanzierung durch ...	Vorgründungsphase	Institutionalisierungsphase	Frühentwicklungsphase
Langfristiges Darlehen	■	■	■
Kontokorrentkredit	■	■	■
Akzeptkredit	—	■	■
Avalkredit	■	■	■
Zessionskredit	□	□	■
Wechseldiskontkredit	—	—	■
Lombardkredit	■	■	■
Leasing	—	□	■
Factoring	—	—	□
Forfaitierung	—	—	□
Privatdarlehen	■	■	■
Stille Gesellschaft	■	■	■
Lieferantenkredit	□	□	■
Kundenanzahlung	□	□	■
Fördermittelkredit	■	■	■
Emissionsfinanzierung	—	—	—
Persönlicher Ratenkredit	■	□	□
■ verfügbar / □ bedingt verfügbar / — nicht verfügbar			

Abb. 3. Zugang zu Fremdfinanzierungsinstrumenten im Gründungsprozess

Ohne Einschränkungen auch für junge und in Gründung befindliche Unternehmen verfügbar sind demnach langfristige Darlehen, Kontokorrentkredit, Avalkredit, Lombardkredit, Privatdarlehen, Stille Gesellschaft und Fördermittelkredit. Monetäre Fördermittel sind zwar grundsätzlich in jeder der drei Phasen verfügbar, können sich allerdings in ihren Antragsvoraussetzungen erheblich unterscheiden. Einzelne Kreditprogramme decken nie alle drei Phasen ab, sondern beschränken sich auf einzelne davon und setzen entsprechende Fristen. In der Vorgründungsphase setzen überwiegend personenbezogene Förderungen an, während in den Folgephasen naheliegenderweise eher unternehmensbezogene Förderungen angeboten werden.

Die objektbezogenen Fremdfinanzierungsformen Factoring und Forfaitierung sowie Wechseldiskont-, Akzept- und Zessionskredite stehen dagegen erst dann zur Verfügung, wenn das Unternehmen errichtet bzw. ein Umsatzpotenzial aufgebaut und ggf. verstetigt wurde. Der Zugriff auf Leasingformen abseits des mittlerweile verbreiteten Privatleasing unmittelbar nach der formalen Gründung wird in der Praxis durch das Anonymitätsproblem mitunter erschwert. Anders als die Werbebotschaften von Leasinggesellschaften gelegentlich suggerieren sollen, können auch Leasinggeschäfte letztlich nicht ohne genaue Bonitätsprüfung des Kunden geschlossen werden. Diese Prüfung ist nötig, um abschätzen zu können, ob der Leasingnehmer in der Lage sein wird, seinen zukünftigen Zahlungsverpflichtungen dem Leasinggeber gegenüber nachzukommen.

Der Zugang zu Lieferantenkredit und Kundenanzahlung schon vor der unternehmerischen Frühentwicklungsphase wird im Wesentlichen von der Vertrauensbereitschaft der Geldgeber und der Möglichkeit des jungen Unternehmens abhängen, Referenzen zu stellen, so dass nicht in jedem Fall auf diese Kreditformen gesetzt werden kann.

Die Emissionsfinanzierung steht jungen Unternehmen aus den weiter oben genannten Gründen in aller Regel nicht zur Verfügung.

Eine nicht zu unterschätzende Rolle gerade in der Vorgründungsphase kann neben den genannten Fremdfinanzierungsformen, bei denen jeweils das junge Unternehmen als Schuldner auftritt, auch die persönliche Kreditaufnahme durch die Gründerpersonen spielen. Als Kreditnehmer kann in dieser Phase noch nicht das zu gründende Unternehmen fungieren. Derartige Kredite ermöglichen mitunter erst die Finanzierung vorbereitender Aktivitäten einer Unternehmensgründung und sind aus diesem Grunde hier ebenfalls zu nennen. Wie im Privatkundengeschäft der Geschäftsbanken üblich, werden sie meist als Ratenkredit vergeben. Nach formal vollzogener Gründung beschränkt sich ihr Einsatz auf Personengesellschaften sowie auf die mittelbare Kapitalversorgung junger Unternehmen in Form der Refinanzierung persönlicher Beteiligungen.

3 Gestaltungsoptionen der Fremdfinanzierung junger Unternehmen

3.1 Laufzeit und Fristigkeit

Die Laufzeit eines Fremdfinanzierungskontraktes kennzeichnet die Dauer bis zu dessen Beendigung, soweit ein planmäßiger Endtermin vereinbart wurde. Als planmäßig beendet kann der Kontrakt dann gelten, wenn er vollständig getilgt wurde. Daran anknüpfend wird – mehr oder weniger willkürlich – in kurz-, mittel- und langfristige Fremdfinanzierung differenziert, wobei Laufzeiten bis zu einem Jahr gemeinhin als kurzfristig und solche ab vier (Berichte der Deutschen Bundesbank) oder fünf Jahren Laufzeit (HGB) als langfristig angesehen werden.

Bei unbefristeten Kontrakten wie beispielsweise Kontokorrentkrediten, denen keine planmäßige Laufzeit zugeordnet werden kann, kann diese Fristigkeit an der vereinbarten Kündigungsfrist festgemacht werden.

3.2 Nennwert, Auszahlung, Rückzahlung und Tilgung

Der Nennwert eines Fremdfinanzierungsbetrages stellt eine nominelle Größe dar, die als Berechnungsbasis für die Bemessung von Aus- und Rückzahlungsbetrag sowie gegebenenfalls auch von Zinszahlungen und –belastungen dient. Der Auszahlungsbetrag, ausgedrückt als Prozentsatz des Nennwertes, kennzeichnet den tatsächlichen Mittelzufluss beim Schuldner. Der ebenfalls als Prozentsatz des Nennwertes festzulegende Rückzahlungsbetrag gibt an, welcher Betrag insgesamt an den Gläubiger zurückzuzahlen ist. Er ergibt sich als Summe der vereinbarten Tilgungsleistungen, die verteilt über die Laufzeit in Raten oder als Teil von Annuitäten, oder aber gesamtfällig am Laufzeitende erbracht werden können. Bei Kontokorrentkrediten wird die Tilgung von Schulden hingegen nicht vertraglich festgelegt, sondern liegt im Ermessen des Schuldners.

3.3 Verzinsung

Zentrales Merkmal im Rahmen der Konditionengestaltung von Fremdfinanzierungskontrakten ist die Verzinsung der Kapitalüberlassung. Wesentlich sind dabei insbesondere Höhe und Bezugsgröße des Nominalzinses sowie die Terminierung von Zinszahlungen und Zinsbelastungen. Diese Größen bestimmen zusammen mit den oben beschriebenen Auszahlungs- und Tilgungsmodalitäten die Effektivverzinsung eines Fremdfinanzierungskontraktes.

Der Nominalzins als auf eine bestimmte Bezugsgöße bezogene Berechnungsgrundlage der anzusetzenden Zinszahlungen kann fix oder variabel vereinbart werden. Als Bezugsgrößen des Nominalzinssatzes sind Nennwert und Restschulden üblich. Hinsichtlich der Terminierung ist zu unterscheiden zwischen den Terminen, an denen Zinszahlungen zu leisten sind und den Terminen, an denen diese Zahlungen buchungsmäßig belastet, also auf die Restschuld angerechnet werden.

3.4 Kündigung

Ein weiteres wesentliches Merkmal eines Fremdfinanzierungskontraktes sind dessen Kündigungsmodalitäten. Darunter sind alle Vereinbarungen zwischen Gläubiger und Schuldner zu verstehen, die Rechte zur vorzeitigen und außerplanmäßigen Beendigung des Kontraktes einräumen.

Die Festlegung der Kündigungsmodalitäten bei Fremdfinanzierungskontrakten steht den vertragschließenden Parteien weitgehend frei. Einschränkungen ergeben sich nur dadurch, dass der Gesetzgeber dem Kreditnehmer unter Wahrung bestimmter Fristen gewisse Mindestrechte in Bezug auf die Kündigung des Kontraktes einräumt, die durch das BGB geregelt werden (§ 609a). Diese Mindestrechte des Kreditnehmers greifen auch, wenn keine Vereinbarungen zur Kündigung getroffen wurden. Entsprechende Kündigungsrechte werden dem Kreditgeber vom Gesetzgeber nicht zugestanden, so dass der Vertragsfreiheit der beiden Parteien hier keine Grenzen gesetzt sind. Zu unterscheiden sind dabei ordentliche Kündigungen, die zwar nicht an Vorbedingungen geknüpft sind, dafür üblicherweise aber nur unter Einhaltung angemessener Fristen ausgesprochen werden dürfen, und außerordentliche Kündigungen, die jederzeit fristlos ausgesprochen werden können, sofern gewisse Voraussetzungen erfüllt sind. Letztere sind mit einer sofortigen Rückzahlungsforderung verbunden. Gängige Voraussetzungen dafür sind etwa der Zahlungsverzug des Schuldners bei Zins- oder Tilgungszahlung um mehr als 14 Tage oder eine deutliche Verschlechterung seiner Bonität.

3.5 Besicherung

Die Besicherung von Fremdfinanzierungskontrakten verfolgt grundsätzlich den Zweck, Verlustrisiken des Geldgebers zu begrenzen. Entsprechende Besicherungsmaßnahmen werden auch als Kreditsicherheiten bezeichnet (Vormbaum 1996). Der Besicherung *im engeren Sinne* sind folgende drei Maßnahmentypen zuzuordnen:

- *Reservierung von Vermögensgegenständen*: Durch die Reservierung von Vermögensgegenständen wird dem begünstigten Gläubiger eine individuelle Haftungsmasse zur exklusiven Befriedigung seiner Ansprüche zugeordnet. Dies geschieht zu Lasten anderer Gläubiger, deren verfügbare Haftungsmasse sich entsprechend verringert. Die wichtigsten Instrumente der Reservierung sind die so genannten Realsicherheiten, zu denen Grundpfandrechte, Mobiliarpfandrechte, Eigentumsvorbehalt, Sicherungsübereignung und Sicherungsabtretung gehören.
- *Gläubigersubstitution*: Durch Maßnahmen der Gläubigersubstitution wird das dem begünstigten Gläubiger individuell haftende Vermögen ohne Nachteile für

andere Gläubiger erhöht, indem außenstehende Dritte durch Bürgschaft oder Garantie Haftungszusagen mit individueller Begünstigung einräumen. Bürge oder Garant werden allerdings zum Gläubiger des ursprünglichen Schuldners, sofern sie vom ursprünglichen Gläubiger in Anspruch genommen werden müssen. An die Stelle des bisherigen Gläubigers tritt mithin ein anderer und substituiert diesen. Je nach Ausgestaltung der (legaldefinitorisch nicht fixierten) Garantie kann der Gläubigerwechsel auch entfallen, so dass dann eine reine Haftungserweiterung vorliegt.

- *Haftungserweiterung*: Durch Maßnahmen der Haftungserweiterung schließlich werden sämtliche Gläubiger begünstigt, indem das insgesamt haftende Vermögen durch externe Haftungszusagen erhöht wird. Darunter fallen beispielsweise Verlustübernahme- und Patronatserklärungen außenstehender Dritter. Diese erwerben im Anschluss an eine eventuelle Inanspruchnahme keine Ansprüche gegen den ursprünglichen Schuldner. Haftungserweiterungen sind vor allem in Konzernverbünden üblich und haben daher nur geringe Bedeutung für wirtschaftlich unabhängige junge Unternehmen.

Im weiteren Sinne können zur Besicherung auch Maßnahmen der Verhaltenssteuerung gezählt werden. Dazu gehören neben außerordentlichen Kündigungsrechten vor allem Maßnahmen zur Schaffung von Prozessualvorteilen und zur Einschränkung der schuldnerischen Handlungsfreiheit. Sie tragen ebenfalls dazu bei, das Verlustrisiko des Gläubigers zu begrenzen:

- *Außerordentliches Kündigungsrecht*: Es dient dem Gläubiger in erster Linie dazu, einen Ausstieg aus dem Kontrakt zu eröffnen, wenn sich die Vermögens- oder Ertragssituation des Schuldners negativ entwickelt oder sonstige Unregelmäßigkeiten auftreten, die die Gefahr von Verlusten des Gläubigers erhöhen. Insofern dienen schon Kündigungsrechte zumindest indirekt der Sicherung von Gläubigeransprüchen.
- *Schaffung von Prozessualvorteilen*: Ohne die Haftungsverhältnisse selber zu tangieren, erleichtern diese Maßnahmen die Durchsetzung von Ansprüchen bei eventuellen Leistungsstörungen eines Fremdfinanzierungskontraktes, weil auf direkt vollstreckbare Rechtstitel zugegriffen werden kann. In diese Gruppe fällt insbesondere die Wechselhaftung. Grundsätzlich ähnliche, wenn auch schwächere Wirkungen entfaltet auch die Beurkundung von Finanzierungskontrakten, weil diese den Nachweis von bestehenden Ansprüchen erleichtert.
- *Einschränkung der schuldnerischen Handlungsfreiheit*: Durch explizite individualvertragliche Ver- oder Gebote versucht der Gläubiger hiermit, die Gestaltungsspielräume des jungen Unternehmens nach Kontraktabschluss einzuengen. In diese Gruppe fallen beispielsweise explizite Mittelverwendungsauflagen oder die Verpflichtung zu bestimmten risikomindernden Maßnahmen. Auf das zukünftige Finanzierungsverhalten gerichtet sind so genannte Negativklauseln, mit denen der Kreditnehmer beispielsweise verpflichtet werden kann, anderen Gläubigern keine Sicherheiten einzuräumen oder bestimmte Finanzierungskennzahlen einzuhalten.

Die ökonomischen Wirkungen und Anreizkonsequenzen derartiger Besicherungsmaßnahmen werden weiter unten unter 4.3 diskutiert.

4 Finanzierungstheoretische Einordnung der Fremdfinanzierung junger Unternehmen

4.1 Kontraktphasen und -risiken

Entstehung und Abwicklung von Fremdfinanzierungskontrakten junger Unternehmen können als Prozess aufgefasst werden, der die Verhandlungen vor Kontraktabschluss, die Durchführung der Fremdfinanzierungsmaßnahme selbst und die Kontraktabwicklung bei planmäßiger oder außerplanmäßiger Beendigung umfasst. Dieser Prozess lässt sich in Phasen darstellen (Bitz 2002), die jeweils mit spezifischen, für Fremdfinanzierungskontrakte charakteristischen Gläubigerrisiken korrespondieren.

In der vor einem eventuellen Kontraktabschluss liegenden *Entscheidungsphase* wird festgelegt, ob die von einem jungen Unternehmen gewünschte Fremdfinanzierungsmaßnahme durchgeführt, respektive gekündigt oder prolongiert werden soll. Nach Kontraktabschluss bzw. -fortsetzung beginnt die *Vertragsphase.* Sie endet mit dem planmäßigen oder vorzeitigen, durch eine Leistungsstörung ausgelösten Kontraktende. Daran schließt sich die *Abwicklungsphase* an, in der versucht wird, alle am Kontraktende fälligen Ansprüche – bei vorheriger Leistungsstörung gegebenenfalls im Rahmen eines Insolvenzverfahren – zu befriedigen. Die folgende Abbildung verdeutlicht den Prozess im Überblick.

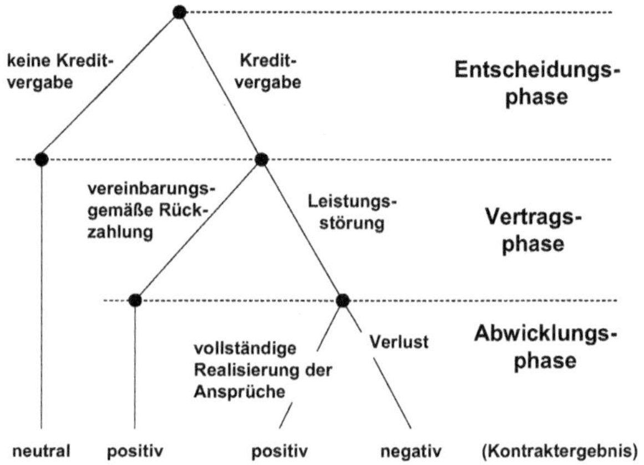

Abb. 4. Kontraktphasen und –risiken (nach Bitz 2002)

In der Entscheidungsphase ist der Gläubiger einem Informationsrisiko ausgesetzt, weil der Kreditnachfrager sein Gründungsvorhaben und seine persönliche unternehmerische Eignung möglicherweise günstiger darstellen möchte, als es der Realität entspricht und daher Informationen zurück hält oder verfälscht.

In der Vertragsphase ist der Gläubiger nicht nur Gestaltungsrisiken durch den Kreditnehmer ausgesetzt, der nun die Verfügungsgewalt über die Finanzierungssumme hat und sich dabei möglicherweise anders verhält als vereinbart oder im besten Sinne zu erwarten war. Zusätzlich ist der Gläubiger nun auch den allgemeinen unternehmerischen (technologischen) Risiken ausgesetzt, die die wirtschaftliche Situation des Schuldners soweit beeinträchtigen können, dass er seinen Verpflichtungen aus dem Kontrakt nicht mehr nachzukommen in der Lage ist. Zudem bestehen auch weiterhin Informationsrisiken, weil der Schuldner neu hinzu tretende Informationen, die eine vereinbarungsmäße Abwicklung des Kontraktes stören und den Gläubiger zu Sanktionen veranlassen könnten, diesem möglicherweise vorenthalten oder verfälscht werden.

In der Abwicklungsphase schließlich können negative Vermögenskonsequenzen für den Geldgeber entstehen. Es besteht ein Verlustrisiko durch die Gefahr, dass die vereinbarten Ansprüche nicht oder nur teilweise realisiert werden können.

4.2 Agency-Probleme in Gläubiger-Schuldner-Beziehungen

Die Beziehung von Fremdmittelgebern und jungen Unternehmen stellt eine (potenzielle) Gläubiger-Schuldner-Beziehung dar, die auf einem Individualkontrakt basiert. Der Fremdmittelgeber – in vielen Fällen eine Bank – tritt dem jungen Unternehmen dabei als Anleger gegenüber. Neben die Merkmale, die eine solche Gläubiger-Schuldner-Beziehung ganz allgemein kennzeichnen, tritt im Fall junger Unternehmen insbesondere der Aspekt der *wirtschaftlichen Anonymität* des Geldnehmers. Sie ergibt sich vor allem aus den folgenden drei Merkmalen:

- Das Unternehmen weist kaum „Vergangenheit", zum Beispiel in Form alter Bilanzen oder einer allgemeinen unternehmerischen Reputation auf (Schulz 2000).
- Die Leitungspersonen können häufig keine unternehmerischen Erfahrungen vorweisen. Verhalten, Vertrauenswürdigkeit, Werte und ähnliche geschäftsrelevante persönliche Merkmale sind nicht oder noch kaum erkennbar. Gibt es diese unternehmerische Vergangenheit dennoch, so gereicht sie regelmäßig nicht zum Vorteil, kann sie doch als vormaliges Scheitern interpretiert werden.
- Es gibt Unwägbarkeiten im Gründungsplan bzw. im unternehmerischen Konzept. Neben grundsätzlichen konzeptionellen Mängeln können deren Ursachen auch darin liegen, dass die geplante Leistungserstellung oder –verwertung noch so neuartig ist, so dass entsprechende Vergleichsmöglichkeiten fehlen, die geplante Leistungserstellung oder -verwertung in ihren Teilprozessen nicht standardisiert ist, Input- oder Outputfaktoren schwer messbar sind (z. B. bei Beratungsleistungen) oder der angestrebte Markt (produktbezogen oder regional) bisher nicht oder nicht vollständig erschlossen wurde.

Diese Anonymität determiniert das Verhalten des potenziellen Gläubigers maßgeblich. In besonderem Maße gilt dies für Unternehmen, die neue, noch nicht etablierte Produkte, Dienstleistungen oder Geschäftskonzepte entwickelt haben, oder in anderer Form vom typischen Kreditgeschäft abweichen. Sie entziehen sich daher standardmäßigen Bonitätsprüfungen, wie sie insbesondere von Banken durchgeführt werden. In diesen Fällen ist die ohnehin zwischen Gläubiger und Schuldner bestehende Asymmetrie (Bitz 1988) von Informationen – im Falle des Zustandekommens eines Kontraktes auch von Kompetenzen und Betroffenheiten – besonders ausgeprägt. Aus der Sicht der Kapitalnachfrager scheitern nicht selten schon Unternehmensgründungen, unabhängig von der technologischen Kompetenz des potenziellen Gläubigers in Bezug auf das zu finanzierende Projekt, vornehmlich an Desinteresse und mangelnder Risikobereitschaft der Geschäftsbanken. Dies steht in Gegensatz zu bankenseitigen Selbstbekenntnissen ausgeprägter Bereitschaft zur Unterstützung gerade junger Unternehmen.

Um diese Diskrepanz zu erklären, ist ein Blick auf die Anlegerrolle der Geschäftsbanken nötig. Die moderne Analyse des Verhaltens von Anlegern geht davon aus, dass der Anleger bzw. Entscheider kein vollständig informiertes und exakt definierbare Erwartungen hegendes Wesen sei (Bitz/Oehler 1993). Vielmehr wird unterstellt, dass Anleger – und damit auch Kreditgeber – nur über beschränktes Wissen verfügen, nicht vollständig informiert sind und Erwartungen über die Zukunft bilden, nach denen sie aber nicht zwangsläufig auch handeln. Wissensbeschränkungen werden dabei durch ständiges Suchen und Lernen zu überwinden versucht (Oehler 1995).

Das Anlegerverhalten umfasst ein Bündel von Entscheidungen unter Risiko. Um zu einer begründeten Theorie des Risikoverhaltens zu gelangen, kann die neo-institutionalistische Finanzierungstheorie herangezogen werden (Schmidt 1981a; Schmidt/Terberger 1996; Schulte 1996). Sie bietet Ansätze, die Existenz von Informations- und Gestaltungsrisiken zu erklären und legt damit auch die Grundlage für eine umfassende Erklärung des Risikoverhaltens von Kreditgebern gegenüber anonymen Kreditnachfragern. Dieser Ansatz ist kennzeichnend für die sogenannte neo-institutionalistische Finanzierungstheorie. Die Bezeichnung „neo-institutionalistisch" leitet sich daraus ab, dass in dieser Theorie, anders als in der neoklassischen Finanzierungstheorie, erstmals real existierende Institutionen wie etwa Finanzintermediäre oder Kreditsicherheiten nicht nur berücksichtigt, sondern auch aus der Theorie heraus erklärbar werden (Schmidt 1981a). Dadurch wird auch die Diskrepanz zwischen der neoklassischen Finanzierungstheorie als institutionenfreier Finanzierungstheorie und der reinen Finanzierungs-Institutionenlehre überwunden.

Die folgenden Ausführungen analysieren die Beziehung zwischen Kreditgeber und jungen Unternehmen vor dem Hintergrund des Konzepts der neo-institutionalistischen Finanzierungstheorie (Neus 1994; Schulz 2000; Niederöcker 2002). Dazu werden auf der Grundlage eines einfachen mathematischen Analysemodells zur Beschreibung dieser Finanzierungsbeziehung einige risikotheoretische Überlegungen präsentiert, die die Kreditpolitik gegenüber jungen Unternehmen auf Rationalität prüfen und erklären.

Zur Untersuchung der Rationalität bankbetrieblichen Verhaltens gegenüber Gründungsunternehmen bedarf es zunächst einer Analyse der von Kreditgebern gewünschten Risikobegrenzungswirkungen. Kreditgeber sehen sich grundsätzlich drei elementaren Risikokategorien ausgesetzt (Bitz 1988; Bitz et al. 1986; Schmidt 1981b). Dies sind:

1. *Technologische Risiken des Schuldners*. Im Zuge der wirtschaftlichen Aktivität ist der Geldnehmer allgemeinen geschäftlichen Risiken ausgesetzt, die sich in den Schwankungen seines unternehmerischen Erfolges zeigen. Sie ergeben sich etwa aus konjunkturellen Absatzschwankungen, Verhaltensänderungen der Mitbewerber, Änderungen der Produktivität oder Veränderungen der Beschaffungs- oder Absatzmärkte. Derartige Risiken entziehen sich der Steuerung durch den Kreditgeber. Möglich ist allenfalls eine Abschätzung des gegebenen Risikoniveaus.
2. *Informationsrisiken des Kreditgebers*. Er verfügt nur über begrenztes Wissen über die wirtschaftliche Situation und die beabsichtigte Geschäftspolitik des Geldnehmers. Die ihm vorliegenden Informationen beruhen zum größten Teil auf Selbstauskünften des Kreditnachfragers. Damit besteht die Gefahr, dass die eigene wirtschaftliche Situation und/oder zukünftiges Verhalten günstiger dargestellt werden, als dies objektiv gerechtfertigt wäre.
3. *Gestaltungsrisiken des Kreditgebers*. Auch wenn er sich ein zutreffendes Bild über das beabsichtigte Verhalten des Schuldners verschafft hat, bleibt die Gefahr bestehen, dass der Schuldner seine Geschäftspolitik in Abweichung vom ursprünglichen Vorhaben anders gestaltet, als er erwarten durfte. Ein wesentliches Element des Gestaltungsrisikos ist das so genannte "moral hazard"-Risiko, welches allein daraus resultiert, dass der Geldnehmer durch den Vertragsabschluss Anreize erhält, Handlungsalternativen zu wählen, die ihn zu Lasten des Kreditgebers begünstigen, ohne dessen Kontrolle zu unterliegen (Schmidt 1981b; Pauly 1968; Arrow 1963). Grundsätzlich sind zwei unterschiedliche Abweichungen denkbar (Bitz 1988; Schmidt 1981b; Bitz et al. 1986): Der Übergang zu einer riskanteren Geschäftspolitik und die Verringerung der Relation von insgesamt haftender Masse und den darauf gerichteten Ansprüchen. Ähnlich dem Informationsrisiko führt auch das Gestaltungsrisiko zu der Möglichkeit, letztlich größeren Gefahren eines Vermögensverlustes ausgesetzt zu sein, als allein auf der Grundlage der Abschätzung des technologischen Risikos anzunehmen gewesen wäre (Bitz 1988).

In den Vordergrund der weiteren Analyse müssen vor allem Unterschiede der Informationen und der Gestaltungsmöglichkeiten gestellt werden (Schmidt 1981a). Gläubiger stellen ihrem Schuldner Geld gegen das Versprechen zukünftiger Zahlungen zur Verfügung. Informationen über den Schuldner und dessen Geschäftspolitik, die Gestaltungsmöglichkeiten im Hinblick auf diese Geschäftspolitik und die vermögensmäßige Betroffenheit beider Parteien unterscheiden sich dabei deutlich. Gläubiger und Schuldner stehen sich hier in einer Prinzipal-Agenten-Beziehung gegenüber. Ihr wesentliches Grundmuster ist eine Kooperation zwischen zwei Parteien mit einem Auftragshandeln, wobei eine Partei, der Agent, im Auftrage der anderen, des Prinzipals, handelt. Wer den Auftrag und die Anweisung erteilt, wird zum Prinzipal, wer sie empfängt und ausführt, wird zum Agenten (Pratt/Zeckhauser 1985). Dem Agenten entstehen dadurch Entscheidungsspielräume, die sich der Kontrolle durch den Prinzipal weitgehend entziehen (Hax et al. 1988). Darüber hinaus besitzt der Beauftragte gegenüber dem Auftraggeber einen Informationsvorsprung. Konstitutives Merkmal von Prinzipal-Agenten-Beziehungen sind also asymmetrisch zu Ungunsten des Prinzipals verteilte Informationen und/oder Gestaltungskompetenzen (Hartmann-Wendels 1990).

Neben die Asymmetrien der Information und der geschäftspolitischen Einflussnahme treten bei Fremdfinanzierungen auch die asymmetrisch zu Lasten des Gläubigers verteilten finanziellen Auswirkungen des Auftragshandelns. In der hier vorliegenden Gläubiger-Schuldner-Beziehung nimmt der Kreditgeber die Stellung des Prinzipals ein und das junge Unternehmen die des Agenten, der für bestimmte Zeit mehr oder weniger frei über Mittel verfügen kann, die später an die Gläubiger zurückzuzahlen sind. Der Agent besitzt nicht nur direkte Gestaltungskompetenz, sondern in der Regel auch bessere Informationen über die zugrundeliegenden Sachverhalte. Andererseits ist nicht der Agent, sondern der Prinzipal von den innerhalb der Spielräume getroffenen Entscheidungen des Agenten betroffen, wenn der Kredit notleidend wird, weil der Prinzipal die finanziellen Konsequenzen der das Ausfallrisiko des Kredites beeinflussenden Entscheidungen trägt. Der Prinzipal kennt in der Regel weder die Handlungsalternativen bei Entscheidungen des Agenten, noch die damit jeweils verbundenen Konsequenzen. Auch kann der Prinzipal an den Folgen der gewählten Handlungsalternative nicht erkennen, ob der Agent nach bestem Wissen und Gewissen in seinem, also im Interesse des Prinzipals, gehandelt hat, da das Ergebnis zwar von der Wahl des Agenten beeinflusst, nicht aber festgelegt wird (Arrow 1985). Prinzipal und Agent weisen also asymmetrisch verteilte Informationen, Gestaltungskompetenzen und Betroffenheiten auf. Diese drei Kategorien von Asymmetrien sind charakteristisch für Prinzipal-Agenten-Beziehungen. In dieser Konstellation ergeben sich für den Agenten Anreize, dem Prinzipal unrichtige bzw. unvollständige Informationen zu übermitteln oder ihn durch seine Handlungsweise gar zu schädigen. So sind zwei Formen des Fehlverhaltens zu unterscheiden: *Hidden Action* und *Hidden Information* (Arrow 1985). Unter Hidden Action wird allgemein verstanden, dass der Agent nach Abschluss des Kontrakts eine andere Handlungsalternative als diejenige wählt, die der Prinzipal in seinem besten Interesse erwarten kann, etwa der Übergang auf eine riskantere, das Ausfallrisiko erhöhende Investitionspolitik (Hartmann-Wendels 1990) oder die Ausschüttung von Vermögen in einer Höhe, die über die vorher in Aussicht gestellte Höhe hinausgeht. Dieses Verhalten wird als *Moral Hazard* bezeichnet (Hax et al. 1988; Green/Talmor 1986; Schmidt 1981a, 1981b; Eisen 1981; Fama 1980; Jensen/Meckling 1976). Unter Hidden Information ist zu verstehen, dass der Agent über Kenntnisse oder Beobachtungen verfügt, die er bei Auswahl seiner Handlungsalternative einsetzt, während der Prinzipal, der über diese Informationen nicht verfügt, nicht beurteilen kann, ob der Agent diese Informationen im besten Interesse des Prinzipals verwendet hat. Hidden Information ist bereits vor Beginn einer Prinzipal-Agenten-Beziehung von Bedeutung, nämlich bei der Frage, ob ein Kreditgeber bei Kenntnis aller dem Unternehmen zur Verfügung stehenden Informationen überhaupt zur Mittelvergabe bereit wäre. Im Extremfall wird dieser Kreditgeber ganz auf ein Engagement verzichten, um die daraus resultierenden Informationsrisiken zu vermeiden. Diese Überlegungen sind grundsätzlich für alle Individualkontrakte relevant. Wegen der besonderen Informationsprobleme bei Kontrakten mit anonymen Unternehmen erhalten sie hier jedoch zusätzliches Gewicht.

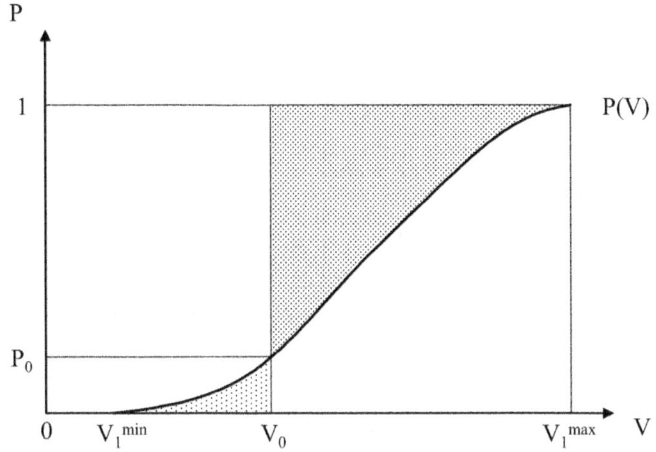

Abb. 5. Risiko-Chance-Profil eines Gründungsprojektes

Formal lassen sich die beschriebenen Risikostrukturen recht übersichtlich durch ein einfaches Zwei-Zeitpunkte-Modell verdeutlichen (Bitz et al. 2001). Ein Unternehmensgründungsprojekt habe zu Projektbeginn (t=0) einen Mittelbedarf von V_0. Bei Projektende (t=1) seien alle Vermögenswerte liquidierbar und können in der Summe Werte zwischen V_1^{min} und V_1^{max} annehmen. Die Vermögenssumme in t=1 ist damit unsicher. Die Verteilung der möglichen Vermögenswerte V_1 kann durch eine Verteilungsfunktion verdeutlicht werden, wie sie in der Abbildung oben dargestellt wird. Ein Punkt der Kurve P(V) gibt die Wahrscheinlichkeit $P(V_1)$ dafür an, dass bei Projektende ein Vermögen von maximal V_1 erreicht wird oder aber darunter bleibt. Beispielsweise gibt der Punkt $P_0(V_0)$ die Wahrscheinlichkeit für den Fall an, dass höchstens das zu Beginn eingesetzte Vermögen V_0 realisiert werden kann, dass also ein Verlust entsteht. Die schraffierte Fläche unterhalb der Kurve gibt damit die Verlustrisiken des Gründungsvorhabens an, während die schraffierte Fläche oberhalb der Kurve dessen Erfolgschancen repräsentiert. Der Verlauf der Kurve ergibt sich dabei aus dem Erfolg der unternehmerischen Tätigkeit, die bis t=1 stattfindet. Dieser Erfolg wird einerseits von Faktoren bestimmt, die schon vor Projektbeginn ersichtlich sind. Dazu gehören beispielsweise die Qualifikation der Initiatoren der Unternehmensgründung und ihrer Mitarbeiter, bereits akquirierte Aufträge, der Geschäftsstandort, die im Gründungskonzept dokumentierten Planungen, die vorgesehene Geschäftspolitik und ähnliches mehr. Andererseits wirken Faktoren auf den Erfolg, die vorab nicht ersichtlich sind. Dazu gehören zum einen nicht oder nur marginal beeinflussbare Faktoren wie das zukünftige Verhalten von Wettbewerbern, das Marktwachstum oder die Kaufkraftentwicklung bei potenziellen Kunden. Zum anderen wird der Erfolg aber auch von im Projektverlauf durch den Schuldner steuerbaren Faktoren bestimmt, die der Prinzipal nicht vollständig erkennen kann. Dazu gehört vor allem die vom Schuldner tatsächlich verfolgte Geschäftspolitik.

Wird etwa eine Bank zur Finanzierung des Gründungsvorhabens hinzugezogen, müssen im Risiko-Chance-Profil zwei verschiedene Parten differenziert werden, wie es in der folgenden Abbildung gezeigt wird. Dabei gibt F die Höhe des zu Beginn zur Verfügung gestellten Fremdkapitals und E den Eigenmitteleinsatz an, wobei nun gilt:

$$V_0 = F + E \tag{4.1}$$

r_F bezeichnet die vereinbarte Verzinsung des Fremdkapitals, so dass in t=1 eine Schuld in Höhe von $F(1+r_F)$ fällig wird. Erreicht V_1 nicht mindestens den Wert von F, entsteht dem Kreditgeber ein Verlust. Ihr Gewinnpotenzial ist hingegen begrenzt auf einen Maximalbetrag von $F(1+r_F)$. Unterstellt man weiterhin, dass zur Haftung für ausstehende Schulden ausschließlich das geschäftliche Vermögen bereitsteht, so hat der Gläubiger nur Zugriff auf das in t=1 realisierbare Vermögen V_1. Übertrifft V_1 die Schulden in Höhe von $F(1+r_F)$, so geht der Überschuss an die Gesellschafter des Gründungsunternehmens. Übertreffen die Schulden hingegen das realisierbare Vermögen V_1, so bekommt der Gläubiger das gesamte Vermögen und die Gesellschafter erhalten keinerlei Rückflüsse. Dementsprechend bezeichnen die in der Abbildung schraffierten Flächen differenzierte Gewinn- und Verlustrisiken der beiden Kapitalgeber. Die hell schraffierten Flächen I und III geben die Verlustrisiken des Gläubigers (I) und der Gesellschafter (III) an. Die dunkel schraffierten Flächen (II und IV) beschreiben die Gewinnchancen des Gläubigers (II) und der Gesellschafter (IV).

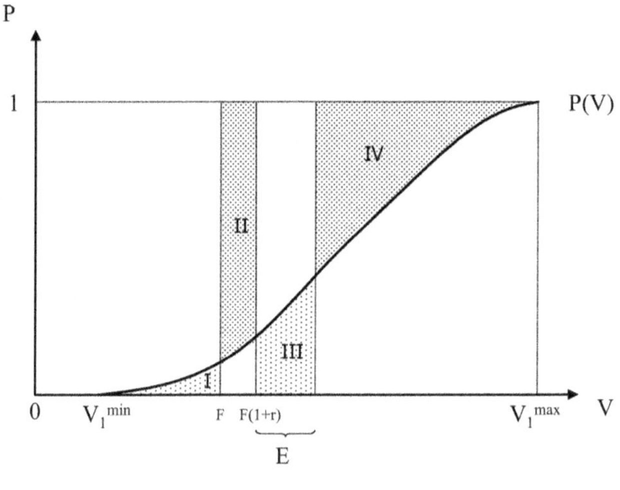

Abb. 6. Risiko-Chance-Profil eines teilweise fremdfinanzierten Gründungsprojektes

Risiken und Chancen beider Parteien unterscheiden sich dabei wesentlich. Gläubiger und Schuldner sind stark unterschiedlich vom Erfolg des Gründungsvorhabens betroffen. Diese asymmetrische finanzielle Betroffenheit erklärt wiederum die Anreize des Schuldners zu gläubigerschädigendem Verhalten. Schon im Vorfeld einer möglichen Finanzierungsbeziehung besteht ein Anreiz, die Risiko-Chance-Struktur des Gläubigers günstiger darzustellen, als sie realistischerweise einzuschätzen ist. Formal könnte sich dies in einer Parallelverschiebung der Kurve P(V) nach rechts äußern (s. folgende Abbildung), was unter anderem dazu führt, dass die Risiken des Gläubigers geringer, seine Chancen aber höher sind als in den vorherigen Abbildungen unterstellt wurde. Da der Agent Informationsvorteile besitzt (asymmetrische Information), entstehen ihm in der Regel erhebliche Darstellungsspielräume, um das Vorhaben günstiger erscheinen zu lassen, als es bei angemessener Beurteilung angebracht wäre. Entsprechend vorteilhafter erscheinen die das Risiko und die Chancen des Kreditgebers kennzeichnenden Flächen I und II, was unter Umständen zur Durchführung von Kontrakten führen kann, die bei realistischer Einschätzung abgelehnt worden wären.

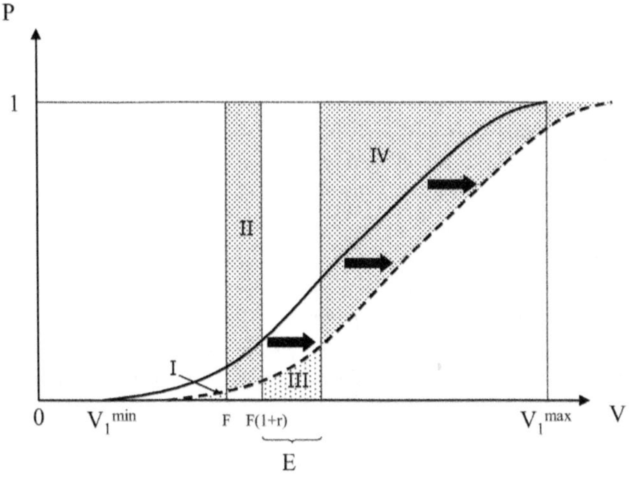

Abb. 7. Wirkungen einer Informationsverschleierung auf das Risiko-Chance-Profil

Wird der Finanzierungskontrakt geschlossen, so ergeben sich durch die Tatsache, dass der Agent erheblich größere geschäftspolitische Gestaltungsspielräume besitzt (asymmetrische Gestaltungskompetenz), Anreize zum Übergang auf eine andere, riskantere Geschäftspolitik. Diese Risikoerhöhung wird in der nächsten Abbildung durch die gepunktete Kurve P′(V) verdeutlicht. Eine solche Risikoerhöhung ist typischerweise die Folge von Veränderungen im Leistungsbereich des Unternehmens (zum Beispiel durch Einstellung zusätzlicher Arbeitnehmer, Erweiterung der technischen Kapazität oder Verzicht auf die laufende Wartung von Anlagen). Risikoerhöhungen können aber auch im finanzwirtschaftlichen Bereich des Unternehmens stattfinden, indem weitere Fremdmittel bei gleichzeitiger Ausschüttung an die Gesellschafter aufgenommen werden. P′(V) unterscheidet sich von

P(V) insgesamt durch eine größere Streuung möglicher Endvermögen. Auch ein Totalverlust aller eingesetzten Mittel ($V_1^{min} = 0$) sei dabei möglich.

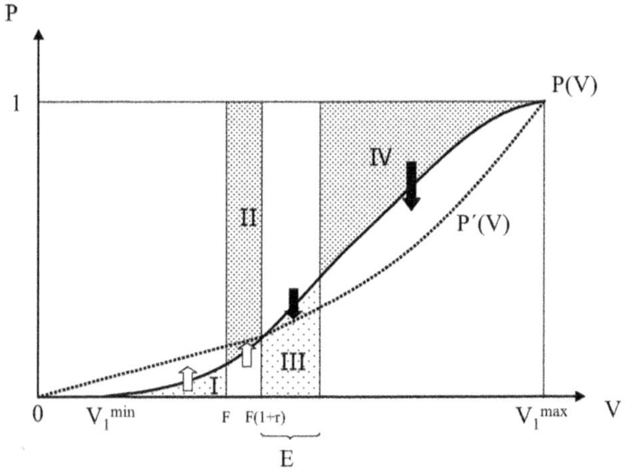

Abb. 8. Auswirkungen der Risikoerhöhung auf das Risiko-Chance-Profil

Wie man sieht, verändern sich alle vier betrachteten Flächen. Die Risikoerhöhung erzeugt dabei höhere Gewinnchancen zu Lasten verminderter Verlustrisiken auf der Seite des Agenten und höhere Verlustrisiken zu Lasten verminderter Gewinnchancen auf der Seite des Gläubigers. Die beiden die Position des Gläubigers kennzeichnenden Flächen verschlechtern sich also (in der Abbildung durch weiße Pfeile markiert), während die beiden den Schuldner betreffenden Flächen sich verbessern (schwarze Pfeile). Es wird unmittelbar deutlich, dass der Anreiz zur Risikoerhöhung nicht vorhanden wäre, stünden nur wenig oder gar keine Fremdmittel zur Verfügung. Erst durch die Aufnahme der Fremdmittel wird der Agent c. p. veranlasst, sich riskanter zu verhalten.

4.3 Lösungsansätze

Im Bemühen um eine Angleichung des Informations-, Kompetenz- und Betroffenheitsniveaus zwischen Prinzipal und Agent muss der Kreditgeber im eigenen Interesse versuchen, Vorkehrungen zur Risikobegrenzung zu treffen, die jeweils mit bestimmten Transaktionskosten verbunden sind. Unter Transaktionskosten werden hier Kosten der Information, Kommunikation und Koordination des potenziellen Geldgebers in Bezug auf die Kreditbeziehung zum jungen Unternehmen verstanden (Picot 1993). Dazu gehören bei Gründungskrediten insbesondere Kosten der Informationssuche (über das zu gründende Unternehmen, deren Leitungspersonen, Marktchancen, etc.) und Kosten der Schuldnerüberwachung (z.B. Kontrolle der Geschäftsentwicklung und der Geschäftspolitik nach der Kreditvergabe). Zur Risikobegrenzung bieten sich grundsätzlich drei verschiedene Möglichkeiten:

1. Die Beschaffung von Informationen, die über die von den Eigentümerunternehmern bereitgestellten Auskünfte hinausgehen oder geeignet sind, diese zu objektivieren,
2. die Besicherung des Kontraktes zur Schaffung von Ersatzansprüchen im Falle des Kreditausfalls (Besicherung im engeren Sinne) und
3. die Verpflichtung oder anreizbasierte Lenkung des jungen Unternehmens zu gewissen Verhaltensweisen oder deren Unterlassung.

Bei der erstgenannten Möglichkeit geht es darum, zu einer realistischen Bewertung des Kreditrisikos zu gelangen, indem das Gründungs- bzw. Unternehmenskonzept geprüft und die Gründerperson einzuschätzen versucht werden (*screening*). Dieser Prozess ist bei Gründungsunternehmen mit überdurchschnittlichen Transaktionskosten verbunden. Die Abschätzung des Kreditrisikos ist aufwändiger, da das junge oder noch zu gründende Unternehmen über keine oder nur wenige Vergangenheitsdaten verfügt. Darüber hinaus erfordert ein junges Unternehmen im Vergleich zu etablierten Firmenkunden intensivere Beratungs- und Betreuungstätigkeiten. Diesen Einschränkungen steht die Chance gegenüber, Informationsasymmetrien teilweise abzubauen. Die Informationsbeschaffung mindert nicht grundsätzlich die Risiken eines späteren Kreditengagements, sondern hilft, diese zu bewerten. Sie determiniert mithin die Entscheidung, ob der (Gründungs-) Kredit überhaupt vergeben werden soll. Einen - wenn auch begrenzten - Beitrag zum ansatzweisen Abbau von Asymmetrien können regelmäßig mit einem Kreditgeber zusammenarbeitende Dritte wie etwa Berater leisten, die ihr Vertrauen genießen und bereits im Vorfeld eines Kreditantrages mit dem Kreditnehmer und seinem Konzept vertraut sind. Sie können als qualifizierte und vertrauenswürdige Mittler für die Glaubwürdigkeit von Informationen bürgen. Häufig können solche Mittler allein durch die Verbesserung der Kommunikation zwischen Geldgeber und -nehmer Transparenz schaffen und unnötige Probleme entschärfen.

Die als zweite Möglichkeit genannten Maßnahmen betreffen Besicherungen im engeren Sinne. Sie sichern dem Gläubiger durch die Möglichkeit der Verwertung von Ersatzansprüchen unmittelbare vermögensmäßige Vorteile. Sie sind unmittelbar auf die Erfüllung ihrer Zahlungsansprüche gerichtet, indem sie die Wahrscheinlichkeitsverteilung der Zahlungsrückflüsse beeinflussen. Die Berechtigung des Zugriffs auf ein Sicherungsobjekt entsteht dabei durch eine Verletzung der Zahlungsverpflichtungen des Unternehmens. Zu diesem Maßnahmentyp gehören bei jungen Unternehmen vor allem die Funktionsmechanismen der Reservierung und der Gläubigersubstitution. Die Haftungserweiterung als weiterer Besicherungsmechanismus spielt bei wirtschaftlich selbständigen jungen oder zu gründenden Unternehmen hingegen keine nennenswerte Rolle, weil entsprechende außenstehende Haftungsträger fehlen.

Das Sicherungsprinzip der Reservierung beruht auf einer exklusiven Vorabbefriedigung des Gläubigers aus dem Unternehmensvermögen im Insolvenzfall (Rudolph 1984). Dazu werden bestimmte Vermögensgegenstände ausschließlich einem einzelnen Gläubiger zugeordnet, die diesen bis zur Höhe des Liquidationserlöses vom sonstigen Vermögen des Schuldners unabhängig macht. Mit der Reservierung bietet der Schuldner also keinen Zugriff auf zusätzliche Haftungsmasse, sondern weist dem Gläubiger einen Teil seines Vermögens unter Ausschluss aller anderen bisherigen oder zukünftigen Gläubiger zu. Durch das Recht am reservierten Objekt reduziert sich bei kompletter, d. h. wertmäßig vollständiger Besicherung der Informationsbedarf des Kreditgebers nachhaltig, da er nicht mehr das junge Unternehmen als Ganzes und damit auch nicht dessen Geschäftsentwicklung, Geschäftspolitik, Projektrisiken und Absichten beobachten muss, sondern nur noch die Werthaltigkeit des Sicherungsobjekts. Die Bonität des Unternehmens als solches gewinnt erst dann Relevanz, wenn der Wert des reservierten Objektes geringer als die ausstehende Verbindlichkeit wird.

Die seitens des Kreditgebers veranlassten Informationshandlungen sind im Falle der Reservierung deshalb allein auf die zu erwartenden Liquidationserlöse des Sicherungsobjektes gerichtet. Das Informationsbedürfnis wird also reduziert, gegebenenfalls sogar überflüssig. Informationen über das Sicherungsobjekt lassen sich oft leichter gewinnen und verarbeiten als solche über den Schuldner selbst. Zu Misstrauen ihm gegenüber besteht dann kaum Anlass. Darüber hinaus wird der Gestaltungsspielraum des jungen Unternehmens verengt, weil über reservierte Objekte nicht beliebig verfügt werden kann. Die Möglichkeit von Vermögensverschiebungen verringert sich. Ausreichende Besicherung vorausgesetzt, kann es sich auch nach der Kreditvergabe keine Vorteile zu Lasten des Gläubigers verschaffen. Damit ist nicht nur die Verfügungsgewalt über diesen Gegenstand begrenzt, sondern es wird auch die Investitionspolitik nachhaltig beschränkt (Rudolph 1984). Außerdem können spätere zusätzliche Fremdmittelaufnahmen den Gläubiger nicht beeinträchtigen. Sie engen auch die Gestaltungsfreiheit ein, weil andere Gläubiger oft nur gegen Sicherheitenstellung bereit sind, Mittel bereitzustellen. Sind dazu geeignete Vermögensgegenstände schon für andere Gläubiger reserviert, werden weitere Verschuldungsmöglichkeiten erschwert oder verhindert (Bitz 1988). Die Reservierung reduziert also auch das moralische Risiko (Schmidt 1981b).

Die Besicherung in Form der Gläubigersubstitution bewirkt eine exklusive Gläubigerbefriedigung durch die Zahlung eines Garanten oder Bürgen als *externem* Haftungsträger, sofern das originäre Zahlungsversprechen des Schuldners nicht eingehalten wird. Die externe Haftungszusage stellt mithin zusätzliches Haftungspotenzial zur Verfügung. Ähnlich den Reservierungen verändert eine solche Haftungszusage von Dritten bei voller Besicherung den Informationsbedarf des Gläubigers. Von Interesse ist dabei vor allem die Werthaltigkeit der Zusage, die wiederum von der Bonität des Garanten abhängt. Auch von Bürgschaften und Garantien gehen - neben der primären Absicherungswirkung - Sekundärwirkungen aus: Sie belegen, dass ein außenstehender Dritter vom wirtschaftlichen Potenzial des jungen Unternehmens derart überzeugt ist, dass dieser sich der Gefahr einer Haftung aussetzt, in der Regel also gar nicht mit einem Schadensfall rechnet. Dem Kreditgeber kann damit signalisiert werden, dass ein Insider, d.h., ein Akteur, der mutmaßlich wesentlich geringere Informationsdifferenzen zum Schuldner als sie selbst aufweist, die Schuldnerqualität hoch einschätzt. Die Gestaltungsfreiräume des Schuldners werden ebenfalls mittelbar eingeschränkt. Da der Garant oder Bürge aufgrund der Haftungszusage zumindest partiell ähnliche Interessen wie der Gläubiger selbst hat, kann in vielen Fällen unterstellt werden, dass von den in der

Regel vorhandenen geschäftspolitischen Einwirkungsmöglichkeiten auf den Schuldner insoweit Gebrauch gemacht wird, dass eine vereinbarungsgemäße Leistungserfüllung zu erwarten ist. Konkretere Bindungen, wie sie aus Reservierungen resultieren, unterbleiben allerdings.

Besicherungsmaßnahmen im engeren Sinne wirken sekundär also auch verhaltenssteuernd auf das junge Unternehmen. Insofern stellen solche Maßnahmen ein über die reine Bereitstellung von Ersatzansprüchen hinausgehendes Qualitätssignal des Unternehmens dar, weil daraus Selbstbindungen entstehen, die Verhaltensabsichten glaubhaft machen können. Die genannten Sicherungsinstrumente haben mithin über die bereits in der neoklassischen Theorie erkannte Funktion der Umverteilung von Kreditrisiken zwischen Gläubigern verschiedener Risikopräferenz (Rudolph 1982; Krümmel 1976) hinaus auch folgende zwei Funktionen:

1. Sie können Instrumente zur Selbstbindung der Schuldner sein, indem sie deren Handlungsspielraum einengen (Schmidt 1981c). Die Kosten von Handlungen zum Nachteil des Gläubigers werden auf ein prohibitiv hohes Niveau angehoben. Für rational handelnde junge Unternehmen ist es nicht mehr lukrativ, gegen die Interessen der Kreditgeber zu agieren. Verpflichtet sich etwa ein Gründer, weitere Verschuldungsaktivitäten zu unterlassen, so riskiert er bei Zuwiderhandlung die sofortige Kündigung des Kredites mit allen Folgekosten.
2. Sie können ein Instrument des so genannten „Signaling“ sein (Kaas 1991; Spremann 1990; Hartmann-Wendels 1990; Gischer 1988; Spence 1974). Kreditsuchende Unternehmen signalisieren dem potenziellen Kreditgeber durch das Angebot von Sicherheiten, dass sie gewillt sind, in dessen Interesse zu handeln (Schmidt 1981c).

Die als dritte Möglichkeit genannten Formen der Verhaltenssteuerung (Besicherung im weiteren Sinne) sind ohne unmittelbare Ersatzansprüche konstruiert und üben eher indirekte Wirkung auf die Zahlungsansprüche der Gläubiger aus, indem sie über die Vereinbarung bestimmter Anreize, Rechte und Pflichten das Verhalten des Gründungsunternehmens in einer Weise zu lenken versuchen, die zu den Interessen des Kreditgebers kompatibel ist. Solche Verhaltensbeschränkungen dienen letztlich ebenfalls der Sicherung der Zahlungsansprüche, nehmen aber nicht unmittelbar darauf Bezug. Der auslösende Mechanismus ist hier nicht die Verletzung von Zahlungsverpflichtungen, sondern die Verletzung von nicht zahlungsbezogenen Abreden. Verhaltensbindungen mildern unmittelbar die Asymmetrie der Gestaltungskompetenzen, mittelbar aber auch die Betroffenheit von den finanziellen Konsequenzen des Verhaltens des jungen Unternehmens.

Die Verhaltenssteuerung basiert neben der Nutzung von Prozessualvorteilen, die ein – allerdings eher schwaches – Drohpotenzial zu schaffen vermögen, auf zwei Varianten, nämlich einerseits auf Maßnahmen, die eine Interessenharmonisierung über Anreize schaffen sollen, und andererseits auf vertraglichen Vereinbarungen, die die schuldnerische Handlungsfreiheit durch explizite Ver- oder Gebote einengen sollen (*covenants*). Maßnahmen der Interessenharmonisierung zielen darauf, Rahmenbedingungen zu schaffen, die die Interessenlage von Prinzipal und Agent annähert, also Anreize zu geben, Kreditgeberinteressen zu berücksichtigen.

Dies kann durch die Androhung von Sanktionen erreicht werden. So führt ein unbedingtes gläubigerseitiges Kündigungsrecht dazu, dass der Geldgeber auf Grund von Informationen, die im Verlauf des Kontraktes zufließen, unmittelbar handeln und weiteren Schaden verhindern kann, indem er seine Mittel zurückfordert. Dem jungen Unternehmen kann dies gegebenenfalls so großen Schaden zufügen, dass es schon im eigenen Interesse keinen Anlass zur Kündigung bieten sollte. Dieses Drohpotenzial sichert den Prinzipal. Für das Gründungsunternehmen ist eine solche Anreizsteuerung äußerst problematisch, weil nicht gesichert ist, dass die Sanktionierung nur bei drohender Gläubigerschädigung eingesetzt wird. Dies mag ein Grund für die Unbeliebtheit unbedingter Kündigungsklauseln sein. Typischerweise werden Kündigungsrechte deshalb an Pflichtverletzungen des Kreditnehmers gekoppelt.

Die dritte Variante der Verhaltenssteuerung ergibt sich dadurch, dem Gründungsunternehmen bestimmte Handlungsweisen explizit zu verbieten. Die Gruppe der verbotenen Handlungsweisen kann dabei immer nur eine mehr oder weniger vollständige Auflistung von möglichen, den Kreditgeber tatsächlich schädigenden Handlungsweisen sein, weil ex ante nicht alle Umweltzustände und Handlungsalternativen bekannt und beschreibbar sind (Adams 1980). Zu enge Bindungen können wiederum dem Gläubiger selbst schaden, indem sie dem Gründungsunternehmen Freiräume nehmen, die auch im eigenen Interesse des Kreditgebers nutzbar wären. Vorteilhafte Handlungen können nicht gewählt werden, weil sie im Zeitpunkt der Vertragsfixierung nicht von den unerwünschten Schädigungen unterscheidbar waren (Schmidt 1981a). Beide Varianten der Verhaltenssteuerung sind gerade bei jungen Unternehmen wiederum mit überdurchschnittlichen Kontrollkosten verbunden. Anders als bestimmte Kreditsicherheiten erfordern Verhaltensauflagen meist eine laufende Überwachung des Schuldnerverhaltens auf eventuelle Vertragsabweichungen (monitoring). Auch dadurch ist also mit erhöhten Transaktionskosten zu rechnen.

Vor diesem Hintergrund wird der gerade bei Banken als typischen Kreditgebern ausgeprägte Wunsch verständlich, sich auch bei Gründungskrediten möglichst auf traditionelle Sicherheiten zurückzuziehen. Diese bauen die oben genannten Asymmetrien ab und reduzieren Konflikte bereits im Vorfeld der Kreditbeziehung, indem sie das Verhalten der Gründerperson, insbesondere in Bezug auf deren Investitions-, Entnahme- und Verschuldungspolitik, beeinflussen (Rudolph 1984). Sie tun dies, indem sie Anreizstrukturen verändern, Handlungsspielräume einengen oder sonstige Selbstbindungen des Schuldners erzeugen (Schmidt 1981a, 1981c). Sie produzieren damit eine Glaubwürdigkeit, die sonst nicht oder nicht in gleichem Maße bestünde. Sie stellen damit auch ein Mittel zur Kompensation mangelnder Qualität des unternehmerischen Konzeptes dar. Ein solcherart besicherter Kreditgeber genießt also den Vorzug, dass über die allein aus der eigentlichen Kreditbeziehung ableitbaren allgemeinen Ansprüche hinaus besondere Rechte eingeräumt oder den Unternehmerpersonen besondere Pflichten auferlegt werden. So hängt die Sicherheit des letztlich aus der Kreditbeziehung resultierenden Zahlungsstromes zum einen von der originären Qualität des Geschäftsmodells und der unternehmerischen Befähigung der handelnden Personen ab, die vergleichsweise schwer zu beurteilen sind, und zum anderen von der recht einfach und zu geringen Transaktionskosten zu beurteilenden Qualität der Sicherheiten.

In der Praxis wird jeder Kreditgeber bemüht sein, in mehr oder weniger ausgeprägter Form alle drei genannten Maßnahmentypen zu realisieren, um eine möglichst weitreichende Absicherung des Kreditengagements zu erzielen. Eindeutig zu bevorzugen ist dabei die Besicherung im engeren Sinne, da hier mit vergleichsweise geringem Aufwand und unter Einsatz weitgehend standardisierter Instrumente gearbeitet werden kann. Die mit der Sicherheitenstellung verbundenen Transaktionskosten sind für den Kreditgeber entsprechend gering. Den geringen Kosten stehen zudem äußerst wirksame Schutzmechanismen gegenüber, wie oben gezeigt werden konnte.

Die Einbeziehung von Transaktionskosten ermöglicht darüber hinaus auch eine Erklärung des Kreditgeberverhaltens in Bezug auf die jungen Unternehmen angebotenen Leistungen. Empirische Untersuchungen zeigen, dass Banken ihr Leistungsangebot gegenüber jungen Unternehmen und Gründungsvorhaben offenbar gezielt segmentieren (Schulte 1999). Relativ größeren Unternehmsgründungen werden eher als kleineren auch Serviceleistungen wie die Anbahnung von Geschäftskontakten oder die Informationsbeschaffung erbracht. Auch genießen große Kreditnachfrager offenbar eine deutlich komfortablere Behandlung ihrer Bank als kleinere, was sich auch hinsichtlich der Fördermittelvermittlung auswirkt. Alle diese Leistungen verschaffen einem Kreditinstitut keine oder nur geringe direkt zurechenbare Erlöse. Die aus dem originären (Kredit-) Geschäft erzielbaren Erlöse ermöglichen es aber, die dabei anfallenden Transaktionskosten überzukompensieren. Erst bei entsprechenden Kreditvolumina kann diese Transaktionskostendeckung erzielt werden.

Es wird also deutlich, dass ein sehr zurückhaltendes Kreditvergabeverhalten von potenziellen Kreditgebern gegenüber (Existenz-) Gründungen und jungen Unternehmen, die im Vergleich zu anderen Kreditnachfragern eine Reihe von Besonderheiten aufweisen, vor dem Hintergrund der bestehenden Informations-, Gestaltungs- und Betroffenheitsasymmetrien zwischen beiden Parteien als durchaus rational und risikokompatibel anzusehen ist. Da Gründungsunternehmen aufgrund ihrer Anonymität wesentliche Möglichkeiten genommen sind, die Qualitäten von Person und Vorhaben zu signalisieren, sind gerade Banken gezwungen, sich auf eine Position der Risikobegrenzung zurückzuziehen. Kreditinstitute müssen es aus *ertragswirtschaftlichen* und *risikopolitischen* Gründen oft ablehnen, mit kleinen oder noch zu gründenden Unternehmen Finanzierungsbeziehungen einzugehen. Nicht selten steht dies offenbar in mehr oder weniger deutlichem Widerspruch zu marketingpolitisch motivierten Werbeaussagen der bankbetrieblichen Öffentlichkeitsarbeit. Gründungshindernisse liegen demnach weder in der Verfügbarkeit von Fremdkapital, noch in der Riskoeinstellung der Kreditgeber, sondern vor allem im besonderen Gefüge ökonomischer Risiko-Anreiz-Strukturen zwischen Bank und Gründungsunternehmen.

Die Kenntnis dieser aus der Sicht eines Kreditgebers bestehenden Probleme kann von jungen Unternehmen für eine gezielte Gestaltung ihrer Kreditnachfrage und ihres Auftretens als Kreditsucher genutzt werden, um typische Finanzierungshürden bei Fremdfinanzierungskontrakten zu überwinden (Schulte 2000). Um den

Zugang zu Fremdmitteln zu erleichtern, liegt der Abbau der diagnostizierten Asymmetrien im eigenen Interesse der Kreditnachfrager. Dazu müssen vor allem die direkt vom Schuldner ausgehenden Schädigungspotenziale, nämlich das Informations- und das Gestaltungsrisiko, erkennbar reduziert werden. Neben der Bereitstellung von – oft nur begrenzt verfügbaren – Sicherheiten kommen dafür vor allem die Vorlage gut objektivierbarer Informationen im Rahmen des Gründungskonzeptes und die Bereitschaft zur Selbstbindung im Hinblick auf die zukünftige Geschäftspolitik in Betracht.

5 Hybride Formen der Finanzierung junger Unternehmen

5.1 Überblick über fremdfinanzierungsähnliche Alternativen

Außenfinanzierungskontrakte, die nicht den unter 1.1 charakterisierten Idealtypen der Eigen- oder Fremdfinanzierung entsprechen, können als hybride Finanzierungsmaßnahmen bezeichnet werden. Es handelt sich dabei also um Zwischenformen der Finanzierung, die mehr oder weniger starke Abweichungen von den idealtypischen Ausprägungen der vier Merkmale (Beteiligung des Kapitalgebers an den laufenden Erträgen, Rückzahlungsbetrag, Mitwirkungs-, Informations- und Kontrollrechten des Kapitalgebers, Rechtsstellung des Kapitalgebers in der Insolvenz des Unternehmens) aufweisen. Für diese Zwischenformen hat sich auch der Begriff der „Mezzanine-Finanzierung" etabliert (Nathusius 2001; Bernet/Denk 2000). In der Realität der Außenfinanzierung junger Unternehmen haben solche hybriden Instrumente große Bedeutung. Zu den fremdfinanzierungsnahen Varianten gehören insbesondere stille Beteiligungen, partiarische Darlehen, Darlehen mit eigenfinanzierungsähnlichen Sonderrechten und Nachrangdarlehen. Die genannten Formen werden in den folgenden Abschnitten dargestellt. Die eher eigenfinanzierungsähnlichen Varianten hybrider Finanierung sind hier nicht zu betrachten. Dazu gehören beispielsweise Genussrechte (Häger/Elkemann-Reusch 2004).

Hybride Finanzierungsformen können ebenso wie die unter 4.3 analysierten Lösungsansätze geeignet sein, Anreizkonflikte zwischen Gläubiger und Schuldner zu mildern, indem sie die zwischen beiden Parteien bestehenden Asymmetrien in Bezug auf Informationen, Gestaltungskompetenzen und vermögensmäßige Konsequenzen verringern. Die folgenden Ausführungen zeigen, welche Asymmetrien jeweils reduziert werden können.

5.2 Stille Beteiligung

Die Stille Beteiligung als kapitalmäßige Beteiligung eines nicht tätigen Gesellschafters am Handelsgewerbe eines anderen wurde in ihren Grundzügen bereits unter 2.1 dargestellt. Hybridität ergibt sich in diesem Fall grundsätzlich daraus, dass der Stille stets am Gewinn der Gesellschaft beteiligt werden muss. Je nach

Ausgestaltung des Kontraktes sind dabei aber deutliche Unterschiede im Ausmaß der Abweichung von der idealtypischen Fremdfinanzierung festzustellen.

Stille Beteiligungen müssen nach der Anteilnahme an Gewinn und Verlust (nur Gewinnbeteiligung oder Gewinn- und Verlustbeteiligung) sowie nach dem Typus der Beteiligung (nominal oder quotal) in jeweils zwei Grundtypen differenziert werden, aus denen recht unterschiedliche Ausprägungen der Hybridität resultieren. Wird die Verlustbeteiligung ausgeschlossen, bleibt das Verlustrisiko des Stillen auf die Höhe der vereinbarten Geldüberlassung begrenzt. Der Stille partizipiert nur am Gewinn des Unternehmens. Noch stärker von der idealtypischen Fremdfinanzierung weicht die stille Gesellschaft allerdings bei Konstruktionen ab, die auch eine Verlustbeteiligung vorsehen. In diesen Fällen entspricht die stille Gesellschaft im Hinblick auf die laufenden Erträge praktisch der Eigenfinanzierung.

Ist die Beteiligung des Stillen nicht auf einen bestimmten Nominalbetrag festgelegt, sondern quotal vereinbart, liegt eine so genannte atypische stille Beteiligung vor. Sie erstreckt sich auch auf eventuelle stille Reserven, die das junge Unternehmen in seinem späteren Geschäftsverlauf möglicherweise akkumulieren kann, so dass der Rückzahlungsbetrag bei späterer Beendigung des Kontraktes nicht vorab festzusetzen ist. Das entsprechende Abgrenzungskriterium nähert sich dann ebenfalls der Eigenfinanzierung an. Gelegentlich sind daran auch erhebliche Einflussnahmerechte des Stillen geknüpft. Sie können bis zur verdeckten Geschäftsführung reichen. Auch für das dritte, auf die Einflussnahmerechte gerichtete Abgrenzungskriterium muss dann ausgeprägte Eigenfinanzierungsnähe konstatiert werden.

Stille Beteiligungen können also in unterschiedlichem Ausmaß dazu beitragen, alle drei Arten von Asymmetrien zwischen Gläubiger und jungen Schuldnerunternehmen abzubauen.

5.3 Partiarisches Darlehen

Partiarische Darlehen räumen dem Gläubiger neben einer fixen Basisverzinsung zusätzlich einen gewinnabhängigen Verzinsungsbetrag ein. Eine Hybridität ergibt sich damit in Bezug auf das erste der oben genannten Abgrenzungskriterien, nämlich „Laufende Erträge". Der Gläubiger kann dadurch an den Erträgen des Unternehmens partizipieren, so dass die Asymmetrie der vermögensmäßigen Betroffenheit beider Parteien gemindert wird.

5.4 Darlehen mit eigenfinanzierungsähnlichen Sonderrechten

Neben Gewinnansprüchen können mit Darlehen auch bestimmte eigenfinanzierungsähnliche Sonderrechte verbunden werden, die sich auf *spätere* Ertrags- oder Rückzahlungsansprüche sowie besondere Informations-, Mitsprache- oder Vetorechte richten. Mit dem Recht zur späteren Wandlung des Darlehens in eine Beteiligung und dem Recht des späteren Bezugs von Gesellschaftsanteilen (Wandlungs- bzw. Optionsrechte) wird dem Gläubiger die Möglichkeit gegeben, Gesellschaftsanteile zu erwerben. Dem Gläubiger steht dann die Wahl frei, diese Rechte innerhalb bestimmter Fristen während der Laufzeit des Darlehens zu nutzen oder verfallen zu lassen. Die Hybridität ergibt sich dann in Bezug auf alle vier Abgrenzungskriterien. Besondere Informations-, Mitsprache- oder Vetorechte hingegen erhöhen nur die Einflussnahmemöglichkeiten des Gläubigers auf den Schuldner und bewirken damit eine Hybridität hinsichtlich des dritten Abgrenzungskriteriums. Derartige Rechte bauen Informationsdifferenzen zwischen beiden Parteien ab und engen die Gestaltungsfreiräume des Schuldners ein, indem sie Möglichkeiten des verdeckten Handelns begrenzen oder Zustimmung des Gläubigers zu konkreten Einzelentscheidungen vorschreiben. Besondere Bedeutung in diesem Kontext haben die weiter oben bereits angesprochenen Negativklauseln erlangt. Im Rahmen des Darlehensvertrages getroffen, schließen solche Vereinbarungen bestimmte, konkret benannte Verhaltensweisen des Schuldners aus und räumen dem Gläubiger für den Fall des Verstoßes Sanktionsrechte ein.

5.5 Nachrangdarlehen

Die auch als „Darlehen mit Rangrücktritt" bezeichneten Nachrangdarlehen schließlich bürden dem Gläubiger Haftungs- und Insolvenznachteile auf. Kommt es zur Insolvenz des Schuldners, werden zunächst alle Gläubiger mit Reservierungsrechten befriedigt, bevor unbesicherte Gläubiger zum Zuge kommen. Danach eventuell noch verbliebenes Restvermögen wird den Gesellschaftern zugesprochen. Dass die Gesellschafter in der Insolvenz noch Reste des Unternehmensvermögens realisieren können, ist in der Praxis jedoch ausgesprochen unwahrscheinlich, weil die Insolvenz in aller Regel mit einer Überschuldung und damit einer vollständigen Aufzehrung des Eigenkapitals einher geht. Nachranggläubiger nehmen in dieser Befriedigungsrangfolge die Stellung zwischen unbesicherten Gläubigern und Gesellschaftern ein. Nachrangdarlehen erlangen damit Hybridität in Bezug auf das vierte Abgrenzungskriterium, die Rechtsstellung des Kapitalgebers in der Insolvenz, denn die Nachranggläubiger sind in diesem Fall kaum besser gestellt als die Eigenkapitalgeber und müssen faktisch damit rechen, wie die Gesellschafter keine Ansprüche mehr realisieren zu können. Nachrangdarlehen vermindern somit die Asymmetrie der vermögensmäßigen Konsequenzen des unternehmerischen Handelns.

Literatur

Adams M (1980) Ökonomische Analyse der Sicherungsrechte. Königstein.

Arrow K J (1963) Uncertainty and the Welfare Economics of Medical Care. American Economic Review 53, S 941-973.

Arrow KJ (1985) The Economics of Agency. In: Pratt JW, Zeckhauser RJ (Hrsg) Principals and Agents: The Structure of Business. Boston, S 37-51.

Bernet B, Denk CL (2000) Finanzierungsmodell für KMU. Bern Stuttgart Wien.

Bitz M (1988) Asymmetrien von Information, Einfluss und Betroffenheit als Determinanten des Finanzmanagements, Diskussionsbeitrag Nr. 136 des Fachbereichs Wirtschaftswissenschaft der FernUniversität Hagen. Hagen.

Bitz M (2002) Finanzdienstleistungen. 6. Aufl., München Wien.

Bitz M, Oehler A (1993) Überlegungen zu einer verhaltenswissenschaftlich fundierten Kapitalmarktforschung. Kredit und Kapital 26, S 246-273 (Teil I) und 375-416 (Teil II).

Bitz M, Hemmerde W, Rausch W (1986) Gesetzliche Regelungen und Reformvorschläge zum Gläubigerschutz. Eine ökonomische Analyse. Berlin Heidelberg New York Tokyo

Bitz M, Niehoff K, Terstege U (2001) Wolfgang Stützels „bestandsökonomische Darstellung" und die neuere Fianzierungstheorie. In: Schmidt H, Ketzel E, Prigge S (Hrsg) Wolfgang Stützel – Moderne Konzepte für Finanzmärkte, Beschäftigung und Wirtschaftsverfassung. Tübingen, S 207-243.

Bruno AV, Tyebee TT (1985) The Entrepreneur´s Search for Capital. Journal of Business Venturing 1, S 61-74.

Eisen R (1981) Asymmetrische Information und Beobachtbarkeit - Einige Bemerkungen zum ökonomischen Problem des moralischen Risikos. In: Göppl H, Henn R (Hrsg) Geld, Banken und Versicherungen. Königstein, S 763-779.

Fama EF (1980) Agency Problems and the Theory of the Firm. Journal of Political Economy 88, S 288-307.

Geiseler C (1999) Das Finanzierungverhalten kleiner und mittlerer Unternehmen – Eine empirische Untersuchung. Wiesbaden.

Gerke W, Bank M (1999) Finanzierungsprobleme mittelständischer Unternehmen. Finanzbetrieb 1, S 10-20.

Gischer H (1988) Kreditmärkte, Investitionsentscheidung und Grenzen der Geldpolitik. Baden-Baden.

Green RC, Talmore E (1986) Asset Substitution and the Agency Costs of Debt Financing. Journal of Banking and Finance 10, S 391-399.

Häger M, Elkemann-Reusch M (2004) Mezzanine Finanzerungsinstrumente, Berlin.

Hartmann-Wendels T (1990) Zur Integration von Moral Hazard und Signalling in finanzierungstheoretischen Ansätzen. Kredit und Kapital 23, S 228-250.

Hax H, Hartmann-Wendels T, von Hinten P (1988) Moderne Entwicklung der Finanzierungstheorie In: Christians W (Hrsg) Finanzierungshandbuch. 2. Aufl, Wiesbaden, S 689–713.

Jensen MC, Meckling WH (1976) Theory of the Firm: Managerial Behavior, Agency Costs and Ownership Structure. Journal of Financial Economics 3, S 305-360.

Kaas KP (1991) Marktinformationen: Screening und Signaling unter Partnern und Rivalen. ZfB 61, S 357-370.

Kamp ME, Langen W, Naujoks W („Projektkommission Existenzgründungen") (1977) Probleme des Wechsels in die unternehmerische Selbständigkeit - Eine empirische Untersuchung, Beiträge zur Mittelstandsforschung, Heft 33. Göttingen.

Kamp ME, Clemens R, Langen W, Naujoks W (1978) Probleme neugegründeter Unternehmen - Eine empirische Untersuchung, Beiträge zur Mittelstandsforschung, Heft 40. Göttingen.

Klandt H, Kirschbaum G (1985) Software- und Systemhäuser: Strategien in der Gründungs- und Frühentwicklungsphase. Sankt Augustin.

Koch LT, Tokarski K (2004) Microlending. WISU 05, S 643-648

Krümmel HJ (1976) Finanzierungsrisiken und Kreditspielraum In: Büschgen HE (Hrsg) Handbuch der Finanzwirtschaft. München, S 491-503.

Kulicke M, u. a. (1993) Chancen und Risiken junger Technologieunternehmen – Ergebnisse des Modellversuchs „Förderung technologieorientierter Unternehmensgründungen“. Heidelberg.

Nathusius K (2001) Grundlagen der Gründungsfinanzierung. Instrumente, Prozesse, Beispiele, Wiesbaden.

Neus W (1994) Zur Theorie der Finanzierung kleinerer Unternehmungen. Wiesbaden

Niederöcker B (2002) Finanzierungsalternativen in kleinen und mittleren Unternehmen. Wiesbaden.

NWHT (2000) (Hrsg.): Finanzierung von KMU (www.nrwhandwerkstag.de/finanz.htm vom 22. Mai 2000, 11, S 34, o. Autor, o. Dat. d. Bearbeitungsstandes).

Oehler A (1995) Die Erklärung des Verhaltens privater Anleger. Stuttgart.

Pauly MV (1968) The Economics of Moral Hazard. American Economic Review 58, S 531-537.

Picot A (1999) Organisation. In: Bitz M, Dellmann K, Domsch M, Wagner FW (Hrsg) Vahlens Kompendium der Betriebswirtschaftslehre. Bd 2, 4. Aufl, München, S 107-180.

Pratt JW, Zeckhauser RJ (1985) Principals and Agents. An Overview. In: Pratt JW, Zeckhauser RJ (Hrsg) Principals and Agents. The structure of Business. Boston, S 1-35.

Rudolph B (1982) Können die Banken ihre Kreditsicherheiten "vergessen"? Kredit und Kapital 15, S 317-340.

Rudolph B (1984) Kreditsicherheiten als Instrumente zur Umverteilung und Begrenzung von Kreditrisiken. ZfbF 36, S 16-43.

Schmidt RH (1981a) Ein neo-institutionalistischer Ansatz der Finanzierungstheorie. In: Rühli E, Thommen JP (Hrsg) Unternehmensführung aus finanz- und bankwirtschaftlicher Sicht. Stuttgart, S 135-154.

Schmidt RH (1981b) Grundformen der Finanzierung. Eine Anwendung des neo-institutionalistischen Ansatzes der Finanzierungstheorie. Kredit und Kapital 14, S 186-221.

Schmidt RH (1981c) Kreditsicherung und Konkursrecht. In: Göppl H, Henn R (Hrsg) Geld, Banken und Versicherungen. Königstein, S 569-573.

Schmidt RH, Terberger E (2003) Grundzüge der Investitions- und Finanzierungstheorie. 4. Aufl, Wiesbaden.

Schulte R (1996) Kursänderungsrisiken festverzinslicher Wertpapiere. Wiesbaden.

Schulte R (1999) Das Risikoverhalten von Banken gegenüber Existenzgründern. In: Ridinger R, Weiss P (Hrsg) Existenzgründungen und dynamische Wirtschaftsentwicklung. Berlin, S 95-120.

Schulte R (2000) Finanzierungsmarketing in klein- und mittelständischen Unternehmungen. In: Meyer JA (Hrsg) Jahrbuch der KMU-Forschung. München, S 445–457.

Schulte R (2002) Finanzierungs- und wachstumstheoretische Aspekte der Frühentwicklung von Unternehmungen und deren empirische Analyse, Habilitationsschrift, Universität Dortmund.

Schulz E (2000) Die Finanzierung von Existenzgründungen. Frankfurt M.

Smith JK, Smith RL (2004) Entrepreneurial Finance, 2. Aufl, Hoboken.

Spence M (1974) Market Signalling. Informational Transfer in Hiring and Related Screening Processes. Cambridge (Mass).

Spremann K (1990) Asymmetrische Information. ZfB 60, S 561-586.

Vormbaum H (1996) Finanzierung der Betriebe, 9. Aufl, Wiesbaden.

Venture Leasing als Finanzinnovation in Deutschland

Matija Denise Mayer-Fiedrich

Abstract

Der Aufbau des Geschäftsbetriebs einer innovativen Unternehmung erfordert einen hohen Einsatz an Kapital, während über die Höhe künftiger Erfolge nur Annahmen getroffen werden können. Die Kreditwürdigkeit für eine Fremdkapitalfinanzierung fehlt, doch mit jeder Erhöhung des Eigenkapitals durch Venture-Capital geht eine Verwässerung der Anteile des Gründers einher. Daher bietet sich ein Leasing nicht spezifischer Wirtschaftsgüter an. Potenzielle Leasing-Geber müssen jedoch damit rechnen, dass es zu Ausfällen von Leasing-Ratenzahlungen kommt. Eine Möglichkeit, dieser Problematik zu begegnen, besteht im Venture Lease, auch als Subprime Lease bezeichnet. Dabei erhält der Leasing-Geber als Prämie für das eingegangene Risiko ein Optionsrecht auf späteren Erwerb von Anteilen an der Unternehmung.

1 Problemstellung

In den USA ist Venture Lease bereits seit Ende der 1980er Jahre bekannt, während in Frankreich der erste Vertrag 1998 geschlossen wurde. In Deutschland wird Venture Lease erst allmählich bekannt. Der folgende Beitrag geht zunächst auf die wesentlichen Elemente des Venture-Leasings sowie auf die Vor- und Nachteile für Leasing-Geber und Leasing-Nehmer ein, bevor ein Ausblick auf die Entwicklungspotenziale dieser Finanzinnovation in Deutschland ansteht.

Der Aufbau des Geschäftsbetriebs einer Innovationen generierender Unternehmung erfordert einen hohen Einsatz an Kapital, während über die Höhe künftiger Erfolge nur Annahmen getroffen werden können. Da einerseits die Kreditwürdigkeit für eine Fremdkapitalfinanzierung fehlt, und andererseits mit jeder Erhöhung des Eigenkapitals durch Venture-Capital eine Verwässerung der Anteile des Gründers einher geht, bietet sich ein Leasing nicht spezifischer Wirtschaftsgüter an. Potenzielle Leasing-Geber müssen jedoch damit rechnen, dass es bei den nicht finanzstarken Unternehmungen zu Ausfällen von Leasing-Ratenzahlungen kommen kann. Der übliche Eigentumsvorbehalt kann nicht die gewünschte Sicherheit liefern, da auf Grund des hohen Wertverlustes nur Teile der Zahlungsausfälle gedeckt werden können. Eine Möglichkeit, riskanten aber dennoch progressiven Unternehmungen ein Leasing von Geschäftsausstattung zu ermöglichen, besteht durch Venture Lease, auch Subprime Lease genannt. Dabei erhält der Leasing-

Geber als Ausgleich für das eingegangene Risiko ein Optionsrecht auf späteren Erwerb von Anteilen an der Unternehmung.

2 Grundzüge des Leasings nicht innovations-spezifischer Geschäftsausstattung

2.1 Innovativer Charakter des Venture Leasing

In den USA ist Venture Lease bereits seit dem vergangenen Jahrzehnt bekannt, während in Frankreich der erste Vertrag im Herbst 1998 geschlossen wurde. In Deutschland etabliert sich Venture Lease erst jetzt. Deswegen stellt sich die Frage, ob es sich um eine Finanzinnovation handelt. Darunter wird ein erst in jüngster Zeit gehandelter Finanztitel oder eine neue Finanzdienstleistung verstanden. Die Neuartigkeit kann sich auf die Dimensionen Markt, Merkmal und bzw. oder Zeit beziehen. Während der Marktbezug in Frage stellt, „ob auf einem Teilmarkt neu angebotene Instrumente als innovativ bezeichnet werden können, wenn sie auf anderen Teilmärkten seit Jahren gehandelt werden",[1] beschreibt der Merkmalsbezug das Ausmaß der Unterschiede zwischen klassischen und neuen Instrumenten. Die Formulierung des Zeitbezugs hinterfragt, wie lange eine Finanzinnovation als solche bezeichnet werden kann. Die Generierung neuer Finanzinstrumente ist nur dann nachhaltig erfolgreich, wenn sie Verbesserungen für den Anwender mit sich bringt. Wenn es ihnen gelingt, eine Veränderung im finanzwirtschaftlichen Verhalten zu bewirken, dann sind verbesserte Problembewältigungen möglich. Der Einsatz von Finanzinnovationen kann neue Finanzmittelquellen erschließen, Kapitalkosten senken und/oder Risiken, die aus Finanzierungs- und Investitionsentscheidungen resultieren, im Vergleich zu klassischen Finanzinstrumenten besser substituieren.[2]

2.2 Zielgruppen für Venture Leasing

Die vorliegende Untersuchung zeigt nach einer Darlegung der wesentlichen Elemente die Vor- und Nachteile für Leasing-Geber und -Nehmer auf, bevor ein Ausblick auf Entwicklungspotenziale in Deutschland gegeben werden kann. Die Zielgruppe von Venture-Lease-Gesellschaften sind wachstumsstarke innovative Unternehmungen, insbesondere der Technologiebranche. Mit der Realisierung von Innovationen ist ein hoher Einsatz von Sach-, Finanz- und Humankapital verbunden. Den hohen und mit dem Markteintritt noch weiter steigenden Auszahlungen stehen nur Ungewisse Einzahlungen gegenüber. Über den zukünftigen Erfolg können nur subjektive Annahmen getroffen werden, die sich zu einer Wahrschein-

---

1 Jokisch (1998), S. 334.

2 Vgl. Jokisch u. Mayer (2002), S. 63f.

lichkeitsverteilung aggregieren lassen. Innovative Unternehmungen tragen Investitionscharakter.[3] Obwohl sie finanzschwach sind, müssen sie in hohem Umfang Finanzmittel akquirieren. Kreditgeber sind jedoch nur bereit, Kapital zur Verfügung zu stellen, wenn sie mit hinreichend großer Sicherheit mit der Erfüllung von Zins- und Tilgungszahlungen rechnen können. Je höher jedoch der Innovationsgrad einer zu finanzierenden Unternehmung ist, desto höher sind die Entwicklungs-, Produktions- und Marktrisiken. Es besteht somit die Möglichkeit, dass der Schuldner seinen Zahlungsverpflichtungen nicht fristgerecht (Terminrisiko) oder nicht in voller Höhe (Ausfallrisiko) nachkommen kann. Der Stellung von Kreditsicherheiten kommt besondere Bedeutung zu, denn ausstehende Forderungen können durch die Verwertung von Sicherheiten kompensiert werden. Eine Unternehmung, die sich im Aufbau befindet und erst noch Anlagevermögen schaffen muss, kann noch keine eigenen Sicherheiten bieten. Das Kreditvolumen wird sich auf die relativ geringe Höhe der Sicherheiten aus der persönlichen Haftung der Gesellschafter sowie eventuell auf bewilligte Bürgschaften begrenzen. Auf Grund der fehlenden Kreditwürdigkeit bleibt diesen Unternehmungen der Zugang zu Fremdkapitalfinanzierung weitestgehend verschlossen.

2.3 Geeignete Objekte für Venture Leasing

Da klassisches Leasing ebenfalls eine gewisse Kreditwürdigkeit der Kunden verlangt - die regelmäßige Leistung der Leasing-Raten sollte gewährleistet sein - bietet Venture Lease einen Ausweg für steigerungsfähige Unternehmungen an. Grundsätzlich kommen dabei als Leasing-Objekte zusätzliche technologische Ausstattungen in Frage, die nicht innovationsspezifisch, also nicht an ein spezielles Vorhaben gebunden sind. Dazu zählen beispielsweise Hardware für die Informationstechnologie, Büroausstattung, Produktions- sowie Laborgeräte und -räume. Da Venture Lease Unternehmungen nicht nur gegenüber risikoreichen Unternehmungen auftreten, sondern auch im klassischen Leasing-Geschäft tätig sind, ergibt sich eine weitere Eigenheit. Beantragt eine innovative Unternehmung eine Ausstattung mit Leasing-Gütern in einer bestimmten Höhe, die so genannte Lease Line, so wird diese zunächst einen Teil aus dem beim Leasing-Geber vorhandenen Bestand erhalten. Der Altbestand kommt dadurch zu Stande, dass vorhergehende Leasing-Nehmer nach Ablauf der Leasing-Frist die Leasing-Objekte nicht angekauft, das heißt nicht in den eigenen Bestand übernommen haben.[4] Die gebrauchten Güter verbleiben beim Leasing-Geber. Bevor sich dieser um eine anderweitige Veräußerung bemüht, verleast er sie an eine innovative Unternehmung, die sich dadurch in hohem Umfang Kosten spart. Die Ausstattung aus dem Altbestand kann bis zu 30 Prozent des gewünschten Ausstattungsvolumens betragen. Der

[3] Vgl. Rasch (1996), S. 37.

[4] Diese müssen hierzu einen Teilamortisationsvertrag abgeschlossen haben. Es ist auch möglich, dass der Bestand durch Ankauf gebrauchter Güter unabhängig vom Leasing-Geschäft stammt.

verbleibende Teil der Geschäftsausstattung, durchschnittlich 70 Prozent, wird durch die Venture-Lease-Gesellschaft neu erworben, das bedeutet, die Leasing-Gesellschaft muss Zugang zu Kapital haben, um die Objekte vorfinanzieren zu können. Gegen Zahlung einer regelmäßig fälligen Leasing-Rate stehen die Objekte der wachstumsstarken Unternehmung zur Nutzung zur Verfügung.

2.4 Grundmietzeit, Eigentumsvorbehalt und Wertverlust

Der Leasing-Vertrag läuft üblicherweise über zwei oder drei und bis zu fünf Jahre. Während dieser Laufzeit ist keine Kündigung des Vollamortisationsvertrags möglich. Entsprechend dem klassischen Leasing sind die üblichen rechtlichen Restriktionen zu beachten, die sich insbesondere auf die unkündbare Grundmietzeit beziehen. Für eine steuerrechtliche Anerkennung der Zurechnung des Leasing-Objekts beim Leasing-Geber muss diese 40 bis 90 Prozent der betriebsgewöhnlichen Nutzungsdauer betragen. Während der Grundmietzeit ist der Leasing-Nehmer verbindlich an das Objekt gebunden. Fehlentscheidungen, wie zum Beispiel eine Überdimensionierung der Anlagenkapazität, können nicht ohne weiteres revidiert werden. Venture Lease ist - ebenso wie klassisches Leasing - eine wenig flexible, aber objektbezogene Möglichkeit, die notwendige Geschäftsausstattung zu erwerben. Damit kann die Geschäftsidee umgesetzt, der Betrieb aufgebaut und Cash Flows durch den Eintritt in den Markt generiert werden. Gelingt es, genügend Kapital zu horten, kann nach der Nutzungszeit gegebenenfalls Eigentum am Vermögensobjekt erworben oder - für Innovationen schaffende Branchen vorteilhafter - dann neues, moderneres Anlagevermögen angeschafft werden. Daneben bleibt das Eigentum dem Leasing-Geber vorbehalten.[5]

Im Vergleich zu einer Kreditfinanzierung hat Venture Lease für die betreffende Unternehmung den grundsätzlichen Vorteil, dass keine weiteren Sicherheiten gestellt und keine einschränkenden Vereinbarungen eingegangen werden müssen. Allerdings kann sich ein Venture Lease Geber nicht vollständig aus dem Eigentumsvorbehalt bedienen, sollte es zu einem Ausfall von Leasing-Ratenzahlungen kommen. Denn der Wertverlust für die Leasing-Objekte ist relativ hoch, insbesondere während des ersten Jahres sind 50 Prozent nicht selten. Die übliche Beleihungsgrenze von Computerausstattung liegt beispielsweise bei nur 15 Prozent des Beschaffungswerts. Fallen nun mehrmals Zahlungen von Leasing-Raten aus, und besteht kaum Aussicht darauf, dass die Unternehmung in absehbarer Zeit in der Lage sein wird, diese nachzuholen, so ist die Verwertung der Leasing-Objekte als Sicherheiten nicht ohne Weiteres möglich. Das Verlangen der Herausgabe vor Vertragsablauf ist mitunter als unzulässig einzustufen, weil dem Leasing-Nehmer dadurch das Recht auf wirtschaftliche Nutzung entzogen wird.[6] Dies kann letzten Endes auch nicht im Interesse der Venture-Lease-Gesellschaft sein, da der Unternehmung somit kaum die Chance bleibt, doch noch Markterfolg zu erzielen. Nicht

---

[5] Vgl. Büschgen (1998), S. 37f.

[6] Vgl. Beckmann u. Kügel (1998), S. 145.

nur die Aktienoption wird im Fall der Herausgabe wertlos, eine weitere Verwendung der Objekte mit hohem Wertverlust kann sowohl die ausgefallenen Zahlungen als auch die Anschaffungsausgaben bei weitem nicht decken. Dies gilt auch für den Fall, dass die Leasing-Gegenstände im Konkursfall zurückkommen.

3 Risikoprämie des Venture Leasing

3.1 Optionsrecht für den Venture Lease Geber

Das beim Leasing mit steigerungsfähigen, aber finanzschwachen Unternehmungen bestehende Risiko lassen sich Venture Lease Geber durch die Einräumung eines Optionsrechts entgelten. Die Laufzeit dieser American Style Warrants beträgt typischerweise zehn Jahre ab Abschluss des Leasing-Vertrages beziehungsweise bis zu fünf Jahren nach einem Going Public. Der Wert der Warrants steht in Zusammenhang mit der Lease Line. Davon entspricht ein bestimmter Prozentsatz, der zwischen fünf und zehn Prozent liegt, dem Gegenwert an Aktienoptionen. Angenommen, eine entwicklungsfähige Unternehmung benötigt eine Geschäftsausstattung in Höhe von einer Million Euro, dann erhält der Venture-Lease-Geber bei 5 Prozent Forderungen Aktienoptionen im Gegenwert von 50.000 Euro. In der letzten Finanzierungsrunde vor dem Initial Public Offering (IPO) wird festgelegt, wie hoch der Wert einer einzelnen Option ist. Beträgt dieser 50 Euro, dann erhält der Leasing-Geber im Beispiel 1.000 Optionsscheine, für die er keine Prämie bezahlen muss. Zeitgleich wird der Bezugspreis festgelegt. Bei einem Ausübungszeitraum von fünf Jahren nach dem IPO soll als realistischer Basispreis für das vorliegende Beispiel 400 Euro angenommen werden. Comdisco, eine US-amerikanische Leasing-Gesellschaft, konnte in den USA bis Ende 1999 Aktien zu einem Basispreis erwerben, der durchschnittlich 75 Prozent unter dem Marktpreis lag.[7] Dies bedeutet im vorliegenden Beispiel, dass mit einem Kurs von 1.600 Euro insgesamt 1,2 Millionen Euro Kursgewinne erzielt werden können.

---

[7] Vgl. Kleimann (2000).

3.2 American Style Warrant

Risikoprämie: Einräumung Optionsrecht
Laufzeit: 10 Jahre nach Vertragsabschluss
5 Jahre nach Going Public

	BEISPIEL
Wert: 5 - 10% der Lease Line	Lease Line: **1 Mio. €** Aktienoptionen im Wert von 50 T€
Feststellung Wert einzelner Optionsschein in letzter Finanzierungsrunde vor IPO	Wert Optionsschein 50 € d.h., 1 000 Optionsscheine ohne Prämienzahlung
Realisierung nur mit IPO möglich	nur 10% der Fälle bei Comdisco 1999
Aktien wachstumsstarker Unternehmungen versprechen hohe Kursgewinne	Basispreis = ¼ Marktpreis vorsichtige Kursschätzung 400 € d.h., Kursgewinn **1,2 Mio. €**

Abb. 1. Beispiel für realisierbare Risikoprämie aus Optionsrecht.

3.3 Berechnung der Risikoprämie

Stellt man dem gegenüber, dass gerade mal eine Ausstattung von einer Million Euro beantragt wurde, von denen nur 70 Prozent neu erworben wurden, und berücksichtigt man, dass zudem alle fälligen Leasing-Zahlungen geleistet wurden, so mutet dies nach einer hohen Risikoprämie an. Effektiv betrachtet liegt die Risikoprämie pro Jahr rechnerisch zwischen 15 und 20 Prozent p.a., vorausgesetzt, die Option kam zur Ausübung. Im Gegensatz hierzu richtet sich die Höhe der von Venture-Capitalisten ex ante geforderten Mindestrendite nach dem mit einem Engagement eingegangenen Risiko. Da über zukünftige Erfolge nur Annahmen getroffen werden können, bietet sich eine Orientierung der geforderten Rendite an den Erkenntnissen der Kapitalmarkttheorie an. Damit wird zwar nur das systematische Risiko entgolten, doch ist diese erste Schätzgröße hinreichend genau, da der Venture-Capitalist entweder vom Portfolioeffekt oder von Spezialisierungsvorteilen profitieren kann, und zudem weitere Annahmen getroffen werden müssen. Schefczyk schlägt die Berechnung einer Internal Rate of Return als Grundschema vor.[8] Dazu wird zum risikolosen Zinssatz (zurzeit etwa 5 Prozent pro Jahr) eine Rendite für die Managementunterstützung (rund 2,5 Prozent p. a. marktüblich) addiert. Die risikoabhängige Verzinsung ergibt sich aus der Differenz zwischen der Sollrendite für das Portfolio (circa 15 Prozent pro anno in Deutschland) und der risikolosen Verzinsung. Das mit dem ß-Faktor angegebene systematische Ri-

[8] Vgl. Schefczyk (2000), S. 141f.

siko eines Engagements muss über ein Scoring-Modell geschätzt werden, wobei ß = 1 das durchschnittliche Portfoliorisiko abbildet. Die Renditeforderung eines durchschnittlich riskanten Engagements liegt ex ante demnach bei etwa 17,5 Prozent jährlich. Im Gegensatz zu Venture-Capital-Gesellschaften bieten Venture Lease Geber jedoch keine Beratungsleistung an, halten auf Grund des Eigentumvorbehalts die Leasing-Objekte als Sicherheit und erhalten zudem Cash Flow aus den Leasing-Ratenzahlungen. Die Forderung von Optionsscheinen in Höhe von fünf bis zehn Prozent der Lease Line als Prämie für das eingegangene Risiko wirkt im Vergleich zu der von Venture-Capitalists geforderten Rendite hoch. Eine Venture-Lease-Gesellschaft kann die exemplarisch berechnete Rendite jedoch nur dann realisieren, wenn die Unternehmung tatsächlich an die Börse geht und einen hohen Wertzuwachs erzielen kann. Einer Venture-Capital-Gesellschaft hingegen stehen verschiedene Alternativen zum Ausstieg aus einer Beteiligung und damit zur Realisierung einer Rendite zur Verfügung.[9]

Prämienvergleich

Venture Capital analog Internal Rate of Return

$i_{risikolos} + i_{Beratung} + i_{Risikoprämie} * ß$

$5\,\% + 2{,}5\,\% + 10\,\% * ß \approx 17{,}5\,\%$ p.a.

Venture Lease: (IPO vorausgesetzt) ca. 15 – 20 % p.a.

➔ keine Beratungsleistung
➔ Realisierung Risikoprämie nur über Ausübung Optionsrecht
➔ keine anderen Realisierungs-/ Exit-Alternativen

Abb. 2. Vergleich der Prämien für Venture-Capital und Venture Leasing.

3.4 Problemfall Börsensegment für innovative IPOs

Mit der Einrichtung des „Neuen Marktes" in Deutschland im März 1997 ist ein spezielles Börsensegment entstanden, das bis zu seiner Schließung fünf Jahre später innovativen Unternehmungen aus zukunftsträchtigen Branchen mit überdurchschnittlichen Umsatz- und Gewinnperspektiven, beispielsweise Telekommunikation, Biotechnologie, Multimedia oder Umwelttechnik, den Zugang zu weiterem Eigenkapital erleichtern wollte. Strenge Rahmenbedingungen setzten den Standard.[10] Mindestens 50 Prozent des Emissionsvolumens bei der Erstplatzierung mussten aus einer Kapitalerhöhung stammen, wobei nur Stammaktien ausgegeben werden durften. Altaktionäre unterlagen einer Veräußerungssperre von einem halben Jahr. Da Venture-Lease-Gesellschaften jedoch erst nach einem IPO zu Mitei-

---

[9] Vgl. Mayer (2003), S. 153ff.
[10] Vgl. Regelwerk für den Neuen Markt.

gentümern werden, hätten sie nicht dieser Spekulationsfrist unterlegen und im Prinzip Kursgewinne sofort realisieren können. Daneben mussten sich möglichst 25 Prozent, jedoch nicht weniger als 20 Prozent des Aktienkapitals in Streubesitz befinden. Schließlich war jede am „Neuen Markt" gehandelte Unternehmung zur Bestellung von mindestens zwei Betreuern verpflichtet. Die Idee stammt aus den Erfahrungen, die bereits zuvor in Europa gesammelt werden mussten: Nachdem sich die NASDAQ bereits als erfolgreiche Technologiebörse etabliert hatte,[11] scheiterten die für den Handel mit kleinen Unternehmungen gegründeten Foren insbesondere an der zu geringen Liquidität des Marktes.

3.5 Zusammenarbeit mit Venture-Capital-Gesellschaften

Nur falls es zum IPO kommt, haben sich die Annahmen über die Wachstumschancen und den Unternehmungserfolg als richtig erwiesen. In den anderen Fällen kann der Venture Lease Geber nur hoffen, dass es zu keinen nennenswerten Zahlungsausfällen bei den Leasing-Raten kommt. Um das Risiko tragen zu können, sieht sich eine Venture-Lease-Gesellschaft hohen Anforderungen gegenüber. Zur Bewertung potenzieller Leasing-Nehmer sind Erfahrungen in der Technologiebranche von Vorteil, wobei die Zusammenarbeit mit Venture-Capital-Gesellschaften unabdingbar ist. Formelles Beteiligungskapital ist für sich genommen nur dann leistungsfähig, wenn eine treffsichere Auswahl an erfolgversprechenden Innovationen möglich ist. Die Kapital suchende Unternehmung muss sich bewusst sein, dass lediglich drei bis vier von hundert Antragstellern das Ziel erreichen, in das Finanzierungsportfolio einer Beteiligungsgesellschaft aufgenommen zu werden.[12] Die erste Aufgabe des Venture-Capitalists ist es, Unternehmungen mit Aussicht auf Wachstum und Erfolg zu identifizieren. Als Informationsquelle dient der Business Plan, denn er enthält erste relevante Angaben, die eine solche Unternehmung charakterisieren. Er konkretisiert eine Geschäftsidee und zeigt auf, wie es das Management schaffen will, diese Idee zu realisieren und daraus eine entwicklungsfähige und erfolgversprechende Unternehmung zu machen. Die Erstellung eines solchen Plans stellt insofern einen ersten Bewährungstest für den Innovator dar, als er seine Fähigkeit, aus dieser Idee eine Unternehmung zu entwickeln, unter Beweis stellen muss. Eingangs gilt es, Geschäftsziele zu definieren, geplante Produkte oder Dienstleistungen zu erörtern, einen Überblick über die benötigten Fachkräfte zu geben und den Finanzmittelbedarf grob zu ermitteln. Als strategische Erfolgsfaktoren technologieorientierter Unternehmungsgründungen aus der Sicht der das Beteiligungskapital gebenden Investoren identifiziert Schefczyk in Zusammenhang mit der Analyse ihrer Erfolgsstrategien, marktbezogene, geschäftsbezogene und finanzierungsbezogene Faktoren.[13]

---

[11] Vgl. Rasch (1996).

[12] Vgl. www.bvk-ev.de.

[13] Vgl. Schefczyk (2004), S. 202.

Bewertung innovativer Unternehmungen

Kooperation mit Venture Capital Gesellschaften: „Venture Capital Backing"

Analyse der Business Pläne: marktbezogene
geschäftsbezogene Erfolgsfaktoren
finanzierungsbezogene

Verwässerung des ursprünglichen Eigenkapitalanteils mit jeder Finanzierungsrunde betrifft auch Venture Capital Gesellschaften

➔ Einsatz Venture Capital nicht für operative Zwecke, nicht für Erwerb von Anlagevermögen mit hohem Wertverlust
➔ Venture Capital für wertsteigernde Maßnahmen nutzen!

Abb. 3. Im Business Plan abgebildete Erfolgsfaktoren.

3.6 Fremdeinfluss auf die Unternehmung

So genannte Venture-Capital Backed-Unternehmungen, die bereits formelles Beteiligungskapital erhalten, bieten sich als Zielgruppe für Venture Lease besonders an.[14] Ihnen ist bewusst, dass jede weitere Aufnahme von Venture-Capital zu einer Verringerung des Eigenkapitalanteils des Gründers führt. Dieser verwässert mit jeder weiteren Finanzierungsrunde.[15] Da Altgesellschafter auch bei Minderheitsbeteiligungen bestimmte Mitsprache- und Einspruchsrechte haben und diese unter Umständen zur Erweiterung des eigenen Anteils nutzen, kommt es bereits nach wenigen Finanzierungsrunden bei mehreren Beteiligungsgebern auch zur Verwässerung des ursprünglichen Eigenkapitalbesitzes des Innovators. Eine Beteiligungskapital suchende Unternehmung muss sich also bereits vor Aufnahme des ersten Kapitalgebers darüber im Klaren sein, dass mit dem Erhalt von Beteiligungskapital zwingend die Übertragung von Unternehmungsanteilen verbunden ist, und dass mit jeder weiteren Aufnahme von Kapitalgebern der Fremdeinfluss auf die Unternehmung steigt. Venture-Capital sollte daher nicht für operative Prozesse ausgegeben, sondern besser für Aufgaben genutzt werden, die wertsteigernd wirken. Hierzu zählen insbesondere Marketing-Maßnahmen wie Marktforschung, Werbung und ein strategisch geplanter Markteintritt. So gesehen profitieren auch Venture-Capitalisten von Venture Lease, denn ihre Beteiligungsgesellschaft investiert das zur Verfügung gestellte Kapital in die Realisierung der Innovation und nicht in Anlagevermögen mit hohem Wertverlust, wie beispielsweise Computertechnologie.

---

[14] Vgl. Mayer (2001a).

[15] Vgl. Bergemann u. Hege (1997).

3.7 Diversifikation des Leasing-Portfolios

Im Rahmen des Risikomanagements sollte eine Venture-Lease-Gesellschaft nicht auf die Möglichkeit der Diversifikation verzichten. Ein Leasing-Portfolio muss sich nicht auf Venture Lease beschränken. Comdisco betreibt beispielsweise Beteiligungsfinanzierungen und Kreditvergaben mit weniger risikobehafteten Unternehmungen unterschiedlicher Branchen. Zudem können klassische Leasing-Gesellschaften als Nebengeschäft Venture Lease anbieten. Da sich einzelne Engagements als Wahrscheinlichkeitsverteilung über den zukünftigen Erfolg aggregieren lassen, wirken sie in einem Portfolio gemäß der Markowitzschen Erkenntnis nach Maßgabe ihres Korrelationskoeffizienten risikomindernd.[16] Von einer Venture-Lease-Gesellschaft muss also die Fähigkeit gefordert werden, sowohl Erwartungswerte und Abweichungen über die Rückflüsse in ihrem Portfolio anzunehmen, als auch die entsprechenden Transaktionen angemessen strukturieren zu können. Solange die weniger risikobehafteten Leasing-Nehmer in der Lage sind, ihren Verpflichtungen aus den regelmäßig fälligen Leasing-Raten nachzukommen, geht der Leasing-Gesellschaft Cash Flow zu, Deckungsbeiträge können erwirtschaftet werden. Dies gilt auch für Venture Lease, solange es zu keinen nennenswerten Ausfällen der Leasing-Ratenzahlungen kommt. Allerdings muss die Risikoprämie für den Großteil der Venture Lease Engagements verfallen, da in der Vergangenheit nur rund 10 Prozent der Unternehmungen an die Börse gegangen sind.[17] Diese realisieren dafür jedoch eine deutliche Risikoprämie, welche die Portfoliorendite der finanzierenden Unternehmung steigen lässt und damit zum Ausgleich möglicher Verluste in anderen Engagements beiträgt.

3.8 Rechtliche Rahmenbedingungen

Kommt es im Laufe der Jahre zu weit reichenden Beteiligungen an erfolgreichen Technologieunternehmungen, so müssen unter Umständen Regelungen des Gesetzes über Unternehmensbeteiligungsgesellschaften (UBGG) berücksichtigt werden. Die Begrenzung der an einer Unternehmung gehaltenen Anteile auf maximal 30 Prozent der Bilanzsumme der Gesellschaft wird in Anbetracht der Zahl der Optionsscheine kein Problem für eine Venture-Lease-Gesellschaft darstellen. Allerdings darf die Vergabe von Darlehen an Beteiligungsunternehmungen maximal das Dreifache der Anschaffungsausgaben ausmachen und zusammen mit dem Buchwert 30 Prozent der Bilanzsumme der Gesellschaft nicht übersteigen.[18]

---

[16] Vgl. bspw. Reilly u. Brown (2003), S. 211ff.

[17] Vgl. www.comdisco.com.

[18] Vgl. § 4 (7), UBGG.

4 Bewertung und Ausblick

Für eine wachstumsstarke junge Unternehmung hat Venture Lease neben einer Vermeidung der Aufnahme weiteren Eigenkapitals den Vorteil, die Kreditwürdigkeit nicht weiter zu belasten. Das Management kann so besser die ersten und wichtigen Schritte des Business Plans realisieren. Große Teile der Geschäftsausstattung sind auch ohne weiteres Eigenkapital und ohne Kreditwürdigkeit verfügbar, es besteht keine Veranlassung, diese zu kaufen. Venture Lease stellt tatsächlich eine Finanzinnovation dar. Zeitlich ist es erst in jüngster Zeit in Europa verfügbar, hat wachstumsstarke innovative Unternehmungen als Zielgruppe, und bietet durch Kombination bekannter Elemente von Finanzierungsverträgen eine neue Möglichkeit zum Risikomanagement an. Für derartige Unternehmungen wird dadurch eine neue Finanzierungsquelle zugänglich, den spezifischen Risiken wird besser entsprochen, und es ist weniger Eigenkapital zur Einrichtung des Geschäftsbetriebs notwendig. Dadurch kann die Kapitalstruktur deutlich verbessert werden, wobei jedoch nicht vergessen werden darf, dass die junge Unternehmung durch regelmäßige Auszahlungen für Leasing-Raten belastet wird. Hier bietet sich eine Variation der Fälligkeiten nach Zeitpunkt und Höhe an. Eine Finanzinnovation muss jedoch auch langfristig zu einem veränderten Finanzierungsverhalten führen. Da für eine wachstumsstarke innovative Unternehmung deutliche Vorteile durch Venture Lease entstehen, dürfte mit einer steigenden Nachfrage zu rechnen sein. Allerdings wirken sich die Instabilität und erfolgte Schließung auf dem „Neuen Markt" in Deutschland bremsend auf das Angebot an Venture Lease aus. Ein erfolgversprechendes, stabiles Nachfolge-Segment ist trotz der Neustrukturierung der deutschen Börsenlandschaft in Prime Standard und General Standard[19] derzeit nicht zu erkennen. Wenn die Wertbeständigkeit von Aktienoptionen in Frage gestellt werden muss, so bietet Venture Lease keine werthaltige Risikoprämie für die Leasing-Gesellschaft. Bei anhaltenden Problemen für entsprechende IPOs fehlt auf Dauer der Anreiz zu Venture-Lease-Geschäften. Dann würde die Finanzinnovation scheitern. Es müsste nach einer anderen Quelle für eine Risikoprämie geforscht werden. Die Venture-Lease-Gesellschaften sollten ohnehin lernen, innovationsbedingte Risiken angemessen zu bewerten. Damit wird auch die Venture-Lease-Finanzierung ein Erfolg.

Literatur

Beckmann H, Kugel W (1998): Zustandekommen und Inhalt des Finanzierungsleasinggeschäfts. In: Büschgen H E (Hrsg): Praxishandbuch Leasing. Mönchen, S 83ff.

Bergemann D, Hege U (1997): Venture-Capital Financing, Moral Hazard and Learning. In: Centre for Economic Policy Research, Diskussion Paper 11/1997, No 1738.

[19] Vgl. www.deutsche-boerse.com

Büschgen H E (1998): Mobilienleasing. In: Büschgen H E (Hrsg): Praxishandbuch Leasing. München, S 35ff.

Jokisch J (1998): Originäre und derivative Finanzinnovationen als Instrumente zum Management von Zinsrisiken. In: Berndt R (Hrsg): Unternehmen im Wandel - Change Management Berlin, S 333-347.

Jokisch J/ Mayer M D (2002): Grundlagen finanzwirtschaftlicher Entscheidungen. München 2002.

Kleiman R T (2000): The Characteristics of Venture Lease Financing. Working Paper Oakland University Rochester 2000.

Mayer M D (2001a): Venture-Capital Backing als Qualitätsindikator beim IPO am Neuen Markt? Zeitschrift für Betriebswirtschaft, Heft 9, 2001.

Mayer M D (2001b): Venture Lease als Finanzinnovation in Deutschland. In: Finanzierung, Leasing, Factoring Nr 5, 2001, S 209-213.

Mayer M D (2003): Venture Finance. Zur Finanzierung innovativer Unternehmungen. Wiesbaden 2003.

Rasch S (1996): Der Aktienmarkt für kleine und mittelgroße Unternehmen: Besonderheiten, Probleme und Möglichkeiten bei der Ausgestaltung des Börsenhandels. Baden-Baden.

Reilly F K/ Brown K C (2003): Investment Analysis & Portfolio Management. 7th Edition Mason.

Schefczyk M (2004): Erfolgsstrategien deutscher Venture-Capital-Gesellschaften. 3. Aufl. Stuttgart.

Schefczyk M (2000): Finanzieren mit Venture-Capital: Grundlagen für Investoren, Finanzintermediäre, Unternehmer und Wissenschaftler. Stuttgart.

Teil V

Beiträge zu Rechnungswesen und Steuern

Steuerliche Aspekte der Gründungsfinanzierung

Guido Förster und Lars Brinkmann

Abstract

Das deutsche Steuerrecht ist weder rechtsformneutral noch finanzierungsneutral. Die steuerlichen Konsequenzen der Gründungsfinanzierung hängen von der Rechtsform des Unternehmens und dem Umstand ab, ob Eigenkapital oder Fremdkapital zur Verfügung gestellt wird. Einzelunternehmen und Personengesellschaften sind selbst nicht einkommensteuerpflichtig. Gewinne unterliegen beim Unternehmer bzw. den Gesellschaftern der Einkommensteuer, unabhängig davon, ob sie entnommen oder thesauriert werden (Transparenzprinzip). Auf der anderen Seite können Verluste grundsätzlich sofort mit anderweitigen positiven Einkünften des Unternehmers bzw. der Gesellschafter verrechnet werden, soweit nicht besondere Verrechnungsbeschränkungen eingreifen (§ 15a EStG, Mindestbesteuerung). Kapitalgesellschaften sind dagegen selbst Steuersubjekt der Körperschaftsteuer. Ihre Gewinne unterliegen bei den Gesellschaftern erst dann der Besteuerung, wenn sie ausgeschüttet werden (Trennungsprinzip). Verluste einer Kapitalgesellschaft können nicht mit positiven Einkünften der Gesellschafter verrechnet werden. – Schuldzinsen für Fremdkapital können i. d. R. als Betriebsausgaben abgezogen werden. Besonderheiten gelten jedoch für „Überentnahmen" bei Einzelunternehmen und Personengesellschaften, für Gesellschafterdarlehen bei Personengesellschaften und für Gesellschafterdarlehen bei Kapitalgesellschaften. Darüber hinaus sind Refinanzierungsaufwendungen des Gesellschafters einer Kapitalgesellschaft nur zur Hälfte steuerlich abzugsfähig. – Steuerliche Besonderheiten gelten schließlich bei der Venture-Capital-Finanzierung.

1 Einleitung

Das deutsche Steuerrecht ist weder rechtsformneutral noch finanzierungsneutral. Die steuerlichen Konsequenzen der Gründungsfinanzierung sind in erster Linie von der Rechtsform des Unternehmens und dem Umstand abhängig, ob Eigenkapital oder Fremdkapital zur Verfügung gestellt wird. Darüber hinaus ergeben sich steuerliche Folgen für den Gesellschafter einer Personen- oder Kapitalgesellschaft, wenn er seine Eigenkapitaleinlage oder Gesellschafterfremdkapital refinanziert.

Im Folgenden werden wesentliche ertragsteuerliche Aspekte der Gründungsfinanzierung von personenbezogenen gewerblichen Unternehmen behandelt.[1] Dabei ist auch auf die Berücksichtigung von Verlusten einzugehen, die nicht selten in der Gründungsphase auftreten und in erster Linie die Eigenkapitalgeber als Inhaber von Residualansprüchen treffen.
Abschließend werden die ertragsteuerlichen Konsequenzen von Venture-Capital als weitere Finanzierungsalternative bei Kapitalgesellschaften dargestellt.

2 Einzelunternehmen

2.1 Eigenfinanzierung

2.1.1 Steuerbelastung der Gewinne

Ein Einzelunternehmen ist kein eigenständiges Steuersubjekt, welches der Einkommensteuer oder Körperschaftsteuer unterliegt. Vielmehr werden die erzielten Gewinne im Zeitpunkt ihrer Entstehung und unabhängig davon, ob sie entnommen werden oder nicht, als Einkünfte aus Gewerbebetrieb dem Inhaber zugerechnet (§ 15 Abs. 1 Satz 1 Nr. 1 EStG). Nach Zusammenrechnung mit etwaigen anderen Einkünften des Unternehmers unterliegen sie der Einkommensteuer, deren Spitzensteuersatz ab 2005 42% beträgt.[2] Zusätzlich werden als Zuschlag zur Einkommensteuer der Solidaritätszuschlag mit 5,5% der Einkommensteuer (§§ 3 Abs. 2, 4 SolZG) und gegebenenfalls die Kirchensteuer mit regelmäßig 8–9% auf die Einkommensteuer[3] erhoben.

Gewinne eines gewerblichen Einzelunternehmens unterliegen darüber hinaus der Gewerbesteuer (§ 2 Abs. 1 Satz 2 GewStG). Die Gewerbesteuerbelastung ist von der Höhe des Gewinns und vom Hebesatz der Gemeinde abhängig.[4]

Die mögliche Doppelbelastung gewerblicher Gewinne mit Einkommensteuer und Gewerbesteuer wird auf zweifache Weise gemildert: Zum einen ist die Gewerbesteuer gem. § 4 Abs. 4 EStG als Betriebsausgabe abzugsfähig und mindert daher neben ihrer eigenen Bemessungsgrundlage auch die Bemessungsgrundlage der Einkommensteuer sowie – mittelbar – die Bemessungsgrundlage der Zuschlagsteuern. Zum anderen ermäßigt sich die Einkommensteuer des Unternehmers gem. § 35 Abs. 1 Satz 1 Nr. 1 EStG um das 1,8fache des Gewerbesteuer-

---

[1] Nicht behandelt wird die Gründungsfinanzierung von land- und forstwirtschaftlichen oder freiberuflichen Einzelunternehmen und Personengesellschaften. Unternehmen in der Rechtsform einer Kapitalgesellschaft sind kraft Rechtsform als Gewerbebetrieb anzusehen (§ 8 Abs. 2 KStG).

[2] § 32a Abs. 1 Satz 2 Nr. 4 EStG 2005. Vgl. Jacobs(2002), S. 93.

[3] Zu beachten ist, dass die Kirchensteuer bei der Ermittlung der einkommensteuerlichen Bemessungsgrundlage als Sonderausgabe abzugsfähig ist, wodurch sich die effektive Kirchensteuer-Belastung mindert, vgl. § 10 Abs. 1 Nr. 4 EStG.

[4] § 11 Abs. 1 Satz 3 Nr. 1, Abs. 2 Nr. 1 GewStG.

Messbetrags (Ermäßigungspotenzial[5]), maximal aber um die um bestimmte andere Steuerermäßigungen verminderte tarifliche Einkommensteuer, die auf die gewerblichen Einkünfte entfällt (Ermäßigungshöchstbetrag). Durch die Steuerermäßigung verringert sich zugleich der Solidaritätszuschlag (§ 3 Abs. 2 SolZG), nicht aber die Kirchensteuer (§ 51a Abs. 2 Satz 3 EStG).

Die Entlastung von der Gewerbesteuer durch die Steuermäßigung nach § 35 EStG wird unter Umständen nicht vollständig erreicht. Dies ist immer dann der Fall, wenn das Ermäßigungspotenzial den Ermäßigungshöchstbetrag übersteigt (sog. Anrechnungsüberhang).[6] Diese Anrechnungsüberhänge können insbesondere auf Grund der Verrechnung der gewerblichen Einkünfte mit Verlusten aus anderen Einkunftsarten, auf Grund sonstiger einkommensteuerrechtlicher Abzugsbeträge (z. B. Sonderausgaben, außergewöhnlichen Belastungen) und auf Grund von gewerbesteuerrechtlichen Hinzurechnungen entstehen.[7]

Geht man davon aus, dass ein Anrechnungsüberhang nicht besteht, und vernachlässigt man die Kirchensteuer, so ergibt sich die Steuerbelastung der Gewinne eines gewerblichen Einzelunternehmers aus der Formel

$$s_{EinzelU} = s_{ge} + [(1 - s_{ge}) * s_{est} - 1{,}8 * s_{ge} / h] * 1{,}055$$

mit

$s_{EinzelU}$ = Steuerbelastung der Gewinne eines gewerblichen Einzelunternehmers,
s_{ge} = Gewerbesteuersatz[8],
s_{est} = Einkommensteuersatz,
h = Gewerbesteuer-Hebesatz der Gemeinde.

Bei einer Gewerbesteuer-Messzahl von 5%, einem Gewerbesteuer-Hebesatz von 450% und einer Einkommensteuerbelastung von 42% beträgt der Grenzsteuersatz für die steuerliche Gesamtbelastung des Einzelunternehmers unter Vernachlässigung der Kirchensteuer in der Spitze 46,8% des gewerblichen Gewinns vor Steuern.

Wegen der Abhängigkeit des Einkommensteuertarifs von der Höhe des Einkommens und der Abhängigkeit des Gewerbesteuertarifs von der Höhe des Gewerbeertrags entspricht der Grenzsteuersatz jedoch nicht dem Durchschnittssteuersatz, sondern liegt darüber. Die Entwicklung der Durchschnittssteuerbelastung[9] in Abhängigkeit vom Gewinn vor Steuern ist in Abbildung 1 dargestellt.[10]

---

5 Zum Teil wird dieser Betrag auch als Ermäßigungsbetrag, Anrechnungsbetrag, Anrechnungspotenzial oder Anrechnungsvolumen bezeichnet.

6 Vgl. Herzig/Lochmann, DB 2000, S. 1731; Rödder/Schumacher, DStR 2000, S. 363.

7 Vgl. z. B. Herzig/Lochmann, DB 2000, S. 1732; Kollruss, Stbg 2000, S. 561; U. Förster, FR 2000, S. 868; Korezkij(2003), S. 202f.

8 Der Gewerbesteuersatz für Gewinne vor Steuern ergibt sich aus der Formel $s_{ge} = m*h / (1+m*h)$, mit m = Gewerbesteuer-Messzahl und h = Gewerbesteuer-Hebesatz.

9 Berücksichtigt ist die Gewerbesteuer einschließlich Freibetrag und Staffeltarif gem. § 11 GewStG, die tarifliche Einkommensteuer nach dem Tarif 2005 und der Solidaritätszuschlag.

10 Der Berechnung wurde der Einkommensteuertarif 2005 zu Grunde gelegt. Der gewerbesteuerliche Freibetrag (§ 11 Abs. 1 Satz 3 Nr. 1 GewStG), der Staffeltarif der Gewerbe-

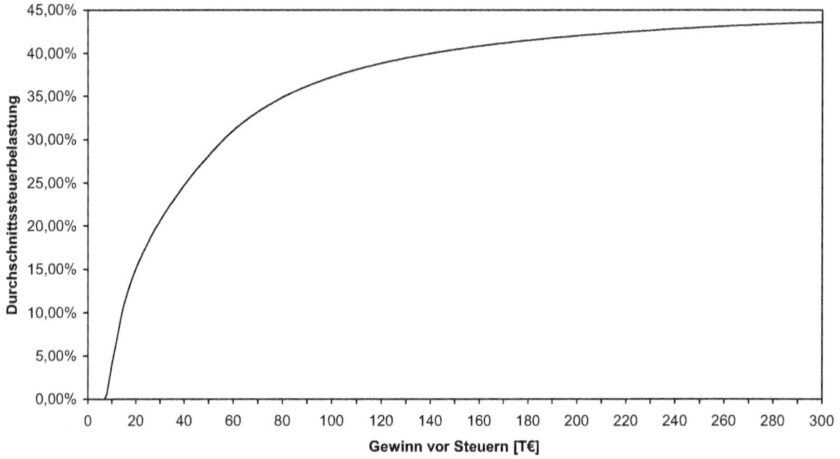

Abb. 1. Durchschnittliche Steuerbelastung (GewSt, ESt, SolZ) bei einem Einzelunternehmen

2.1.2 *Verlustberücksichtigung*

Verluste des Einzelunternehmers sind bei der Einkommensteuer im Zeitpunkt ihrer Entstehung als negative Einkünfte aus Gewerbebetrieb zu berücksichtigen und können vorbehaltlich gesetzlicher Sonderregelungen (§§ 2a, 2b, 15 Abs. 4 EStG) unbeschränkt mit positiven Einkünften aus anderen Einkunftsarten ausgeglichen werden, die im selben Veranlagungszeitraum erzielt werden (§ 2 Abs. 3 EStG). Nicht ausgeglichene Verluste sind gem. § 10d Abs. 1 EStG in den vorangegangenen Veranlagungszeitraum zurückzutragen, jedoch maximal bis zu einem Betrag von 511.500 Euro (bei zusammen veranlagten Ehegatten 1.023.000 Euro). Allerdings darf der Steuerpflichtige ganz oder teilweise auf den Verlustrücktrag verzichten.

Verluste, die nicht ausgeglichen werden konnten und auch nicht zurückgetragen wurden, dürfen ohne zeitliche Begrenzung in die folgenden Veranlagungszeiträume vorgetragen und dort mit positiven Einkünften verrechnet werden (§ 10d Abs. 2 EStG). Dabei kommt es nicht darauf an, dass im Zeitpunkt der Verlustverrechnung das verlustverursachende Unternehmen noch besteht. Allerdings ist der Verlustvortrag durch die so genannte Mindestbesteuerung begrenzt: Eine Verrechnung mit positiven Einkünften ist im Vortragsjahr nur bis zur Höhe von 1 Mio. Euro (bei zusammen veranlagten Ehegatten 2 Mio. Euro) unbegrenzt mög-

steuer (§ 11 Abs. 2 Nr. 1 GewStG), und die Steuerermäßigung nach § 35 EStG wurden berücksichtigt. Aus Vereinfachungsgründen werden zu versteuerndes Einkommen und Gewerbeertrag gleichgesetzt.

lich, darüber hinaus nur bis zu 60% des 1 Mio. Euro bzw. 2 Mio. Euro übersteigenden Gesamtbetrags der Einkünfte des Vortragsjahres. Im Ergebnis verbleibt hierdurch in den Vortragsjahren trotz des Verlustvortrags stets ein positives zu versteuerndes Einkommen und der Verlustvortrag wird zeitlich gestreckt, sofern der Sockelbetrag von 1 Mio. Euro bzw. 2 Mio. Euro überschritten wird.

Führen die Verluste bei der Ermittlung des Gewerbeertrags zu einem Fehlbetrag, so kann dieser zeitlich unbegrenzt vorgetragen werden (§ 10a GewStG). Allerdings gilt auch hier die Mindestbesteuerung. Ein Verlustrücktrag ist dagegen nicht möglich.[11]

Zu beachten ist, dass bei der Gewerbesteuer die Verlustverrechnung stets Unternehmensidentität und Unternehmeridentität voraussetzt.[12] Unternehmensidentität bedeutet, dass der Gewerbeverlust bei demselben Unternehmen entstanden sein muss, dessen Gewerbeertrag durch Abzug des Gewerbeverlusts gekürzt werden soll.[13] Unternehmeridentität heißt, dass dieselbe Person den Gewerbeverlust geltend machen muss, die ihn zuvor auch erlitten hat (Unternehmeridentität).[14] Wird etwa durch vollständigen Branchenwechsel die Unternehmensidentität unterbrochen oder geht das Einzelunternehmen auf einen anderen Inhaber über, so können Gewerbeverluste aus der Zeit vor diesem Wechsel nicht mit späteren positiven Gewerbeerträgen des Unternehmens verrechnet werden.

2.2 Fremdfinanzierung

Die Zinsen für Fremdkapital, dessen Valuta für betriebliche Zwecke verwendet wurde, sind gem. § 4 Abs. 4 EStG grundsätzlich als Betriebsausgaben abziehbar. Allerdings ist zu beachten, dass „Entgelte für Schulden, die wirtschaftlich mit der Gründung … des Betriebs … zusammenhängen oder der nicht nur vorübergehenden Verstärkung des Betriebskapitals dienen“ gem. § 8 Nr. 1 GewStG als so genannte Dauerschuldzinsen bei der Ermittlung der gewerbesteuerlichen Bemessungsgrundlage, dem Gewerbeertrag, zur Hälfte wieder hinzuzurechnen sind.

Bedeutung hat für Einzelunternehmer auch die Beschränkung des betrieblichen Schuldzinsenabzugs nach § 4 Abs. 4a EStG, die allerdings ausdrücklich nicht die Schuldzinsen für solche Darlehen erfasst, die der Finanzierung von Anschaffungs-

---

[11] Vgl. von Twickel, in: Blümich, EStG/KStG/GewStG, § 10a GewStG Rz. 24 (April 2004).

[12] Vgl. BFH v. 16.4.2002, VIII R 16/01, BFH/NV 2003, S. 81 m. w. N.; BFH v. 3.5.1993, GrS. 3/92, BStBl. II. 1993, S. 616, 620; A 66 Abs. 1 Satz 3 GewStR 1998; von Twickel, in: Blümich, EStG/KStG/GewStG, § 10a GewStG Rz. 56 (April 2004).

[13] Vgl. BFH v. 16.4.2002, VIII R 16/01, BFH/NV 2003, S. 81; BFH v. 14.9.1993, VIII R 84/90, BStBl. II 1994, S. 764, 767; A 67 Abs. 1 GewStR 1998; von Twickel, in: Blümich, EStG/KStG/GewStG, § 10a GewStG Rz. 64 (April 2004).

[14] Vgl. BFH v. 7.12.1993, VIII R 4/88, BFH/NV 1994, S. 573, 574; BFH v. 3.5.1993, GrS. 3/92, BStBl. II. 1993, S. 616, 620; A 68 Abs. 1 GewStR 1998; von Twickel, in: Blümich, EStG/KStG/GewStG, § 10a GewStG Rz. 79 (April 2004).

oder Herstellungskosten von Wirtschaftsgütern des Anlagevermögens dienen (§ 4 Abs. 4a Satz 5 EStG). Entnimmt der Einzelunternehmer in einem Wirtschaftsjahr mehr als die Summe des Gewinns und der im selben Wirtschaftsjahr getätigten Einlagen, so geht § 4 Abs. 4a EStG davon aus, dass diese „Überentnahme" fremdfinanziert wurde, soweit sie nicht aus Gewinnen oder Einlagen früherer Jahre abgedeckt werden kann. Die betreffenden Schuldzinsen sind daher nicht als Betriebsausgaben abziehbar. § 4 Abs. 4a Satz 3 EStG bestimmt, dass die nicht abziehbaren Schuldzinsen typisiert mit 6% der Überentnahme des Wirtschaftsjahrs zuzüglich der Überentnahmen vorangegangener Wirtschaftsjahre und abzüglich der Unterentnahmen vorangegangener Wirtschaftsjahre zu ermitteln sind. Der Höhe nach sind die nicht abziehbaren Schuldzinsen allerdings begrenzt auf die Höhe der tatsächlich angefallenen Schuldzinsen abzüglich der Zinsen zur Finanzierung von Anlagevermögen und eines Sockelbetrags von 2.050 Euro (§ 4 Abs. 4a Satz 4 EStG).[15]

3 Personengesellschaft

3.1 Eigenfinanzierung

3.1.1 Steuerbelastung der Gewinne

Personengesellschaften unterliegen selbst nicht der Einkommensteuer oder Körperschaftsteuer,[16] sondern nur die an der Gesellschaft beteiligten Personen mit ihren Anteilen am Gewinn (sog. Transparenzprinzip).[17] Allerdings wird auf der Ebene der Personengesellschaft die Einkunftsart und die Höhe der Einkünfte sowie deren Verteilung auf die einzelnen Gesellschafter einheitlich und gesondert für alle Gesellschafter festgestellt (§§ 179–183 AO). Gesellschafter einer gewerblichen Personengesellschaft erzielen deshalb aus ihrer Beteiligung regelmäßig Einkünfte aus Gewerbebetrieb, sofern sie als „Mitunternehmer" anzusehen sind. Hierzu ist neben der zivilrechtlichen Gesellschafterstellung Voraussetzung, dass der Gesellschafter Mitunternehmerinitiative entfaltet und Mitunternehmerrisiko trägt.[18]

Die Gewinnermittlung einer gewerblichen Personengesellschaft ist zweistufig aufgebaut:

In der ersten Stufe wird der Gewinn oder Verlust aus dem gesamthänderisch gebundenen Vermögen bestimmt. Dieser ergibt sich aus dem handelsrechtlichen Jahresabschluss der Personengesellschaft, korrigiert um steuerliche Sondervor-

---

[15] Vgl. Korn, in: Korn, EStG, § 4 Rz. 831 (März 2003).

[16] Vgl. BFH v. 26.11.1996, VIII R 42/94, BStBl. II 1998, S. 328, 329; BFH v. 3.7.1995, GrS. 1/93, BStBl. II 1995, S. 617, 621.

[17] Vgl. Kußmaul(2003), S. 445.

[18] Vgl. BFH v. 28.10.1999, VIII R 66–70/97, BStBl. II 2000, S. 183, 184; BFH v. 3.5.1993, GrS. 3/92, BStBl. II 1993, S. 616, 621; Schmidt, in: Schmidt, EStG, 23. Aufl., München 2004, § 15 Rz. 259; H 138 Abs. 1 „Allgemeines" EStH 2003.

schriften sowie eventuelle Ergänzungsbilanzen einzelner Gesellschafter. Der Anteil des einzelnen Gesellschafters an diesem Gewinn gehört zu den Einkünften aus Gewerbebetrieb im Jahr der Entstehung des Gewinns (§ 15 Abs. 1 Satz 1 Nr. 2 Satz 1 Hs. 1 EStG). Unerheblich ist, ob der Gewinn entnommen wird oder nicht.

In der zweiten Stufe wird für die einzelnen Gesellschafter noch der Gewinn oder Verlust aus ihrem Sonderbetriebsvermögen erfasst, der gem. § 15 Abs. 1 Satz 1 Nr. 2 Satz 1 Hs. 2 EStG ebenfalls zu den Einkünften aus Gewerbebetrieb zählt. Dazu gehören insbesondere die Sondervergütungen, die ein Mitunternehmer von der Personengesellschaft als Tätigkeitsvergütung oder für die Überlassung von Gesellschafter-Fremdkapital oder für die Überlassung von Wirtschaftsgütern erhält. Auf der anderen Seite sind hiermit verbundene Aufwendungen des Gesellschafters als (Sonder-)Betriebsausgaben abzugsfähig.

Die Summe aus dem Gewinnanteil der ersten Stufe und dem Ergebnis seines Sonderbetriebsvermögens unterliegt bei dem einzelnen Gesellschafter der Einkommensteuer sowie dem Solidaritätszuschlag und gegebenenfalls der Kirchensteuer.

Die Personengesellschaft ist dagegen Steuersubjekt bei der Gewerbesteuer. Der Gewerbesteuer unterliegt der steuerliche Gesamtgewinn, d. h. die Summe aus dem Gewinn der ersten Stufe und den Gewinnen im Sonderbetriebsvermögen aller Gesellschafter. Steuerschuldner der Gewerbesteuer sind nicht die einzelnen Gesellschafter, sondern ist die Personengesellschaft (§ 5 Abs. 1 Satz 3 GewStG).

Die Gewerbesteuerbelastung auf der Ebene der Personengesellschaft wird durch die Abzugsfähigkeit der Gewerbesteuer als Betriebsausgabe im Rahmen der Gewinnermittlung und über die Steuerermäßigung nach § 35 EStG weitgehend abgebaut. Nach § 35 Abs. 1 Satz 1 Nr. 2 EStG ermäßigt sich die Einkommensteuer des Gesellschafters um das 1,8fache des anteiligen Gewerbesteuer-Messbetrags (Ermäßigungspotenzial[19]). Allerdings ist die Ermäßigung begrenzt auf die Höhe der auf die gewerblichen Einkünfte entfallenden Einkommensteuer, die zuvor gegebenenfalls um bestimmte andere Steuerermäßigungen zu vermindern ist (Ermäßigungshöchstbetrag). Hinsichtlich der Gefahr so genannter Anrechnungsüberhänge gelten die Ausführungen zum Einzelunternehmen sinngemäß.[20] Die Steuerermäßigung nach § 35 EStG mindert auch die Bemessungsgrundlage des Solidaritätszuschlags (§ 3 Abs. 2 SolZG), nicht jedoch die der Kirchensteuer (§ 51a Abs. 2 Satz 3 EStG).

Im Ergebnis entspricht die Besteuerung der Gewinnanteile des Gesellschafters einer gewerblichen Personengesellschaft daher der Belastung eines gewerblichen Einzelunternehmers.

---

[19] Zum Teil wird dieser Betrag auch als Ermäßigungsbetrag, Anrechnungsbetrag, Anrechnungspotenzial oder Anrechnungsvolumen bezeichnet.

[20] Siehe Abschnitt Teil V2.1.1.

3.1.2 Verluste

Unbeschränkt haftende Gesellschafter (z. B. oHG-Gesellschafter, Komplementäre einer KG) können die Verlustanteile bzw. die Sonderbetriebsausgaben, die ihnen gemäß § 15 Abs. 1 Satz 1 Nr. 2 EStG zugerechnet werden, unbeschränkt mit anderen positiven Einkünften desselben Veranlagungszeitraums verrechnen (§ 2 Abs. 3 EStG). Nicht ausgeglichene Verluste können nach Maßgabe des § 10d EStG bei der Ermittlung des zu versteuernden Einkommens des unmittelbar vorangegangenen Veranlagungszeitraums und der folgenden Veranlagungszeiträume abgezogen werden. Die Ausführungen zum Einzelunternehmer gelten insoweit entsprechend.[21]

Bei beschränkt haftenden Gesellschaftern (z. B. Kommanditisten einer KG) ist die Verlustverrechnung nach § 15a EStG eingeschränkt. Diese Beschränkung betrifft allerdings nur den nach § 15 Abs. 1 Satz 1 Nr. 2 Satz 1 Hs. 1 EStG zuzurechnenden Verlustanteil (1. Stufe), der sich regelmäßig aus der Steuerbilanz der Personengesellschaft zuzüglich etwaiger Ergänzungsbilanzen des Gesellschafters ergibt. Verluste aus dem Sonderbetriebsvermögen des Gesellschafters (2. Stufe) sind von der Beschränkung nicht betroffen.[22] Die Verrechnung des Verlustanteils ist nach § 15a EStG regelmäßig nur bis zur Höhe der Kommanditeinlage mit anderen positiven Einkünften möglich. Über die Kommanditeinlage hinaus gehende Verlustanteile können als so genannte „verrechenbare Verluste" nur mit zukünftigen Gewinnanteilen aus der Personengesellschaft verrechnet werden. Zu diesen zukünftigen Gewinnanteilen gehören nur die Gewinnanteile gemäß Stufe 1 der Gewinnermittlung der Personengesellschaft, nicht jedoch die Sondervergütungen i. S. des § 15 Abs. 1 Satz 1 Nr. 2 Satz 1 Hs. 2 EStG und die sonstigen Sonderbetriebseinnahmen.[23] Auch eine Saldierung der positiven Ergebnisse aus dem Sonderbetriebsvermögen und der Sondervergütungen i. S. des § 15 Abs. 1 Satz 1 Nr. 2 Satz 1 Hs. 2 EStG mit dem Verlustanteil im Verlustentstehungsjahr ist regelmäßig nicht zulässig, so dass diese Einkünfte trotz des Vorliegens von Verlusten versteuert werden müssen.[24]

Ergibt sich auf Grund der Verluste der Personengesellschaft auch ein Gewerbeverlust, kann dieser lediglich von der Personengesellschaft nach § 10a GewStG mit zukünftigen positiven Gewerbeerträgen verrechnet werden.[25] Ein Ver-

---

[21] Siehe Abschnitt Teil V2.1.2.

[22] Vgl. Wacker, in: Schmidt, EStG, 23. Aufl., München 2004, § 15a Rz. 71; Korn/Heißenberg, in: Korn, EStG, § 15a Rz. 19, 23 (Februar 2004); BFH v. 13.10.1998, VIII R 78/97, BStBl. II 1999, S. 163, 164 m. w. N.

[23] Vgl. Wacker, in: Schmidt, EStG, 23. Aufl., München 2004, § 15a Rz. 11; Korn/Heißenberg, in: Korn, EStG, § 15a Rz. 61, 64 (Februar 2004); BFH v. 10.11.1980, GrS. 1/79, BStBl. 1981, S. 164, 169.

[24] Vgl. Korn/Heißenberg, in: Korn, EStG, § 15a Rz. 45 (Februar 2004); BFH v. 13.10.1998, VIII R 78/97, BStBl. II 1999, S. 163, 164f.

[25] Vgl. Kessler/Schiffers/Teufel, Rechtsformwahl – Rechtsformoptimierung, München 2002, § 3 Rz. 162.

lustrücktrag ist nicht möglich.[26] Hinsichtlich der Beschränkung des Verlustvortrags gelten die Ausführungen zum Einzelunternehmen sinngemäß.[27]

3.2 Fremdfinanzierung

3.2.1 Darlehensaufnahme durch die Personengesellschaft bei Dritten

Zinsen für Fremdkapital, dessen Valuta für betriebliche Zwecke verwendet wurde, sind gem. § 4 Abs. 4 EStG grundsätzlich als Betriebsausgaben abziehbar. Allerdings handelt es sich bei Zinsen für Gründungsdarlehen oder für sonstige Darlehen mit einer Restlaufzeit von mehr als einem Jahr regelmäßig um Dauerschuldzinsen, die bei der Ermittlung der gewerbesteuerlichen Bemessungsgrundlage zur Hälfte wieder hinzuzurechnen sind (§ 8 Nr. 1 GewStG).

Die Beschränkung des betrieblichen Schuldzinsenabzugs nach § 4 Abs. 4a EStG gilt auch bei Personengesellschaften, so dass die Ausführungen zum Einzelunternehmen sinngemäß gelten.[28] Bei der Anwendung des § 4 Abs. 4a EStG auf Personengesellschaften wird auf eine gesellschaftsbezogene Betrachtungsweise abgestellt, so dass auf den steuerlichen Gesamtgewinn unter Einbezug eventueller Ergänzungs- und Sonderbilanzen abgestellt wird und die Summe der Entnahmen und Einlagen aller Gesellschafter maßgebend ist.[29] Der Sockelbetrag nach § 4 Abs. 4a Satz 4 EStG in Höhe von 2.050 Euro steht der Gesellschaft nur einmal zur Verfügung.[30] Wenn keine abweichende Vereinbarung getroffen wurde, wird der aus der Nichtabziehbarkeit der Schuldzinsen resultierende Mehrgewinn nach dem allgemeinen Gewinnverteilungsschlüssel auf die Gesellschafter verteilt.[31]

3.2.2 Gesellschafterdarlehen

Gewährt der Gesellschafter seiner Personengesellschaft ein Darlehen, so gehören die Zinsen beim Gesellschafter gem. § 15 Abs. 1 Satz 1 Nr. 2 Satz 1 Hs. 2 EStG als so genannte Sondervergütungen zu den Einkünften aus Gewerbebetrieb. Die Zinsaufwendungen der Personengesellschaft mindern deshalb im Ergebnis den

---

26 Vgl. von Twickel, in: Blümich, EStG/KStG/GewStG, § 10a GewStG Rz. 24 (April 2004).

27 Siehe Abschnitt Teil V2.1.2.

28 Siehe Abschnitt Teil V2.2.

29 Vgl. BMF v. 22.5.2000, IV C 2 – S. 2144 – 60/00, BStBl. I 2000, S. 588, Rz. 30; Korn, in: Korn, EStG, § 4 Rz. 858 (März 2003).

30 Vgl. Heinicke, in: Schmidt, EStG, 23. Aufl., München 2004, § 4 Rz. 529; Korn, in: Korn, EStG, § 4 Rz. 857 (März 2003); BMF v. 22.5.2000, IV C 2 – S. 2144 – 60/00, BStBl. I 2000, S. 588, Rz. 25.

31 Vgl. BMF v. 22.5.2000, IV C 2 – S. 2144 – 60/00, BStBl. I 2000, S. 588, Rz. 30. Ein Formulierungsvorschlag für eine derartige Überentnahme-Klausel findet sich bei Korn, in: Korn, EStG, § 4 Rz. 858.1 (März 2003).

steuerlichen Gesamtgewinn der Personengesellschaft nicht.[32] Sie wirken sich somit im Rahmen der Beschränkung des Schuldzinsenabzugs nach § 4 Abs. 4a EStG nicht aus[33] und verringern auch die gewerbesteuerliche Bemessungsgrundlage der Personengesellschaft nicht.[34]

Beim Gesellschafter werden die Zinserträge ebenso behandelt wie Gewinnanteile aus seiner Beteiligung an der Personengesellschaft.[35]

Eine Gefahr ergibt sich allerdings für Kommanditisten bei Verlusten ihrer Kommanditgesellschaft: Die Zinsaufwendungen der Personengesellschaft können beim Kommanditisten anteilig zu einem verrechnungsbeschränkten Verlust gem. § 15a EStG führen, während gleichzeitig die Zinserträge in voller Höhe der Besteuerung unterliegen.

3.2.3 Refinanzierung des Gesellschafters

Refinanziert der Gesellschafter seine Einlage, ein Gesellschafterdarlehen oder den Kaufpreis für den Gesellschaftsanteil, so mindern die Darlehenszinsen als Sonderbetriebsausgaben des Gesellschafters auf der zweiten Stufe der Gewinnermittlung seine Einkünfte aus Gewerbebetrieb und zugleich den steuerlichen Gesamtgewinn der Personengesellschaft.[36]

Für Zwecke der Gewerbesteuer der Personengesellschaft sind die Darlehenszinsen nach § 8 Nr. 1 GewStG dem Gewerbeertrag zur Hälfte wieder hinzuzurechnen, so dass sie im Ergebnis die gewerbesteuerliche Bemessungsgrundlage nur zur Hälfte mindern. Die geringere Gewerbesteuerbelastung durch den hälftigen Zinsabzug kommt nicht nur dem durch die Sonderbetriebsausgaben belasteten Gesellschafter, sondern sämtlichen Gesellschaftern entsprechend dem Gewinnverteilungsschlüssel zugute.[37]

Die Sonderbetriebsausgaben können zur Folge haben, dass die Einkünfte aus Gewerbebetrieb des refinanzierten Gesellschafters nur gering ausfallen. Hierdurch entsteht die Gefahr eines Anrechnungsüberhangs bei der Steuerermäßigung gem. § 35 EStG, denn die Ermäßigung der Einkommensteuer ist auf die Einkommensteuer begrenzt, die auf die gewerblichen Einkünfte entfällt. Da die nicht ausge-

---

[32] Vgl. Schmidt, in: Schmidt, EStG, 23. Aufl., München 2004, § 15 Rz. 440; BFH v. 28.3.2000, VIII R 13/99, BStBl. II 2000, S. 612, 613.

[33] Vgl. BMF v. 22.5.2000, IV C 2 – S. 2144 – 60/00, BStBl. I 2000, S. 588, Rz. 32.

[34] Vgl. BFH v. 25.10.1984, IV R 165/82, BStBl. II 1985, S. 212, 214; A 39 Abs. 2 Satz 1 GewStR 1998; Glanegger/Güroff, GewStG, 5. Aufl., München 2002, § 7 Rz. 3.

[35] Siehe Abschnitt Teil V3.1.1.

[36] Vgl. BFH v. 27.11.1984, VIII R 2/81, BStBl. II 1985, S. 323, 324; BFH v. 12.7.1990, IV R 37/89, BStBl. II 1991, S. 64, 65; BFH v. 28.10.1999, VIII R 42/98, BStBl. II 2000, S. 390, 392; A 39 Abs. 2 Satz 11 GewStR 1998; Schmidt, in: Schmidt, EStG, 23. Aufl., München 2004, § 15 Rz. 640; Carlé, in: Korn, EStG, § 15 Rz. 235 (Januar 2003); Reiß, in: Kirchhof, EStG, 4. Aufl., Heidelberg 2004, § 15 Rz. 413; Strahl, KÖSDI 2002, S. 13350f.

[37] Vgl. Carlé, in: Korn, EStG, § 15 Rz. 236 (Januar 2003).

nutzte Ermäßigung weder in ein anderes Jahr zurückgetragen oder vorgetragen,[38] noch auf einen anderen Gesellschafter übertragen werden kann,[39] geht der nicht ausgenutzte Ermäßigungsbetrag endgültig verloren.

4 Kapitalgesellschaft

4.1 Eigenfinanzierung

4.1.1 Steuerbelastung der Gewinne

Die Kapitalgesellschaft unterliegt als selbständiges Steuersubjekt der Besteuerung. Es gilt das so genannte Trennungsprinzip. Die erwirtschafteten Gewinne unterliegen bei der Kapitalgesellschaft unabhängig von der Gewinnverwendung der Körperschaftsteuer von 25% (§ 23 Abs. 1 KStG) und dem Solidaritätszuschlag von 5,5% auf die Körperschaftsteuer. Darüber hinaus unterliegen die Gewinne der Gewerbesteuer, da die Kapitalgesellschaft kraft Rechtsform als Gewerbebetrieb gilt (§ 2 Abs. 2 Satz 1 GewStG). Die Gewerbesteuer ist als Betriebsausgabe abzugsfähig und mindert dadurch ihre eigene Bemessungsgrundlage und die Bemessungsgrundlage der Körperschaftsteuer sowie – mittelbar – die des Solidaritätszuschlags. Gewinnausschüttungen mindern das Einkommen der Kapitalgesellschaft nicht, da es sich hierbei um Gewinnverwendung handelt (§ 8 Abs. 3 KStG). Einbehaltene Gewinne einer Kapitalgesellschaft unterliegen daher regelmäßig einer Belastung von

$$s_{Thes} = s_{ge} + (1 - s_{ge}) \cdot s_{kst} \cdot 1{,}055$$

mit

s_{ge} = Gewerbesteuersatz[40],

s_{kst} = Körperschaftsteuersatz.

Bei einem Gewerbesteuer-Hebesatz von 450% folgt hieraus eine Gesamtbelastung einbehaltener Gewinne von 39,90% des Gewinns vor Steuern.

Beim Gesellschafter führen die Gewinne der Kapitalgesellschaft erst im Zeitpunkt der Ausschüttung zu Einkünften aus Kapitalvermögen (§ 20 Abs. 1 Nr. 1 EStG) und unterliegen dann der Einkommensteuer und dem Solidaritätszuschlag sowie gegebenenfalls der Kirchensteuer. Nach § 3 Nr. 40 Satz 1 Buchstabe d

[38] Vgl. BMF v. 15.5.2002, IV A 5 – S. 2296a – 16/02, BStBl. I 2002, S. 533, Rz. 17.

[39] Der anteilig auf den Gesellschafter entfallende Gewerbesteuer-Messbetrag der Personengesellschaft als Ausgangsgröße für die Berechnung des Ermäßigungspotenzials richtet sich nach dem allgemeinen Gewinnverteilungsschlüssel (§ 35 Abs. 3 Satz 2 EStG), so dass die Sonderbetriebsausgaben den Aufteilungsschlüssel nicht beeinflussen, vgl. BMF v. 15.5.2002, IV A 5 – S. 2296a – 16/02, BStBl. I 2002, S. 533, Rz. 21; Glanegger, in: Schmidt, EStG, 23. Aufl., München 2004, § 35 Rz. 23.

[40] Der Gewerbesteuersatz für Gewinne vor Steuern ergibt sich aus der Formel $s_{ge} = m*h / (1+m*h)$, mit m = Gewerbesteuer-Messzahl und h = Gewerbesteuer-Hebesatz.

EStG sind die Bezüge jedoch zur Hälfte steuerfrei (Halbeinkünfteverfahren).[41] Hierdurch soll dem Umstand Rechnung getragen werden, dass die Gewinnausschüttungen aus bereits versteuerten Gewinnen stammen. Allerdings gilt die hälftige Steuerbefreiung nicht für die Kirchensteuer (§ 51a Abs. 2 Satz 2 EStG). Kehrseite der hälftigen Steuerbefreiung der Gewinnausschüttungen ist jedoch, dass Ausgaben des Gesellschafters ebenfalls nur zur Hälfte abgezogen werden können, sofern sie in wirtschaftlichem Zusammenhang mit hälftig steuerbefreiten Einnahmen stehen (§ 3c Abs. 2 EStG).[42]

Die Gesamtbelastung ausgeschütteter Gewinne beläuft sich damit auf

$$s_{Aussch} = s_{Thes} + (1 - s_{Thes}) \cdot 0{,}5 \cdot s_{est} \cdot 1{,}055$$

mit

s_{Thes} = Belastung thesaurierter Gewinne der Kapitalgesellschaft,

s_{est} = Einkommensteuersatz.

Unterstellt man einen Gewerbesteuer-Hebesatz von 450%, den Spitzensteuersatz der Einkommensteuer von 42% und vernachlässigt man die Kirchensteuer, so beträgt die Belastung ausgeschütteter Gewinne in der Spitze 53,22% des Gewinns vor Steuern. Die durchschnittliche Gesamtsteuerbelastung in Abhängigkeit vom Gewinn vor Steuern zeigt Abbildung 2.[43]

41 Der Werbungskostenpauschbetrag nach § 9a Satz 1 Nr. 2 EStG in Höhe von 51 Euro (bei zusammen veranlagten Ehegatten 102 Euro), und der Sparerfreibetrag nach § 20 Abs. 4 EStG in Höhe von 1.550 Euro (bei zusammen veranlagten Ehegatten 3.100 Euro), werden trotz der hälftigen Steuerfreistellung in voller Höhe gewährt, vgl. Fuhrmann, in: Korn, EStG, § 9a Rz. 3 (November 2001); Hamacher/Feyerabend, in: Korn, EStG, § 20 Rz. 265.1 (Mai 2001).

42 Zur berechtigten Kritik an dieser Vorschrift vgl. Pezzer, StuW 2000, S. 149f.; Sigloch, StuW 2000, S. 166; Schön, StuW 2000, S. 154; Rödder/Schumacher, DStR 2000, S. 355; Grotherr, BB 2000, S. 856; Krawitz, DB 2000, S. 1723; Hötzel, in: Schaumburg/Rödder, Unternehmenssteuerreform 2001, Köln 2000, S. 208, 249f.; v. Beckerath, in: Kirchhof, EStG, 4. Aufl., Heidelberg 2004, § 3c Rz. 29; Nacke, in: HHR, EStG/KStG, § 3 Nr. 40 EStG Rz. 13, 18, 23–27 (Oktober 2003). Aus ökonomischer Sicht vgl. Rogall, DB 2001, S. 1906f.

43 Der Berechnung wurde eine 100%-ige Ausschüttung der Kapitalgesellschaft sowie der Einkommensteuertarif 2005 zu Grunde gelegt. Der Werbungskostenpauschbetrag nach § 9a Satz 1 Nr. 2 EStG und der Sparerfreibetrag nach § 20 Abs. 4 EStG wurden aus Vereinfachungsgründen nicht berücksichtigt.

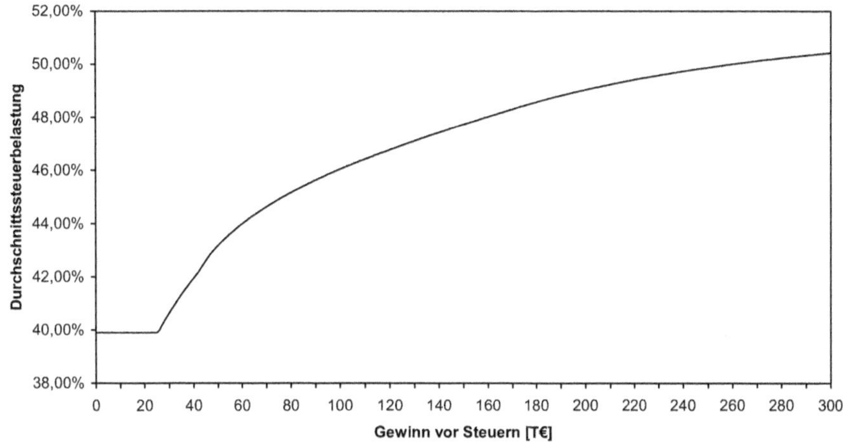

Abb. 2. Durchschnittliche Steuerbelastung der ausgeschütteten Gewinne einer Kapitalgesellschaft

4.1.2 Verluste

Auf Grund des Trennungsprinzips können Verluste einer Kapitalgesellschaft nicht mit positiven Einkünften ihrer Gesellschafter verrechnet werden, sondern nur mit eigenen Gewinnen der Kapitalgesellschaft.[44] Ein Ausgleich mit Gewinnen innerhalb derselben Periode ist vorbehaltlich steuerlicher Sonderregelungen (z. B. §§ 2a, 2b, 15 Abs. 4, 15a EStG) grundsätzlich unbegrenzt möglich. Verbleibt trotz Verlustausgleich ein negativer Gesamtbetrag der Einkünfte, so kann dieser bis zur Höhe von maximal 511.500 Euro in den vorangegangenen Veranlagungszeitraum zurückgetragen werden (§ 8 Abs. 1 KStG, § 10d Abs. 1 EStG). Darüber hinaus ist ein Verlustvortrag möglich, der allerdings durch die Mindestbesteuerungsregelung in § 10d Abs. 2 EStG beschränkt ist. Danach ist ein Verlustvortrag bis zur Höhe von 1 Mio. Euro p. a. ohne weitere Begrenzungen möglich, darüber hinaus nur bis zu 60% des 1 Mio. Euro übersteigenden positiven Gesamtbetrags der Einkünfte des Abzugsjahres. Eine entsprechende Regelung gilt auch für die GewSt (§ 10a Satz 1 und 2 GewStG).

In ihrer Wirkung führt die Mindestbesteuerung zu einer zeitlichen Streckung der Verlustverrechnung, die den Barwert der zu erwartenden Steuerersparnisse aus einem vorhandenen Verlustvortrag reduziert. Die Mindestbesteuerung behindert deshalb aus ökonomischer Sicht Gründungsvorhaben und Sanierungen.[45] Denn die

---

[44] Vgl. Kessler/Schiffers/Teufel, Rechtsformwahl – Rechtsformoptimierung, München 2002, § 3 Rz. 171.

[45] Vgl. Rödder/Schumacher, DStR 2002, S. 1971; Köster/Schiffers, GmbHR 2002, S. 1218; Herzig/Wagner, DStR 2003, S. 225f.; dies., WPg 2004, S. 58, 63; IDW, WPg 2003, S. 1141f.; Wiese/Klass, GmbHR 2003, S. 1030; Förster, WPg 2004, 1260.

fehlende Möglichkeit, Verluste sofort geltend zu machen, beeinträchtigt die Bereitschaft von Kapitalgebern, risikobehaftete Investitionen zu finanzieren.[46] Zu dauerhaften Mehrbelastungen kann die Mindestbesteuerung bei Unternehmen führen, die einen zyklischen Ergebnisverlauf haben oder starken Ergebnisschwankungen unterliegen (z. B. Maschinen- und Anlagenbau, Bauträger, Filmbranche).[47]

Verluste der Kapitalgesellschaft wirken sich bei den Gesellschaftern über eine Minderung des Werts der Anteile aus. Steuerliche Folgen ergeben sich daraus beim Gesellschafter, der seine Anteile im Privatvermögen hält, aber erst bei der Veräußerung der Anteile oder bei der Auflösung der Kapitalgesellschaft in Form eines Veräußerungs- oder Auflösungsverlusts (§ 17 Abs. 2 EStG).[48] Auch dann kann der Veräußerungsverlust oder ein Auflösungsverlust jedoch nur zur Hälfte geltend gemacht werden (§§ 3 Nr. 40 Satz 1 Buchstabe c und j, 3c Abs. 2 Satz 1 EStG).[49] Erfolgt die Veräußerung innerhalb eines Jahres nach der Gründung, so ist zudem die Verlustverrechnungsbeschränkung in § 23 Abs. 3 Satz 8 und 9 EStG zu beachten, wonach Verluste aus privaten Veräußerungsgeschäften im Sinne des § 23 EStG nur mit Gewinnen aus privaten Veräußerungsgeschäften verrechnet werden dürfen.[50] Bei einer Auflösung der Kapitalgesellschaft innerhalb des Einjahreszeitraums gelten allerdings diese zusätzlichen Einschränkungen nicht.[51]

---

46 Vgl. D. Schneider, Investition, Finanzierung und Besteuerung, 7. Aufl., Wiesbaden 1992, S. 268ff.; ders., Steuerlast und Steuerwirkung, München/Wien 2002, S. 150ff.; Grotherr, BB 1998, S. 2344; Wosnitza, StuB 2000, S. 770; Djanani/Pummerer, StuW 2004, S. 163–165. Dagegen wirkt sich die Mindestbesteuerung auf die relative Vorteilhaftigkeit einer Investition gegenüber einer Alternativinvestition bei anfänglichem Verlustvortrag kaum aus, da beide von der Verrechnungsbeschränkung getroffen werden, vgl. Niemann, ZfB 2004, S. 359.

47 Vgl. Herzig/Wagner, DStR 2003, S. 226; dies., WPg 2004, S. 58f.; Rödder/Schumacher, DStR 2003, S. 1726; dies., DStR 2004, S. 207f.; IDW, WPg 2003, S. 1142; Kaeser, in: Lehner (Hrsg.), Verluste im nationalen und Internationalen Steuerrecht, München 2004, S. 126f.; Dörfler/Käfferlein, FR 2004, S. 871f.; Förster, WPg 2004, 1261.

48 Es wird unterstellt, dass der Gesellschafter zu mehr als einem Prozent an der Kapitalgesellschaft beteiligt ist, es sich mithin um einen wesentlich beteiligten Gesellschafter i. S. des § 17 Abs. 1 Satz 1 EStG handelt.

49 Vgl. Hundsdoerfer, BB 2001, S. 2243; Weber-Grellet, in: Schmidt, EStG, 23. Aufl., München 2004, § 17 Rz. 197.

50 Die Übernahme von Anteilen bei der Gründung einer Kapitalgesellschaft gilt als Anschaffung im Sinne von § 23 EStG, vgl. BFH v. 26.08.1975 VIII R 61/72, BStBl II 1976, S. 64.

51 Vgl. BFH v. 19.04.1977 VIII R 23/75, BStBl II 1977, S. 712; Strahl, in: Korn, EStG, § 17 Rz. 9 (Mai 2002); wohl auch Heinicke, in: Schmidt, EStG, 23. Aufl., München 2004, § 23 Rz. 53; a. A. Hundsdoerfer, BB 2001, S. 2243.

4.2 Fremdfinanzierung

4.2.1 Gesellschafterfremdfinanzierung

Vorteilhaftigkeit der Gesellschafterfremdfinanzierung

Da Kapitalgesellschaften rechtsfähig sind, können schuldrechtliche Verträge zwischen der Kapitalgesellschaft und ihren Gesellschaftern zivilrechtlich wirksam abgeschlossen werden.[52] Steuerrechtlich werden diese Verträge auf Grund des Trennungsprinzips ebenfalls anerkannt.[53] Zinsen für ein Gesellschafterdarlehen können deshalb vorbehaltlich der Bestimmungen über verdeckte Gewinnausschüttungen von der Kapitalgesellschaft in voller Höhe als Betriebsausgabe abgezogen werden. Allerdings sind sie regelmäßig als Dauerschuldzinsen bei der Ermittlung des Gewerbeertrags zur Hälfte wieder hinzuzurechnen (§ 8 Nr. 1 GewStG).[54]

Steuerlich ist die Gesellschafterfremdfinanzierung von Interesse, weil der Transfer von Mitteln der Kapitalgesellschaft an die Gesellschafter in Form von Zinsen günstiger besteuert wird als die Ausschüttung von Gewinnen.[55]

---

[52] Vgl. Jacobs, Unternehmensbesteuerung und Rechtsform, 3. Aufl., München 2002, S. 34.

[53] Vgl. Kessler/Schiffers/Teufel, Rechtsformwahl – Rechtsformoptimierung, München 2002, § 3 Rz. 132.

[54] Vgl. Kessler/Teufel, DB 2001, S. 1955; Kessler/Schiffers/Teufel, Rechtsformwahl – Rechtsformoptimierung, München 2002, § 3 Rz. 133.

[55] Annahmen: Gewerbesteuer-Hebesatz 450%; Gesellschafter ist natürliche Person, die dem Spitzensteuersatz der Einkommensteuer unterliegt (42%); keine Kirchensteuer; Werbungskostenpauschbetrag nach § 9a Satz 1 Nr. 2 EStG, Sparerfreibetrag nach § 20 Abs. 4 EStG und Kapitalertragsteuer-Abzug werden aus Vereinfachungsgründen vernachlässigt.

	Gesellschafterdarlehen	Gewinnausschüttung
Kapitalgesellschaft		
Gewinn vor Zinsen und Steuern	100,00	100,00
./. Zinsen	./. 89,89	–
./. GewSt (450% Hebesatz)	./. 10,11[56]	./. 18,37
Gewinn (nach Zinsen und GewSt)	0	81,63
./. KSt/SolZ (25% x 1,055)	0	./. 21,53
Ausschüttung	0	60,10
Gesellschafter		
Zufluss (Zinsen, Ausschüttung)	89,89	60,10
./. ESt/SolZ (42% x 1,055)	./. 39,83	./. 13,32[57]
Verbleiben	50,06	46,78
Gesamtsteuerbelastung	49,94%	53,22%
Differenz		+ 3,28%-Punkte

Der Vorteil des Gesellschafterdarlehens steigt sogar noch weiter an, wenn der Gesellschafter geringeren Einkommensteuersätzen unterliegt, weil die Darlehenszinsen in größerem Umfang der Einkommensteuer unterliegen als die nur hälftig zu versteuernden Gewinnausschüttungen.

Die Vereinbarung eines Gesellschafterdarlehens kann jedoch steuerrechtliche Nachteile zur Folge haben, wenn die Kapitalgesellschaft Verluste erwirtschaftet, denn der Gesellschafter unterliegt mit seinen Zinseinkünften der Besteuerung, ohne dass sich zugleich Steuerersparnisse bei der Kapitalgesellschaft aus dem Zinsabzug ergeben. Im Ergebnis kommt es dadurch zu einer „Besteuerung von Aufwand". Ein Ausgleich erfolgt erst über den Vortrag der Verluste in der Kapitalgesellschaft in die nachfolgenden Wirtschaftsjahre, der aber mit einem Zinsnachteil verbunden ist.[58]

Gesellschafterfremdfinanzierung und verdeckte Gewinnausschüttungen

Der Abzug der Zinsen als Betriebsausgabe ist im Ergebnis nur möglich, soweit keine verdeckte Gewinnausschüttung vorliegt. Liegt eine verdeckte Gewinnausschüttung vor, so sind die Zinsen bei der Ermittlung des steuerpflichtigen Gewinns der Kapitalgesellschaft außerbilanziell wieder hinzuzurechnen (§ 8 Abs. 3 Satz 2

[56] 89,89 * 0,5 * 0,05 * 450% = 10,11.

[57] 60,10 * 0,5 * 0,42 * 1,055 = 13,32.

[58] Grundlegend Herzig, StbKongrRep 1984, S. 328f. Vgl. auch Kessler/Teufel, DB 2001, S. 1956; Kessler/Schiffers/Teufel, Rechtsformwahl – Rechtsformoptimierung, München 2002, § 3 Rz. 130 (zum Geschäftsführergehalt).

KStG). Im Ergebnis wird damit der Betriebsausgabenabzug bei der Kapitalgesellschaft rückgängig gemacht. Darüber hinaus ist Kapitalertragsteuer einzubehalten (§ 43 Abs. 1 Nr. 1 EStG). Beim Gesellschafter findet ebenfalls eine Umqualifizierung statt.[59] Die Einnahmen unterliegen nicht mehr als Zinsen nach § 20 Abs. 1 Nr. 7 EStG in voller Höhe der Besteuerung, sondern als verdeckte Gewinnausschüttungen nach § 20 Abs. 1 Nr. 1 Satz 2 EStG nur zur Hälfte.

Eine Umqualifizierung der Zinsen für ein Gesellschafterdarlehen kann sich ergeben,

- soweit ein überhöhter Zinssatz vereinbart wurde. In diesem Fall ist der unangemessene Teil der Zinsen als verdeckte Gewinnausschüttung anzusehen.[60]
- sofern der darlehensgewährende Gesellschafter ein beherrschender Gesellschafter ist und den Zinsen keine zivilrechtlich wirksame, klare und im Voraus abgeschlossene Vereinbarung zu Grunde liegt.[61] Fehlt es an einer solchen Vereinbarung, sind die Zinsen in voller Höhe als verdeckte Gewinnausschüttung anzusehen und zwar auch dann, wenn sie der Höhe nach angemessen sind.
- sofern die Voraussetzungen von § 8a KStG erfüllt sind: Nach § 8a Abs. 1 Satz 1 KStG werden Vergütungen für Fremdkapital, das eine Kapitalgesellschaft nicht nur kurzfristig[62] von einem wesentlich beteiligten Anteilseigner erhalten hat, in verdeckte Gewinnausschüttungen umqualifiziert, wenn die Vergütungen insgesamt mehr als 250.000 Euro betragen[63]. Die Höhe der Umqualifizierung ist dabei von der Art der Vergütung abhängig:

Gewinn- oder umsatzabhängige Vergütungen werden in vollem Umfang als verdeckte Gewinnausschüttungen behandelt (§ 8a Abs. 1 Satz 1 Nr. 1 KStG). Hierunter fallen insbesondere Vergütungen des typischen stillen Gesellschafters und Vergütungen für partiarische Darlehen.[64]

---

[59] Allerdings setzt die Folgeänderung beim Gesellschafter voraus, dass dessen Steuerbescheid verfahrensrechtlich noch geändert werden kann.

[60] Die Vereinbarung eines geringeren Zinssatzes als angemessen hat keine Auswirkungen. Insbesondere handelt es sich dabei nicht um eine verdeckte Einlage, da der Zinsvorteil nicht einlagefähig ist, vgl. A 36a Abs. 2 Satz 3 KStR 1995.

[61] Vgl. A 31 Abs. 5 Satz 1 KStR 1995. Zum Begriff des beherrschenden Gesellschafters siehe A 31 Abs. 6 KStR 1995.

[62] Die Abgrenzung erfolgt in Anlehnung an die 12-Monatsgrenze für gewerbesteuerliche Dauerschulden, vgl. BMF v. 15.7.2004, IV A 2 – S. 2742a – 20/04, BStBl. I 2004, S. 593, Rz. 37; Frotscher, in: Frotscher/Maas, KStG/UmwStG, § 8a KStG Rz. 45 (März 2004).

[63] Die Freigrenze ist gesellschafts- und veranlagungszeitraumbezogen, vgl. BMF v. 15.7.2004, IV A 2 – S. 2742a – 20/04, BStBl. I 2004, S. 593, Rz. 28; Dötsch/Pung, in: Dötsch u. a., KStG, § 8a KStG nF Rz. 122 (Mai 2004).

[64] Vgl. Frotscher, in: Frotscher/Maas, KStG/UmwStG, § 8a KStG Rz. 49 (März 2004); Dötsch/Pung, in: Dötsch u. a., KStG, § 8a KStG nF Rz. 155 (Mai 2004).

Ist die Vergütung in einem Bruchteil des überlassenen Kapitals bemessen, so sind die Vergütungen in verdeckte Gewinnausschüttungen umzuqualifizieren, soweit sie auf Gesellschafterfremdkapital entfallen, welches den so genannten safe haven überschreitet (§ 8a Abs. 1 Satz 1 Nr. 2 KStG). Der safe haven beträgt das Eineinhalbfache des anteilig auf den Gesellschafter entfallenden Eigenkapitals der Kapitalgesellschaft. Auch in diesem Fall kann allerdings die Umqualifizierung vermieden werden, wenn die Kapitalgesellschaft nachweist, dass sie das Fremdkapital bei sonst gleichen Umständen auch von einem fremden Dritten hätte erhalten können oder eine Mittelaufnahme zur Finanzierung banküblicher Geschäfte vorliegt.[65]

§ 8a KStG enthält weitere Sonderregelungen für Gesellschafterdarlehen an Personengesellschaften, die einer Kapitalgesellschaft nachgeschaltet sind (§ 8a Abs. 5 KStG), und für Gesellschafterdarlehen zum Erwerb von Anteilen an Kapitalgesellschaften (§ 8a Abs. 6 KStG).

Die Vorschrift kommt auch zur Anwendung, wenn das Kapital nicht von dem Gesellschafter, sondern von einer diesem nahe stehenden Person oder von einem Dritten überlassen wird, der auf den Gesellschafter oder eine diesem nahe stehende Person zurückgreifen kann (§ 8a Abs. 1 Satz 2 KStG). Die Rückgriffsberechtigung kann auf Grund eines rechtlichen Anspruchs (z. B. Garantieerklärung, Bürgschaft) oder auf Grund einer dinglichen Sicherheit bestehen (z. B. Grundschuld).[66]

Ausfall von Gesellschafterdarlehen

Fällt der Gesellschafter einer Kapitalgesellschaft in der Krise der Gesellschaft mit seinem Gesellschafterdarlehen aus und handelt es sich um ein kapitalersetzendes Darlehen oder ein so genanntes Finanzplandarlehen[67], so kann der Verlust des Darlehens steuerlich auch dann zu berücksichtigen sein, wenn das Darlehen zum Privatvermögen des Gesellschafters gehört. Nach der Rechtsprechung des Bundesfinanzhofs zu § 17 EStG ist ein solches Darlehen durch das Gesellschaftsverhältnis veranlasst und führt zu nachträglichen Anschaffungskosten auf die Beteiligung in Höhe des gemeinen Werts der Darlehensforderung in dem Zeitpunkt, in dem der kapitalersetzende Charakter begründet wurde. Daher entstehen nachträgliche Anschaffungskosten in Höhe des Nennwerts des Darlehens, wenn

- die Gesellschaft im Zeitpunkt der Darlehenshingabe wegen fehlender Kreditwürdigkeit bereits in der Krise war (Krisendarlehen),[68] oder

---

65 Vgl. Dötsch/Pung, in: Dötsch u. a., KStG, § 8a KStG nF Rz. 157 (Mai 2004); Frotscher, in: Frotscher/Maas, KStG/UmwStG, § 8a KStG Rz. 61 (März 2004).

66 Vgl. BMF v. 15.7.2004, IV A 2 – S. 2742a – 20/04, BStBl. I 2004, S. 593, Rz. 19.

67 Zur Abgrenzung der Finanzplankredite vom Kapitalersatzrecht vgl. BGH v. 28.6.1999 II ZR 272/98, DStR 1999, S. 1199f.; Goette, DStR 1999, S. 1201f.; Fleischer, DStR 1999, S. 1774f.; Steinbeck, ZGR 2000, S. 508–511; Sieger/Aleth, GmbHR 2000, S. 464f.; Altmeppen, FS. Sigle, Köln 2000, S. 212f.

68 BFH v. 16.4.1991 VIII R 100/87, BStBl II 1992, S. 234, 236; BFH v. 10.11.1998 VIII R 6/96, BStBl II 1999, S. 348, 350; BFH v. 12.12.2000 VIII R 52/93, BStBl II 2001, S. 286, 288. Zum Zeitpunkt des Kriseneintritts vgl. Strahl, KÖSDI 1999, S. 11867.

- ein krisenbestimmtes Darlehen vorliegt, bei dem der Gesellschafter bereits vor der Krise mit bindender Wirkung gegenüber der Gesellschaft oder den Gesellschaftsgläubigern – beispielsweise durch eine Rangrücktrittserklärung – zu erkennen gegeben hat, dass er das Darlehen auch in der Krise stehen lassen werde,[69] oder
- ein so genanntes Finanzplandarlehen vorliegt, welches von vornherein in die Finanzplanung der Gesellschaft in der Weise einbezogen ist, dass die zur Aufnahme der Geschäfte erforderliche Kapitalausstattung der Gesellschaft durch eine Kombination aus Eigen- und (Gesellschafter-)Fremdkapital erreicht werden soll.[70]

Hat ein Darlehen erst durch Stehen lassen in der Krise kapitalersetzenden Charakter erlangt, so entstehen nachträgliche Anschaffungskosten der Beteiligung nur in Höhe des gemeinen Werts des Darlehens zum Zeitpunkt des Kriseneintritts.[71] Dieser Wert kann auch null betragen.

Die nachträglichen Anschaffungskosten sind insoweit von Bedeutung, als sie bei einem Verkauf der Beteiligung oder der Auflösung der Gesellschaft den Veräußerungs- oder Auflösungsgewinn im Sinne von § 17 EStG mindern bzw. einen Verlust erhöhen. Insoweit verringern sie hälftig die einkommensteuerliche Bemessungsgrundlage des Gesellschafters (§§ 3 Nr. 40 Satz 1 Buchstabe c und j, 3c Abs. 2 Satz 1 EStG).

4.2.2 Darlehensaufnahme durch die Kapitalgesellschaft bei Dritten

Zinsen für Fremdkapital, welches die Kapitalgesellschaft für betriebliche Zwecke bei Dritten aufgenommen hat, sind als Betriebsausgaben abzugsfähig (§ 8 Abs. 1 KStG, § 4 Abs. 4 EStG). Allerdings sind Zinsen für Gründungsdarlehen oder für sonstige Darlehen mit einer Restlaufzeit von mehr als einem Jahr regelmäßig als Dauerschuldzinsen bei der Ermittlung der gewerbesteuerlichen Bemessungsgrundlage der Kapitalgesellschaft zur Hälfte wieder hinzuzurechnen (§ 8 Nr. 1 GewStG).

Probleme können sich aus der Vorschrift des § 8a Abs. 1 Satz 2 KStG ergeben, wenn der Darlehensgeber – beispielsweise aufgrund einer Bürgschaft – auf einen wesentlich beteiligten Gesellschafter der Kapitalgesellschaft oder einer diesem nahe stehenden Person zurückgreifen kann. Denn auf Vergütungen für solche Darlehen findet die Vorschrift des § 8a KStG ihrem Wortlaut nach Anwendung. Als

[69] Vgl. BFH v. 7.7.1992 VIII R 24/90, BStBl II 1993, S. 333, 335; BFH v. 10.11.1998 VIII R 6/96, BStBl II 1999, S. 348, 350; BFH v. 13.7.1999 VIII R 31/98, BStBl II 1999, S. 724.

[70] Vgl. BFH v. 4.11.1997 VIII R 18/94, BStBl II 1999, S. 344, 347; BFH v. 10.11.1998 VIII R 6/96, BStBl II 1999, S. 348, 350; BFH v. 26.1.1999 VIII R 50/98, BStBl II 1999, S. 559.

[71] Vgl. BFH v. 10.11.1998 VIII R 6/96, BStBl II 1999, S. 348, 350, 351f.; BFH v. 20.4.2004 VIII R 52/02, BStBl II 2004, S. 556, 559.

Konsequenz wären die betreffenden Darlehensvergütungen bei der Kapitalgesellschaft nicht abzugsfähig ungeachtet der Tatsache, dass sie beim Darlehensgeber voll versteuert würden.[72] Die Finanzverwaltung qualifiziert deshalb Darlehenszinsen nur insoweit in verdeckte Gewinnausschüttungen um, als beim wesentlich beteiligten Anteilseigner oder einer diesem nahe stehenden Person unmittelbar oder mittelbar ein Vermögensvorteil eintritt.[73]

4.2.3 Refinanzierung des Gesellschafters

Refinanziert der Gesellschafter seine Eigenkapitaleinlage oder den Kaufpreis für seine Beteiligung, so sind die Refinanzierungsaufwendungen regelmäßig als Werbungskosten bei den Einkünften aus Kapitalvermögen abziehbar.[74] Auf Grund der hälftigen Steuerbefreiung der Beteiligungserträge findet auf die Refinanzierungsaufwendungen allerdings § 3c Abs. 2 Satz 1 EStG Anwendung, so dass sie nur zur Hälfte abgezogen werden dürfen. Dies gilt unabhängig davon, ob dem Gesellschafter tatsächlich Beteiligungserträge zufließen. Ein zeitlicher Zusammenhang zwischen den zufließenden Beteiligungserträgen und den Refinanzierungsaufwendungen ist insoweit nicht erforderlich.[75] Die nur hälftige Abziehbarkeit der Aufwendungen ist ein schwerer Nachteil für die Gesellschafter von Kapitalgesellschaften.[76] Lediglich für kirchensteuerliche Zwecke werden die Aufwendungen in voller Höhe berücksichtigt (§ 51a Abs. 2 Satz 2 EStG).

Dagegen sind Zinsausgaben des Gesellschafters für die Refinanzierung eines Gesellschafterdarlehens in vollem Umfang als Werbungskosten bei den Einkünften aus Kapitalvermögen abzugsfähig, da auch die Zinseinnahmen in voller Höhe steuerpflichtig sind. Soweit allerdings im Einzelfall die Zinsen für ein Gesellschafterdarlehen in verdeckte Gewinnausschüttungen umzuqualifizieren sind und daher beim Gesellschafter nur noch zur Hälfte erfasst werden, sind auch die Refinanzierungsaufwendungen des Gesellschafters nur noch zur Hälfte abziehbar (§ 3c Abs. 2 Satz 1 EStG).

---

[72] Vgl. im Einzelnen Golücke/Franz, GmbHR 2003, S: 1095; IDW, WPg 2003, S. 1143; Mensching/Bauer, BB 2003, S. 2433f.; Strahl, in: Korn u. a., Änderungen der Steuergesetze 2003/2004, Köln 2003, Kap. A III Tz. 15; Schiffers/Köster, GmbHR 2003, S. 1306; Korn, NWB Blickpunkt Steuern 1/2004, S. 212 (19.1.2004); Frotscher, DStR 2004, S. 384.

[73] BMF v. 15.7.2004, IV A 2 – S. 2742a – 20/04, BStBl. I 2004, S. 593, Rz. 22.

[74] Vgl. Strahl, KÖSDI 2002, S. 13351; Hamacher/Feyerabend, in: Korn, EStG, § 20 Rz. 51 (Mai 2002).

[75] Vgl. Strahl, KÖSDI 2002, S. 13352; Nacke/Intemann, DB 2002, S. 761; Hundsdoerfer, BB 2001, S. 2242; Utescher/Blaufus, DStR 2000, S. 1583.

[76] Vgl. Förster, WPg 2001, 1238f.

5 Steuerrechtliche Behandlung von Venture-Capital

5.1 Zielsetzung und Struktur eines Venture-Capital Fonds

Eine Alternative zur Gesellschafterfremdfinanzierung bei Kapitalgesellschaften bietet die Zuführung von Kapital über einen Venture-Capital Fonds.[77] Diese Fonds beteiligen sich an Unternehmen (Portfolio-Gesellschaften) und finanzieren unter anderem deren Aufbau. Nach Erreichen des Finanzierungsziels wird die Beteiligung unter Realisierung des Wertzuwachses veräußert.[78]

Bei dem Venture-Capital Fonds handelt es sich regelmäßig um eine Personengesellschaft in der Rechtsform der GmbH & Co. KG, an der die Komplementär-GmbH nicht vermögensmäßig beteiligt ist und die Initiatoren des Fonds nur einen geringen Kommanditanteil übernehmen (häufig über eine Initiator-GmbH & Co. KG). Die Initiatoren erhalten zusätzlich zu ihrem (geringen) Gewinnanteil eine Vergütung (sog. Carried Interest). Der überwiegende Kommanditanteil entfällt auf die Anleger. Die Geschäftsführung wird von einer Management-GmbH übernommen.[79]

5.2 Steuerrechtliche Beurteilung der Tätigkeit des Venture-Capital Fonds

Die steuerrechtliche Behandlung dieser Finanzierungsalternative ist davon abhängig, ob die Tätigkeit des Venture-Capital Fonds als vermögensverwaltend oder gewerblich zu qualifizieren ist. Hierzu hat die Finanzverwaltung einen Katalog von Kriterien aufgestellt, wobei die einzelnen Kriterien im Zusammenhang zu würdigen sind. Maßgeblich ist das Gesamtbild der Tätigkeiten.[80] Die Voraussetzungen für eine Qualifizierung als Vermögensverwaltung sind danach, dass[81]

---

[77] Häufig wird der Begriff Private Equity Fonds verwendet. Hierbei handelt es sich um einen Oberbegriff, unter den unter anderem die Venture-Capital Fonds fallen, vgl. Keisinger, NWB 2004, Fach 3 S. 12849.

[78] Vgl. BMF v. 16.12.2003, IV A 6 – S. 2240 – 170/02, BStBl. I 2004, S. 40, Rz. 1; Bauer/Gemmeke, DStR 2004, S. 580; Keisinger, NWB 2004, Fach 3 S. 12849.

[79] Vgl. BMF v. 16.12.2003, IV A 6 – S. 2240 – 170/02, BStBl. I 2004, S. 40, Rz. 2-5. Zur typischen Struktur eines Venture-Capital Fonds siehe auch die Abbildungen bei Keisinger, NWB 2004, Fach 3 S. 12850; Watrin/Gocksch, DB 2002, S. 341.

[80] Vgl. BMF v. 16.12.2003, IV A 6 – S. 2240 – 170/02, BStBl. I 2004, S. 40, Rz. 8. Nach Amann, FB 2004, S. 334 kann es sich hierbei nicht um einen abschließenden Katalog handeln, da die Rechtsprechung noch in Bewegung ist.

[81] Vgl. BMF v. 16.12.2003, IV A 6 – S. 2240 – 170/02, BStBl. I 2004, S. 40, Rz. 9–17. Siehe dazu Bauer/Gemmeke, DStR 2004, S. 581–583; Rodin/Veith/Bärenz, DB 2004, S. 104–108; Amann, FB 2004, S. 332–339; Keisinger, NWB 2004, Fach 3 S. 12851–12853.

die Anteile an der Portfolio-Gesellschaft nicht fremdfinanziert[82] und Verbindlichkeiten der Portfolio-Gesellschaft nicht durch den Venture-Capital Fonds besichert werden,[83]

- der Venture-Capital Fonds keine eigene Organisation unterhält,
- der Venture-Capital Fonds sich nicht eines Marktes bedient und unter Einsatz beruflicher Erfahrung tätig wird,
- die Beteiligungen an den Portfolio-Gesellschaften nicht gegenüber einer breiten Öffentlichkeit angeboten werden und der Venture-Capital Fonds auf eigene Rechnung handelt,[84]
- die Beteiligungen nicht nur kurzfristig gehandelt werden, sondern mindestens drei bis fünf Jahre,
- die erzielten Veräußerungserlöse nicht reinvestiert, sondern ausgeschüttet werden,
- der Venture-Capital Fonds nicht in den Portfolio-Gesellschaften unternehmerisch tätig wird und
- keine gewerbliche Prägung i. S. des § 15 Abs. 3 Nr. 2 EStG oder eine gewerbliche „Infektion" i. S. des § 15 Abs. 3 Nr. 1 EStG beim Venture-Capital Fonds vorliegt.

5.3 Steuerrechtliche Auswirkungen

5.3.1 Gewerbliche Tätigkeit

Ist der Venture-Capital Fonds anhand der vorstehend genannten Kriterien als gewerblich zu beurteilen, ergeben sich daraus folgende steuerrechtliche Konsequenzen:[85]

Der Venture-Capital Fonds unterliegt grundsätzlich der Gewerbesteuer (§ 2 Abs. 1 Satz 2 GewStG). Bei der Ermittlung des Gewerbeertrags sind § 8b Abs. 1–5 KStG und § 3 Nr. 40 EStG nicht anzuwenden. Die gewerbesteuerrechtlichen Kürzungsvorschriften für Schachteldividenden (§ 9 Nr. 2a und 7 GewStG) finden Anwendung.[86]

Die Gesellschafter des Venture-Capital Fonds erzielen mit ihrem Gewinnanteil Einkünfte aus Gewerbebetrieb nach § 15 Abs. 1 Satz 1 Nr. 2 Satz 1 Hs. 1 EStG,

---

[82] Gl. A. Bauer/Gemmeke, DStR 2004, S. 581; nach Ansicht von Amann, FB 2004, S. 335 stark angreifbar.

[83] Nach Ansicht von Bauer/Gemmeke, DStR 2004, S. 582 und Rodin/Veith/Bärenz, DB 2004, S. 105 nur, wenn der Fonds zur Bedienung seinerseits Fremdmittel aufnehmen muss.

[84] Nach Amann, FB 2004, S. 336 und Bauer/Gemmeke, DStR 2004, S. 583 sind die Rz. 11–13 des BMF-Schreibens unproblematisch.

[85] Vgl. BMF v. 16.12.2003, IV A 6 – S. 2240 – 170/02, BStBl. I 2004, S. 40, Rz. 18, 20.

[86] Vgl. Amann, FB 2004, S. 340.

die der Einkommensteuer, dem Solidaritätszuschlag und gegebenenfalls der Kirchensteuer unterliegen. Soweit in dem Gewinnanteil Dividenden oder Gewinne aus der Veräußerung von Anteilen an Kapitalgesellschaften enthalten sind, kommt nach § 3 Nr. 40 Satz 1 Buchstabe a und d und Satz 2 i. V. m. § 3c Abs. 2 EStG das Halbeinkünfteverfahren zur Anwendung. Die Einkommensteuer wird um die Steuerermäßigung nach § 35 EStG gemindert, so dass die auf Ebene des Venture-Capital Fonds gegebenenfalls anfallende Gewerbesteuerbelastung weitgehend abgebaut wird.[87]

Umstritten ist die steuerrechtliche Behandlung des so genannten Carried Interest, welches die Initiatoren eines gewerblichen Venture-Capital Fonds für ihre Tätigkeit zusätzlich erhalten. Eine explizite gesetzliche Regelung existiert nicht.[88] Nach Auffassung der Finanzverwaltung führt das Carried Interest bei den Initiatoren zu Einkünften aus selbständiger Arbeit nach § 18 Abs. 1 Nr. 3 EStG, da dieser erhöhte Gewinnanteil als (verdecktes) Entgelt für die zu Gunsten der Mitgesellschafter erbrachten Dienstleistungen angesehen wird.[89] Das Halbeinkünfteverfahren nach § 3 Nr. 40 i. V. m. § 3c Abs. 2 EStG kommt nicht zur Anwendung,[90] so dass das Carried Interest bei den Initiatoren in voller Höhe der Besteuerung mit Einkommensteuer, Solidaritätszuschlag und gegebenenfalls Kirchensteuer unterliegt. Da es sich nicht um gewerbliche Einkünfte handelt, kommt eine Steuerermäßigung nach § 35 EStG hinsichtlich des Carried Interest nicht in Betracht.

Nach Auffassung der Literatur stellt das Carried Interest dagegen einen Gewinnvorab dar.[91] Folglich führt es bei den Initiatoren zu Einkünften aus Gewerbebetrieb nach § 15 Abs. 1 Satz 1 Nr. 2 Satz 1 Hs. 1 EStG. Soweit in dem Carried Interest Dividenden oder Gewinne aus der Veräußerung von Anteilen an Kapitalgesellschaften enthalten sind, kommt das Halbeinkünfteverfahren (§ 3 Nr. 40 i. V. m. § 3c Abs. 2 EStG) zur Anwendung. Die Steuerermäßigung nach § 35 EStG wird gewährt. Bei der Ermittlung des anteiligen Gewerbesteuer-Messbetrags wird der Gewinnvorab allerdings nicht berücksichtigt (§ 35 Abs. 3 Satz 2 Hs. 2 EStG), so dass sich auf Grund der nur geringen Beteiligung der Initiatoren an dem Venture-Capital Fonds nur ein geringer Ermäßigungsbetrag ergibt.

---

[87] Zu § 35 EStG siehe die Ausführungen zur Personengesellschaft in Abschnitt Teil V3.1.1.

[88] Die durch das Gesetz zur Förderung von Wagniskapital v. 30.7.2004 (BGBl. I 2004, S. 2013), in das EStG eingefügten Regelungen gelten ausdrücklich nur für vermögensverwaltende Venture-Capital Fonds. Siehe zu deren Behandlung Abschnitt Teil V5.3.2.

[89] Vgl. BMF v. 16.12.2003, IV A 6 – S. 2240 – 170/02, BStBl. I 2004, S. 40, Rz. 24.

[90] Vgl. BMF v. 16.12.2003, IV A 6 – S. 2240 – 170/02, BStBl. I 2004, S. 40, Rz. 25.

[91] Vgl. Watrin/Gocksch, DB 2002, S. 341; Herzig/Gocksch, DB 2002, S. 605; Watrin, BB 2002, S. 812f.; Bärenz/Veith, BB 2004, S. 255; Bauer/Gemmeke, DStR 2004, S. 584.

5.3.2 *Vermögensverwaltende Tätigkeit*

Die Qualifizierung der Tätigkeit des Venture-Capital Fonds als Vermögensverwaltung löst die nachfolgenden steuerrechtlichen Konsequenzen aus:[92]
Da der Venture-Capital Fonds die Kriterien eines Gewerbebetriebs nicht erfüllt, unterliegt er in diesem Fall nicht der Gewerbesteuer.

Die Anleger erzielen mit den laufenden Ergebnisanteilen Einkünfte aus Kapitalvermögen nach § 20 Abs. 1 Nr. 1 EStG, soweit sie auf die von den Portfolio-Gesellschaften gezahlten Dividenden entfallen. Auf die Einkünfte findet das Halbeinkünfteverfahren (§ 3 Nr. 40 i. V. m. § 3c Abs. 2 EStG) Anwendung.

Die Veräußerung der Beteiligung an der Portfolio-Gesellschaft durch den Venture-Capital Fonds (exit) führt nur dann zu steuerpflichtigen Einkünften beim Anleger, wenn die Beteiligung an dem Fonds im Betriebsvermögen gehalten wird, oder die Veräußerung der Anteile ein privates Veräußerungsgeschäft i. S. des § 23 EStG ist, oder die veräußerten Anteile eine Beteiligung i. S. des § 17 EStG oder einbringungsgeborene Anteile i. S. des § 21 UmwStG sind. Nach der so genannten Bruchteilsbetrachtung ist für den notwendigen Beteiligungsumfang i. S. des § 17 Abs. 1 EStG die anteilige Beteiligungsquote des einzelnen Anlegers an der Portfolio-Gesellschaft maßgeblich. Nicht selten wird deshalb bei dem einzelnen Anleger eines vermögensverwaltenden Venture-Capital Fonds der beim exit erzielte Veräußerungsgewinn nicht steuerpflichtig sein. In den Fällen der Steuerpflicht unterliegt der Gewinn i. d. R. dem Halbeinkünfteverfahren (§ 3 Nr. 40 i. V. m. § 3c Abs. 2 EStG).

Die steuerrechtliche Behandlung des Carried Interest, das die Initiatoren eines vermögenverwaltenden Venture-Capital Fonds zusätzlich erhalten, ist durch das Gesetz zur Förderung von Wagniskapital v. 30.7.2004[93] gesetzlich geregelt worden. Nach § 18 Abs. 1 Nr. 4 EStG gehört das Carried Interest zukünftig zu den Einkünften aus selbständiger Arbeit. Nach § 3 Nr. 40a EStG bleibt die Hälfte dieser Vergütung steuerfrei (Halbeinkünfteverfahren).[94] In § 3c Abs. 2 Satz 1 EStG wird allerdings kein Verweis auf § 3 Nr. 40a EStG aufgenommen, so dass das Halbeinkünfteverfahren nur unvollständig umgesetzt wurde. Aufwendungen im Zusammenhang mit dem Carried Interest sind folglich nach der allgemeinen Abzugsbeschränkung des § 3c Abs. 1 EStG zu beurteilen. Hiernach dürfen Aufwendungen nicht abgezogen werden, soweit sie in unmittelbarem wirtschaftlichen Zusammenhang mit steuerfreien Einnahmen stehen.

---

[92] Vgl. BMF v. 16.12.2003, IV A 6 – S. 2240 – 170/02, BStBl. I 2004, S. 40, Rz. 21f.

[93] BGBl. I 2004, S. 2013.

[94] Siehe hierzu z. B. Friederichs/Köhler, DB 2004, S. 1638–1640. Zur zeitlichen Anwendung siehe § 52 Abs. 4c EStG und FinMin. Bayern v. 21.6.2004, 31 – S. 2241 – 101 – 25 618/04, DB 2004, S. 1642f.

6 Zusammenfassung

Das deutsche Steuerrecht ist weder rechtsformneutral noch finanzierungsneutral. Die steuerlichen Konsequenzen der Gründungsfinanzierung sind in erster Linie von der Rechtsform des Unternehmens und dem Umstand abhängig, ob Eigenkapital oder Fremdkapital zur Verfügung gestellt wird. Allgemeingültige Aussagen zur Höhe der Belastung mit Einkommensteuer bzw. Körperschaftsteuer, Gewerbesteuer, Solidaritätszuschlag und gegebenenfalls Kirchensteuer lassen sich nicht treffen. Vielmehr sind die Verhältnisse des Einzelfalls entscheidend.

Die steuerrechtliche Behandlung des Carried Interest beim Initiator eines Venture-Capital Fonds war lange Zeit Gegenstand der Diskussion. Bei vermögensverwaltenden Venture-Capital Fonds ist die steuerrechtliche Behandlung nunmehr gesetzlich geregelt. Damit dürfte ein Großteil der Fälle abgedeckt sein, da in der Regel eine Qualifizierung des Venture-Capital Fonds als Vermögensverwaltung angestrebt wird. Die steuerrechtliche Behandlung des Carried Interest bei Venture-Capital Fonds, die gewerblich tätig sind, bleibt jedoch umstritten.

Literatur

Altmeppen H, Neues zum Finanzplan- und zum Sanierungskredit, in: Hommelhoff, Peter u. a. (Hrsg), Familiengesellschaften: Festschrift für Walter Sigle zum 70. Geburtstag, Köln 2000, S 211-227.

Amann R, Einkommensteuerliche Behandlung von Venture-Capital und Private Equity Fonds: Das BMF-Schreiben vom 16.12.2003, in: FB 2004, S 331–342.

Bärenz U, Veith A, Das BMF-Schreiben zur Abgrenzung zwischen privater Vermögensverwaltung und gewerblicher Tätigkeit bei Private Equity Fonds: Ein erstes Resümee zur zukünftigen steuerlichen Behandlung von Private Equity Fonds in Deutschland, in: BB 2004, S 251–256.

Bauer A F, Gemmeke T, Zur einkommensteuerlichen Behandlung von Venture-Capital und Private Equity Fonds nach dem BMF-Schreiben vom 16.12.2003, in: DStR 2004, S 580–585.

Blümich W, Einkommensteuergesetz, Körperschaftsteuergesetz, Gewerbesteuergesetz: EStG, KStG, GewStG: Kommentar, hrsg von Klaus Ebling, München, Loseblatt, Stand: August 2004.

Djanani C, Pummerer E, Auswirkungen der Verrechnungsbeschränkungen des Verlustvortrages auf die Risikoverteilung zwischen Steuerpflichtigen und Fiskus, in: StuW 2004, S 158–166.

Dörfler H, Käfferlein S, Auswirkungen der Steueränderungen 2004 auf Unternehmen mit zyklischem Ergebnisverlauf am Beispiel von Filmproduktionsgesellschaften, in: FR 2004, S 869–876.

Dötsch E u. a., Die Körperschaftsteuer: Kommentar zum Körperschaftsteuergesetz, zum Umwandlungssteuergesetz und zu den einkommensteuerrechtlichen Vorschriften der Anteilseignerbesteuerung, unter Mitarbeit von Christoph Buyer u. a., Stuttgart, Loseblatt, Stand: Oktober 2004.

Fleischer H, Der Finanzplankredit im Gesamtgefüge der einlagegleichen Gesellschafterleistung: Zugleich eine Besprechung von BGH, Urteil vom 28.6.1999, II ZR 272/98, in: DStR 1999, S 1774–1780.

Förster G, Rechtsformwahl, Umwandlung und Unternehmenskauf nach der Unternehmenssteuerreform, in: WPg 2001, S 1234–1249.

Förster G, Verlustverrechnung im Konzern, in: WPg 2004, S 1258–1270.

Förster U, Problembereiche der Anrechnung der Gewerbesteuer auf die Einkommensteuer gem § 35 EStG 2001, in: FR 2000, S 866–870.

Friederichs K, Köhler S, Gesetz zur Förderung von Wagniskapital beschlossen, in: DB 2004, S 1638–1640.

Frotscher G, Die rechtlichen Wirkungen des § 8a KStG n F, in: DStR 2004, S 377–386.

Frotscher G, Maas E (Hrsg), Körperschaftsteuergesetz, Umwandlungssteuergesetz: Kommentar, unter Mitarbeit v Hans-Joachim Herrmann, Freiburg im Breisgau, Loseblatt, Stand: August 2004.

Glanegger P, Güroff G (Hrsg), Gewerbesteuergesetz: Kommentar, erläutert von Peter Glanegger u a, 5. Aufl, München 2002.

Goette W, Anmerkung zu BGH v 28.6.1999, II ZR 272/98, in: DStR 1999, S 1201–1202.

Golücke M, Franz M, Gesellschafter-Fremdfinanzierung: Der „neue" § 8a KStG-E, in: GmbHR 2003, S 1093–1100.

Grotherr S, Steht der Verlustvor- und -rücktrag steuerpolitisch zur Disposition?, in: BB 1998, S 2337–2349 und S 2392–2398.

Grotherr S, Das neue Körperschaftsteuersystem mit Anteilseignerbelastung bei der Besteuerung von Einkünften aus Beteiligungen: Regierungsentwurf zum Steuersenkungsgesetz 2000, in: BB 2000, S 849–861.

Herrmann C, Heuer G, Raupach A, Einkommensteuer- und Körperschaftsteuergesetz: Kommentar, begründet von Alfons Mrozek und Albert Kennerknecht, fortgeführt von Gerhard Heuer und Carl Herrmann, gesamtverantwortlicher Hrsg Arndt Raupach, Mitherausgeber Uwe Clausen u a, Köln, Loseblatt, Stand: Oktober 2004.

Herzig N, Betriebsaufspaltung als Gestaltungsform im mittelständischen Bereich, in: Bundessteuerberaterkammer/Deutsches wissenschaftliches Steuerinstitut der Steuerberater und Steuerbevollmächtigten e. V. (Hrsg), Deutscher Steuerberaterkongress 1984 der Bundessteuerberaterkammer: Steuerberaterkongress-Report 1984: Ansprachen, Referate, Diskussionen, München 1984, S 319–338.

Herzig N, Gocksch S, Die steuerliche Behandlung von Übergewinnanteilen für Sponsoren inländischer Private Equity-Fonds, in: DB 2002, S 600–607.

Herzig N, Lochmann U, Steuersenkungsgesetz: Die Steuerermäßigung für gewerbliche Einkünfte bei der Einkommensteuer in der endgültigen Regelung, in: DB 2000, S 1728–1735.

Herzig N, Wagner T, Einschränkung der Verlustberücksichtigung bei Kapitalgesellschaften, in: DStR 2003, S 225–233.

Herzig N, Wagner T, Mindestbesteuerung durch die Begrenzung der Verrechnung von Verlustvorträgen, in: WPg 2004, S 53–64.

Hundsdoerfer J, Beteiligungsaufwendungen im Halbeinkünfteverfahren, in: BB 2001, S 2242–2250.

IDW, IDW Stellungnahme: Entwurf eines Gesetzes zur Umsetzung der Protokollerklärung der Bundesregierung zur Vermittlungsempfehlung zum Steuervergünstigungsabbaugesetz – Bundestags-Drucksache 15/1518, in: WPg 2003, S 1141–1146.

Jacobs O H (Hrsg), Unternehmensbesteuerung und Rechtsform: Handbuch zur Besteuerung deutscher Unternehmen, bearbeitet von Otto H Jacobs und Wolfram Scheffler unter Mitarbeit von Michael Vituschek, 3. Aufl, München 2002.

Kaeser C, Die steuerliche und bilanzielle Behandlung von Verlusten im Konzern, in: Lehner, Moris (Hrsg), Verluste im nationalen und Internationalen Steuerrecht: Mit Diskussionsbeiträgen eines Münchener Symposiums, Beiträge von Moris Lehner u. a., München 2004, S 115–129.

Keisinger W, Die ertragsteuerliche Behandlung von Venture-Capital Fonds und Private Equity Fonds, in: NWB 2004, Fach 3 S 12849–12856.

Kessler W, Teufel T, Gesellschafterfremdfinanzierung nach der Unternehmenssteuerreform, in: DB 2001, S 1955–1962.

Kessler W, Schiffers J, Teufel T, Rechtsformwahl – Rechtsformoptimierung, München 2002.

Kirchhof P (Hrsg), EStG-KompaktKommentar: Einkommensteuergesetz, unter Mitarbeit von Hans-Jochem von Beckerath u. a., 4. Aufl, Heidelberg 2004.

Köster T, Schiffers J, „Steuervergünstigungsabbaugesetz“ – Geplante Änderungen und mögliche Konsequenzen für die GmbH, in: GmbHR 2002, S 1218–1226.

Kollruss T, Anrechnung der Gewerbesteuer auf die Einkommensteuer bei Personenunternehmen gem § 35 EStG 2001, in: Stbg 2000, S 559–570.

Korezkij L, Steuerermäßigung für gewerbliche Einkünfte nach § 35 EStG: Systematische Grundlagen, Anwendungsprobleme, Belastungsvergleiche, Gestaltungen, Stuttgart u. a. 2003.

Korn K u. a., Änderungen der Steuergesetze 2003/2004: Orientierung, Handlungsbedarf, Gestaltungen, Köln 2003.

Korn K, Handlungsbedarf nach den Steuergesetzesänderungen zur Jahreswende 2003/2004, NWB Blickpunkt Steuern 1/2004, 209-218 (19.1.2004).

Korn K, Einkommensteuergesetz: Kommentar, hrsg von Klaus Korn u. a., bearbeitet von Marco S A u. a., Bonn, Loseblatt, Stand: August 2004.

Krawitz N, Betriebswirtschaftliche Anmerkungen zum Halbeinkünfteverfahren, in: DB 2000, S 1721–1727.

Kussmaul H, Betriebswirtschaftliche Steuerlehre, 3. Aufl, München/Wien 2003.

Mensching O, Bauer A F, Die geplante Neufassung des § 8a KStG: Auswirkungen auf Finanzierungsstrukturen und Unternehmenskauf, in: BB 2003, S 2429–2436.

Nacke A, Intemann J, Ausgewählte Probleme des Halbeinkünfteverfahrens, in: DB 2002, S 756–762.

Niemann R, Investitionswirkungen steuerlicher Verlustvorträge – Wie schädlich ist die Mindestbesteuerung?, in: ZfB 2004, S 359–384.

Pezzer H-J, Kritik des Halbeinkünfteverfahrens, in: StuW 2000, S 144–150.

Rodin A, Veith A, Bärenz U, Einkommensteuerliche Behandlung von Venture-Capital und Private Equity Fonds – Abgrenzung der privaten Vermögensverwaltung vom Gewerbebetrieb: BMF-Schreiben vom 16.12.2003 – IV A 6 – S 2240 – 153/03 mit Anmerkungen, in: DB 2004, S 103–110.

Rödder T, Schumacher A, Unternehmenssteuerreform 2001 – Eine erste Analyse des Regierungsentwurfs aus Beratersicht, in: DStR 2000, S 353–368.

Rödder T, Schumacher A, Referentenentwurf eines Steuervergünstigungsabbaugesetzes: Gravierende Eingriffe in das Konzernsteuerrecht geplant, in: DStR 2002, S 1969–1972.

Rödder T, Schumacher A, Erster Überblick über die geplanten Steuerverschärfungen und -entlastungen für Unternehmen zum Jahreswechsel 2003/2004, in: DStR 2003, S 1725–1736.

Rödder T, Schumacher A, Ertragsteuerliche Änderungen für Unternehmen zum Jahreswechsel 2003/2004: Die wesentlichen Veränderungen der verabschiedeten Gesetze gegenüber den Regierungsentwürfen, in: DStR 2004, S 207–210.

Rogall M, Zur Systematik des Abzugs von Refinanzierungsentgelten im Zusammenhang mit Dividenden unter Berücksichtigung der Steuerreform, in: DB 2001, S 1903–1907.

Schaumburg H, Rödder T (Hrsg), Unternehmenssteuerreform 2001: Gesetze, Materialien, Erläuterungen, erläutert von Harald Schaumburg u. a., München 2000.

Schiffers J, Köster T, Handlungsbedarf für GmbH und GmbH & Co. KG im Hinblick auf die zum Jahreswechsel 2003/2004 geplanten Steuergesetzänderungen?, in: GmbHR 2003, S 1301–1311.

Schmidt L (Hrsg), Einkommensteuergesetz: Kommentar, erläutert von Ludwig Schmidt u. a., 23. Aufl, München 2004.

Schneider D, Investition, Finanzierung und Besteuerung, 7. Aufl, Wiesbaden 1992.

Schneider D, Steuerlast und Steuerwirkung: Einführung in die steuerliche Betriebswirtschaftslehre, München/Wien 2002.

Schön W, Zum Entwurf eines Steuersenkungsgesetzes, in: StuW 2000, S 151–159.

Sieger J J, Aleth F, Finanzplankredite: Stand der Rechtsprechung und offene Fragen, in: GmbHR 2000, S 462–472.

Sigloch J, Unternehmenssteuerreform 2001 – Darstellung und ökonomische Analyse, in: StuW 2000, S 160–176.

Steinbeck A, Zur systematischen Einordnung des Finanzplankredits: Besprechung des Urteils BGH WM 1999, 1568, in: ZGR 2000, S 503–522.

Strahl M, Steuerrechtsfolgen von Forderungsverzichten durch GmbH-Gesellschafter, in: KÖSDI 1999, S 11862–11874.

Strahl M, Schuldzinsenabzug: Rechtsprechungsentwicklungen und Gestaltungsmöglichkeiten, in: KÖSDI 2002, S 13346–13357.

Utescher T, Blaufus K, Unternehmenssteuerreform 2001: Begrenzung des Betriebsausgabenabzugs bei Beteiligungserträgen, in: DStR 2000, S 1581–1586.

Watrin C, Disquotale Gewinnverteilung bei Private Equity-Fonds: Anmerkungen zum Entwurf eines BMF-Schreibens, in: BB 2002, S 811–814.

Watrin C, Gocksch S, Problembereiche der Besteuerung inländischer Private Equity-Fonds, in: DB 2002, S 341–345.

Wiese G T, Klass T, Der Gesetzentwurf zur Umsetzung der Protokollerklärung der Bundesregierung zum Steuervergünstigungsabbaugesetz („Korb II"): Überblick und erste Anmerkungen, in: GmbHR 2003, S 1029–1034.

Wosnitza M, Die Beschränkung der ertragsteuerlichen Verlustverrechnung: Ein Beitrag zu Steuervereinfachung, Steuergerechtigkeit und Förderung von Wachstum und Beschäftigung?, in: StuB 2000, S 763–772.

BMF, Schreiben v. 22.5.2000, Neuregelung des Schuldzinsenabzugs gemäß § 4 Abs. 4a EStG, IV C 2 – S 2144 – 60/00, BStBl. I 2000, S. 588, geändert durch BMF, Schreiben v. 28.3.2001, Neuregelung des Schuldzinsenabzugs nach § 4 Abs. 4a EStG; Schuldzinsen aus Investitionsdarlehen, BStBl. I 2001, S. 245.

BMF, Schreiben v. 15.5.2002, Anwendungsschreiben zu der Steuerermäßigung bei Einkünften aus Gewerbebetrieb nach § 35 EStG, IV A 5 – S 2296a – 16/02, BStBl. I 2002, S. 533.

BMF, Schreiben v. 16.12.2003, Einkommensteuerliche Behandlung von Venture-Capital und Private Equity Fonds; Abgrenzung der privaten Vermögensverwaltung vom Gewerbebetrieb, IV A 6 – S 2240 – 153/03, BStBl. I 2004, S. 40.

BMF v. 15.7.2004, Gesellschafter-Fremdfinanzierung (§ 8a KStG), IV A 2 – S 2742a – 20/04, BStBl. I 2004, S. 593.

Bayerisches Staatsministerium der Finanzen, Erlass v. 21.6.2004, Gesetz zur Förderung von Wagniskapital, 31 – S 2241 – 101 – 25 618/04, DB 2004, S. 1642.

Controlling in der Wachstumsfinanzierung

Alexander Bassen und Maik Kleinschmidt

Abstract

Dem Controlling kommt auf Grund des hohen Risikos eine große Bedeutung in der Wachstumsfinanzierung zu. Da sich die drei beteiligten Ebenen Wachstumsunternehmen, Venture-Capital-Investor und Anleger gegenseitig beeinflussen, ist eine integrierte Betrachtung des Controllings erforderlich. Beim Wachstumsunternehmen wird das Controlling idealtypisch an die jeweilige Entwicklungsphase des Unternehmens angepasst, es hat den Zweck, den Unternehmenserfolg zu sichern. Auf Ebene des Venture-Capital-Investors gilt es, sowohl den Anlageerfolg des Gesamtportfolios als auch der einzelnen Anlagen sowie die Qualität der unterstützenden Funktionen sicherzustellen. Für die Anleger ist das Controlling der Venture-Capital-Investition dem Portfoliomanagement untergeordnet und hat sich daher an deren Anforderung zu orientieren.

1 Grundüberlegungen

Angesichts der Krise vieler Wachstumsunternehmen hat das Augenmerk auf das Controlling in der Wachstumsfinanzierung in den letzten Jahren zugenommen. Nichtsdestotrotz ist das Thema in der Forschung bisher noch nicht ausreichend beleuchtet worden.[1] Daher sind die nachfolgenden Aussagen auf Plausibilitätsüberlegungen basierende Hypothesen, die es in weiteren Arbeiten zu überprüfen gilt.

1.1 Abgrenzung des Controlling-Begriffes

Controlling wird in der Literatur sehr differenziert abgegrenzt, teilweise nach funktionalen und teilweise nach institutionellen Aspekten.[2] Daher haben Weber und Schäffer eine weit gefasste Begriffsabgrenzung vorgenommen, die bisherige Ansätze integriert. Ihre Definition des Controllings als Rationalitätssicherung der Führung, wird auch nachfolgend angewendet.[3]

---

[1] Vgl. Achleitner/Bassen (2004), S. 151.

[2] Für eine Übersicht vgl. Horvath (2003), S. 49ff.

[3] Vgl. Weber/Schäffer (1999), S. 731ff.; Weber (2000), S. 1931.

Diese Abgrenzung ist unmittelbar mit der Frage verbunden, wie rationales Führungshandeln bestimmt wird. Um diese zu beantworten, sind zwei Erläuterungen erforderlich: Zum einen basiert die Definition auf der Sichtweise, dass Führung von kognitiv begrenzten Akteuren – insbesondere Managern – vollzogen wird, die eigene Ziele verfolgen. Zum anderen ist der Rationalitätsbegriff zu erläutern. Wie in der ökonomischen Theorie üblich, liegt der Definition Max Webers Begriff der Zweckrationalität zu Grunde. Demnach handelt zweckrational, „wer sein Handeln nach Zweck, Mitteln und Nebenfolgen orientiert und dabei sowohl die Mittel gegen die Zwecke, wie die Zwecke gegen die Nebenfolgen, wie endlich auch die verschiedenen möglichen Zwecke gegeneinander rational abwägt."[4] Das heißt die Rationalitätssicherung wird bestimmt durch Effektivität, Effizienz und gegebenenfalls individuelle Nebenbedingungen, die zum Beispiel ethischer Natur sein können.[5]

Grundsätzlich bestehen zwei Ursachen für Rationalitätsdefizite der Führung: Einerseits bestehen Könnensbeschränkungen der Führung auf Grund der begrenzten kognitiven Fähigkeiten der Akteure. Anderseits existieren Wollensbeschränkungen, wenn die Ziele der Akteure von den gegebenen Zielen abweichen und zu konträrem Führungshandeln führen.[6] Angesichts dieser Defizite betrifft die Rationalitätssicherung „Handlungen zur Erhöhung der Wahrscheinlichkeit, dass die Realisierung der Führungshandlungen dem antizipierten Zweck-Mittel-Beziehungen trotz der genannten Defizite entspricht"[7]. Das Controlling im Unternehmen soll also sicherstellen, dass sowohl Wollens- als auch Könnensbeschränkungen der Manager vermieden werden, indem ihr Handeln ständig auf Effektivität, Effizienz und die Einhaltung von Nebenbedingungen überprüft wird.

1.2 Charakteristika der Wachstumsfinanzierung

Controlling in der Wachstumsfinanzierung wird nachfolgend auf Basis des Ebenenmodells aus der Perspektive der drei beteiligten Gruppen Anleger, Venture-Capital-Investoren und Wachstumsunternehmen betrachtet.[8] Eine integrierte Betrachtung ist notwendig, da sich die drei Ebenen gegenseitig beeinflussen. Dabei wirkt sich insbesondere die Entwicklung des Wachstumsunternehmens maßgeblich auf alle Ebenen aus. Deswegen werden seine drei Entwicklungsphasen in ihrem idealtypischen Ablauf im Folgenden erläutert.

---

4 Weber (1976), S. 13.

5 Vgl. Dyckhoff/Ahn (2001), S. 113; Weber (1976), S. 13.

6 Vgl. Weber (2000), S. 1931.

7 Vgl. Schäffer (2001), S. 45.

8 Vgl. Achleitner (2002), S. 142ff.

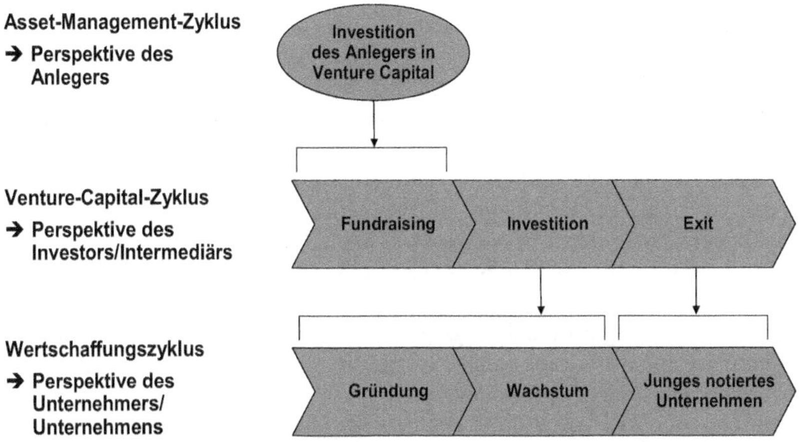

Abb. 1. Ebenenmodell der Entrepreneurial Finance9

Die erste Entwicklungsphase umfasst die Vorbereitung der Unternehmensgründung durch die Ausreifung einer Idee und der darauf aufbauenden Entwicklung eines Business Plans sowie die Gründung des Unternehmens selbst. Der Schwerpunkt der Aktivitäten liegt bei der Produktentwicklung, dem Aufbau von Strukturen und der Vorbereitung des Markteintritts. Entscheidend ist dabei der Gründer, sein Know-how und Erfahrungshintergrund sowie die immateriellen Vermögensgegenstände, wie eine Produktidee oder eine Technologie. Dabei haben die Gründer häufig einen technischen Hintergrund und besitzen nur begrenzte betriebswirtschaftliche Kenntnisse.[10] Diese Phase ist in der Regel von hohen Investitionen und fehlenden Erträge des Unternehmens gekennzeichnet. Daher ist die Sicherstellung der Liquidität ein Hauptaugenmerk in dieser Phase.[11] Auf Grund der begrenzten Mittel der Gründer und der Schwierigkeit, Fremdkapital aufnehmen zu können[12], stellt Venture-Capital neben öffentlichen Fördermitteln eine der wenigen Finanzierungsmöglichkeiten dar.[13]

Mit dem Markteintritt beginnt die Wachstumsphase. Die schnell ansteigende Nachfrage erhöht den Bedarf an Produktions- und Vertriebskapazitäten, was mit noch höheren Investitionen verbunden ist. Bei Erfolg auf den Absatzmärkten und

---

9 Vgl. Achleitner (2002), S. 142ff.

10 Vgl. Ruppen (2001), S. 28; Stahl (2003), S. 128ff.; Nietzer (2003), S. 443.

11 Vgl. Achleitner/Bassen (2002), S. 1195.

12 Fremdkapital steht jungen Wachstumsunternehmen auf Grund der großen Unsicherheit ihrer zukünftigen Entwicklung und der fehlenden Sicherheiten ohne eine Incentivierung durch einen Equitykicker nicht zur Verfügung. Vgl. grundsätzlich Achleitner/von Einem/von Schröder (2004).

13 Berger/Udell (1998), S.622ff.; Schefczyk (2000), S. 24.

optimierten Geschäftsprozessen können in dieser Phase erstmals auch positive Cashflows erwirtschaftet werden, die jedoch zu gering sind, um das Wachstum zu finanzieren. Da Fremdfinanzierungsmittel meist noch immer nicht zur Verfügung stehen, ist eine weitere – in der Regel bedeutend größere – Finanzierungsrunde durch Venture-Capital-Investoren notwendig.[14] Ein geeigneter Weg, um diesen nach einigen Jahren einen Exit aus dem Unternehmen zu ermöglichen und gleichzeitig neues Kapital aufzunehmen, stellt für erfolgreiche Unternehmen ein Börsengang dar. Dafür sind umfangreiche Vorbereitungen notwendig, mit denen das Unternehmen an den Bedürfnissen des Kapitalmarktes ausgerichtet wird.

Nach der Einführung an der Börse steht das junge börsennotierte Unternehmen vor allem vor der Aufgabe der Professionalisierung, nachdem die Ressourcendefizite durch das erlangte Eigenkapital weitgehend überkommen sind. Der Einfluss der Venture-Capital-Investoren nimmt dagegen durch den Exit, der eventuell auch in mehreren Schritten erfolgen kann, ab.

Während sich Wachstumsunternehmen im Laufe ihrer Entwicklung hin zum Börsengang schnell verändern, besitzen sie dennoch einige charakteristische Eigenschaften über die verschiedenen Phasen hinweg: das dynamische Umfeld, die Ressourcenknappheit und die hohe Bedeutung immaterieller Vermögensgegenstände.[15] Darin ist auch das hohe Risiko einer Investition für Venture-Capital-Gesellschaft und Anleger begründet. Deren Risiko wird zusätzlich durch die Illiquidität der Anlageform erhöht, da kein organisierter Markt existiert.[16]

Auf Basis des zuvor definierten Controlling-Begriffs wird im Folgenden für die drei Ebenen Wachstumsunternehmen, Venture-Capital-Investoren und Anleger auf die Besonderheiten des Controllings eingegangen. Dabei werden zunächst die Anforderungen erläutert, die sich am Zweck und der Bedeutung als auch an den Besonderheiten der Wachstumsfinanzierung orientieren. In einem zweiten Schritt werden wichtige Inhalte des Controllings für die jeweilige Perspektive dargestellt.

2 Controlling in Wachstumsunternehmen

In Wachstumsunternehmen nimmt das Controlling angesichts der großen Unsicherheit durch die internen Veränderungsprozesse und des dynamischen Umfelds eine zentrale Funktion ein. Demgegenüber wird die effiziente und effektive Umsetzung von Controlling auf Grund der Ressourcenknappheit und mangelnder Erfahrung des Managements stark eingeschränkt. Auf Basis dieses Spannungsfeldes weist das Controlling in vielen Wachstumsunternehmen Schwächen auf, die es zu beheben gilt.

[14] Vgl. Sahlman (1990), S. 479; Schefzcyk (2000), S. 22ff.

[15] Vgl. Achleitner/Bassen (2003), S. 8ff.

[16] Vgl. Kaserer et al. (2003), S. 1ff.

2.1 Anforderungen

Der vorrangige Zweck des Controllings bei Portfoliounternehmen ist die Sicherung des Unternehmenserfolgs. Dafür sind sowohl für die primären als auch für die unterstützenden Funktionen Effektivität, Effizienz und die Erfüllung von Nebenbedingungen sicherzustellen. Eine Nebenbedingung stellt bei Wachstumsunternehmen häufig die Selbstverwirklichung des Unternehmers dar, die verbunden mit der herausgehobenen Stellung des Gründers die erhöhte Gefahr von Wollensbeschränkungen ausmacht.

Die Bedeutung des Controllings ist vor allem von der Risikosituation des Unternehmens abhängig, die sich im Laufe der Unternehmensentwicklung ändert. Sie wird maßgeblich bestimmt von der Ressourcenausstattung, dem Erfahrungshintergrund der Mitarbeiter und der Dynamik der Umwelt. Junge Wachstumsunternehmen weisen meist eine sehr knappe Ausstattung mit Finanzmitteln und Humankapital auf, was sie anfälliger macht für Krisen. Dazu tragen in der Regel auch die negativen Cashflows bei, die für Unternehmen in der ersten Entwicklungsphase typisch sind.[17] Zudem besitzen die Mitarbeiter junger Unternehmer wegen der kurzen Existenz des Unternehmens oft nur einen begrenzten Erfahrungshintergrund, insbesondere im betriebwirtschaftlichen Bereich. Dies trägt zur Gefahr von Könnensbeschränkungen der rationalen Führung bei und erhöht daher die Bedeutung von Mechanismen zur Kontrolle und Steuerung. Vor diesem Hintergrund wird die immense Bedeutung des Controllings für Wachstumsunternehmen deutlich.

Die Umsetzung und Ausgestaltung des Controllings in Wachstumsunternehmen hat zusammenfassend drei bedeutende Parameter: die Unternehmerprägung, die Finanzierung mit Venture-Capital und die Ressourcenknappheit. Junge Unternehmen werden meist von ihren Gründern geführt und sind stark von diesen geprägt. Entsprechend sind die Entscheidungen auch weitgehend bei ihm gebündelt, was sich in einem zentralen System widerspiegeln sollte.[18] Daneben ist seine Ausgestaltung auf Grund der Finanzierung mit Venture-Capital auch an den Anforderungen der Investoren auszurichten. In der Regel handelt es sich dabei um mehrere Venture-Capital-Gesellschaften, die teilweise auch unterschiedliche Informationsbedürfnisse im Hinblick auf Inhalte und Aggregationsniveau haben.[19] Dadurch wird die Komplexität des Controllings unter Umständen deutlich erhöht. Die Anforderungen an das Controlling-System sowie dessen hohe Bedeutung müssen mit den knappen zur Verfügung stehenden Ressourcen umgesetzt werden. So existieren in Wachstumsunternehmen nur selten eigene Controlling-Abteilungen, in der Regel wird die Funktion von der Unternehmensführung übernommen.[20] Auf Grund der Könnensbeschränkung durch eine begrenzte personelle Ausstattung werden einzelne Aufgaben teilweise auch externalisiert, was tendenziell zu einem

---

[17] Vgl. Schefczyk (2000), S. 22ff; Achleitner/Bassen (2002), S. 1995.

[18] Vgl. Fallgatter (2001), S. 1217ff.

[19] Vgl. Schenk (2004), S. 155; Schenk (2003), S. 407ff..

[20] Vgl. Weber et al. (2001), S. 11.

Informationsverlust im Unternehmen führt. So wird die Finanzbuchhaltung häufig durch Steuerberater durchgeführt.[21] Dies verdeutlicht die Schwierigkeiten, denen Wachstumsunternehmen bei der Umsetzung effektiver und effizienter Controlling-Systeme konfrontiert sind.

2.2 Inhalte

Um dem Zweck des Controllings zu entsprechen, sollten die Inhalte alle erfolgsrelevanten Faktoren innerhalb und außerhalb des Unternehmens berücksichtigen. Diese verändern sich im Laufe der Unternehmensentwicklung und sind unterschiedlich für verschiedene Branchen. In einem Gründungsunternehmen ist neben der Gründerpersönlichkeit vornehmlich die Ressourcenausstattung, insbesondere mit immateriellen Vermögensgegenständen erfolgsrelevant. Dagegen nimmt deren Bedeutung während der Entwicklung hin zum Börsengang gegenüber einer zunehmenden Rentabilitäts- und Kapitalmarktorientierung ab.[22] Ebenso unterscheiden sich die relevanten Inhalte zwischen Unternehmen von traditionellen und innovativen Branchen teilweise. In neu entstehenden Märkten ist der schnelle Aufbau einer Marke beispielsweise wichtiger für den Unternehmenserfolg als in gesättigten Märkten, in denen bereits dominante Anbieter existieren.

Grundanforderungen an den Inhalt sollten jedoch in jedem Fall erfüllt sein. Zu diesen zählen Liquiditäts-, Ergebnis- und Finanzpläne, die alle existierenden Teilpläne zu Produktion, Absatz, Personal etc. integrieren.[23] In frühen Entwicklungsphasen kommen insbesondere der Liquidität und den immateriellen Werten große Bedeutung zu.[24] Außerdem sind alternative Erfolgsgrößen hier sehr wichtig. Diese Inhalte verlieren im Laufe der Unternehmensentwicklung an Bedeutung, wenn auf dem Weg zur Kapitalmarktfähigkeit traditionelle Erfolgsgrößen in den Fokus des Controllings rücken.

Für die individuellen Erfolgsfaktoren, die unbedingt im Rahmen des Controllings erfasst werden sollten, können hier auf Grund der Heterogenität der Unternehmen nur einige Beispiele angeführt werden. Sie betreffen etwa den Zugang zu wichtigen Ressourcen und Kundengruppen oder die Produktentwicklung.

3 Controlling bei Investoren

Bei den Investoren bestimmt die Wachstumsfinanzierung die gesamte Wertschöpfungskette. Durch das hohe Risiko und der Besonderheiten von Venture-Capital werden spezielle Anforderungen an das Controlling auf dieser Ebene gestellt. Die

[21] Vgl. Achleitner/Bassen (2004), S. 160.
[22] Vgl. Achleitner/Bassen (2004), S. 162f.
[23] Vgl. Stahl (2003), S. 429.
[24] Vgl. Hipp (2004), S. 615.

Inhalte unterscheiden sich daher auch deutlich von denen des Beteiligungscontrollings in Konzernen[25].

3.1 Anforderungen

Bei den Investoren erfüllt das Controlling drei verschiedene Zwecke: Erstens geht es um die Sicherstellung der Anlageerfolgs des Gesamtportfolios, was auch die Qualität des Fundraisings einschließt. Zweitens kommt den Investitionen in einzelne Portfoliounternehmen große Bedeutung zu, was mit der großen Abhängigkeit vom Erfolg einzelner Investitionen sowie deren hohen Risiko zusammenhängt. Im Besonderen geht es beim Controlling der Beteiligungen um die Sicherstellung der Qualität sowohl der Betreuung des Portfoliounternehmens während der Investition als auch des Exits.[26] Drittens ist neben den primären Funktionen der Wertschöpfungkette des Investors auch die Qualität der unterstützenden Funktionen sicherzustellen.[27] Bei allen drei Zwecken ist Controlling wichtig, da wiederum Wollens- und Könnensbeschränkungen auftreten können. Wollensbeschränkungen können dadurch entstehen, dass Manager der Venture-Capital-Gesellschaften persönliche Ziele verfolgen und dabei den übergeordneten Zweck ihres Handelns missachten. Könnensbeschränkungen entstehen dagegen eher aus den begrenzten Möglichkeiten der Manager zweckdienlich zu handeln. Ein möglicher Grund dafür ist beispielsweise eine schlechte Informationsversorgung der Investoren durch die Portfoliounternehmen. Das Controlling dient also dazu, derartige Probleme zu vermeiden und das Handeln an Effektivität und Effizienz auszurichten. Nebenbedingungen bestehen bei den Anlegern auf Grund der Konzentration auf finanziellen Anlageerfolg in der Regel nicht.

Die Bedeutung des Controllings ist von verschiedenen Parametern abhängig, die sich entsprechend der Ziele auf das Portfolio, die Einzelinvestitionen und die Venture-Capital-Gesellschaft beziehen. Die Größe des Gesamtportfolios bestimmt die absolute Risikoposition des Investors und gibt somit Auskunft über die Notwendigkeit und Effizienz von ausgereiften Controlling-Systemen. Einfluss darauf haben auch die relative und absolute Größe der Einzelinvestitionen. Falls das Portfolio stark diversifiziert und damit in zahlreiche kleine Investitionen aufgeteilt ist, ist das Portfoliocontrolling von höherer Bedeutung als im Falle weniger großer Investitionen, die das Portfolio dominieren, in dem das Controlling der Einzelinvestments wichtiger ist. Zudem hängt die Bedeutung des Controllings der einzelnen Investments auch von der spezifischen Risikosituation der einzelnen Investments ab, die unter anderem von deren Entwicklungsstand bestimmt wird. Gründungsunternehmen sind beispielsweise eher von Könnensbeschränkungen betroffen als Unternehmen mit einem größeren Erfahrungshintergrund. Neben diesen auf die Investitionen bezogenen Parametern ist auch die Größe der Organisation

[25] Vgl. zum Beteiligungscontrolling ausführlich Littkemann (2001), S. 1283ff.

[26] Vgl. Sahlman (1990), S. 503ff.

[27] Vgl. Tümpen/Althammer (2001), S. 57.

des Venture-Capital-Investors ausschlaggebend für die Bedeutung des Controllings: Insbesondere die Anzahl der Mitarbeiter hat Einflüsse auf Effektivität und Effizienz von Controlling-Systemen. Abgesehen von wenigen Ausnahmen stellen Venture-Capital-Gesellschaften meist kleine Organisationen dar.[28] Dies senkt die Bedeutung des Controllings der internen Prozesse, da die Mitarbeiter einen guten Überblick über die Organisation besitzen und dadurch Rationalitätsdefizite besser vermieden werden können.

Bei der Ausgestaltung des Controllings des Venture-Capital-Investors ist grundsätzlich zwischen internen und externen Parametern zu unterscheiden. Intern bestimmen vor allem die zur Verfügung stehenden finanziellen und personellen Ressourcen, wie das Controlling umgesetzt wird. So ist die Controller-Funktion meist nicht in Form einer eigenen Stelle in der Organisation institutionalisiert, sondern wird von mehreren Personen parallel umgesetzt. Das Controlling des Portfolios und der einzelnen Beteiligungen gehört explizit zu den Aufgaben der Investment Manager.[29]

Daneben wird das Controlling des Investors auch stark von Anforderungen der beiden anderen Ebenen der Wachstumsfinanzierung beeinflusst. Von den Portfoliounternehmen ist abhängig, ob der Einsatz eines ausgereiften auf Kennzahlen basierenden Controlling-Systems effektiv und effizient ist. Bei sehr jungen Unternehmen, die noch an der Unternehmenskonzeption arbeiten, ist dies seltener der Fall als bei Wachstumsunternehmen, die nach dem Markteintritt die Rentabilität des Geschäfts fokussieren. Außerdem ist der Einsatz integrierter Controlling-Systeme auch von der Ressourcenausstattung der Portfoliounternehmen abhängig. Denn dessen Effizienz hängt auch von der Möglichkeit ab, eine Anbindung zu entsprechenden Systemen beim Portfoliounternehmen herzustellen. Solche Systeme werden aber in jungen Wachstumsunternehmen nur selten eingesetzt.[30] Von der Ebene des Anlegers können ebenfalls Anforderungen an die Ausgestaltung des Controllings des Venture-Capital-Investors ausgehen. Der Anleger besitzt gegebenenfalls besondere Anforderungen, die zum Beispiel die Häufigkeit von Berichten des Investors, deren Aggregationsstufe oder Inhalte betreffen.[31] Insbesondere für tiefer gehende Diskussionen mit dem Management der Venture-Capital-Gesellschaft im Rahmen von Reviewgesprächen benötigen die Anleger gegebenenfalls besondere Informationen.[32]

Ein wesentlicher Unterschied zwischen dem Controlling von Venture-Capital-Investoren und dem klassischen Beteiligungscontrolling in Großunternehmen stellt der so genannte „Hands-on“-Ansatz dar. Die Steuerung und Kontrolle erfolgt dabei eher durch persönliche Betreuung als durch formale Systeme.[33] Dabei reicht das Spektrum der Betreuung von der Mitgliedschaft in Aufsichtsräten bis zur akti-

---

[28] Vgl. Hipp (2004), S. 609.

[29] Vgl. Hipp, H. (2004), S. 609.

[30] Vgl. Nietzer (2003), S. 442.

[31] Vgl. von Einem/Tränkle (2003), S. 457f.

[32] Vgl. Nietzer (2003), S. 452.

[33] Vgl. Tümpen/Althammer (2001), S. 55.

ven Unterstützungen des Managements bei strategischen und operativen Aufgaben.[34]

3.2 Inhalte

Die Inhalte des Controllings betreffen die Ebene der Venture-Capital-Gesellschaft und die der einzelnen Investitionen. Bei den auf den Investor bezogenen Inhalten ist die Qualität der primären und unterstützenden Funktionen sicherzustellen. Angesichts des Unternehmensziels der Renditeerwirtschaftung ist das Portfoliomanagement dabei von zentraler Bedeutung. Grundsätzlich erfolgt das Controlling dieser Funktion mit Hilfe von Rendite und Risiko. Bei Venture-Capital ergeben sich aus dem Nichtvorhandensein eines organisierten Marktes jedoch Schwierigkeiten diese beiden Größen zu messen.

Um die Rendite des Portfolios bestimmen zu können, ist es notwendig den Wert aller Beteiligungen zu kennen. Der Wert der Beteiligungen ist wegen der mangelnden Liquidität der Investitionen jedoch nur an zwei Terminen exakt festzustellen: zum Zeitpunkt des Investments und zum Zeitpunkt der Veräußerung der Unternehmensanteile. Zwischen den beiden Terminen liegen in der Regel drei bis zehn Jahre, in denen eine exakte Wertbestimmung nicht möglich ist. Es bestehen zwar zwei Ansätze, um den Wert von aktiven Portfolios näherungsweise zu bestimmen, beide sind jedoch mit Problemen behaftet: Die vom europäischen Branchenverband der Venture-Capital- und Private Equity-Investoren EVCA aufgestellten Standards zeigen eine Möglichkeit auf, den Wert eines noch nicht vollständig veräußerten Portfolios abzuschätzen. Dabei erfolgt eine Neubewertung der im Portfolio enthaltenen Investments zum Zeitpunkt des Einstiegs weiterer Investoren. Die Bewertung des Unternehmens durch die neuen Investoren wird als Grundlage für die Wertbestimmung der eigenen Anteile genutzt, wobei auch die resultierende Verwässerung berücksichtigt werden muss.[35] Dieser Ansatz kann jedoch nur ein Indiz geben für die wahren Veräußerungserlöse der Investments, die noch unsicher sind. Der zweite mögliche Ansatz nutzt die Substanzwerte der Portfoliounternehmen des Venture-Capital-Fonds als Bewertungsgrundlage. Dieser Ansatz geht von einer Veräußerbarkeit der Vermögensgegenstände der Unternehmen zu ihren Bilanzwerten aus und vernachlässigt zudem die gerade bei Wachstumsunternehmen bedeutenden immateriellen und nicht bilanzierten Vermögensgegenstände. Dies verdeutlicht, dass auch dieser Ansatz unzureichend für eine exakte Bewertung der Beteiligung ist.[36]

Da die Rendite Grundlage für die Risikobewertung von Investitionen darstellt, die in der Regel mit Hilfe ihrer Varianz erfolgt, ist auch dies mit den gleichen Schwierigkeiten verbunden. Nichtsdestotrotz ist auf längere Sicht eine Kontrolle

[34] Vgl. Schefczyk (2000), S. 27ff.
[35] Vgl. EVCA (2003), S. 80ff.
[36] Vgl. Kaserer et al. (2003), S. 1ff.

von Rendite und Risiko von realisierten Portfolios möglich und nötige Anpassungen sind entsprechend bei der Neuauflage von Fonds vorzunehmen.

Neben Inhalten, die sich auf das Portfolio des Investors beziehen, ist auch die Qualität wichtiger primärer und unterstützender Funktionen durch das Controlling sicherzustellen. Die Effektivität und Effizienz von einzelnen kritischen Prozessen sind gegebenenfalls mit Hilfe von Größen wie Qualität, Kosten und Zeitbedarf zu kontrollieren. So stellt die Auswahl geeigneter Portfoliounternehmen aus der Vielzahl eingereichter Investitionsanfragen beispielsweise einen Erfolgsfaktor von Venture-Capital-Investoren dar.[37]

Das Controlling der einzelnen Portfoliounternehmen ist auf deren Entwicklung ausgerichtet. Wie zuvor erläutert sind die Entwicklungsstufe und das Geschäft der Unternehmen entscheidend für die kritischen Erfolgsfaktoren, die im Mittelpunkt des Controllings stehen. Grundsätzlich sind sowohl Informationen über die finanzielle und nicht-finanzielle Entwicklung als auch über die ihrer Beschaffungs- und Absatzmärkte in die Betrachtung einzubeziehen. Auskunft über die Finanzlage der Unternehmen geben Liquiditäts-, Erfolgs- und Finanzierungsrechnung, wobei insbesondere bei jungen Unternehmen der Liquiditätssicherung höchste Priorität zukommt.[38] Nicht-finanzielle Gesichtspunkte, die dort zunächst keine Berücksichtigung finden, jedoch ebenfalls wichtig für die Beurteilung der Entwicklung der Unternehmen sind, betreffen zum Beispiel die Fortschritte bei der Produktentwicklung, der Vermarktungsstrategie oder der Kundenakquisition. Wie zuvor erläutert sind die einzubeziehenden kritischen Erfolgsfaktoren abhängig von der Entwicklungsphase und der Branche der Unternehmen.

Häufig bedarf das Controlling von Unternehmen innovativer Branchen neuer Kennzahlen, die erfolgskritische Faktoren abbilden. Ein Beispiel dafür sind internetbezogene Kennzahlen wie Page Views, Visits und Verweildauer, die lediglich in das Controlling von E-Business-Unternehmen einzubeziehen sind.[39]

Um Komplexität und Ressourceneinsatz so gering wie möglich zu halten, ist der Umfang des Controllings, insbesondere unternehmensspezifischer Inhalte, möglichst zu begrenzen. In der Regel steuern Venture-Capital-Investoren ihre Portfoliounternehmen anhand weniger Informationen.[40]

4 Controlling bei Anlegern

Bei den Anlegern von Venture-Capital handelt es sich vorwiegend um institutionelle Investoren, Unternehmen und die öffentliche Hand. Private Anleger spielen

[37] Vgl. Stahl (2003), S. 26.

[38] Vgl. Hipp (2004), S. 615; für empirische Erkenntnisse zur Bedeutung einzelner Informationsquellen vgl. Bassen (2002), S. 261ff.

[39] Vgl. Weber et al (2001), S. 34f.

[40] Vgl. Rogers et al. (2002), S. 7f.

nur eine untergeordnete Rolle.[41] Daraus ergibt sich, dass die Investition in Venture-Capital nicht die Haupttätigkeit der Anleger, sondern lediglich einen Teil des Wertschöpfungsschrittes Portfoliomanagement darstellt. Vor diesem Hintergrund sind Anforderungen und Inhalte des Controllings bei Anlegern abzuleiten.

4.1 Anforderungen

Für den Anleger steht die Sicherung des Anlageerfolgs seines gesamten Portfolios im Mittelpunkt. Diesem Zweck entsprechend ist bei Venture-Capital-Investitionen Effektivität, Effizienz und gegebenenfalls die Erfüllung einer Nebenbedingung im Zusammenhang mit den übrigen Anlagen im Portfolio sicherzustellen. Nebenbedingungen von Anlegern können beispielsweise die Beschränkung auf Anlagen in bestimmte Branchen sein, um damit ethische Ziele zu verfolgen. Das Controlling dient auch beim Anleger zur Vermeidung von Rationalitätsdefizite im Bezug auf seine Investitionen. Die Gefahr von Könnensbeschränkungen besteht, da die Anlage in Venture-Capital sich auf Grund ihrer Besonderheiten stark von der in andere Anlageformen unterscheidet und daher besondere Kenntnisse erforderlich sind. Daneben können auch individuelle Ziele der Manager, die mit der Anlage betraut sind, zu unzweckmäßigem Handeln führen.

Die Bedeutung des Controllings der Venture-Capital-Investitionen ist abhängig von ihrer absoluten und relativen Größe innerhalb des Portfolios. Da Venture-Capital auf Grund seines hohen Risikos meist eher eine kleine Position darstellt, kommt dem Controlling in der Regel eine entsprechend begrenzte Bedeutung zu.[42] Einige Anleger verfolgen neben den finanziellen Zielen der Renditeerwirtschaftung auch strategische Ziele mit Venture-Capital-Investitionen. So investieren Großunternehmen beispielsweise in junge Unternehmen, um dadurch Zugang zu innovativen Technologien oder Einblick in neue Märkte zu erlangen.[43] In diesem Fall kann dem Controlling auf Grund der strategischen Relevanz trotz einer relativ oder absolut kleinen Position im Portfolio dennoch eine große Bedeutung zukommen.

Das Controlling der Venture-Capital-Investitionen orientiert sich an den übergeordneten Controlling-Systemen auf Ebene des Portfoliomanagements[44], die gegebenenfalls wiederum maßgeblich von den übergeordneten funktionsübergreifenden Controlling-Systemen bestimmt werden. Das erklärt die wichtige Anforderung, dass die Systeme in andere Controlling-Systeme integrierbar sein müssen. Zudem ist aus Effizienzgründen der Ressourceneinsatz an der Bedeutung des Controllings dieser spezifischen Anlageform zu orientieren. Angesichts der meist untergeordneten Rolle der Venture-Capital-Investitionen verstärkt dies die Anfor-

---

[41] Vgl. Schefczyk (2000), S. 17ff.

[42] Vgl. Fleischhauer/Hoyer (2004), S. 395.

[43] Vgl. Sykes (1998), S. 38f.; Tümpen/Althammer (2001), S. 52f.

[44] Vgl. zu einer Beschreibung der Aufgaben des Portfoliomanagements Fischer (2000), 3ff.

derung, die Investitionen möglichst mit Hilfe der vorhandenen Systeme des Portfoliomanagements zu steuern.

4.2 Inhalte

Die Inhalte des Controllings beziehen sich auf den finanziellen Erfolg der Anlagen und zusätzlich auf den strategischen Nutzen der Investitionen, falls auch nichtfinanzielle Ziele verfolgt werden. Im für das gesamte Portfolio einheitlichen Controlling wird der finanzielle Erfolg grundsätzlich anhand von Rendite und Risiko bestimmt, sowohl für das gesamte Portfolio als auch für die einzelnen Anlagen.

Um die Rendite des Portfolios und der Anlagen zu bestimmen, muss der Wert der Investitionen bekannt sein. Im Falle von Venture-Capital-Anlagen existiert ein liquider Markt, der jederzeit eine Wertbestimmung ermöglicht, jedoch nur für wenige börsennotierte Venture-Capital-Gesellschaften.[45] Bei Anlagen in die Fonds der übrigen Venture-Capital-Gesellschaften lässt sich der Wert – parallel zu der Situation auf Ebene des Investors – nur zu zwei Zeitpunkten exakt bestimmen: zum Zeitpunkt der Anlage und zum Zeitpunkt der Veräußerung oder Auflösung der Anlage. In der dazwischen liegenden Fondslaufzeit von etwa fünf bis zehn Jahren, in denen es zu Teilrückflüssen aus der Anlage kommt, kann der Wert wiederum nur abgeschätzt werden.[46] Dafür bieten sich drei Ansätze an, die jedoch alle das Problem aufweisen, dass sich die ergebenden Werte nicht mit der Rendite von anderen Anlagen im Portfolio verglichen werden kann. Einerseits können die Zahlungen der Venture-Capital-Gesellschaft an die Anleger als Grundlage einer Renditeberechnung in Form des internen Zinsfusses dienen. Da die Cashflows über den Investitionszeitraum nicht gleich verteilt anfallen und eine Schätzung für die Zukunft auf Grund von Unsicherheit kaum möglich ist, entsprechen Renditeberechnung im Investitionszeitraum in der Regel nicht der erwirtschafteten Rendite bei Auflösung der Anlage.[47] Die beiden übrigen Ansätze bauen auf den von der Venture-Capital-Gesellschaft zu Verfügung gestellten Informationen auf. Wie zuvor erläutert kann der aktuelle Wert des Venture-Capital-Portfolios auf dieser Ebene entweder auf Basis der Neubewertung der Portfoliounternehmen bei weiteren Finanzierungsrunden oder auf Basis der bilanzierten Vermögensgegenstände erfolgen.[48] Wegen der fehlenden Liquidität der Beteiligungen innerhalb des Venture-Capital-Portfolios beziehungsweise der Vermögensgegenstände der Portfoliounternehmen sind Renditeberechnungen auf diesen Grundlagen nicht vergleichbar mit der Rendite von liquiden Anlageformen.

---

[45] Börsennotiert sind zum Beispiel folgende Venture-Capital-Gesellschaften: 3i, DEWB, BMP

[46] Vgl. Kaserer et al. (2003), S. 1ff.

[47] Vgl. Kaserer et al. (2003), S. 1ff.

[48] Vgl. EVCA (2003), S. 114ff.

Wie zuvor erläutert gestaltet sich die Risikobeurteilung von Anlagen in Venture-Capital mit dem üblichen Maß auf Grund der Schwierigkeiten bei Wert- und Renditebestimmung ebenso problematisch. Das Risiko der Anlageform kann nur historisch bestimmt werden, indem die Varianz für mehrere Venture-Capital-Anlagen berechnet wird. Verbunden mit der historischen Rendite können somit Entscheidungen über zukünftige Investitionen zumindest unterstützt werden.

Angesichts dessen gestaltet sich die Kontrolle und Steuerung von Venture-Capital-Investitionen im Rahmen des übergreifenden Portfolio-Controllings für den Anleger äußerst schwierig. Daher sollten zusätzliche Möglichkeiten wie die Teilnahme an Hauptversammlungen und die Auswertung der Geschäfts- und Quartalsberichte zum Controlling der Venture-Capital-Gesellschaft erfolgen.[49] Wie eine empirische Untersuchung zeigt, messen institutionelle Anleger derartigen Informationsquellen einen sehr hohen Stellenwert bei.[50]

Auch die eventuell verfolgten nicht-finanziellen Ziele lassen sich meist auf Grund ihres Charakters erst mittel- bzw. langfristig kontrollieren und steuern. Das Controlling der Zielerreichung bedarf messbarer Indikatoren. Welche Indikatoren dies im Einzelnen sind, hängt maßgeblich von den individuellen Zielen des Anlegers ab. Sie können beispielsweise das Ausmaß der Zusammenarbeit mit den finanzierten Wachstumsunternehmen betreffen.[51]

5 Zusammenfassung und Ausblick

Die Übersicht über das Controlling auf den drei Ebenen zeigt das grundsätzliche Problem des Controllings in der Wachstumsfinanzierung auf. Der Bedeutung als zentralem Erfolgsfaktor der Wachstumsfinanzierung – aufgrund des hohen Risikos von Rationalitätsdefiziten – stehen große Schwierigkeiten bei der Umsetzung eines effektiven und effizienten Controllings gegenüber. Bei den Wachstumsunternehmen scheitert die Einführung zweckdienlicher Controlling-Systeme häufig an zu knapper Ressourcenausstattung und dem begrenzten Erfahrungshintergrund. Dies erschwert auch das Controlling auf Ebene der Venture-Capital-Investoren. Sie haben zudem ebenso wie die Anleger Probleme, Rendite und Risiko der Investition festzustellen.

Da die Erläuterungen zu weiten Teilen Hypothesencharakter besitzen, ist eine umfassende empirische Untersuchung der Thematik notwendig. Es gilt, in zukünftigen Arbeiten diese Hypothesen mit der Praxis der Wachstumsfinanzierung abzugleichen.

---

[49] Vgl. EVCA (2003), S. 114ff.

[50] Vgl. dazu ausführlich Bassen (2002), S. 268ff.

[51] Eine Möglichkeit zum Controlling von finanziellen und nicht-finanziellen Zielen stellt die Balanced Scorecard für CVC dar, vgl. Bassen et al. (2005).

Literatur

Achleitner A-K (2002): Entrepreneurial Finance – Herausforderungen auch in Deutschland, in: Betriebs-Berater, 57 Jg, 2002, S 142-150.

Achleitner A-K, Bassen A (2004): Venture-Capital-bezogenes Controlling: Wie unterscheiden sich die Aspekte der verschiedenen Ebenen?, In: C Meyer ,D Pfaff: Finanz- und Rechnungswesen, Jahrbuch 2004, Zürich 2004.

Achleitner A-K, von Einem C, von Schröder B (2004): Private Dept – alternative Finanzierung für den Mittelstand, Stuttgart 2004.

Bassen A (2002): Institutionelle Investoren und Corporate Governance – Analyse der Einflussnahme unter besondere Berücksichtigung börsennotierter Wachstumsunternehmen, Habil, Wiesbaden 2002.

Bassen A, Blasel D, Faisst U, Hagenmüller M (2005): Performance Measurement of Corporate Venture-Capital – Balanced Scorecard in Theory and Practice, In: International Journal of Technology Management (forthcoming).

Berger A N, Udell G F (1998): The economics of small business finance: The roles of private equity and debt markets in the financial growth cycle, In: Journal of Banking and Finance, Vol 22, 1998, S 613-673.

Dyckhoff H, Ahn H (2001): Sicherstellung der Effektivität und Effizienz der Führung als Kernfunktion des Controlling, In: Kostenrechungspraxis, 45. Jg, 2001, S 111-121.

EVCA (2003): EVCA Guidelines, Zaventem 2003, abrufbar unter: http://www.evca.com/pdf/Guidelines2003.pdf, Abrufdatum: 27.09.04.

Fallgatter M (2001): Unternehmer und ihre Besonderheiten in der wissenschaftlichen Diskussion. Erklärungsbeiträge funktionaler und positiver Unternehmertheorien. In: Zeitschrift für Betriebswirtschaft, 71. Jg, 2001, S 1217-1235.

Fleischhauer U, Hoyer G A (2004): Studie: Private Equity als fester Bestandteil der Anlageportfolios europäischer Institutionen, In: Finanz Betrieb, 6. Jg, 2004, S 395-397.

Hipp H (2004): Venture-Capital Controlling – ganzheitliches Wachstums- und Investmentmanagent, In: J Littkemann, H Zündorf: Beteiligungscontrolling – Ein Handbuch für die Unternehmens- und Beratungspraxis. Herne/Berlin 2004, S 603-624.

Horváth P (2003): Controlling, 9. Aufl, München 2003.

Kaserer C, Wagner N, Achleitner A-K (2003): Managing Investment Risks of Institutional Private Equity Investors – The Challenge of Illiquidity, Center for Entrepreneurial and Financial Studies, Working Paper No 2003-01, München 2003.

Littkemann J (2001): Beteiligungscontrolling: Organisation und Effizienz – Eine empirische Analyse zentraler und lokaler Controllingperspektive, In: Zeitschrift für Betriebswirtschaft, 74. Jg, 2001, S 1283-1303.

Nietzer P G (2003): Gestaltung des Controlling in Wachstumsunternehmen und Venture-Capital-Gesellschaften, In: A-K Achleitner, A Bassen (Hrsg): Controlling von jungen Unternehmen, Stuttgart 2003, S 437-452.

Rogers P, Holland T, Haas D (2002): Value Acceleration: Lessons from Private-Equity Masters, In: Harvard Business Review, Vol 80, 2002, S 5-11.

Ruppen D (2001): Corporate Governance bei VC-finanzierten Unternehmen, Diss, St. Gallen 2001.

Sahlman W A (1990): The structure and governance of venture-capital organizations, In: Journal of Financial Economics, Vol 27, 1990, S 473-521.

Schefczyk M (2000): Finanzieren mit Venture-Capital – Grundlagen für Investoren, Finanzintermediäre, Unternehmer und Wissenschaftler, Stuttgart 2000.

Schenk G (2003): Standardisierung im Berichtswesen, In: A-K Achleitner, A Bassen (Hrsg): Controlling von jungen Unternehmen, Stuttgart 2003, S 397-421.

Schenk G (2004): Beobachtungen zum Controlling von VC-Beteiligungen, In: Finanz Betrieb, Vol 8, 2004, S 154-157.

Stahl E (2003): Bedeutung des Controlling für Venture-Capital-Gesellschaften, In: A-K Achleitner, A Bassen (Hrsg): Controlling von jungen Unternehmen, Stuttgart 2003, S 423-435.

Stoi R (2002): Controlling on Intangbiles – Identifikation und Steuerung immaterieller Werttreiber, Arbeitspapier, Stuttgart 2002, abrufbar unter: http://www.competence-site.de/controlling.nsf/20D8C377CDDA6D06C1256E9F003FCF93/$File/ controlling%20von%20intangibles%20zc%203_4_2003.pdf, Abrufdatum: 27.09.04.

Sykes H B (1998): Corporate Venture-Capital: Strategies For Success, in: Journal of Business Venturing, Vol 5, 1998, S 37-47.

Tümpen M, Althammer M (2001): Beteiligungsmanagement und Controlling von E-Business-Unternehmen bei DaimlerChrysler Venture, In: krp-Kostenrechnungspraxis, Sonderheft 2, 45. Jg, 2001, S 52-58.

Von Einem C, Tränkle C (2003): Controllingsysteme für Investoren im Rahmen von Venture-Capital-Verträgen, In: A-K Achleitner, A Bassen (Hrsg): Controlling von jungen Unternehmen, Stuttgart 2003, S 453-467.

Weber J (2000): Neue Perspektiven des Controlling, In: Betriebs-Berater, 55. Jg, 2000, S 1931-1935.

Weber J, Freise H-U, Schäffer U (2001): E-Business und Controlling, Reihe: Advanced Controlling, 4. Jg, Vallendar 2001.

Weber J, Schäffer U (1999b): Sicherstellung der Rationalität von Führung als Funktion des Controlling, in: Die Betriebswirtschaft, 59. Jg, 1999, S 731-746.

Zur Wagniskapitalbeteiligung im Jahresabschluss nach IAS/IFRS

Michael Olbrich

Abstract

Eine nach IAS/IFRS bilanzierende Wagniskapitalgesellschaft hat ihre Beteiligungen nach IAS 39 mit dem beizulegenden Zeitwert („fair value") im Jahresabschluss anzusetzen. Der Beitrag zeigt, welche Schritte das Regelwerk der internationalen Rechnungslegung zur Ermittlung des „fair value" anführt und unterzieht sie einer kritischen Beurteilung. Im Anschluss daran wird eine alternative, auf der Investitions- und Entscheidungstheorie fußende Vorgehensweise herausgearbeitet, die für eine Ermittlung des beizulegenden Zeitwerts notwendig ist. Den dabei gewonnenen Ergebnissen fügt sich die Diskussion spezieller Bewertungsprobleme an, die aus der Austrittsstrategie der Wagniskapitalgesellschaft resultieren.

1 Wagniskapital und IAS 39

Junge Unternehmungen, also solche, die sich im Rahmen ihres Lebenszyklus in der Vorgründungs-, Gründungs-, Frühentwicklungs-, Amortisations- oder Expansionsphase befinden,[1] sind im Hinblick auf ihre Finanzierung – insbesondere im Falle kapitalintensiver Branchen wie beispielsweise der Biotechnik, der Telekommunikation oder dem elektronischen Handel – in aller Regel auf die Zuführung externen Eigenkapitals angewiesen, das in diesen frühen Phasen der Unternehmungsentwicklung auch als „Risiko-" oder „Wagniskapital" bezeichnet wird.[2] Ursachen dieses Kapitalbedarfs sind die meist geringe Vermögensausstattung der Gründer selbst, die niedrige Innenfinanzierungskraft der Unternehmung und das risikoscheue und daher zurückhaltende Verhalten der Fremdkapitalgeber. Quellen externen Eigenkapitals sind für die Unternehmer – neben Personen aus ihrem Freundes- und Familienkreis und finanzkräftigen Privatinvestoren („business angels") – institutionelle Kapitalgeber, sogenannte „Risiko-" oder „Wagniskapitalgesellschaften". Das Vorgehen der Wagniskapitalgesellschaften stellt sich dabei

---

[1] Vgl. zum jeweiligen Inhalt der angeführten Phasen Hering/Vincenti (2003).

[2] Vgl. auch im folgenden, Stedler/Peters (1983), von Tippelskirch (1997), Engelmann/Heitzer (1999), Engelmann/Heitzer (2001), Bitz (2002), S. 140-143, Grichnik/Kraschon (2002), S. 10-12, Hering/Olbrich (2002), Olbrich (2002), Jantz (2002), S. 95, 98f.

dergestalt dar, dass – aufgrund der höheren Renditeaussichten meist in innovativen Branchen tätigen – Unternehmungen Eigenkapital zugeführt wird; die Rechtsform dieser Unternehmungen ist dabei in aller Regel die der Kapitalgesellschaft (AG, GmbH, KGaA). Das juristische Kleid der Kapitalgesellschaft gewährleistet eine präzise Trennung zwischen Unternehmungs- und Gesellschaftersphäre, zeichnet sich durch die klare Strukturierbarkeit des Eignerkreises aus und bietet dem Investor den Vorteil der Haftungsbeschränkung.[3] Nach Ablauf einer Zeitspanne von meist mehreren Jahren trennt sich die Wagniskapitalgesellschaft von ihrer Beteiligung mittels Verkauf, um auf diesem Wege den damit verbundenen Liquidationserfolg zu vereinnahmen.

Stellt die Wagniskapitalgesellschaft einen Jahresabschluss nach International Accounting Standards/International Financial Reporting Standards (IAS/IFRS) auf,[4] fallen ihre Beteiligungen unter IAS 39 „Finanzinstrumente: Ansatz und Bewertung", da es sich bei ihnen um „zur Veräußerung verfügbare finanzielle Vermögenswerte" handelt.[5] Im Hinblick auf die Bilanzierung der Höhe nach verlangt IAS 39.66, dass die Wagniskapitalbeteiligung im Rahmen ihrer Erstverbuchung mit ihren Anschaffungskosten zu bewerten ist, die ihrem „beizulegenden Zeitwert" („fair value") entsprechen. Im Zuge der Folgebewertungen erfährt sie gemäß IAS 39.69 ebenfalls einen Ansatz in Höhe ihres dann jeweils gültigen beizulegenden Zeitwerts. Der „fair value" stellt nach IAS 39.8 jenen Betrag dar, „zu dem zwischen sachverständigen, vertragswilligen und voneinander unabhängigen Geschäftspartnern ein Vermögenswert getauscht oder eine Schuld beglichen werden könnte".[6]

Die Bestimmung des beizulegenden Zeitwerts einer Beteiligung im Rahmen der Folgebewertungen kann für eine nach IAS/IFRS bilanzierende Wagniskapitalgesellschaft mit erheblichen Problemen einhergehen. Zielsetzung des Beitrags ist es, diese Schwierigkeiten im einzelnen herauszuarbeiten. Zu diesem Zwecke werden im folgenden Abschnitt 2 zunächst die Schritte gemäß IAS 39 zur Bestimmung des „fair value" erläutert und einer kritischen Beurteilung unterzogen. Im Anschluss daran erfolgt die Darstellung der Vorgehensweise, die statt des von IAS 39 vorgeschlagenen Procedere für eine Ermittlung des beizulegenden Zeitwerts notwendig ist. Aufbauend auf den dabei gewonnenen allgemeinen Ergebnissen werden in Abschnitt 3 spezielle Bewertungsprobleme erörtert, die sich aus der jeweiligen Austrittsstrategie der Wagniskapitalgesellschaft, also der von ihr geplanten Art und Weise der Anteilsveräußerung, ergeben. Der Beitrag schließt mit einer kurzen Zusammenfassung der Ergebnisse.

---

[3] Vgl. Schefczyk/Peterson (2001), S. 441.

[4] Vgl. zur verfassungsrechtlichen Fragwürdigkeit einer obligatorischen IAS/IFRS-Rechnungslegung durch deutsche Unternehmungen Schulze-Osterloh (2003), S. 98f.

[5] Vgl. auch Huber/Mondello/Keller (2000), S. 640.

[6] Zu den Zielen des Ansatzes beizulegender Zeitwerte vgl. Wiedmann (1995), Schildbach (1998), Siegel (1998), Pape/Breker (1999), S. 1.

2 Beizulegender Zeitwert der Beteiligung

2.1 Schritte der Wertermittlung nach IAS 39.99-100

In IAS 39.99-100 werden im Grundsatz vier Schritte angeführt, um im Zuge der Folgebewertung den „fair value" der Wagniskapitalbeteiligungen zu ermitteln:[7]

1. *Marktpreise*: Die Existenz „öffentlich notierter Marktpreise auf einem aktiven Markt" stellt nach IAS 39.99 den besten Hinweis auf den „fair value" dar. Da die jungen Unternehmungen, die durch Wagniskapitalgesellschaften finanziert werden, in aller Regel jedoch zunächst weder an der Börse noch einem anderen organisierten Markt notiert sind, stehen derartige Marktpreise für die Bestimmung des beizulegenden Zeitwerts einer Wagniskapitalbeteiligung nicht zur Verfügung.
2. *Zeitliche Vergleichspreise*: Liegen keine aktuellen Preise vor, vermag der beizulegende Zeitwert gemäß IAS 39.99 aus demjenigen Preis ermittelt zu werden, zu dem Anteile, die den zu bilanzierenden Anteilen gleichen, in den jüngsten Transaktionen in der Vergangenheit den Eigentümer gewechselt haben, falls „sich die wirtschaftlichen Rahmenbedingungen zwischen dem Transaktionsdatum und dem Abschlussstichtag nicht wesentlich geändert haben". Auch auf diesem Wege wird die Wagniskapitalgesellschaft jedoch meist keine Anhaltspunkte für den „fair value" ihrer Beteiligung erhalten – sei es, weil in der Vergangenheit keine Anteilsveräußerungen stattfanden, oder, weil sie keinen Rückschluss auf den derzeitigen „fair value" zulassen: Da sich junge, in innovativen Wirtschaftszweigen tätige Unternehmungen zügig fortentwickeln und auch ihr Branchenumfeld ständigen Veränderungen unterworfen ist, wird die Voraussetzung der weitgehenden Konstanz der wirtschaftlichen Rahmenbedingungen in aller Regel nicht erfüllt sein.
3. *Sachliche Vergleichspreise*: Liegen weder Markt- noch zeitliche Vergleichspreise für Anteile, die den zu bilanzierenden Anteilen gleichen, vor, kann der „fair value" nach IAS 39.100 auch aus den Marktpreisen solcher Anteile abgeleitet werden, die weitgehende Ähnlichkeiten mit den Anteilen der zu bilanzierenden Beteiligung aufweisen. Auch sachliche Vergleichspreise werden der Wagniskapitalgesellschaft freilich in aller Regel nicht zur Verfügung stehen, denn die finanzierten Unternehmungen stellen insbesondere aufgrund ihrer jeweiligen innovativen Geschäftsidee und der erheblichen Abhängigkeit der Führungsentscheidungen von der Person des Gründers Unikate dar.[8]
4. *Andere Schätzverfahren*: Als Alternative zu sachlichen Vergleichspreisen schlägt IAS 39.100 darüber hinaus „discounted cash flow"-Methoden und Optionspreismodelle vor, um den beizulegenden Zeitwert der Beteiligungen zu be-

[7] Vgl. zu der Abgrenzung der vier Bewertungsschritte auch Baetge/Zülch (2001), S. 547, Scharpf (2000), S. 287f., Olbrich (2003), S. 347, Hering/Olbrich (2004), S. 710.

[8] Vgl. zur jeweiligen Einzigartigkeit jeder Unternehmung bereits eingehend Gutenberg (1929), S. 26.

stimmen. Derartige Bewertungsverfahren gehen stets von der Prämisse eines vollkommenen Kapitalmarktes aus. Junge Unternehmungen bewegen sich in der Realität jedoch auf höchst unvollkommenen Kapitalmärkten, die beispielsweise durch erhebliche Differenzen zwischen Soll- und Habenzins sowie beschränkte Kapitalaufnahmemöglichkeiten gekennzeichnet sind. Weder Optionspreismodelle noch „discounted cash flow"-Methoden können der Wagniskapitalgesellschaft daher Rückschlüsse auf den „fair value" der Beteiligung liefern.[9]

Angesichts des Ergebnisses, dass das Procedere nach IAS 39.99-100 keine Ermittlung des „fair value" der Wagniskapitalbeteiligung erlaubt, soll ihm im Folgenden eine alternative, entscheidungs- und investitionstheoretisch fundierte Methodik gegenübergestellt werden, um das Bewertungsproblem einer Lösung zuzuführen.

2.2 Alternative Ermittlung des „fair value"

Da der beizulegende Zeitwert – wie bereits in Abschnitt 1 erläutert – den Preis darstellt, zu dem die Wagniskapitalgesellschaft ihre Beteiligung an einen Transaktionspartner zu veräußern vermag, muss sich die Ermittlung des „fair value" an den Gesetzmäßigkeiten orientieren, die der Preisbildung an den Anteilsmärkten zugrunde liegen. Festzuhalten ist in diesem Zusammenhang zunächst, dass der Preis eines Unternehmungsanteils – oder analog eines Anteilspakets – von den jeweils subjektiven Entscheidungswerten abhängt, die ihm von Verkäufer und Käufer zugemessen werden.[10] Der Entscheidungswert der betreffenden Partei im Hinblick auf die betrachtete Beteiligung zeigt ihr – bei gegebenem Entscheidungsfeld und gegebenem Zielsystem –, unter welchem Komplex von Bedingungen die Durchführung der Transaktion den ohne diese Transaktion erreichbaren Grad der Zielerfüllung gerade noch nicht mindert. Ist allein die Höhe des zu zahlenden Preises für die Änderung der Eigentumsverhältnisse der Beteiligung von Bedeutung, so entspricht der Entscheidungswert dem Grenzpreis der Transaktionspartei, das heißt demjenigen Preis, den der Anteilskäufer gerade noch zahlen kann und den der Anteilsverkäufer mindestens erhalten muss, wenn er durch die interessierende Transaktion keinen Nachteil hinnehmen möchte. Der Entscheidungswert des Verkäufers und der Entscheidungswert des Käufers haben für beide folglich den Charakter von Konzessionsgrenzen, so dass der in ihren Verhandlungen letztlich vereinbarte Preis für die Beteiligung dementsprechend zwischen diesen jeweiligen subjektiven Grenzpreisen liegen wird.[11] Für die Entstehung des Anteilspreises und

---

[9] Vgl. hierzu Gerke (1976), S. 115f., Schneider (1998), Hering (1999), S. 93ff., Hering (2000b), Krag/Kasperzak (2000), S. 112ff., Brösel/Matschke (2004), S. 51 und 55.

[10] Vgl. zum Entscheidungswert Matschke (1972), Matschke (1975).

[11] Vgl. Liebermann (1923), S. 55, Jaensch (1966), S. 7ff., Münstermann (1966), S. 79, Matschke (1969), Matschke (1971), Moxter (1983), S. 5, Sieben/Sielaff (1989), S. 49, Olbrich (2000), S. 459f., Hering/Olbrich (2002), S. 149ff.

damit die Bemessung des „fair value" können an dieser Stelle daher zunächst folgende drei Aspekte als Zwischenergebnisse skizziert werden:[12]

1. Der *Preis* der Wagniskapitalbeteiligung lässt sich nicht unabhängig von den jeweiligen Entscheidungswerten von Verkäufer und Käufer ermitteln, die diese der Beteiligung zumessen.
2. Die subjektiven *Entscheidungswerte* der Transaktionsparteien sind maßgebend für die Preishöhe, da die Wagniskapitalgesellschaft nur einen solchen Preis für ihre Beteiligung akzeptieren wird, der ihre Konzessionsgrenze nicht unterschreitet, während der Käufer vice versa nur einen Preis hinnehmen wird, der seine Konzessionsgrenze nicht übersteigt.
3. Zu der Möglichkeit der Aushandlung eines Preises für die Beteiligung und damit einer Transaktion kommt es folglich nur dann, wenn zwischen den Parteien ein *Einigungsbereich* existiert, also der Entscheidungswert der Wagniskapitalgesellschaft nicht größer als der Entscheidungswert des Käufers ist.

Der Preis, auf den sich die Transaktionsparteien verständigen, stellt einen zwischen Verkäufer und Käufer vereinbarten Schieds- oder Arbitriumwert dar.[13] Wo der Schiedswert, das heißt der Preis, letztendlich innerhalb des Einigungsbereiches zwischen den Parteien fixiert wird, welche Höhe er also annimmt, ist grundsätzlich abhängig von dem jeweiligen Verhandlungsgeschick und der jeweiligen Verhandlungsmacht, die Wagniskapitalgesellschaft und Erwerber besitzen. Selbstverständlich wird jedoch jede Partei versuchen, einen Preis zu vereinbaren, der möglichst weit entfernt von der eigenen Konzessionsgrenze liegt. Als allgemeine, auf den entscheidungstheoretischen Paradigmen der funktionalen Wertlehre fußende Methodik zur Ermittlung des beizulegenden Zeitwertes der Wagniskapitalbeteiligung ist also folgende dreistufige Vorgehensweise festzuhalten:

1. Die Bestimmung des „fair value" erfordert zum einen die Ermittlung des Entscheidungswertes, also des Grenzpreises, den die *Wagniskapitalgesellschaft* als potenzieller Verkäufer der Beteiligung zumisst.
2. Zum anderen bedarf es der analogen Abschätzung des Entscheidungswertes, den diese Vermögensposition für einen potenziellen *Käufer* aufweist, um eine Vorstellung von dessen Konzessionsgrenze zu erhalten. Existieren mehrere mögliche Käufer, können Grenzpreisermittlungen für jeden dieser Erwerber vorgenommen werden.
3. Ist der Einigungsbereich zwischen der Wagniskapitalgesellschaft und dem potenziellen Erwerber durch die vorangegangenen Schritte abgegrenzt, muss der Preis für die Beteiligung in Form des *Schiedswertes zwischen den Parteien* identifiziert werden. Dieser stellt den „fair value" der Beteiligung dar, zu dem eine Übertragung auf einen Transaktionspartner möglich ist.

---

[12] Vgl. auch im weiteren, Hering/Olbrich (2004), S. 713.

[13] Vgl. ausführlich zum Schiedswert Matschke (1969), Matschke (1971), Matschke (1979).

Ermittelt werden kann der Entscheidungswert der Wagniskapitalgesellschaft mit dem Zukunftserfolgswertverfahren, das für jene Anteilseigner zweckmäßig ist, die ausschließlich Ziele finanzieller Art in Form einer Maximierung der Einzahlungsüberschüsse anstreben.[14] Um die Komplexität des Bewertungskalküls zu reduzieren, beruht die Wertfindung dabei nicht auf einer Total-, sondern lediglich einer Partialbetrachtung: Es wird im Rahmen des Zukunftserfolgswertverfahrens nicht das vollständige Entscheidungsfeld des Bewertungssubjektes betrachtet, sondern das Bewertungsobjekt allein mit der vermuteten günstigsten Alternativinvestition verglichen.[15] Unter dem Zukunftserfolgswert versteht man im Partialmodell den Ertragswert der Zahlungsüberschüsse, die die Beteiligung ihrem Eigner in der Zukunft verspricht. Der Zukunftserfolgswert zeigt damit dem potenziellen Verkäufer, wieviel er durch die Anteilsveräußerung mindestens erlösen muss, um den identischen Zielerfüllungsgrad wie mit der Beteiligung durch eine anderweitige Anlage des erhaltenen Betrages sicherzustellen. Analog gibt der Zukunftserfolgswert dem präsumtiven Käufer an, welchen Preis er höchstens für die Beteiligung zahlen kann, ohne das durch eine Alternativverwendung des entsprechenden Betrages erzielbare Erfolgsniveau zu unterschreiten.[16] Bei einer endlichen Haltedauer der Beteiligung über die Perioden $t \in \{1, 2, ..., n\}$, einem Kalkulationszins i und Zahlungsüberschüssen in der Periode t in Höhe von g_t ergibt sich der Ertragswert E folglich aus:[17]

$$E = \sum_{t=1}^{n} g_t \cdot (1+i)^{-t} . \tag{2.1}$$

Zu beachten ist freilich, dass die Zukunftserfolgswertmethode insofern problematisch sein kann, als ihre Anwendung im Falle eines unvollkommenen Kapitalmarktes die Kenntnis der Grenzzinsfüße voraussetzt, die als Diskontierungssätze Verwendung finden müssen: Sie ergeben sich aus den Zahlungsreihen der Grenzobjekte, also jener Geldverwendungen, die in der optimalen Investitions- und Finanzierungslösung gerade noch – das heißt nur teilweise – verwirklicht werden. Grenzobjekte zeichnen sich folglich dadurch aus, dass sie weder gänzlich vorteilhaft noch gänzlich unvorteilhaft sind.[18] Im Falle eines unvollkommenen Kapitalmarktes ist es möglich, dass die als Lenkpreise zu interpretierenden Grenzzinsfüße nur modellendogen im Rahmen einer Totalbetrachtung ermittelt werden können, die das gesamte Entscheidungsfeld des Bewertungssubjektes mit allen zur Verfü-

---

[14] Vgl. Busse von Colbe (1957), S. 18f., Sieben/Schildbach (1979), S. 459, Sieben (1993), Sp. 4323.

[15] Vgl. Sieben (1967), S. 133; des Weiteren auch Laux/Franke (1969), S. 205ff., Hering (1999), S. 20ff.

[16] Vgl. zu Begriff und Aussage des Zukunftserfolgswertes Mirre (1913), Schmalenbach (1917/1918), S. 1-5, Liebermann (1923), Busse von Colbe (1957), S. 11f., Jaensch (1966), S. 23ff., Münstermann (1966), S. 79ff., Sieben (1969), S. 81.

[17] Vgl. Jaensch (1966), S. 35, Münstermann (1966), S. 85, Sieben (1993), Sp. 4323.

[18] Allein in Ausartungsfällen ist es denkbar, dass ein Grenzobjekt ganz oder gar nicht zu realisieren ist; vgl. zu Grenzobjekten und Grenzzinssätzen ausführlich Hering (2003), S. 136ff.

gung stehenden Investitions- und Finanzierungsmöglichkeiten berücksichtigt. Wurden die endogenen Grenzzinssätze auf diesem Wege bestimmt, können sie entsprechend in die Zukunftserfolgswertmethode einfließen, die damit den entscheidungs- und investitionstheoretisch korrekten Grenzpreis der Wagniskapitalbeteiligung herausarbeitet. Freilich ist die Anwendung dieses Partialmodells dann allerdings für das Bewertungssubjekt nicht mehr vonnöten, da es den gesuchten Entscheidungswert bereits im Rahmen des Totalmodells identifiziert hat.[19] Ein einfach anzuwendendes Totalmodell stellt beispielsweise das allgemeine Zustands-Grenzpreismodell (ZGPM) dar, das dem Bewertungssubjekt die Ermittlung des Entscheidungswertes der Beteiligung bei unvollkommenem – und damit auch vollkommenem – Kapitalmarkt erlaubt.[20]

Wurde der Entscheidungswert der Wagniskapitalgesellschaft im Hinblick auf die Beteiligung ermittelt, erfolgt im Anschluss in einem analogen Vorgehen die Abschätzung des Entscheidungswertes des potenziellen Erwerbers. Häufig ist es hierfür zunächst notwendig, denkbare Erwerber ausfindig zu machen, um darauf aufbauend die Grenzpreisvorstellung der Käuferseite zu eruieren. Das zu diesem Zwecke Verwendung findende Bewertungsmodell stellt ebenfalls die Zukunftserfolgswertmethode oder – bei Unkenntnis der endogenen Grenzzinsfüße – ein Totalmodell wie das ZGPM dar. Die Entscheidungswerte von Käufer und Verkäufer unterliegen selbstverständlich der Unsicherheit hinsichtlich der anzusetzenden Zukunftserfolge sowie Zinssätze und lassen sich daher nur als Bandbreiten abschätzen.

Ist der Einigungsbereich zwischen den Transaktionsparteien auf Basis der dargestellten investitions- und entscheidungstheoretischen Vorgehensweise näherungsweise identifiziert, schließt sich die Ermittlung des Schiedswerts in Form des Preises und damit des „fair value" an, zu dem die Wagniskapitalbeteiligung übereignet werden kann. Da die Höhe des Schiedswerts neben dem jeweiligen Verhandlungsgeschick der Parteien vor allem von der Verhandlungsmacht abhängt, die Verkäufer und Käufer besitzen, wird insbesondere die Analyse der am Kapitalmarkt anzutreffenden Angebots- und Nachfragestrukturen Aufschlüsse über die Machtverteilung geben können: Steht einem nur begrenzten Angebot eine relativ große Nachfrage gegenüber, spricht dies dafür, den Schiedswert vergleichsweise nah an der Konzessionsgrenze des potenziellen Erwerbers zu lokalisieren; zeichnet sich der Markt dagegen durch einen deutlichen Angebotsüberhang aus, ist es plausibel, den Schiedswert vice versa unweit des Entscheidungswertes der Wagniskapitalgesellschaft zu vermuten. Sind zuverlässige Erkenntnisse über die Verteilung der Verhandlungsmacht zwischen den Transaktionsparteien nicht zu erlangen, bietet es sich darüber hinaus auch an, den Schiedswert im Rahmen einer typisierten Vorgehensweise – beispielsweise durch eine hälftige Aufteilung des ge-

---

[19] Vgl. zu diesem „Dilemma der Lenkpreistheorie" Hirshleifer (1958), S. 340, Hax (1964), S. 441, Adam (1970), S. 177f., Sieben/Schildbach (1979), S. 461, Matschke (1993), Sp. 2588f., Hering (1999), S. 27ff., Hering (2003), S. 4 und 136ff.

[20] Vgl. Hering (1999), Hering (2000a), Pfaff/Pfeiffer/Gathge (2002), ferner auch Olbrich (2001), S. 1329ff., Brösel (2002), S. 91ff.

schätzten Einigungsbereiches zwischen Verkäufer- und Käuferseite – zu bestimmen.

3 Bewertungskonsequenzen der Austrittsstrategie

3.1 Bedeutung der Austrittsstrategie

Bereits in Kapitel 1 wurde angesprochen, dass sich die Wagniskapitalgesellschaft nach einer in der Regel jeweils mehrjährigen Haltedauer von ihren eingegangenen Beteiligungen durch Veräußerung trennt, um auf diese Weise den Liquidationserfolg aus ihren Anteilspositionen zu vereinnahmen. Ein solcher Rückzug aus der finanzierten Unternehmung kann dabei im Grundsatz auf vier verschiedenen Wegen, den sogenannten „Austrittsstrategien", erfolgen:[21]

1. Verkauf an den *Gründer* („buy back"): Zum einen ist es denkbar, dass die Wagniskapitalgesellschaft ihr Anteilspaket an den oder die Gründer der Unternehmung verkauft. Eine solche Austrittsvariante wird häufig bereits im Vorfeld, in der Regel bei Eintritt der Kapitalgeberin in den Gesellschafterkreis, durch entsprechende vertragliche Regelungen konkretisiert.
2. Verkauf an einen *Dritten*: Des weiteren steht es der Wagniskapitalgesellschaft offen, ihre Anteile an ein drittes Wirtschaftssubjekt zu veräußern. In der Regel handelt es sich hierbei entweder um eine andere Wagniskapitalgesellschaft, die die Unternehmung bei ihrem zukünftigen Wachstum unterstützen will („secondary purchase"), oder um einen industriellen Erwerber, der die junge Unternehmung durch eine Kapitalbeteiligung an sich zu binden sucht („trade sale"). Ursache für letzteres sind häufig durch den Käufer erhoffte Verbundvorteile – beispielsweise durch die Gewinnung technischen Wissens von seiten des Gründers und seiner Mitarbeiter oder durch die frühzeitige Anbindung einer Unternehmung, die später einen ernstzunehmenden Konkurrenten des Erwerbers darstellen könnte.
3. Verkauf der *Gesamtunternehmung*: Die Veräußerung der jungen Unternehmung als Ganzes stellt eine Variante der unter Punkt 2 genannten Austrittsstrategie dar. Zwar gibt die Wagniskapitalgesellschaft ihre Beteiligung ebenfalls an einen Dritten ab, doch erfolgt der Verkauf hierbei in Koordination mit den übrigen Gesellschaftern, die ihre Beteiligungen parallel an denselben Erwerber veräußern. Die Eigentümer der Unternehmung – die Wagniskapitalgesellschaft sowie die anderen Anteilseigner – verkaufen die gesamte Unternehmung also gemeinsam an einen Dritten. In der Regel handelt es sich hierbei um einen industriellen Investor, der mit dem Akquisitionsobjekt aufgrund der unter Punkt 2

[21] Vgl. zu den denkbaren Austrittsstrategien der Wagniskapitalgesellschaft Räbel (1986), S. 117-136, Börner/Geldmacher (2001), Roling (2001), S. 65-71, Prester (2002).

bereits angesprochenen Synergieerwartungen ein Konzernverhältnis eingehen möchte.

4. Verkauf an *Börsenpublikum* („going public"): Haben sich die Anteilseigner für einen Börsengang ihrer Unternehmung entschieden, steht es der Wagniskapitalgesellschaft nicht zuletzt frei, ihre Anteile an die in diesem Kapitalmarktsegment agierenden Investoren zu veräußern. Um das Vertrauen des Publikums in die Unternehmung nicht zu schmälern, ist es der Wagniskapitalgesellschaft dabei allerdings häufig nicht möglich, sich bereits im Zuge des Börsengangs vollständig von ihrem Aktienpaket zu trennen. Statt dessen ist sie oft zunächst nur in der Lage, einen Teil ihrer Anteile mittels des Börsengangs abzugeben; von ihren verbleibenden Aktien trennt sie sich erst später nach Verstreichen einer längeren Haltedauer.[22]

3.2 Bewertungsprobleme im Zusammenhang mit der Austrittsstrategie

Von erheblicher Bedeutung für die Bestimmung des „fair value" der Beteiligung ist die von der Wagniskapitalgesellschaft avisierte Austrittsstrategie insofern, als sie Rückschlüsse liefert auf die der Preisfindung zugrunde zu legende Käuferseite. Wie bereits in Abschnitt 2 erläutert, muss sich die Identifikation des „fair value" auf die Annahme einer potenziellen Erwerberseite stützen, da ihr jeweiliger Entscheidungswert gemeinsam mit dem Entscheidungswert der Wagniskapitalgesellschaft das Intervall bildet, in dem der beizulegende Zeitwert als denkbarer Verkaufspreis und damit Schiedswert anzusiedeln ist. Vergleichsweise einfach strukturiert ist das Problem der Käuferfindung und der Abschätzung des Grenzpreises des Erwerbers im Fall einer Austrittsstrategie mittels Rückgabe des Anteilspakets an den Gründer (*Strategie 1*): Der Wagniskapitalgesellschaft ist der potenzielle zukünftige Käufer bekannt, und sie wird durch die gemeinsame Arbeit im Gesellschafterkreis auch einen Einblick in das Entscheidungsfeld und die Zielsetzung des Gründers gewonnen haben, aus denen sich sein Grenzpreis ergibt. Selbstverständlich verbleibt dennoch stets ein Bewertungsspielraum: Den Entscheidungswert der Käuferseite kann die Wagniskapitalgesellschaft aufgrund verbleibender Unsicherheiten – beispielsweise hinsichtlich der Opportunitäten des Gründers – nur als Bandbreite bestimmen, und auch der Preis, der sich zwischen beiden Verhandlungsparteien letztlich einstellt, ist ex ante nicht exakt zu prognostizieren. Hinzu kommt die verbleibende Möglichkeit, dass sich der Gründer – beispielsweise wegen sich verschlechternder Zukunftsaussichten der Unternehmung – im Zeitpunkt des Ausstiegs der Wagniskapitalgesellschaft wider Erwarten weigert, ihre Anteile zu einem Preis zu übernehmen, der ihrem Entscheidungswert mindestens entspricht.

Einen im Vergleich zur Anteilsveräußerung an den Gründer höheren Schwierigkeitsgrad der „fair value"-Bestimmung weist die Abgabe des Anteilspakets an

[22] Vgl. hierzu auch bereits Thiwissen (1900), S. 12.

einen Dritten, wie eine andere Wagniskapitalgesellschaft oder eine Industrieunternehmung, auf (*Strategie 2*): Zum einen stellt sich zunächst das Problem, Wirtschaftssubjekte ausfindig zu machen, die als Erwerber in Frage kommen könnten. Darauf aufbauend erweist sich die Abschätzung der Grenzpreisvorstellungen der Käuferseite als komplex, da die bilanzierende Wagniskapitalgesellschaft häufig nur geringe Kenntnisse oder Vermutungen über die Struktur des Entscheidungsfeldes sowie die Zielsetzung der angenommenen Käuferpartei und damit auch über ihre Grenzpreishöhe haben wird. Ein zusätzlicher Anstieg der Komplexität stellt sich ein, wenn die Beteiligung an einen Dritten gegeben werden soll innerhalb eines Verkaufs der gesamten Unternehmung (*Strategie 3*). Ursache hierfür ist die Tatsache, dass zusätzlich zu den bereits in Zusammenhang mit Strategie 2 genannten Schwierigkeiten das Problem hinzukommt, dass der sich in der Verhandlung einstellende Arbitriumwert, also der Preis für die Unternehmungsanteile, nicht nur abhängig ist von Grenzpreis, Verhandlungsmacht und Verhandlungsgeschick jeweils der Käuferseite und der Wagniskapitalgesellschaft, sondern auch beeinflusst wird von Grenzpreis, Verhandlungsmacht und Verhandlungsgeschick der anderen, sich von ihren Anteilen trennenden Unternehmungseigner.

Eine weitere Steigerung der Komplexität der „fair value"-Ermittlung ergibt sich, wenn sich die Wagniskapitalgesellschaft von ihrer Beteiligung mittels einer Veräußerung an Börsenpublikum trennen will (*Strategie 4*): Plant sie, einen Teil ihrer Aktien bereits im Zuge des Börsengangs abzugeben, ergibt sich der „fair value" hierfür letztendlich aus dem prognostizierten Ergebnis des Preisfindungsprozesses im Vorfeld des Börsengangs. Der dabei festgelegte Emissionskurs ist abhängig von den Entscheidungswerten der Wagniskapitalgesellschaft und der übrigen Parteien des Gesellschafterkreises der jungen Unternehmung, der am Kauf interessierten institutionellen und privaten Anleger sowie dem Einfluss der die Emission begleitenden Handelsbank. Der jeweilige Umfang des Einflusses der genannten Parteien wird auch von der Wahl des Preisfindungsverfahrens (Festpreis-, Preisspannen-, Auktionsverfahren) beeinflusst.[23] Neben die aufgrund der Vielzahl der zu beachtenden Faktoren schwierige Prognose des Emissionskurses tritt das Problem, dass – wie oben in Abschnitt 3.1 erläutert – die Wagniskapitalgesellschaft sich im Zuge des Börsengangs meist nicht von ihrer gesamten Beteiligung trennen kann, sondern einen Teil ihrer Aktien zunächst weiterhin behält und zu einem späteren Zeitpunkt an der Börse verkauft. Zur Bestimmung des „fair value" dieser erst später zu verkaufenden Aktientranche muss die Wagniskapitalgesellschaft den zum Verkaufszeitpunkt an der Börse vermutlich gültigen Kurs abschätzen, will sie ihre Papiere gestückelt an das Publikum verkaufen. Plant sie dagegen die Abgabe der gesamten verbleibenden Tranche an einen institutionellen Investor, ist der prognostizierte Kurs gegebenenfalls um einen Paketzuschlag zu ergänzen.

[23] Vgl. Hering/Olbrich (2002).

4 Zusammenfassung der Ergebnisse

Wagniskapitalbeteiligungen werden den Regelungen des IAS 39 subsumiert und erfahren im Hinblick auf ihre Bewertung grundsätzlich eine Bilanzierung in Höhe ihres beizulegenden Zeitwertes. Die in IAS 39.99-100 vorgeschlagenen Wege der Ermittlung dieses „fair value“ anhand von Marktpreisen, zeitlichen oder sachlichen Vergleichspreisen, „discounted cash flow“-Methoden oder Optionspreisverfahren können jedoch keinen Rückschluss auf den „fair value“ einer Wagniskapitalbeteiligung liefern. Statt dessen muss sich die bilanzierende Gesellschaft an den an unvollkommenen Kapitalmärkten der Realität gültigen Mechanismen der Preisbildung orientieren. So sind zunächst die Entscheidungswerte der Wagniskapitalgesellschaft sowie des potenziellen Erwerbers zu bestimmen; im Anschluss wird der „fair value“ im Rahmen des Einigungsbereiches dieser Transaktionsparteien in Gestalt des Schiedswerts identifiziert. Die genannte Vorgehensweise fußt – im Gegensatz zu den in IAS 39.99-100 postulierten Schritten – auf den entscheidungs- und investitionstheoretischen Grundlagen der funktionalen Bewertungslehre und stellt damit die einzige wirtschaftswissenschaftlich schlüssige Methode der Wertfindung dar. Nichtsdestoweniger ist die Bestimmung des „fair value“ erheblichen Unsicherheiten unterworfen, die sich aus den Problemen der Abschätzung des Entscheidungswertes der Wagniskapitalgesellschaft, der Eingrenzung potenzieller Käufer, der Eruierung ihrer Entscheidungswerte und der Abschätzung eines Preises als Verhandlungsergebnis ergeben. Abhängig ist der Grad der Unsicherheit darüber hinaus von der avisierten Austrittsstrategie der Wagniskapitalgesellschaft. Das Unsicherheitsmoment ist dem Bewertungsvorgang freilich inhärent und mit wissenschaftlichen Methoden nicht zu beseitigen.[24] Es ist folglich mitnichten ein Argument gegen das vorgestellte Procedere der „fair value“-Bestimmung, sondern vielmehr gegen den Ansatz von Vermögenswerten zum „fair value“ in der Bilanz. Die mit der Bestimmung beizulegender Zeitwerte verbundene Unsicherheit eröffnet der bilanzierenden Unternehmung nicht zu unterschätzende bilanzpolitische Spielräume bei der Bewertung.[25] Das erhebliche, mit der „fair value“-Bilanzierung verbundene Moment der Willkür schadet damit dem Rechenschaftszweck der Bilanz. Es steht in deutlichem Widerspruch zu der durch § 31 des Rahmenkonzepts geforderten Verlässlichkeit der Informationen der Rechnungslegung und beeinträchtigt die von § 46 des Rahmenkonzepts und IAS 1.20 verlangte, den tatsächlichen Verhältnissen entsprechende Darstellung der Vermögenslage der Unternehmung.

---

[24] Vgl. Hering/Olbrich (2004), S. 718.

[25] Vgl., auch im Folgenden, Kahle (2003), S. 266, Olbrich (2003), S. 348f., 354f., Hering/ Olbrich (2004). Kahle konstatiert in diesem Zusammenhang treffend: „Die nach IAS. mögliche Bewertung zum fair value [...] verstärkt die subjektive Komponente in der Rechnungslegung massiv“.

Literatur

Adam D (1970) Entscheidungsorientierte Kostenbewertung. Gabler, Wiesbaden.

Baetge J, Zülch H (2001) Fair Value-Accounting. BFuP 53, S 543-562.

Bitz M (2002) Finanzdienstleistungen, 6. Aufl. Oldenbourg, München Wien.

Börner ChJ, Geldmacher D (2001) Exit am Ende? Desinvestitionsstrategien bei Venture-Capital und die aktuelle Kapitalmarktsituation. FB 4, S 695-701.

Brösel G (2002) Medienrechtsbewertung. Deutscher Universitäts-Verlag, Wiesbaden.

Brösel G, Matschke MJ (2004) Zur Ermittlung des Entscheidungswertes kleiner und mittlerer Unternehmen. IGA 52, S 49-67.

Busse von Colbe W (1957) Der Zukunftserfolg. Gabler, Wiesbaden.

Engelmann A, Heitzer B (1999) Mobilisierung von Business Angels in Deutschland. FB 2, S 457-462.

Engelmann A, Heitzer B (2001) Beteiligungsprozess von Venture-Capital-Gesellschaften und Business Angels bei Marktunvollkommenheiten. FB 4, S 215-221.

Gerke W (1976) Der Kapitalmarktzutritt nicht-emissionsfähiger Unternehmen. In: Juncker K, Schlegelmilch K (Hrsg.) Die Kapitalbeteiligungsgesellschaft in Theorie und Praxis, Zum 60. Geburtstag von H. Joachim Krahnen. Fritz Knapp Verlag, Frankfurt a. M., S. 115-139.

Grichnik D, Kraschon D (2002) Finanzierungs- und risikotheoretische Probleme bei Unternehmensgründungen – Systematisierung und ökonomische Analyse der Finanzierungsbeziehungen. In: Bitz M (Hrsg.) Theoretische Grundlagen der Gründungsfinanzierung. Diskussionsbeitrag Nr. 331 der FernUniversität in Hagen, Hagen, Teil B.

Gutenberg E (1929) Die Unternehmung als Gegenstand betriebswirtschaftlicher Theorie. Industrieverlag Spaeth & Linde, Berlin Wien.

Hax H (1964) Investitions- und Finanzplanung mit Hilfe der linearen Programmierung. ZfbF 16, S 430-446.

Hering Th (1999) Finanzwirtschaftliche Unternehmensbewertung. Deutscher Universitäts-Verlag, Wiesbaden.

Hering Th (2000a) Das allgemeine Zustands-Grenzpreismodell zur Bewertung von Unternehmen und anderen unsicheren Zahlungsströmen. DBW 60, S 362-378.

Hering Th (2000b) Konzeptionen der Unternehmensbewertung und ihre Eignung für mittelständische Unternehmen. BFuP 52, S 433-453.

Hering Th (2003) Investitionstheorie, 2. Aufl. Oldenbourg, München Wien.

Hering Th, Olbrich M (2002) Einige grundsätzliche Bemerkungen zum Bewertungsproblem beim Börsengang junger Unternehmen. ZfB 72, Erg.-Heft 5, S 147-161.

Hering Th, Olbrich M (2004) Der Ansatz des „fair value" bei der Bilanzierung von Beteiligungen nach IAS 39 und seine Konsequenzen für das Beteiligungscontrolling. In: Littkemann J, Zündorf H (Hrsg.) Beteiligungscontrolling. NWB-Verlag, Herne Berlin, S. 707-720.

Hering Th, Vincenti A (2003) Gründungs- und Frühphasenfinanzierung. In: Breuer W, Schweizer Th (Hrsg.) Gabler Lexikon Corporate Finance. Gabler, Wiesbaden, S. 221-224.

Hirshleifer J (1958) On the Theory of Optimal Investment Decision. Journal of Political Economy 66, S 329-352.

Huber Th, Mondello E, Keller A (2000) „Private Equity"-Beteiligungen von Investmentgesellschaften. Der Schweizer Treuhänder 74, S 637-644.

International Accounting Standards Board (Hrsg) (2004) International Financial Reporting Standards, Deutsche Ausgabe. Schäffer-Poeschel, Stuttgart 2004.

Jaensch G (1966) Wert und Preis der ganzen Unternehmung. Westdeutscher Verlag, Köln Opladen.

Jantz W (2002) Venture-Capital: Förderprogramme und Business Angels. In: Dowling M, Drumm HJ (Hrsg.) Gründungsmanagement. Springer, Berlin et al., S. 95-111.

Kahle H (2003) Zur Zukunft der Rechnungslegung in Deutschland: IAS im Einzel- und Konzernabschluss? WPg 56, S 262-275.

Krag J, Kasperzak R (2000) Grundzüge der Unternehmensbewertung. Vahlen, München.

Laux H, Franke G (1969) Zum Problem der Bewertung von Unternehmungen und anderen Investitionsgütern. Unternehmensforschung 13, S 205-223.

Liebermann B (1923) Der Ertragswert der Unternehmung. Dissertation Universität Frankfurt a. M.

Matschke MJ (1969) Der Kompromiß als betriebswirtschaftliches Problem bei der Preisfestsetzung eines Gutachters im Rahmen der Unternehmungsbewertung. ZfbF 21, S 57-77.

Matschke MJ (1971) Der Arbitrium- oder Schiedsspruchwert der Unternehmung – Zur Vermittlerfunktion eines unparteiischen Gutachters bei der Unternehmungsbewertung –. BFuP 23, S 508-520.

Matschke MJ (1972) Der Gesamtwert der Unternehmung als Entscheidungswert. BFuP 24, S 146-161.

Matschke MJ (1975) Der Entscheidungswert der Unternehmung. Gabler, Wiesbaden.

Matschke MJ (1979) Funktionale Unternehmungsbewertung, Bd. II, Der Arbitriumwert der Unternehmung. Gabler, Wiesbaden.

Matschke MJ (1993), Lenkungspreise. In: Wittmann W et al. (Hrsg.) Handwörterbuch der Betriebswirtschaft, 5. Aufl. Schäffer-Poeschel, Stuttgart, Sp. 2581-2594.

Mirre L (1913) Gemeiner Wert und Ertragswert. Zeitschrift des Deutschen Notarvereins 13, S 155-176.

Moxter, A (1983) Grundsätze ordnungsmäßiger Unternehmensbewertung, 2. Aufl. Gabler, Wiesbaden.

Münstermann, H (1966) Wert und Bewertung der Unternehmung. Gabler Wiesbaden.

Olbrich M (2000) Zur Bedeutung des Börsenkurses für die Bewertung von Unternehmungen und Unternehmungsanteilen. BFuP 52, S 454-465.

Olbrich M (2001) Zum Kauf der Mantelgesellschaft mit ertragsteuerlichem Verlustvortrag vor dem Hintergrund des Steuersenkungsgesetzes. WPg 54, S 1326-1331.

Olbrich M (2002) Gründungsfinanzierung und Portfoliocontrolling. ZfgK 55, S 1308-1312.

Olbrich M (2003) Zur Bilanzierung von als Finanzinvestition gehaltenen Immobilien nach IAS 40. BFuP 55, S 346-357.

Pape J, Breker N (1999) Financial Instruments – Joint Working Group: Aktueller Stand der Erörterungen im Oktober 1998. WPg 52, S 1-12.

Pfaff D, Pfeiffer Th, Gathge D (2002) Unternehmensbewertung und Zustands-Grenzpreismodelle. BFuP 54, S 198-210.

Prester M (2002) Exit-Strategien deutscher Venture-Capital-Gesellschaften. Lit, Münster.

Räbel D (1986) Venture-Capital als Instrument für Innovationsfinanzierung. Deutscher Wirtschaftsdienst, Köln.

Roling J (2001) Venture-Capital und Innovation. Eul, Lohmar Köln.

Scharpf P (2000) Bilanzierung von Financial Instruments nach IAS 39 (III). FB 3, S 284-292.

Schefczyk M, Peterson Ch (2001) Neue steuerliche Regelungen und Gestaltungsmöglichkeiten für Gesellschafter junger Unternehmen. BB 56, S 441-446.

Schildbach Th (1998) Zeitwertbilanzierung in USA und nach IAS. BFuP 50, S 580-592.

Schmalenbach E (1917/1918) Die Werte von Anlagen und Unternehmungen in der Schätzungstechnik. ZfhF 12, S 1-20.

Schneider D (1998) Marktwertorientierte Unternehmensrechnung: Pegasus mit Klumpfuß. DB 51, S 1473-1478.

Schulze-Osterloh J (2003) Internationale Rechnungslegung für den Einzelabschluß und für Unternehmen, die den öffentlichen Kapitalmarkt nicht in Anspruch nehmen. ZIP 24, S 93-101.

Sieben G (1967) Bewertungs- und Investitionsmodelle mit und ohne Kapitalisierungszinsfuß. ZfB 37, S 126-147.

Sieben G (1969) Die Bewertung von Unternehmen auf Grund von Erfolgsplänen bei heterogenen Zielen. In: Busse von Colbe W, Meyer-Dohm P (Hrsg.) Unternehmerische Planung und Entscheidung. Bertelsmann Universitätsverlag, Bielefeld, S. 71-100.

Sieben G (1993), Unternehmensbewertung. In: Wittmann W et al. (Hrsg.) Handwörterbuch der Betriebswirtschaft, 5. Aufl. Schaeffer-Poeschel, Stuttgart, Sp. 4315-4331.

Sieben G, Schildbach Th (1979) Zum Stand der Entwicklung der Lehre von der Bewertung ganzer Unternehmungen. DStR 17, S 455-461.

Sieben G, Sielaff M (Hrsg.) (1989) Unternehmensakquisition, Berichte des Arbeitskreises „Unternehmensakquisition". Schäffer-Poeschel, Stuttgart.

Siegel Th (1998) Zeitwertbilanzierung für das deutsche Bilanzrecht?. BFuP 50, S 593-603.

Stedler H, Peters HH (1983) Venture-Capital – ein zukunftsorientiertes Finanzierungsinstrument. ZfgK 36, S 988-997.

Thiwissen A (1900) Das Emissionsgeschäft. Dissertation Universität Erlangen.

von Tippelskirch A (1997) Risikokapital. In: Oetker A (Hrsg.) Mittelstand in Zeiten struktureller Umbrüche. C. H. Beck, München, S. 37-53.

Wiedmann, H (1995) Fair Value in der internationalen Rechnungslegung. In: Lanfermann, J (Hrsg.) Internationale Wirtschaftsprüfung, Festschrift zum 65. Geburtstag von Hans Havermann. IDW-Verlag, Düsseldorf, S. 780-811.

Autorenverzeichnis

Adams, Dipl.-Kfm. Michael
Institution: Otto Beisheim Hochschule - WHU Wissenschaftliche Hochschule für Unternehmensführung
Funktion: Wissenschaftlicher Mitarbeiter am Dresdner Bank Stiftungslehrstuhls für Finanzen
Forschungsgebiete: Unternehmensbewertung, Bewertung von Banken, Zins- und Kreditrisiken

Anderseck, Univ.-Prof. Dr. Klaus (em.)
Institution: FernUniversität in Hagen
Funktion: Leitung des EXIST-Projektes „Gründerfernstudium“
Leitung des Weiterbildungsstudiums „GründerFernstudium“
Forschungsgebiete: Entrepreneurship Education; Personalentwicklung und Betriebliches Bildungswesen

Bassen, Univ.-Prof. Dr. Alexander
Institution: Hamburger Universität für Wirtschaft und Politik
Funktion: Inhaber der Professur für ABWL mit Schwerpunkt Finanzierung/Investition
Forschungsgebiete: Entrepreneurial Finance, Corporate Governance, Investor Relations

Bigus, Univ.-Prof. Dr. Jochen
Institution: Universität Osnabrück
Funktion: Inhaber des Stiftungslehrstuhls International Accounting
Forschungsgebiete: Finanzierungstheorie, Venture-Capital, Wirtschaftsprüferhaftung, Insolvenzrecht

Börner, Univ.-Prof. Dr. Christoph J.
Institution: Heinrich-Heine-Universität Düsseldorf
Funktion: Inhaber des Lehrstuhls für Betriebswirtschaftslehre, insbesondere Finanzdienstleistungen
Forschungsgebiete: Theorie der Finanzdienstleistungen, Bankmanagement, Finanzierung von KMU

Brettel, Univ.-Prof. Dr. Malte
Institution: RWTH Aachen
Funktion: Lehrstuhlinhaber, Lehrstuhl Wirtschaftswissenschaften für Ingenieure und Naturwissenschaftler
Forschungsgebiete: General Entrepreneurship

Breuer, Prof. Dr. Claudia
Institution: Hochschule der Sparkassen-Finanzgruppe, University of Applied Sciences
Funktion: Inhaberin der Professur für Allgemeine Betriebswirtschaftslehre und Versicherungswirtschaft
Forschungsgebiete: Versicherungswissenschaft, Investitionstheorie, Entscheidungstheorie

Breuer, Univ.-Prof. Dr. Wolfgang
Institution: RWTH Aachen
Funktion: Inhaber des Lehrstuhls für Betriebswirtschaftslehre, insb. Betriebliche Finanzwirtschaft
Forschungsgebiete: Finanzierungstheorie, Investitionstheorie, Internationales Finanzmanagement, Risikomanagement, Portfoliomanagement

Brinkmann, Dipl.-Ök. Lars
Institution: Universität Hannover
Funktion: Wissenschaftlicher Mitarbeiter
Forschungsgebiete: Besteuerung von Personen- und Kapitalgesellschaften, Unternehmensnachfolge

Cochet, lic. oec. Olivier
Institution: Westfälische Wilhelms-Universität Münster
Funktion: Doktorand am Institut für Unternehmensgründung und –entwicklung
Forschungsschwerpunkte: Franchising, Vertragstheorie, Finanzierung von KMU

Dowling, Univ.-Prof. Dr. Michael
Institution: Universität Regensburg
Funktion: Inhaber des Lehrstuhls für Innovations- und Technologiemanagement
Forschungsgebiete: Technologiemanagement, Entrepreneurship, Strategisches Management

Ehrmann, Univ.-Prof. Dr. Thomas
Institution: Westfälische Wilhelms-Universität Münster
Funktion: Leiter des Instituts für Unternehmensgründung und –entwicklung
Forschungsgebiete: Strategisches Verhalten von Unternehmen, Wachstumsmanagement, (Franchising-) Netzwerke, Corporate Ventures, Deregulierung.

Förster, Univ.-Prof. Dr. Guido
Institution: Heinrich-Heine-Universität Düsseldorf
Funktion: Inhaber des Lehrstuhls für Betriebswirtschaftslehre, insbes. Betriebswirtschaftliche Steuerlehre
Forschungsgebiete: Besteuerung von Personen- und Kapitalgesellschaften, Konzernsteuerrecht, Besteuerung von Umstrukturierungen, Grundsatzfragen der Rechnungslegung

Franzke, Dr. Stefanie
Institution: Center for Financial Studies an der Johann Wolfgang Goethe-Universität Frankfurt
Funktion: Wissenschaftliche Mitarbeiterin
Forschungsgebiete: Unternehmensfinanzierung, Empirische Kapitalmarktforschung

Grichnik, Dr. Dietmar
Institution: Heinrich-Heine-Universität Düsseldorf
Funktion: Wissenschaftlicher Assistent am Lehrstuhl für Betriebswirtschaftslehre, insbes. Finanzdienstleistungen
Forschungsgebiete: International Entrepreneurship, Entrepreneurial Finance, Entscheidungstheorie, Finanzmanagement

Gürtler, Univ.-Prof. Dr. Marc
Institution: Technische Universität Braunschweig
Funktion: Inhaber des Lehrstuhls für Betriebswirtschaftslehre, insbes. Finanzwirtschaft
Forschungsgebiete: Risiko-, Portfolio- und Internationales Finanzmanagement, Behavioral Finance

Harms, Dr. Rainer
Institution: Alpen-Adria Universität Klagenfurt
Funktion: Habilitand am Institut für Wirtschaftswissenschaften, Abteilung Innovationsmanagement und Unternehmensgründung
Forschungsgebiete: Innovationssysteme und -management, Technologietransfer, Wachstumsmanagement

Hartmann, Dr. Nora
Institution: McKinsey&Company
Funktion: Unternehmensberaterin
Forschungsgebiete: Behavioral Finance, Theorie der Unternehmensbewertung

Hartmann-Wendels, Univ.-Prof. Dr. Thomas
Institution: Universität zu Köln
Funktion: Direktor des Seminars für Allgemeine Betriebswirtschaftslehre und Bankbetriebslehre sowie des Instituts für Bankwirtschaft und Bankrecht an der Universität zu Köln
Forschungsgebiete: Kreditrisikomanagement, Institutionenökonomik

Hering, Univ.-Prof. Dr. habil. Thomas
Institution: Fern-Universität in Hagen
Funktion: Inhaber des Lehrstuhls für Betriebswirtschaftslehre, insbes. Unternehmensgründung und Unternehmensnachfolge
Forschungsgebiete: Investitions- und Finanzierungstheorie, Unternehmensbewertung, Unternehmensplanung und -steuerung, Produktion, Rechnungswesen, Unternehmensgründung und -nachfolge, Betriebswirtschaftslehre der Gemeinden

Houben, Dr. Eike
Institution: BASF Venture-Capital GmbH
Funktion: Investment Manager
Forschungsgebiete: Venture-Capital

Kleinschmidt, Dipl.-Kffm. Maik
Institution: Hamburger Universität für Wirtschaft und Politik und The Boston Consulting Group GmbH
Funktion: Wissenschaftlicher Mitarbeiter an der Professur für ABWL mit Schwerpunkt Finanzierung/Investition und Unternehmensberater
Forschungsgebiete: Entrepreneurial Finance, Corporate Governance

Koch, Univ.-Prof. Dr. Lambert T.
Institution: Bergische Universität Wuppertal
Funktion: Inhaber des Lehrstuhls für Wirtschaftswissenschaft, insbes. Unternehmensgründung und Wirtschaftsentwicklung, Leiter des Instituts für Gründungs- und Innovationsforschung (In-Institut der o.g. Universität)
Forschungsgebiete: u.a. Gründungs- und Innovationsmanagement, Gründungs- und Innovationspolitik, Evolutorische Wirtschaftspolitik

Kollmann, Univ.-Prof. Dr. Tobias
Institution: Universität Kiel - Multimedia Campus Kiel
Funktion: Inhaber des Lehrstuhls für E-Business
Forschungsgebiete: E-Business, E-Entrepreneurship, Medien- und Innovationsmanagement

Kuhn, Dipl.-Ök. Wolfgang
Institution: Bergische Universität Wuppertal
Funktion: Wissenschaftlicher Angestellter am Lehrstuhl für Wirtschaftswissenschaft, insbes. Unternehmensgründung und Wirtschaftsentwicklung, sowie am Institut für Gründungs- und Innovationsforschung der Bergischen Universität Wuppertal
Forschungsgebiete: Gründungsmanagement, Gründungsfinanzierung, Kapitalmarkt, Hochschulentwicklung

Lowinski, Dipl.-Volksw. Felix
Institution: Universität Witten/Herdecke, Institute for Mergers & Acquisitions (IMA)
Funktion: Wiss. Mitarbeiter
Forschungsgebiete: Kapitalmärkte, Corporate Governance, Agency Theory

Mayer-Friedrich, Univ.-Prof. Dr. Matija Denise
Institution: Helmut-Schmidt-Universität/ Universität der Bundeswehr Hamburg
Funktion: Inhaberin des Lehrstuhls für ABWL und Internationale Finanzierung
Forschungsgebiete: Internationale Finanzierung, Corporate Finance, Innovationsfinanzierung, Analyse von Finanz- und Kapitalmärkten, Generierung innovativer Finanzdienstleistungen.

Nippel, Univ.-Prof. Dr. Peter
Institution: Christian-Albrechts-Universität zu Kiel
Funktion: Inhaber des Lehrstuhls für Allg. BWL, insbes. Finanzwirtschaft
Forschungsgebiete: Theorie der Finanzierung von Unternehmen, Investitionstheorie

Nitzsch, Univ.-Prof. Dr. Rüdiger von
Institution: Rheinisch-Westfälische Technische Hochschule Aachen
Funktion: Inhaber des Lehr- und Forschungsgebiets Allgemeine Betriebswirtschaftslehre
Forschungsgebiete: Finanzdienstleistungsmanagement, Anlageberatung, Asset Management, Behavioral Finance

Olbrich, Priv-Doz. Dr. Michael
Institution: Fern-Universität in Hagen
Funktion: Hochschuldozent
Forschungsgebiete: Unternehmungsgründung, Rechnungswesen, Betriebliche Steuerlehre, Finanzwirtschaft

Paeßens, Dipl.-Kffr. Petra
Institution: Heinrich-Heine-Universität Düsseldorf
Funktion: Wissenschaftliche Angestellte am Lehrstuhl für Betriebswirtschaftslehre, insbes. Finanzierung und Investition
Forschungsgebiete: Rating, Wertschöpfungsrechnung

Pankotsch, Dipl.-Wirtsch.-Ing. Frank
Institution: Technische Universität Dresden
Funktion: Mitarbeiter am SAP-Stiftungslehrstuhl für Entrepreneurship und Innovation
Forschungsgebiete: Venture-Capital, Entwicklung junger Unternehmen

Rouette, Dipl.-Kfm. Christian
Institution: Rheinisch-Westfälische Technische Hochschule Aachen
Funktion: Wiss. Angestellter am Lehr- und Forschungsgebiet Allgemeine Betriebswirtschaftslehre
Forschungsgebiete: Anlageberatung, Behavioral Finance, Kapitalmarktorientierte Unternehmensführung

Rudolf, Univ.-Prof. Dr. Markus
Institution: Otto Beisheim Hochschule - WHU Wissenschaftliche Hochschule für Unternehmensführung
Funktion: Inhaber des Dresdner Bank Stiftungslehrstuhls für Finanzen
Forschungsgebiete: Bewertung von Wachstumsunternehmen, Derivatebewertung, Asset Management

Schefczyk, Univ.-Prof. Dr. Michael
Institution: Technische Universität Dresden
Funktion: Inhaber des SAP-Stiftungslehrstuhls für Entrepreneurship und Innovation
Forschungsgebiete: Entwicklung junger Unternehmen, Venture-Capital, innovationsförderndes Umfeld, Management technologieintensiver Innovationen

Schiereck, Univ.-Prof. Dr. Dirk
Institution: European Business School(ebs), Oestrich-Winkel
Funktion: Inhaber des Stiftungslehrstuhls Bank- und Finanzmanagement
Forschungsgebiete: Corporate Finance, Banking, Behavioral Finance

Schirmeister, Univ.-Prof. Dr. Raimund
Institution: Heinrich-Heine-Universität Düsseldorf
Funktion: Inhaber des Lehrstuhls für Betriebswirtschaftslehre, insbes. Finanzierung und Investition
Forschungsgebiete: Investitionsrechnung, Finanzmathematik, Wohnungsbaufinanzierung, Entwicklungsfinanzierung, Finanzmanagement

Schulte, Univ.-Prof. Dr. Reinhard
Institution: Universität Lüneburg
Funktion: Inhaber des Lehrstuhls für Betriebswirtschaftslehre, insbes. Gründungsmanagement (- Stiftungsprofessur für Existenzgründung -)
Forschungsgebiete: Gründungs- und Frühentwicklungsmanagement, Finanzmanagement, Hochschulmanagement

Schwärzel, Dipl.-Kfm. Frank
Institution: Fernuniversität Hagen und Sparkassenorganisation
Funktion: Mitarbeiter Gesamtbanksteuerung, insbes. Kreditrisiko-Controlling
Forschungsgebiete: Gründungsfinanzierung, Bankmanagement

Schwetzler, Univ.-Prof. Dr. Bernhard
Institution: HHL Handelshochschule Leipzig
Funktion: Inhaber des Lehrstuhls für Betriebswirtschaftslehre, insbes. Finanzmanagement und Banken
Forschungsgebiete: Probleme der Unternehmensbewertung, Finanzierungs- und Investitionsentscheidungen in Wachstumsunternehmen

Stotz, Dr. rer. pol. Olaf
Institution: Rheinisch-Westfälische Technische Hochschule Aachen
Funktion: Wiss. Assistent am Lehr- und Forschungsgebiet Allgemeine Betriebswirtschaftslehre
Forschungsgebiete: Kapitalmarkttheorie, Behavioral Finance, Anlageberatung, Portfoliomanagement

Theissen, Univ.-Prof. Dr. Erik
Institution: Rheinische Friedrich-Wlhelms-Universität Bonn
Funktion: Leiter der Betriebswirtschaftlichen Abteilung I
Forschungsgebiete: Organisation von Wertpapiermärkten, Corporate Finance, Empirische Kapitalmarktforschung

Walterscheid, Dr. Klaus
Institution: Fernuniversität in Hagen
Funktion: Akad. Oberrat, Stiftungslehrstuhl für Betriebswirtschaftslehre, insbes. Unternehmensgründung und Unternehmensnachfolge/Projekt "Gründerfernstudium"
Forschungsgebiete:Wissenschaftstheorie der Gründungsforschung, Didaktik der Gründungslehre

Welpe, Dr. Isabell
Institution: Ludwig-Maximilians Universität München
Funktion: Habilitandin am Institut für Information, Organisation und Management
Forschungsgebiete: Entrepreneurship, Entrepreneurial Finance, Humankapitaltheorie

Witt, Univ.-Prof. Dr. Peter
Institution: Wissenschaftliche Hochschule für Unternehmensführung - Otto-Beisheim-Hochschule (WHU)
Funktion: Inhaber des Lehrstuhls für Unternehmertum und Existenzgründung
Forschungsgebiete: Entrepreneurial Finance, Corporate Governance, Familienunternehmen

GPSR Compliance

The European Union's (EU) General Product Safety Regulation (GPSR) is a set of rules that requires consumer products to be safe and our obligations to ensure this.

If you have any concerns about our products, you can contact us on ProductSafety@springernature.com

In case Publisher is established outside the EU, the EU authorized representative is:

Springer Nature Customer Service Center GmbH
Europaplatz 3
69115 Heidelberg, Germany

Batch number: 10809436

Printed by Printforce, the Netherlands